U0216176

吉林人民出版社

简体字本二十六史

宋史

卷五一——卷八五

（二）

［元］　脱　脱等　撰

刘浦江等　标点

宋史卷五一
志第四

天文四

二八舍下

西方

　　奎宿十六星，天之武库，一曰天豕，一曰封豕，主以兵禁暴，又主沟渎。西南大星曰天豕目，亦曰大将。明动，则兵、水大出。日食，鲁国凶，边兵起及水旱。日晕，为兵，为火。月食，聚敛之臣有忧。月晕，兵败，籴贵，将戮，人疾疫。月犯之，其分乱。岁星犯之，近臣为逆；守之，虫为灾，人饥，盗起，多狱讼；久守，北兵降；色润泽，大熟；守二十日以上，兵起鲁地；逆行守之，君好兵，民流亡。荧惑之，环绕三十日以上，将相凶，大水，民流；守二十日以上，鲁地有兵；动摇，进退有赦；舍，岁大熟；留，臣下专权，多狱讼；守百日以上，多盗。填星入犯，吴、越有兵，一曰齐、鲁，一曰兵、丧；守之，有贵女执政；出入，水泉溢。太白犯之，大水，有兵，霜杀物；入，则外兵入国；昼现，将相死。辰星犯之，江河决，有兵，为旱，为火。守之，王者忧，兵、旱。客星犯之，有沟渎事；守，则王者有忧，军败，贼臣在侧；入之，破军杀将；舍留不去，人饥，出则为谋惑天子。彗犯，为饥，为兵，丧；出，则有水灾。星孛之，其下兵出，民饥，国无继嗣；出，则西北有兵起。流星入犯之，有沟渎事，破军杀将。《乙巳占》：流星出入，色黄白光润，文昌武偃；赤如火光作声，为弓弩用；一曰入则有聚众事。赤云气入犯,为兵;黄,为天子喜;黑,则大人有忧。

按汉永元铜仪,以奎为十七度;唐开元游仪,十六度,旧去极七十六度。景祐测验同。

天溷七星,在外屏南,主天厕养猪之所,一曰天之厕溷也。暗,则人不安;移徙,则忧。

土司空一星,在奎南,一曰天仓,主土事。凡营城邑、浚沟洫、修堤防,则议其利,建其功,四方小大功课,岁尽则奏其殿最而行赏罚。星大、色黄,则天下安。五星犯之,男女不得耕织;彗、客犯之,水旱,民流,兵大起,土功兴。客星守之,有土功、哭泣事。黄云气入,土功兴,移京邑。

策一星,在王良北,天子仆也。主执策御。流星、彗、孛、客星犯之,皆为大兵起,天子自将于野;近之,下有谋乱者。

附路一星,附一作傅。在阁道南旁,别道也。一曰在王良东,主太仆,主御风雨。芒角则车骑在野;星亡,有道路之变;不具,则兵起。太白、荧惑入,兵起。彗、孛犯之,道路不通。客星入,马贱。苍白云气入,太仆有忧;赤,为太仆诛;黄白,太仆受赐;黑,为太仆死。

阁道六星,在王良前,飞道也,从紫宫至河神所乘也。一曰主辇阁之道,天子游别宫之道也。星不现,则华阁不通;动摇,则宫掖有兵。彗、孛、客星犯之,主不安国,有丧。白云气入,有急事;黑,主有疾;黄,则天子有喜。

王良五星,在奎北,居河中,天子奉车御官也。其四星曰天驷,旁一星曰王良,亦曰天马星,动则车骑满野。一曰天桥,主御风雨、水道。星不具,或客星守之,津梁不通。与阁道近,有江河之变。星明,马贱;暗,则马灾。太白、荧惑入守,为兵。彗客犯之,为兵、丧,天下桥梁不通。流星犯,大兵将出。青云气入犯之,王良奉车忧坠车。云气赤,王良有斧锧忧。

外屏七星,在奎南,主障蔽臭秽。

军南门,在天大将军南,天大将军之南门也。主谁何出入。星不明,外国叛;动摇,则兵起;明,则远方来贡。

按《步天歌》,以上诸星俱属奎宿。以《晋志》考之,王良、附路、阁道、军南门、策星,俱在天市垣,别无外屏、天溷、土司空等星,《隋志》有之。而武密以王良、外屏、天溷皆属于壁,或以外屏又属奎。《乾象新书》以王良西一星属壁,东四星属奎,外屏西一星属壁,东六星属奎,与《步天歌》各有不合。

娄三星,为天狱,主苑牧牺牲,供给郊祀,亦为兴兵聚众。明大,则赋敛以时。星直,则有主执命者;就聚,国不安。日食于娄,宰相;大人当之,郊祀神不享。日晕,有兵,大人多死。月食,其分后妃忧,民饥。月晕,在春百八十日有赦,又为籴贵,三日内有雨解之。月犯,多畋猎,其分忧,将死,民流,一曰多冤狱。岁星犯之,牛多死,米贱,有赦;守之,国安,一曰民多疫,六畜贵,有兵自罢。荧惑犯守,为旱,为火,谷贵;又曰守二十日以上,大臣死。星动,人多死;或逆行入成钩巳者,国廪灾。填星犯之,天子戒边境,不可远行,将兵凶;守之,谷丰,民乐;若逆行,女谒行;留舍于娄,外国兵来。太白犯之,有聚众事;守之,期三十日有兵,民饥。辰星犯之,刑罚急,多水旱,大臣忧,王者以赦除之;守而芒角、动摇、色赤黑者,臣下起兵。客星犯,为大兵;守之,五谷不成,又曰臣惑主,专政,岁多狱讼;环绕三日,大赦。彗星犯之,民饥死;出,则先旱后水,谷大贵,六畜疾,仓库空,又曰国有大兵。星孛,其分为兵,为饥。流星出犯之,有法令清狱。青赤云气入,为兵、丧;黑,为大水。

按汉永元铜仪,以娄为十二度;唐开元游仪,十三度。旧去极八十度。景祐测验,娄宿十二度,距中央大星去极八十度,在赤道内十一度。

天仓六星,在娄宿南,仓谷所藏也,待邦之用。星近而数,则岁熟粟聚;远而疏,则反是。月犯之,主发粟。五星犯,兵起,岁饥,仓粟出。荧惑、太白合守,军破将死。荧惑入,军转粟千里;近之,天下旱。太白犯之,外国人相食,兵起西北。辰星守之,大水。客、彗犯之,五谷不成。客星入,岁饥籴贵。流星入,色赤,为兵;犯之,粟以兵出;色黄白,岁大稔。苍白云气入,岁饥;赤,为兵、旱,仓廪灾;黄白,岁大熟。

右更五星,在娄西,秦爵名,主牧师官,星不具,天下道不通,太白、荧惑犯守,山泽兵起。

左更五星,在娄东,亦秦爵名,山虞之官,主山泽林薮竹木蔬菜之属,亦主仁智。占同右更。

天大将军十一星,在娄北,主武兵。中央大星,天之大将也;外小星,吏士也。动摇,则兵起,大将出;小星动摇,或不具,亦为兵;旗直扬者,随所击胜。五星犯守,大将忧。客星守之,大将不安,军吏以饥败。流星入,大将忧。苍白云气犯之,兵多疾;赤,为军出,

天庾四星,在天仓东南,主露积。占与天仓同。

按《晋志》,天仓、天庾在二十八宿之外,天大将军属天市垣,左更、右更惟《隋志》有之。《乾象新书》以天仓属奎。武密亦以属奎,又属娄。《步天歌》皆属娄宿。

胃宿三星,天之厨藏,主仓廪,五谷府也。明,则天下和平,仓廪实,民安;动,则输运;暗,则仓空;就聚,则谷贵、民流;中星众,谷聚,星小,谷散;芒,则有兵。日食,大臣诛,一曰乏食,其分多疾,谷不实,又曰有委输事。日晕,谷不熟。月食,王后有忧,将亡,亦为饥,郊祀有咎。月晕,兵先动者败,妊妇多死,又曰国主死,天多雨,或山崩,有破军。岁星在晕内,天下有德令。月晕在四孟之月,有赦。荧惑在晕中,为兵。月犯之,邻国有暴兵,天下饥,外国忧,谷不实,民多疾;变色,将军凶。岁星犯之,大人忧,兵起;守,则国昌;入,则国令变更,天下狱空;若逆行,五谷不成,国无积蓄。荧惑犯之,兵乱。仓粟出,贵人忧;守之,旱饥,民疫,客军大败;入,则改法令,牢狱空;进退环绕勾巳、凌犯及百日以上,天下仓库并空,兵起。填星犯之,大臣为乱;守之,无蓄积,有德令,岁谷大贵;若逆行守勾巳者,有兵;色赤,兵起流血;青,则有德令。辰星犯,其分不宁;守之,有兵,国有立侯,巫咸曰:"为旱,谷不成,有急兵";又逆行守之,仓空,水灾。客星犯之,王者忧,仓廪用;退行人,则有赦;守之,强臣凌国,谷不熟;乘之,为火;舍而不去,人饥;出,其分君有忧。彗星犯之,兵

动，臣叛，有水灾，谷不登。星孛，其分兵起，王者恶之。流星犯之，仓库空；色赤，为火灾。苍白云气出入犯之，以丧籴粟事；黑，为仓谷败腐；青黑，为兵；黄白，仓实。

按汉永元铜仪，胃宿十五度；景祐测验，十四度。

天囷十三星，如乙形，在胃南，仓廪之属，主给御廪粢盛。星明，则丰稔；暗，则饥。月犯之，有移粟事。五星犯之，仓库空虚。客、彗入，仓库忧，水火焚溺。青白云气入，岁饥，民流亡。

大陵八星，在胃北，亦曰积京，主大丧也。中星繁，诸侯丧，民疫，兵起。月犯之，为兵，为水、旱，天下有丧。月晕前足，大赦。五星入，为水、旱、兵、丧。荧惑守之，天下有丧。客、彗入，民疫。流星出犯之，其下有积尸。苍白云气犯之，天下兵、丧；赤，则人多战死。

积尸一星，在大陵中，明，则有大丧，死人如山。月犯之，有叛臣。五星犯之，天下大疾。客、彗犯，有大丧。苍色云气入犯之，人多死；黑，为疫。

天船九星，在大陵北，河之中，天之船也，主通济利涉。石申曰：不在汉中，河津不通。"明，则天下安；不明及移徙，天下兵、丧。日犯之，百川流溢，津梁不通。五星犯之，水溢，民移居。彗星犯之，为大水。客星犯，为水，为兵。青云气入，天子忧，不可御船；赤，为兵，船用；黄白，天子喜。

天廪四星，在昴宿南，一曰天庾，主蓄黍稷，以供享祀。《春秋》所谓御廪，此之象也。又主赏功，掌九谷之要。明，则国实岁丰；移，则国虚；黑而稀，则粟腐败。月犯之，谷贵。五星犯之，岁饥。客星犯之，仓库空虚。流星入，色青为忧；赤，为旱，为火；黄白，天下熟。青云气入，蝗，饥，民流；赤，为旱；黑，为水；黄，则岁稔。

积水一星，在天船中，候水灾也。明动上行，舟船用。荧惑犯，有水。

按《晋志》，大陵、积尸、天船、积水俱属天市垣，天囷、天廪在二十八宿之外。武密以天囷、大陵属娄，又属胃；天船属胃，又属昴。《乾象新书》，天囷五星属娄，余星属胃，大陵西三星属娄，东五星属胃，与《步天歌》互有不同。

昴宿七星，天之耳目也，主西方及狱事。又为旄头，北星也。又主丧。昴、毕间为天街，天子出，旄头、旄毕以前驱，此其义也。黄道所经。明，则天下牢狱平；六星皆明与大星等，为大水。七星皆黄，兵大起。一星亡，为兵、丧。摇动，有大臣下狱及有白衣之会。大而数尽动，若跳跃者，北兵大起。一星独跳跃而动，北兵欲犯边。日食，王者疾，宗姓自立，又占边兵起。日晕，阴国失地，北主忧，赵地凶，又云大饥。月食，大臣诛，女主忧，为饥，边兵起，将死，北地叛。月岁三晕，弓弩贵，民饥，晕在正月上旬，有赦；犯之，为饥，北主忧，天子破北兵，变色，民流，国亡，下有暴兵，有赦；出昴北，天下有福；乘之，法令峻，大水，谷不登。岁星犯之，狱空；乘之，阴国有兵，北主忧；守之，王急刑罚，狱空，一曰臣下狱有解者；守其北，有德令，又曰水物不成；久守，大臣坐法，民饥，留守，破军杀将。荧惑犯守，为兵，为旱、饥，守东，齐、楚、越地有兵；守南，荆、楚有兵；西，则兵起秦、郑；北，则兵起燕、赵，又为贵人多死，北地不宁；入则有喜，有赦，天下无兵；守而环绕勾巳，为赦；久守，籴贵。填星犯，或出入守之，北地为乱，有土功，五谷不成，水火为灾，民疫，又为女主失势；入，则地动水溢，宗庙坏；留，则大将出征。太白入犯之，大赦；在东，六畜伤；在西，六月有兵，又曰守之，北兵动，将下狱；昼现，边兵起；出、入、留、舍，在南为男丧，北为女丧。辰星犯，北主忧；守之，谷不成，民饥；久守，为水，为兵；客星犯，贵人有急，北兵大败，谗人在内；守之，臣叛主，兵起；入，则其分有丧。彗星犯之，大臣为乱；出，则边兵起，有赦。星孛，其分臣下乱，有边兵，大臣诛。流星出入犯之，夷兵起。《乙巳占》：流星入，北方来朝；出，则天子有赦令恤民。"苍赤云气犯之，民疫；黑，则北主忧；青，为水，为兵；青白，人多丧；黄，则有喜。

按汉永元铜仪，昴宿十二度；唐开元游仪，十一度。旧去极七十四度。景祐测验，昴宿十一度，距西南星去极七十一度。

刍稿六星，在天苑西，一曰在天囷南，主积稿之属。一曰天积，天子之藏府。星明，则刍稿贵；星盛，则百库之藏存；无星，则百库之藏散。月犯之，财宝出。辰星、荧惑犯之，刍稿有焚溺之患。赤云气犯之，为火；黄，为喜。

天阴五星，主从天子弋猎之臣。不明，为吉；明，则禁言泄。

天河一星，一作天阿。在天廪星北。《晋志》：在天高星西，主察山林妖变。五星、客、彗犯之，主妖言满路。

卷舌六星，在昴北，主枢机智谋，一曰主口语，以知谗佞。曲而静，则贤人升；直而动，多谗人，兵起，天下有口舌之害。徙出汉外，则天下之妄说。星繁，人多死。月犯之，天下多丧。五星犯，佞人在侧。彗、客犯之，侍臣忧。

天苑十六星，在昴毕南，如环状，天子养禽兽之苑。明，则禽兽牛马盈；不明，则多瘠死；不具，有斩刈事。五星犯之，兵起。客、彗犯，为兵，兽多死。流星入，色黑，禽兽多死；黄，则蕃息。《云气占》同。

天谗一星，在卷舌中，主巫医。暗，为吉；明盛，人君纳佞言。

月一星，在昴宿东南，蟾蜍也。主日月之应，女主臣下之象，又主死丧之事。明大，则女主大专。太白、荧惑守之，臣下起兵为乱。彗、客犯之，大臣黜，女主忧。

砺石四星，在五车星西，主百工磨砺锋刃，亦主候伺。明，则兵起；常，则吉。荧惑入，边兵起；守之，诸侯发兵。客星守之，为兵。

按《晋志》，天河、卷舌、天谗俱属天市垣，天苑在二十八宿之外，刍稿、天阴、月、砺石，《晋志》不载，《隋史》有之。武密又以刍稿属胃，卷舌属胃，又属昴。《乾象新书》以刍稿属娄，卷舌西三星属胃，东三星属昴，天苑西八星属胃，南八星属昴。《步天歌》以上诸星皆属昴宿，互有不合。

毕宿八星，主边兵弋猎。其大星曰天高，一曰边将，主四夷之尉也。《天官书》曰："毕为旱车。"明大，则远人来朝，天下安；失色，边兵乱；一星亡，为兵、丧；动摇，则边兵起；移徙，天下狱乱；就聚，则法令酷。日食，边王死，军自杀其主，远国有谋乱。日晕，有边兵；不则北主忧，又占有雨。月食，有赦，赵分有兵，或赵君忧。月晕，兵乱，饥，丧；晕三重，边有叛者，七日内风雨解之，以为阴国有忧，天下赦。犯毕大星，下犯上，大将死，阴国忧；入毕口，多雨，穿毕，岁饥，盗起，失行，离于毕，则雨，居中，女主忧；又曰犯北，则阴国忧；南，则阳国忧。岁星犯之，冬多风雨，又曰为水；入毕口，边兵起，民饥，有赦；守三十日，客兵起，出阳，为旱；阴，为水。荧惑犯右角，大战，左角，小战，入，则边兵忧；守之，为饥，有赦；成勾己环绕，大赦；一曰入毕中，有兵兵罢；又曰守之，有畋猎事，北主忧，天下道路不通；入毕口，有赦；逆行至昴，为死丧；已去还守，贵臣忧；舍毕口，赵国忧。填星犯之，兵起西北，不战；守之，兵有降军，有赦，一曰土功徭役烦，兵起；入，则地震水溢；守毕口，大人当之；出、入、留、舍，其野兵起，客军死。太白犯右角，战败，将死；入毕口，将相为乱，大赦，国易政令，诸侯起兵，为水，五谷不成；贯毕，仓廪空，四国兵起。辰星犯之，边地灾；入毕口，国易政；守之，水溢，民病，物不成，边兵起；守毕口，人为乱。客星犯之，大人忧，无兵兵起，有兵兵罢；入，则多狱事；守之，为饥，边兵起；出，为车马急行。彗星犯之，北地为乱，人民忧。星孛，其分土功兴，多徭役。色苍，为饥，破军；黄，则女为乱；白，为兵、丧；黑，为水。流星犯之，边兵大战；色赤贯之，戎兵大至；入而复出，为赦；入而黄白有光，外人入贡，苍白云气入，岁不收；赤为兵、旱，为火；黄白，天子有喜。

　　按汉永元铜仪，毕十六度。旧去极七十八度。景祐测验，毕宿十七度，距毕口北星去极七十七度。

　　天节八星，在毕、附耳南，主使臣持节宣威四方。明大，则使忠；不明，则奉使无状。荧惑守之，臣有谋逆，或使臣死。太白守之，大将出。客、彗犯之，法令不行。客星守，持节臣有忧。

　　九州殊口九星，在天节南下，晓方俗之官，通重译者也。常以十一月候之。亡一星，一国忧；二星以上，天下乱，兵起。太白、荧惑守之，亦为兵。客星入，民忧，水负海，国不安，有兵。

　　附耳一星，在毕下，主听得失，伺愆邪，察不祥也。星盛，则中国微，有盗贼，边候警，外国反。动摇，则谗臣在君侧。岁星犯之，为兵、将相丧。太白犯之，佞臣在侧。

九游九星，在玉井西南，一曰在九州殊口东，南北列，主天下兵旗，又曰天子之旗也。太白、荧惑犯之，兵骑满野。客星犯，诸侯兵起，禽兽多疾。

天街二星，在昴、毕间，一曰在毕宿北，为阴阳之所分。《大象占》：近月星西，街南为华夏，街北为外邦。又曰三光之道，主伺候关梁中外之境。明，则王道正。月犯天街中，为中平，天下安宁；街外，为漏泄，谗夫当事，民不得志；不由天街，主政令不行。月晕其宿，关梁不通。荧惑守之，道路绝；久守，国绝礼。岁星居之，色赤，为殃，或大旱。太白守之，兵塞道路，六夷旄头灭，一曰民饥。

天高四星，在坐旗西，《乾象新书》：在毕口东北。台榭之高，主望八方云雾氛气，今仰观台也。不现，为官失礼；守常，则吉；微暗，阴阳不和。月、五星犯之，则水旱不时；乘之，外臣诛。月晕，不出六月有丧。荧惑入十日，为小赦；留三十日，大赦。客、彗守之，大旱。苍白云气犯，亦然。

诸王六星，在五车南，主察诸侯存亡。明，则下附上；不明，则下叛；不现，宗庙危，四方兵起。荧惑入之，诸王妃恣，为下所谋；守之，下不信上；太白、荧惑犯，诸王当之，一曰宗臣忧。客彗守，诸侯黜。

五车五星，三柱九星，在毕宿北，五帝座也，又五帝之车舍也。主天子兵，起又主五谷丰耗。一车主黄麻，一车主麦、一车主豆，一车主黍，一车主稻米。西北大星曰天库，主太白，秦分及雍州，主豆。东北一星曰天狱，主辰星，燕、赵分及幽、冀，主稻。东南一星曰天仓，主岁星，鲁分徐州，卫分并州，主麻。次东南一星曰司空，主填星，楚分荆州，主黍粟。次西南一星曰卿，主荧惑，魏分益州，主麦。《天文录》曰："太白，其神令尉；辰星，其神风伯；岁星，其神雨师；荧惑，其神丰隆；填星，其神雷公。此五车有变，各以所主占之。"三柱，一曰天渊，一曰天休，一曰天旗，欲其均明阔狭有常，星繁，则兵大起。石申曰："天库星中河而见，天下多死人，河津绝。"又曰："天子得灵台之礼,则五车、三柱均明有常。"天旗星不现,则大风折木;天休动,则四国叛。一柱出,或不现,兵半出;三柱尽出,及不现,兵亦尽出。柱外出一月,谷贵三倍;出二月、三月,以次倍贵;外出不尽两间,主大水。月犯天库,兵起,道不通;犯天渊,贵人死,臣逾主。月晕,女主恶之;在正月,为赦;晕一车,赦小罪;五车俱晕,赦殊罪;四、七、十月晕之,为水、晕十一、十二月,谷贵。五星犯,为旱,丧;犯库星,为兵起。岁星入之,籴贵。荧惑入之,为火,或与岁星占同。填星入天库,为兵,为丧;舍中央,为大旱,燕、代之地当之;舍东北,畜蕃,帛贱;舍西北,天下安。太白入之,兵大起;守五车,中国兵所向慑伏;舍西北,为疾疫,牛马死,应酒泉分。辰星入舍为水,犯之,兵以水潦起。客星犯,则人劳;庚寅日候近之,为金车,主兵;甲寅日候近之,为木车,主槽增价;戊寅日候近之,为土车,主土功;丙寅日候近之,为火车,主旱壬寅日候近之,为水车,主水溢;入之,色青为忧,赤为兵;守天渊,有大水;守天休,左为兵,右为丧;黄为吉。彗、孛犯之,兵起,民流。流星入,甲子日,主粟;丙午日,主麦;戊寅日,主豆;庚申日,主黍;壬戌日,主黍:各以其日占之,而粟麦等价增。白云气入,民不安;赤,为兵起。

天潢五星,在五车中。主河梁津渡。星不现,则津梁不通。月入天潢,兵起。五星失度,留守之,皆为兵。荧惑、填星入之,为大旱,为火。荧惑舍之,牛马疫,为兵。辰星出天潢,有赦。客星入。为兵;留守,则有水害。苍白或黑云气入,为丧;赤,为兵;黄白,则天子有喜。

咸池三星,在天潢南,主陂泽池沼鱼鳖凫鹰。明大,则龙现,虎狼为害;星不具,河道不通。月入,为暴兵。五星入,为兵,为旱,失忠臣,君易政;守之,为饥,为兵。客星入,天下大水,流星入,为丧;出,则兵起。云气入,色苍白,鱼多死;赤,为旱;白,为神鱼现;黑为大水。

参旗九星,一曰天旗,一曰天弓,司弓弩,候变御难。星如弓张,则兵起;明,则边寇动;暗,为吉。又曰天弓不具,天下有兵。五星犯之,兵起。荧惑守之,下谋上,诸侯起兵;一曰有边兵。太白守之,兵乱。客星守,天下忧。流星入,北地兵起。云气犯之,色青,入自西北,兵来,期三年。

天关一星,在五车南,亦曰天门,日月之所行,主边方,主关闭。星芒角,为兵;不与五车合,大将出。月岁三晕,有赦;犯之,有乱臣更法。五星守之,贵人多死。岁星,荧惑守之,臣谋主,为水,为饥。太白荧惑守之,大赦,关梁有兵。太白入,则大乱。填星守,王者壅蔽;犯之,臣谋主。太白失行,兵起。客星犯之,民多疾,关市不通;又曰诸侯不通,民相攻。客星入,多盗。流星犯之,天下有急,关梁不通,民忧,多盗。黄云气犯,四方入贡。

天园十三星,在天苑南,植菜果之处。曲而钩,菜果熟。白云气犯之,兵起。

按《步天歌》,以上诸星皆属毕宿。武密书以天节属昴,参旗、天关、五车、三柱皆属觜;与《步天歌》不同。《乾象新书》以天节,参旗皆属毕,天园西八星属昴,东五星亦属毕;五车北西南三大星属毕,东二星及三柱属参。说皆不同,今皆存之。

觜觿三星,为三军之候,行军之藏府,葆旅收,敛万物。明,则军粮足,将得势;动,则盗贼行,葆旅起;暗,则不可用兵。日食,臣犯主,戒在将臣,晕及三重,其下谷不登,民疫;五重,大赦,期六十日。月食,为旱,大将忧,有叛主者。正月月晕,有赦,外军不胜,大将忧,偏裨有死者。岁星犯之,其分兵起;守,则农夫失业,后有忧,丁壮多暴死,下有叛者,民多疾疫;入,则多盗,天时不和。国君诛伐不当,则逆行。荧惑犯之,其分有叛者,为旱,为火,为兵起,为籴贵;与觜觿合,赵分相忧;入,则其下有兵。填星入犯,为兵,为土功,其分失地;女主恣,则填星逆行而色黄。太白犯之,兵起;守之,其分易令,大臣叛,物不成,民疫。辰星犯之,不可举兵;一曰赵地水,有叛者;守之,赵分饥。客星出入其宿,青为忧,赤为兵,黑为水,白为丧,黄白为吉。彗星犯之,兵起;出入其分,失地,民流。星孛之,为兵乱,军破,其色与客星占同。流星入犯之,有叛者,有破军。云气犯之,赤，为兵；苍白，为兵、忧；黑，赵地大人有忧；色黄，有神宝人。

按汉永元铜仪、唐开元游仪，皆以觜觿为三度。旧去极八十四度。景祐测验，觜宿三星一度，距西南星去极八十四度，在赤道内七度。

坐旗九星，在司怪西北，君臣设位之表也。星明，则国有礼。司怪四星，在井钺星前，主候天地、日月、星辰变异，鸟兽、草木之妖，明主闻灾，修德保福。星不成行列，宫中央及天下多怪。

按《步天歌》，坐旗、司怪俱属觜宿，武密书及《乾象新书》皆属于参。

参宿十星，一曰参伐，一曰天市，一曰大辰，一曰铁钺。主斩刈万物，以助阴气；又为天狱，主杀，秉威行罚也；又主权衡，所以平理也；又主边城，为九译，故不欲其动。参为曰兽之体，其中三星横列者，三将也；东北曰左肩，主左将；西北曰右肩，主右将；东南曰左足，主后将军；西南曰右足，主偏将军，参应七将，中央三小星曰伐，天之都尉，主鲜卑外国，不欲其明。七将皆明大，天下兵精；王道缺，则芒角张；伐星明与参等，大臣有谋，兵起。失色，军散败；芒角、劲，边有急，兵起，有斩伐之事；星移，客伐主；肩细微，天下兵弱；左足入玉井中，兵起，秦有大水，有丧，山石为怪；星差戾，王臣贰；左股星亡，东南不可举兵；右股，则主西北。又曰参足移北为进，将出有功；徙南为退，将军失势。三星疏，法令急。日食，大臣忧，臣下相残，阴国强。日晕，有来和亲者，一曰大饥。月食其度，为兵，臣下有谋，贵臣诛，其分大饥，外兵大将死，天下更令。月晕，将死，人殃乱，战不利。月犯，贵臣忧，兵起，民饥；犯参伐，偏将死。岁星犯之，水旱不时，大疫，为饥；守之，兵起，民疫；入，则天下更政。荧惑犯之，为兵，为内乱，秦、燕地凶；守之，为旱，为兵，四方不宁；逆行入，则大饥。填星犯之，有叛臣；守之，其下国亡，奸臣谋逆，一云有丧，后、夫人当之；逆行留守，兵起。太白犯之，天下发兵；守之，大人为乱，国易政，边民大战。辰星犯之，为水，为兵，贵臣黜。辰星与参出西方，为旱，大臣诛；逆守之，兵起。客星入犯之，国人有斩刈事；守之，边州失地，环绕者，边将有斩刈事。彗星犯之，边兵败，君亡，远期三年；贯之，白色，守之，为兵、丧。星孛于参，君臣俱忧，国兵败。流星入犯之，先起兵者亡。《乙巳占》曰："流星出而光润，边安，有赦，狱空。"青云气入犯之，天子起边城；苍白，为臣乱；赤，为内兵；黄色润泽，大将受赐；黑，为水灾，大臣忧。白云气出贯之，将死，天子疾。

按汉永元铜仪，参八度。旧去极九十四度。景祐测验，参宿十星十度，右足入毕十三度。

玉井四星，在参左足下，主水泉，以给庖厨。动摇，为忧。客星入，为水，为丧国失地；出，则国得地，一云将出。流星入，为大水。云气入而色青，井水不可食。

屏二星，一作天屏，在玉井南，一云在参右足。星不具，人多疾。不明，大人寝疾。星亡，王多病。月、五星犯之，为水。客星出于屏，亦为大人有疾。彗星犯之，水旱不时。

军井四星，在玉井东南，军营之井，主给师，济疲乏。月犯，刍稿财宝出。荧惑入，为水，兵多死。太白入，兵动，民不安。客星入，忧水害。

厕四星，在屏星东，一曰在参右脚南，主溷。色黄，为吉，岁丰；青黑，人主腰下有疾。星不具，则贵人多病。客星入，为谷贵。彗、孛入，岁饥。青云气入，为兵；黑，为忧；黄，则天子有喜。

天屎一星，在天厕南。色黄，则年丰。凡变色，为蝗，为水旱，为霜杀物。常以秋分候之。星亡不现，天下荒；星微，民多流。

按《步天歌》，玉井、军井、厕各四星，屏二星，天屎一星，俱属参宿。《晋志》玉井在参左足，武密书属觜，《乾象新书》属毕；军井，《晋志》在玉井南，武密亦属觜，《乾象新书》亦属毕，唐开元游仪在玉井东南；屏、厕、天屎，《晋志》皆不载，《隋志》屏在玉井南，开元游仪在觜，《隋志》厕在屏东，屎在厕南，《乾象新书》皆属参：与《步天歌》互有不合。

南方

东井八星，天之南门，黄道所经，七曜常行其中，为天之亭候，主水衡事，法令所取平也。武密占曰：井中为三光正道，五纬留守若经之，皆为天子无道。不欲明，明则大水。又占曰：用法平，井宿明。钺一星，附井宿前，主伺奢淫而斩之；明大与井宿齐，则用钺于大臣。月宿，其分有风雨。日食，秦地旱，民流，有不臣者；晕，则多风雨；有青赤气在日，为冠，天子立侯王。月食，有内乱，大臣黜，后不安，五谷不登，分有兵、丧。月晕，为旱，为兵，为民流，国有忧，一曰有赦；阴阳不和则晕，晕及三重，在三月为大水，在十二月日壬癸为大赦。月犯之，将死于兵，水官黜，刑不平；犯井钺，大臣诛，有水事。岁星犯之，王急法，多狱讼，水溢，将军恶之；犯井钺，近臣为乱，兵起；逆行入井，川流壅塞。荧惑犯之，兵先起者殃，又曰天子以水败；入守经旬，下有兵，贵人不安；守三十日，成勾巳，角动，色赤黑，贵人当之，百川溢，兵起。填星入犯之，兵起东北，大臣忧；入井钺，王者恶之；在觜而去东井，其下亡地。太白犯之，咎在将；久守，其分君失政，臣为乱。辰星犯之，星进则兵进，退则兵退，刑法平，又曰北兵起，岁恶。芒角、动摇，色赤黑，为水，为兵起。客星犯之，谷不登，大臣诛，有土功，小儿妖言。彗星犯之，民谗言，国失政，一曰大臣诛，其分兵灾。流星犯之，在春夏则秦地谋叛，在秋冬则宫中有忧。《乙巳占》：流星色黄润，国安；赤黑，秦分民流，水灾。苍黑云气入犯之，民有疾疫；黄白润泽，有客来言水泽事。黑气入，为大水。常以正月朔日入时候之。井宿上有云，岁多水潦。

按汉永元铜仪，井宿三十度；唐开元游仪，三十三度，去极七十度。景祐测验，亦三十三度，距西北星去极六十九度。

五诸侯五星，在东井北，主断疑、刺举、戒不虞、理阴阳、察得失，亦曰主帝心。一曰帝师，二曰帝友，三曰三公，四曰博士，五曰太史，五者常为帝定疑议。星明大、润泽，则天下治。五礼备，则光明，不相侵凌；暗则贵人谋上；芒角，祸在中。岁星犯之，兵起三年。荧惑犯之，大臣叛不成。太白犯之，诸侯兴兵亡国；经天昼现，则诸侯受诛。客星犯，王室乱，诸侯亡地，秦国殃；守之，诸侯亲属失位。彗、字犯之，执法臣诛，又曰贵臣当之，期一年。云气犯之，色苍白，诸侯有丧；不，则臣有诛戮。

积水一星，在北河西北，所以供酒食之正也。不现，为灾。岁星犯之，水物不成，鱼盐贵，民饥。荧惑犯之，为兵，为水。辰星犯之，为水、旱。客星犯之，兵起，大水，大臣忧，期一年。苍白云气入犯之，天下有水。

积薪一星，在积水东北，供庖厨之正也。星不明，五谷不登。荧惑犯之，为旱，为兵，为火灾。客星守之，薪贵。赤云气入犯之。为火灾。

南河三星，与北河夹东井，一曰天之关门也，主关梁。南河曰南戍，一曰南宫，一曰阳门，一曰越门，一曰权星，主火，两河戍间，日、月、五星之常道也。河戍动摇，中国兵起。河星不具，则路不通，水泛滥。月出入两河间中道，民安，岁美，无兵；出中道之南，君恶之，大臣不附。星明，为吉；昏昧动摇，则边兵起，远人叛，主忧。月犯之，为中邦忧，一曰为兵，为丧，为旱，为疫；行西南，为兵、旱；入南戍，则民疫；晕，则为土功；乘之，四方兵起；经南戍南，则为刑罚失。岁星犯之，北主忧。荧惑犯两河，为兵；守三十日以上，川溢；守南河，谷不登，女主忧；守南戍西，果不成；在东，则有攻战；填星乘南河，为旱，民忧；守之，为兵，道不通。太白舍三十日，川溢；一日有奸谋；守两河，为兵起。客星守之，为旱，为疫。彗、孛出。为兵；守，为旱。流星出，为兵、丧，边戍有忧。苍白云气入之，河道不通；出而色赤，天子兵向诸侯。黄气入之，有德令；出，为灾。

北河亦三星，北河曰北戍，一曰北宫，一曰阴门，一曰胡门，一曰衡星，主水。五星出、入、留、守之，为兵起；犯之，为女丧；乘之，为北主忧。岁星入北戍，大臣诛。荧惑从西入北戍。六十日有丧；从东入，九十日有兵；一曰出北戍北守之，边将有不请于上，而用兵外国者胜；填星守之，兵起，六十日内有赦，一曰有土功；若守戍西，五人谷不实。太白舍北戍，三十日为女丧，有内谋；守阴门，不出百日天下兵悉起。辰星守之，外兵起。边臣有谋；留止则兵起四方。客星入犯之,有丧于外,奸人于中;入自东,兵起,期九十日;入自西,有丧,期六十日;守之,为大水。流星经两河间,天下有难;入,为北兵入中国,关梁不通。云气苍白入犯之,边有兵,疾疫,又为北主忧。

四渎四星,在东井南垣之东,江、河、淮、济之精也。明大,则百川决。

水位四星,在积薪东,一曰在东井东北,主水衡。岁星犯之,为大水;一曰出南,为旱。荧惑犯守之,田不治。客星犯之,水道不通,伏兵在水中;一曰客星若水、火,守犯之,百川流溢。彗、孛出,为大水,为兵,谷不成。流星入之,天下有水,谷败民饥。赤云气入,为旱、饥。

天樽三星,在五诸侯南,一曰在东井北,樽器也,主盛饘粥,以给贫馁。明,为丰;暗,则岁恶。

阙丘二星,在南河南,天子双阙,诸侯两观也。太白、荧惑守之兵战阙下。

军市十三星,状如天钱,天军贸易之市,有无相通也。中星众,则军余粮;小,则军饥。月入,为兵起,主不安。五星守之,军粮绝。客星入,有刺客起,将离卒亡。流星出,为大将出。

野鸡一星,在军市中,主变怪。出市外,天下有兵。守静,为吉;芒角,为凶。

狼一星,在东井东南,为野将,主侵掠。色有常,不欲动也。芒角、动摇,则兵起;明盛,兵器贵;移位,人相食;色黄白,为凶;赤,为兵。月犯之,有兵不战,一曰有水事。月食在狼,外国有谋。五星犯之,兵大起,多盗。彗、孛犯之,盗起。客星守之,色黄润,为喜;黑,则有忧。赤云气入之,有兵。

弧矢九星,在狼星东南,天弓也。主行阴谋以备盗,常属矢以向狼。武密曰:"天弓张,则北兵起。"又曰:"天下尽兵。"动摇明大,则多盗;矢不直狼,为多盗;引满,则天下尽为盗。月入弧矢,臣逾主。月晕其宿,兵大起。客星入,南夷来降;若舍,其分秋雨雪,谷不成;守之,外夷饥;出入之,为兵出入。流星入,北兵起,屠城杀将。赤云气入之,民惊,一曰北兵入中国。

老人一星,在弧矢南,一名南极。常以秋分之旦现于丙,候之南郊,春分之夕没于丁。见,则治平,天子寿昌;不现,则兵起,岁荒,君忧。客星入,为民疫,一曰兵起,老者忧。流星犯之,老人多疾,一曰兵起,白云气入,国当绝。

丈人二星,在军市西南,主寿考,悼耄矜寡,以哀穷人。星亡,人臣不得自通。

子二星,在丈人东,主侍丈人侧。不现,为灾。

孙二星,在子星东,以天孙侍丈人侧,相扶而居以孝爱。不现,为灾;居常,为无咎。

水府四星,在东井西南,水官也,主堤塘、道路、梁沟,以设堤防之备。荧惑入之,有谋臣。辰星入。为水。客星入,天下大水。流星入,色青,主所之邑大水;赤,为旱。

按《步天歌》,自五诸侯至水府常星一十八座,俱属东井。武密书以丈人二星,子、孙各一星属牛宿。《乾象新书》以丈人与子属参,孙属井;又以水府四星亦属参。武密以水府属井。余皆与《步天歌》合。

舆鬼五星,主观察奸谋,天目也。东北星主积马,东南星主积兵,西南星主积布帛,西北星主积金玉,随变占之。中央星为积尸,主死丧祠祀;一曰铁锧,主诛斩。星明大,谷不成;不明,民散。锧欲其忽忽不明,明则兵起,大臣诛;动而光,赋重役烦,民怀嗟怨。日食,国不安,有大丧,贵人忧。晕,则其分有兵,大臣有诛废者。月食,贵臣、皇后忧,期一年。晕,为旱,为赦。月犯之,秦分君忧,一早曰军将死,贵臣、女主忧,民疫。岁星犯之,谷伤民饥,君不听事;犯鬼锧,执法臣诛。荧惑犯之,忠臣诛,一曰兵起,后失势;入,则后及相忧,一曰贼在君侧,有兵、丧;勾巳,国有赦;留守十日,诸侯当之;二十日,太子当之;勾巳环绕,天子失庙。填星犯之,大臣、女主忧;守之,忧在后宫,为旱,为土功;入锧,王者恶之;犯积尸,在阳为君,在阴为后,左为太子,右为贵臣,随所守恶之。太白入犯之,为兵,乱臣在内，一曰将有诛；贯之而怒，下有叛臣；久守之，下有兵，为旱，为火，万物不成。辰星犯之，五谷不登。守，为有丧，忧在贵人。客星犯之，国有自立者败，一曰多土功；入之，有诅盟祠鬼事。彗星犯之，兵起，国不安。星孛，其下有丧，兵起，宜修德禳之，流星犯鬼锧，有戮死者；入，则四国来贡，白云气入，有疾疫，后有忧，赤，为旱；黄，为土功；入犯积尸，贵臣有忧；青为病。

按汉永元铜仪，舆鬼四度。旧去极六十八度。景祐测验，舆鬼三度，距西南星去极六十八度。

爟四星，在鬼宿西北，一曰在轩辕西，主烽火，备边亭之警急。以不明为安，明大则边有警。赤云气入，天下烽火皆动。

天狗七星，在狼星西北，主守财。动移，为兵，为饥，多寇盗，有乱兵。填星守之，人相食。客彗守之，则群盗起。

外厨六星，为天子之外厨，主烹宰，以供宗庙。占与天厨同。

积尸气一星，在鬼宿中，孛孛然入鬼一度半，去极六十九度，在赤道内二十二度，主死丧祠祀。

天纪一星，在外厨南，主禽兽之齿。太白、荧惑守犯之，禽兽死，民不安。客星守之，则政虐。

天社六星，在弧矢南。昔共工氏之勾龙能平水土，故祀之以配社，其精上为星。明，则社稷安；不明、动摇，则下谋上。太白、荧惑犯之，社稷不安。客星入，有祀事于国内；出，则有祀事于国外。

按《晋志》，爟四星属天市垣，天狗七星在七星北。武密以天狗属牛宿，又属舆鬼，《乾象新书》属井。外厨六星，《晋志》在柳宿南，武密书亦属柳，《乾象新书》与《步天歌》皆属舆鬼。天纪一星，武密书及《乾象新书》皆属柳，惟《步天歌》属鬼宿。天社六星，武密书属井，又属鬼。《乾象新书》以西一星属井，中一星属鬼，末一星属柳。今从《步天歌》以诸星俱属舆鬼，而备存众说。

柳宿八星，天子之厨宰也，主尚食，和滋味，又主雷雨。《尔雅》曰："咪，谓之柳；柳，鹑火也。"又主木功。一曰天库，又为鸟喙，主草木。明，则大臣谨重，国家厨食具；开张，则人饥死；亡，则都邑振动；

直，则为兵。日食，宫室不安，王者恶之，厨官、桥道、堤防有忧。日晕，飞鸟多死，五谷不成；三抱而戴者，君有喜。月食，宫室不安，大臣忧。月晕，林苑有兵，天下有土功，厨狱官忧，又为兵，为饥，为旱、疫。岁星犯之，国多义兵。荧惑犯之，色赤而芒角，其下君死，一曰宫中忧火灾；守之，有兵，逆臣在侧；逆行守之，王不宁。填星犯守，君臣和，天下喜；石申曰："天子戒饮食之官。"出、入、留、舍，有急令。太白犯之，有急兵。逆行勾巳，臣谋主；昼现，为兵。辰星犯之，民相仇，岁旱，君戒在酒食。客星犯之，咎在周国；守，则布帛、鱼盐贵。色苍白，杀边地诸侯。彗星犯之，大臣诛，为兵、为丧。星孛于柳，南夷叛，甘德曰："为兵，为丧。"流星出犯之，周分忧；色黄，为喜；入，则王者内有火灾；《乙巳占》曰："出，则宗庙有喜，贤人用；入，为天厨官有忧，木功废。"赤云气入，为火；黄。为赦；黄白，为天子有喜，起宫室。

按汉永元铜仪，以柳为十四度；唐开元游仪十五度。旧去极七十七度。景祐测验，柳八星一十五度，距西头第三星去极八十三度。

酒旗三星，在轩辕右角南，酒官之旗也，主宴享饮食。星不具，则天下有大丧，帝王宴饮，沉昏非礼，以酒亡国；明，则宴乐谨。五星守之，天下大酺，有酒肉赐宗室。荧惑犯之，饮食失度。太白犯之，三公九卿有谋。客、彗犯，主以酒过为相所害。赤云气入，君以酒失。

按《晋志》，酒旗在天市垣。《步天歌》，以酒旗属柳宿。以《通占镜》考之，亦属柳，又属七星。《乾象新书》亦属七星，与《步天歌》不同，今并存之。

七星七星，一名天都，主衣裳文绣，又主急兵。故星明，王道昌；暗，则贤良去，天下空；动，则兵起；离，则易政。盖天曰：七星为朱雀颈。颈者，文明之粹，羽仪所承。日食其宿，主不安，刑在门户之神，又曰文章士受诛，其分兵起，臣为乱。日晕，周邦君忧；青色抱而顺，在兵为东军吉。月食，后及大臣有忧，又为岁饥，民流，其国更政。晕，其地旱，狱官凶。岁星犯之，王忧兵，五谷多伤。荧惑犯之，桥梁不通；逆行，则地动为火灾；出、入、留、舍，其国失地，水决。填星犯守，世治平，王道兴，后、夫人喜。太白犯之，兵暴起，大臣为乱；经天，防诈伪。辰星犯之，贼臣在侧；守，则其分有忧，万物不成，兵从中起，贵臣有罪，民疫流亡。客星犯之，为兵，《荆州占》云："河水决，民流。"彗犯，有乱兵起，贵臣戮，武密曰："彗星出七星，状如杵，为兵。"星孛于星，有乱兵起宫殿，贵臣戮，大臣相潜。流星犯之，为兵、忧；又曰：入，则有急使来，《乙巳占》："流星入，库官有喜，锦绣进，女工用。"苍白云气入，贵人忧；出，则天子用急使。赤入，为兵；黑，为贤士死；黄，则远人来贡；白，为天子遣使赐诸侯帛。

　　按景祐测验，七星七度，距大星去极九十七度。

　　轩辕十七星，在七星北，后妃之主，士职也。一曰东陵，一曰权星，主雷雨之神。南大星，女主也；次北一星，夫人也，屏也，上将也；次北一星，妃也，次将也；其次诸星，皆次妃之属也。女主南小星，女御也；左一星少民，后宗也；右一星大民，太后宗也。欲其色黄小而明。武密曰："后妃后宫之象，阴阳交合，感为雷，激为电，和为雨，怒为风，乱为雾，凝为霜，散为露，聚为云气，立为虹霓，离为背璚分为抱珥，此二十四变皆权主之。"微细，则皇后不安；黑，则忧在大人；移徙，则民流；东西角大张而振，后族败。月入之，女主失势，或火灾；犯左右角，大臣以罪免；中犯乘守大民，为饥，太后宗有罪；守少民，小有饥，女主失势；守御女，有忧，月晕，女主有丧。月、五星凌犯，环绕，乘守，皆为女主有祸。月食，女主忧。岁星犯之，女主失势，一曰大臣当之；乘守大民，为大饥，太后宗黜；中犯乘守少民，为小饥，后宫有黜者。荧惑犯守勾巳，后妃离德；犯御女，天子仆妾忧；犯大民、少民，忧在后宗；守之，宫中有戮者。填星行其中，女主失势，有丧。太白犯之，皇后失势。客星犯之，近臣谋灭宗族，彗、孛犯，女主为寇，一曰兵起，流星入，后宫多谗乱；《乙巳占》："流星出之，后有中使出。"一曰天子有子孙喜。

　　天稷五星，在七星南，农正也，取百谷之长以为号。明，则岁丰；暗，或不具为饥；移徙，天下荒歉。客星入之，有祠事于内；出，有祠事于国外。

天相三星，在七星北，一曰酒旗南，丞相大臣之象。武密曰："占与相星同。"五星犯守之，后妃、将相忧。彗、客犯之，大臣诛。云气入，黄，为大臣喜；黑，为将疾。

内平四星，在三台南，一曰在中台南，执法平罪之官，明，则平刑罚平。

按轩辕十七星，《晋志》在七星北，而列于天市垣；武密以轩辕属七星，又属柳；《乾象新书》以西八星属柳，中属七星，末属张。天稷五星，《晋志》在七星南；武密亦以天稷属七星，又属柳；《乾象新书》以西二星属柳，余属七星。天相三星，《晋志》在天市垣，武密书属七星，《乾象新书》属轸宿。内平四星，《晋志》在天市垣，武密书属柳，《乾象新书》属张，《步天歌》属七星，诸说皆不同，今并存之。

张宿六星，主珍宝、宗庙所用及衣服，又主天厨饮食、赏赍之事。明，则王行五礼，得天之中；动，则赏赍不明，王者子孙多疾；移徙，则天下有逆；就聚，则有兵。日食，为王者失礼，掌御馔者忧，甘德曰："后失势，贵臣忧，期七十日。"晕及有黄气抱日，主功臣效忠，又曰："财宝大臣黜，将相忧。"月食，其分饥，臣失势，皇后有忧。晕，为水灾，陈卓曰："五谷、鱼盐贵。"巫咸曰："后妃恶之，宫中疫。"月犯之，将相死，其国忧。岁星入犯之，天子有庆贺事；守之，国大丰，君臣同心；三十日不出，天下安宁，其国升平。荧惑犯之，功当封；入，则为兵起；又曰色如四时休王，其分贵人安，社稷无虞；又曰荧惑春守，诸侯叛；逆行守之，为地动，为火灾，又曰将军惊，土功作，又曰会则不可用兵。填星犯之，为女主饮宴过度，或宫女失礼；入，为兵；出，则其分失地；守之，有土功。太白犯之，国忧；守之，其国兵谋不成，石申曰："国易政"；舍留，其国兵起。辰星犯守，五谷不成，兵起，大水，贵臣负国，民疫，多讼；芒角，臣伤其君；入，为火灾；出，则有叛臣。客星犯之，天子以酒为忧；守之，周、楚之国有隐士出；入于张，兵起国饥；舍留不去，前将军有谋，又曰利先起兵。彗星犯之，国用兵，民亡；守，为兵；出，为旱；又曰犯守，君欲移徙宫殿，星孛于张，为民流，为兵大起。《乙巳占》："流星出入，宗社昌，有赦令，下臣入贺。"苍白云气入之,庭中筋客有忧;黄白,天子因喜赐客;黑,为其分水灾;色赤,天子将用兵。

按汉永元铜仪,张宿十七度;唐开元游仪,十八度。旧去极九十七度。景祐测验,张十八度,距西第二星去极一百三度。

天庙十四星,在张宿南,天子祖庙也。明,则吉;微细,其所有兵,军食不通。客星中犯之,有白衣会,兵起,又曰祠官有忧。武密曰:"与虚梁同占。"

按天庙十四星,《晋志》虽列于二十八宿之外,而亦曰在张宿南,与《隋志》所载同,兼与《步天歌》合。

翼宿二十二星,天之乐府,主俳倡戏乐,又主外夷、远客、负海之滨。星明大,礼乐兴,四国宾;动摇,则蛮夷使来;离徙,天子将举兵。日食,王者失礼,忠臣见潜。为旱灾。晕,为乐官黜;上有抱气三,敌心欲和。月食,亦为忠臣见潜,飞虫多死,北方有兵,女主恶之,石申曰:"大臣有谋。"月犯之,国忧,其分有兵,大将亡,女主恶之。岁星犯,五谷为风所伤;守之,王道具,将相忠,文术用;逆行入之,君好畋猎。荧惑犯之,其分民饥,臣下不从命,边兵起,出、入、留、舍,为兵;守之,佞臣为乱。填星犯之,大臣忧;守之,主圣臣贤,岁丰,后有喜,出、入、留舍兵起;逆行,则女主失政。太白入,或犯之,皆为兵起;出、入、留、舍,大风水灾,其分君不安;舍左,为旱;守犯、勾巳、凌突,则大臣专君令。辰星凌抵,下臣为乱伏诛;守之,旱,饥,民流,龙蛇现;守其中,兵大起;同现西方,大臣忧。客星入犯之,国有兵,大臣忧,一曰负海国有使来;守之,为兵起。彗星犯之,大臣忧,国有兵、丧。星孛于翼,亦为大臣忧,其分失礼乐;出,则其地有谋。下有兵、丧;芒所指,有降人。流星犯之,亦为忧在大臣;出,则其下有兵;入,为贵臣囚系,《乙巳占》曰:"流星入,天下贤士入见,南夷来贡,国有贤臣。"赤云气出入,有暴兵;黄而润泽,诸侯来贡;黑,为国忧。

按汉永元铜仪,翼宿十九度;唐开元游仪,十八度。旧去极九十七度。景祐测验,翼宿一十八度,距中行西第二星去极百四度。

东瓯五星,在翼南,蛮夷星也。《天文录》曰:"东瓯,东越也,今永嘉郡永宁县是也。"芒角、动摇,则蛮夷叛。太白、荧惑守之,其地有兵。

按东瓯五星,《晋志》在二十八宿之外,《乾象新书》属张宿;武密书属翼宿,与《步天歌》合。

轸宿四星,主冢宰、辅臣,主车骑,主载任。有军出入,皆占于轸。又主风,占死丧。明大,则车驾备;移徙,天子有忧;就聚,则兵起。辖二星,傅轸两旁,主王侯,左辖为王者同姓,右辖为异姓。星明,兵大起;远轸,凶;辖举,南蛮侵;车无辖,国有忧。日食,忧在将相,戒车驾之官,一曰后不安。晕而生背气,其下兵起,城拔,视背所向击之胜,又曰王者恶之。月食,后及大臣忧。月晕,有兵,岁旱,多大风。岁星犯之,为火灾,为民疫,大臣忧,主库者有罪;入,则其国将死;守之,国有丧;七日不移,有赦,又曰君有忧。荧惑犯之,有乱兵;入轸,将军为乱,水伤稼,民多妖言;逆行,为火,为兵,填星犯之,为兵,为土功;入,则兵败;逆行,女主忧;出、入、舍、留,六十日兵起,大旱。太白犯之,为兵起,得地;入,为兵;守之,亡地,将忧;起左角,逆行至轸,失地,经天,则兵满野。辰星犯之,民疫,大臣忧,中国有贵丧;守之,大水;入,则天下以火为忧,一曰国有丧。客星犯之,为兵,为丧;入,则有土功,籴贵,诸侯使来;出,则君使诸侯;守之,边兵起,民饥;守辖,军吏忧。彗星犯之,为兵,为丧;色赤,为君失道,又曰天子起兵,王公废黜。星孛于轸,亦为兵、丧,又曰下谋上,主忧。流星犯之,有兵起,亦有丧,不出一年,库藏空;春夏犯之,为皮革用;秋冬,为水旱不调。

按汉永元铜仪,以轸宿为十八度。旧去极九十八度。景佑测验,亦十八度,去极一百度。

长沙一星,在轸宿中,入轸二度,去极百五度,主寿命。明,则君寿长,子孙昌。

青丘七星,在轸东南,蛮夷之国号。星明,则夷兵盛;动摇,夷兵为乱;守常,则吉。

军门二星,在青丘西,一曰在土司空北,天子六宫之门,主营候,设豹尾旗,与南门同占。星非其故,及客星犯之,皆为道不通。

器府三十二星,在轸宿南,乐器之府也。明,则八音和,君臣平;不明,则反是;客、彗犯之,乐官诛。赤云气掩之,天下音乐废。

土司空四星,在青丘西,主界域,亦曰司徒。均明,则天下丰;微暗,则稼墙不登。太白、荧惑犯之,男女废耕桑。客、彗犯之,为兵起,民流。

按《步天歌》,以左辖右辖二星、长沙一星、军门二星、土司空四星、青丘七星、器府三十二星俱属轸宿;《晋志》惟辖星;长沙附于轸,余在二十八宿之外;《乾象新书》以军门、器府、土司空属翼,青丘属轸;武密书以军门属翼,余皆属轸。今从《步天歌》,而附见诸家之说。

宋史卷五二
志第五

天文五

七曜　景星　彗孛　客星　流星
妖星　星变　云气　日食　日变
日辉气　月食　月变　月辉气

日为太阳之精，君之象，日行一度，一年一周天。日月行有道之国，则光明。君道至大，则日色光明；动不失时，则日扬光。至德之萌，日月如连璧。君臣有道，则日含"王"字；君亮天工，则日备五色；有圣人起，则日再中。人君有德，日有四彗，光芒四出；日有二彗，一年再赦。

《周礼》视祲掌十辉之法：一曰祲，阴阳五色之气，浸淫相侵；二曰象，云气成形象；三曰镌，日旁气刺日；四曰监，云气临日上；五曰暗，谓蚀及日光脱，六曰瞢，瞢不光明；七曰弥，白虹贯日；八曰序，谓气若山而在日上，及珥冠珥背璚重叠次序在于日旁；九曰隮，谓晕及虹也；十曰想，五色有形想。

凡黄气环在日左右为抱气；居日上为戴气，为冠气；居日下为承气；为覆气，居日下左右为纽气，为缨气。抱气则辅忠臣，余皆为喜，为得地，吉。

一珥在日西则西军胜，在东则东军胜，南北亦然；无兵，亦有拜将。两珥气环而小在日左右,主民寿考。三珥色黄白,女主喜;纯白,为丧;赤,为兵;青,为疾;黑,为水。四珥主立侯王,有子孙喜。

日有黄芒,君福昌;多黄辉,王政太平。日无光,为兵、丧,又为臣有阴谋。日旁云气白如席,兵众战死;黑,有叛臣如蛇贯之而青,谷多伤;白,为兵;赤,其下有叛;黄,臣下交兵;黑,为水。日始出,黑云气贯之,三日有暴雨。青云在上下,可出兵。有赤气如死蛇,为饥,为疫。杂气刺日皆为兵。

日晕,七日内无风雨,亦为兵;甲乙,忧火;丙丁,臣下忠;戊巳,后族盛;庚辛,将利;壬癸,臣专政。半晕,相有谋;黄,则吉;黑,为灾。晕再重,岁丰;色青,为兵、谷贵;赤,蝗为灾。三重,兵起。四重,臣叛。五重,兵、饥。六重,兵、丧。七重,天下亡。

日并出,诸侯有谋,无道用兵者亡。日辟,为兵寇。日陨,下失政。日中现飞燕,下有废主,日中黑子,臣蔽主明。昼昏,臣蔽君之明,有篡弑。赤如血,君丧臣叛。日夜出,兵起,下凌上,大水。日光四散,君失明。白虹贯日,近臣乱,诸侯叛。日赤如火,君亡。日生牙,下有贼臣。

日食为阴蔽阳,食既则大臣忧,臣叛主,兵起。日食正旦,王者恶之。日珥,甲乙,日有二珥四珥而食,白云中出,主兵;丙丁,黑云,天下疫;戊巳,青云,兵、丧;庚辛,赤云,天下有少主;壬癸,黄云,有土功。

日食在甲乙日,主四海之外,不占;丙丁,江、淮、海岱也;戊巳,中川,河、济也;庚辛,华山以西;壬癸,常山以北。各以其下所主当之。寅卯辰木,招谋者司徒也。巳午未火,招谋者太子也。申酉戌金,司马也。亥子丑水,司空也。

月为太阴之精,女主之象,一月一周天。君明,则依度;臣专,则失道。或大臣用事,兵刑失理,则乍南乍北;或女主外戚专权,则或进或退。月变色,为祅;青,饥;赤,兵、旱;黄,喜;黑,水。昼明,则奸邪作。月旁瑞气,一珥,五谷登;两珥,外兵胜;四珥及生戴气,君喜国安。终岁不晕,天下偃兵。

晦而明现西方，曰朒；朔而明现东方，曰久匿。匿则政缓，仄匿则政急。六日而弦，臣专政。七日而弦，主胜客。八日而弦，天下安。十日不弦，将死，战不胜。

两月并现，兵起，国乱，水溢。星入月中，亡国破将。白晕贯之，下有废主。白虹贯之，为大兵起。生齿，则下有叛臣。生足，则后族专政。

月珥背璚，晕而珥，六十日兵起；珥青，忧；赤，兵；白，丧；黑，国亡；黄，喜。有背璚，臣下弛纵，欲相残贼，不和之气。晕三重，兵起；四重，国亡；五重，女主忧；六重，国失政；七重，下易主；八重，亡国；九重，兵起亡地；十重，天下更始。

月食，从上始则君失道，从旁始为相失令，从下始为将失法。岁星犯之，兵、饥、民流。荧惑犯之，大将死，有叛臣，民讥，填星犯之，人臣弑主；合，国饥。月食填星，民流；一曰月犯填，女主忧。民流。太白犯，出月右为阴国有谋，左为阳国有谋；出月下君死、民流。月戴太白，起兵；入月，将死；与太白会，太子危。辰星犯之，天下水。月食辰，水，饥。辰入月，臣叛主。彗星入，或犯之，兵期十二年，大饥；贯月，臣叛主。流星犯之，有兵；入无光，有亡国，在月上下，国将乱。月犯列星，其国受兵。星食月，国相死。星现月中，主忧。

凡月之行，历二十又九日五十三分而与日相会，是谓合朔。当朔日之交，月行黄道而日为月所掩，则日食，是为阴胜阳，其变重果，自古圣人畏之。若日月同度于朔；月行不入黄道，则虽会而不食。月之行在望与日对冲，月入于暗虚之内，则月为之食，是为阳胜阴，其变轻。昔朱熹谓月食终亦为灾，阴若退避，则不至相敌而食。所谓暗虚，盖日火外明，其对必有暗气，大小与日体同。此日月交会薄食之大略也。日食修德，月食修刑，自昔人主遇灾而惧，侧身修行者，此也。

岁星为东方，为春，为木。于人五常，仁也；五事，貌也。超舍而前为赢，退舍为缩。色光明润，君寿民富。又主福，主大司农，主五谷。石申曰：岁星所在，国不可伐。如岁在卯，不可东征。甘德曰：

所去，国凶；所之，国吉；退行，为凶灾。主泰山、徐青、兖及角、亢、氐、房、心、尾、箕。君令不顺。则岁星退行；入阴为内事，入阳为外事；行阴道为水，行阳道为旱。星大，则喜；小，则牛马多死，疾疫。初现小而日益大，所居国利。初出大而日小，国耗。《荆州占》：岁星色黑，为丧；黄，则岁丰；白，为兵；青，多狱；君暴，则色赤。荧惑相犯，为大战；相去方寸为犯，战，客胜。食火，国亡。边侵曰食。守之为贼。居之不去为守。触火，则国乱。两体俱动而直曰触。合斗，为饥、旱。离复曰合。合复离曰斗，填星相犯，退，犯填，太子叛。当东反西曰退。与填星合，为内乱，民饥。芒角相及同光曰合。守填星，其下城败。太白相犯，大臣黜，女主丧。触太白，则四边来侵。守太白，为四序不调。合斗，则大将死。辰星相犯，太子忧。触辰，主忧；守，忧贼。合，则君臣和。昼现，则臣强。它星犯之，主不安。客星犯守，主忧。流星犯之，色苍黑，大农死；赤，为饥疫；黄，则岁丰。抵之，臣叛主。

荧惑为南方，为夏，为火。于人五常，礼也；五事，视也。晋灼曰："常以十月入太微，受制而出，行列宿，司天道，出入无常。"二岁一周天。出，则有兵；入，则兵散。逆行一舍二舍，为不祥，所舍国为乱、贼、疾、丧、饥、兵。或环绕勾巳，芒角、动摇、变色，乍前乍后，为殃愈甚。退行一舍，天下有火灾；五舍，大臣叛。《星经》曰："主霍山、扬、荆、交州，又舆鬼、柳、七星。"又主大鸿胪，又曰主司空，为司马，主楚、吴、越以南，司天下群臣之过失。东行，则兵聚东方；西行，则兵聚西方。天下安，则行疾。与岁星相犯，主册太子，有赦。触岁星，有子；守之，太子危。填星相犯，兵大起。入填星，将为乱；触之，有刀兵；守之，有内贼，太子危。与太白相犯，主亡，兵起，守北，太子忧；南，庶子忧。环绕，偏将死。与辰星相犯，兵败。与辰星相会，为旱，秋为兵。冬为丧；守之，太子忧，有赦。它星相犯，兵起，妖星犯之，为兵，为火。

填星为中央，为季夏，为土。于人五常，信也；五事，思也。常以甲辰元始之岁填行一宿，二十八岁而一周天。四星皆失，填为之动。

所居，国吉，女子有福，不可伐。去之，失地。天子失信，则填大动。盈则超舍，以德盈则加福，刑盈则不复；缩则退舍不及常，德缩则迫戚，刑缩则不育。《星经》曰："主嵩山、豫州，又主东井。"行中道，则阴阳和调。退行一舍，为水；二舍，海溢河决。经天退行，天下更政，地动。巫咸曰：光明，岁熟。大明，主昌。小暗，主忧。春青，夏赤，女主喜。春色苍，岁大熟；色赤，饥。有芒，兵。与岁星相犯相斗，为内乱；合，则野有兵。荧惑相犯，为兵、丧；合，则为兵，为内乱，大人忌之。太白相犯，为内兵，有大战，一曰王者失地。合于太微，国有大兵，一曰国亡。辰星犯，为兵，为旱。祆星犯，下臣谋上。流星犯，则民多事。与月相犯，有兵。

太白为西方，为秋，为金。于人五常，义也；五事，言也。常以正月甲寅与火晨出东方，二百四十日而入。入四十日又出西方，二百四十日而入。入三十五日而复出东方。出以寅戌，入以丑未也。一年一周天。日方南太白居其南，日方北太白居其北，为赢，侯王不宁，用兵进吉退凶。日方南太白居其北，日方北太白居其南，为缩，侯王有忧，用兵退吉进凶。《星经》曰："主华阴山"梁雍益州，又主奎、娄、胃、昴、毕、觜、参。"出西方，失行，外国败。出东方，失行，中国败。若经天，天下革，民更主，是谓乱纪，人众流亡。昼现，与日争明，强国弱，女主昌，又曰主大臣。巫咸曰：光明现影，战胜，岁熟。状炎然而上，兵起。光如张盖，下有立王。凡与岁星相犯，兵败失地。犯荧惑，客败主胜。犯填星，太子不安，失地。犯辰星，主兵。入月，主死，其下兵。犯月角，兵起，在左则中国胜，在右则外国胜。当现不现，失地破军。它星犯，其事急。祆星犯，边城有战。客星犯，主兵将死。凡太白至午位，避日而伏，若行至未，即为经天，其灾异重也。

辰星为北方，为冬，为水。于人五常，智也；五事，听也。常以二月春分现奎、娄，五月夏至现东井，八月秋分现角、亢，十一月冬至现牵牛。出以辰戌，入以丑未，二旬而入。晨候之东方，夕候之西方也。一年一周天。出早为月食。晚为彗星及天祆。一时不出，其时不和。四时不出，天下大饥。《星经》曰："主常山、冀、并、幽州，又主斗、牛、女、虚、危、室、壁。"又曰主燕、赵、代，主廷尉，以比宰相之象。石申曰：色黄，五谷熟；黑，为水；苍白，为丧。凡与岁星相犯，皇后有谋。荧惑犯妨太子。填星犯，兵败；太白亦然。芒角相及同光曰合，它星光曜相逮为害。客星、太阴、流星相犯，主内患。

凡五星：岁星色青，比参左肩；荧惑色赤，比心大星；填星色黄，比参右肩；太白色，白比狼星；辰星色黑，比奎大星。得其常色而应四时则吉，变常为凶。

木与土合为内乱，饥；与水合为变谋而更事；与火合为饥，为旱；与金合为白衣之会，合斗，国有内乱，野有破军，为水。太白在南，岁星在北，名曰牝牡，年谷大熟。太白在北，岁星在南，其年或有或无。火与金合为烁，为丧，不可举事用兵，从军为军忧；离之，军却。出太白阴，分地；出其阳，偏将战。与土合为忧；主辇卿。与水合为北军，用兵举事大败。一曰，火与水合为粹，不可举事用兵。土与水合为壅沮，不可举事用兵，有覆军。一曰，为变谋更事，必为旱。与金合为疾，为白衣会，为内兵，国亡地，与木合国饥。水与金合为变谋，为兵、忧。

木、火、土、金与水斗，皆为战，兵不在外皆为内乱。

三星合，是谓惊立绝行，其国外内有兵与丧，百姓饥乏，改立侯王。四星合，是谓大汤，其国兵、丧并起君子忧，小人流。五星若合，是谓易行，有德受庆，改立王者，奄有四方，子孙蕃昌；亡德受殃，离其国家，灭其宗庙，百姓离去，被满四方。五星皆大，其事亦大；皆小，事亦小。五星俱现，其年必恶。

凡五星与列宿相去方寸为犯，居之不去为守，两体俱动而直曰触，离复合、合复离曰斗，当东反西曰退，芒角相及同舍曰合。

凡五星东行为顺，西行曰逆，顺则疾，逆则迟，通而率之，终于东行。不东不西曰留，与日相近而不现曰伏，伏与日同度曰合。

凡金、水二星，行速而不经天，自始与日合后，行速而先日，夕现西方。去日前稍远，夕时欲近南方则渐迟，迟极则留，留而近日，则逆行而合日；在于日后，晨现东方。逆极留，留而后迟，迟极去日稍远，旦时欲近南方，则速行以近日，晨伏见于东方，复与日合度。此五星合现、迟疾、顺逆、流行之大端也。

凡五星之行，古法周天之数，如岁星谓十二年一周天，乃约章数耳。晋灼谓太岁在四仲则行三宿，在四孟、四季则行二宿，故十二年而行周二十八宿。其说亦非。夫二十八宿，度有广狭，而岁星之行自有盈缩，岂得以十二年一周无差忒乎？唐一行始言岁星自商、周迄春秋季年，率百二十余年而超一次，因以为常。以春秋乱世则其行速，时平则其行迟，其说尤迂。既乃为后率前率之术以求之，则其说自悖矣。今绍兴历法，岁星每年行一百四十五分，是每年行一次之外有余一分，积一百四十四年剩一次矣。然则先儒之说，安可信乎？余四星之行，固无道逆顺，中间亦岂无差忒？一行不复详言，盖亦知矣。

景星，德星也，一曰端星，如半月，生于晦朔，大而中空，其名各异。曰周伯，其色黄，煌煌然，所现之国大昌。曰含誉，光耀似彗，喜则含誉射。曰格泽，状如焰火，下大上锐，色黄白，起地上，现则不种而获。曰归邪，两赤彗向上，有盖。曰天保星，有音，如炬火下地，野鸡鸣，皆五行冲和之气所生也。其曰蓬芮、玄保、昭明、昏昌、旬始、司危、菀昌、地维臧光之类，亦皆为瑞星，然前志以王蓬芮以下星为妖星，又奇星，古无所考，现于仁宗、英宗之时，故附于景星之末云。

彗星，小者数寸，长者或竟天。现则兵起，大水，除旧布新之兆也。其体无光，傅日而为光。故夕现则东指，晨现则西指。光芒所及则为灾。有五色，各依五行本精所生。

孛星，彗属。偏指曰慧，芒气四出曰孛，孛者，孛孛然，非常恶气之所生也。主大乱，主大兵，灾甚于彗。蚩头星，《玉册》云亦彗属也。

客星有五：周伯、老子、王蓬絮、国皇、温星是也。周伯、大而黄，

煌煌然,所现之国,兵丧,饥馑,民庶流亡。老子、明大纯白,出则为
饥。为凶,为善,为恶,为喜,为怒。王蓬絮,状如粉絮,拂拂然,现则
其国兵起,有白衣之会。国皇,大而黄白,有芒角,主兵起,水灾,人
主恶之。温星,色白,状如风动摇,常出四隅。皆主兵。此五星错出
乎五纬之间,其现无期,其行无度,各以其所在分野而占之。又四隅
各有三星:东南曰盗星,主大盗;西南曰种陵,出则谷贵;西北曰天
狗,现则天下大饥;东北曰女帛,主有大丧。

流星,天使也。自上而降曰流,东西横行亦曰流。流星有八,曰
天使,曰天晖,曰天雁,曰天保,曰地雁,曰梁星,曰臿头,曰天狗。流
星之为天使者有祥有妖,为天晖、天雁,夜陨而为天保,则祥;若夜
陨而为地雁、梁星,昼陨而为臿头,则妖,流星之大者为大奔星,夜
陨而为天狗,厥妖大。自下而升曰飞。飞星有五,亦有妖祥之分,飞
星化而为天刑则祥;为降石,为顿顽,为解衔,为大渎,则为妖。

妖星,五行乖戾之气也。五星之精,散而为妖星,形状不同,为
殃则一。各以其所现日期、分野、形色,占为兵、饥、水、旱、乱、亡。星
长三尺至五尺,期百日,等而上之。至一丈期一年,三丈期三年,五
丈期五年,十丈期七年,十丈以上,不出九年,盖妖星长大则期远而
殃深,短小则期近而殃浅。

天棓星乃岁之精,主奋争。天枪如彗,出西方,长二三尺,名天
枪,主破国。天猾主招乱。天欃出西方,长数丈,主国乱。蚩尤旗类
彗而后曲,主兵。天冲状如人,苍衣赤首,不动,主下谋上,灭国。国
皇大而赤,去地三丈,如炬火,主内寇。及登主夷分,主恣虐,旦见则
主弱。昭明如太白,光芒不行,主兵、丧。司危,《天官书》如太白,有
目,去地可六丈,大而白,其下有兵,主击强。五残如辰星,去地六七
丈,其下有兵,主奔亡。六贼去地六丈,大而赤,有光,出非其方,下
有兵、丧。狱汉青中赤表,下有三彗,去地可六丈,大而赤,数动,大
贲主灭邪暴兵。烛星主灭邪。流主伏逃。茀星、昂、孛星主灾。旬

始北斗旁,如雄鸡,见则更主。击咎主大兵。有反者,大乱。天杵主牂羊。天栅主击殃。伏灵现则世乱。天败主斗冲。司奸主现怪。天狗有毛,旁有短彗,下如狗形,现则兵饥。天残主贪残。卒起有谋反,主惊亡。枉矢色黑,蛇行,望之如有毛目,长数匹者,见则兵起,破女君臣忧,上下乱。拂枢主制时。灭宝主伐乱。绕绖主乱挐。惊理主相屠。大奋祀主招邪。

天锋彗象,形似矛锋,现则兵起,有乱臣,昭星有三彗,兵出,有大盗不成,又主灭邪。蓬星大如二斗器,色白,出东南方,东北主旱,或大水。长庚星如一匹布著天,现则兵起。四填大而赤,可二丈,为兵。地维臧光星如月,始出,大而赤,去地二丈,东南,旱;西北,兵;出东北,大水。老子星色白,为善为恶,为饥为凶,为喜为怒。营头星有云如坏山坠,所坠下有覆军流血。积陵出西南,长三丈,主兵,小饥。昏昌出西北。气青赤色,中赤外青,主国易政。华星出西北,状如环,大则诸侯失地。白星如削瓜,主男丧。菀昌有赤青环之,主水,天下改易,濛星赤如牙旗,长短四面,西南最多,乱之象。长星出西方。

岁星之精,化为天棓、天枪、天滑、天冲、国皇、及登,苍彗。火星之精,化为昭旦、蚩尤之旗,昭明、司危、天欃、赤彗。土星之精,化为五残、六贼、狱汉、大贲、昭星、细流蜪星、旬始、蚩尤、虹霓、击咎,黄彗。太白之精,化为天杵、天栅、伏灵、天败、司奸、天狗、天残、卒起,白彗。辰星之精,化为枉矢、破女、拂枢、灭宝、绕绖、惊理、大奋祀,黑彗。

而月旁祅星,亦各有所生。天枪、天荆、真若、天猿、天楼、天垣,岁星所生也。现以甲寅日有两青方在其旁。天阴、晋若、官张、天惑、天雀、赤若、蚩尤,荧惑所生也。出在丙寅日,有两赤方在其旁。天上、天伐、从星、天枢、天翟、天沸、荆彗,填星所生也,出在戊寅日,有两黄方在其旁。若星、帚星、若彗、竹彗、墙星、权星、白蘿、太白所生也,出在庚寅日,有两白方在其旁。天美、天欃、天社、天林、天麻、天蒿、端下,辰星所生也,出以壬寅日,有两黑方在其旁,现则为水、旱、兵、丧、饥、乱。

《周礼保章氏》："以五云之物辨吉凶,水旱降丰荒之祲象。"故鲁僖公日南至登观台以望,汉明帝升灵台以望元气,吹时律,观物变。盖古者分至启闭必书,云物为备故也。建乎后世,其法浸备。瑞气则有庆云、昌光之属,妖气则有虹霓、祥云类,以候天子之符应,验岁事之丰凶,明贤者之出处,占战阵之胜负焉。

建隆元年五月己亥朔,日有食之。二年四月癸巳朔,日有食之。

乾德三年二月壬寅朔,日当食,不食。五年六月戊午朔,日有食之。

开宝元年十二月己酉朔,日有食之。三年四月辛酉朔,日有食之。四年十月癸亥朔,日有食之。五年九月丁巳朔,日有食之。七年二月庚辰朔,日有食之。八年七月辛未朔,日有食之。

太平兴国二年十一月丁亥朔,日有食之,既。六年九月己未朔,日有食之。七年三月癸巳朔,日有食之。八年二月戊子朔,日有食之。

雍熙二年十二月庚子朔,日有食之。三年六月戊戌朔,日有食之。

淳化二年闰二月辛未朔,日有食之。三年二月乙丑朔,日有食之。四年二月己未朔,日有食之。八月丙辰朔,日有食之。五年十二月戊寅朔,日有食之,云阴不现。

咸平元年五月戊午朔,日有食之。十月丙戌朔,日有食之。二年九月庚辰朔,日有食之。三年三月戊寅朔,日有食之。五年七月甲午朔,日有食之。

景德元年十二月庚辰朔,日有食之。三年五月壬寅朔,日有食之。云阴不现。四年五月丙申朔,日有食之。阴雨不现。

大中祥符二年三月丙辰朔,日有食之,阴雨不现。五年八月丙申朔,日有食之。六年十二月戊午朔,日有食之。七年十二月癸丑朔,日当食,不食。八年六月己酉朔,日有食之。

天禧三年三月戊午朔,日有食之。五年七月甲戌朔,日有食之。

乾兴元年七月甲子朔,日食几尽。

天圣二年五月丁亥朔,日当食不食。四年十月甲戌朔,日有食之。六年三月丙申朔,日有食之。七年八月丁亥朔,日有食之。

明道二年六月甲午朔,日有食之。

景祐三年四月己酉朔,日当食不食。

宝元元年正月戊戌朔,日有食之。

康定元年正月丙辰朔,日有食之。

庆历二年六月癸酉朔,日有食之。三年五月丁卯朔,日有食之。四年十一月戊午朔,日当食不食。五年四月丁亥朔,日有食之。云阴不现。六年三月辛巳朔,日有食之。

皇祐元年正月甲午朔,日有食之。四年十一月壬寅朔,日有食之。五年十月丙申朔,日有食之。

至和元年四月甲午朔,日有食之。

嘉祐元年八月庚戌朔,日有食之。三年八月己亥朔,日有食之。四年正月丙申朔,日有食之。六年六月壬子朔,日有食之。云阴不现。

熙宁元年正月甲戌朔,日有食之。二年七月乙丑朔,日有食之。云阴不现。六年四月甲戌朔,日有食之,云阴不现。八年八月庚寅朔,日有食之。云阴不现。

元丰元年六月癸卯朔,日当食不食。三年十一月己丑朔,日有食之。四年十一月癸未朔,日当食不食。五年四月壬子朔,日有食之。云阴不现。六年九月癸卯朔,日有食之。

元祐二年七月庚戌朔,日有食之。阴雨不现。六年五月己未朔,日有食之。

绍圣元年三月壬申朔,日有食之。二年二月丁卯朔,日当食不食。四年六月癸未朔,日有食之,云阴不现。

元符三年四月丁酉朔,日有食之。

建中靖国元年四月辛卯朔，日有食之，云阴不现。

大观元年十一月壬子朔，日有食之。二年五月庚戌朔，日有食之。四年九月丙寅朔，日有食之。

政和三年三月壬子朔，日有食之。五年七月戊辰朔，日有食之。

重和元年五月壬午朔，日有食之。

宣和元年四月丙子朔，日有食之。五年八月辛巳朔，日有食之。阴云不现。

建炎三年九月丙子午朔，日食于亢。

绍兴五年正月乙巳朔，日食于女。七年二月癸巳朔，日食于室。是年，当金之天会十五年，《金史》不书日食。八年至十二年，日食多在夜，史蒙蔽不书。十三年十二月癸未朔，日食于牛，霭云不现。十五年六月乙亥朔，日食于井。十七年十月辛卯朔，日食于氐。是年，乃金之皇统七年，《金史》不书日食。十八年四月戊子朔，日有食之，霭云不现。十九年三月癸未朔，日有食之，霭云不现。二十四年五月癸丑朔，日有食之，霭云不现。二十五年五月丁未朔，日有食之，霭云不现。二十八年三月辛酉朔，日有食之，霭云不现。三十年八月丙午朔，日食于翼。三十一年正月甲戌朔，太史言日当食而不食。三十二年正月戊辰朔，日食于女。

隆兴元年六月庚申朔，日食于井。二年六月甲寅朔，日有食之。霭云不现。

乾道五年八月甲申朔，日食在翼，霭云不现。九年五月壬辰朔，日食在井，霭云不现。

淳熙元年十一月甲申朔，日食在尾。霭云不现。三年三月丙千午朔，日有食之。霭云不现。四年九月丁酉朔，日有食之，霭云不现。十年十月壬戌朔，日食于心。十五年八月甲子朔，日食于翼。十六年二月辛酉朔，日有食之，霭云不现。

庆元元年三月丙戌朔，日食于娄。四年正月己亥朔，日有食之。霭云不现。五年正月癸巳朔，日有食之，霭云不现。六年六月乙酉朔，日有食之。霭云不现。是年，乃金承安五年，《金史》不书日食。

　　嘉泰二年五月甲辰朔,日食于毕。三年四月己亥朔,日有食之。
《金史》不书。

　　开禧二年二月壬子朔,日当食,太史言不现亏分。

　　嘉定三年六月丁巳朔,日有食之。四年十一月己酉朔,日当食,
太史言不现亏分。《金史》不书。七年九月壬戌朔,日食于角。九年
二月甲申朔,日食于室。十年七月丙子朔,日食于张。十一年七月
庚午朔,日有食之。十四年五月甲申朔,日食于毕。十六年九月庚
子朔,日食于轸。

　　宝庆三年六月戊申朔,日有食之。

　　绍定元年六月壬寅朔,日有食之。六年九月壬寅朔,日有食之。
霭云不现。

　　端平二年二月甲子朔,日当食不亏。

　　嘉熙元年十二月戊寅朔,日有食之。

　　淳祐二年九月庚辰朔,日有食之。三年三月丁丑朔,日有食之。
五年七月癸巳朔,日有食之。六年正月辛卯朔,日有食之。九年四
月壬寅朔,日有食之。十二年二月乙卯朔,日有食之。

　　宝祐元年二月己酉朔,日有食之。

　　景定元年三月戊辰朔,日有食之。二年三月壬戌朔,日有食之。

　　咸淳元年正月辛未朔,日有食之。三年五月丁亥朔,日有食之。
四年十月戊寅朔,日有食之。六年三月庚子朔,日有食之。七年八
月壬辰朔,日有食之。八年八月丙戌朔,日有食之。

　　德祐元年六月庚子朔,日食,既,星现,鸡鹜皆归。明年,宋亡。

　　周显德七年正月癸卯,日既出,其下复有一日相掩,黑光摩荡
者久之。

　　开宝七年正月丙戌,日中有黑子二。

　　景德元年十二月甲辰,日有二影,如三日状。三年九月戊申,日
赤如赭。四年四甲申,日无光。

　　宝元二年十二月庚申,日赤如朱,逾二刻复。

庆历八年正月乙未，日赤无光。

熙宁十年二月辛卯，日中有黑子如李，至乙巳散，

元丰元年闰正月庚子，日中有黑子如李，至二月戊午散。十二月丙午，日中有黑子如李大，至丁巳散，二年二月甲寅，日中有黑子如李，至癸亥散。

崇宁二年五月癸卯，日淡赤无光。三年十月壬辰，日中有黑子如枣大。

政和二年四月辛卯，日中有黑子，乍二乍三，如栗大。八年十一月辛亥，日中有黑子如李大。

宣和二年正月己未，日蒙蒙无光，五月己酉，日中有黑子如枣。大三年十二月辛卯，日中有黑子，如李大，四年二月癸巳，日蒙蒙无光。

靖康元年闰十一月庚申，日赤如火，无光。

建炎三年三月己卯，日中有黑子，至壬寅始消。

绍兴元年二月己卯，日中有黑子如李大，三日乃伏。六年十月壬戌，日中有黑子如李大，至十一月丙寅始消。七年二月庚子，日中有黑子如李大，旬日始消。四月戊申，日中有黑子，至五月乃消。八年二月辛酉，日中有黑子。十月乙亥，日中有黑子。十五年六月丙午，日中有黑气往来，丁未，日中有黑子，日无光。

乾道五年正月甲申，日色黄白，昏雾四塞。

淳熙十二年正月癸巳，日中生黑子，大如枣。戊戌至庚戌，日中皆有黑子。十三年五月庚辰，日中生黑子，大如枣。

绍熙四年十一月辛未，日中有黑子，至庚辰始消。

庆元六年八月乙未，日中有黑子如枣大，至庚子始消。十二月乙酉，又生，至乙巳始消。

嘉泰二年十二月甲戌，日中生黑子，大如枣。丙戌，始消。四年正月癸未，开禧元年四月辛丑，日中皆有黑子大如枣。

嘉熙二年十月己巳，日中有黑子。

德祐二年二月丁酉朔，日中有黑子，如鹅卵相荡。

建隆元年迄开宝末，心冠气七，珥百，抱气七，承气六，赤黄气三，黄白气三，青气二，缨一，晕一百五十六，半晕四十五，重晕五十九，重半晕七，交晕一十八，背气二百三十一，纽气戟气三。

太平兴国迄至道末，凡冠气一十八，戴气三，抱气一十三，珥七十七，承气三，赤黄气璚气一，青气三，晕五十九，半晕二十三，重晕一十二，交晕三，背气四十四，纽气三，戟气一，直气一十五。

咸平元年迄乾兴末，凡重轮二十四，彗一，五色气一，冠气二百六十六，珥四十一，戴气一百九十七，抱气五十七，承气一百八十四，直气七十七，光气一，黄气九，赤黄气四，紫气五，赤黄交气二，赤黄绿碧气二，青赤气二十一，黄白气一，黑气二，白气五，缨三，戟气一，纽气二，背气二百九十九，晕一千二百三十一，半晕六百五十三，重晕二十七，交晕一十三。

天圣元年迄嘉祐末，凡日黄曜有光一，辉气一十九，龙凤云一，庆云二，五色云八，紫黄云五，赤黄云一，紫云二，青黄紫晕八百五十五，周晕二十六，重晕一十六，交晕五，连环晕一，珥八百四十七，冠气一百四十，戴气二百五十六，承气一百，重承气一，抱气一十八，负气一，背气一百七，格气二，直气五，白虹贯日四，白气如绳贯日并晕一。

治平元年迄四年，凡五色云八，辉气一，晕一百二十八，周晕三，重晕十二，交晕二，珥八十九，冠气一十一，戴气三十九，承气五，背气三十三，白虹贯日一，白虹贯珥一。

治平以后迄元丰末，凡日晕一千三百五十六，周晕二百七十七，重晕七十四，交晕四十九，连环晕一，珥八百八十二，冠气四十二，戴气二百七十一，承气五十，抱气二，背气二百四十六，直气二，戟气一，缨气五，璚气一，白虹贯日九，贯珥三，五色云二十六。

自元丰八年三月五日迄元符三年正月十二日，晕五百二十八，周晕二百五十七，重晕六十八，交晕六十七，五色气晕二，珥五百五十六，冠气六十一，戴气一百五十，承气三十三，背气一百七十四，直气三,戟气四,缨气一,格气五,白虹贯日一十六,贯珥一,五色云十二。

　　自元符三年正月讫靖康五年四月,凡日晕九,晕戴三,半晕一,晕珥背一,半晕重背一,晕缨一,珥背三,珥十三,晕珥七,冠气七,晕背四,戴气六,承气二,抱气四,背气一十七,五色气晕一,直气四,环气戴气二,戟气一,履气二,半晕重履一,半晕再重一。

　　建炎三年春,明年二月辛丑,白虹贯日。四年十月癸卯,日生背气。

　　绍兴元年正月壬戌,日生背气。二年四月壬申,五月戊寅,日皆生戴气。闰月丙申,日生背气。三直二月乙卯,日生戴气。六月甲申朔,日生背气,四年正月壬子,日生承气。三月壬戌,日晕于轸。甲子,又晕于娄。辛未,又晕于胃,是日,日生抱气,五月甲戌,日生背气。六月壬辰。日晕于井。五年正月庚申,日有戴气。六年二月丙寅,日晕于娄。三月戊寅,日晕于张。丁亥,又晕于胃。四月己亥,日生戴气。庚子,复生,仍有承气。十一月庚寅,日左右生珥并背气。癸巳,日又生背气。七年二月辛丑,氛气翳日。八年二月辛巳,白虹贯日。二十一年闰四月壬申,日生赤黄晕周匝。二十七年二月壬寅,白虹贯日。二十八年二月戊申,日生赤黄晕周匝。二十九年正月癸酉,日连晕,上生青赤黄色戴气,日左右生珥。三十一年四月戊辰,日星赤黄晕周匝。六月辛酉,日上晕外生赤黄色,有背气。七月辛卯,日上晕处生背气。

　　隆兴二年二月壬申,日生赤黄色晕,日左右生赤黄珥。癸未,日生赤黄色晕周匝。三月庚戌,日生赤黄色晕周匝。六月甲子,日有戟气。七月甲申朔,日生赤黄晖不匝,上生重晕,又生背气及青珥。丁亥,日生重晕,上生青赤黄色背气。癸卯,日生赤黄晕不匝。晕外生背气,赤黄,两间向外曲。

　　乾道元年六月丁未,日晕周匝,下晕外生格气,横在日下。二年二月庚辰,日左生赤黄色直气长丈余,及半晕背气。三年三月丁巳,日晕于娄,外生赤黄承气。四月辛卯,日晕,赤黄色周匝。五月戊戌朔，日赤黄晕周匝。甲辰，日下晕外有青赤黄承气。六月丙子，日赤黄色周匝。四年六月丁巳，日赤黄晕周匝。五年正月巳己，日生黄色戴气承气。六年三月丁丑，日晕不匝，下生承气。闰五月壬辰，日半晕再重，生戴气承气，丁酉，日左生珥。八月六月辛丑，日晕不匝。左右生珥，壬寅，日晕周匝，丁未，日晕不匝，外生承气，日下晕。九年二月丙子，日晕于奎。

淳熙元年三月辛丑，日晕于胃。二年七月甲辰，日生背气。三年二月庚子，日晕不匝，外日半晕再重。四年二月戊子，日晕不匝。日上连晕生戴气，日下晕外生承气。五年三月癸卯，四月乙酉，六月庚辰，皆日晕周匝。十二月乙未，日生两珥，一戴气。六年二月癸丑，日半晕再重。六月己丑，日晕周匝。十二月辛亥，日晕外生戴气。八年正月己酉，日生戴气，后日左生青赤黄珥。闰三月丙申，日晕周匝。七月己卯，日半晕外生背气。十一年正月戊申，日半晕再重。十三年五月己卯，日晕周匝。十五年二月己卯，日赤黄晕周匝。六月丙申，日上生青赤黄色背气。十六年三月壬寅，日半晕再重。

绍熙元年五月庚辰，日半晕再重。六月甲申，日生赤黄晕周匝。二年二月壬寅，日生戴气，青赤黄色，三月辛未，日生青赤黄晕周匝。四月癸未，日生戴气。七月庚申，日晕外生背气。壬戌，日有背气。四年二月癸亥，日晕周匝。十一月辛巳，日晕外生背气。五年四月乙卯，日晕周匝。六月丙午，日上晕外生背气。

庆元元年正月丙辰，白虹贯日。二月辛巳，日上晕外生青赤黄背气。四月乙末，日生赤黄色格气。二年五月己丑，日生背气。其色青黄。

嘉泰元年六月辛卯，日晕周匝。

嘉定四年七月己卯，巳初刻，日有赤黄晕不匝，至酉初后，日上晕外生青赤黄背气。六年四月己卯，日赤黄晕周匝。七年三月壬申，日生赤黄晕，外有青赤黄承气，后晕周匝。十一年二月丙辰，日有赤黄晕，白虹贯日。丙寅，日有戴气。十五年二月己亥，日晕于娄，周匝，有承气，十七年六月辛卯，日生背气。

宝庆三年十二月己酉,日旁有气如珥。

绍定三年二月丙申,日有背气。四年七月己丑,日生承气。五年三月丁酉,日生抱气承气。

端平元年四月甲申,日生赤晕。六月戊子,日生赤黄晕,上下有格气。二年六月戊寅,日有承气。三年二月辛亥,日晕周匝。

嘉熙元年二月己酉,日晕周匝。三月癸亥,七月壬申,日有背气。四年二月丙申朔,日生背气。辛丑,白虹贯日。

淳祐元年二月戊寅,午后日晕。三年七月甲午,日生承气,五年五月戊申,日生赤黄晕,外有背气。六月甲子,日晕周匝。六年三月癸巳,日晕周匝,生珥气。四月丁丑,日晕周匝。七年二月戊申,日晕周匝。八年六月己酉,日晕于井,赤黄,周匝。

宝祐元年正月戊戌,日生戴气。二年二月辛酉,日晕周匝。四年三月乙卯,日晕周匝。

景定四年四月戊辰,日生赤黄晕。五年三月己丑,日晕于娄,周匝,赤黄,自午至申。六月庚午,日生赤黄晕。九月己丑,日生格气。

咸淳元年六月壬午,日生承气。七年春三月辛巳,日晕,赤黄,周匝。

开宝元年十一月庚寅,月食,二年十月戊子,月食。三年四月乙酉,月食。五年八月壬寅,月食。七年八月庚寅,月当食不食。

太平兴国二年六月甲辰,月食。既。十一月壬寅,月食。三年十月丙寅,月食,云阴不现。五年八月乙卯,月食,既。

雍熙元年正月丙寅,月食。二年七月戊午,月当食不食。四年五月丁丑,月食。端拱二年三月丁酉,月当食不食。淳化元年正月庚寅,月食。二年八月壬午,月食,既。三年正月癸卯,月食。八月丙子,月食,云阴不现。五年六月乙未,月食。十二月癸巳,月食,既。

至道元年六月己丑,月食,云阴不现。十二月丁亥,月食。二年十月辛亥,月食。

咸平元年十月庚子,月食。二年九月乙未,月食。三年二月壬戌,月食。八月庚申,月食。四年八月甲寅,月食。五年正月辛亥,月食。七月戊申,月食。六年正月甲庚,月食。七月壬寅,月食。

景德元年十一月乙丑,月食。二年五月壬戌,月食。十月庚寅,月食。三年十一月癸丑,月食。四年五月辛亥,月食,云阴不现。九月戊寅,月当食不食。

大中祥符元年九月癸酉,月食。二年九月丁卯,月当食不食,三年闰二月甲子,月食。五年正月甲申,月食,阴翳不现。七月庚辰,月食。十二月丁丑,月食。八年十月辛卯,月食,九年四月己丑,月食,云阴不现。

天禧元年四月壬午,月食。十月庚辰,月食。三年二月壬寅,月食。四年八月癸巳,月食。

天圣二年五月壬寅,月当食不食。四年五月戊午,月食。

庆历二年六月丁亥,月食。五年四月庚子,月食。九月戊戌,月食。六年九月壬辰,月食。

皇祐二年七月庚子,月食。四年十一月丙辰,月食。五年十月辛亥,月食。

至和二年九月庚午,月食。

嘉祐元年八月甲子,月食。既。二年二月壬戌,月食。八戊午,月食。三年闰十二月辛巳,月食,四年六月戊寅,月食。十二月乙亥,月食,既。五年十二月己巳,月食,七年十月己丑,月食。八年十月癸未,月食,既。

治平元年四月庚辰,月食。四年二月甲午,月食。

熙宁元年七月乙酉,月食。二年闰十一月丁未,月食。三年五月乙巳,月当食,云阴不现。四年五月己亥,月食。十一月丙戌,月食。六年三月戊午,月食。九月乙卯,月食。七年九月己酉,月食,既。九年正月壬申,月食,云阴不现。十年正月丙寅,月食,七月癸亥,月食,云阴不现。

元丰元年正月庚申,月当食,有云障之。六月戊午,月食。二年六月壬子,月当食,云阴不现。三年十月甲戌,月食,云阴不现。四年四月辛未,月食,既。十月己巳,月食。五年十月癸亥,月食,六年八月丁亥,月当食不食。七年二月乙酉,月食,云阴不现。八月辛巳,月食,云阴不现。八年八月丙子,月食,既。

元祐元年十二月戊戌,月当食,云阴不现。三年六月庚寅,月食,既。十二月丁亥,月当食,云阴不现。四年五月甲申,月食,云阴不现。五年五月戊寅,月食,云阴不现。六年四月癸卯,月食,云阴不现。七年三月戊戌,月食,既。八年九月己丑,月食,云阴不现。

绍圣三年七月癸卯,月食,云阴不现。四年正月庚子,月食,云阴不现。

元符元年五月壬戌,月当食不食。二年五月丙辰,月食,既。十月甲寅。月食,既。三年十月戊申,月食。

崇宁二年二月甲子,月食,既。八月辛酉,月食,既。三年二月己未,月食。八月丙辰,月食。四年十二月戊寅,月食。五年六月乙亥,月食。十二月壬申,月食,既。

大观三年十月丙戌,月食。四年四月甲申,月食,既。九月庚辰,月食,既。

政和元年三月戊寅,月食。九月甲戌,月食。三年二月丁酉,月食。十月甲午,月食。四年正月辛卯,月食,既。六年十一月乙巳,月食。七年十一月己亥,月食。

重和元年五月丙申,月食。

宣和二年三月丙辰,月食。六年正月癸亥,月食。十二戊午,月食,既。

建炎三年二月壬午,月食于轸。

绍兴元年八月己卯,月当食,云阴不现。二年二月丙子,月未当缺而缺,体如食。色黄白。七月甲戌,月食于室,既。三年七月戊辰,月食于危,四年十二月庚寅,月食于井。五年十一月乙酉,月食于井,既。六年五月辛巳,月食于南斗。十一月己卯,月当食,云阴不现。八年三月辛丑,月当食,云阴不现。九月丁酉,月当食,云阴不现。九年九月壬辰,月食于胃,既。十二年七月丙午,月食,云阴不现。十三年六月庚子，月食，既。十二月戊戌，月当食，阴云不现。十四年六月甲午，月食于女。十五年五月己未，月当食，阴云不现。十六年四月甲寅，月食，二十一年二月丙辰望，月当食，阴云不现。二十五年五月壬戌望，月当食，以山色遮映不现亏分。二十七年九月丁丑，月食。三十年正月甲午望，月当食，阴云蔽之。

隆兴二年五月己亥，月当食，阴云蔽之。

乾道元年四月甲午，月当食，阴云蔽之。四年二月丁未，月食，既。五年二月辛丑，月当食，阴云不现。六年十一月辛酉，月当食，阴云不现。八年六月壬子，月当食，阴云不现。

淳熙元年四月壬申，月当食，阴云不现。二年四月丙寅，月食于房，既。九月癸亥，月当食，云阴不现。三年三庚申，月当食，云阴不现。五年二月己卯，月当食，云阴不现。六年正月甲戌，月食，既。八年十一月丁亥，月食。九年十一月辛巳，月食。十年五月己卯，月食。十二年三月戊戌，月食。九月乙未，月当食，云阴不现。十三年三月壬辰，月当食，阴云不现。八月庚寅，月食，既。十四年八月甲申，月当食，阴云不现。十六年十二月辛丑，月当食，阴云不现。

绍熙元年六月丁酉，月当食，阴云不现。十一月乙未，月当食，阴云不现。二年六月壬辰，月当食，阴云不现。三年四月己未，月食，阴云不现。五年九月癸卯，月当食，阴云不现。

庆元二年八月壬戌，月食。三年七月巳未，月食，既。四年七月庚戌，月食。六年五月庚午，月当食，阴云不现。

嘉泰二年五月己未，月当食，阴云不现。三年三月癸未，月当食，阴云不现。

开禧元年三月壬申，月当食，阴云不现。闰八月己巳，月当食，阴云不现。三年正月壬辰，月食。七月戊子，月食。

嘉定元年二月丙戌，月当食，阴雨不现，十二月庚辰，月食。二年六月丁丑。月食。三年十一月己亥，月食，五年十月戊子，月食，七年二月庚戌，月食。八月丁未，月食。八年八月辛丑，月食，既。九年二月己亥，月当食，云阴不现。闰七月乙未，月当食，云阴不现。十

年十二月戊午,月食,十一年六月乙卯,月食。十二月壬子,月食,
既。十二年五月庚戌,月当食,既,云阴不现。十一月丙午,月食。十
三年五月甲辰,月当食,云阴不现。十四年十月丙寅,月食。十五年
三月癸亥,月当食于氐,云阴不现。十六年三月丁巳,月当食,云阴
不现。

宝庆元年正月丁丑,月食。七月癸酉,月食,阴雨不现。二年七
月戊辰,月食,阴雨不现。

绍定元年十一月甲申,月食。二年十一月己卯,月食。四年四
月庚午,月食。五年三月乙未,月食。六年二月庚寅,月食。

端平二年二月癸卯,月食。三年十二月丁酉,月食。

嘉熙元年六月乙未,月食。三年四月甲寅,月食。四年四月戊
申,月食。

淳祐元年九月庚子,月食。四年七月癸丑,月食。五年七月戊
申,月食。七年五月丁卯,月食。八年十月己丑,月食。十一年三月
乙亥,月食。九月壬申,月食。十二年八月丙寅,月食。

宝祐二年闰六月丙戌,月食。三年十二丁丑,月食。五年十月
丁酉,月食。六年四月癸巳,月食。十月辛卯,月食。

开庆元年四月戊子,月食。十月乙酉,月食。

景定二年七月甲戌,月食。

咸淳二年六月丁丑,月食。十一月甲辰,月食。四年七月癸亥,
月食。五年九月丁巳,月食。六年三月乙卯,月食。九月辛亥,月食。
九年正月戊辰,月食。十二月壬戌,月食。

天禧四年四月乙酉,西南方两月重现。

建隆元年迄开宝末,凡珥一十九,辉气一十三,晕二十九,重晕
一,半晕一十四,交晕二,纽气二。

太平兴国元年迄至道末,凡冠气一,珥六,辉气五,赤气二,抱
气一。晕八,半晕三,背气一。

咸平元年迄乾兴末,凡重轮三,珥一百二十,冠气十二,晕气十二,承气八,抱气三,戴气九,赤黄气十七,五色气十一,青赤气二,黄红气一,晕三百九十四,五色重晕二十,背气一。

天圣元年迄嘉祐末,凡扬光一,光芒气一,红光辉气一,辉气五,五色辉气一,晕二百五十七,周晕三十三,交晕四,连环晕一,珥七十二,冠气五,戴气一十三,承气五,背气一,白虹贯月一,黄虹贯月二。

治平元年迄四年,凡五色辉气一,五色晕气一,晕五十一,珥一十五,冠气一,戴气四,背气二四年迄元丰末,凡五色辉气十一,五色晕气六,晕四百二十三,周晕二百四十七,交晕二,珥一百三十四,冠气七,戴气五十,承气五,背气一十,白虹贯月五,贯珥一。

自元丰八年三月五日至元符三年正月十二日,凡五色晕气九,晕八十九,周晕二百五十一,重晕一,交晕三,珥一百三,冠气七,戴气二十七,背气八,白虹贯月二,贯珥一。

自元符三年正月迄靖康二年四月,凡晕五,晕珥二,五色晕五,珥二,晕冠一,交晕一,重晕一,白虹贯月一,五色云一。

建炎四年十月己卯,晕生五色。

绍兴二年四月壬申,晕于轸。五月乙亥,晕生五色。四年六月壬午,晕生珥。五年正月戊午,晕于东井。

乾道元年三月丁巳,晕周匝,着太微西扇星。三年五月壬午,生黄白晕,左右珥。四年三月壬寅,生黄白晕周匝。五年二月庚子,黄白晕周匝。

嘉泰三年七月壬午,白虹如半晕贯月中。

淳祐六年闰四月辛丑,晕五重。十月辛丑,生珥。八年二月戊子,晕生黄白。

宝祐四年三月乙卯,四月庚午,景定三年十月甲子,十二月辛酉,四年二月戊午,晕皆周匝。

德祐二年正月己卯,晕东井。

宋史卷五三
志第六

天文六

月犯五纬　　月犯列舍上

建隆二年十一月癸未，月犯岁星，三年二月乙巳，又犯。

开宝三年九月乙卯，犯填星。

太平兴国三年七月己亥，掩荧惑。八月甲戌，与太白合。八年七月辛巳，凌岁星。

端拱元年二月戊申，犯填星。辛亥，犯岁星，六月丁卯，掩填星。

淳化元年十一月丙申，与荧惑合。二年六月己丑，犯岁星。三年三月癸亥，与太白合。九月戊午，掩荧惑。十二月甲申，与荧惑合。四年十月癸未，与辰星合。五年二月己亥，犯岁星。

至道元年三月乙卯，又犯。三年八月戊申，犯填星。十二月癸丑，犯岁星。

咸平元年三月乙丑，犯荧惑。五年己巳，掩岁星。七月甲子，又犯。十二月甲午，犯填星。二年二月戊子，犯太白。十一月乙未，犯荧惑。三年二月壬子，犯太白。九月辛丑，又犯。四年十月辛酉，掩荧惑。十一月己丑，又犯。五年二月癸巳，犯岁星。六年十一月癸卯，犯填星。十二月庚午，又犯。

景德元年八月壬申，犯填星。二年五月辛卯。犯填星。七月庚子，犯岁星。

　　大中祥符二年十一月丙子,犯岁星。三年十月丙辰,犯荧惑。四年正月丁丑,犯太白。二月壬辰,犯填星。八月丙寅,犯太白。五年三月癸未,犯填星。六月乙巳,又犯。六年正月壬子,犯填星。二月丙戌,犯岁星。四月辛巳,又犯。七月癸卯,又犯。十月甲申,犯太白。七年十二月丁丑,犯填星。八年三月己亥,犯填星。四月丙辰,掩荧惑。八月癸未,犯填星。九年五月己巳,犯岁星。十年戊戌,犯太白。十二月丙戌,犯荧惑。

　　天禧元年正月戊申,犯岁星。三年四月乙未,犯荧惑。五月癸亥,又犯。九月己卯,犯岁星。四年二月乙未,又犯。三月癸亥,又犯。七月辛亥,犯太白。八月庚子,犯荧惑。五年五月辛卯,犯填星。九月己卯,又犯。

　　天圣三年正月丁未,犯荧惑。五年七月己未,犯岁星。八月丁亥,犯荧惑。十一月戊申,掩岁星。六年九月己酉,犯填星。

　　明道元年九月戊子,犯填星。

　　景祐二年四月丁巳,掩太白。

　　宝元元年三月己酉,犯填星。四月庚寅,犯岁星。

　　庆历元年八月庚子,掩岁星。十月丙申,犯填星。四年七月壬午,犯荧惑。六年三月丙申,犯岁星。七月乙酉,又犯。

　　皇祐元年七月丙午,犯岁星。二年六月壬申,犯填星。四年十月己丑,犯岁星。

　　至和二年五月庚辰,犯填星。十一月己酉,犯岁星。十二月辛丑,犯填星,甲辰,掩岁星。

　　嘉祐元年三月丙寅,掩填星。闰三月癸巳,掩岁星。五月戊子,犯填星。二年四月庚申,犯荧惑。六月戊申,犯太白。乙卯,犯荧惑。四年五月丁酉,犯太白。十月甲戌,犯荧惑。十二月甲戌,又犯;庚午,掩之。五年三月甲午,掩荧惑。六年闰八月辛丑,犯填星。十一月癸亥,又犯。八年七月壬戌,掩岁星。

　　治平四年正月辛亥,犯辰星。八月辛未,犯太白。癸酉,犯岁星。九月壬寅,犯太白。十月戊辰,掩填星,又犯荧惑。

熙宁元年二月丁巳,犯填星。四月壬子,犯岁星。五年四月癸亥,犯填星。闰七月庚申,犯荧惑。六年九月甲辰,掩太白。十年九月庚午,犯岁星。十二月壬辰,犯岁星。

元丰七年十月甲午,犯辰星。八年八月戊寅,犯填星。十一月戊戌,犯岁星。庚子,犯填星。

元祐三年七月庚午,犯太白,十月壬辰,犯岁星。四年三月丙子,又犯。七月辛卯,犯填星。十月癸丑,掩填星,六年九月癸卯,犯荧惑。十二月甲戌掩岁星。八年十二月丁巳,犯荧惑。绍圣元年六月甲戌,犯太白。九月辛酉,犯填星。十二月癸未,又犯。二年正月庚戌,又犯。三月壬申,又犯。三年九月戊戌,犯岁星。四年七月丁丑,犯荧惑。

元符二年八月壬辰,犯岁星。十一月辛巳,十二月戊申,皆犯。三年六月癸卯,犯荧惑。

建中靖国元年五月辛未,犯填星。

崇宁元年七月丁亥,犯太白。五年二月戊子,犯荧惑。

大观二年十二月戊子。犯荧惑。四年七月戊午,犯岁星。

政和元年正月己巳,犯岁星。

宣和元年正月乙卯,犯填星。三年八月戊申,犯荧惑。四年八月庚戌,犯填星。七年十一月乙酉,犯荧惑。

建炎四年六月戊寅,犯荧惑。

绍兴元年九月己未,犯太白。六年五月壬午,犯填星。十六年六月庚申,掩填星。二十年二月己未,犯岁星。二十四年八月戊子,犯岁星。二十七年六月甲辰,犯太白。三十年六月壬子,犯荧惑。三十二年正月癸巳,犯太白。二月己亥,犯岁星。

隆兴元年三月丙申,四月丙子,七月戊戌,皆犯填星。

乾道元年十一月庚午,犯荧惑。四年十月庚子、十一月戊申,皆掩犯荧惑。七年三月辛巳,又犯。

淳熙三年五月庚午,掩犯太白。六年十一月己未,犯岁星。九年十一月癸巳,犯太白。

庆元四年七月己亥,宿于岁星。

嘉泰三年四月,犯太白。四年十月辛丑,掩犯岁星。十二月丙申,又掩犯。

嘉定二年六月甲申,掩食填星,不现。乙丑,掩食荧惑。五年九月丁未,犯岁星。十二年八月甲申,犯荧惑。十三年十月辛酉,犯太白。十五年三月壬子,掩食太白。

端平二年正月丁酉,犯太白。

嘉熙元年四月丁亥,犯荧惑。五月丙辰,又犯。七月辛酉,犯岁星、填星。

淳祐元年二月癸酉,掩食荧惑。六年四月壬戌,犯太白。

宝祐四年正月乙巳,掩岁星。己酉,犯荧惑。六年八月癸未,又犯。

景定元年八月己酉,掩填星。三年十月己未,犯岁星。

建隆三年四月壬辰,月犯舆鬼。庚子,犯氐。五月甲子,犯左执法。六月丙申,犯房第一星。十二月庚戌,入南斗魁。

乾德四年二月癸卯,犯五车。五年正月壬子,犯南斗魁。七月丁未,犯昴。十月己巳,掩昴。

开宝元年正月辛卯,犯昴。二年正月丙戌,犯昴。三年六月乙未,犯东井。十月癸未,犯天关。五年七月庚辰,犯东井。六年三月丁巳,犯毕大星。

太平兴国五年七月乙丑,掩五诸侯。七年二月丙子,犯舆鬼。三月丙申,犯昴。八年三月癸未,入南斗魁。八月戊寅,犯昴。壬午,犯舆鬼。庚寅,犯角。十月癸未,犯东井。乙巳,犯心后星。九年正月庚申,掩五车东南。甲戌,入南斗魁。二月壬辰,犯七星。丁巳,犯五诸侯。丙午,犯舆鬼。五月甲寅,掩星第三星。六月壬寅,犯昴。七月甲子,又犯。癸酉,犯诸侯第三星。九月丁未,犯南斗魁。甲子,犯昴。己巳,入舆鬼。掩积尸。十二月丙戌,掩昴。

雍熙二年正月庚午,入南斗魁。二月丙戌,犯舆鬼西北星。三

月戊申,犯昴。四月己丑,掩心后星。五月丙辰,犯房第二星。闰九
月丁亥,掩昴。十月辛酉,犯轩辕,掩御女。

　　端拱元年八月壬戌,掩建第一星。甲戌,掩建星。十二月乙亥,
犯房。二年四月辛酉,犯角左星。

　　淳化元年四月丙辰,犯角大星。七月甲午,犯毕。丙申,掩毕左
股第二星。九月辛巳,犯牵牛。十一月乙未,犯角大星。二年四月
庚辰,犯氐东南星。六月乙亥,入氐。十二月乙亥,犯毕。丙戌入氐。
三年十一月癸卯,入毕,掩大星。乙卯,入氐。四年九月癸巳,掩牵
牛。闰十月丁未,入太微端门。五年正月丙寅,犯轩辕大星。五月
丁未,入毕,十月庚子,凌轩辕大星。丙午,入氐,犯东北星。

　　至道元年六月辛巳,入太微。十一月乙卯,犯毕大星。甲子,入
太微。三年九月癸未,入轩辕。

　　咸平元年六月壬辰,入太微。二年八月戊午,入南斗魁。九月
癸巳,犯右执法。辛巳,犯轩辕。十月癸亥,犯昴。庚午,又犯太微
屏星。三年二月乙丑,犯心中星。五月壬午,犯右执法。戊子,犯心
中星。丙申,犯太微上相。六月丁未,与荧惑犯右执法。辛未,入毕。
九月庚子入太微。十月己巳犯右星。十二月丙寅,掩心。四年正月
戊子,犯太微上将。丁酉,犯南斗魁。四月丁未,又犯。六月癸丑,
掩房次相。八月乙巳,犯心后星。丙寅犯轩辕大星。九月乙亥,犯
南斗魁。丁酉,犯角大星。十月乙丑,犯五车。十一月乙未,犯心后
星。十二月庚戌,犯五车。己未,犯角。壬戌,犯心前星。五年四月
庚辰,犯心后星。五月戊申,犯南斗魁。七月壬寅,掩箕。甲寅,犯
昴。八月庚午,犯南斗魁。辛丑,掩昴。丙戌,犯五诸侯。九月丙辰,
犯轩辕大星。十月壬午,犯轩辕小星。甲申,犯右执法。十二月甲
申,掩心前星。六年正月戊戌,犯昴。辛亥,犯房上将次将、心小星。
三月丁未,犯心后星。五月甲午,犯轩辕大星。七月甲寅,犯五诸侯
东南星。八月甲申,犯轩辕大星。九月癸卯,犯昴。己巳,犯五车。
十月庚申,犯南斗魁。丙子,犯舆鬼。十一月戊戌,犯毕。

　　景德元年三月庚戌,犯舆鬼。四月辛未,入南斗魁。五月乙丑,

入太微端门，犯屏星。六月甲子，掩心后星。丙子，犯昴。戊寅，犯五车东南星，九月戊子，犯南斗魁，十二月辛丑，犯房。二年正月乙卯，犯昴。七月甲寅，掩心中星。庚午，犯东井北辕。十一月庚申，犯舆鬼。辛未，犯心前星。三年二月己卯，犯昴。十一月己酉，又犯。四年六月壬午，掩南斗。戊午犯天关。七月庚午，掩氐。辛未，犯房次相。八月甲寅，犯东井。九月己巳，犯建星。十一月丙戌，犯氐。

大中祥符元年六月壬寅，犯建星。八月丁未，犯毕。戊申，犯天门。己酉，掩东井。九月癸亥，掩南斗杓。十一月甲午，犯牵牛。十二月丁酉，犯毕。丙午，掩角左星。己酉，犯房上相。二年八月丁亥，在氐。戊子，犯房。乙巳，在东井。九月壬申，又入东井。乙亥，犯轩辕。十月丙戌，犯建星。丁酉，犯毕。十一月丁卯，入东井。丙子，入氐。三年正月壬戌，入东井。丁卯，在执法南。庚午，犯氐距星。丙子，犯牵牛。二月丁亥，犯毕。闰二月辛未，犯牵牛。三月庚辰，入太微端门。甲申，犯东井。四月甲寅，在轩辕西南。五月丁亥，在氐西北。七月戊戌，犯毕大星。八月乙丑，犯毕。戊辰，犯东井。十月庚申，犯毕。乙丑，在轩辕西南。戊辰，犯左执法。庚午，入亢距星。十一月丙申。犯进贤。十二月丁巳，犯东井。四年正月壬午，犯毕。三月乙酉，入太微。五月癸未，在氐。戊子，犯牵牛。六月庚戌，入氐。戊辰，在东井。七月戊寅，犯西咸。癸未，犯牵牛，癸巳，掩毕大星。八月乙巳，在氐。己酉，犯建。庚戌，犯牵牛。十月乙卯，犯毕。辛酉，犯轩辕御女。十一月乙酉，犯东井。十二月戊午，入太微，掩左执法。己未，在进贤西南。辛酉，入氐。五年二月戊申，入东井。壬子，入太微。癸丑，犯执法。三月庚辰，入太微，犯屏星。五月甲戌，犯太微上将。壬午，犯建。癸未，犯右执法，六月壬寅，又犯。丙午，入氐。七月丁丑，犯建星。戊寅，犯牵牛。八月己酉，犯建星。乙卯，犯毕。九月乙酉，入东井。十月庚子，犯牵牛。庚戌，犯毕。戊午，入太微。闰十月丁丑，犯毕。丙戌，入太微端门。十一月丁未，入东井。丁巳，入氐。十二月庚辰，入太微。六年正月壬寅，入东井。二月己巳，又入。癸酉，犯轩辕大星。乙亥，入太微。三月壬寅，又

入。四月甲子,在东井。戊辰,犯轩辕大星。庚午,入太微。犯右执
法。甲戌,入氐。五月丁未,入太微。甲辰,昏度犯南斗。七月己亥,
犯牵牛。庚戌,犯毕。癸丑,掩东井,八月丙戌,入太微端门。九月
丁未,犯东井。甲寅入太微。十月辛未,入毕。庚辰,入太微。乙酉,
入氐。十一月己亥,犯毕。壬寅,入东井。甲辰,犯舆鬼。辛亥,入
氐。十二月己巳,犯东井。七年二月甲子,又入。三月庚寅,犯天关。
丁酉,入太微。四月己巳,入氐。六月庚申,入太微。甲子,入氐。丁
卯,犯南斗杓。庚辰,入东井。七月丁未,九月壬寅,又入。十一月
癸卯,入太微。癸亥,掩天关。八年正月己丑,犯毕。二月己未,掩
东井。乙丑。入太微,三月乙酉,掩天关,又入太微。闰六月壬寅,
掩东井。七月乙卯,犯罚星。壬申,犯舆鬼。八月辛巳,入氐。壬午,
犯钺。癸卯,入太微。十月壬辰,入东井。辛丑,入氐。十二月丁酉,
又入,戊戌,犯房上相。九年正月甲寅,在东井。庚申,犯太微右执
法。二月戊子,在太微。三月甲寅,又入。四月丙子,在东井。戊寅,
犯舆鬼。癸未,入太微。己丑,掩天江第二星。五月甲寅,在氐。七
月乙丑,掩东井。八月丙申,犯轩辕第五星。戊戌,犯太微屏星。九
月丁未,犯南斗。十月戊子,犯五诸侯。壬辰,犯太微。十一月甲子,
在氐。丁卯,犯天江。十二月丁亥,入太微。

　　天禧元年三月丙午,犯舆鬼。戊午,犯南斗杓。四月丁丑,入太
微。辛巳,入氐。五月甲辰,犯太微。六月丙子,入氐。七月庚子,
入太微,犯上相。九月庚申,入太微。十月甲申,犯舆鬼。戊子,入
太微端门。十一月丙辰,犯庆微上相。十二月壬午,犯右执法。二
年正月甲寅,入氐。戊午,犯南斗距星。二月丁丑,犯太微屏星。三
月乙巳,入太微。六月壬辰,入太微西垣。己亥,犯房。八月乙卯,
入太微。九月癸未,入太微,犯屏星。十月庚戌,入太微。三年五月
壬戌,又入。八月壬辰,入南斗魁。癸卯,犯昴。九月己卯,入太微。
十月癸卯。犯轩辕次星。乙巳,犯右执法。丙午,犯角大星。十一
月癸酉,入太微。戊寅,犯房。四年正月庚辰,掩昴。二月壬寅,犯
箕。癸卯,犯南斗。三月癸亥,犯右执法。乙丑,掩角右星。戊辰,

掩心后星。庚午,入南斗魁。四月乙未,掩房次将。丙申,犯天江。丁酉,犯箕。戊戌,掩南斗魁。五月癸亥,掩心后星。乙丑,入南斗魁。六月丁亥,犯角南星。十一月庚申,掩昴,丁卯,犯轩辕大星。辛未,掩角距星。闰十二月庚申,犯舆鬼。戊辰,犯房。辛未,犯南斗魁。五年正月壬午,掩昴。甲申,掩五车东南星。壬辰,犯房上相。丙申,掩心后星。戊戌,入南斗魁。二月己未,入太微端门。三月丙午,犯太微屏星。癸巳,犯南斗星。五月庚子,犯五车东南星。六月庚午,犯五诸侯,七月辛巳,掩昴。八月壬戌,犯五车东南星。九月戊子,犯昴。壬辰,犯五诸侯。乙未,掩轩辕大星。十月乙卯,掩昴。丁巳,犯五车。戊午,掩东井。

乾兴二年正月丁丑,犯昴。己卯,又犯五车东南星。辛卯,犯房。四月丙辰,犯南斗魁第二星。五月癸未,犯南斗。七月戊寅,又犯。辛卯,犯东井。癸巳,犯舆鬼。十一月己卯,犯五车。

天圣元年正月壬申,犯昴。丁亥,掩心大星。五月丙子,掩房。六月丙午,犯南斗魁。闰九月乙巳,犯昴。二年二月丁卯,犯鬼,因掩积尸。四月辛未,掩房南星。六月丁卯,犯天江。戊寅,犯昴下三星。八月己卯,掩轩辕大民星。十月庚午,犯井钺。辛巳,犯氐。三年六月甲子,犯建。丙子,犯东井。七月戊子,犯房。八月丙子,又犯。九月丁亥,犯建。十二月辛酉,犯东井。四年正月戊子,犯东井。十月己丑,犯东井。十二月丁亥,犯毕距星。五年九月癸卯,犯建。丁巳,犯东井。十月壬申,犯牵牛中星。甲申,犯东井。辛卯,掩角南星。壬辰,入氐。十一月庚申,犯氐。六年正月癸丑,犯角南星。二月甲戌,犯东井。戊子,犯牵牛。六月壬申,又犯氐。七月丙辰,犯毕。己卯,犯东井。七年四月庚子,犯氐。六月庚戌,掩毕。九月壬申,犯毕距星。八年六月乙巳,犯毕。十月甲午,掩毕柄第二星。九年八月辛丑,犯轩辕大星。九月壬戌,犯毕。十月戊戌,犯右执法。十一月甲申,掩毕大星。丁酉,犯氐。

明道元年二月丙午,犯毕大星。六月壬戌,又犯。七月壬辰,犯东井。九月癸巳,入太微。十月乙卯,犯鬼西南星。十一月戊子,犯谒者。二年二月辛丑,入毕口。八月己亥,入氐。九月戊子,入太微。
十二月丁未,犯积尸。

景祐元年闰六月丁卯,掩东咸。庚辰,犯毕。八月甲子,犯南斗。
十一月庚戌,犯房。十二月壬申,入太微。二年二月丙寅,又入,四
月己未,犯鬼。六月丙辰,入太微。九月乙巳,又入。三年六月己卯,
犯氐。八月乙卯,犯南斗。四年六月壬午,犯南斗魁。

宝元元年三月戊申,入太微。四月丁丑,犯角。庚辰,犯心前星。
六月乙亥,犯心。八月辛未,犯箕。二年五月癸卯,犯心大星。十月
壬戌,犯南斗。

康定元年四月辛卯,犯轩辕大星。七月癸亥,犯南斗。十一月
己巳,犯轩辕御女。十二月己丑,犯昴。

庆历元年正月辛未,犯房次将。六月庚子,犯昴。癸卯,犯东井。
七月丙辰,掩心后星。戊午,掩南斗天相。八月庚子,犯积尸。九月
己巳,犯轩辕御女。二年二月甲申,犯舆鬼。四月戊子,犯房次将。
三年七月戊子,犯东井。九月癸未,入东井。丙戌,犯轩辕右角,四
年七月甲申,犯东井。八月癸丑,十月丙午,又犯。五年十二月癸酉,
犯房上相。六年七月壬午,犯左角。丁亥,犯斗天府。九月甲申,犯
牛。十一月己丑,犯毕距星。辛卯,犯东井。庚子,犯氐距星。七年
七月己卯,犯氐。八月壬戌,犯毕大星。乙丑,犯东井。八年二月癸
酉,犯毕,六月己丑,又犯。十一月丙午,掩毕。

皇祐元年二月戊辰,又掩。五月庚子,犯太微上相。癸卯,入氐。
七月戊戌,犯氐。九月丙午,犯毕。十一月辛丑,掩毕。十二月戊辰,
犯毕。二年三月丁酉,犯轩辕大星。八月庚申,入氐。壬申,入东井。
十一月丙申,犯毕。己酉,入氐。十二月辛卯,犯毕大星。三年三月
癸丑,犯毕。四月己丑,入太微。癸巳,入氐。六月壬寅,犯毕。九
月甲子,犯毕距星。四年正月丙辰,犯东井。八月丙申,犯舆鬼。五
年八月丁巳,犯东井。

至和二年二月辛丑,犯氐。壬寅,犯心前星。闰三月癸巳,犯太
微左执法。丙申,犯氐。五月壬辰,掩心前星。七月己丑,犯南斗。

壬辰,犯壁垒阵。八月甲戌,犯轩辕大星上第二星。

嘉祐元年十一月己丑。犯昴。庚子,犯角左星。癸卯,犯心。十二月,犯房。二年四月庚申,犯心。乙卯,又犯。七月己卯,犯角大星。九月丁丑,犯心后星。己丑,犯昴。戊戌,犯太微西垣上将。三年正月庚寅,犯左角。二月癸亥,入斗魁。三月乙亥,犯五车东南星。四月乙巳,犯五诸侯东星。乙卯,掩房距星。五月乙酉,掩南斗距星。戊子,掩壁垒阵。七月庚辰,入南斗魁。辛卯,犯五车东南星。八月辛亥,犯壁垒阵。辛酉,犯五诸侯。壬戌,犯舆鬼。甲子,犯轩辕大星。九月甲戌,掩箕。己卯,犯壁垒阵。甲申,犯昴。丁亥,犯东井。十一月甲戌,犯壁垒阵。己卯,犯昴。癸未,犯五诸侯。丙戌,掩轩辕大星。十二月甲寅,犯轩辕左角少民。闰十二月己卯,犯舆鬼。四年正月戊申,掩轩辕大星。丙辰,犯心后星。二月庚午,犯五车。四月庚寅,掩昴。五月乙巳,犯房距星。戊申,掩南斗魁。辛亥,犯壁垒阵。六月癸酉,掩心后星。八月癸酉,犯壁垒阵。九月丁未,犯昴。十月丁丑,犯东井。己卯,犯舆鬼。辛巳。犯轩辕御女。十一月己酉,犯轩辕御左角少民。十二月己巳,掩昴。甲戌,掩舆鬼。五年正月癸卯,犯轩辕御女。辛亥,犯心。三月辛卯,犯昴。乙巳,犯心后星。戊申,犯南斗距星。四月癸亥,掩舆鬼西北星。癸酉,犯心。五月庚子,犯房距星。六月戊辰,犯心。七月庚戌,掩东井。八月壬戌,犯房距星。乙丑,犯南斗。九月庚寅,夜漏未上,掩心中央大星。壬寅,掩昴。十一月丁酉,犯昴。十二月丁卯,犯东井。己巳,犯舆鬼。戊寅,犯房距星。六年正月丙午,掩心大星。二月己未,犯昴。三月己丑,犯东井。七月庚寅,掩心大星。辛卯,犯天江。癸卯,犯昴。八月庚午,掩昴。癸酉,掩东井。九月乙丑,犯昴。十月乙未,犯东井。十一月庚申,犯昴。七年三月乙卯,犯轩辕右角。六月己亥,犯天街。八月己卯,犯房距星。九月丙寅,犯轩辕右角。十二月乙酉,犯井钺。八年二月庚辰,犯东井。庚寅,犯房。三月丁未,犯。六月癸未,犯建。七月庚戌,又犯。八月甲戌,犯房。己卯,犯牵牛。辛卯,犯井井。九月己未,又犯。十一月癸丑,又犯。

　　治平元年正月丁未,掩天关。戊申,犯东井。三月庚戌,犯角。丁巳,犯牵牛中星。四月己巳,犯天关。庚午,犯东。闰五月戊戌,犯氐。七月甲申,掩毕。八月甲寅,入东井。九月庚辰,犯天关。十月丙申,犯牵牛中星。丙午,犯毕。戊申,犯东井。二年正月戊寅,犯左角。二月丁未,入氐。辛亥,犯建。壬子,犯牵牛。三月丙寅,犯东井。四月癸巳,入东井。五月己巳,掩氐距星。甲申,犯毕。六月丁酉,入氐。甲寅,入东井。七月戊辰,犯建。壬午,入东井。八月丙午,犯毕。己酉,入东井。十月庚寅,犯牵牛中星,庚子,犯毕,壬寅,犯东井。十一月戊辰,犯毕。辛未,入东井。三年十一月癸亥,掩毕右股。丁丑,犯罚。十二月甲辰,掩西咸。四年正月庚申,入东井。甲子,犯轩辕大民。二月己酉,犯毕西第二星。戊子,入东井。癸巳,犯灵台。丁酉,犯亢。癸卯,犯牵牛。三月乙卯,入东井。闰三月庚辰,犯毕大星。癸未,入东井。四月庚戌,又入。己未,犯亢距星。庚申,入氐。壬戌,犯天江。甲子,犯建。乙丑,犯牵牛。五月戊寅,犯左执法。戊子,入氐。辛卯,犯建。辛丑,犯毕北第四星。甲辰,入东井。六月乙卯,入氐。己未,掩建东第二星。辛未,入东井。八月庚戌,犯氐。乙卯,犯牵牛。癸亥,犯毕。庚午,犯轩辕御女。辛未,犯灵台。壬申,犯右执法。九月庚辰,犯南斗西第一星。辛巳,犯建南第三星。壬午,又犯牵牛。辛卯,犯毕大星。癸巳,入东井。十月戊午,犯毕西第三星。辛酉,入东井。甲子,犯轩辕大民。丙寅,犯灵台。丁卯,犯右执法。戊辰,犯上相。庚午,犯亢距星。辛未,入氐。十一月己卯,犯壁垒阵。戊子,入东井。壬辰,犯轩辕御女。十二月乙卯,犯东井西南第二星。庚申,犯轩辕少民。辛酉,入太微。戊辰,掩西咸第一星。庚午,犯建星。

　　熙宁元年正月庚辰,犯毕星右股第二星。二月丁巳。入太微。庚申,入氐。三月癸未,入太微。四月壬子,犯东上相。甲寅,犯亢第三星。乙卯,入氐。五月丙子,犯轩辕御女。癸未,掩氐北第二星。甲申,犯罚南第一星。六月乙巳,犯西上相。庚戌,入氐。丙寅,入东井。七月癸酉,入太微垣轨道,无所犯。丙子,犯亢距星。甲午,入东井。八月乙巳,掩氐东北星。丙午,犯罚北第二星。辛酉,入东井。九月戊子,入东井。壬辰,犯轩辕御女。甲午,入太微。十月乙巳,犯牵牛。丙辰,入东井。庚申,犯轩辕少民。辛酉,入太微。十一月辛巳,犯毕大星。癸未,犯东井西第二星。己丑,入太微。十二月戊申,犯毕。甲寅,犯轩辕御女,丙辰,入太微。辛酉,犯氐。二年正月戊寅,入东井。癸未,犯西上相。戊子,入氐。二月己酉,犯轩辕大星。甲寅,犯亢距星。乙卯,入氐。三月丙子,犯轩辕大星。甲申,入太微。癸未,犯氐东北星。四月庚子,入东井。庚戌,入氐。五月甲戌,犯东上相。壬辰,掩毕大星。六月乙巳,入氐。己未,犯毕。七月壬申。入氐。辛巳,入羽林军。己丑,入东井。犯东南第二星。八月甲寅,犯毕大星。丙辰,入东井。九月辛巳,犯毕。丁亥,犯轩辕大星。己丑,入太微。十月壬寅,犯壁垒阵。辛亥,犯东井东北第三星。丙申,入太微。十一月己巳,犯壁垒阵。丙子,犯毕。戊寅,入东井。癸未,犯灵台北第一星。甲申,入太微,闰十一月丙午,入东井。十二月辛未,犯毕大星。癸酉,犯东井西北第二星。戊寅,入太微,三年正月丙午,又入。庚戌,入氐。二月戊辰,入东井。甲戌,入太微。戊寅,入氐。壬午,犯建。三月癸巳,犯毕。庚子,入太微;四月戊辰,又入。壬申,入氐。五月乙未,入太微。甲辰,犯建西第一星。六月癸亥,入太微。丁卯,入氐。七月己亥,犯建。辛亥,犯东井钺星。八月乙丑,犯天籥。乙卯,犯东井东第二星。九月乙巳,掩天关。丙午,犯东井距星。戊申,犯舆鬼东北星。辛亥,入太微。十月丙寅,犯羽林军。癸未入氐。十一月癸巳,入羽林军。辛丑,入东井。丙午,入太微。戊申,入氐。十二月癸酉,犯西上将。四年正月辛卯,犯毕。乙未,犯天关。辛丑,入太微。癸卯,掩犯平道东星。甲辰,犯亢。乙巳,入氐。二月辛酉,犯毕距星第北二星。癸亥,掩犯东井距星。戊辰,入太微。甲戌,犯东咸。三月甲午,犯轩辕大星北一星。庚子,入氐。四月丁卯,又入。庚午,犯天江。丙子,入羽林军。五月庚寅,入太微。甲辰,入羽林军。六月戊午,入太微。癸亥,犯键闭。七月丙戌,入太微。己丑,入氐。八月甲子,犯壁垒阵第一星。九月乙巳,犯轩辕。丁未,入太微。十月辛酉,入羽林军。
丁卯,犯毕北第三星。已巳,犯东井。甲戌,入太微。丁丑,犯亢距
星。戊寅,入氐。十一月戊子,入羽林军。壬寅,入太微。十二月壬
戌,犯毕距星。甲子,犯东井东北第一星。丁卯,犯轩辕大星北一星。
五年正月丁酉,入太微。庚子,入氐。二月壬戌,犯轩辕大星北一星。
甲子,入太微。三月丙戌,犯东井东北第一星。甲午,犯亢距星。乙
未,入氐。五月甲申,掩轩辕大星。丙戌,入太微。六月乙卯,犯平
道东星。丙辰,掩犯亢距星。丁未,入氐,戊午,犯房北第一星。辛
酉,犯南斗距星。七月癸巳,犯羽林军西一星。闰七月甲寅,犯天江
东第三星。辛酉,入羽林军。八月癸卯,入太微。九月乙卯,入羽林
军。壬戌,犯天街南星。十月癸未,入羽林军。甲申,犯壁垒阵东第
一星,乙未,掩轩辕大星北一星,十一月庚戌,入羽林军。己未,犯东
井东北第一星。甲子,入太微。丁卯,犯亢距星。戊辰,入氐。己巳,
犯钩钤东星。六年正月壬子,犯诸王西第一星。庚申,入太微。癸
亥,入氐。甲子,犯东咸西南第二星。乙丑,犯天江西南第二星。二
月乙卯,犯天街西南星。乙酉,犯轩辕大星北一星。庚寅,入氐。三
月甲寅,入太微。戊午,入氐。四月辛巳,入太微。癸未,犯进贤。癸
巳,犯羽林军。五月己酉,入太微。六月辛巳,犯东咸西一星。七月
甲辰,入太微。丁未,入氐。戊申,犯房北第二星。辛亥,掩南斗西
第五星。八月癸未,入羽林军。甲申,犯壁垒阵东第二星。戊戌,入
太微。九月甲辰,犯天江南第二星。乙丑,入太微。十月辛巳,犯外
屏西第五星。甲申,犯月星。癸巳,入太微。丙申,入氐。十一月丙
午,犯壁垒阵西北星。壬子,犯天街南星。十二月己卯,掩月星,辛
巳,犯司怪北第二星。丁亥,入太微。七年正月,乙卯,入太微,二月
壬午,又入。三月己酉,又入。辛亥,犯进贤。癸丑,入氐。乙卯,犯
天江南一星。四月乙亥,掩轩辕大星北一星。五月甲辰,入太微。六
月辛未,又入。己卯,犯南斗西第五星。己丑,掩犯天阴北第一星。
庚寅,犯天街北星。七月甲辰,犯心大星。己酉,犯壁垒阵西第一星。
丙辰,犯天阴西南星。八月己卯,犯壁垒阵东第四星。辛卯,犯轩辕

大星北一星。九月戊申,犯外屏西第三星。辛亥,犯天阴中央星。十
月戊寅,犯天阴西南星。己卯,犯月星。戊子,入太微。十一月丙辰,
犯左执法,又入太微。十二月癸酉,掩犯天阴第三星。八年正月癸
卯,犯司怪北一星。乙巳,犯五诸侯西第四星。庚戌,入太微。二月
戊辰,犯昴距星。丁丑,入太微。戊寅,犯左执法。甲申,犯箕东北
星。四月壬申,入太微。丁丑,犯心距星。壬午,犯壁垒阵。闰四月
己亥,入太微。辛亥,入羽林军。壬子,犯壁垒阵东北第一星。丙辰,
犯天阴西南星。五月丁卯,犯右执法。辛巳,犯外屏西第二星。六
月甲午,入太微。己亥,犯日星。壬寅,入南斗魁。丙午,入羽林军。
七月庚午,犯狗国西南星,癸酉,入羽林军,己卯,犯昴西南第二星。
癸未,犯五诸侯。八月甲午,犯心距星。辛丑,入羽林军。十月戊戌,
犯外屏西第三星。庚子,犯天阴西北星。乙酉,犯长垣南一星。庚
戌,犯西上将。十一月丁丑,犯灵台北第一星。庚辰,犯角距星。十
二月庚戌,犯日星。九年正月辛未,犯长垣南一星。四月庚子,犯心
大星。五月丁卯,犯房距星。壬申,犯壁垒阵。甲戌,又犯。六月乙
未,掩心东星。庚子,犯壁垒阵西第五星。丙午,犯天阴西北星。七
月甲戌,犯昴东北星。戊寅,犯五诸侯东一星。八月癸巳,掩狗国西
北星。乙未,犯壁垒阵西第五星。癸卯,犯五车西南星。九月丁巳。
犯心东星。壬戌,犯壁垒阵西南星。丙寅,犯外屏西第二星。辛未,
犯司怪北第一星。丁丑,犯灵台南第二星。十月辛卯,犯壁垒阵西
第八星。庚子,犯五诸侯西第四星。十一月庚申,犯外屏西第一星。
十二月乙未,犯五诸侯东一星。丙申,犯舆鬼东北星。戊戌,犯轩辕
大星,己亥,掩灵台南第二星。丙午,犯心东星。十年正月戊午。犯
昴西北一星。乙亥,犯箕东北星。二月庚子,犯房距星。癸卯,入南
斗。甲辰,犯狗国东北星。四月甲辰,犯外屏西第一星。六月庚寅,
犯心东星。丙申,犯壁垒阵西一星。七月癸酉,犯五诸侯东一星。八
月庚寅,犯壁垒阵西第二星。戊戌,犯五车东南星。九月辛酉,犯外
屏西第一星。丙寅,犯司怪北第一星。十月乙酉,犯壁垒阵西第四
星。己亥,犯灵台北第二星。癸亥,犯积薪。十二月癸未,犯外屏西

一星。丙戌，犯昴西北星。辛卯，掩輿鬼西北星。辛丑，犯心東星。

　　元豐元年正月壬戌，犯明堂東北星。辛未，掩南斗西第五星。閏正月戊子，犯軒轅少民。乙未，犯房距星。次相。二月壬子，犯五諸侯東一星。癸亥，犯心大星，三月癸巳，入南斗，掩東第二星。四月丁巳，犯房南第二星。庚申，入南斗。庚午，犯昴西北星。五月乙酉，犯心東星。六月乙卯，犯南斗東南第一星。七月甲午，犯司怪北第二星。九月癸巳，犯軒轅御女。十月庚戌，犯雲雨東北星。丙辰，犯司怪北一星。丁巳，犯東井東北第一星。戊午，犯積薪。十一月丙戌，犯輿鬼，入犯積尸。十二月己酉，犯昴西北星。癸亥，犯心星。丙寅，犯狗西星。二年正月己卯，犯東井東北第一星。辛巳，犯輿鬼距星，又入犯東南星并積尸。甲申，犯靈臺。二月庚戌，犯軒轅御女。辛亥，犯靈臺南一星。三月辛未，犯昴西北星。壬午，犯天門東星。乙酉，犯心大星。四月乙卯，犯南斗。五月己卯，犯日星，犯房距星。六月甲辰，犯天門東星。甲寅，犯泣西星。七月己卯，犯羅堰。癸未，犯雲雨東北星。壬辰，犯輿鬼西南星。八月辛酉，犯軒轅御女。九月庚午，犯天江。甲戌，犯羅堰。丙子，犯泣西星。壬午，犯昴距星。十月乙巳，犯雲雨西南星。庚戌，犯天街東北星。十一月丁丑，犯昴距星。己卯，犯司怪。庚辰，入東井。辛巳，犯水位。十二月戊申，犯天樽東北星。庚戌，犯軒轅大民，又犯酒旗。三年正月壬申，掩昴宿東北星。甲戌，犯司怪。乙酉，犯心距星。二月壬寅，入東井。乙巳，犯軒轅大民。三月庚午，犯天樽南星。丁丑，犯天門。庚辰，犯心大星。壬午，犯南斗。四月丁未，犯心距星。壬子，犯牽牛南星及羅堰。五月己巳，犯明堂西第二星。甲戌，犯日星，又犯房。己卯，犯牽牛。壬午，犯虛梁西第一星。六月己亥，犯泣西星。戊午，犯東井距星。七月己巳，犯心距星。戊寅，入雲雨。癸未，犯昴，八月丙申，犯日星。甲辰，犯虛梁。九月辛未，犯泣西星。戊寅，犯天街東北星。庚辰，犯東井距星。辛巳，犯天樽南星。閏九月丙申，犯牽牛南星。庚子，犯雲雨西北星。乙巳，犯昴。丁未，犯司怪南第二星。戊申，入犯東井東北第三星。辛未，犯酒旗。十月辛酉，犯氐。壬申，犯天阴西北星。十一月乙未,犯云雨。庚子,犯昴。庚戌,犯天门。十二月壬戌,犯云雨西北星。庚午,入东井。癸酉,犯轩辕右角。乙亥,犯明堂。辛巳,犯天江。癸未,犯建西第二星。四年三月壬辰,入东井。五月辛亥,犯月星。六月己巳,犯罗堰南第二星。己卯,犯诸王西第二星。辛巳,入东井。七月戊申,犯东井钺星。八月庚申,犯天江西南第三星。壬戌,犯建西第三星。癸酉,犯月星。己卯,犯轩辕大民。九月己丑,犯建西第一星。庚寅,犯天鸡东南星。辛卯,犯罗堰北第二星。十月辛酉,掩犯虚梁西第三星。壬戌,犯云雨西北星。戊辰,犯天街西南星。庚午,犯东井西北第二星。十一月甲午,犯天阴西南星。乙未,犯月星。戊戌,入东井。癸卯,犯明堂西第二星。戊申,犯东咸西南第二星。己酉,犯天江东北第二星。十二月癸亥,犯天街西南星。乙丑,犯东井西北第二星。五年正月辛卯,犯诸王东第二星。癸巳,犯东井东南第二星。二月庚申,入东井。辛酉,犯水位星西第一星。三月戊子,入东井。庚子,犯建西第一星。五月乙酉,犯酒旗南第二星,甲午,犯天籥西北星。己亥,犯虚梁西第二星。六月丙子,入东井。七月丁亥,犯东咸西第二星。辛卯,犯牵牛距星。甲午,犯虚梁西第三星。甲辰,入东井。八月甲寅,犯钩钤西星。甲子,犯外屏西第一星。辛未,入东井,九月戊戌,又入。十月壬子,犯建西第五星。癸丑,犯牵牛距星。丁巳,犯云雨西南星。甲子,犯诸王西第五星。十一月癸未,犯虚梁西第三星。丙戌,犯外屏西第一星。癸巳,入东井。甲午,犯水位星西第一星。十二月己未,犯天关。庚申,入犯东井。六年正月己卯,犯云雨西星。乙酉,犯毕距星。丁亥,犯司怪南第一星。戊子,入东井。二月乙卯,又入。壬申,犯虚梁西第三星。三月癸未,入东井。四月庚戌,又入。己未,犯氐距星。五月乙未,入云雨。七月丙辰,犯虚梁西第一星。八月丁丑,犯键闭。辛巳,犯牵牛距星。乙酉,入犯云雨东北星。癸巳,犯东井西北第二星。九月辛亥,犯虚梁西第三星。戊午,掩毕距星。辛酉,入东井。甲子,犯酒旗南第二星。十月戊子,入东井。十一月乙卯,又入。乙丑,入氐。丙寅,犯房北第一星。十二月庚辰,掩犯毕距第二星。七年正月辛亥,犯水位星西第一星。丙辰,犯明堂。二月戊寅,入东井。丁亥,入氐。辛卯,犯建。三月壬寅,犯毕距星。乙巳,入东井。戊申,犯酒旗。四月戊寅,犯明堂东北第一星。壬午,入氐。丁亥,犯罗堰。壬辰,犯外屏西第二星。六月壬午,犯罗堰南第二星。七月辛酉,入东井。八月戊子,入犯东井。九月丙辰,入犯东井东南第一星。十月壬午,犯司怪南第一星。癸未,入东井。己丑,犯明堂。甲午,犯心大星。十一月庚戌。入东井。十二月辛未,犯外屏西第二星。乙亥,入犯毕。辛巳,犯酒旗。戊子,入氐。己丑,犯罚。八年正月壬寅,犯毕西第二星。乙巳,入东井。乙卯,入氐。二月壬申,入东井。甲申,犯东咸东第一星。三月庚戌,入氐。辛亥,犯罚。甲寅,犯建星西第五星。乙卯,犯牛距星。庚午,犯毕。四月丁卯,入井。五月己酉,犯天鸡西北星。六月壬申,入氐。丙子,犯建星西第四星。七月甲辰,犯天鸡。癸丑,犯毕,又行入毕。丙辰,入井。八月丁卯,入氐。辛未,犯建星西第四星,壬申,犯牛距星,甲戌,犯泣东星。九月辛亥,入井,犯东南第一星。十月丁卯,犯罗堰北一星。乙亥,犯毕西第二星。戊子,入氐。十一月甲午,犯牛距星。癸卯,入毕,又犯毕大星。乙巳,入井。己酉,犯轩辕御女。癸丑,犯进贤。十二月丁卯,犯外屏。庚午。掩毕距星。

宋史卷五四
志第七

天文七

月犯列舍下

　　元祐元年正月丁酉,犯毕。庚子,入井。乙巳,犯灵台。丙午,犯右执法。己酉,犯亢。丁卯,入东井。戊辰,犯水位。甲戌,犯左执法。乙亥,犯进贤。戊寅,犯氐。闰二月壬辰,掩毕。乙未,入东井。乙巳,入氐。三月壬申,又入。戊辰,犯右执法。戊寅,犯罗堰。四月癸巳犯轩辕御女,辛丑,犯罚。甲辰,犯建。五月癸亥,入太微。丁卯,入氐。辛巳,犯毕。六月庚寅,入太微。辛亥,入井。七月戊午,入太微。壬戌,入氐。八月癸卯,入毕,犯毕大星。九月辛酉,犯建星。丁丑,犯轩辕少民。戊寅犯上将,又入太微。己卯,入太微。十月丁酉,犯天廪。戊戌,犯毕,入毕内。庚子,犯井。乙巳,犯灵台。丙午,入太微垣,犯右执法。丁未,犯太微垣东扇上相星。十一月戊辰,入井。癸酉。行入太微。甲戌,犯左执法。戊寅,入氐。十二月癸巳,犯天高,又犯附耳。乙巳,犯井。丙申,犯水位。己亥,犯轩辕左角。己丑,入太微。壬寅,犯太微东扇上相。乙巳,入氐。二年正月壬戌,犯井。戊辰,入太微。癸酉,入氐,犯东北星。甲戌,犯罚。二月庚寅,入井。乙未,犯太微上将。庚子,入氐。三月丁巳,入井。戊午,犯水位。辛酉,犯轩辕左角。乙丑,犯平道。丁卯,入氐。壬申,犯建。四月戊子,犯轩辕大星,掩御女。己丑,犯灵台。庚寅,入

太微。甲午,入氐。丙申,犯罚星。五月戊辰,犯罗堰。辛未,犯壁
垒阵。六月乙酉,入太微。己丑,入氐。己亥,犯壁垒阵。甲辰,犯
附耳。丙午,入井。七月丁巳,犯氐。庚午,犯天廪。辛未,入犯毕。
癸酉,犯井。丁丑,犯轩辕大星。八月甲申,入氐。庚寅,犯牛。甲
午,犯壁垒阵。乙丑,犯天廪。丙寅,掩犯毕大星。戊辰,入井。壬
申,犯轩辕左角少民。癸酉,犯上将。甲戌,入太微。十月乙酉。犯
罗堰。戊子,犯壁垒阵。辛丑,入太微。乙巳,入氐。十一月甲寅,
犯壁垒阵。甲戌,犯罚星。十二月戊子,犯毕。乙未,犯灵台,又犯
上将,入太微。三年正月戊午,入东井。己未,犯水位。甲子,入太
微。二月乙未,入犯氐西北星。三月壬子,犯东井西扇北第二星。丁
巳,犯灵台南第三星。庚申,犯平道。四月乙酉,入太微。犯内屏。
辛卯,犯东咸。甲午,犯建。丁酉,犯壁垒阵。五月壬子,入太微垣。
辛酉,犯建。辛未,犯天廪。六月甲申,入氐。壬辰,犯壁垒阵。七
月癸丑,犯东咸。己未,犯壁垒阵。丁卯,犯天高。己巳,入东井。庚
午,犯水位。八月己卯,入氐。己丑,犯壁垒阵。庚寅,犯天溷。癸
巳,犯天廪。甲午,入毕。乙未,犯天关。丙申,犯东北第二星。戊
戌,犯鬼距星。九月辛酉,犯毕。癸亥,犯司怪。甲子,犯天樽。十
月甲申,犯壁垒阵。己丑,犯天高。辛卯,入东井,犯东扇北第三星。
壬辰,犯水位。丙申,入太微。十一月戊午,入东井,犯西扇北第二
星。己未,犯天樽西北星。庚申,入鬼,犯积尸气。癸亥,入太微。十
二月辛卯,又入之。闰十二月辛未,入毕。癸丑,犯东井西扇北第二
星。甲寅,犯天樽。戊午,入太微,犯内屏。己未,犯太微三公。庚
申,犯平道。四年正月丙戌,入太微。庚寅,犯氐。辛卯,犯罚。二
月戊申,入井。壬子,犯长垣。癸丑,入太微,犯内屏。甲寅,犯三公。
乙卯,犯平道东星。丁巳,入氐。三月丙子,犯天樽。丁丑,入鬼,犯
积尸气。庚辰,入太微。乙酉,入氐。丁亥,犯天江。四月戊申,入
太微。壬子,入犯氐。乙卯,犯天篝。壬戌,犯壁垒阵。五月乙亥,
入太微。丁丑,犯平道。己卯,入氐。六月癸卯,入太微。丙午,犯
氐。己未,犯外屏。壬戌,犯毕。甲子,犯井。乙丑,犯天樽。七月

甲戌，入氐。乙亥，犯罚。癸未，入羽林军。甲申，犯壁垒阵。八月辛丑，入氐。己未，入井。九月甲申，犯毕。丙戌，入犯井。戊子，犯鬼。辛卯，入太微。十月癸丑，犯井钺。乙卯，犯水位。己未，入太微。十一月己卯，犯毕。辛巳，入井。丙戌，入太微，犯内屏。十二月丙辰，犯亢。丁巳，入氐。五年正月丙子，犯东井。戊寅，犯舆鬼。辛巳，入太微。犯内屏。乙酉，入氐。丙戌，犯东咸。丁亥，犯天江。二月癸卯，犯钺，又犯东井。戊申，入太微。辛亥，犯亢。癸丑，犯键闭。乙卯，犯天籥。三月己巳，犯诸王。庚午，犯司怪。丙子，入太微，犯内屏。四月甲辰，入太微，犯三公。乙巳，犯平道。庚戌，犯天籥。丙辰，入羽林军。五月庚午，入太微。庚寅，掩毕。六月癸卯，犯东咸。乙巳，犯南斗。庚戌，入犯羽林军。七月乙丑，入太微。丁卯，犯平道。己巳，入氐，犯壁垒阵。丁亥，入东井。己丑，犯舆鬼东北星。八月丙申，入氐。癸卯，犯壁垒阵。壬子犯毕。壬申，犯羽林军。辛巳，犯司怪。丁亥，入太微。十月乙未，犯南斗。庚子，入犯羽林军。辛丑，犯壁垒阵。己酉，入东井。庚戌，犯五诸侯。六年正月丙子，入太微。戊寅，犯平道。二月甲辰，入太微，犯内屏，辛亥，犯斗。四月壬庚，入氐，五月丙寅，入太微，戊辰，犯平道。庚午，入氐。戊寅，入羽林军。戊戌，犯键闭。乙巳，入羽林军。七月戊辰，犯斗。癸酉，入羽林军。甲戌，犯壁垒阵。八月庚子，入羽林军。闰八月戊辰，又入。辛未，犯外屏。丙子，犯司怪。丁丑，犯东井。戊寅，犯五诸侯。壬午，入太微。九月甲午，入羽林军。丙申，犯壁垒阵。戊戌，犯外屏。壬寅，犯诸王，庚戌，入太微。十月壬戌，入羽林军。己巳，犯天街。己亥，犯轩辕大星。丁丑，入太微，犯内屏。庚辰，犯亢。辛巳，入氐。十一月己丑，入犯羽林军。戊戌，犯司怪。庚子，犯五诸侯。甲辰，犯太微次将。丙午，犯进贤。戊申，入氐。十二月甲子，犯诸王。壬申，入太微。七年正月己亥，入太微。壬寅，犯亢。二月戊午，犯月星。壬戌，犯五诸侯。丁卯，入太微。戊辰，犯进贤。戊寅，入羽林军。三月壬辰，犯轩辕大星。甲午，入太微，犯内屏。乙未，犯太微上相。丁酉，犯亢。戊戌，入氐。四月壬戌，

入太微。癸亥,犯进贤。乙丑,犯氐距星。癸酉,入羽林军内。甲戌,
犯壁垒阵。丙子,犯外屏。五月己丑,入太微。六月丙辰,入太微,
犯内屏。庚申,入氐,犯东南星。壬戌,犯天江。戊辰,入羽林军。甲
戌,犯月星。七月辛卯,入南斗。壬寅,犯诸王。八月壬戌,入羽林
军。九月甲申,犯天江。戊子,犯哭、泣。辛卯,犯壁垒阵。乙未,犯
天阴。丙申,犯月星。戊戌,犯司怪,庚子,犯五诸侯,癸卯,犯轩辕
次北星。乙巳入太微,犯内屏。十月丁巳,入羽林军。甲子,犯天街,
又犯诸王。癸酉,入太微。丙子,犯氐距星。十一月甲申,入羽林军。
庚寅,犯天阴。癸巳,犯司怪。庚子,入太微。十二月癸丑,犯壁垒
阵。戊午,犯月星。壬戌,犯五诸侯。乙丑,犯轩辕次北星。丁卯,
入太微。犯内屏。庚午。犯亢。壬申,犯房。八年正月甲午,入太
微。丙申,犯进贤。己亥,犯日星。二月癸亥,犯太微上相。丁卯,
犯心大星。三月甲申,犯五诸侯。丁亥,犯轩辕大星北第一星。己
丑,入太微,犯内屏。庚寅,犯左执法。乙未,犯天江。丙申,犯箕。
辛丑,入羽林军。壬寅,犯壁垒阵东北星。四月丙辰,入太微。五月
丁亥,犯亢。甲午,犯壁垒阵西南星。六月乙酉,犯轩辕。甲子,犯
壁垒阵。七月己卯,入太微。甲申,犯心距星。庚寅,犯五诸侯西第
三星。九月壬午,犯狗国。庚寅,犯天阴。壬辰,犯司怪。乙未,犯
五诸侯。庚子,入太微。十月辛亥,犯壁垒阵。乙卯,犯外屏。戊午,
犯天阴。壬子,入羽林军。壬戌,犯五诸侯。丁卯,入太微,犯上将。
十一月庚辰,入羽林军。乙酉,犯天阴。己亥,犯氐。十二月壬子,
犯天阴。乙卯,犯司怪。丁巳,犯五诸侯。壬戌。入太微。癸亥,犯
左执法。

　　绍圣元年正月丁亥,犯长垣。己丑,犯太微上将。二月庚戌,犯
坐旗。庚申,犯角距星。甲子,犯箕距星。乙丑,犯斗。三月己卯,
犯五诸侯东第二星。四月丙午,犯五诸侯西第三星。闰四月己卯,
入太微,犯右执法。甲申,犯房距星。丁亥,入斗,犯东第二星。五
月壬子,犯心距星。六月己卯,犯房距星。辛巳,犯箕。八月丙子,
犯箕东北星。九月戊申,入羽林军。丁巳,犯五诸侯东第二星。癸

亥,犯太微左执法。十月甲戌,入羽林军。壬辰,犯角距星。乙未,
犯房距星。十一月壬寅,入羽林军。乙巳,犯外屏西第二星。戊申,
犯昴西北星。壬子,犯五诸侯西第四星。癸丑,犯鬼东北星。癸亥,
犯心大星。十二月庚午,入羽林军。己卯,犯五诸侯西第三星。甲
申,犯太微上将。二年正月乙巳,犯坐旗南第一星。辛亥,犯灵台。
甲寅,犯角距星。丁巳,犯日星。二月庚午,犯昴。己卯,入太微,犯
右执法。乙酉,犯心东星。三月乙卯,入斗。己未,入羽林军。四月
癸酉,犯太微西扇上将。乙亥,犯角南星。己卯,犯房南第二星。五
月甲辰,犯天门东星。己酉,犯箕东北星。六月甲戌,犯房距星。辛
巳,入羽林军。戊子,犯五车东南星。七月壬寅,犯心东星。戊申,
入羽林军,犯壁垒阵西第六星。丙辰,犯坐旗南星。八月辛未,犯箕
北第一星。戊寅,犯外屏西第一星。丙戌,犯鬼东北星。九月癸卯,
入羽林军。甲辰,犯壁垒阵西第八星。十月庚午,犯屏西第一星。丙
子,犯昴西北星。乙巳,犯五车东南星。丁未,犯五诸侯西第五星。
戊申,犯舆鬼东北星。辛亥,犯灵台南第二星。戊午,掩心宿后星。
三年正月乙未,犯外屏。戊戌,犯昴。乙巳,犯轩辕左角。二月庚午,
犯鬼西北星。壬申,掩轩辕大星。癸酉,犯灵台。四月丁卯,犯轩辕
左角。甲戌,犯日星,又犯房距星。庚辰,犯代星。辛巳,犯壁垒阵。
五月乙未,犯灵台。壬寅,犯心宿东星。乙巳,犯南斗。六月壬午,
犯昴。七月丙午,犯外屏。癸丑,犯五诸侯。八月丁卯,入犯南斗。
戊寅,犯五车。辛巳,犯舆鬼。甲申,犯灵台。九月甲午,犯南斗。辛
丑,犯外屏。甲辰,犯昴。丙午,犯司怪。戊申,犯水位。壬子,犯明
堂。十月壬戌,犯狗星。十一月己亥,犯昴。癸卯,犯舆鬼。壬子,
犯日星。十二月壬戌,入犯云雨。庚午,犯五诸侯。辛未,入舆鬼,
掩积尸气。四年正月戊戌,犯鬼西北星。入鬼。辛丑,犯灵台南第
一星。二月乙亥,犯心东星。闰二月辛卯,犯井东扇北第一星。壬
辰,犯五诸侯西第五星。癸巳,入鬼,又犯舆鬼。乙未,犯轩辕左角。
己亥,犯天门东星。乙巳,入斗,犯斗西第四星。三月癸亥,犯灵台
南第一星。己巳,犯日星。又犯房距星。壬申,犯斗距星。戊辰,掩

云雨西南星。四月己丑,犯轩辕御女星。丁酉,犯心东星。庚子,犯狗西星。庚戌,犯昴西北星。五月丁卯,掩斗西第四星。癸酉,入犯云雨。六月甲午,入斗。乙未,犯狗东星。庚子,犯云雨西南星。七月壬戌,犯狗西星。壬申,犯掩昴西北星。乙亥,犯司怪北第二星。丙子,犯积薪。八月己丑,犯斗西第四星。癸巳,犯哭、泣东星。乙未,掩犯云雨东北星。甲辰,入犯鬼及犯积尸气。九月丙辰,犯北距星。己未,犯秦西星。十月甲午,犯昴西北星。丁酉,入井,犯东扇北第一星。戊戌,犯积薪,又犯水位东第一星。庚子,犯轩辕御女星。壬寅,犯明堂南第三星。十一月丁巳,入犯云雨星。十二月辛卯,犯司怪北第二星。壬辰,犯井东扇北第一星。乙未,犯轩辕太民。丙申,犯灵台南第一星。丁酉,犯明堂。壬寅,犯心距星。癸卯,犯天江南第一星。

　　元符元年正月庚申,犯天樽,辛酉,入犯鬼。己巳,犯日星,又犯房距星。二月丁亥,犯天樽。辛卯,犯灵台,甲辰,犯哭、泣。三月癸丑,犯司怪。己巳,犯罗堰,又犯牛,癸酉,犯云雨。四月癸未,犯鬼距星。甲申,犯酒旗。甲午,犯斗。五月己未,犯心距星。庚申,犯天江。戊辰,犯云雨。六月乙未,又犯。庚子,犯昴西北星。八月壬午,犯天江。九月丙辰,犯虚梁。壬戌犯昴。甲子,犯司怪。乙丑,入井。十月戊寅,犯斗。癸未,犯虚梁西第二星。己丑,犯天阴。癸巳,犯天樽。甲午,犯鬼距星。庚子,犯天门。十一月戊申,犯罗堰。壬子,犯云雨。丁巳,犯昴距星。庚申,入井。庚午,犯心大星。十二月戊寅,犯虚梁。丁亥,入井。戊子,犯水位。庚寅,犯酒旗,又犯轩辕右角。壬辰,犯明堂。戊戌,犯天江。二年正月甲寅,犯司怪北第三星。丙辰,犯水位西第三星。壬戌,犯天门东星。甲子,犯日星,又犯房距星。己巳,掩牛南第一星。二月己卯,犯昴距星。壬午,入井。乙酉,犯酒旗南第三星,又犯轩辕右角。丁亥,犯明堂西南第二星。壬辰,犯心距星。癸巳,犯天江西南第二星。己亥,犯虚梁西第一星。三月己酉,犯井距星。庚戌,犯天樽南星。丁巳,犯天门东星。庚申,犯天江西南第一星。甲子,犯罗堰南星。戊辰,犯云雨东北星。

四月丙子,犯司怪北第三星。丁丑,入井,又犯井东扇北第三星。丁亥,犯心距星。辛卯,犯牛南星。甲午,犯虚梁西第三星。乙未,犯云雨西北星。庚子,犯天阴北星。五月乙巳,犯水位西第二星。丙辰,犯天篇下东星。丁巳,犯建星西第二星。辛酉,犯虚梁西南第一星。六月辛巳,犯日星。丙戌,犯牛南星,又犯罗堰南第二星。庚寅,犯云雨东北星。丙寅,犯天街东北星。戊戌,入井。七月庚戌,犯天江西南第四星。壬子,犯建星西第三星。丙辰,犯虚梁西第三星。丁巳,犯云雨西北星。壬戌,犯天阴西北星。乙丑,犯司怪北第三星。丙寅,入井,犯东扇北第三星。八月癸未,犯虚梁西第一星。庚寅,犯昴旗东南星。辛巳,犯诸王西第二星。癸巳,入井。丙申,犯酒旗南第三星。九月丁巳,犯天阴北星。闰九月甲申,犯天阴西北星。辛卯,犯轩辕右角。十月辛丑,犯建西第一星。壬寅,犯天鸡东南星。乙巳,犯虚梁西第一星。壬子,犯月星。癸丑,犯诸王西第二星。乙卯,入犯井东扇北二星。丙辰,犯水位西第二星。戊午,犯酒旗南第二星。庚申,犯明堂西第二星。十一月壬午,犯井钺星,又犯井距星,又入井。十二月庚子,犯虚梁西第二星。丙午,犯天阴西北星。丁未,又犯月星。庚戌,入井,犯东扇北第二星。辛亥,犯水位西第二星。癸丑,犯酒旗南第二星,又犯轩辕右角大民。乙卯,犯明堂西第二星。三年正月乙亥,犯诸王西第一星。丁丑,入东井。四月庚戌,犯东咸西第三星。五月辛卯,犯昴。七月乙酉,犯天阴西南星。九月癸未,入东井。十二月甲辰,犯司怪北第二星。丙辰,入氐。

建中靖国元年正月己巳,犯月星。二月己亥,犯井钺。癸卯,犯轩辕右角大民。四月乙巳,犯罚星。五月丙子,犯牛大星。六月己酉,犯外屏西第二星。七月己巳,犯南斗。八月丁酉,犯建西第二星。九月丁丑,犯司怪北第四星。十一月癸酉,入东井。十二月丁酉,犯天街西南星。

崇宁元年正月丁卯,入东井。己巳,犯水位西第一星。二月癸卯,入氐。三月庚午,犯角距星。六月丁亥,犯轩辕大星。九月癸巳,犯壁垒阵。十月己丑,入毕口。二年二月乙卯,犯天高。四月壬戌,入氐。五月己亥,犯云雨东北星。七月戊子,犯建星西二星。九月丙戌,犯泣。十一月庚寅,入井。三年正月乙未,入氐。丙申,犯键闭。二月辛酉,犯亢距星。四月戊午,犯房北第一星。七月癸未,犯建星西第二星。甲申,犯牛大星。九月辛卯,犯井西扇北第二星。十一月己丑,入太微。四年正月戊寅,犯诸王西第二星。闰二月甲戌,犯井距星。癸卯,犯水位。五月乙巳,犯亢距星。丙午,入氐。七月丙辰,入毕口。八月癸酉,犯建西第三星。十月庚辰,入井。十二月丁丑,犯鬼东南星。五年正月戊申,入太微。三月辛亥,犯建距星。五月辛丑,入氐。七月壬寅,犯牛大星。甲辰,犯壁垒阵西五星。九月戊申,犯井距星。十一月丁未,犯长垣南一星。戊申,入太微。

大观元年正月甲辰,入太微。五月甲午,犯进贤。六月甲子,入氐。八月乙亥,入毕。九月己丑,犯天篇。癸巳,犯壁垒阵。十二月丁未,犯建。二年正月庚申,犯井钺。甲子,犯轩辕。二月癸巳,入太微,犯内屏。四月庚子,入羽林军。五月己未,入氐。六月癸巳,犯壁垒阵。九月壬申,入太微。十一月辛酉,犯井。三年正月辛酉,犯太微西扇次将。二月己丑,入太微,犯内屏。三月癸亥,犯南斗。四月己卯,犯五诸侯。六月庚辰,犯平道。七月庚戌,犯房。八月甲午,犯井。九月壬子,入羽林军。十月甲午,犯太微西扇次将。乙未,犯谒者。十二月壬辰,掩亢。四年正月戊申,犯天街。二月辛卯,犯南斗。三月甲寅,犯亢。六月乙亥,犯进贤。七月戊申,犯南斗。八月甲戌,犯天江。十一月己卯,犯五诸侯。

政和元年二月乙卯,犯南斗。三月庚辰,犯东咸。六月己酉,入羽林军。七月壬申,犯狗。八月丙申,犯心距星。二年三月甲子,犯五诸侯。三年三月壬戌,犯长垣。甲子,入太微。四月丙戌,犯五诸侯西第四星。五月甲午,入南斗。丁酉,犯壁垒阵。七月庚寅,犯狗国。九月癸巳,犯昴。十月壬戌,犯五车。乙丑,犯鬼。己巳,犯右执法。四年二月庚戌,犯昴。五月己丑,入南斗。六月甲寅,犯心东星。八月癸亥,犯司怪。五年正月壬辰,犯心大星。三月丙戌,犯房。五月庚寅,犯云雨。六月壬子,犯狗。九月甲申,犯昴星。十月丙辰,入鬼星。十二月甲寅,犯明堂。六年闰正月癸卯。犯司怪。二月辛巳,犯房。四月己卯,犯南斗。六月辛未。犯心大星。八月乙丑,犯日星。九月庚戌,犯天樽。十月乙丑,犯罗堰。七年正月己酉,犯心。甲戌,犯天门。四月辛未,犯日星。七月庚子,犯哭、泣。八月乙丑,犯牛。十月壬申,入井。十一月丁酉,犯天街。

重和元年二月乙丑,犯酒旗。六月己巳,犯云雨。八月丙辰,犯房。

宣和元年十一月己未,犯鬼。二年正月己酉,犯毕。七月辛亥,犯牛。九月丁巳,入井。十二月辛卯,犯东咸。三年二月壬申,掩角。五月丙午,入氐。十一月丙戌,犯罚。四年七月戊辰,犯建。十月壬寅,入井。十一月癸酉,犯轩辕御女。五年正月壬戌犯毕。三月己巳,入氐。七月甲子,犯牛。六年正月己巳,入氐。六月辛酉,犯壁垒阵。十月丁巳,犯毕。七年正月甲申,犯鬼。六月丁巳,入羽林军。十二月丙辰,入太微。

靖康元年二月庚戌,入太微。甲寅,入氐。三月戊寅,入太微。庚辰,入氐。四月丁未,犯平道。己酉,入氐。辛亥,犯天江。五月己巳,犯鬼。壬申,入太微。六月己未,犯毕。七月戊辰,入太微。壬申,入氐。癸酉,犯罚。己卯,入羽林军。己丑,入井。八月戊戌,入氐。丙午,入羽林军。乙卯,犯天关。丙辰,入东井。九月癸未,犯井钺。十月辛丑,入羽林军。丙辰,入太微。十一月丁丑,犯天关。戊寅,入井。庚辰,犯鬼积尸气。十二月癸酉,入井。乙亥,犯鬼积尸气。二年三月乙未,入井。辛丑,入太微。四月壬戌,犯天关。

建炎三年三月乙未,入氐。四年六月辛巳,犯心。七月辛亥,入南斗魁中。八月辛卯,犯五诸侯。十二月壬辰,掩心大星。

绍兴元年三月癸卯,犯五诸侯西第五星。四月癸酉,犯轩辕大星。辛巳,犯心。戊子,入羽林军。六月丙子,犯心。癸未,犯昴。八月辛未,犯心宿东星。癸未,犯昴。九月辛丑,入南斗。乙巳,入羽林军。辛巳,犯五诸侯。十一月己酉,犯五诸侯东第一星。十二月癸未,犯角。二年二月辛未,犯五诸侯第西四星。乙亥。入太微。三

月乙酉,犯心大星。五月戊寅,入羽林军。六月乙巳,七月癸酉,又
入。辛丑,入南斗魁中。七月乙丑,犯房距星。八月戊申,犯司怪。
三年四月辛丑,入南斗魁中。五月丙寅,掩心第三星。七月癸亥,入
南斗魁中。九月戊午,入南斗,犯西第五星。十月壬寅,犯轩辕大星。
十一月丁巳,犯壁垒阵西第六星。乙丑,犯五车。丁卯,犯五诸侯西
第四星。己卯,犯斗。十二月辛卯,犯昴。丙申,犯鬼。丁酉,犯轩
辕御女。甲辰,掩心前星。四年正月壬戌,犯五诸侯东第一星。癸
亥,犯鬼西北星。三月乙卯,犯司怪。四月癸巳,犯房。八月癸未,
犯心后星。十二月丙戌,犯昴西北星。五年四月癸未,犯房。十月
庚辰,犯南斗。壬戌,入井。十一月甲申,又入。甲午,入氐。六年
正月己卯,入井。三月甲申,犯心大星。四月辛丑,入井。六月己未,
犯昴,九月戊子,犯轩辕右角大民。十月辛亥,犯司怪北第二星。十
二月丙午,入井。七年正月辛未,犯天街。二月辛丑,入井。三月戊
辰,犯井钺。六月丁巳,犯井。七月甲申,又犯。九月己卯,又犯。十
月丁未,闰十月甲戌,十二月己巳,皆犯井。三月辛巳,犯斗宿西第
一星。四月乙未,犯司怪。闰十月癸酉,又犯之。五月丁丑,犯建。
八月己亥,又犯。丙午,犯房北第二星。八年三月癸亥,犯井。四月
戊午,七月丁未,八月甲戌,九月辛丑,十月己巳,十二月甲子八皆
犯井。乙亥,犯房北第一星。九年正月辛卯,入犯东井。四月癸丑,
六月乙亥,八月己巳,九月丙申,十月甲子,十二月己未,皆入犯东
井。二月己巳,入氐。四月癸亥,六月戊午,八月癸丑,皆入氐。六
月乙未,犯建西第四星。九月丙辰,掩角距星。壬戌,犯天高。十二
月丁巳,又犯。十年正月丙戌,犯入井。三月辛巳,四月戊申,闰六
月丁酉,八月辛巳,十月丁亥,皆犯入井。三月辛卯,入氐。六月癸
丑,七月戊申,八月乙亥,十二月辛卯,皆入氐。闰六月乙未,犯毕。
九月丁巳,犯毕距星。十二月壬子,又犯毕。十一年正月戊午,犯氐。
二月甲戌,犯毕。八月乙酉,皆犯毕。三月甲辰,入井。六月乙亥,
入氐。十一月乙卯,入太微垣,犯左执法。丙辰,犯进贤。己未,犯
氐东北星,十二月乙亥,入毕,掩大星。十二年正月壬寅,犯毕距星。

四月辛未，入太微。十一月，行犯权大星，并掩御女。十三年正月癸卯，犯权星，并御女。八月己酉，复掩权大星。十四年正月庚申，入毕，掩大星。六月丁亥，犯亢距星。十六年八月壬寅，犯钩钤。十七年二月己未，入羽林军，是岁，凡六。三月己卯入氐，五月甲戌，六月壬寅，十一月乙酉，皆入氐。七月癸酉，入南斗。十月乙未，又入。十一月甲戌，犯司怪。十八年三月乙丑，犯五诸侯。壬午，入羽林军，是岁，凡八。四月壬寅，入氐。五月丙寅，入太微，犯东上相。六月丁酉，入氐。七月乙丑，犯房。戊辰，入南斗。闰八月癸亥，又入。十九年正月辛丑，犯亢。二月甲戌，入南斗。丁丑，入羽林军，是岁，凡八。六月庚申，犯房。癸亥，入南斗。八月戊午，又入。二十年四月丁巳，犯角。六月戊午，入南斗，是岁，凡三。壬戌，入羽林军，是岁凡五，七月己卯，犯角距星。壬午，犯房。八月癸亥，犯昴距星。十一月乙未，犯角距星。二十一年正月丙申，入南斗。二月辛酉，犯心东星。三月丙申，入羽林军，是岁，凡七。闰四月己丑，犯壁垒阵。八月乙亥，入南斗。十月癸未，犯壁垒阵。十一月戊申，犯昴。二十二年正月丙辰，犯心东星。二月庚午，犯昴，是岁，凡三。乙亥，犯鬼。三月癸丑，入南斗。是岁。凡四。二十三年正月癸卯，二月庚午，犯舆鬼。壬申，犯权御女星。三月戊申，犯南斗。七月乙未，犯房距星。十月癸酉，犯司怪。十一月辛丑，入东井。二十四年正月庚申，犯昴。六月丙午，十二月庚寅，皆犯司怪。戊戌，犯昴距星。九月己巳，十月辛卯，皆入东井。二十五年四月庚辰，七月己巳，又入东井，是岁，凡六。六月辛丑，犯钺。十月庚寅，犯天关。十二月乙酉，犯司怪。二十六年正月壬子，二月乙酉，十一月庚辰，皆犯司怪。癸丑，入东井，是岁，凡八。八月丙子，犯房。十月乙亥，犯牛。二十七年正月甲戌，犯天关。庚寅，犯建。二月癸卯，三月庚午，皆入东井，是岁，凡七。四月己酉，犯房钩钤，又犯键闭。六月甲辰，犯罚，又犯东井。七月庚午，入氐。丙子，犯罗堰。乙酉，犯天关。十一月乙丑，犯牛。十二月辛亥，犯角宿距星。二十八年正月辛未，入东井，是岁，凡五。二月甲寅，犯牛。三月庚辰，犯建。四月己酉，犯罗堰。五月丙子，犯牛。六月丁酉，犯氐。壬寅，掩建。八月丁酉，又掩。八月辛卯，犯亢。壬辰，入氐。丁未，入毕口内，犯大星。九月甲戌，掩犯毕。十月癸巳，掩牛宿距星。癸丑，犯氐距星。十一月辛巳，十二月戊申，入氐。丁未，犯亢。二十九年正月丙寅，犯入东井，是岁，凡六。乙亥，犯氐距星。二月癸卯，入氐方口内，是岁，凡四。甲辰，犯西咸。三月己未，犯天高。壬申，犯东咸。乙亥，犯建星。四月辛卯，犯权右角大民。甲辰，犯罗堰。五月甲子，犯亢。六月戊申，犯附耳。庚申，入氐。丙寅，犯罗堰。七月癸巳，掩牛宿距星。九月丁酉，入毕口，犯大星。十一月壬辰，犯毕。十二月己巳，犯亢距星。壬申，犯东咸。三十年正月戊戌，入氐。二月乙丑，又入，是岁，凡五。三月甲申，入东井，是岁，凡三。七月戊子，犯牛。八月乙卯，又犯。九月庚辰，犯南斗。十月庚申，掩入毕。十一月庚寅，入犯东井。三十一年正月甲申，犯东井，是岁，凡五。二月乙卯，犯权星御女。庚申，入氐。三月戊子，又入，是岁，凡五。四月辛亥，犯太微垣西上将星。辛巳，犯平道星。戊子，犯牛距星。戊戌，犯毕距星。七月丁丑，犯西咸。癸未，犯牛。癸巳，入毕大星。九月丙申，犯太微东左执法星。十一月壬午，掩毕。辛卯，掩太微东上相星。十二月壬子、甲寅，犯舆鬼，掩积尸。三十二年正月丁丑，掩毕宿大星。犯附耳。庚辰，犯东井，是岁，凡七。戊子，入氐，是岁，凡二，己丑，犯西咸。二月庚戌，犯酒旗。壬子，入太微西，掩右执法星。乙卯，犯亢。己亥，犯太微西上将。庚辰，入太微。辛巳，犯进贤。四月癸未，犯牛。五月庚午，犯太微东上相星。庚辰，入羽林军。九月壬寅，十一月、十二月，皆入。戊子，入毕，掩犯大星及附耳。七月甲辰，掩建。十月丙寅，又掩。九月庚戌，入毕。十二月壬申，又入。十月己卯，犯司怪。

　　隆兴元年二月己巳，入东井，是岁，凡六。癸酉，犯权大星。七月丙申，十月壬子，皆入氐。壬寅，犯壁垒阵西胜星。二月甲子，又犯。癸卯，入羽林军，是岁，凡三。十月丙午，犯权。十二月丁卯，掩天高。戊辰，犯天关。二年正月戊子，入羽林军，是岁，凡六。甲午，掩入毕。二月甲子，入东井，是岁，凡五。己巳，犯长垣。辛未，入太微,掩犯左执法并上相星。三月辛卯,犯东咸。四月丙申,入氐。七月丁亥,入太微,犯内屏星。八月乙丑,犯壁垒阵。十月丁卯,犯毕。庚辰,入氐。十一月丁亥,入羽林军。丙辰,掩司怪。己亥,犯舆鬼,掩积尸。丁未,入氐。戊申,犯西咸。闰十一月壬戌,犯天高。己巳,犯长垣。

乾道元年二月甲申,五月癸酉,十月庚寅,皆掩犯诸王星。戊戌,犯东咸。庚申,入太微,犯内屏。六月壬午,又如之。甲子,入氐。六月丙戌,又入。辛未,入羽林军,是岁,凡八。五月辛酉,掩天江。七月丁巳,犯南斗。八月壬午,掩犯钩钤。十二月戊戌,又掩。甲申,犯天篰。乙酉,掩南斗。九月壬子,又掩。九月庚午,入太微。十月丁酉,十二月壬辰,皆入太微。十月庚辰,犯狗。十一月丁巳,犯天街,掩诸王。二年正月壬子,犯诸王。二月己卯,又犯。乙卯,掩犯五诸侯。二月乙酉,犯权。己亥,入羽林军。五月辛酉,又入。五月甲寅,犯键闭。六月辛巳,入氐。八月丙子,又入。壬子,犯房。乙酉,犯南斗,入魁。八月庚辰,又入。乙未,犯月。八月辛巳,掩犯狗国。九月庚戌,犯哭。十一月戊午,犯权。十二月壬辰,入氐。三年二月戊子,掩犯东咸。辛卯,入南斗。三月甲寅,入氐。四月辛巳,又入。四月壬申,犯五诸侯。九月癸未,十一月戊寅,皆犯。五月乙巳,入太微。癸丑,掩犯南斗。丁丑,犯房。庚辰,入南斗魁。七月乙巳,犯心大星。闰七月丁丑,犯周星。戊寅,犯哭,又入羽林军。八月乙巳,犯代。九月庚辰,犯月星。十月戊午,犯亢。十二月壬寅,犯昴。甲寅,入氐。掩东南星。四年正月辛未,犯五车。二月丁巳,入羽林军,是岁,凡九。三月庚午,犯权。四月庚子,犯左执法。乙巳,犯心前星。五月乙亥,入南斗。十月壬辰,又入。六月丙申,犯角。七月壬午,犯五车。丙辰,入太微。八月丁未,掩天阴。十月乙未,犯壁垒阵。戊戌,又犯。丙午,犯五诸侯。庚午,犯昴。壬申,犯司怪。癸未,犯心。十二月乙巳,入太微,犯左执法。丁未,掩犯角。五年正月癸酉,入太微,犯左执法。戊寅,掩心东星。二月壬辰,八月癸卯,十一月乙丑,皆犯昴。乙亥,犯长垣。三月癸亥,六月壬子,九月甲戌，十一月己巳，皆掩犯五诸侯。戊辰，犯左执法。己卯，入羽林军，是岁，凡七。四月庚子，犯心。五月甲子，犯角距星。庚午，入南斗。六月辛亥，犯五车。九月壬申，又犯。七月甲子，犯箕。十月丁亥，入南斗魁，又掩第五星。六年正月庚申，犯昴。戊辰，犯右执法。癸酉，犯心东星。二月辛卯，犯五诸侯。癸酉，入犯南斗。丁未，入羽林军，是岁，凡三。三月壬戌，犯灵台。庚午，入南斗魁。五月乙丑，七月丁亥，皆如之。五月壬戌，掩日星，又犯房。闰五月庚寅，犯心东星。七月戊戌，犯昴。庚子，犯五车。九月壬午，犯狗。十月壬戌，犯五车东南星。七年正月甲申，犯五车。三月甲申，犯权星御女。四月戊午，犯心大星。六月癸丑，掩心东星。乙卯，掩犯南斗。九月丁丑，十二月丙寅，皆如之。十月乙卯，犯昴。十一月乙未，犯房宿日星。八年正月辛卯，犯心距星。三月丁丑，犯鬼。丙戌，犯心大星。四月癸丑，犯房。九月戊子，犯鬼距星。九年四月丙子，犯心。六月辛未，掩犯心大星。

淳熙元年七月戊申，入东井。十一月戊戌，十二月乙丑，皆入。八月乙亥，犯井钺。十二月癸亥，犯天街。二年正月壬辰，犯井钺。二月庚申，入东井。四月乙卯，九月戊戌，十月癸巳，皆入。六月癸亥，犯南斗。七月戊子，犯房。闰九月乙卯，犯牛。十月癸卯，入氐。三年正月乙丑，七月己酉，又入氐。三月庚戌，九月辛酉，皆入东井。四月乙酉，犯角宿距星。七月丁未，犯角。十一月甲寅，犯毕。四年正月庚申，入氐。二月戊寅，入东井。七月壬戌，十月甲申，十二月乙卯，皆入。七月庚戌，犯牛宿距星。八月丁亥，入毕宿方口内。九月甲寅，犯毕。五年正月乙卯，入氐。闰六月己亥，十二月庚戌，皆如之。三月辛丑，入东井，是岁，凡四。闰六月乙卯，入毕宿方口内。十一月壬申，掩毕宿附耳星。六年正月甲戌，犯太微右执法星。二月甲午，犯毕。四月辛卯，入东井，是岁，凡三。五月丁卯，入氐。十月戊申，犯左执法，又行入太微垣。乙亥，又入。十二月丁未，犯壁垒阵西七星。七年正月庚午，入太微，犯左执法。癸酉，入氐。三月戊辰，四月乙未，六月庚寅，十一月甲戌，十二月辛丑，皆如之。四月壬辰,入太微。六月丁亥,十二月丁酉,皆如之。六月乙巳,掩毕大星。七月乙亥,入东井,是岁,凡三。八月丙午,犯权大星。十一月戊辰,又犯。十月甲午,犯毕。十二月乙丑,又犯。十一月甲戌,入氐。八年正月己未,入东井,是岁,凡六。二月丙申,入氐。四月戊午,六月癸丑,皆入。三月己未,入太微。闰三月丁亥,八月庚午,十月癸巳,又入。六月丁卯,入毕。八月壬戌,九月己丑,皆入。九年六月壬戌,又入。八月己未,入东井。十二月己未,入氐。十年正月丙子,入东井,是岁,凡二。二月己酉,入太微。三月丁丑,六月庚子,七月丙寅,十一月壬午,闰十一月庚戌,皆入。三月辛巳,入氐。六月癸卯,七月辛未,皆入。九月癸酉,入羽林军。十二月乙亥,犯权大星。十一月正月己酉,入氐。七月癸巳,八月庚申,皆如之。二月甲子,犯诸王。七月丁酉,犯南斗。十一月辛卯,入羽林军。十二年正月戊申,入南斗。八月癸酉,犯五诸侯。十三年四月己巳,入羽林军。五月甲申,入太微。七月甲申,犯心大星。八月己卯,亦如之。丁亥,犯南斗。十四年三月戊申,犯心距星。四月甲申,行犯房北第三星。辛卯,入羽林军,是岁,凡二。五月壬子,犯心大星。六月庚寅,行入斗。七月丙午,掩犯房。九月乙丑,掩犯角宿距星。十五年正月庚申,入南斗魁。六月丁丑,九月己亥,十二月戊子,皆如之。二月乙酉,掩心后星。六月己丑,犯昴。丁巳,犯五车东南星。十月己卯,又犯五车。十六年三月庚戌,入南斗魁。

绍熙元年六月乙未,宿斗距西北。四年七月乙亥,犯天关。十月庚戌,入东井。十二月乙巳,又入。五年三月丁卯,闰十月癸酉,皆入。十二月丁丑,入氐。

庆元元年六月辛酉,十二月壬申,皆入。己卯,入东井。三年二月辛亥,入毕。四年六月庚寅,犯毕西第二星。壬申,入井。壬寅,入氐宿方口内。九月乙巳,犯壁垒阵西第八星。甲寅,入东井。戊午,行入太微垣内。十月癸酉,犯壁垒阵。十一月乙卯,十二月壬午,亦如之。五年三月戊戌,入东井。七月甲寅,十二月辛未,亦如之。四月壬申,行入太微。六年二月壬申,又入。

　　嘉泰元年七月乙卯,入氐二年四月甲申,入太微。戊子,入氐。九月己酉,犯斗。三年四月辛丑,又犯,丙午,入太微。十月癸卯,入羽林军。辛酉,入氐。四年三月壬申,犯权。六月戊申,入羽林军。七月丙子,又入羽林军。十月壬子,入太微。癸丑,犯天江。

　　开禧元年正月庚午,犯五诸侯。三月乙丑,又犯。三月己巳,入太微。四月戊申,入羽林军。二年六月丙寅,又入。七月己丑,入斗。十月辛亥,又入。三年二月癸丑,犯五车东南星。乙丑,犯心东星。六月丁巳,入南斗魁。丁卯,犯昴。十二月癸丑,犯五车。

　　嘉定元年二月丙午,犯昴。三月乙亥,犯五车。六月丁丑,犯房。二年十月乙丑,犯斗。三年九月庚寅,犯心中星。四年闰二月己丑,入东井。五年正月丁巳,又入。己酉,犯南斗。六年二月庚辰,入东井。十月辛亥,犯毕。庚申,犯角距星。七年六月辛丑,入氐。八年正月戊辰,犯毕。七月己卯,又犯。辛未,入东井。十一月辛未,又如之。九年正月丙寅,入东井。乙亥,入氐。十二月戊子,犯毕。十年三月庚辰,入毕。五月丁亥,入氐。十二月丙寅,又入。十一月壬辰,犯权大星。十一年二月庚戌,入东井。九月戊子,十二月庚戌,皆如之。四月辛亥,入太微。六月庚戌,入氐。九月丙戌,入毕。十二年四月癸酉,入太微。九月丙辰,又如之。八月癸未,入东井。十月庚午,入羽林军。十三年正月戊戌犯毕。九月甲辰,又犯。二月癸酉,入太微。九月癸巳,犯南斗。丙午,入东井。十四年正月乙巳,入氐。七月己丑,又入。三月丙申,入太微。四月辛未,犯南斗。八月丙寅,入羽林军。十五年五月丁巳,入氐。八月癸未,入南斗。十六年六月辛巳,犯心前星。又犯中星。十月庚申,入太微。

　　宝庆三年七月乙酉,犯心后星。

　　端平元年五月己酉,入氐。二年六月壬申,又入。十二月庚子,入井。三年四月丙申,入太微。十一月甲戌,又入。五月辛巳,入毕。七月壬戌,入氐宿。戊寅,入东井。

　　嘉熙元年七月癸酉,入井。二年四月乙酉,入太微。闰四月丁未,入井。三年八月辛丑,入氐。四年正月辛巳,入太微。五月庚午,又入。甲戌,入氐宿方口内。

淳祐元年正月丁未,入氐。六年七月丁卯,犯斗西第五星。八月辛卯,犯房距星。七年七月己未,犯心宿中央星。十一年七月乙丑,入氐宿方口内。八月癸巳,又入。十二年五月戊申,犯毕宿大星。十二月壬申,入氐宿方口内。

宝祐元年九月壬辰,入毕。三年五月辛酉,又入。六月甲戌,入氐。七月辛丑,八月己巳,皆入。四年十月壬戌,犯斗。五年六月辛卯,入氐宿方口内。七月丙子,入井。六年十一月甲子,犯权。

景定元年十一月戊子,犯房。二年七月辛未,犯斗。三年二月乙巳,入氐。六月乙未,入氐宿方口内。八月癸卯,犯昴宿距星。十月丁卯,犯五车。四年四月乙卯,犯权。五月庚寅,入氐宿方口内。五年二月甲子,犯房。丁卯,犯斗。四月癸丑,入太微。六月甲寅,犯心。十月丙午,犯斗。

咸淳十年二月壬子,犯毕。

宋史卷五五
志第八

天文八

五纬犯列舍

岁星

建隆二年四月乙巳,犯左执法。五月己丑,犯东井。十月乙巳,犯亢。

太平兴国八年七月丙寅,入张。

雍熙元年正月辛巳,犯灵台第一星。

至道元年十一月庚戌,犯右执法。三年十月丁巳,入氐。

咸平元年三月乙酉,退行入氐。六月庚戌,入亢。

景德二年八月壬子,入太微。十二月壬辰,犯天樽。三年十月戊寅,犯轩辕大星。四年闰五月己巳,犯轩辕大星。九月己亥入太微。

大中祥符元年正月甲子,犯右执法。四月丁未,入太微。七月己未,又在太微。二年十月庚戌,入氐。三年四月庚申,退行入氐。丙子,守氐。四年六月己巳,犯天江。五年三月丁丑,犯牵牛。六年四月乙丑,犯壁垒阵。九年五月辛未,失度。

天禧三年九月壬戌,入太微。丙寅,犯右执法。十一月乙丑,犯右执法。四年二月己酉,犯右执法。三月庚申,犯舆鬼、积薪,又犯哭星。五月乙丑,七月乙卯,犯右执法。五年十二月丁未,犯房。

乾兴元年正月丁丑,犯键闭。二月庚午,犯房。

天圣元年八月戊午,犯天籥。三年五月辛卯,犯壁垒阵。七月乙未,又犯。六年八月庚午,犯钺。十月丙寅,又犯。七年八月己亥,犯舆鬼。九月己未,犯积尸。八年九月丁未,犯轩辕。九年十月戊戌,犯左执法。

明道元年正月辛巳,掩左执法。五月戊戌,犯太微左执法。

景祐元年正月己巳,犯东咸。四月丙申,犯钩钤。戊申,犯房。甲寅,掩房上相。七月戊子,又犯房。二年五月丁未,犯天籥。

康定元年六月丁未,犯井钺。七月戊午,犯东井。十月庚子,又犯。

庆历元年八月庚辰,犯鬼。丙戌,犯积尸。十一月癸酉,退犯舆鬼。二年四月乙酉,犯舆鬼。庚寅,犯积尸。三年九月庚寅,犯左执法。四年二月戊午,犯左执法。

嘉祐二年八月乙巳,犯氐。三年五月乙酉,退犯东咸第二星。七月辛卯,顺行,又犯。四年正月丙申,犯建。五年七月己亥,退犯十二诸国代星。

治平元年闰五月癸未,入东井。八月丁未,犯天樽。二年四月癸巳,犯天樽。七月丙辰,犯舆鬼。三年九月庚午,犯灵台。十月甲午,犯太微上将。四年正月壬子,犯西上将。二月戊子,犯灵台。四月甲子,又犯。五月丙申,犯西上将。六月乙丑,入太微。十月丁卯,犯进贤。

熙宁元年七月壬申,犯进贤。十一月丙戌,入氐。二年七月辛巳,犯氐。丁亥,入氐。八年六月己未,犯诸王。八月庚戌,又犯。九年六月辛卯,入东井。七月丁丑,犯天樽西星。十月戊戌,犯天樽东北星。十年三月戊寅,犯天樽西星。

元丰元年八月丁巳,犯灵台北第一星。九月乙亥,犯西上将。十月戊申,入太微。二年正月己丑,又犯。三月辛未,犯灵台北星。三年十月辛酉,犯氐距星。庚午,入氐。四年二月壬午,退入氐。五年九月癸未,犯天江北第一星。七年四月壬午,犯壁垒阵西第六星。七月癸卯，又犯西第五星。十一月丙辰，又犯。十二庚午，犯天樽。

元祐四年二月壬子，犯天樽。五年五月壬辰，犯轩辕大星。十月癸巳，入太微。庚戌，犯右执法。七年十月庚申，入氐。八年四月癸亥，退入氐。十二月丁卯，犯天江。

绍圣元年三月乙未，犯天篇。三年三月丁未，犯壁垒阵。四月戊子，入羽林军。七月辛丑，又犯壁垒阵。十一月甲辰，又犯。

元符元年正月己未，犯外屏。二年六月甲申，犯诸王东第一星。十一月丁亥，又犯。

建中靖国元年十二月己酉，犯轩辕大星。

崇宁元年六月甲辰，犯轩辕左角少民。二年正月戊戌，退行入端门。三年八月乙卯，犯亢距星。四年正月辛巳，犯房北第一星。闰二月庚辰，犯房钩钤。五年十月辛未，犯南斗西第二星。

大观元年二月庚午，犯斗。二年十月庚辰，犯壁垒阵。三年十二月丙申，犯外屏。四年六月癸未，犯天阴。

政和元年八月甲寅，犯钺。二年三月乙亥，犯司怪。八月丁酉，犯积薪。九月丁卯，犯鬼。三年三月戊寅，犯积薪。闰四月壬戌，犯鬼，入犯积尸气。八月甲辰，犯轩辕。四年正月丁亥，犯轩辕大星。八月己巳，入太微垣。十月辛酉，犯左执法。五年正月丁丑，又犯。二月辛酉，入太微。六年闰正月己酉，犯亢。七月辛亥，又犯。十一月丙辰，犯房。七年三月丙辰，又犯。

重和元年五月甲午，犯斗。

宣和元年五月乙亥，犯牛。二年二月甲戌，犯壁垒阵。四年三月甲戌，犯昴。五年八月壬午，犯井。

靖康元年十月癸卯，犯左执法。二年二月壬戌，又犯。丁卯，入太微。六月甲申，犯诸王东第一星。

建炎三年五月丙午，逆行犯房。七月癸未，犯钩钤。

绍兴二年八月庚寅，逆行犯壁垒阵。五年四月壬子，犯井钺。七月丁丑，十月丙午十一月庚午朔至戊子，逆行入井。六年三月庚午，入井。壬辰，复入。留二十日。七月壬辰，犯鬼。癸巳，犯积尸气。

十二月壬戌,又如之。十二月庚申,逆行犯鬼东南星。辛酉,入鬼宿内。七年正月癸亥,三月壬午,逆行入鬼,犯积尸气。八年九月己丑,犯太微垣东左执法。十年正月戊子。七月辛未,入氐。十一年七月戊午,犯东咸西第二星。十七年七月壬戌,顺行入东井,不犯星。十一月丙戌,退行入井。二十一年十一月辛丑,顺行犯氐。戊申,又入氐。二十二年七月辛亥,入氐,二十八年七月丁丑,顺行犯诸王。二十九年六月己酉,闰六月辛酉,顺行入犯东井。七月戊戌,顺行犯天樽。十二月己巳,入犯东井。三十二年正月戊寅,退行入太微。二月戊戌朔,退行犯太微垣西上将星。乙巳,退行逆出太微西门。五月庚子,顺行犯太微垣西上将星。乙巳,复顺行犯太微。乙酉,顺行犯右执法。十月庚午,顺行犯进贤。

隆兴元年十月戊子,顺行犯氐。十一月庚寅,又入氐。二年二月己卯,退行入氐。六月壬申、癸未,犯氐。

乾道三年十月乙巳,犯壁垒阵。四年九月丙戌,留守壁垒阵。六年六月癸丑,十一月丁丑,犯诸王。七年六月癸酉,犯天樽。十一月癸巳,又如之。八年三月丁丑,犯天樽。十一月癸未,留守权大星。九年五月乙卯,犯权大星。十月庚午,十二月庚午,犯太微右执法。

淳熙元年二月壬午,犯太微垣西上将星。二年四月庚申,犯进贤。十月丁亥,入氐。三年五月己未,留守氐。五年四月壬午,留守牛。六年五月癸亥,留入羽林军。六月乙巳,十一月壬戌,犯壁垒阵西第六星。八月丁未,留守壁垒阵西第五星。九年十一月庚申,守诸王星。十年七月己巳,犯天樽。十一年九月癸卯,十月辛巳,皆犯守权大星。十二年十月辛亥,犯太微右执法。十五年正月壬子,犯房北第一星。二月己巳,留守房。五月癸亥,留守氐。十六年六月乙未,留守天江。

绍熙五年八月壬辰,犯司怪。十一月庚戌,犯诸王。

庆元二年八月乙亥,犯权大星。四年三月乙巳,入太微。犯右执法。五年十二月己卯,犯房。六年三月丙寅,犯房。

嘉泰二年八月丙戌,留守牛。三年七月戊午,行入羽林军。

开禧二年七月乙未,犯井钺。八月庚戌,犯东井。三年九月甲戌,顺行入鬼,在积尸气、镇星西南。

嘉定元年闰四月壬申,顺行入鬼,犯积尸气、镇星。七月辛酉,顺行犯权大星。二年二月丙戌,犯守权大星。三年二月己巳,退行入太微,犯左执法。四月乙亥,留守太微。四年十一月甲子,犯房。五年四月乙巳,退行犯房宿。七月丙辰,顺行犯房。辛酉,顺行犯钩钤。六年三月丙寅,留守建星。八年八月甲午,犯壁垒阵,入羽林军。十年七月壬寅,留守毕。十一年七月甲戌,顺行犯井钺。八月丙午,顺行入东井。九月己丑,留守东井。十二年七月辛酉,顺行犯鬼。十三年二月庚寅,顺行犯鬼。十四年二月乙丑,退行犯权左角少民星。十五年三月甲子,退行犯太微左执法。十六年正月戊申,留守氐距星。

绍定三年六月乙酉,顺行入井。十一月丁未,退行入井。

端平元年四月戊寅,退守太微东上相。二年二月癸酉,留氐。八月癸巳,顺行入氐宿。

嘉熙元年五月庚午朔,留守建星。二年五月壬寅,退行壁垒阵。

淳祐二年六月丁丑,顺行犯井宿。六年十一月癸亥,入氐。

咸淳三年十月甲寅,顺行犯权大星。

荧惑。建隆元年十月癸酉,犯进贤。十一月乙卯,犯氐。二年八月戊申,犯哭星。九月乙酉,犯壁垒阵。三年十月甲辰,犯氐。十二月庚辰,入天籥。

乾德三年九月乙亥,犯司怪。四年四月壬子,入舆鬼。犯积尸。五月辛卯,犯轩辕。五年九月戊申,犯舆鬼。十二月戊辰,犯五诸侯。

开宝元年五月壬子,犯太微上将。六月壬戌,掩心大星。二年七月乙亥,犯舆鬼。八月戊寅,掩积尸,三年八月壬辰,犯房。五年二月己卯,退入太微,犯上相。七月甲子,入氐。

太平兴国八年七月癸亥,入舆鬼。

雍熙元年七月乙卯,入东井。十二月辛巳,逆犯轩辕第二星。三年七月癸巳，入舆鬼。九月乙亥，犯轩辕大星。

端拱元年六月己丑，入舆鬼，犯积尸。八月戊午，又犯轩辕大星。九月甲申，犯灵台。壬辰，犯太微上将。乙巳，犯右执法。十月癸亥，又犯左执法。十一月甲申，犯进贤。二年二月辛未，退行犯亢。六月壬申，犯氐东南星。八月丙寅，犯天江。十一月庚辰，犯哭星。十二月己巳，犯房，又犯钩钤。

淳化元年八月戊申，犯轩辕大星。壬申，犯灵台。九月庚辰，犯太微上将。壬辰，犯右执法。癸巳，犯左执法。二年正月丙戌，犯房第一星。四月丁亥，犯天江。三年十月乙巳，犯左执法。十一月己亥，入氐。四年四月戊辰，入羽林军。丙子，犯氐。五年三月甲戌，犯东井西垣第一星。十月己未，入氐。十一月癸丑，犯房第一星。

至道二年正月丁卯，守昴。三月，守东井。闰七月丁亥，犯毕北小星。十月己未，入太微。甲子，入氐。十一月丁亥，又入太微。三年五月庚午，入太微端门。八月庚子，掩南斗魁。己未，入东井。

咸平元年四月癸巳，入舆鬼。二年十一月戊申，退行犯舆鬼。三年二月癸酉，又犯。四月辛酉，犯轩辕大星。六月丁未，犯右执法。四年八月甲子，犯舆鬼。十月庚子，犯轩辕。十一月庚寅，犯太微上将。五年四月庚辰，又犯。甲申，犯太微西垣。壬辰，犯右执法。七月丁巳，犯氐。八月丙子，犯房。六年七月壬寅，犯舆鬼。八月庚申，犯轩辕大星。九月戊申，犯灵台。十月己未，入太微，犯上将。十一月庚寅，犯左执法。壬辰，犯进贤。甲辰，犯太微上相。十二月甲子，又犯进贤。

景德元年三月丙申，犯太微上将。戊戌，犯次相。己酉，犯执法。七月乙巳，犯氐。闰九月庚戌，犯南斗。二年八月丁丑，犯轩辕大星。甲戌，犯左执法。十二月乙酉，犯氐。三年正月己巳，犯房上相。庚午，犯次相。二月甲戌，犯钩钤。丙寅，犯房次相。三月丁未，守心。乙丑，犯钩钤。丙寅，又退行房次相。七月丁酉，犯天江。四年八月丙申，与岁星犯太微上将。己酉，犯右执法。十一月丙寅，犯氐。丙戌，犯西咸。

　　大中祥符元年九月戊辰，犯壁垒阵。二年十一月乙卯，犯氐。十二月庚寅，犯东井。三年四月辛卯，犯右执法。四年三月庚寅犯东井，五月乙亥，入舆鬼。五年七月辛卯，犯毕。闰十月丁卯，在诸王北。六年正月乙亥，犯毕。丁巳，犯司怪。二月甲戌，掩犯东井。三月己未，犯舆鬼。五月辛丑，犯轩辕大星。七年七月己酉，犯井钺又犯东井。八月己卯，犯天樽。八年二月乙亥，犯五诸侯。三月辛丑，犯舆鬼。四月癸丑，掩井钺五月丁亥，入太微。庚寅，犯轩辕大星。辛丑，犯太微上将。丙子，犯右执法。九年七月丁巳，犯天樽。八月丙戌，犯舆鬼。己丑，犯积尸。十月丁丑，犯轩辕大星。十二月丁酉，又犯轩辕。

　　天禧元年五月戊戌，犯灵台。己酉，掩太微上相。丁酉，犯右执法。六月丙子，犯左执法。二年五月庚寅，入东井。七月癸酉，犯舆鬼。九月辛巳，犯灵台。十月壬辰，犯太微上将。十一月丙寅，犯左执法。甲申，又犯太微上将。十二月壬辰，又犯。乙巳，入太微。己酉，犯氐。三年三月戊辰，入太微。四月己丑，又入太微。犯右执法。四年九月丁卯，犯灵台。庚午，犯五诸侯。十月辛巳，入太微。丁亥，犯右执法。辛丑，犯左执法。十一月丙寅，掩进贤。闰十二月辛未，入氐。五年三月辛卯，退行犯亢。六月甲寅，入氐。犯房。七月庚子，犯天江。八月庚戌，掩南斗魁第二星。壬戌，犯南斗。

　　乾兴元年七月甲午，犯轩辕大星。九月辛未，入太微。己丑，出太微端门，犯左执法。十一月庚辰，犯亢。

　　天圣元年正月丙寅，犯房。丁卯，犯钩钤、键闭。癸酉，犯罚。二月庚申，犯天籥。四月戊午，犯南斗魁。八月癸巳，又犯南斗距星。闰九月乙巳，犯壁垒阵。二年十一月戊申，犯房。三年正月辛卯，犯天籥。三月庚戌，又犯壁垒阵。五月辛卯，犯羽林军。六月壬戌，又犯壁垒阵。七月戊子，又犯。十一月乙巳，犯外屏。四年正月己亥，犯天阴。二月癸酉，犯天高。八月甲午，犯东井。九月壬申，犯氐。十二月戊寅，犯天街。六年三月甲辰，犯东井。七年七月壬午，犯井钺。丙戌，又犯井距。八年正月己卯，犯东井。九年九月丁巳，犯舆鬼。壬戌,犯积尸。

明道元年正月庚子,犯舆鬼东北星。二月甲辰,掩鬼。二年八月癸卯,犯积尸。

景祐元年四月辛亥,犯太微上将。五月壬申,犯右执法。丁亥,犯左执法。八月戊午,犯房。丁卯,犯东咸。甲申,犯天江。九月丙午,犯南斗。二年七月甲午,入鬼。九月丁亥,犯牵牛。甲午,犯灵台。己亥,入太微。十月庚午,犯左执法。十二月辛亥,犯平道。戊辰,犯太微上相。三年正月壬辰,犯亢。三月己亥,犯进贤。七月甲辰,犯房次将。九月癸巳,犯南斗。

宝元元年正月辛丑,犯房。三月丙午,犯轩辕。六月庚午,犯心前星。七月癸卯,犯天江。八月辛未,犯南斗。九月丙申,犯天鸡。

康定元年正月乙酉,犯建星。

庆历五年二月甲寅,犯东井。四月丙午,犯鬼积尸。五月乙酉,犯轩辕大星。六年七月乙巳,犯东井。九月甲午,犯舆鬼。七年月壬寅,犯诸侯。三月丁亥,犯鬼积尸。六月庚申,犯左执法。八年八月辛未,犯鬼积尸。

皇祐元年五月甲辰,犯右执法。二年八月庚申,入鬼,犯积尸。十月庚午,犯太微上将。闰十一月丙辰,犯太微东上相。三年四月丙戌,犯左执法。七月戊午,犯氐。八月辛丑,犯天江。四年十月乙酉,犯太微左执法。五年六月丙戌,犯氐。闰七月壬午,犯天江。八月乙巳,犯南斗。

至和元年十一月,犯亢。丁丑,犯氐距星。二年九月甲申,犯壁垒阵。

嘉祐元年十月甲子,犯氐。二年三月戊子,犯壁垒阵。五月戊子,又犯壁垒阵东星。三年三月庚子,入东井。十一月癸未,犯钩钤。十二月丁未,犯天江。四年二月丁酉,犯羽林。七月己酉,犯毕距星。九月戊午,退犯天街。十月癸酉,犯月星。五年二月丙戌,犯东井。四月庚午,犯舆鬼。癸酉,掩积尸。六月壬戌,犯轩辕左角,光相接。六年八月丁巳,犯司怪,己巳入东井。闰八月癸巳,犯天樽。十月乙亥，退犯五诸侯东壁，七年三月乙卯，犯舆鬼西北星，辛酉犯鬼积尸，五月丙寅，犯灵台。六月壬午，入太微，不犯。八年六月癸酉，犯诸王。八月戊戌，犯舆鬼。辛丑，犯积尸。十二月甲申，犯轩辕。

治平元年五月己未，犯太微西垣上将。闰五月癸酉，犯右执法。七月癸巳，入氐。二年六月辛丑，入东井。七月乙酉，犯舆鬼。十月壬辰，犯灵台。三年三月辛巳，犯太微西上将。四月己酉，犯右执法。七月壬午，入氐。四年六月辛酉，犯积薪。七月丁丑，犯舆鬼，又犯积尸。八月辛亥，犯轩辕大星。癸亥，又犯少民。九月甲申，犯西上将。戊戌，犯右执法。十月壬子，犯左执法。壬戌，犯上相。十一月丙子，犯进贤。十二月乙卯，犯亢。

熙宁元年六月丙寅，犯氐东南星。丁卯，又入氐。七月丙戌，犯房北第二星。乙未，犯东咸南第一星。八月甲寅，犯天江南第二星。二年九月甲戌，犯西上将。丙戌，入太微。闰十一月乙巳，犯氐距星。己酉，入氐。十二月戊寅，犯房。戊子，犯罚。三年正月癸巳，犯东咸第二星，二月辛卯，入天篰。五月癸巳，正月乙巳，犯罚。八月戊午，犯南斗。十月戊午，犯壁垒阵西北星。四年三月乙未，犯诸王西第二星。十月戊寅，犯亢南第一星。十一月辛卯，犯氐距星。乙未，入氐。十二月戊辰，犯罚。五年正月己丑，犯天江东第一星。癸卯，入天篰。五月丙午，入羽林军。十二月戊午，犯外屏西第二星。六年正月庚戌，犯天阴西南第一星。庚午，犯月星。二月丁丑，犯天街西南星。甲申，犯诸王西第二星。三月戊辰，入东井。四月庚子，犯积薪。十月辛巳，犯氐距星。癸未，入氐。十一月戊申，犯钩钤西第一星。七年四月壬申，犯壁垒阵西第八星。十二月辛巳，犯天阴西南第一星。八年正月辛亥，犯月星。二月甲子，犯诸王西第一星。三月丁酉，犯司怪北第二星。丙辰，入犯东井东北第一星。四月己丑，犯积薪。闰四月辛丑，入舆鬼。九年七月壬戌，犯诸王东第三星。八月戊戌，犯井钺。壬寅犯东井距星。丁未，入东井。十月戊戌，犯东井东北第一星。十一月丁卯，犯司怪。十年正月丙寅，犯司怪第二星。四月丙戌，又犯舆鬼东北星。戊子，入舆鬼。

元丰元年六月己巳,犯司怪南二星。七月庚辰,入井。戊戌,犯天樽西北星。八月戊午,犯积薪。九月壬申,犯舆鬼西北星。丁丑,入舆鬼,犯积尸。二年二月壬戌,入犯舆鬼东北星。三年七月丁卯,入东井。甲申,犯天樽西北星。八月辛丑,犯积薪。乙卯,犯舆鬼积尸。闰九月丁巳,犯长垣。十月戊辰,犯灵台北星。癸未,入太微。四年四月甲申,犯右执法。七月庚戌,入氐。五年七月辛丑,犯舆鬼西北星。乙巳,入舆鬼。十月癸丑,犯西上将。丁巳,入太微。十一月壬午,犯左执法。甲午,犯西上将。六年三月戊寅,犯进贤。己亥,犯东上相。闰六月戊戌,入犯氐东南星。七月丙辰,犯房北第二星。甲子,犯东咸西第一星。八月癸未,犯天江南第二星。七年八月己未,犯灵台。九月己亥,犯西上相。丁未,入太微。乙丑,犯左执法。十月己丑,犯进贤。十一月戊午,犯亢距星。十二月辛巳,入氐。八年正月戊午,犯房北第一星。二月乙丑,犯键闭。癸酉,犯罚北第一星。乙酉,犯东咸。三月壬戌,犯壁垒阵。七月己未,犯天江。十月戊寅,犯秦星。十一月丙午,犯壁垒阵西第六星。十二月壬戌,顺行犯壁垒阵。

元祐元年闰二月丙辰,犯天街。八月甲寅,入太微。十月丙午,犯亢。十一月己未,犯氐距星,入氐。十二月丁亥,犯房。己丑,钩钤。辛卯,犯键闭。三年二月乙巳,犯天街。三月壬子,犯诸王。四月丙申,入犯东井。十月丁未,犯亢南第一星。十一月戊申,犯氐距星,己酉,入氐,十二月甲辰犯天江,甲寅犯天篇。四年二月丁未,又犯壁垒阵。三月丁丑。又犯壁垒阵。六月甲寅,犯外屏。八月己未,退行,又犯外屏。十二月己未,犯天阴西南星。五年二月戊戌,犯诸王。三月癸未,入东井。甲申,犯之。六年八月乙巳,犯诸王。七年二月戊辰,犯东井。四月乙卯,犯舆鬼。丙辰,又入舆鬼。五月辛亥,犯长垣。八年四月乙卯,犯外屏。八月庚戌,入东井。庚午,犯天樽。九月乙未,犯积薪。十月辛酉,犯舆鬼。

绍圣元年二月丙寅,犯五诸侯东第一星。三月丁酉,犯鬼西北星。五月戊申,犯灵台北第一星。二年七月乙未,入井。八月丙戌,

入鬼。三年正月戊戌,退犯轩辕。五月癸巳,犯灵台。辛丑,犯太微
上将。丙辰,犯太微右执法。八月丁丑,入氐。四年六月丙戌,入犯
井。己亥,犯天樽西北星。七月丁巳,掩犯积薪。丁卯,犯鬼西北星。
庚午,入鬼,犯积尸气。八月丁未,犯轩辕大星。十月癸未,犯太微
西垣上将。甲申,入太微。十一月甲戌,犯太微东扇上相。丁丑,掩
之。

　　元符元年正月壬戌,犯太微东垣上相。乙丑,入太微垣行轨道。
四月丙午,犯太微左执法。六月丙午,犯亢。七月乙丑,入氐。己巳,
又犯之。八月乙酉,犯房南第三星。辛卯,犯东咸。十一月壬戌,犯
代星。十二月戊寅,犯壁垒阵。乙未,又犯壁垒阵。二年七月庚申,
入鬼,犯积尸气。八月丙申,犯轩辕大星。九月丁卯,犯太微西垣上
相。闰九月壬申,入太微。甲午,犯太微左执法。十月甲辰,犯太微
东垣上相。己未,犯进贤。十一月庚寅,犯亢距星。十二月壬戌,入
氐。三年正月辛未,犯氐东南星。四月壬寅,退行犯亢南第一星。八
月丁巳,犯南斗西第二星。

　　建中靖国元年九月己未,入太微。十月甲辰,犯平道西第一星。

　　崇宁元年五月丁巳,退行入南斗魁。戊辰,又犯南斗西第二星。
二年二月壬戌,犯昴西南星。丙子,犯天街北星。十月甲子,犯亢南
第一星。三年四月壬子,犯壁垒阵西五星。四年三月壬寅,犯井钺。
甲寅,犯井距星。乙巳,又入井。五年八月乙卯,犯天街南星。十月
乙丑,犯昴东南星。甲申,犯天阴东北星。

　　大观元年正月辛丑,犯毕。三月癸巳,入井。四月癸未,犯鬼及
犯积尸气。五月己酉,犯酒旗。六月壬戌,犯轩辕大星。七月己酉,
犯灵台。二年六月辛卯,犯天街,七月癸酉犯司怪。八月己丑,入井。
三年正月庚午又犯井。三月丙寅,犯鬼。六月癸未,入太微。七月
己酉,犯太微左执法。己巳,犯进贤。四年六月庚午,犯月星。七月
辛酉,入井。闰八月丙辰,犯鬼,又犯积尸气。

　　政和元年五月乙酉,犯右执法。二年六月辛亥,入井。三年正
月乙亥,犯太微垣内屏。四月丙午,犯太微上将。闰四月乙丑,犯太

微右执法。七月癸巳,入氐。九月庚辰,犯天江。四年九月乙未,犯上将。十月甲子,又犯左执法。十一月庚寅,犯进贤。五年正月乙亥,犯亢。七月庚辰,犯氐。八月乙丑,犯天江。六年八月丁丑,犯灵台。九月癸巳,入太微。庚戌,又犯太微左执法。十二月癸亥,入氐。七年正月丁酉,犯键闭。七月乙未,犯天江。

重和元年正月丁亥,犯外屏。闰九月癸亥,犯进贤。十戊申,又入氐。

宣和元年九月癸亥,犯壁垒阵。二年十月庚辰,犯亢。三年正月戊申,犯南斗。丙辰,又入南斗。四年正月辛未,犯天街。五年六月乙未,犯天阴。九月乙未,犯司怪。六年闰三月庚辰,犯五诸侯。七年九月壬辰,犯鬼。

靖康元年正月乙酉,又犯五诸侯。丁亥,又守五诸侯。三月戊寅,又入鬼。己卯,又犯鬼积尸气。

建炎三年八月癸丑,入鬼,犯积尸气。甲子,犯太微垣西上将星。丙寅,又入太微。十月乙巳,出太微垣东左掖门。己酉,犯垣东上相,徘徊不去。四年三月乙亥,犯左执法。七月戊辰,犯房。八月丁丑,犯东咸。乙未,犯天江。十一月乙卯,入壁垒阵。

绍兴元年正月己亥朔,入羽林军。九月丙辰,入太微。十月丁丑,犯左执法。庚辰,顺行出太微垣内左掖门。十一月辛丑,犯进贤。二年正月丙申,入氐。五月乙亥,犯氐东南星。七月乙丑,犯天江。八月戊戌,犯斗西第二星。三年九月壬子,顺行入太微。甲寅,犯右执法。乙丑,出端门。丙寅,犯左执法。十月癸巳,犯进贤。十一月丁巳,犯亢南第一星。辛未,犯氐。甲戌,入氐。十二月辛丑,犯房北第一星。壬寅,犯钩铃。癸卯,犯键闭。四年正月辛亥朔,犯东咸。十月丙子,犯壁垒阵。戊戌,又犯西第六星。己亥,入羽林军。五年四月甲辰,入井。十月乙丑,入氐。十一月丙戌,犯房。丁亥,犯钩铃。乙未,犯东咸。十二月乙卯,犯天江。六年五月戊寅,犯壁垒阵。七年二月己酉,犯诸王西第二星。四月甲午,入井。五月庚辰,入鬼,犯积尸。九年四月己巳,入鬼,犯积尸,十年十月庚子,犯五诸侯。十一年三月乙卯,入鬼。十二年七月乙未,犯司怪。丁未,入井。八月,入鬼,犯积尸。十二月丙戌,逆行犯权大星北第一星。十四年八月庚辰,犯积尸。十五年九月辛酉,犯天江南第一星。十六年十月丙午,犯左执法。甲寅,出太微左掖门。十七年七月己卯,顺行犯房宿。己丑,顺行犯东咸。八月戊申,顺行犯天江。十月乙酉,顺行犯壁垒阵。庚寅,晦,顺行入羽林军。十八年闰八月戊辰,顺行犯太微西上将。九月癸巳,犯太微左执法。十一月甲辰,顺行入氐。十二月壬申,顺行犯房。十九年七月戊申,犯南斗。十月辛未,顺行犯壁垒阵,入羽林。二十年十一月丙戌,顺行犯氐。二十一年四月戊辰,入羽林。庚午,行犯壁垒阵。二十二年二月壬申,顺行犯天街。三月丙午,顺行犯司怪。十一月癸卯,顺行犯房宿钩钤。十二月癸酉,顺行犯天江。二十三年三月戊午,顺行入羽林。二十五年八月壬寅,顺行入东井。十月壬寅,退行犯东井。十一月癸酉,退行犯司怪。二十六年二月丁亥,顺行犯东井、钩钤。六月甲午,顺行太微垣西上将。七月庚申,顺行犯太微左执法。二十七年六月癸亥,顺行犯司怪。七月癸酉,又入东井。癸巳,顺行犯天樽。九月乙丑,顺行犯舆鬼,又犯积尸。二十八年二月,癸丑,顺行犯舆鬼。乙卯,又如之。六月乙未,顺行犯太微垣西右执法。二十九年六月壬子,顺行犯司怪。闰六月壬戌,顺行入东井。是月戊辰,又如之。庚辰,顺行犯天樽。七月戊申,顺行犯舆鬼。辛亥,入鬼,犯积尸气。十月辛未,顺行犯太微垣西上将。十二月辛酉,留太微垣内屏西南星十日。三十一年四月庚申,犯太微垣西上将。八月戊申,顺行入氐。九月庚寅,犯天江。十一月乙酉,犯牛。三十二年闰二月壬午,退行犯进贤。五月癸巳,顺行入犯氐。

隆兴元年八月壬午,犯长垣。九月乙未,犯太微垣西上将。十月庚申,入太微垣东,犯左执法。癸未,犯进贤。十二月甲戌,入氐。二年正月辛亥,犯房。甲寅,犯键闭。二月辛未,顺行犯东咸,三月辛亥,退行犯东咸。四月戊寅,退行犯房。七月壬子,犯天江。己卯,顺行犯南斗。十月乙丑,顺行犯周星。己巳,犯秦星。乙亥,犯代星。

十一月庚子,犯壁垒阵。癸卯,顺行入羽林军。

乾道元年三月甲寅,犯诸王星。八月乙酉,顺行犯太微垣西上将星。辛丑,入太微。九月庚戌,犯太微垣左执法。壬申,犯进贤。十一月丙辰,顺行入氐。十二月癸未,顺行犯房,又犯钩钤。二年正月乙卯,顺行入天江。九月庚戌,顺行犯壁垒阵西胜星。辛亥,入壁垒阵。丙辰,入羽林军。甲子,犯壁垒阵。十月乙未,犯壁垒阵西第八星。三年二月壬辰,犯月星。四月乙亥,犯司怪。九月庚寅,犯亢。十月乙巳,入氐。十一月庚午,犯钩钤。十二月己亥,犯天江。四年三月甲子,犯壁垒阵。辛巳,犯壁垒阵及入羽林军。七月丙戌,留守天囷。十二月乙卯,犯天阴。五年正月乙亥,犯月星。甲申,犯天街。三月丁丑,犯东井。十一月戊子,犯天江。六年二月甲申,犯牛。七月己亥,犯诸王。七年二月壬戌,犯东井。四月癸丑,入鬼,犯积尸。五月己丑,犯权大星。八年八月丙午,入东井。癸亥,犯天樽。十月癸卯,犯鬼。辛亥,又犯。戊午,犯积尸气。十一月己巳,又犯鬼。九年四月丁丑,犯权。五月庚戌,犯太微垣西上将星。六月癸亥,犯太微垣西右执法。

淳熙元年七月辛卯,入东井。丙午,入天樽。八月乙亥,犯鬼。二年正月庚子,犯权大星。五月甲午,犯太微西上将。八月乙亥,入氐。三年十月乙亥,犯太微西上将。十一月丙寅,犯太微东上将。四年正月己巳,入太微。七月庚申,入氐。辛酉,犯氐。八月己卯,犯房。五年九月乙亥,犯太微右执法。十月壬辰,出左掖门。十二月壬子,入氐。六年二月己酉,入氐。三月辛未,犯氐宿距星。四月丙午,守亢。六月丙申,犯氐。七月己未,犯房。八月己丑,犯天江。十一月乙亥,入羽林军。丁丑,犯壁垒阵西第七星。七年九月乙丑,入太微。庚午,出。十二月壬午,犯氐。甲申,又入。八年五月己卯,入南斗。六月庚戌,守箕。癸酉,犯南斗,七月戊寅,入南斗。庚寅,犯狗。九月戊寅,犯秦星。壬辰,犯壁垒阵。十月辛酉,入羽林军。九年十一月庚午,犯氐距星。辛未,入氐。十二月戊戌,犯钩钤。十年五月甲子,入羽林军。六月庚子,入壁垒阵。八月癸丑,又犯。九月戊辰,退入羽林军。十一年二月壬戌,犯诸王星。十二年三月丁未,入羽林军。十三年四月丙子,犯舆鬼,十四年七月壬寅,犯诸王星。甲子,犯司怪。癸未,入井。十月庚辰,留守五诸侯。十五年六月庚寅,犯右执法。十六年闰五月丙戌,犯诸王。六月丙辰,入东井。八月乙巳,犯舆鬼。乙卯,顺行入鬼。犯积尸气。

绍熙元年五月丙辰,犯灵台。二年七月丁未,入东井。庚寅,入鬼,犯积尸气。十一月庚戌,入太微。三年正月己酉,入太微垣内留守。三月乙未,入太微垣西,犯上将星。四月丁巳,犯太微右执法。七月乙酉,入氏。八月丁未,犯房北第二星。四年十月丁酉,入太微垣内。徘徊内屏者凡四阅月。十一月己巳,犯上相。五年七月癸酉,犯氐。八月壬辰,犯房。十一月庚寅,犯壁垒阵。

庆元元年九月丙戌,入太微垣内。戊申,始出。二年三月癸卯,退犯天江。五年甲辰,守犯心大星。十月戊戌,犯氐距星。四年五月庚子,入羽林军。五年十一月癸巳,入氐。

嘉泰元年五月丁丑,细行不由黄道。三年二月壬寅,犯井宿。

开禧元年正月庚辰,留守五诸侯西第四星。四月丁巳,犯权大星。六月丙午,犯太微西右执法。甲戌,入东井。十一月甲辰,入太微。十二月戊午,留守太微垣。三年二月己未,退留守权星。

嘉定元年九月辛酉,入太微顺行。二年二月乙酉,退行犯太微上相。三月癸卯,退行犯左执法。己酉,留守太微垣。六月壬戌,顺行入房。己丑,顺行犯天江。九月己酉,顺行犯南斗。三年十月己未,入太微垣,犯右执法。四年正月辛卯,入氐宿方口内。二月丁丑,犯房。四月丙戌,退行入氐。五月丙寅,犯氐。六月乙巳,犯东咸。八月壬辰,犯南斗。十一月壬子,犯壁垒阵。五年八月癸卯,入太微。九月戊申,又犯右执法。十一月丙寅,入氐。六年闰九月庚午,犯壁垒阵。十月戊戌,入羽林军。七年十月甲寅,顺行犯氐。八年四月戊午,入羽林军。十年九月丁亥,留守天关。十一月壬午,退行犯月星。辛卯,留守昴宿月星。十一年四月壬戌,顺行入鬼,犯积尸气。十二年七月壬戌,顺行入井。十四年七月己丑,顺行犯司怪。十六年十月丁酉,入太微。十七年正月戊申,留守太微垣东上相星。

宝庆二年正月戊寅,入氐。

绍定元年七月戊戌,犯南斗。十月戊申,犯壁垒阵。十一月癸酉,顺行入羽林军。二年十一月己丑,顺行入氐。三年七月丁巳,退行入羽林军。六年二月癸卯,犯东井。

端平元年九月辛丑,入井。十二月,犯司怪。二年六月己丑,入太微。三年七月庚午,入井。

嘉熙元年正月癸酉,守鬼宿。四月庚子,犯权。五月丙子,犯将星。二年七月壬寅,顺行入鬼,犯积尸气。九月壬午,犯权大星。十月丁卯,入太微。三年五月辛未,犯太微垣执法星。八月己亥,入氐。丁巳,犯房。四年八月乙巳,犯太微垣左执法。十一月辛巳,犯太微垣东上相。甲子,顺行入太微垣。

淳祐元年六月乙酉,犯氐宿东南星。丙戌,入氐宿方口内。三年正月庚辰,顺行入氐。十一月八月丁酉,顺行入井。十二年四月壬申,犯权。

宝祐二年二月甲辰,又犯。三年十一月丁巳,犯太微垣上相星。五年十二月丁未,入氐。六年三月庚午,退行入氐。

开庆元年闰十一月己卯,入氐。十二月丁未,入房宿钩钤星。

景定元年五月壬午,退行斗宿。三年五月壬戌,犯壁垒阵西方胜星。

德祐元年四月乙丑,犯天江。八月戊午,犯南斗。十月壬戌,犯壁垒阵。

填星。开宝五年七月乙丑,犯东井。

端拱元年闰五月庚寅,退行犯建星,相去五寸许。

咸平二年七月辛巳,犯毕。四年六月丙申,犯东井。十月辛丑,犯井钺。己未,犯东井。五年三月戊戌,犯钺。六年九月戊戌,守舆鬼。

景德二年十月丙子,守轩辕。三年五月癸亥,犯轩辕。九月戊辰,犯灵台。四年八月辛亥,入太微右掖。乙卯,又入太微。

大中祥符二年正月辛巳,入太微。十月癸巳,犯进贤。十一月乙卯,犯平道。三年三月辛卯,犯进贤。五月癸卯,又犯。十一月戊寅,犯亢。四年十二月壬寅,入氐。五年正月甲戌,守氐。九月戊辰,入氐。十月己巳,又入。六年四月癸未,入氐。十二月丙戌,犯东井。七年三月丁未,犯罚。五月乙酉,犯键闭。丙戌,犯舆鬼。六月辛酉,犯房上将。

天禧元年二月癸酉,犯建星。三年五月丁卯,犯牵牛。

天圣四年十月庚寅,犯右更。

明道二年七月癸巳,犯鬼。十二月壬子,又犯。

景祐元年正月丁卯,犯南斗,又犯鬼。三月戊子,又犯。三年九月辛巳,犯太微上相。四年十月己卯,犯左执法。

康定元年三月戊寅,犯平道。

庆历七年六月庚申,犯建。

嘉祐三年六月丙寅,犯毕。九月庚辰,犯毕。五年六月己巳,犯井钺。甲申,犯东井。十月甲申,退犯东井距星。六年七月己亥,犯天樽。七年八月己丑,入鬼。十一月乙巳,退犯舆鬼距星。

治平元年七月壬辰,犯轩辕大星。二年九月戊辰,犯灵台。四年九月癸卯,犯东上相。

熙宁元年正月庚辰,退犯上相。二月乙巳,入太微。十月乙亥,犯东上相。二年十一月丙子,犯亢距星。三年正月丁巳,犯亢。十一月壬寅,入氐。五年五月丙午,又入。十一月己酉,犯罚南星。六年四月戊寅,犯罚南第一星。五月庚申,又退犯键闭。八月甲申,犯罚。七年正月丁未,犯天江东北第一星。八年八月丁巳,犯天籥西北星。九年正月壬午,犯建西第二星。

元丰二年二月丙午,犯十二国代东星。三年七月丙寅,犯壁垒阵西第五星。十月丁亥,又犯之。七年六月乙未,犯外屏。

元祐三年七月己未,犯诸王。五年六月乙巳,入东井。七月甲子,十一月丁亥,皆犯东井。六年三月庚辰,犯东井。四月己亥,入太微垣,行轨道。十一月癸巳,犯水位。七年七月己丑,入舆鬼。十二月丁丑,犯舆鬼。八年正月甲申,犯舆鬼。壬辰,退入舆鬼。丁酉,入鬼,犯积尸。

绍圣二年八月己丑,入太微垣上将。九月庚申,入太微垣轨道。三年二月己卯,入太微,犯上将。四月庚辰,五月丙申,俱犯。甲辰,入太微垣,行轨道,九月乙巳,又入太微,十月甲戌,犯太微左执法。四年正月丁未,又犯。十月癸巳,犯进贤。

元符元年正月丙辰,又犯,七月癸亥,又犯。

建中靖国元年五月辛酉,犯氐东南星。

崇宁元年四月庚戌,犯房北第一星。四年十二月己卯,犯建西第二星。五年六月戊辰,又犯。

大观元年闰八月丙午,犯泣星。

政和七年十月丙辰,犯毕。

重和元年二月甲戌,犯天街。

宣和七年十月庚子,入太微。

靖康二年正月丁巳,犯上相。

建炎三年二月乙未,犯亢。

绍兴二年三月己未,犯东咸第三星。八月戊申,复犯第三星。五年闰二月庚戌,三月癸卯,五月丁丑,皆犯建星。七年六月己未,犯牛宿南星。十一年八月甲午,入羽林军。十八年八月辛丑,顺行犯东井钺星。二十年正月辛卯,退留守东井。二十四年八月庚戌,顺行入太微。二十五年三月戊午,退行犯太微垣西上将。二十六年十一月庚戌,犯平道。二十七年正月癸巳,退行犯进贤。三十年十一月辛巳,顺行犯房。壬寅,顺行犯键闭。三十一年三月己亥,退行犯键闭。八月庚戌,顺行犯房。

乾道元年七月丙寅,留守建星。二年二月甲午,犯牛。三月庚申,留守牛宿。五月己未,掩狗国星。三年七月乙丑,犯周星。四年八月乙卯,守壁垒阵。五年四月戊子,入羽林军。五月丙辰,留守羽林军。七月丙戌,犯壁垒阵。九月甲戌守壁垒阵。六年六月戊午,退入羽林军。九月庚寅,又入守之。七年八月丁卯,退行犯壁垒阵东胜星。十月乙卯,十一月庚寅,又犯守之。

淳熙三年十月己丑,犯毕。四年六月丁丑,十月甲申,犯天关。五年正月壬戌,留守诸王。五月辛卯,入井。八月丙辰,留守东井。十一月辛巳,又犯。六年正月壬申,留守井钺星。是月戊子,二月戊申,皆犯入东井。九月庚午,留守水位。十二月戊戌,犯天樽。七年八月壬辰,入鬼,犯积尸气。戊申,犯鬼。十一月丙辰,又如之。八年四月戊午,入鬼。九年十一月己丑,留守权左角。十年三月辛巳。留守权大星。十月癸卯,犯太微上将。癸丑,入太微。十二月壬戌,犯上将。十一年九月甲辰,入太微。十一月己亥,留守太微垣。十二年四月庚午,守太微垣右执法。十三年三月壬午,犯太微东上相星。四月乙丑,入太微。乙巳,留守太微垣。十五年三月丁巳,五月癸亥,犯亢。十月辛卯,入氐。十六年正月辛丑,留守氐。

绍熙三年二月辛丑,留守天江。

庆元四年七月乙丑,犯壁垒阵西第五星。

嘉泰四年七月乙卯,犯守天廪。

开禧元年八月甲辰,留守毕。二年八月壬子,留守诸王。三年七月辛卯,犯井钺。九月甲戌,留守井。

嘉定元年四月辛亥,犯井。二年正月癸亥,犯守井。六年三月壬戌,留守权左角少民星。闰九月己丑,顺行入太微。十一月丙子,留太微垣,守右执法。七年十二月戊戌,留守太微垣东上相星。十一年正月辛巳,守氐距星。六月辛亥,留守亢。十一月丙子,入氐。十二年四月壬申,退行入氐。五月乙卯,留守氐。十三年七月乙巳,犯房。

端平二年十月己未,退行犯毕宿距星。十二月己亥,留守天街。三年正月丁卯,顺行犯毕距星。

嘉熙元年八月乙酉,顺行犯井东第二星。

淳祐四年四月癸未,留守太微垣,守右执法。五年四月甲申,退守上相。七年四月丁亥,犯亢。

景定元年正月庚辰,入尾。五年七月甲午,留守于毕。咸淳二年八月庚午,入井。

太白建隆二年九月丁丑,犯南斗。

乾德三年八月庚申,犯太微上将。四年六月辛丑,犯右执法。五年八月辛酉,又犯。

开宝元年十一月庚寅,犯房。四年四月已巳,犯东井。五年十一月己未,犯哭星。

太平兴国六年八月戊子,入太微,犯右执法。

雍熙元年二月壬辰,犯昴。八月壬寅,掩轩辕第一星。十一月戊戌,入氏。戊午,又犯心前星。已未,又犯大星。二年闰九月癸未,入南斗魁。四年十月癸卯,犯进贤。

端拱元年十月辛巳,犯哭星。癸未,犯天垒。二年五月己亥,犯毕右股第一星。六月乙卯,犯天关。七月壬申,犯舆鬼东南星。八月壬子,犯轩辕大星。九月庚辰,犯左执法。

淳化元年六月庚申,犯太微垣,入端门,三年九月辛丑,犯右执法。癸卯,犯太微端门。十月壬午,入氏。四年十月乙丑,犯南斗魁第二星。

至道元年三月癸巳,凌东井第一星。五月壬戌,犯轩辕大星。相去一尺许。十一月庚戌,入氏。三年八月戊申,犯太微上将。

咸平元年七月癸酉,犯角左星。八月,犯轩辕。九月癸亥,犯南斗魁。庚辰,犯太微次将。十一月癸酉,又入轩辕。乙亥,入太微。二年正月己卯,入南斗魁。四月己未,入太微,犯次将,守屏星。甲子,又入。六月丁丑,入东井。三年二月甲寅,犯昴,八月己未,犯轩辕大星。九月壬午,犯右执法。四年九月乙亥,犯房、心。十月丙午,入南斗。闰十二月丙戌,犯角大星。己酉,犯房。辛卯,犯箕。壬辰,犯南斗魁。五年正月丁已,犯心后星。二月庚申,掩昴。壬申,掩五车。六年四月庚辰,犯舆鬼。五月乙巳,犯轩辕。九月戊申,犯左执法。十一月癸巳,入氏。

景德元年闰九月丙寅，犯南斗。十月丙午，犯哭。二年五月己未，掩心前星。六月己丑，犯南斗。七月甲寅，犯舆鬼积尸。八月己丑，犯太微上相。三年十一月甲子，犯西咸。

大中祥元年七月丁卯，犯水位。庚辰，犯舆鬼。丁亥，犯权。八月辛丑，犯轩辕大星。丁未，犯轩辕少民。二年八月壬寅，入氐。九月戊午，在心。戊辰，犯天江。三年正月戊辰，犯牵牛。四年四月甲子，犯舆鬼。五月戊子，犯轩辕大星。丙申，犯轩辕少民。九月己丑，犯右执法。己未，犯左执法。十月戊申，在进贤西南。十一月丁亥，犯房上相。十二月壬戌，犯建星。五年十月戊申，犯箕。十一月甲辰，犯壁垒阵。六年正月丁酉，犯右更。五月戊午，犯天关。六月乙丑，犯罚星。辛未，犯东井。己卯，犯天樽。七月乙未，犯舆鬼。甲寅，犯轩辕大星。八月，犯建。丁丑，掩毕。又犯右执法。七年四月甲子，犯东井。六月甲子，犯太微上将。辛未，犯执法。七月丁酉，犯角南星。十一月戊子，入氐。九年二月己卯，犯昴。甲辰，犯五车。八月癸未，犯轩辕大星。己丑，犯轩辕东南。丙申，在灵台南，相去一尺。九月丙午，犯右执法。壬子，犯左执法。

天禧元年七月戊戌，犯右执法。八月甲午，犯房次相。十月己巳，入南斗。三年九月己巳，犯左执法。十月庚寅，犯进贤。甲辰，犯亢。十一月乙卯，入氐。四年七月丁巳，掩房。己未，犯箕。庚申，入南斗魁。辛未，犯昴。八月乙酉，犯心后星。丁亥，入南斗魁。戊戌，犯昴。庚子，掩五车。五年六月甲寅，入东井。七月戊寅，犯舆鬼。壬午，犯五诸侯、箕。丙申，犯轩辕大星。八月壬子，犯太微上相。戊午，犯右执法。

乾兴元年五月庚午，犯鬼及积尸。七月己卯，犯角。

天圣元年正月庚午，犯建。二年二月丙戌，犯五车。八月庚午，犯轩辕东星。甲申，自右掖门行入太微。辛巳，犯太微上将。九月戊子，犯右执法。甲午，犯左执法。三年六月己卯，犯太微上将。十月乙卯，犯南斗。五年九月辛丑，犯灵台。乙巳，犯明堂。庚申，犯左执法。七年五月己巳，犯毕距星。八年四月辛亥，犯舆鬼。

明道元年二月庚午，犯五车。六月乙丑，犯东井。八月壬子，掩轩辕左角。九月丙子，犯左执法。二年八月戊午，犯房。十月癸巳，犯南斗。十一月癸亥，又犯。

景祐二年三月壬寅，犯东井。四月乙卯，犯五诸侯。己巳，入鬼。九月甲午，犯右执法。十一月甲申，入氐。四年六月癸酉，犯东井。七月辛丑，犯鬼。己未，犯轩辕大星。

宝元元年四月己巳，犯东井。癸巳，犯舆鬼。七月甲辰，犯角南星。

康定元年正月乙酉，犯昴。六月丁未，犯东井。

庆历三年五月己卯，犯轩辕大星。九月甲申，犯左执法。五年六月辛酉，犯东井。六年七月丙戌，犯左执法。八年闰正月丙寅，犯昴。二月丁酉，犯五车东南星。六月庚辰，犯东井。八月庚午，犯轩辕大星。

皇祐元年九月戊午，犯斗天相。四年十月丙子，犯南斗。五年六月癸酉，犯毕。乙未，犯井钺。

至和二年三月壬午，犯五车。四月辛巳，犯毕。七月癸巳，犯舆鬼。八月庚申，犯轩辕大星。九月庚辰，犯太微左执法。

嘉祐元年十月丁巳，入氐。戊辰，犯房。二年九月庚子，犯南斗。四年八月甲子，犯轩辕右角。九月丁未，犯太微左执法。十月癸酉，犯亢。癸未，入氐。十月庚子，犯罚南星。癸卯，犯东咸。十二月辛未，犯建。五年九月庚寅，犯房。乙巳，犯天江。十一月戊戌，犯壁垒阵。丁未，退犯井钺。六年六月乙卯，犯毕距星。七月甲申，犯东井。庚寅，犯天樽。甲辰，犯舆鬼距星。八月甲子，犯轩辕大星。戊午，犯灵台北星。七年三月癸酉，入东井。十一月乙巳，入氐。己未，犯西咸南星。癸亥，犯罚。

治平元年二月辛卯，犯昴。闰五月丙寅，入毕。不犯。六月甲子，犯东井。七月壬申，犯舆鬼。癸巳，犯轩辕大星。八月己酉，犯灵台。甲寅，入太微。丙寅，犯右执法。十月丙申，入氐。壬子，犯心前星。二年八月乙未，犯氐。己酉，入太微。庚戌，犯右执法。九月壬午,犯斗距星。十月庚寅,入氐。丙午,犯心距星。四年闰三月庚寅,犯东井第一星。癸卯,犯五诸侯东第一星。四月丁巳,犯舆鬼东北星。八月丁未,犯轩辕大民。甲寅,犯轩辕御女。庚午,犯灵台。九月辛巳,犯右执法。壬午,掩之。戊子,入太微。十月乙卯,犯亢。丙寅,入氐。十一月丁丑,犯房。己卯,犯键闭。丁酉,犯天江。

熙宁元年八月己未,入氐。十一月辛巳,犯壁垒阵西第二星。二年六月辛亥,犯天关。庚申,犯东井距星。辛酉,入东井。七月辛未,犯天樽,犯舆鬼东南星。八月丙午,犯轩辕大星。三年五月壬子,犯灵台。六月乙丑,犯左执法。十月癸酉,犯亢距星。十一月庚寅,入氐。丁未,犯罚。四年十一月辛丑,犯十二国代星。庚戌,犯壁垒阵西第五星。五年二月甲戌,犯昴东北第二星。六月己酉,犯毕距星。七月丁亥,入东井。十月戊寅,入氐。十一月己酉,犯罚。六年六月癸未,犯东上相。丁酉,犯左执法。八月丁丑,掩氐东南星。九月甲辰,犯天江第二星。丙寅,犯南斗距星。丁卯,入南斗。七年二月乙未,犯壁垒阵西第七星。八年二月庚寅,犯天阴中星。三月戊戌,犯月星。癸卯,犯天街北星。辛酉,犯司怪北第二星。闰四月戊戌,犯舆鬼西北星。八月丁酉,犯轩辕御女,九月癸亥,犯右执法。辛未,犯左执法。十月丁酉,犯亢距星。丙午,入氐。九年九月丁巳,犯东咸西第一星。辛巳,犯南斗西第二星。十月庚寅,犯狗国西北星。十一月辛酉,犯壁垒阵西北星。十年六月壬寅,犯东距星。癸卯,入东井。九月己酉,入太微。

元丰元年十月丙辰,犯亢距星。庚午,入氐。十一月己丑,犯罚南第二星。十二月壬戌,犯建西第二星。二年十一月壬辰,犯壁垒阵西第五星。十二月戊戌,犯壁垒阵。三年正月甲戌,又犯外屏西第二星。二月甲寅,犯昴距星。六月癸巳,犯毕距第二星。乙未,入毕口。七月戊辰,犯东井西北第二星。己巳,入东井。戊子,犯水位西第三星。八月丙申,犯舆鬼。九月戊寅,入太微。乙酉,犯左执法。闰九月丙申,犯进贤。丁巳,犯氐距星。十月己未,入氐。四年八月甲戌,犯心距星。九月戊申,犯南斗距星。庚戌,入南斗。六年二月壬申,犯天阴东北星。三月癸未,犯司怪北第二星。四月丁卯,犯五诸侯。八月己卯,犯轩辕御女,九月乙巳,犯右执法。丁巳,犯东上相。甲子,犯进贤。十月戊寅,犯亢距星。戊子,入氐。七年十一月己酉,犯壁垒阵西第五星。十二辛巳,犯云雨。八年六月甲戌,顺行犯天关。癸未,顺行犯井距星。甲申,顺行入井。七月乙未,犯天樽。八月甲戌,犯轩辕少民。辛巳,犯灵台。

元祐元年闰二月丙辰,犯诸王。十月戊戌,犯亢。壬子,入氐。二年十二月己丑,犯壁垒阵。三年二月己亥,犯昴。六月癸未,犯天高。七月辛亥,入东井。壬戌,犯天樽。庚午,犯水位。八月丁丑,犯鬼。戊戌,犯轩辕大星。九月甲寅,犯太微垣上将。庚申,入太微,犯右执法。丁卯,犯左执法。十月丁未,犯亢南第一星。十一月甲辰,入氐。丁巳,犯罚。四年六月丙午,犯太微垣西上将。戊申,入太微。九月壬辰,入斗。五年正月丁亥,犯罗堰。十一月戊戌,犯壁垒阵。六年正月乙酉,犯外屏。二月甲寅,犯天阴。三月癸酉,犯平道。丁丑,犯天江。四月己酉,犯五诸侯。闰八月辛酉,犯轩辕御女。丁卯,犯轩辕左角。九月丁亥,犯右执法。己丑,入太微。十月庚午,入氐。十一月丙戌,犯罚。七年八月丙寅,入氐。己巳,犯月星。辛未,犯司怪。丁丑,犯房。又犯钩钤。十月庚戌,犯南斗。十一月庚辰,犯伐。甲申,犯壁垒阵。十二月壬戌,犯云雨。八年六月乙酉,犯诸王东第二星。丙辰,犯天关。丙寅,入东井。庚午,犯东井。八月庚戌,犯轩辕大星。甲戌,入太微。

绍圣元年五月戊午,犯灵台北第一星。十月甲午,入氐。十一月丙午,犯西咸南第一星。癸丑,犯罚南第二星。二年正月乙巳,犯罗堰南第一星。二年十一月辛亥,犯壁垒阵西星。庚申,犯壁垒阵西第六星。三年二月庚戌,犯昴。庚辰,入昴。五月戊午,犯毕。六月庚申,又入。戊辰,入犯天高。庚辰,犯天关。丙戌,犯司怪。七月壬辰,犯东井。癸巳,入东井。八月庚申,犯舆鬼。庚辰,犯轩辕大星。九月乙酉,犯轩辕左角。乙未,犯太微上将。己亥,入太微垣,行轨道。己酉,犯太微左执法。甲寅,犯太微上相。癸未,入氐。十一月辛丑,犯东咸。四年四月壬寅,犯五诸侯西第五星。五月己卯,犯长垣南第一星。六月乙酉,犯灵台北第一星。丁亥,犯太微垣西上将星,戊子,入太微。壬寅,犯太微左执法。八月壬午,犯氐东南星。壬辰,犯房南第三星。庚子。犯心大星。己酉,犯天江南第一星。十二月戊申,入建。

元符元年正月庚戌,犯建。丙辰,犯天鸡。己巳,犯罗堰,二月乙未,犯壁垒阵。十二月乙亥,犯代星。己亥,犯壁垒阵。二年正月己酉,犯壁垒阵东北星。二月乙未,犯天阴东南星。三月甲辰,犯月星。庚戌,犯诸王西第一星。丁卯,犯司怪北第二星。四月辛卯,犯五诸侯西第五星。五月乙巳,入犯鬼西北星。九月癸卯,犯轩辕御女。丁巳,犯灵台南第二星。戊辰,入太微。己巳,犯太微右执法。闰九月丙子,犯左执法。十月壬子,入氐。壬戌,犯西咸南第一星。戊辰,犯罚星南第一星。十二月乙亥,犯建西第二星。三年七月己巳,犯角南星。八月丙申,犯亢南第一星。九月丁亥,犯南斗西第二星。

建中靖国元年四月丁酉,犯外屏西第二星。六月辛亥,入东井。

崇宁元年三月壬申,犯月星。四月戊戌,犯井钺。六月庚辰,犯进贤。十月甲戌,犯亢距星。二年正月乙巳,犯壁垒阵西第五星。八月丙子,入氐。九月戊子,犯房钩铃。三年二月癸亥,犯昴距星。七月戊戌,犯积薪。八月壬申,犯鬼积尸气。四年五月甲寅,犯轩辕大星。八月庚辰,犯罚。十二月庚辰,犯建西三星。五年正月丁未,犯灵台,犯牛东南星。

大观元年正月丁未,犯外屏。二月丙戌,犯月星。三月庚寅,犯天街。壬辰,犯毕。四月戊午,入井。十月辛酉,犯左执法。丙子,犯角大星。闰十月丙戌,犯亢。丁未,犯房。十一月壬子,犯心。三年七月丁丑,犯亢。八月丙戌,入氐。庚子,犯房钩铃。三年二月癸卯,犯壁垒阵。五月辛亥,犯天阴。六月壬辰,入井。四年四月己卯,犯井钺庚辰,犯井。辛巳,入井。十月戊午,入氐。十一月庚寅,犯天江。

政和元年十一月甲戌，犯天江。三年六月戊午，入太微垣。犯右执法。四年十二月乙卯，入羽林军。五年三月辛未，犯天街。四月乙卯，犯五诸侯。十一月壬辰，犯罚。六年九月庚戌，犯南斗。十一月庚寅，犯壁垒阵。七年八月癸酉，入太微。

重和元年六月庚午，犯上将。十一月壬申，犯天江。

宣和二年五月丁丑，犯天阴。三年八月己亥，犯钩钤。十月丁未，入井。四年二月辛丑，犯壁垒阵。五年五月甲寅，犯鬼。十一月庚午，犯房。六年七月庚子，犯亢。七年五月壬辰，犯毕。

靖康元年四月丁未，犯井东扇北第一星。五月壬申，入鬼。犯积尸气。十一月庚午，犯亢。壬午，入氐。闰十一月戊戌，犯键闭。

建炎三年七月辛巳，入太微。闰八月丙戌，犯心前星。四年正月癸亥，犯建星。

绍兴元年九月丁酉，犯轩辕左角。乙卯，入太微。丙辰，犯右执法。癸亥，复犯。十月戊辰，入太微。己丑，犯亢南第二星。十一月己亥，入氐。二年九月庚申，犯天江。三年六月甲午，入井。八月乙酉，犯轩辕左角少民星。四年四月庚辰，犯司怪。五月辛亥，犯舆鬼。十一月甲子，入氐。五年正月乙卯，犯建。十一月己丑，犯壁垒阵。庚寅，入羽林。六年五月辛卯，犯毕。六月辛酉，入井。七月己巳，复犯井东北第二星。己卯，犯水位。八月戊申，犯轩辕大星。九月戊辰，顺行入太微垣，乙酉，始出。丁亥，犯进贤。十月辛丑，入亢。己酉，入氐。辛亥，又如之。七年五月辛巳，犯鬼宿西北。六月丙辰，犯太微垣西上将。八年十二月戊午，入羽林军。乙亥，经行壁垒阵，入羽林军。九年二月壬申，犯月星。四月癸亥，犯五诸侯西第五星。五月甲申，入鬼，犯积尸气。九月乙巳，入太微垣，犯左执法。丁未，始出。十年四月丙子，入氐。十一年六月乙亥，犯井距星。十二年五月甲午，犯鬼西北星。乙未，犯积尸气。十七年四月丙午，顺行犯五诸侯。九月己卯，顺行入太微垣。庚辰，顺行犯右执法。十一月乙丑，顺行入氐。十九年六月乙卯，犯井钺。丙辰，犯东井。丁巳，入东井。二十一年十一月己酉，顺行入羽林军。二十二年六月甲子，犯东井。乙酉，入东井。七月辛亥，顺行入鬼。犯积尸气。九月壬辰，顺行入太微垣。庚子，犯左执法。十月甲戌，入氐。二十三年八月辛酉，顺行犯亢。二十五年四月戊子，顺行犯五诸侯。八月癸卯，顺行犯权左角少民。十月癸卯，顺行入氐。二十六年七月壬戌，顺行犯太微左执法。八月丁亥，顺行犯亢距星。戊戌，顺行入氐。九月乙丑，顺行犯天江。十月甲申，顺行犯南斗。闰十月辛酉，顺行犯壁垒阵。二十七年六月丙申，顺行犯井钺。己亥、甲辰，皆入东井。七月戊子，顺行犯权左角少民星。二十八年三月甲申，犯司怪。十一月庚午，顺行入氐。二十九年十一月癸未，顺行犯壁垒阵西胜星。戊戌，顺行入羽林军。三十年六月丙辰，掩犯天关。壬申，入东井。八月癸亥，顺行犯权大星。丁巳，犯权左角少民星。十月庚申，顺行入氐。三十一年六月戊辰，掩犯太微右执法。七月壬辰，顺行犯角宿距星。三十二年正月丁亥，顺行犯建。二月己亥，顺行犯牛。

隆兴元年六月丙子，入东井。八月乙酉，犯权左角少民星。九月辛丑，入太微。庚戌，犯左执法，入守垣内，壬子，始出。十月辛酉，顺行犯进贤。十一月戊戌，犯房。庚子，犯键闭。十二月庚申，顺行犯天籥。辛未，犯建。二年八月庚辰，顺行入氐。辛巳，犯氐。十月己卯，犯天籥。丙寅，顺行犯南斗。己巳，顺行犯狗。十一月甲申，顺行入天田。甲辰，顺行犯壁垒阵。

乾道元年五月戊午，顺行犯诸王。六月辛巳，入东井。丁未，顺行犯鬼。八月癸未，入太微。十二月庚子，顺行犯入羽林军。二年三月己酉，顺行犯天街。己亥，顺行入鬼。九月己酉，犯明堂。十一月辛亥，顺行入氐。十二月壬辰，顺行犯南斗。三年十一月丁丑，犯羽林军。四年五月己卯，犯毕。辛巳，入毕口内。六月丁酉，犯天关。癸卯，犯司怪。辛亥，入东井。七月庚申，犯天樽。甲戌，犯鬼。八月己亥，犯权。丙辰，入太微，九月丙寅，出。十月丁酉，入氐。五年九月庚申，犯心宿大星。七年八月丁卯，犯权左角少民星。九月甲申，犯右执法，入太微垣，甲午，出。十月丁卯，入氐。十一月己卯，犯房。丙戌，犯东咸。八年八月壬戌，入氐。甲子，犯氐东南星。九月癸酉,犯房。甲戌,犯钩钤,戊子,犯天江。十一月丁亥,犯壁垒阵。

淳熙元年十一月甲午,入氐。辛亥,犯罚。十二月壬午,犯建。二年十一月丁卯,入羽林军。三年五月癸亥,犯毕。六月己卯,犯天关。丁亥,犯井钺。辛卯,入东井。八月戊戌,入太微,犯右执法。四年七月乙卯,犯角宿距星。九月辛丑,犯心前星。六年六月乙未,入东井。八月癸卯,犯权、御女星。十月戊申,入氐。七年八月乙巳,入氐。八年五月甲辰,入东井。九年十一月乙亥,入氐。十年闰十一月己亥,犯壁垒阵。十一年七月壬申,入东井。八月丁巳,犯权大星。十二年六月癸酉,犯太微右执法。十四年六月甲戌,入井。九月丁未,入太微。戊申,顺行犯太微右执法。丙寅,犯进贤。十五年九月丙申,犯房。十月辛未,犯南斗魁。十六年闰五月丙戌,入井。

绍熙元年十一月戊午,入氐。三年七月己卯,犯天江。八月甲辰,犯权左角少民星。四年九月甲戌,犯心东星。

庆元元年六月丁卯,入东井。九月戊子,入太微,戊戌,始出。

嘉泰三年六月甲寅,入井。十月甲寅,入氐。四年六月乙未,犯斗。

开禧元年六月壬子,入井。二年五月辛卯,犯权大星。十一月壬戌,入氐。三年十一月癸巳,顺行入壁垒阵。

嘉定元年六月甲戌,犯井钺。四年六月庚子,入井。八月庚寅犯权大星。七年十一月丙寅,顺行入氐。十年七月乙酉,犯角。十二年六月庚辰,顺行入井。八月壬申,顺行犯权星、御女。丁丑,犯权左角少民星。十三年十月丁巳,顺行犯南斗井。十五年十一月丙午,顺行入氐宿方口内。

绍定五年七月甲申,顺行入井。

端平二年七月丙午,顺行入井。八月丁巳,犯太微右执法。

嘉熙二年十月戊辰,顺行入氐。四年六月己亥,顺行犯毕距星。癸丑,犯天关。七月乙丑,顺行入井。八月己酉,顺行犯权大星。

淳祐元年十月庚辰,顺行入氐。三年闰八月丁丑,顺行犯权大星。十月丙戌,顺行入氐。四年九月癸亥,顺行犯斗。六年五月壬戌,顺行犯权大星。十月己酉,顺行入氐。八年七月戊申,入井。九年七月癸酉,犯进贤。十月辛丑,十一月辛未,顺行入氐。十一年二月甲寅,顺行犯昴。七月壬申,顺行入井。闰十月癸亥,顺行入氐。十二年九月丙午,顺行犯斗宿距星。

宝祐四年六月丁亥,顺行入井。

开庆元年七月辛亥,顺行入井。八月庚子,顺行犯权。

景定元年八月壬子,犯房。三年十月庚午,顺行入氐。五年六月戊午,顺行犯天关。己巳,与太阴并行入井。

咸淳四年七月庚午,顺行入斗。

德祐元年七月丙子,入东井。十一月辛巳,犯房。

辰星景德四年九月戊子,现东方,在亢。

大中祥符四年六月己巳,犯轩辕大星。六年十月壬戌,入氐。

天圣八年四月壬寅,犯鬼积尸。

熙宁四年十一月丁亥,犯罚南第一星。五年九月癸酉,入氐。

元丰八年十月癸未,入氐。

元祐五年七月丁亥,犯轩辕大星。六年十月庚午,犯键闭。

元符元年五月戊午,入舆鬼,犯积尸气。十月辛丑,犯西咸。二年闰九月壬辰,入氐。

绍兴二十一年十月庚午,二十八年十月癸卯,俱入氐。

隆兴二年十月壬申,入氐,至戊寅出,凡七日。

宋史卷五六
志第九

天文九

岁星昼现 太白昼现经天
五纬相犯 五纬相合
五纬俱见 老人星 景星
彗星 客星

嘉祐五年三月乙未,岁星昼现。六年六月壬申,昼现。七年六月丙子,昼现。八年七月癸亥,昼现。

治平元年六月壬戌,昼现。

元符二年八月癸未,昼现。

开宝元年六月丁丑,太白昼现。戊寅,复现。

淳化元年六月庚午,七月丁丑,十一月戊戌,皆昼现。

咸平三年六月己未,昼现。四年十二月丙寅,昼现在南斗。六年五月甲午,八月庚午,皆昼现。

景德元年十一月辛亥,昼现。二年四月甲辰,昼现。三年七月乙巳,昼现。庚申,又现。十二月癸酉,又现。

大中祥符元年七月庚申,昼现。四年六月丙午,八月乙巳,皆昼现。六年四月壬午,昼现。七年七月癸卯,昼现。九年五月庚午,昼现。

天禧三年六月辛卯，复现。四年七月丁巳，昼现。五年六月丙午，昼现。

乾兴元年十一月壬辰，又现。

天圣三年六月壬戌，十二月戊寅，皆昼现。五年五月壬寅，昼现。

明道元年七月，昼现三十日。

庆历三年八月甲寅，昼现。

皇祐三年四月丙午，昼现。

至和元年五月壬辰，九月己丑，十月辛卯，皆昼现。三年四月己丑，昼现。

嘉祐二年六月己未，昼现。四年正月庚寅，昼现。七月辛丑，昼现。五年九月庚寅，昼现。六年六月乙丑，昼现。七年五月戊午，昼现。七月己酉，经天。复现。十月乙未，昼现。

治平元年正月戊戌，昼现。六月辛酉，昼现。二年七月丁丑，昼现。十二月辛亥，又现。四年二月丁酉，昼现。闰三月癸未，昼现。五月辛巳，昼现。七月癸卯，八月丁未，昼现。

熙宁元年十一月癸酉，昼现。二年六月壬戌，昼现。三年五月癸巳，九月壬子，五年二月癸亥，五月丙午，八年三月戊午，七月戊寅，皆昼现。九年十月乙酉，昼现。十年五月甲戌，昼现。

元丰元年四月癸亥，昼现。三年七月戊子，昼现。四年七月己丑，昼现。六年八月己卯，昼现。七年十月乙卯，昼现。

元祐元年六月庚戌，昼现。十月庚寅，昼现。三年二月辛丑，昼现。七月辛未，又现。六年四月壬寅，昼现。闰八月乙丑，又现。七年十一月辛巳，昼现。八年四月己未，昼现。

绍圣元年五月己酉，昼现。九月庚申，又现。二年十一月丙申，昼现。三年五月壬子，昼现。四年六月己酉，昼现。

元符二年五月甲辰，昼现。八月癸巳，又现。

崇宁元年六月己酉，昼现。三年正月癸卯，昼现。

大观二年十一月丁未,昼现。四年十月戊戌,又现。

政和三年十二月辛酉,昼现。六年十月乙丑,昼现。七年三月辛未,昼现。

重和元年十月己卯,昼现。

宣和二年六月丁丑,昼现。六年十一月丙子,昼现。

建炎元年十月甲戌,绍兴元年四月壬申,昼现。四年六月庚子,十一月戊申,昼现经天。六年正月壬辰,昼现经天。十七年七月辛巳,昼现。二十八年六月壬辰,昼现。

隆兴元年七月丙申,经天昼现。二年六月戊辰,昼现。七月庚子,经天昼现。

乾道元年三月甲寅,昼现。乙亥,昼现经天。二年四月甲申,昼现。五月甲寅,经天昼现。庚午,昼现。三年九月戊子,四年五月乙丑,昼现。与日争明。六月辛卯,经天。五年六月庚寅,昼现。十一月甲子,昼现。庚午,昼现。

淳熙三年五月癸酉,经天昼现。四年十一月壬戌,又现。六年七月乙丑,昼现。癸未,经天。九年六月庚申,昼现。甲子,经天。九月癸巳,十一年五月乙卯,十二年六月戊寅,昼现。七月丁酉,经天昼现,至八月壬申始灭。十四年六月辛卯,昼现。七月辛丑,经天。

绍熙元年五月丙子,昼现,与日争明。四年七月乙丑,十一月甲戌,昼现。

庆元元年三月庚寅,经天昼现。七月己亥,昼现。四年九月壬寅,昼现。癸卯,经天。

嘉泰元年六月丙午,经天昼现。十一月己巳,昼现。十二月己卯,经天昼现。三年六月癸亥,经天昼现。

开禧元年三月庚申,二年五月壬寅,三年十二月乙巳,昼现,与日争明。

嘉定元年五月甲子,四年七月壬戌,五年九月丙午,六年二月丁丑,昼现。七年五月丁丑,八月乙巳,九月壬戌,昼现。九年五月癸酉,十年五月乙丑,昼现。癸酉,经天。十一月庚辰,昼现。戊戌,经天。十二年二月,庚子,昼现,三月丁亥,经天昼现。六月辛未,辛亥,经天,昼现。十三年九月甲午,十四年三月甲午,十五年五月庚戌,九月辛未,昼现。十七年六月丁卯,昼现经天。

宝庆元年六月辛卯,昼现。

绍定五年四月丁丑,昼现,五月癸巳,经天。

端平元年十一月壬戌,经天。二年四月丁亥,七月戊戌,昼现经天。

嘉熙元年二月己酉,二年五月辛巳,八月辛酉,昼现经天。三年十二月辛酉,四年二月丁未,淳祐元年六月庚寅,昼现。十月戊戌,昼现。乙巳,经天。二年十二月壬戌,昼现。三年七月己亥,四年八月壬辰,五年二月辛卯,昼现经天。六年四月辛酉,八月壬子,昼现。九月戊辰,昼现经天。七年十月辛巳,九年十二月戊申,十一年二月乙卯,七月癸亥,宝祐二年九月丁卯,三年十月甲戌,四年五月丁未,五年七月己未。开庆元年六月壬寅,景定三年四月庚寅,闰九月甲申,五年四月戊午,昼现。五月乙亥,咸淳元年七月丁酉,四年九月癸酉,德祐元年七月丙子,昼现。

建隆元年正月甲子,太白犯荧惑于娄。十月壬申,又相犯于轸。三年十一月甲戌,荧惑犯岁星于房。

乾德四年六月甲辰,太白犯荧惑于张。

开宝四年十月甲辰,太白犯荧惑于牵牛。

太平兴国八年三月乙巳,荧惑犯岁星。

端拱二年正月丁亥,辰星犯岁星于须女。十一月壬辰,荧惑犯岁星。

淳化二年三月癸丑,太白犯岁星于娄。五年六月丙午,太白、岁星相犯于柳。十一月丙子,太白犯辰星于虚。

至道元年五月戊午,荧惑犯填星于奎。

咸平元年二月甲寅,太白犯填星。三年四月癸亥,辰星掩太白。六年正月庚戌,太白犯填星。

　　景德二年六月己亥，太白犯岁星。三年七月戊辰，辰星犯岁星。己酉，太白犯岁星。四年七月癸巳，荧惑犯岁星。八月乙未，荧惑又犯岁星。

　　大中祥符元年九月壬申，太白犯填星。二年十一月癸亥，荧惑犯岁星。四年十一月庚午，太白犯填星。辛未，辰星犯填星。五年正月壬午，荧惑岁星。七年三月乙巳，荧惑犯岁星。九年六月甲戌，荧惑犯岁星。

　　天禧元年四月壬辰，太白犯岁星。二年六月戊午，太白犯岁星。七月癸酉，辰星犯太白。五年九月庚子，太白犯岁星。十月己巳，荧惑犯填星。

　　天圣元年三月丁丑，荧惑犯岁星。二年九月戊申，太白犯荧惑，十一月壬子，辰星犯太白。三年五月癸未，太白、辰星相犯于井。五年六月辛卯，荧惑犯填星。壬辰，掩填星。七年五月辛未，太白犯填星，在毕宿一度半。八年六月乙酉，太白犯荧惑。

　　景祐元年闰六月庚辰，太白犯填星。十一月甲寅，又犯荧惑。二年五月丁亥，又犯填星。九月辛巳，荧惑犯填星。在张六度。四年七月己未，太白犯荧惑。九月辛亥，荧惑犯填星，在翼十五度。

　　康定元年九月壬申，辰星犯填星。

　　庆历三年九月甲申，太白犯岁星。

　　皇祐三年十一月丁丑，荧惑犯填星。

　　嘉祐元年九月乙巳，太白犯岁星。三年闰十月甲戌，荧惑犯岁星，躔斗四度。五年正月壬辰，太白犯岁星。六年三月癸巳，荧惑犯岁星。在营室。七月己丑，太白犯填星，躔井十二度。闰八月己亥，太白犯辰星，在轸四度。七年正月庚申，太白犯岁星，在营室。六月丁丑，太白犯荧惑，在翼一度半。八年四月己丑，太白犯岁星。在胃。是日，荧惑晨现东方。五月庚辰，荧惑犯岁星，在昴四度。

　　治平元年十一月庚午，辰星犯太白，在尾十六度。二年四月丁巳，太白犯岁星。五月癸亥，辰星犯太白。戊子，太白犯填星，在张五度。八月己亥，荧惑犯岁星，躔柳七度半。十月丙申，又犯填星，在翼二度。三年十二月癸卯,太白犯荧惑,躔危四度。四年九月癸巳,太白犯填星。丙申,犯岁星。十月甲子,荧惑犯填星。十一月己卯,又犯岁星。十二月丁卯,太白犯荧惑。

　　熙宁元年十一月己丑,太白犯荧惑。三年正月己未,荧惑犯岁星。十月乙酉,太白犯填星。八年三月庚寅,太白犯填星。十年七月癸酉,太白犯岁星。

　　元丰二年五月庚寅,荧惑犯岁星。四年十月乙亥,荧惑犯太白。五年三月丙戌,太白犯填星。十二月丙寅,辰星犯岁星。七年十一月甲寅,太白犯岁星。

　　元祐元年闰二月戊申,太白犯荧惑。八年四月乙卯,太白犯荧惑。

　　绍圣元年闰四月庚午,荧惑犯填星。三年九月丙午,太白犯填星。

　　元符元年十二月乙未,太白犯荧惑。二年闰九月癸未,辰星犯填星.十月乙巳,太白犯填星。十二月辛亥,荧惑犯填星。三年四月丙辰,荧惑犯填星。

　　崇宁元年十一月壬寅,太白犯填星。三年十一月庚寅,太白犯辰星。

　　大观元年十二月乙酉,太白犯荧惑。二年正月甲寅,太白犯岁星。二月壬午,荧惑犯岁星。十月丁酉,太白犯填星。十一月壬申,太白犯岁星。三年三月辛未,太白犯岁星。四年二月辛未,太白犯岁星。五月甲辰,荧惑犯岁星。

　　政和元年二月辛丑,太白犯填星。十二月乙未,又犯。三年七月乙丑,荧惑犯太白。四年十月甲子,太白犯岁星。七年正月癸卯,荧惑犯岁星。

　　宣和二年十月己卯,太白犯荧惑。三年闰五月壬午,荧惑犯岁星。六年二月己卯,荧惑犯岁星。七年七月乙未,太白犯岁星。

　　靖康元年六月辛丑,太白犯岁星。

　　绍兴十九年六月壬戌,太白犯填星。二十九年九月戊子,荧惑犯岁星。二十一年闰四月甲午,辰星犯填星。二十六年七月癸亥,太白犯荧惑。二十七年四月壬寅,太白犯岁星。二十八年十月乙未,辰星犯填星。三十年七月己亥,太白犯岁星。

隆兴元年九月丁酉,太白犯荧惑。十二月甲子,太白犯填星。二年正月丁亥己丑,荧惑犯守岁星。十一月甲午,辰星犯岁星。

乾道三年十一月乙亥,太白犯岁星。四年三月丁卯,荧惑犯填星。六年七月乙巳,荧惑犯岁星于毕。八年五月癸巳,太白犯岁星。九年二月庚申,荧惑犯岁星。七月丁巳,太白犯岁星。

淳熙二年闰九月丁巳,太白犯荧惑。八年七月丁丑,太白犯填星。十一年七月庚戌,太白犯岁星。十四年十月庚辰,填星犯太白。十六年五月乙未,太白犯荧惑。

绍熙二年十二月戊子,太白犯岁星。

庆元元年九月戊子,太白犯荧惑。四年十月壬午,太白犯岁星。五年十一月辛丑,荧惑犯岁星。十二月辛未,太白犯填星。六年四月癸巳,荧惑犯填星。

嘉泰二年五月庚戌,荧惑犯填星。

开禧二年六月甲寅,荧惑犯岁星。三年十月丁未,太白犯荧惑。

嘉定十年七月戊子,荧惑触岁星。

宝庆二年十月辛亥,荧惑犯填星。十一月辛酉,荧惑犯岁星。

绍定元年十月甲子,五年六月乙丑,端平元年六月辛巳,三年六月丁未,嘉熙四年八月癸丑,宝祐四年十二月戊午,荧惑俱犯填星。

开庆元年九月戊辰,太白犯荧惑。

咸淳十年十月丙寅,荧惑犯填星。

德祐二年正月癸酉,荧惑犯岁星。

岁星。建隆三年十一月壬申,与荧惑合于房。

开宝元年正月壬寅,与填星、太白合于娄。

淳化五年六月丙午,与太白合于柳。

至道元年五月庚戌，与太白、太阴同度不相犯。

景德四年九月戊子，与填星合于翼。

天禧二年八月癸丑，与荧惑合于张。

绍兴十六年三月乙丑，与填星、太白合于昴。十月戊戌，与填星合于毕。十七年七月壬戌，与太白合。二十二年十二月乙丑，与荧惑合于尾。三十一年六月甲寅，与太白合于张。

隆兴元年十一月庚寅，与太白合。

乾道元年十二月庚子，与填星合于南斗。二年十一月丁巳，与填星合于牛。六年五月戊寅，与太白合于毕。七年六月庚戌，与太白合于井。

淳熙十四年四月癸未，与填星合于轸。十月己丑，与太白合于氐。

庆元元年四月辛酉，与太白合于井。

开禧元年七月癸未，与填星合。二年二月甲子，与填星合于昴。

端平二年十月己未，与太白合于心。

嘉熙四年五月甲子，与太白合于娄。

宝祐三年八月丁卯，岁星、荧惑在柳。

景定元年正月庚辰，与荧惑行入尾。

荧惑。雍熙二年七月丙戌，与岁星合于轸。

建炎四年六月戊子，与填星合于亢。九月壬戌与岁星合于斗。

绍兴二年六月丙午，与填星合于房。十一月乙亥，与岁星合于室。三年八月戊子，与太白合于张。四年二月戊子，与填星合于箕。五年闰二月丙午，与岁星合于昴。六年正月丁亥，与填星合于斗。七年五月甲申，与岁星、太白合于柳。闰十一月丁卯，与辰星合于氐。八年二月己未，与填星合于女。十三年九月辛未，与太白合于尾。十五年八月庚寅，与太白合于氐。二十年三月甲午，与太白合于毕。九月戊子，又合于轸。十一月戊子，与太白行入氐。二十二年十月己卯，与太白合于氐。十一月壬子，与岁星合于心。二十六年七月庚申，与填星合于轸。二十九年闰六月己未，与岁星合于井。三十年七月庚子，与填星合于氐。三十一年十一月丁未，与岁星合于翼。三十二年八月辛未，与填星合于尾。十一月壬戌，与太白合于羽林军。

隆兴元年七月壬寅，与辰星合于柳。十二月壬申，与岁星合于氐。二年四月癸未，与岁星合于氐。八月癸酉，与填星合于箕。

乾道元年八月辛巳，与太白合于翼。二年二月乙酉，与岁星合于斗。三月癸酉，与填星合于牛。四年二月庚申，与填星合。五月壬戌，与岁星合。五年十一月甲子，与太白合于房。戊辰，与辰星合于心。辛巳，又合于尾。六年二月甲申，与太白合。辛卯，合于女。三月戊午，合于危。乙丑，与填星合于室。七月辛巳，与岁星合于土。九月癸卯，合于毕。八年四月辛丑，与填星合于奎。九年三月辛丑，与岁星合于柳。四月乙丑，又合于星。

淳熙二年六月丙寅，合于轸。四年九月己亥，合于尾。六年十一月甲子，合于危。九年二月壬寅，合于胃。十一年三月甲寅，合于井。

绍熙三年九月乙亥，与填星合于尾。

庆元四年五月庚子，又合。八月甲戌合于虚。六年四月癸巳，合于室。

嘉泰四年五月乙亥，合于胃。

开禧三年十月丙辰，与太白合于箕。

嘉定元年五月戊辰，与填星合于井。八月庚寅，与岁星合于张。六年三月癸卯，合于斗。七年三月辛巳，与太白合于参。八年四月戊午，与岁星合于室。九年十月庚午，与辰星合于房。十年七月戊寅。与岁星合于昴。十五年五月丁丑，合于轸。

宝庆二年十月辛亥，与岁星、填星合于女。

绍定元年十月丁巳，与填星合于危。二年正月丁亥，与岁星合于娄。三年十月己巳，与填星合于室。五年六月乙丑，与填星合于娄。

端平元年六月庚午，与填星合于胃。三年六月癸卯，合于毕。

　　嘉熙三年八月癸亥,与太白合于斗。四年七月己丑,与太白合于鬼。八月己酉,与填星合于柳。

　　淳祐四年九月癸丑,合于轸。

　　宝祐元年五月丁酉,与岁星合于昴。

　　景定三年四月庚子,合于危。十一月丁未,与填星合于娄。五年六月戊辰,与岁星合。八月壬寅,与填星合。

　　咸淳十年十月丙寅,与填星行在轸。

　　填星。端拱二年九月乙巳,与荧惑合于危。

　　淳化二年正月癸丑,与太白合于须女。至道元年五月乙卯,与荧惑合于东壁。

　　绍兴十年十二月戊子,十一年三月庚子,与太白合于室。

　　隆兴二年十月辛巳,合于斗。

　　乾道二年五月己未,与岁星合于南斗。

　　淳熙五年闰六月己酉,与荧惑合于井。

　　淳祐六年十月乙未,与岁星、荧惑合于亢。

　　宝祐六年十一月甲戌,与荧惑顺行在危。十二月辛丑,与太白、荧惑合于室。

　　太白。乾德四年六月己亥,与荧惑合于张。

　　开宝三年五月庚戌,与填星合于毕。六月乙未,与岁星合于东井。五年十月甲辰,与荧惑合于牵牛。

　　雍熙四年十二月丁巳,与填星、岁星合于南斗魁。

　　淳化二年三月癸丑,与岁星合于娄,太白在南。三年正月丙辰,与荧惑全于娄,岁星在胃。

　　至道元年五月丙辰,与岁星合于七星,不相犯。

　　大中祥符元年九月乙酉,与岁星合于角、亢。建炎四年十一月辛丑,与岁星合于南斗。十二月壬午,与荧惑合于危。

　　绍兴元年九月丁酉,与荧惑合于张。十一月乙卯,与填星合于心。二年十一月甲子，与荧惑合于危。癸未，与星合于室。三年四月戊子，与岁星合于奎。四年二月丁酉，合于娄。五年正月乙卯，十月戊申，与填星合于斗。六年七月癸酉，与岁星合于井。七年四月丁巳，与荧惑合于东井。五月乙亥，与荧惑、辰星合于井。十一月癸巳，与荧惑合于尾。八年正月乙巳，与填星合于女。十一月丙午，合于虚。九年三月癸卯，与荧惑合于井。十一月壬申，与岁星合于角。十年十一月丁未，与填星合于危。十三年十二月乙巳，合于奎。十四年六月癸卯，与荧惑合于井。十七年二月庚戌，与填星合。庚申，与岁星合。十二月庚戌，与辰星合于南斗。十九年六月戊午，与填星合于井。七月丁未，与岁星、辰星合于张。二十年三月戊寅，与荧惑合于昴。四月庚戌，与填星合于东井。六月甲寅，与岁星合于翼。十月丙午，与岁星、荧惑合于轸。己巳，与荧惑合于角。二十二年九月庚申，与荧惑、辰星合于角。十月庚午，与荧惑合于亢。二十三年六月甲子，与填星合于张。九月癸卯，与岁星合于尾。闰十二月癸卯，合于南斗。二十五年九月壬申，与填星合于轸。十一月壬申，与辰星合于尾。二十六年七月丙辰，与荧惑合。壬戌，与荧惑、填星合于轸。二十七年三月辛卯，与荧惑、岁星合于奎。二十八年二月丁未，与岁星合于胃。六月乙未，与荧惑合。十一月己未，与填星合于亢。三十年七月丙申，与岁星合于柳。三十一年六月壬寅，合于星。九月庚午，与填星合于房。十二月甲辰，合于尾。

　　隆兴元年八月庚辰，与荧惑合于张。十月丁丑，与岁星合于亢。十二月辛酉，与填星合于箕。二年八月己卯，与岁星合于氐。十月丙辰，与填星合于箕。

　　乾道元年七月乙亥，与荧惑合于张。三年正月癸亥，与填星、岁星合。十一月壬申，与岁星合。五年四月乙巳，与荧惑合于井。十一月甲子，合于房。十二月癸巳，合于尾。六年正月甲子，合于斗。三月壬戌，与填星合。五月乙丑，与岁星合于昴。七年二月丙寅，与岁星合于毕。三月甲午，与荧惑合于井。八年五月癸未，与岁星合于井。九年三月辛酉，与填星合于奎。七月甲寅，与岁星合于张。

淳熙元年正月丁未,与填星合于奎。十月乙丑,与岁星合于轸。二年闰九月甲寅,与荧惑合于尾。三年二月庚辰,与填星合于胃。五月乙丑,合于毕。六月癸巳,与荧惑合于井。四年九月壬子,与荧惑、岁星合于尾。五年正月庚戌,与岁星合于斗。十一月壬戌,合于牛。六年三月丁丑,六月丁酉,与填星皆合于井。八年六月壬申,合于柳。九年二月丙寅,与荧惑合于昴。五月乙亥,与填星合于柳。十一月乙亥,又与荧惑合于氐。十一年七月壬寅,写岁星合于柳。八月己卯,与填星合于翼。九月乙卯,与辰星、荧惑合于亢。十二年六月癸酉,与填星合于翼。十五年六月丙子,与填星合于亢。甲申,与岁星合于氐。

绍熙元年十一月丁丑,与填星合。五年十一月庚戌,与荧惑合于危。

庆元元年三月庚寅,与岁星合于参。六月庚午,合于井。八月癸酉,与荧惑合于张。二年十一月丙子,与填星合于牛。三年八月甲戌,与荧惑、岁星合于翼。四年十月戊寅,与岁星合于角。五年十二月辛未,与填星合于危。

嘉泰元年五月戊午,与荧惑合于柳。二年正月丁巳,与荧惑、岁星合于南斗。十二月癸酉,与岁星合于女。

开禧二年二月壬申,与填星、岁星合于昴。

嘉定元年六月戊寅,与填星、荧惑合于井。二年四月丁丑,与填星合于井。四年八月乙酉,与填星合于室。五年九月丁未,与岁星合于心。七年六月庚子,与填星合于翼。十一月丁卯,与荧惑合于氐。九年九月庚寅,与填星合于角。十二年闰三月甲寅,七月壬寅与岁星合于井。十三年八月丙戌,与填星合于房。

宝庆二年正月壬午,与岁星、填星合于女。三年八月甲申,与荧惑合于星、翼。

绍定三年闰二月乙酉,与岁星合于毕。五年八月壬申,合于张。六年五月庚戌,与荧惑合在柳。

端平元年正月丁未,合于斗。二年二月壬午,与填星合于胃。三年九月庚申,与岁星合在尾。

嘉熙元年六月乙未,与填星合于井。四年七月甲戌,与荧惑合于井。

淳祐三年闰八月壬寅,与填星合于翼。六年三月戊午,与荧惑合于毕。十年十二月戊戌,与岁星合于危。十二年七月庚寅。与荧惑合于轸。九月戊戌,与填星合于箕。

宝祐五年六月丙戌,与岁星合于翼。

景定五年四月庚午,与岁星合于娄。

咸熙三年七月己亥,与填星合于井。

德祐元年十月丁巳,与填星合。

辰星。景德三年七月己酉,与岁星、太白合于柳。

绍兴四年三月乙亥,与太白合于毕。七年五月戊子,与荧惑、太白合于柳。九年九月乙巳,与岁星合于角。十七年三月乙卯,与填星合。二十一年闰四月壬辰,与填星合于东井。二十三年四月丙寅,与太白合于毕。二十八年十月丙申,与填星合于亢。

隆兴二年十一月庚寅,与岁星合。十二月丁亥,与太白合。

乾道元年三月甲戌,与荧惑合于毕。四年二月壬子,与太白合于胃。五年六月庚寅,与岁星合。七年四月丙寅,淳熙四年五月乙巳,与太白合于井。十五年六月庚寅,与太白合于张。十二月壬戌,与岁星合于尾。

绍熙四年三月辛巳,与太白会于昴。

乾德五年三月,五星如连珠,聚于奎、娄之次。

景德四年七月,五星当聚鹑火而近太阳,同时伏。

庆历三年十一月壬辰,五星皆现东方。

靖康元年六月丙辰,填星、荧惑、太白、岁星聚。

乾道四年二月壬子,六月辛丑,八月己亥,六年五月乙亥,十月庚申,八年十月癸卯,五星俱现。

淳熙十三年闰七月戊午,五星皆伏。八月乙亥,七曜俱聚于轸。

乾德三年八月辛酉,四年八月乙卯,六年正月戊申,开宝二年七月丁亥,太平兴国四年八月乙亥,五年八月己卯,六年八月己卯,八年八月辛卯,雍熙三年八月己酉,四年八月辛亥,端拱元年八月乙卯,二年八月己亥,淳化元年八月丁卯,二年八月辛未,三年八月戊寅,四年九月己亥,五年八月乙丑,至道元年八月己亥,二年闰七月己亥,三年八月辛丑,咸平元年八月癸丑,二年八月癸亥,三年八月丁卯,四年八月甲子,五年八月乙丑,六年八月丙子,景德元年八月癸酉,二年八月庚辰,三年八月庚寅,四年二月己卯,八月甲午,大中祥符元年正月丁亥,八月丙申,二年二月壬辰,八月乙巳,三年二月辛巳,八月己酉,四年正月戊寅,八月丙寅,七年正月癸丑,八月己巳,八年七月癸酉,九年正月甲寅,八月壬午,天禧元年八月癸巳,二年正月丁巳,八月辛卯,三年八月己亥,四年八月己亥,五年二月丙午,八月乙巳,老人星皆出丙。

治平四年二月癸巳,八月戊申,熙宁元年正月乙未,八月己卯,二年二月乙卯,八月壬戌,三年正月甲寅,八月癸酉,四年二月己未,八月丁丑,五年二月己未,闰七月己亥,六年正月庚午,八月丁酉,七年二月甲申,八月庚寅,八年二月己丑,八月庚戌,九年二月丁酉,八月庚子,十年正月己卯,九月戊申,元丰元年二月乙酉,八月丙午,二年二月壬戌,八月乙卯,三年二月甲寅,八月己未,四年八月丁卯,五年二月甲戌,八月己巳,六年二月己未,八月丁丑,七年二月辛巳,八月己卯,八年二月庚辰,八月辛巳,元祐元年二月戊寅,八月庚子,二年二月庚寅,九月辛亥,三年二月癸巳,八月己亥,四年二月壬子,八月丁未,五年正月甲午,八月辛亥,六年二月己亥,闰八月壬戌,七年正月壬子,八月壬戌,八年二月丙寅,八月己巳,九年二月乙丑,绍圣元年八月丙子,二年二月壬午,八月丁丑,三年二月庚午,八月癸未,四年二月甲申,八月甲申,五年二月庚辰,元符元年八月辛卯,二年二月乙未,九月壬辰,崇宁元年二月壬寅,八月癸未,二年二月甲寅,八月庚戌,三年二月戊午,八月辛酉,四年二月庚申,八月丙寅,五年二月戊辰,八月甲戌,大观元年二月乙亥,八月丁丑,二年二月甲午,八月壬午,三年二月戊子,八月癸巳,四年二月乙未,闰八月丁酉,政和元年二月癸卯,八月己亥,二年二月乙巳,八月己酉,三年二月甲午,八月己未,四年二月己酉,八月辛未,五年二月庚申,八月甲子,六年闰正月壬戌,八月丁卯,七年正月戊午,八月丙子,重和元年二月壬申,八月乙亥,宣和元年二月癸未,八月癸未,二年二月辛巳,八月己丑,三年二月丙戌,八月癸巳,四年二月己亥,八月辛丑,五年二月庚子,八月丙午,六年二月戊申,八月辛亥,七年二月癸丑,八月庚申,建炎四年七月戊辰,皆现于丙。

开宝四年八月癸卯,景星现。

景德三年四月戊寅,周伯星现,出氐南骑官西一度,状如半月,有芒角,煌煌然可以鉴物,历库楼东,八月,随天轮入浊,十一月,复现在氐。自是常以十一月辰现东方。八月西南入浊。

大中祥符七年正月己酉,含誉星现。其年九月丙戌,又现,似彗有尾而不长。

天圣元年二月己亥,奇星现。二年八月丙子,四年七月壬申,又现。

明道二年二月戊戌,含誉星现东方,其色黄白,光芒长二尺许。

景祐二年正月己丑,奇星又现。

至和三年二月辛卯,八月己未,嘉祐二年八月庚午,三年八月丙辰,四年正月庚戌,八月癸未,五年八月庚午,六年正月癸丑,八月壬辰,七年正月辛亥,八月正月辛酉,治平元年二月己丑,七月癸巳,二年二月癸巳,八月己亥,三年正月庚辰,八月庚戌,奇星皆现。

彗星。开宝八年六月甲子,出柳,长四丈,辰现东方,西南指,历舆鬼至东壁,凡十一舍,八十三日而灭。

端拱二年七月戊子，又出东井积水西，青白色，光芒渐长，辰现东北，旬日夕现西北，历右摄提，凡三十日至亢没。

咸平元年正月甲申，又出营室北，光芒尺余，至丁酉，凡十四日灭。六年十一月辛亥，旄头犯舆鬼。甲寅，有彗孛于井、鬼，大如杯，色青白，光芒四尺余，历五诸侯及五车入参，凡三十余日没。

天禧三年六月辛亥，彗出北斗魁第二星东北，长三尺许，与北斗第一星齐，北行经天牢，拂文昌，长三丈余，历紫微、三台、轩辕速行而西，至七星，凡三十七日没。

景祐元年八月壬戌夜，有星孛于张、翼，长七尺、阔五寸，十二日而没。十二月己未夜，有星出外屏，有芒气。

皇祐元年二月丁卯，彗出虚，晨现东方，西南指，历紫微至娄，凡一百一十四日而没。

嘉祐元年七月，彗出紫微，历七星，其色白，长丈余，至八月癸亥灭，

治平三月己未，彗出营室，晨现东方，长七尺许，西南指危泊坟墓，渐东速行近日而伏；至辛巳，夕现西南，北有星无芒彗，益东方，别有白气一，阔三尺许，贯紫微极星并房宿，首尾入浊，益东行，历文昌，北斗贯尾；至壬午，星复有芒彗，长丈余，阔三尺余，东北指，历五车，白气为岐横天，贯北河、五诸侯、轩辕、太微五帝座内五诸侯及角、亢、氐、房宿；癸未，彗长丈五尺，星有彗气如一升器，历营宿至张，凡一十四舍，积六十七日，星气孛皆灭，

熙宁八年十月乙未，星出轸度中，如填，青白，丙申，西北生光芒，长三尺，斜指轸，若彗，丁酉，光芒长五尺，戊戌，长七尺，斜指左辖，至丁未入浊不现。

元丰三年七月癸未，彗出西北太微垣郎位南，白气长一丈，斜指东南，在轸度中，丙戌，向西北行，在翼度中，戊子，长三尺，斜穿郎位，癸卯，犯轩辕，至丁酉，入浊不现。庚子晨，复出于张度中，至戊子，凡三十又六日，没不现。

绍圣四年八月己酉，彗出氐度中，如填，有光，色白，气长三丈，

斜指天市左星,九月壬子,光芒长五尺,入天市垣,己未,犯天市垣宦者,庚申,犯天市垣帝座,戊辰,没不现。

崇宁五年正月戊戌,彗出西方,如杯口大,光芒散出如碎星,长六丈,阔三尺,斜指东北,自奎,宿贯娄、胃、昴、毕,后入浊不现。

大观四年五月丁未,彗出奎、娄,光芒长六尺,北行入紫微垣,至西北入浊不现。

靖康元年六月壬戌,彗出紫微垣。

绍兴元年九月,彗星现。十二月戊寅,二年八月甲寅,现于胃,丙辰,行犯土司空,至九月甲戌始灭,十五年四月戊寅,彗星现东方,丙申,复现于参度,五月丁巳,化为客星,其色青白,壬戌,留守张,至六月丁亥乃消。十六年十一月庚寅,彗星现西南危宿,二十六年七月丙午,彗星现东井,约长一丈,光芒二尺,癸丑,又犯五诸侯。三十一年六月己巳,彗星现北斗天权星东北,太史妄称为含誉。

淳熙二年七月辛丑,有星孛于西北方,当紫微垣外七公之上,小如荧惑,森然蓬孛,至丙午始消。

嘉定十五年八月甲午,彗星现右摄提,光芒三尺余,体类岁星,凡两月,历氐、房、心乃没。

绍定三年十一月丁酉,有星孛于天市垣屠肆星之下,明年二月壬午,乃消。五年闰九月,彗星现东方,十月己未始消。

嘉熙四年正月辛未,彗星现于室,至三月辛未乃消。

景定五年七月甲戌,彗星现于柳,芒角烛天,长十余丈,日高方敛,凡月余,己卯,退行现于舆鬼,辛巳,在井,丙申,现于参,戊戌,在参宿度内,八月末,光芒稍减,凡四月乃灭。

客星。建隆二年十二月己酉,出天市垣宗人星东,微有芒彗,三年正月辛未,西南行入氐宿,二月癸丑至七月没。

太平兴国八年二月甲辰,出太微垣端门东,近屏星北行。

端拱二年七月丁亥,出北河星西北,稍暗,微有芒彗,指西南。

淳化元年正月辛巳,出轸宿,逆至张,七十日,经四十度乃不现。

景德二年八月甲辰,出紫微于天棓侧,勃勃然如粉絮,稍入垣内,历御女、华盖,凡十一日没。三年三月乙巳,出东南方。

大中祥符四年正月丁丑,现南斗魁前。

天禧五年四月丙辰,出轩辕前星西北,大如桃,速行,经轩辕大星入太微垣,掩右执法,犯次将,历屏星西北,凡七十五日入浊没。

明道元年六月乙巳,出东北方,近浊,有芒彗,至丁巳,凡十三日没。

至和元年五月己丑,出天关东南,可数寸,岁余稍没。

熙宁二年六月丙辰,出箕度中,至七月丁卯,犯箕乃散。三年十一月丁未,出天囷。

元祐六年十一月辛亥,出参度中,犯掩侧星,壬子,犯九游星,十二月癸酉入奎,至七年三月辛亥,乃散。

绍兴八年五月,守娄,鲁分也。九年二月壬申,守亢,陈分也。

乾道二年三月癸酉,出太微垣内五帝座太星西,微小,色青白,

淳熙八年六月己巳,出奎宿,犯传舍星,至明年正月癸酉,凡一百八十五日始灭,

嘉泰三年六月乙卯,出东南尾宿间,色青白,大如填星,甲子,守尾。

嘉定十七年六月己丑,守犯尾宿。

嘉熙四年七月庚寅,出尾宿。

宋史卷五七
志第一〇

天文十

流陨一

建隆元年正月戊午,有星出东北方,青赤色,北行,初小后大,尾迹断续,光烛地。四月,有星出天市垣。六月癸酉,有大星赤色,出心大星。甲申,有星色赤,出太微垣,历上相。乙未有大星色赤,流虚东北。九月癸亥,有星出昴,甲子,有星如缶出卯,光明烛地。十二月戊辰,有星青赤色,出参旗西南,慢行而没,苍光烛地。三年六月丁酉,有星出天市,入南斗魁。

乾德元年二月丙午,有星如桃,色赤,出弧矢东南没,有光明。二年二月乙丑,有星黄白色,出太微五帝南,速行至外厨没,其体散落,光烛地。三年六月丁巳,有星如桃,色黄赤,出北斗魁,经太微垣北,过角宿西,渐大,行五尺余,没,尾迹凝天有光明。十二月丁巳,有星出天河,青白色,南行至天仓没,初小后大,光烛地。四年正月乙未,有星出天社,青白色,速行,尾迹三丈余,初小后大,没,有光明。四月甲寅,有星出天乳,青赤色,东南行,贯房没,光烛地。闰八月己丑,有星出天船,青白色,西北速行,没于文昌。

开宝元年七月戊子,有星出大角,青白色,北行没,明烛地。九月戊子,有星出文昌,赤黄色,东北速行而没。二年六月己卯,有星出河鼓,慢行,明烛地。三年九月庚午,广州民见众星皆北流。四年八月辛卯，有星出织女，西北行，尾迹三丈余，没，久有声。五年八月乙巳，有星出王良，西北行，四丈余，有声而散。七年九月甲午，有星出室，西北行，星体散落有声，明烛地。

太平兴国三年十月甲寅，有星出天船，赤黄色，至天桴，星体散落。明烛地。八年三月丙寅，有星昼出西南，当未地，青白色，尾迹二丈余，没于东南，有光明，七月辛巳，有星如称权，没于娄。八月壬寅，有星出紫微钩陈东，赤黄色，向北速行，近北极没。

雍熙元年十月丁酉，有星出昴，赤色，东南蛇行二丈余，没。二年正月壬戌，有星出东井，其大倍于金星，入舆鬼没。四年六月庚戌酉初，有星出西北，色青白，入浊，当戌地，有声如雷。八月乙亥，有星出天关东，色赤黄，尾贯月。

端拱元年四月辛亥，有星出天津，赤黄色，蛇行，有声，明烛地犯天津东北。闰五月辛亥丑时，有星出奎，如半月，北行而没。乙卯，有星出紫微钩陈西，色青，尾迹短，赤光照地，北行而没，九月癸丑，有星出西南，如太白，有尾迹，至中天，旁出一小星，行丈余，又出一小星，相随至五车没。二年四月辛亥戌时，有星出东南，色白，坠于氐、房间。壬申，有星出渐台，血色赤，东南急行，掩左旗，过河鼓没。

淳化元年九月辛巳，有星出羽林，色青，南行，光夺月。十一月壬午，流星出天关，南行，历东井、郎位、摄提，至大角东北坠于地，光芒四照，声如隤墙。二年正月丙申，有星出水府西，色赤黄，经参旗分为三星，相从至天苑东没，光烛地。七月癸酉，有星出云雨侧，色青白，缓行三尺余，没。三年三月己酉未时，西北方有星西北速行，色青白，有尾迹。四月己卯，有星出文昌，西南速行至柳分为二星而没。六月己丑，有星出天市垣屠肆东，色青白，西北慢行丈余，分为三星，从而没。四年五月乙未平明，有星东南出南斗，色青白，西北行而没。五年八月己酉，常星未现，有星出东方，色青白，东北漫行，至浊没，大约出奎，娄间。九月庚午，有星出昴北。缓行，过卷舌，至砺石没。

至道元年四月乙巳，常星未现，有星出心北。色青赤，急行而坠。七月癸丑,有星出危,色青白,入羽林没。二年五月辛丑,有星出紫微北,尾迹丈余如彗而有声,坠于壁、室间。五月己未,日未及地五尺间,有星出中天,色赤黄,有尾迹东行速行二丈余,没。六月己卯,有星出牵牛西,历狗国,光芒丈余,坠东南,及地无声。又有星出翼,贯天庙,坠于稷星东,光烛地。九月丁酉平明,有星出北方,东行三丈余,分为三星,从而没。三年九月丁丑,有星二,陨于西南,一出南斗,一出牵牛,有光三丈许。

咸平五年三月丙午,有星昼出心,至南斗没,赤光丈余。八月辛巳,有星出营室,色白。丙申,有星流出东方,西南行,大如斗,有声若牛吼,小星数十随之而陨。戊戌,又有星千数入舆鬼,至中台,凡一大星偕小星数十随之,其间两星,一至狼星,一至南斗没。丁未,有星昼出紫微垣,贯北斗没。壬子,有星出中天,尾迹数道如迸火,西流至狼、弧没。六年五月乙未,有星出王良西,又出北极稍东北,至垣外没,有声如雷。六月庚午,有星昼出东北方,色黄白,有尾迹。七月壬辰,有星出昴,尾迹丈余,色白,隐隐有声,至狼星没。十一月癸丑,有星出毕,至屏星北没,尾迹蛇行,屈曲三丈余,久方没。十二月乙酉,威虏军有星历城西北,尾迹长数里,光照地,落著帐,有声如雷者三。

景德元年六月戊午,有星昼出西南方,赤黄,有尾迹,速行丈余,没。十月戊申,天雄军有星出北方,陨于西北,光丈余。十二月庚辰,有星出文昌,慢行西北,分为数星,至紫微垣东北没。戊子,有星出昴,至参旗迸为数星没。二年正月丙子,日未没,有星速流西南。二月己亥,有星出太微上将,光烛地。四月癸卯,有星北流入天仓,尾迹丈余。十月戊寅,有星出太微垣内屏北,至翼分为三星,随而没,尾迹青白色。十一月壬子,有星出南昼,声如雷,光烛地。三年五月乙卯,有星出天津东北,紫微垣北,分为四星,随而没,赤黄,有尾迹。六月乙亥,有星出云雨星北,至羽林天军南,迸为三星没。丁酉,有星出胃北,入天囷迸为数星,光烛地。七月庚申,有星出灵台,有炬彗,声如雷,至南北没,赤光照地。十一月辛丑,有星出中台

东北,速流,有声,光烛地。四年三月庚申,有星昼出南方。六月丙
辰,有星出北方,慢流至八谷,进为数星没,光烛地。己未,有星出天
市,分为三星,至尾没,七月辛卯,有星出败瓜南,慢流,历河鼓,入
天市,至宗人东北,进为二星没,色赤黄,有尾迹。十二月癸巳,有星
出弧矢,赤黄色,尾迹丈余,光烛地,速流入浊。

　　大中祥符元年二月戊申,有星十余,急流入浊,色赤黄,有尾
迹。五月辛未,有星如太白,出天市垣宗人东南,尾迹丈余,阔三寸,
向北慢流,至女床西,分为数星没。六月戊申,有星出北斗魁内,赤
黄,有尾迹,稍北速行,进为数星没。八月己丑,有星昼出中天,如太
白,有尾迹,急流东南,近日,没。九月乙丑,有星出天仓,急流东南,
星体散落。二年三月己未,有星出天津南,至离珠没,尾迹五丈余,
照地明。四月丙申,有星出八谷,有尾迹,速流而西,至五车,进为数
星没。五月乙亥,有星昼出东方,如太白,尾迹赤黄,流至日北没。八
月丙申,有星出北斗杓,西南急行,至郎将西,分为数点。九月乙丑,
有星出南河,如桃,色赤,至中台没。三年三月丁未,有星出天市宗
人东北,尾迹二丈,至左旗,进为数星没,光烛地。五月丁亥,有星出
北斗魁,如桃,色青白,尾迹二丈余。六月丁巳,有星出文昌,至上台
没。乙卯,有星出传舍,如桃,色赤黄,至紫微没。壬申,有星出建星,
入南斗没,赤黄,有尾迹。七月庚辰,有星出宗人西,北流入浊,光照
地。八月丁未,有星出贯索,至帝座没,尾迹光明。壬戌,有星出文
昌,至北极没,尾迹丈余。九月庚辰,有星出轩辕左,入太微垣没。十
月庚戌,有星出东方,赤黄,无尾迹分为数星,稍南没。四年二月辛
亥,有星出东方,尾迹赤黄,二丈余。四月乙丑,有星出柳,色赤黄,
至翼没。五月戊子,有星出东方,赤黄色。六月壬戌,有星出觜东北,
流入浊。七月壬申,有星出紫微宫,速流至天皇没。戊寅,有星自内
阶流经文昌,至上台,进为数星,随而没。十月戊午,有星出东北,入
浊。又星出七星南,至天稷没,尾迹丈余。五年二月戊申,有星出贯
索,经库楼,进为数星没。八月戊午,有星大小二十余,皆有尾迹,北
流。又一星光烛地,出紫微垣外,尾丈余,阔三寸许,东北流,至传舍

没。庚申，星出天耗北，尾迹十丈余，明烛地，至文昌没。六年乙巳，有星昼出南方，赤光迸逸，照地明。十一月丁巳，有星出太微郎位东，色赤黄，有尾迹，至轸北，迸为数星没。十二月癸亥，有星出西南，色青白，入东北没。七年三月丙戌，有星出南河，大如杯，至玉井没。四月辛酉，星出钩陈，尾迹赤黄，七月丁未，有星昼出东南，色黄，急流而北。九月辛亥，有星出军市，至柳迸为三星没。十一月癸未，有星昼出日西南，尾迹二丈余，阔三寸许，青白色，西流而没。己丑，有星出南河，至弧矢没，光烛地。八年二月丁卯，有星出郎将北，迸为三星。四月癸丑，有星出亢西，至右摄提，迸为数星，随而没。五月乙酉，有星青白色，出人星，至腾蛇没，光烛地。丙申，有星西南流，迸为数星没。明照地。八月己亥，有星出参，南流入浊。九年四月庚子，有星昼出，赤黄色，急流西北没。

天禧元年四月己巳，有星出轸，至器府北没，光照地，六月，有星出河鼓，速流至天田，迸为数星没。十二月癸巳，有星出东北，尾迹赤黄，急流西南没。二年八月乙卯，有星二，有尾迹，赤黄，一出五车，一出狼北，入浊。戊午，有星出酒旗，至明堂没，光烛地。九月戊子，有星出西南，至天园没。十一月辛酉，有星出南河，色赤黄，至柳没。三年六月乙巳，有星出昴，急流至天仓没。十二月壬寅，有星出轩辕，尾迹黄，慢流至太微垣，久之，有声如雷。四年正月丁丑，有星出王良，明照地，至腾蛇没。五年四月丙辰，有星出轩辕前星，大如桃，状若粉絮，犯次将，入太微垣，历屏星，凡七十五日，入浊没。己未，有星出南方，如二升器，色青赤，北流入浊，尾迹三丈许。七月辛巳，有星出文昌，光明烛地。十月乙巳，有星出天津西。

乾兴元年三月庚寅，夜漏未上，星出七星，曳尾缓行，至翼没。五月己巳，星出天桴，速行入紫微极星西没。癸酉，星出张，西北入浊。壬午，星出危，赤黄，有尾迹，速行而东，炸烈如迸火，随至羽林军南没，明烛地。己丑，星出北河，至轩辕没。九月己巳，星出羽林，流至刍稿没。己丑，星出天市垣旁，缓行经天，过天市垣，至营室没。壬辰，星出营室，行至天仓没。十月丁酉，星出右旗，如太白，西南速行,至天弁没,明烛地。十一月壬辰,常星未现,有星出五车,南行至奎没。

天圣元年正月丙戌,星出北斗魁西,至八谷没。三月戊辰,星出贯索,至五车没。六月戊戌,星出天弁,至建星没。己丑,星出北斗星,东北入浊没。庚寅,星出五车,至五诸侯没,闰九月癸巳,星出五车,至参没。丙申,星出东壁,至天仓没,甲辰,常星未现。星出营室,至外屏没。己酉,星出翼,南行入浊。二年辛丑,星出五车,至毕没。六月丁卯,昼漏上,星出中天,赤黄色,有尾迹,西南缓行入浊。辛巳,星出牵牛,南入浊。九月辛卯,星出太微,没于右执法。四年正月壬午,星出亢,东南流入浊。丁巳,星出灵台,至翼没。丙午,星出北斗魁,近文昌没。其夜,又有星出箕,南行入浊。四月丙寅,星出太微从官侧南行入浊。五月辛巳,星出天市垣市楼侧,东北流入浊。闰五月丙辰,星出天船,没于紫微钩陈侧。六月乙亥,星出土司空,东南入浊。八月乙亥,星出天桴,近天仓没,九月丁未,星出王良,西北入浊。十一月丙辰,星出东井,没于南河侧。十二月丁丑,星出钩陈,没于天桴侧。戊戌,星出太微,至文昌没。五年正月壬寅,星出天社,西南入浊。九月癸卯,星出天厨,北流入浊。丁未,星出北辰,没于天床侧。甲子,有星出北河,没于东井。六年四月甲申,夜漏欲尽,有星大如斗器,自北方至于西南,光照地,有声如雷,曳尾迹长数丈,久之,散为苍白云。七年二月乙丑,星出天乳,贯天市,入浊。八年二月丁酉,星出轩辕大星侧,如杯,速行至器府没。

明道元年三月癸巳,星出中台,贯北河,入东井没。炸烈有声,明烛地。食顷,又有星出天市垣宗人侧,东流入浊。四月乙巳,星出贯索,大如杯,没于钩陈侧,光照地。八月癸亥,星出天船,近钩陈没,明烛地。乙丑,星出胃,大如杯,有尾迹,西北缓行,迸为六七小星,相随没于大陵,明烛地。丙寅,星出营室西南速行,至危没。良久,又有星出天园,至天社没,光烛地。九月丙子,星出娄,没于云雨侧,尾迹久方散。食顷,又有星出天大将军,近奎没,尾迹久方散,明烛地。续又星出北辰,西北速行,至内阶没。又有星出天园,没于天园,明烛地。

景祐元年八月己卯,星出东井,行至厕星没,尾迹久方散,明烛地。乙酉,星出北斗魁,西北速行,入紫东南垣没。又有星出文昌,西北速行,至紫微钩陈没,尾迹久方散,明烛地。九月丁亥,星出天津,如太白,青色,有尾迹,没于危。良久,星出五车,没天廪。己丑,星出东井,如太白,赤黄色,有尾迹,向东速行,至柳没,光照地。其夜,星出娄,至奎没,明烛地。十一月乙卯,星出轩辕大星侧,如太白,赤黄,向东速行,入浊,明照地。二年八月庚申,星出大陵,如太白,赤黄色,东南缓行,没于昴,尾迹久方散,明烛地。九月丙午,常星未现,星出婺女,缓行,近南斗没。十一月辛丑,星出五车,至觜觿没,明烛地。四年闰四月癸未,夜漏未上,星出天津,大如杯,东北行入浊。己亥,星出上台,至轩辕没。五月辛亥,星出华盖,至北辰没。六月壬申,星出天津,入天市垣,至宗人没。是夜,星出王良,如太白,青白色,有尾迹,东南速行,至娄没,明烛地。己卯,星出梗河,没于亢。七月戊申,有星数百皆西南流,其最大者一星至东壁没,光烛地,久之不散。九月庚子,星出南河,东南速行,近狼星没,青白色,有尾迹如太白,明烛地。己酉,星出牵牛,如太白,青白色,西南入浊。丁卯,星出紫宫,没天棓。有尾迹,明烛地。

宝元元年正月戊戌,星出左摄提,如太白,赤黄色,至天市垣没,明烛地。二月甲午,星出河鼓,至七公没。三月辛丑,星出东井,没参侧。庚戌,星出大角,至氐没。辛亥,星出北斗魁,如太白,青白色,有尾迹,东北速行入浊,光照地。四月壬申,有星出中台,如太白,青白色,有尾迹,向北行入浊,明烛地。又星出天江。如太白,有尾迹,西南速行,至房没。八月壬申,星出东井,如太白,东北速行,没舆鬼,明烛地。十月壬午,星出天津,至营室没。己丑,星出东井,如太白,赤黄,有尾迹,至狼侧没,明烛地。十一月癸丑,星出中台,至轩辕没。二年正月庚申,星出翼,如太白,行至角没。三月癸丑,星出右旗,赤黄,有尾迹,向南速行,没于建星,明烛地。五月庚戌,星出房,至积卒没,闰十二月甲寅,星出文昌,如太白,有尾迹,西北速行,至五车没,明烛地。

康定元年三月戊寅,有星出文昌,如太白,青白色,北行入浊。四月丁未,有星出紫宫东垣上卫侧,至北辰没。癸丑,星出北斗,北行入浊。六月庚戌,星出天弁,西北入浊,明烛地。九月戊寅,星出天船,东行,入五车没。十月壬辰,星出天津,速行至紫微宫西垣没。壬戌,中天有星大如碗,赤黄,有尾迹,西南速行,没于浊,光照地,良久有声如雷。十一月乙亥,星出文昌,北行,明烛地,入浊。

庆历元年八月癸未,星出天船,如太白,东北速行入浊,青白色,明烛地。己亥,星出奚仲,大如杯,色青白,西南缓行,没于天津侧,明烛地。辛丑,有星经天廪,东南缓行入浊。乙巳,夜漏未上,星出营室,如太白,东行入浊,青白色。九月己酉,星出奎,如太白,有尾迹,西行,没于东壁,明烛地。丙辰,星出毕。如太白,有尾迹,西北速行,至王良没。丁卯,星出北辰,如太白,北行入浊,明烛地。戊辰,星出壁垒阵,如太白,赤黄,有尾迹,西南入浊,明烛地。二年二月庚子,星出房,如太白,赤黄,有尾迹,西南速行,入浊没,明烛地。三月戊寅,星出钩陈侧,如太白,赤黄,有尾迹,西行缓行,至天棓没,明烛地。四月丁丑,星出贯索,大如盏,青白色,有尾迹,东北慢行,至阁道没,明烛地。丙申,星出贯索,如太白,赤黄色,西北速行,没于中台侧,明烛地。七月壬寅,星出河鼓,大如杯,青白色,西速行,至牵牛没,明烛地。己酉,星出婺女,如太白,青白色,有尾迹,东南慢行入浊,明烛地。乙丑,星出天津,如太白,赤黄,向西速行,至贯索没,尾迹久方散,明烛地。八月壬寅,星出北斗杓,如太白,青白色,西北行,没于浊,乙亥,夜漏未上,星出箕,南行入浊,又有星出天仓,如太白,东南入浊没。壬午,星出危,东南行,至浊没。九月辛亥,星出天船,如太白,东行入浊,青白色,有尾迹,庚申,星出娄,至东壁没。乙丑,星出娄,至天仓没。丁卯,星出五车,东北流,没于文昌侧。闰九月辛未,星出羽林军。如太白,赤黄色,西南行入浊。乙亥,星出娄,西行入浊。十二月庚申,有星出弧矢,南行入浊。赤黄,有尾迹,烛地。三年二月壬寅,星出上台,至轩辕没,有尾迹,明烛地。四月戊申，夜漏未上，中天星出大角，如太白，西行至轩辕没。辛亥，星出女床，至天市垣没。丙辰，星出牵牛，如太白，西南缓行，至天渊没。七月己卯，星出北斗魁，西北行入浊。甲申，星出贯索，如太白，速行至北斗柄没。甲寅，星出阁道，如太白，东北速行入浊，有尾迹，明烛地。十月戊申，星出柳，如太白，西南速行，至弧矢没，尾迹久方散。五年五月辛巳，星出紫宫钩陈侧，北行入浊。六月辛酉，星出奎，如太白，西行，至天仓没，有尾迹，明烛地。壬戌，星出营室，如太白，赤黄色，东南速行，过危，至虚没，有尾迹，明烛地。七月甲午，星出建星，如太白，向南速行，至浊没。乙巳，星出牵牛，如太白，南行，至浊没。八月甲寅，星出八谷，东北入浊。少顷，又星出天将军，如太白，西北速行，至王良没，有尾迹，其色赤黄，己卯，星出文昌，大如盏，直北速行入浊，有尾迹，明烛地。壬午，星了北河，至柳没。十月甲寅，星出毕，东南速行，至天苑没，赤黄，有尾迹，丙辰，星出张，东南速行，至浊没。丙寅，星出天津，大如杯，东南速行，至危没。赤黄，有尾迹，明烛地。六年三月乙未，星出大角，如太白，西南速行，至浊没。庚戌，星出文昌，如太白，向北速行入浊，青白色，有尾迹，明烛地。六月丁巳，星出营室，大如杯，光烛地，有声，北行，至王良没。七月癸巳，星出昴，至参没。九月辛巳，星出王良，如太白，东北速行入浊。乙巳，星出南河。如太白，东北速行，没于舆鬼侧。七年四月己酉，星出营室，东北速行入浊。戊辰，星出郎位，如太白，至梗河没，有尾迹，明烛地。六月己巳，星出天田，赤黄色，有尾迹，西南缓行，至折威没。戊辰，星出尾，西南速行入浊。九月乙亥，星出河鼓，入天市垣，至宗人没。戊寅，星出天苑，如太白，南行，至天园没，有尾迹，明烛地。庚辰，星出东井，没于狼。丙戌，星出北落师门，西南缓行，至浊没。十二月癸亥，星出五车，赤黄色，西北速行，至天船没。八年正月乙酉，星出天厕侧，西南速行入浊，有尾迹，明烛地，丁西，星出柳，直南速行入浊。二月乙酉，星出文昌，青白色，东北速行，至浊没。四月己巳，星出奎，如太白，东北速行，至娄没。五月壬寅，星出氐，如太白，向西南速行，入浊没。戊午，星出房，色赤黄,东南入浊。六月戊寅,星出北落师门,西南速行,没于浊。己卯,星出北斗,至郎位没,有尾迹,明烛地。癸巳,星出天津,至紫宫西垣没。七月庚申,星出七公,如太白,西北速行,入浊没,八月乙亥,星出天市,西南速行入浊,有尾迹,色赤黄。是夜,星出东壁,赤黄色,东北速行,至浊没。九月壬寅,星出天仓,如太白,东北速行,至胃没。甲子,星出天苑,西南速行,入浊没。十月乙酉,星出匏瓜,如太白,向东速行,至天津没。十二月乙丑,星出南河,如太白,东南行,至弧矢没。己丑,星出天市垣,东南行,至浊没。

皇祐元年三月庚子,星出轸,西南速行,没于翼。四月辛巳,星出织女,向南速行,入天市垣,至宗人没,明烛地。甲申,星出心,如太白,东南速行入浊。六月丙寅,星出紫宫钩陈侧,如太白,北行入浊。己巳,星出匏瓜,赤黄,有尾迹,向南速行,至建星没。丁丑,星出造父,如太白,向西南速行,至天棓没,有尾迹,明烛地。九月壬子,星出阁道,东南速行,至娄没。有尾迹,明烛地。十一月癸巳,星出文昌,向东速行,至五车没,有尾迹,明烛地。十二月乙丑,星出亢,赤黄色,向东北缓行,至天市垣西没。丁酉,星出文昌,向北速行,没于北辰侧。二年四月癸未,星出氐,赤黄色,东南速行,至心没,有尾迹,明烛地。五月乙巳,星出贯索,向东速行,至女床没,七月己丑,星出奎,赤黄色,西南缓行,没于营室侧。九月辛卯,星出织女,如太白,向西速行,入浊没。十二月丁未,星出库楼,如太白,赤黄色,至翼没。三年七月丙辰,星出南斗,赤黄色,尾迹凝天,向南缓行,至浊没。八月庚辰,星出奎,如太白,西北速行,没于浊。九月癸丑,星出上台,东北入浊。十月乙巳,星出天枪,如太白,西北速行入浊。四年三月庚申,星出郎将,东行,至贯索没,壬申,星出文昌,没于五车侧。四月辛巳,星出天市垣楼侧,至南斗没。癸卯,星出东壁,没于天船侧。六月庚子,星出危,如太白,东南速行入浊。壬寅,星出天船,如太白,东北入浊。八月丁酉,星出天仓,如太白,西南速行,至浊没。戊戌,星出参旗,如太白,西南速行,至天苑没。九月丙午,星出娄,西南速行入浊。戊申,星出紫宫北辰侧,赤黄色,西南速行,至贯索没,尾迹凝天,明烛地。己酉,星出营室,如太白,东南速行入浊。是夜,星出参,如太白,东南速行入浊,尾迹赤黄,甲子,有星出南河,如太白,东北入浊。十月丁丑,星出天桴,西北速行入浊,有尾迹,明烛地。丙申,星出天仓,如太白,西南速行入浊。十一月丙申,星出北河,没于北斗璇星侧。五年正月壬寅,夜漏未上,星出东井,如太白,东北速行,至浊没,有尾迹,明烛地。五月庚戌,星出北斗魁侧,西北速行入浊,尾迹赤黄,庚申,星出大角,如太白,西北行,至中台没,青白色,有尾迹。六月癸酉,星出紫宫北辰侧,赤黄色,北行,至浊没。七月癸卯,星出王良,至天津没。甲辰,星出奎,如太白,速行没于危。是夜,星出紫宫北辰侧,色赤黄,西南速行,至天市垣东没,有尾迹,明烛地。乙巳,星出王良,速行至营室没。戊午,星出贯索,西南速行,入天市垣至宦者没。八月丙戌,星出紫宫北辰侧,至王良没。是夜,又星出危,没婺女侧。癸亥,星出大陵,至营室没,有尾迹,明烛地。九月乙亥,星出参,如太白,西北速行,至昴没,有尾迹,明烛地。

至和元年七月壬戌,星出王良,色赤黄,向北速行,至于船没,有尾迹,明烛地。八月壬寅,星出上台,东北行入浊。二年七月甲申,星出牵牛,如太白,赤黄色,南行入浊,有尾迹,明烛地。九月己卯,星出弧矢,如太白,西南速行,至丈人没,尾迹青白,又星出轩辕,向北速行,至中台没。庚辰,星出天廪,东南缓行,至天苑没。十一月戊辰,星出南河,向南行,至弧矢没。辛酉,星出弧矢,色赤黄,南行入浊。十二月甲申,星出太微东垣,如太白,赤黄色,东南速行,至轸没。辛卯,星出昴,如太白,赤黄色,直北速行入浊。

嘉祐元年三月辛酉,星出库楼,没于尾。乙亥,星出紫微北辰东,如太白,色赤黄,西南速行,至右摄提没。壬午,星出张,至东瓯没。九月壬午,星出东井,如太白,赤黄色,向北速行,至文昌没。二年正月丁酉,星出文昌,如太白,速行入紫宫北辰没。辛丑,星出华盖,缓行至北辰没。甲辰,星出觜觿,缓行至毕没。二月甲子,星出紫宫东垣,大如杯,东北行入浊。七月乙亥,星出北斗魁西,如太白,西南速行入浊。丁丑，星出王良，如太白，赤黄色，西南缓行，至亢没。有尾迹，明烛地。九月丙子，星出王良，如太白，赤黄色，向西速行，至腾蛇没，有尾迹，明烛地。丁亥，星出南河子星侧。戊戌，昼漏上，中天有星出狼，大如杯，东南速行，至浊没，尾迹青白。三年正月乙未，星出参，赤黄色，向西速行，至天廪没。五月甲午，星出河鼓，如太白，赤黄色，东北缓行，至虚没。七月辛未，星出天船，东北行，至浊没。乙酉，星出北河，如太白，赤黄色，东南缓行，散为数道，至狼没，尾迹凝天。丁酉，有星出危，西南速行入浊。其夜，又有星出天苑，缓行入浊。八月丙午，星出天纲，东南速行入浊，尾迹赤黄。戊申星出危，西南速行入浊，有尾迹，明烛地。己未，星出牵牛西，速行入牵牛北没。癸亥，星出王良，向南速行，至天津没。夜漏尽，有星出柳，如太白，赤黄色，西北行，至北斗没。乙丑，星出文昌，向西速行，至北极没。九月庚午，星出娄，向南速行，至土司没。甲申，出天将军，如太白，青白色，向西速行，至浊没。庚寅，星出五车，如太白，赤黄色，东北速行，至北河没，有尾迹，明烛地。辛卯，星出王良，北行至钩陈没。四年二月己亥，星出翼，入浊。夜漏昼，又有星出营室，没于钩陈。癸卯，星出天枪，至郎将没。乙卯，星出角，西行，至翼没。五月辛丑，星出右摄提，西行入浊。己酉，星出大角，至轸没。癸丑，星出营室，大如杯，赤黄色，西南速行，至羽林军没，炸烈有声。六月癸亥，星出天仓，至天苑没，有尾迹，明烛地。甲子，星出天津，至北辰没。辛未，星出胃，没于钩陈，又星出天船，至王良没。乙亥，星出坟墓，至北落师门没。又有星出天船，东南速行，至昴没。癸未，星出氐宿，西南行入浊。己丑，星出毕，速行至五车没。八月乙亥，夜漏尽，星出舆鬼，速行至五车没。又有星出舆鬼，速行至太微北落。癸未，星出军市，速行至弧矢没。己丑，星出天囷，至天仓没。九月己亥，星出紫宫钩陈侧，大如碗，东北速行，曳尾长五尺，初直后曲，流至北辰东没，后尾迹凝结如盘，食顷散。又有星出太微西，东北速行入浊。辛丑，星出天津，速行至织女没。癸丑，星四，皆如太白，赤黄色，有尾迹，明烛地：一出天棓，西南速行，至天市垣候星没；一出危,西南速行,至女没;一出毕,南行没于苑侧;一出五车北,速行至钩陈没。十月乙丑,昼漏上,星出天大将军,西南行,至浊没,色青白,尾迹凝天,良久散。其夜,星出参,至弧矢没。丁卯,星出婺女,东南至浊没。戊辰,星出东井,东行,至柳没。戊寅,星出狼,南行,至浊没。丁亥,星出天仓。乙未,星出上台南,速行至北河没。十二月甲子,星出贯索,至女床没。五年正月辛卯,星出毕,大如碗,赤黄色,速行至天仓没,明烛地,尾迹炸烈而散,有声如雷。四月辛未,星出氐,缓行,东南入浊没。癸酉,星出婺女至羽林军没。庚辰,夜漏尽,星出大角,西南行,至浊没。尾青白,癸未,星出女床,东行,至河鼓没,乙酉,星出骑官,西南行,至浊没,甲午,星出天市东,如太白,向东速行,至河鼓没,尾迹赤黄。丙申,星出贯索,东北行,至北斗柄没。辛亥,星出天棓,西南行,入天市至宦者没。六月己未,星出娄,东北行,至浊没。壬戌,星出天仓,东南行,至浊没。辛巳,星出天津,西南行,至天市垣宦者没。又有星出王良,至土司空没。癸酉,星出南斗,大如杯,行入浊。八月庚申,星出东壁,东行入浊。丙寅,夜漏未上,星出虚,大如杯,东南行入浊。甲午,星出五车,至文昌没。乙卯,星出天苑,南行入浊。十月乙亥,星出轩辕星北斗魁旁,没。尾迹赤黄。十一月壬辰,星出五车,至毕没。十二月壬申,有星出北河,至舆鬼没。戊寅,星出弧矢,至南河没。己卯,夜漏未上,星出轸,至氐侧没。六年六月丁巳,星出天市垣宦者侧,没于氐。己巳,星出天市垣东肆侧,西南行,至尾没。七月乙酉,星出腾蛇,至危没其夜,又有星出娄,大如杯,赤黄色,速行入羽军林没。丙戌,星出天津,至危没。尾迹赤黄,庚寅星出文昌,北行,至浊没。八月丁巳,星出娄,东北速行,至昴没。戊辰,星出钩陈,北行入浊。己卯,星出天市垣北,东行,入浊没。丁卯,星出狼,大如杯,至天社没,明烛地,尾迹凝天,良久散。九月甲寅,星出营室,西南行入浊。癸亥,星出柳,东行,至翼没。十一月癸丑,星出东北维,去地五丈许,大如碗,向东北缓行入浊,尾迹青白。壬申,星出参旗,至浊没。丙子,星出狼,大如杯而赤黄,缓行至弧矢没,有尾迹,明烛地。十二月辛丑,星出贯索,如太白,东北速行,入天市,至候星没,尾迹青白,七年正月乙亥,星出下台,至上台没。二月己卯,星出北河,大如杯,色赤黄,速行,没于阁道侧,有尾迹,明烛地。壬辰,星出东井,如太白,至毕没。四月庚子,星出太微郎位,如太白,西南缓行,至张没,尾迹赤黄。六月丁丑,星出北落师门,南行入浊。七月丁未,星出牵牛,至南斗没。又有星出羽林军,至北落师门没。己酉,星出壁垒阵,如太白,向西速行,至败臼没,尾迹赤黄。辛酉,星出天纪,西北速行入浊。八月己卯,星出文昌,至下台没。乙未,星出天苑,南行入浊,尾迹赤黄。己亥,星出天津,西南入浊。九月丙辰,星出土司空,东南入浊。丁卯,星出东壁,大如杯,西行,至虚没,有尾迹,赤黄,明烛地。十月丙子,星出昴,如太白,西北速行,至天大将军没。尾迹赤黄。丁丑,星出大陵,如太白,南行,至天仓没。庚寅,星出南河,至天社没,明烛地。丁酉,星出天庙,南入浊。己亥,星出参,如太白,西南行,至天园没,尾迹青白。八年正月辛酉,星出轸,赤黄色,东南速行,入库楼没。三月癸卯,星出瓟瓜,东南至危没,赤黄色,有尾迹,明烛地。癸亥,星出文昌,北行入浊,有尾迹,明烛地。又有星出传舍,速行至北辰没。五月癸卯,星出天市垣宗人侧,东南速行,至龟星没。己亥,星出招摇,赤黄色,行南向,入氐没。七月乙丑,星数百,纵横西流。八月庚寅,星出阁道,东南速行,入浊没。甲子,星出上台,大如杯,赤黄色,向东速行,至下台没。

　　治平元年二月丁卯,星出紫宫钩陈侧,西北入浊没,明烛地,尾迹炸烈有声。六月辛酉,夜漏未上,星出河鼓,东南速行,至危没。七月癸未,星出危,西南速行,入天市垣没。八月辛亥,星出北辰,大如杯,速行至钩陈没,尾迹青黄,丁巳,星出奎,大如碗,速行至五车没。壬戌,夜漏尽,星出奎,西南行,至浊没。九月癸酉,星出北斗魁,大如盏,东北速行,至浊没,尾迹赤黄。十二月癸丑,星出军市,东南速行,至浊没。二年二月丁酉,星出太庙,色青白,西南入浊。乙卯,星出中台,色赤黄,西北慢行,至内阶没。五月壬戌,星出北斗魁,如杯,色青白,北行,至浊没。六月己丑昼,有星出中天,大如碗,西速

行,至浊没,尾迹赤黄。八月己未,星出河鼓,大如盏,色赤黄,速行
至天市垣内宗星没。丁巳,星出危,至浊没。九月癸酉,星出北斗魁,
东北速行,至浊没。三年四月癸巳,星出房,至浊没。明烛地,尾迹
炸而散。七月庚申,昼漏未上,星出紫宫,西行,曳尾长二丈,没,尾
迹青白。九月丁丑,有星出参,至天仓没。十一月己卯,星出王良,
西北速行,至浊没,尾迹青黄。

宋史卷五八
志第一一

天文十一

流陨二

　　熙宁元年正月辛卯，星出张西南，如太白，速行入浊没，赤黄。乙未，星出左摄提西，如太白，东南急行，至库楼北没，赤黄，有尾迹。二月戊午，星出常陈南，如太白，西慢行至轩辕东没，赤黄，有尾迹。辛酉，星出北斗魁东，如太白，南急行，至轩辕大星南没，赤黄，有尾迹。壬戌，星出角东，如太白，西急行，至翼没，赤黄，有尾迹。戊辰，星出大角南，如太白，东南急行，至氐没。赤黄，有尾迹。己巳，星出天市垣内宦者，如太白，西南急流，至氐没，青白，有尾迹。四月壬寅，星出轩辕南，如太白，东南慢行，至轸没，赤黄，有尾迹。己酉，星出天市垣内宦者西，如太白，西南慢流，至织女没，青白，有尾迹。壬戌，星出天棓东，如太白，东北慢行，至天津没，赤黄，有尾迹。五月乙亥，星出天棓，如太白，东北急行，至天津没，青白，有尾迹。照地明。六月癸卯，星出天枪南，如太白，西南速行，至角没，赤黄，有尾迹。又星出平星南，如太白，西南急行，入浊没，青白，有尾迹。乙巳，星出轸东，如太白，缓行入浊没，青白，有尾迹，照地明，丁未，星出牵牛西，如太白，东南速行，入浊没，赤黄。戊申，星出骑官北，如太白，南缓行，入浊没，青白。又星出垒壁阵，如太白，东南速行，至浊没。戊午，星出阁道北，如岁星，东北缓行，入浊没，青白。庚申，星透云出天桴西,如太白,北急行,至天市垣西墙没,赤黄,有尾迹。壬戌,星出王良南,如岁星,东北急行,至天大将军没,赤黄,有尾迹。有星出紫微垣内,至钩陈没,赤黄,有尾迹。又星出紫微垣内北极南,如太白,西北速行,至西咸北没,赤黄,有尾迹。甲子,星出尾北,如杯口,西缓行,至平星没,赤黄,有尾迹。丙寅,星出氐北,如岁星,西南急流,入浊没,赤黄,有尾迹。七月乙亥,星出虚南,如岁星西急行,至天市垣西墙没,赤黄色,有尾迹。丙子,星出东壁东,如太白,东南急行,入浊没,赤黄,有尾迹。丙戌,星出天大将军北,如岁星,东北慢行,入浊没,青白。乙未,星出九坎北,如太白,西北缓行,至牵牛分进而没,赤黄。又星出右旗,如太白,西缓行,入浊没。青白,有尾迹,照地明。己亥,星出天廪北,如太白,南急行,至天苑没,赤黄,有尾迹,照地明。八月癸卯,星出天桴东,如太白,北速行,入浊没,赤黄,有尾迹,照地明。甲辰,星透云出虚北,如岁星,北缓行,至奎没,赤黄。乙巳,星出女床东,如杯口,西北急流,至天市垣墙河中北没,赤黄,有尾迹,照地明。又星出参北,如太白,东速行,入浊没,赤黄,有尾迹,照地明。又星出王良南,如太白,西南急行,至天津没,赤黄,有尾迹,照地明。丙午,星出左摄提南,如太白,西北慢行,至浊没,赤黄,有尾迹。丁未,星出牵牛,如杯口,东南缓行,入浊没,青白,有尾迹。癸亥,星出垒壁阵,如太白,西南缓行,至狗国没,赤黄,有尾迹,照在明。乙丑,星出垒壁阵北,如太白,西南速行,至十二国没,赤黄,有尾迹。九月甲戌,星出上台南,如太白,东北急行,至内平星没,赤黄,有尾迹,照地明,庚辰,星出北斗魁中,如岁星,西北缓行,入浊没,青白。又星出弧矢西,如太白,西南急行,至天社没,青白,有尾迹,照地明。辛巳,星出紫微垣内北极星北,如太白,北急行,入浊没,赤黄,有尾迹,照地明。癸未,星出紫微垣内南,如太白,北急行,至北斗没,赤黄,有尾迹。戊子,星出毕南,如太白,东南慢行,入浊没,青白,有尾迹,照地明。癸巳,星出织女西,如太白,西南慢流,入天市垣内没,赤黄,有尾迹,照地明。甲午,星出中台北,如太白,东南急流,至下台没,青白,照地明。丙申,星出天津

北，如岁星，西北急流，至女床没，赤黄，丁酉，星出轩辕，如太白，西
北慢流，至紫微垣内北极没，赤黄，有尾迹，照地明。十月庚子，星出
羽林军，如太白，东急行，入浊没，赤黄，有尾迹，照地明。又星出垒
壁阵西，如杯口，西南速行，入浊没，青白，照地明。壬寅，星出钩陈
西，如太白，北急行，至北斗没，赤黄，有尾迹。又星出东井北，如岁
星，东北急行，至柳没，赤黄，有尾迹，又星出扶筐，如太白，西北急
行，至浊没，赤黄，有尾迹，照地明。甲辰，星出壁垒阵东，如太白，南
急行，入浊没，赤黄，有尾迹，照地明。又星出天津西，如太白，西北
缓行，入浊没，青白，照地明。又星出昴南，如太白，西南缓行，至天
囷没，赤黄，有尾迹，明烛地。又星出郎位东，如太白，东北速行，至
右摄提没，赤黄，明烛地。庚戌，星出娄南，如岁星，西南速行，至昴
没，青白，有尾迹。乙卯，星出天市垣南墙西，如太白，西急行，入浊
没，青白，壬戌，星出轩辕西，如太白，东南急行，至张没，赤黄，有尾
迹。癸亥，星出娄北，如太白，西急流，至浊没，赤黄，有尾迹。十一
月庚午，星出钩陈东，如太白，东北急流，至北斗魁没，青白，有尾
迹，照地明。癸未，星出营室东，如太白，西南急行，至羽林军没，赤
黄，有尾迹。十二月己亥，星出王良北，如太白，东慢行，至五车没，
赤黄，有尾迹，照地明。庚子，星出天仓东，如太白，东南急行，至浊
没，青白，有尾迹。辛酉，星出太微垣东墙，如太白，速行至柳没，黄
白，有尾迹。

　　二年正月庚寅，星透云出紫微垣内钩陈西，如太白，西慢行，入
浊没，青白，二月甲辰，星出平星南，如太白，南急行，入浊没，赤黄，
有尾迹。三月壬辰，星出天市垣西墙东，如太白，北急行，至天纪没，
赤黄，有尾迹。癸巳，星出贯索南，如太白，东南慢行，至浊没，四月
庚戌，星出轩辕东，如杯口，北慢行，至北斗没，赤黄，有尾迹。辛酉，
星出阁道西，如太白，东南速行，至东壁没，青白，有尾迹。五月己
丑，星出太微垣内五帝座，如杯口，东行至角宿没，青白，有尾迹，照
地明。六月己亥，星出心西，如岁星，西南急行，至库楼没，赤黄，有
尾迹。乙巳，星出氐南，如太白，南缓行，入浊没，赤黄，有尾迹。壬

子,星出天津,如太白,西北速行,至天枪没,青白,有尾迹。辛酉,昼
有流星;夕有星透云出织女,西南急行,入浊没,赤黄,有尾迹。癸
亥,星出太微垣东墙,如太白,西急行,入浊没,青白,有尾迹。甲子,
星出尾北,如太白,南急行,入浊没,青白。七月丁卯,星出危南,如
太白,西南急行,至垒壁阵没,赤黄,有尾迹。辛未,星出梗河东,如
太白,西北速行,至天枪没,赤黄,有尾迹。丁亥,星出天船西,如太
白,东北速行,入浊没,赤黄,有尾迹。甲午,星出天津西,如太白,西
南缓行,至心没,赤黄,有尾迹。八月丁酉,星透云出钩陈西,如太
白,西南急流,至天桴没,赤黄,有尾迹。癸亥,星出北斗魁北,如太
白,北急流,入浊没,青白,有尾迹。九月甲子,星出娄北,如岁星,西
北急行,至王良没,青白,有尾迹。甲戌,星出右旗,如太白,西南急
行,至天市垣西墙没,赤白,有尾迹。丁丑,星出五车东,如岁星,东
北速行,至北河没,青白,有尾迹。十月乙未,星出天苑南,如太白,
速行入浊没,赤黄,有尾迹。甲辰,星出毕东,如太白,南急行,至浊
没,赤黄,有尾迹。癸丑,星出胃东,如太白,西南急流,至天苑没,青
白,有尾迹。甲寅,星出卷舌西,如岁星,西南急行,至娄没,青白,有
尾迹。十一月丙寅,星出织女北,如太白,西南急行,至河鼓没,青
白,有尾迹,照地明。壬申,星出羽林军内,如岁星,西南急行,至浊
没,青白。己卯,星透云出大陵北,如太白,西南急行,至东壁没,青
白,有尾迹。闰十一月辛酉,星出天仓,如岁星,西南缓行,至浊没,
青白。

　　三年正月丙申,星出右摄提,如太白,东北速行,入浊没,赤黄,
有尾迹。己未,星出毕,如杯,西南缓行,至浊没,青白,有尾迹。二
月丁卯,星出七星南,如太白,西南急行,至浊没,青白。己丑,星出
太微西扇上将南,如盂,西急行,入浊没,赤黄,有尾迹,明烛地。又
星出文昌中,如杯,西北急行,入浊没,赤黄,有尾迹,明烛地。又星
出北斗魁南,如盂,西北急行,入浊没,赤黄,有尾迹,明烛地。庚寅,
星出紫微垣西墙东,如杯,北慢流,至浊没,赤黄,有尾迹,明烛地。
三月戊戌,星出七公,如杯,速行入紫微垣中钩陈没,青白,有尾迹,

明烛地。壬寅，星出天市垣西墙东，如杯，东南急流，至骑官没，青白，有尾迹。己未，星出轸北，如太白，西北慢行，至明堂没，赤黄，有尾迹。四月壬戌，星出紫微垣内帝星南，如太白，北急行，至钩陈没，赤黄，有尾迹。癸未，星出文昌南，如杯，西北慢行，至浊没，青白，有尾迹，照地明。甲申，星出轩辕东，如太白，东南慢行，至太微垣左执法，赤黄。六月己巳，星出牵牛东，如太白，东急流，至浊没，赤黄，有尾迹。壬申，星出紫垣西墙北，如太白，东北慢流，至浊没，赤黄。庚辰，星出羽林军东，如杯，东南急流，入浊没，青白，有尾迹。七月庚子，星透云出紫垣西墙，如太白，南慢行，至天市垣西墙没，青白，有尾迹。八月丙戌，星出紫微垣西墙，如杯，北急行，至浊没，赤黄，有尾迹。九月己亥，星出紫微垣西墙，如太白，西北慢流，至浊没，青白，有尾迹。丁未，星透云出天船，如太白，西慢流，至内阶没，赤黄，有尾迹。庚戌，星出紫微垣东墙，如太白，东北急流，至钩陈没，青白，有尾迹。十月己未，星出奎西，如太白，南慢行，至天仓南没。青白，有尾迹。戊辰，星出天囷西，如太白，西南速行，至土司空没，赤黄，有尾迹。十一月戊戌，星出五车，如太白，西南缓行，入浊没，赤黄，有尾迹。十二月甲子，星出外屏，如太白，西南速行，入浊没，赤黄，有尾迹。

　　四年正月丙午，星出五车西，如杯，南速行，入浊没，赤黄，照地明。二月甲子，星出昴西，如杯，西缓行，入浊没，青白。三月癸巳，星出天市垣内斗星西，如太白，西北速行，至贯索西没，赤黄，有尾迹。五月己亥，星出左摄提，如太白，东北急行，至浊没，赤黄，有尾迹。六月丁丑，星出营室西，如太白，西南急流，至垒壁阵没，赤黄，有尾迹。辛巳，星出造父西，如太白，东南慢流，至天棓没，青白，有尾迹。七月戊申，星出天津东，如太白，西慢流，至天棓没，赤黄，有尾迹。八月己未，星出诸侯西，如太白，东南慢流，入浊没，青白，有尾迹，照地明。辛酉，星出天市垣西墙西，如太白，西急行，入浊没，赤黄，有尾迹。癸亥，星出北河西，如太白，西北急行，至上台没，赤黄。乙丑，星出南斗北，如太白，西南缓行，入浊没，赤黄。九月甲午，星出紫微垣西墙东，如太白，东北速行，入浊没，赤黄，有尾迹。乙巳，星出天廪，如太白，南缓行，至天苑没，青白，有尾迹，照地明。丙午，星出北落师门南，如太白，南缓行，至天苑没，青白，有尾迹，照地明。又星出北落师门南，如太白，南缓行，入浊没，青白，有尾迹。十月壬子，星出紫微垣内北极北，如太白，东北缓行，至紫微垣西墙没，青白，有尾迹。癸丑，星出外屏北，如太白，东缓行，至天囷没，赤黄，有尾迹。甲寅，星出文昌西，如杯，北速行，至紫微垣右枢没，青白，有尾迹，照地明。乙卯，星出牵牛，如太白，南速行，入浊没，赤黄，有尾迹。庚申，星出天苑南，如太白，东南慢行，至浊没，赤黄，有尾迹。戊辰，星出天囷东，如杯，东缓行，至浊没，青白，有尾迹。癸酉，星出五车东，如太白，东北急行，至浊没，赤黄，有尾迹，照地明。十一月壬辰，星出天棓西，如杯，西北缓行，至浊没，赤黄，有尾迹。庚子，星出太微垣左执法南，如太白，东南慢行，至角没，赤黄，有尾迹。

五年七月己丑，星出七公南，如太白，西南急行，至天市垣西墙没，赤黄。癸巳，星出太微垣东，如杯，西急行，入浊没，青白，有尾迹如钩，南行。十月戊寅，星出紫微垣内后宫东，如杯，北慢行，入浊没，赤黄，照地明。又星出文昌西，如杯，急行至卷舌没，赤黄，有尾迹，照地明。甲申，星出天鸡南，如杯，西慢行，至浊没，赤黄。丁亥，星出紫微垣东，如杯，北慢行，至浊没，青白。戊子，星出羽林军，如太白，西南急行，至浊没，赤黄，有尾迹。乙巳，星出娄南，如杯，西北急行，至七公没，赤黄，有尾迹，照地明。十一月甲寅，星出七星南，如杯，西慢行，至参旗没，青白，有尾迹。十二月辛卯，星透云出五车东，如太白，东北急行，至文昌没，赤黄，有尾迹。壬辰，星出招摇东，如太白，西北急行，至浊没，青白。丙申，星出角南，如太白，南慢行，至库楼没，赤黄，有尾迹。

六年正月庚申，星出天市垣东，如杯，东南急行，至浊没，青白。三月庚午，星出氐东，如盂，西慢行，入浊没，赤黄，照地明。四月丙子，星出贯索西，如杯，北慢行，至紫微垣墙上宰没，青白，照地明。

戊寅，星出贯索西，如太白，西南急行，至亢没，赤黄，有尾迹。己卯，星出柳北，如太白，西南急行，至南河没，赤黄，有尾迹。五月癸卯，星出腾蛇西，如杯，西北慢行，至浊没，青白，照地明。六月辛卯，星出营室北，如杯，东南急行，至垒壁阵没，赤黄，有尾迹，照地明。庚子。星出天市垣吴越东，如杯，东南急行，至牵牛没，青白，有尾迹，照地明。七月丙寅，星出垒壁阵西，如杯，南缓行，至浊没，青白，有尾迹。戊辰，星出天关，如杯，东南缓行，至东井内没，青白，有尾迹，照地明。己巳，星出天仓东，如太白，南速行，至天园没，赤黄，有尾迹，照地明。八月庚辰，星出天市垣内宗正南，如太白，西南速行，入浊没，赤黄，有尾迹。壬辰，星出羽林军西，如杯，南缓行，入浊没，青白，有尾迹，分进，照地明。乙未，星出河鼓，如杯，南速行，至建没，青白，有尾迹，照地明。九月甲辰，星出钩陈东，如杯，北速行，入浊没，赤黄，有尾迹，照地明。丙午，星出天苑南，如杯，南速行，入浊没，青白，有尾迹，照地明。辛亥，星出天船西，如杯，西速行，穿北斗没，赤黄，有尾迹，照地明。辛酉，星出钩陈东，如杯，西南速行，至天纪没，赤黄，有尾迹，照地明。丁卯，星出文昌西，如杯，西北速行，至王良没，赤黄，有尾迹，照地明。十一月甲辰，出弧矢东，如盂，西南缓行，至天社没，青白，有尾迹，照地明。辛酉，出轩辕南，如杯，南缓行，入浊没，赤黄，有尾迹，照地明。

　　七年正月丁未，出角南，如太白，东南速行，至浊没，青白。丁巳，出张南，如杯，西南缓行，至浊没，赤黄，有尾迹。二月壬申，出天棓北，如杯，东北缓行，至造父没，青白，有尾迹，照地明。辛卯，出轸北，如杯，东慢行，至角没，青白，有尾迹，照地明。三月甲子，出西咸北，如杯，南急行，至氐没，赤黄，有尾迹，照地明。四月壬申，出轩辕西，如太白，西北慢行，至五车没，青白，有尾迹。又出渐台南，如杯，东北急行，至天津没，青白，有尾迹，照地明。丙戌，星出天市垣蜀星西，如杯，东北慢行，至候星没，青白，照地明。六月辛未，星出辇道东，如太白，北急行，至钩陈没，赤黄，有尾迹。又星出狗国南，如太白，东北慢行，至天田南，曲尺东行，至天垒城没，赤黄。己卯，星出天市垣内列肆西，如太白，西南慢行，入浊没，赤黄色，有尾迹。庚辰，星出华盖北，如杯，东北慢行，至天船没，赤黄，有尾迹。乙酉，星出奎壁阵北，如太白，东南急行，入浊没，赤黄，有尾迹。庚寅，星出梗河西，如太白，西南急行，至氐没，赤黄，有尾迹。又星出五车北，如太白，东北急行，至北河没，青黄，有尾迹，照地明。辛卯，星出危西，如太白，西南急行，至南斗没，赤黄，有尾迹。壬辰，星出紫微垣墙内钩陈北，如太白，西北急行，至北斗魁内没，赤黄，有尾迹，照地明。七月甲寅，星出王良北，如盂，北慢行，至文昌没，赤黄，有尾迹。丁巳，星出天津北，如太白，北急行，至紫微垣墙内没，赤黄，有尾迹，照地明。戊午，星出大陵北，如太白，东北慢行，至浊没，赤黄，有尾迹。壬戌，星出羽林军，东如太白东南急行，入浊没，赤黄，有尾迹。癸亥，星出天仓，如杯，南急行，入浊没，青白，有尾迹。八月戊寅，星出北斗天枢南，如太白，东北慢行，至文昌没，青白。有尾迹。癸未，星出羽林军内，如杯，北慢行，至大陵没，赤黄，有尾迹。乙酉，星出天纪西，如太白，东慢流，至奚仲没，赤黄，有尾迹。九月丁酉，星出羽林军南，如太白，南慢流，至浊没，赤黄。有尾迹。辛丑，星出干良西，如太白，西北急流，至浊没，有尾迹。丙午，星出天囷东，如太白，东急流，至九斿没，青白，有尾迹，照地明。戊申，星出天仓北，如杯，东北慢流，至浊没，青黄。甲子，星透云出营室东，如太白，西南急流，至左旗没，赤黄。十月丙子，星出天仓西，如杯，西南慢流，至败白没，赤黄，尾迹分裂，照地明。又星出轸东，如杯，东南急流，至浊没，赤黄，有尾迹，照地明。丙戌，星出五车，如杯，东北慢流，至浊没，赤黄，有尾迹，照地明。戊子，星出天苑南，如太白，西南急流，至浊没，赤黄，有尾迹。又星出右枢星东，如太白，东北慢流，至浊没，青白。

　　八年正月壬子，星出贯索西，如杯，东北急流，至浊没，赤黄，有尾迹，照地明。二月乙亥，星出七星，如太白，西缓行，至弧矢没，赤黄，有尾迹。三月丁酉，星出积水东，如太白，西北速行，至五车东没，赤黄，有尾迹。戊戌，星出贯索东，如太白，东北速行，至织女没，

赤黄,有尾迹。四月癸亥,星出北斗天枢北,如杯,北速行,至钩陈
没,赤黄。闰四月癸巳,未昏,星出上司空南,如太白,西南速行,至
天庙没,赤黄,有尾迹,照地明。又星出心东,如杯,南速行,至浊没,
赤黄,照地明。五月壬戌。星出尾东,如太白,西南速行,至浊没,赤
黄,有尾迹。戊寅,星出文昌西,如太白,西北缓行,至浊没,赤黄。六
月癸巳,星出天市垣西墙西,如太白,西南缓行,入氐没,赤黄。戊
戌,星出天市垣齐星东,如太白,西南缓行,至浊没,赤黄,有尾迹。
又星出齐星北,如太白,西南速行,至天市内列肆没,赤黄,有尾迹。
又星出文昌东,如太白,北行至浊没,赤黄,有尾迹,照地明。乙巳,
星出北落师门南,如太白,南速行,至浊没,赤黄。壬子,星出北斗魁
东,如杯,北缓行,至浊没,青白,有尾迹,照地明。七月辛酉,星出天
津北,如太白,东北缓行,至天船没,赤黄,有尾迹,照地明。庚午,星
出北斗摇光西,如杯,北速行,至浊没,赤黄。癸未,星出奎北,如太
白,东北速行,至大将军没,赤黄,有尾迹。甲申,星出天市垣东,如
太白,西南速行,至浊没,赤黄。八月癸巳,星出垒壁阵南,如太白,
南缓行,至浊没,赤黄。九月壬戌,星出织女南,如太白,西南缓行,
至浊没,赤黄。乙丑,星出织女南,如太白,西北速行,至浊没,赤黄,
有尾迹。丙寅,星透云出河鼓北,如太白,东南缓行,至危没,赤黄。
又星出天仓南,如太白,西南速行,至浊没,赤黄,有尾迹。又星出中
台东,如太白,东北速行,至浊没,青白,有尾迹。十月壬辰,星出军
市西,如太白,西南速行,至浊没,赤黄,有尾迹,照地明。乙未,星出
弧矢西北,如杯,东南缓行,至浊没,青白,有尾迹,照地明。丙申,星
出大陵西,如杯,西北缓行,至阁道没,青白。又星出五车西,如太
白,北速行,至天船没,青白,有尾迹。

　　九年正月丙子,星出七公北,如太白,东北急行,至浊没,赤黄,
有尾迹。己卯,星出天船东,如杯,西北急行,至天大将军没,赤黄,
有尾迹,照地明。三月甲子,星透云出天市垣内宗正西,如太白,西
北慢行,至太微垣内五帝座没,赤黄,有尾迹。又星透云出紫微垣
西,如杯,西北急行,至浊没,赤黄,有尾迹,照地明。丙子,星出卷舌

东,如太白,南慢行,至浊没,赤黄,有尾迹。四月庚寅,星出天市垣,如杯,北急行,至紫微垣没,青白,有尾迹,照地明。辛亥,星出心南,如太白,南急行,入浊没,赤黄,有尾迹。五月庚申,星出天津,如杯,东南慢行,入浊没,赤黄,有尾迹,照地明。丁丑,星出尾北,如太白,东南急行,入浊没,赤黄,入浊没,赤黄,有尾迹。戊寅,星出心南,如太白,南急行,入浊没,赤黄。壬午,星出天津北,如太白,西南急行,至天江没,赤黄,有尾迹。六月丙戌,星出华盖西,如太白,西北急行,至浊没,赤黄,有尾迹。戊子,星出车府东,如太白,东南急行,至浊没,赤黄,有尾迹。壬辰,星出牵牛东,如太白,南慢行,至浊没,赤黄,有尾迹,照地明。甲辰,星出阁道北,如杯,西南急行,至钩陈没,赤黄,有尾迹,照地明。乙巳,星透云出虚南,如太白,南急行,入浊没,赤黄,有尾迹。丙午,星出东壁北,如杯,南急流,至羽林军没,赤黄,有尾迹。己酉,星出阁道南,如太白,西急行,至车府没,赤黄,有尾迹。辛亥,星出天市内斛星南,如太白,东南急流,至建没,赤黄,有尾迹。又星出北斗内大理北,如太白,东北急行,至浊没,赤黄,有尾迹。又星出天枪南,如太白,西南急行,至浊没,赤黄,有尾迹,照地明。癸丑,星出天棓南,如太白,东南慢行,至天津没,赤黄,有尾迹。七月乙卯,星出羽林军西,如太白,西南急行,至浊没,赤黄,有尾迹。戊寅,星出外屏西,如太白,东北急行,至天囷没,赤黄,有尾迹。壬午,星出王良西,如杯,东北慢行,至浊没,青白,有尾迹。八月戊子,星出大角东,如太白,南缓行,至氐没,赤黄,有尾迹。又星出王良北,如太白,西北急流,至天津没,青白,有尾迹。壬寅,星出危北,如杯,西南急流,至浊没,赤黄,有尾迹。照地明。甲辰,星出梗河南,如太白。西急流,至浊没,青白,有尾迹。照地明。戊申,星出外屏北,如太白,南急流,至土司空没,赤黄,有尾迹。辛亥,星出营室西,如太白,南急流,至坟墓没,赤黄。壬子,星出参西,如太白,东南急流,至狼星没,赤黄,有尾迹,照地明。又星出紫微垣内后宫东,如杯,北急流,至浊没,赤黄,有尾迹,照地明。癸丑,星出天大将军,如太白,急流至造父没,赤黄,有尾迹,照地明。九月丁巳,星出昴北,如杯,东北急流,至五车没,赤黄,有尾迹。又星出紫微垣少辅东,如杯,西北急流,至浊没,赤黄,有尾迹,照地明。戊午,星出南河东,如岁星,东慢流,至七星没,赤黄,有尾迹,辛酉,星出牵牛西,如太白,东慢流,至危没,赤黄,有尾迹。戊辰,星出王良西,如太白,西北慢流,至北斗没,青白,有尾迹。丁丑,星出危西,如太白,南慢流,至牵牛没,青白,有尾迹。庚辰,星出紫微垣墙右枢北,如太白,北急流,至浊没,赤黄,有尾迹,照地明。十月己酉,星出天囷西,如太白,东南缓行,至天苑没,赤黄,有尾迹。己丑,星出昴南,如太白,西北缓行,至内阶没,赤黄,有尾迹,照地明。庚子,星出五车西,如杯,缓行至钩陈没,赤黄。辛丑,星出屏星,如盂,向东速行,入浊没,赤黄,有尾迹,照地明。癸卯,星出天仓北,如太白,东北缓行,至天囷没,赤黄,有尾迹。丁未,星出柳东,如太白,东速行,入浊没,青白,有尾迹。十一月甲寅,星出参旗西,如太白,南缓行,至天苑内没,赤黄,有尾迹。庚午,星出弧矢东,如太白,东南缓行,入浊没,赤黄,有尾迹。十二月癸未,星出天苑东,如太白,西南缓行,至浊没,赤黄,有尾迹。庚子,星出娄东,如杯,西南缓行,至浊没,青白,有尾迹,照地明。甲辰,星出军井西,如太白,南缓行,至天囷没,赤黄,有尾迹。

　　十年正月丁丑,星出紫微垣内相南,如太白,南缓行,至太微垣右执法没,赤黄,有尾迹。辛巳,星出参西,如太白,西南速行,至天苑没,赤黄,有尾迹。二月丙戌,星出五车大星西,如太白,赤黄色,北急流,至大陵没,有尾迹。癸巳,星透云出北斗北,如太白,速行入浊没,青白,有尾迹。戊申,星出天弁东南,如杯,东速行,入浊没,赤黄,有尾迹。明烛地。三月丁巳,星出右枢东,如太白,东北速行,至浊没,赤黄,有尾迹。四月甲申,星出河鼓北,如太白,东速行,至浊没,青白,有尾迹。甲辰星出郎位北,如太白,西急流,至下台南没,赤黄,明烛地。己酉,星出积卒北,如杯,南急流,至浊没,青白,有尾迹。明烛地。又星出太微垣内屏南,如太白,西南慢流,至翼南没,赤黄,有尾迹,照地明。五月甲戌,星出库楼北,如太白,西南慢流,至浊没,赤黄。乙亥,星出五车西南,如太白,西北急流,至文昌没,

赤黄，有尾迹。丁丑，星出天垣内候北，如太白，东北急流，至左旗
没，赤黄，有尾迹。六月辛丑，星出天市垣西，如杯，西北急流，至右
摄提没，赤黄，有尾迹，照地明。乙巳，星出王良东，如太白，西北急
行，至紫微垣内钩陈没，赤黄，有尾迹。丙午，星出天鸡南，如太白，
南慢流，至浊没，青白，有尾迹。戊申，星出南斗南，如太白，东南急
流，至浊没，赤黄，有尾迹。七月庚戌，星透云出北斗南，如太白，西
南急流，至氐宿没，赤黄，有尾迹。又星出天市垣内宗人东，如太白，
南急流，至尾没，赤黄，有尾迹。甲寅，星透云出氐，如太白，西北急
流，至浊没，赤黄，有尾迹。乙亥，星出人星西南，如太白，西北急流，
至织女没，赤黄，有尾迹。八月己卯，星出左摄提东，如杯，东慢流，
至天大将军没，赤黄，有尾迹。照明地。壬午，星出钩陈东，如太白，
东北慢流，至浊没，青白，有尾迹。照地明。壬辰，星出天船西，如太
白，西慢流，至紫微垣没，赤黄，有尾迹。甲辰，星出军市西，如太白，
东南慢流，至浊没，青白，有尾迹，照地明。九月庚戌，星出内阶北，
如杯，北慢流，至文昌没，青白，有尾迹，照地明。戊辰，星透云出织
女，如太白，西北急流，至紫微垣内北极没，赤黄，有尾迹，照地明。
又星出紫微垣内北极东，如太白，北急流，至浊没，青白，有尾迹。己
巳，星出司怪西，如太白，东北急流，至浊没，赤黄，有尾迹，照地明。
庚午，星出天船北，如太白，西北急流，至紫微垣内阶没，青白，有尾
迹。壬申，星出紫微垣少尉东，如杯，北急流，至浊没，青白，有尾迹，
照地明。丙子，星出河鼓北，如太白，西急行，至浊没，青白，有尾迹。
十月己卯，星出七星北，如太白，东急行，至浊没，赤黄。乙酉，星出
天纪北，如杯，西慢行，至浊没，赤黄，有尾迹，照地明。丁亥，星出昴
南，如杯，西急行，至营室北没，赤黄，有尾迹，照地明。又星出东井
北，如杯，东急行至轩辕没，赤黄，有尾迹，照地明。辛卯，星出天棓
北，如太白，北急流，至浊没，赤黄，有尾迹。己亥，星出霹雳北，如太
白，西北急行，至浊没，赤黄，有尾迹，照地明。庚子，星出紫微垣内，
如太白，北急流，至浊没，青白，照地明。辛丑，星出轩辕西第三星
北，如杯，东南慢流，至天狗没，赤黄，有尾迹，照地明。乙巳，星出紫

微垣内钩陈东,如太白,东北慢行,至浊没,青白。十一月癸丑,星出
天庙西,如太白,西南急行,至浊没,赤黄,有尾迹,照地明。甲寅,星
出天厨北,如杯,西行至天桴没,赤黄,又星出天船北,如太白,西北
急行,至腾蛇没,赤黄,有尾迹,照地明。乙卯星出紫微垣内五帝座
南,如太白,东北急行,至角没,青白,有尾迹。十二月甲申,星出天
庙东南,如杯,南急行,至浊没,赤黄,有尾迹。

宋史卷五九
志第一二

天文十二

流陨三

　　元丰元年正月丁卯，星出天纪，向南速行，至天社北没，赤黄。庚午，星出天纪南，如太白，西南慢行，至天社没，赤黄，有尾迹。闰正月壬寅，星出紫微垣内钩陈北，如杯，北慢行，至浊没，青白，有尾迹。甲辰，星出柳北，如杯，西急行。至天廪没，赤黄，有尾迹，照地明。二月己酉，星出太微垣内，如杯，西南急行，至翼没，有尾迹，照地明。癸亥，星出角南，如杯，西南急行，至土司空没，青白。三月丁酉，星出箕东，如杯，西南急行，至浊没，赤黄，有尾迹，照地明。四月丙寅，星出阁道东，如杯，北急行，入浊没，赤黄，有尾迹，照地明。六月甲辰，东南方光烛地。有星如盂，出匏瓜，至内阶没，分裂，有声如雷。己巳，星出左摄提西，如太白，西南急行，至太微垣内五诸侯没，赤黄，有尾迹，照地明。辛未，星出外屏北，如太白，东北慢行，至浊没，青白，有尾迹。七月甲申夕，星出大角南，如太白，北慢行，至北斗没，赤黄有尾迹。庚子，星出天市垣内列肆东，如杯，西慢行至亢没，青白，有尾迹。八月己酉，星出紫微垣内阴德南，如杯，北急行，至浊没，赤黄，有尾迹，照地明。乙卯，星出营室北，如盂，西北慢行，至浊没，赤黄，有尾迹，照地明。丙辰，星出贯索西北，如太白，西慢行，至浊没，青白，有尾迹。甲子，星隔云照地明，东北急行，至浊没，九月庚辰，星出钩陈北，如杯，西北急行，至浊没，赤黄，有尾迹。甲申，星出七公北，如太白，西北慢行，至浊没，青白，有尾迹。己亥，星出天囷南，如杯，东南慢行，至浊没，青白，有尾迹，照地明。又星出东井西，如杯，东北急行，至浊没，赤黄，有尾迹照地明。十月乙巳，星出天津北，如太白，西北急行至天棓没，赤黄有尾迹，照地明，十二月丙寅，星出北河北，如杯，东南急行，至弧矢没，赤黄，有尾迹，照地明。

　　二年三月戊子，星出氐内，如太白，东北缓行，至天市垣内候星没，赤黄，有尾迹，照地明。五月戊辰，星出轸中，如太白，西速行，至浊没，赤黄，有尾迹，照地明，庚午，星出天厨东，如太白，东北速行，至天津没，赤黄，有尾迹，照地明。甲午，星出氐南，如太白，南速行，至浊没，青白，丙申，星出织女北，如杯，北速行，至紫微垣内太子没，赤黄，有尾迹，照地明。丁酉，星出紫微垣上宰北，如杯，北速行，至右枢没，青白，照地明。六月戊戌，星出尾东，如杯，南速行，至浊没，青白，照地明。庚子，星出危东，如杯，东缓行，至浊没，青白，有尾迹，照地明。七月乙巳，星出雷电北，如太白，东速行，至霹雳，赤黄，有尾迹。庚子，星出氐北，如杯，西速行，至浊没，青白，照地明。庚寅，星出天津西，如杯，南急行，至河鼓没，赤黄，有尾迹，照地明。八月癸卯，星出天囷西，如太白，东南速行，至浊没，赤黄，有尾迹。九月戊辰，星出天弁，如太白，西南速行，至天市垣没，青白，有尾迹，照地明。十月丁未，星出天船北，如太白，西南速行，至营室没，青白，有尾迹。乙卯，星出北斗西，如太白，东北速行，至浊没，赤黄，有尾迹。十二月壬子，星出舆鬼东，如太白，东北速行，至轩辕没，赤黄，有尾迹，照地明。

　　三年正月癸未，星出右摄提西，如太白，青白色，东北速行，至浊没，有尾迹。二月辛丑，星出弧矢南，如太白，东南速行，至浊没，青白，有尾迹。五月庚午，星出尾南，如太白，南速行，至浊没，青白，有尾迹。辛未，星出中台北，如太白，东南缓行，至天江没，赤黄。丁丑，星出织女西，如杯，东北速行，至浊没，青白，有尾迹。六月己亥，星出南斗南，如杯，南速行，至鳖星没，青白，有尾迹。照地明。壬子，星出天津东，如杯，东速行，至浊没，青白，有尾迹，照地明。七月甲子，星出天棓，如杯，北急行，至浊没，赤黄，有尾迹。丙寅，星出天棓北，如杯，西南急流，至浊没，赤黄，有尾迹，照地明。己丑，星出北斗西，如太白，东北急流，至浊没，赤黄，有尾迹，照地明。八月乙卯，星出天囷北，如太白，东南慢流，至弧矢没，赤黄，有尾迹，照地明。戊午，星出紫微垣内大理西，如太白，北慢流，至浊没，青白，有尾迹。闰九月辛卯，星出舆鬼南，如杯，急流至轩辕没，赤黄，有尾迹，照地明。庚戌，星出紫微垣内钩陈北，如太白，北急流，至天棓没，青白，照地明。十月庚申，星出狼东，如太白，东南急流，至浊没，青白，有尾迹，照地明。十一月丙辰，星出厕星东，如太白，东南慢流，至浊没，青白。

　　四年正月戊戌，星出五车北，如杯，西南急流，至天囷没，赤黄，有尾迹，分裂，六月戊寅，星出紫微垣内厨南，如太白，南慢流，至大角没，赤黄，有尾迹。八月丁巳，星出壁垒阵南，如杯，西南慢流，至浊没，青白，有尾迹，照地明，癸亥，星出文昌北，如太白，东北慢流，至浊没，青白，有尾迹。癸酉，星出贯索南，如太白，东南至天市垣秦星没，赤黄色，有尾迹，照地明。戊寅，星出娄，大如太白，东急流，至浊没，青白，己卯，星出文昌西，如太白，北慢流，至紫微垣内钩陈没，赤黄，有尾迹。九月己酉，星出天街，如杯，北急行，穿五车北没，赤黄，有尾迹，照地明。庚戌，星出天仓南，如太白，南急行，至浊没，赤黄，有尾迹，照地明。十一月己丑，星出紫微垣内六甲，如太白，东北慢行，入浊没，赤黄，有尾迹，照地明。乙未，星出钩陈北，如太白，东北慢行，至浊没，赤黄，有尾迹，照地明。

　　五年四月庚申，星出角东，如太白，东南急行，至浊没，赤黄。辛未，星出紫微垣内钩陈北，如太白，急行至浊没，青白。五年己丑，星出天津西，如太白，西北急行，至紫微垣内钩陈没，赤黄，有尾迹。六月丁卯，星出天枪东，如太白，西急行，至天樽没，赤黄，有尾迹，照地明。己卯，星出郎位，如太白，东南急行，至浊没，赤黄，有尾迹，照地明。七月辛巳，星出天市垣内列肆西北，如杯，西急行，至浊没，赤黄，有尾迹，照地明。十月庚戌，星出参南，如太白，东南急行，至浊没，青白。辛亥，星出参旗南，如杯，东急行，至军井没，青白，有尾迹。甲寅，星出腾蛇西，如太白，南速行，入虚没，赤黄，有尾迹。照地明。甲子，星出中台南，如太白，东北速行，至浊没，赤黄，有尾迹。十一月辛巳，星出五车西南，如太白，西北速行，入云没，赤黄，有尾迹，照地明。甲申，星出天津北，如太白，东北速行，至紫微垣内钩陈没，赤黄，有尾迹。十二月庚申，星出东壁西，如太白，西南速行，至浊没，赤黄，有尾迹。戊辰，星出毕南，如太白，西南速行，至浊没，赤黄。壬申，星出中台北，如太白，东北速行，至浊没，赤黄。

六年四月辛酉，星出轩辕西南，如杯，西缓行，至天樽没，青白，有尾迹，照地明。闰六月丙子，星出贯索东北，如杯，西南急行，至浊没，青白，有尾迹，照地明。戊寅，星出贯索西，如盂，西缓行，至浊没，赤黄，有尾迹，照地明。己卯，星出天枪东，如太白，西南急行，至浊没，赤黄，有尾迹。癸卯，星出壁垒阵西南，如太白，西南慢行，至浊没，青白，有尾迹，照地明。八月癸巳，星透云出王良南，如太白，西南急行，至室没，青白，有尾迹。甲午，星出腾蛇北，如太白，西北急行，至浊没，青白，有尾迹。丙申，星出天船北，如太白，西北急流，至文昌没，赤黄，有尾迹，照地明。九月癸卯，星出五车东，如杯，北急行，至浊没，赤黄，照地明。乙巳，星出舆鬼东北，如太白，西北速行，至紫微垣内文昌没，赤黄，有尾迹，照地明。庚申，星出危北，如太白，西南急行，至牵牛没，赤黄，有尾迹。乙丑，星出织女西南，如太白，西北急行，至浊没，青白，有尾迹。十月辛丑，星出大角西，如太白，南慢行，至角距星没，青白，有尾迹，照地明。

七年四月辛未，星出牛星东，如杯，西南慢行，至浊没，赤黄，有尾迹。丙子，星出亢，如太白西南急行，至角没，赤黄，有尾迹，照地明。六月庚辰，星出天棓南，如太白，西南急行，入天市垣内候星没，青白，有尾迹。癸巳，星出紫微垣东，如杯，东北流行，至浊没，赤黄，有尾迹。戊子，星出王良西，如杯，西北速行，至女床没，赤黄，有尾迹,照地明。丁酉,星出鳖星南,如太白,东南急行,至浊没,赤黄,有尾迹,照地明。七月丙午,星出阁道北,如杯,北慢行,至浊没,青白。己未,星出胃东,如太白,东急行,至浊没,青白,有尾迹。八月辛未,星出文昌东,如太白,西北速行,至浊没,青白,有尾迹,照地明。癸巳,星出天津东,如太白,西南急流,至河鼓没,青白,有尾迹。十一月乙卯,星出虚南,如杯,西南急行,至浊没,赤黄,有尾迹,照地明。丁巳,星出七星东,如太白,东南急行,入浊没,赤黄,有尾迹,照地明。

八年正月丙午,星透云出角南,如杯,东南速行,至浊没,赤黄,有尾迹,照地明。二月丙寅,星出娄南,如太白,西速行,至浊没,赤黄,有尾迹。庚辰,星出太微垣左执法,如太白,东南速行,至浊没,赤黄,有尾迹。癸巳,星出紫微垣内钩陈东,如盂,西北速行,至浊没,青白,有尾迹,照地明。六月己丑,星出右旗西,如杯,向南急流,至浊没,青白,有尾迹,明烛地。七月庚申,星出胃宿,如杯,急流至天囷没,青白,有尾迹,明烛地。十月壬申,透云星出王良西,如太白,急流至织女北没,赤黄,有尾迹,明烛地。丁丑,透云星出天囷南,如太白,东南慢流,至浊没,青白,有尾迹。戊子,透云星出奎东,如太白,西北急流,至浊没,赤黄,有尾迹,明烛地。庚寅,星出昴南,如太白,急流至浊没,青白,有尾迹,明烛地。十二月乙巳,星出紫微垣钩陈东,如太白,向北速行,至太子没,黄赤,有尾迹,明烛地。

元祐元年正月癸巳,星出狼星南,向东急流,至浊没,赤黄,有尾迹,明烛地。癸丑,透云星出近轸南,如太白,东南急流,至浊没,青白,有尾迹,明烛地。二月丙戌,透云星出近微垣文昌西,向西北急流,至王良北没,赤黄,有尾迹,明烛地。又星出上台北,向西北急流,至王良南没,赤黄,有尾迹,明烛地。闰二月庚戌,星出五车南,向西北慢流,至浊没,青白。五月壬申,星出女北,向东急流,至虚东没,青白,有尾迹,明烛地。六月甲辰,星出天津西,如太白,西南急流,至尾北没,赤黄,有尾迹,明烛地。七月丁巳,星出坟墓东,如太白,慢流至壁南没,青白,有尾迹,明烛地。九月庚申,星出天苑南,如太白，向南急流，入浊没，赤黄，有尾迹，明烛地。壬戌，星出天津北，如太白，西北急流，至浊没，赤黄，有尾迹。十月庚寅，星出羽林军南，如太白，西南急流，至浊没，赤黄，有尾迹。辛丑，透云星出近五车西，如太白，西南急流，至天囷北没，青白，有尾迹。丙午，星出室南，如太白，西南急流，至浊没，赤黄，有尾迹，明烛地。戊申，星出紫微垣北，如太白，西北急流，至浊没青白，有尾迹。十二月庚寅，星出天苑南，如太白，东北急流，至浊没，赤黄，有尾迹。

　　二年正月癸酉，星出柳南，如杯，东南急流，至浊没，赤黄，有尾迹，照地明。辛巳，星出轸南，如杯，向南急流，至浊没，赤黄，有尾迹，照地明。壬子，星出柱史西，如盂，西北急流，至钩陈东没，赤黄，有尾迹。四月丙午，星出天棓南，如太白，东北急流，至天津没，赤黄，有尾迹，照地明。六月壬寅，星文昌东，如杯，向北急流，至浊没，赤黄，有尾迹，照地明。九月甲寅，星出天市垣中山北，如太白，向西急流，至天纪西没，赤黄，有尾迹，照地明。丁丑，星出雷电南，如太白，向西急流，入天市垣内至宗正东没，赤黄，有尾迹，照地明。

　　三年三月己酉，星出亢南，如杯，向南慢行，至浊没，赤黄，有尾迹，照地明。六月壬午昼酉时八刻后，星出西南甲位，如盂，向东急流，至卯位没，青白，有尾迹。庚子，星出壁南，如杯，东南急流，入羽林军内没，赤黄，有尾迹，照地明。甲辰，星出天市垣魏星西，如太白，西北急流，至梗河西没，赤黄，有尾迹。又有星出霹雳南，如杯，东南急流，至羽林军东没，赤黄，有尾迹，照地明。八月癸巳夕，有星自中天向东急流，至浊没，青白，有尾迹，照地明。十一月戊申，星出北斗天璇，如杯，流至南河没，赤黄，有尾迹，照地明。闰十二月甲子，星出天厨北，如太白，向北急流，至浊没，赤黄，有尾迹。

　　四年二月己酉，星出五诸侯西，如太白，急流至五车北没，赤黄，有尾迹，明烛地。三月戊戌，星透云出织女东，如太白，速行至女天津西没，赤黄，明烛地。己亥，星透云出氐西，如太白，速行至浊没，赤黄，有尾迹，明烛地。四月壬寅，星出车肆南，如太白，速行至浊没，青白，有尾迹，明烛地。五月癸巳，星出天弁南，如太白，速行至尾北没，赤黄，有尾迹，明烛地。八月甲辰，星出天津东，如太白，慢流至霹雳东没，青白，有尾迹。九月己巳，星出天津东南，如太白，速行至女床西北没，赤黄，有尾迹，明烛地。壬午，星透云出天棓北，如太白速行至浊没，赤黄，有尾迹。十月丁巳，星出天津东南，如太白，速行至浊没，赤黄，有尾迹，明烛地。十一月乙酉，星出司怪西南，如杯，慢流至参旗没，赤黄，有尾迹。

五年正月己酉，星出右摄提，如杯，西北缓行，至浊没，青白，有尾迹，明烛地。四月癸丑，星出天厨，如太白，急流北至浊没，赤黄，有尾迹，明烛地。又星出天棓，如杯，急流北至浊没，青白，有尾迹，明烛地。又星出天市垣斗星西北，如杯，急流北至北斗西没，青白，有尾迹，明烛地。五月癸酉，星出文昌，如太白，急流北至浊没，赤黄，有尾迹，明烛地。六月庚申，星出室北，如太白，东北缓行，至浊没，青白，有尾迹。辛酉，星出氐，如太白，西北急流，至浊没，青白，有尾迹。又星出紫微垣少尉，如太白，西北急流，至浊没，赤黄，有尾迹，又星出紫微垣少尉，如太白，西北急流，至浊没，赤黄，有尾迹明烛地。七月辛未，星出危，如太白，东南急流，至浊没，青白，有尾迹，明烛地。癸未，星出天市垣屠肆西，如太白，急流西至贯索南没，赤黄，有尾迹，明烛地。丁亥，星出自天市垣市西，如太白，西南急流，至心没，赤黄，有尾迹，明烛地。八月甲午，星出房西，如太白，东南急流，至心没，赤黄，有尾迹，明烛地。庚子，星出内厨，如太白，急流至文昌北没，赤黄，有尾迹，明烛地。癸卯，星出八谷西，如太白，东北急流，至浊没，青白，有尾迹。九月辛巳，星出军市西，如太白，东南急流，至浊没，赤黄，有尾迹。乙酉，星出渐台西，如太白，急流至浊没，青白，有尾迹。辛卯，星出羽林军内，如太白，西南急流，至浊没，赤黄，有尾迹明烛地。十月甲午，星出柳，如杯，缓北行，至浊没，有尾迹，明烛地。己未，星出车府西，如太白，急流北至天津西南没，青白，有尾迹，明烛地。又星出紫微垣柱史南，如杯，西南缓行，至天津东没，赤黄，有尾迹，明烛地。十一月壬戌，星出紫微垣内极星北，如太白，急流北，至浊没，青白，有尾迹。十二月己亥，星出柳，如太

白,西北流,至北河没,赤黄,有尾迹,明烛地。丙辰,星出卷舌西,如
太白急流西,至浊没,青白,有尾迹。

　　六年二月辛丑,星出翼东,如杯,东南急流,至浊没,赤黄,有尾
迹,明烛地。丙辰,星透云出郎将西,如太白,东北速行,至紫微垣内
少尉没,赤黄,有尾迹,明烛地。五月乙酉,星出天市垣内宗人南,西
北急流,至宋星南没,赤黄,有尾迹,明烛地。丁亥,星出贯索东,如
太白,东南急流,至候东没,赤黄,有尾迹。六月丙辰,星透云出太微
垣内郎位北,如太白,西南急流,至浊没,赤黄,有尾迹。七月癸亥,
透云星二皆如太白:一出天枪东,西南急流,至亢东没;一出奎东,
西南急流,至壁垒阵东没:赤黄,有尾迹。九月甲寅,星出天津北,如
太白,东北慢流,至内阶没,赤黄,有尾迹,明烛地。十月壬戌,星出
娄南,如太白,东南慢流,至天苑没,赤黄,有尾迹,明烛地。丁卯,星
出东北方,如杯,急流至浊没,赤黄,有尾迹。又星出王良南,如太
白,东南急流,至浊没,赤黄,有尾迹,明烛地。

　　七年二月戊午,星出败瓜东南,如太白,急流至虚东没,赤黄,
有尾迹,明烛地。甲戌,星出平星西,如太白,急流至浊没,赤黄,有
尾迹。己卯,星出紫微垣帝西北,如杯,急流至浊没,青白,有尾迹,
明烛地,癸未,星出心东,如太白,急流至尾南没,青白,有尾迹,明
烛地。三月辛亥,星出北极天枢北,如太白,急流至浊没,青白,有尾
迹,明烛地。四月癸亥,星出辇道东,如太白,急流至浊没,青白,有
尾迹,明烛地。甲子,透云星出天市垣燕星南,如太白,急流至浊没,
赤黄,有尾迹。辛巳,星出牛西北,如杯,急流至壁垒阵西没,青白,
有尾迹,明烛地。六月庚午,星出腾蛇南,如太白,急流至匏瓜东北
没,赤黄,有尾迹,明烛地。乙亥,星出阁道东,如太白,急流至天船
北没,赤黄,有尾迹,明烛地。八月辛未,星出奎距星西南,如太白,
急流至浊没,青白,有尾迹,明烛地。九月甲辰,星出参旗西,如太
白,急流至参东南没,青白,有尾迹,明烛地。

　　八年正月甲申,星出天市垣内候南,如杯,东南急流,至箕南
没,赤黄,有尾迹,明烛地。三月庚寅,透云星出左摄提东南,如太

白,东北慢流,至浊没,青白,有尾迹。又星出天市垣内,如太白,东北急流,至渐台南没,赤黄,有尾迹,明烛地。五月辛丑,透云星出紫微垣天厨西,如太白,向北急流,至浊没,青白,有尾迹,明烛地。六月庚申,星出氐北,如太白,慢流至角西,没赤黄,有尾迹,明烛地。八月壬戌,星出中天,如太白,东南急流,至浊没,青白,有尾迹。庚午,星出五车北,如太白,东北急流,至浊没,赤黄,有尾迹,明烛地。九月辛卯,星出紫微垣,如杯,向南急流,青白,有尾迹,明烛地,至五车内没,乙未,透云星出羽林军南,如太白,东南急流,至浊没,赤黄,有尾迹,明烛地。丁酉,星出败瓜西,如太白,西南急流,至天弁北没,赤黄,有尾迹,明烛地。又星出王良北,如太白,向北急流,至上辅西北没,青白,有尾迹。已亥,透云星出天苑南,如太白,东南急流,至浊没,赤黄,有尾迹,明烛地。癸卯,星出天苑西南,如太白,西南急流,至浊没,赤黄,有尾迹,明烛地。十月乙巳,星出营室北,如太白,西南急流,至左旗北没,赤黄,有尾迹,明烛地。戊申,星出天桴东南,如杯,北流,至浊没,赤黄,有尾迹,明烛地。又星出壁西,如太白,向南慢流,至羽林军没,青白,有尾迹,明烛。

　　绍圣元年正月壬午昼,星出中天,如太白,西南急流,入浊没,赤黄,丙戌,星出钩陈北,如杯,东北急流,至北斗没,赤黄,有尾迹,明烛地。丁酉,透云星出北斗摇光西,如太白,西北速行,至钩陈没,赤黄,有尾迹,明烛地。二月丙午,透云星出壁东,如杯,西南慢流,入浊没,青白,有尾迹。庚午,星出紫微垣内天枪西南,如杯,急流入浊没,赤黄,有尾迹,明烛地。四月辛酉,星出北斗摇光南,如太白,向南急流,至大角没,赤黄,有尾迹,明烛地。六月癸酉,星出人星南,如太白,急流至牛没,赤黄,有尾迹,明烛地。丁丑昼,有飞星出东南,如太白,西北急流,至中天没,青白,有尾迹,明烛地。乙未,星出牛东南,如太白,西南速行,入浊没,赤黄,有尾迹,明烛地。丙申,透云星出室北,如太白,西南速行,入天市垣,至宗正西没,赤黄,有尾迹。八月戊戌,星出奎南,如太白,东南速行,至天囷没,赤黄,有尾迹,明烛地。九月庚子,星出天囷南,如太白,急流至九州殊口没,赤黄,有尾迹,明烛地。丁巳,透云星出羽林军南,如太白,西南急流,入浊没,赤黄,有尾迹,明烛地。辛酉,星出天弁西,如太白,慢行至浊没,有尾迹,明烛地。丙寅,星出室东,如太白,急流至浊没,青白。戊辰,星出紫微垣内钩陈南,如杯,急流至浊没,赤黄,有尾迹,明烛地。十月己巳,星出紫微垣内,如太白,慢行至浊没,青白,有尾迹。癸酉,星出轩辕,如太白,急流至浊没,赤黄,有尾迹,明烛地。甲申,星出天仓南,如太白,慢行至上台没,赤黄,有尾迹,明烛地。辛卯,星出鬼东,如太白,急流至浊没,赤黄,有尾迹,明烛地。十一月庚子,星出北斗天枢西北,如杯,急流至浊没,赤黄,有尾迹,明烛地。壬戌,星出星宿。如太白,急流至天稷西没,赤黄,有尾迹,明烛地。又星出天庙南,如杯,慢行至浊没,青白,照地明。十二月辛未,透云星出柳西,如太白,东南速行,至张没,赤黄,有尾迹,明烛地。壬申,星出天厨,如太白,急流至浊没,青白,有尾迹。

二年三月丁未,星出危西,如杯,西急流,至败瓜南没,赤黄,有尾迹,明烛地。丙辰,星出天津东北,如杯,向东慢流,至室北没,青白,有尾迹,明烛地。四月甲申,透云星出上台南,如太白,西北慢流,至浊没,赤黄,有尾迹,明烛地。五月癸卯,星出渐台东,如太白,东北急流,至人星南没,赤黄,有尾迹,明烛地。甲寅,星出阁道东北,如太白,东北急流,至浊没,青白有尾迹,明烛地。辛酉,透云星出建西北,如太白,西南急流,至箕宿南没,赤黄,有尾迹,明烛地。六月壬午,透云星出壁垒阵北,如太白,东南急流,至浊没,青白,有尾迹,明烛地。七月辛丑,星出九州殊口东,如太白,东南慢流,至浊没,赤黄,有尾迹,明烛地。乙巳,星出天棓北,如杯,东北急流,至内阶东没,赤黄,有尾迹,明烛地。庚申,星出天枪西南,如太白,西南急流,至浊没,青白,有尾迹,明烛地。九月乙未,星出北斗天枢西南,如太白,东北急流,至浊没,青白,有尾迹,明烛地。丁酉,星出左史东,如杯,东北急流,至上台西没,赤黄,有尾迹,明烛地。庚戌,星出外厨西南,如太白,西北急流,至浊没,赤黄有尾迹,明烛地。十月癸亥,星出厕星东,如太白,东南急流,至浊没,青白,有尾迹,明烛地。甲子，星出辇道东，如太白，西南慢流，至渐台南没，赤黄，有尾迹。又星出腾蛇西北，如太白，西北急流，至浊没，青白，有尾迹，明烛地。丙寅，星出天仓南，如太白，向南急流，至浊没，赤黄，有尾迹，明烛地。戊辰，星出昴东南，如太白，向西急流，至天阴西没，青白，有尾迹，明烛地。甲戌，星出壁南，如太白，向东南急流，至天仓南没，赤黄，有尾迹，明烛地。丙戌，透云星出参旗北。如太白，向东慢流，至觜北没，赤黄，有尾迹。丁亥，透云星出娄东，如杯，向东急流，至胃北没，青白，有尾迹，明烛地。庚寅，透云星出张南，如太白，东南急流，至浊没，赤黄，有尾迹，明烛地。十一月癸巳，星出外屏西，如太白，西南急流，至羽林军西没，赤黄，有尾迹，明烛地。庚申，星出外屏西南，如太白，西北慢流，至浊没赤黄，有尾迹。十二月甲子，透云星出中天，如杯，西南急流，至浊没，赤黄，有尾迹，明烛地。戊辰，透云星出五车北，如太白，西北急流，至浊没，青白，有尾迹，明烛地。

三年二月丙子，透云星出太微垣，如太白，慢流至浊没，赤黄，有尾迹。四月庚申，星出贯索西南，如太白，急流至女床东没，赤黄，有尾迹，明烛地。五月乙未，星出平星西，如杯，急流至浊没，青白，有尾迹，明烛地。辛丑，星出天桴南，如太白，急流至渐台东南没，赤黄，有尾迹。六月壬戌，星出女床南，如太白，急流至织女西没，赤黄，有尾迹。明烛地。七月癸丑，星出室北，如太白，急流至天仓东北没，赤黄，有尾迹，明烛地。乙卯，透云星出危南，如太白，急流至浊没，赤黄，有尾迹，明烛地。丁巳，星出左史东，如太白，慢流至觜北没，青白，有尾迹，明烛地。八月癸亥，星出天津南，如太白，急流至天桴北没，赤黄，有尾迹。乙酉，星出天仓南，如太白，慢流至浊没，青白，有尾迹，明烛地。九月乙未，星出七公北，如太白，慢流至角北没，青白，有尾迹，明烛地。丁未，星出五车西北，如太白，急流至文昌南没，青白，有尾迹，明烛地。辛亥，星出右史西，如太白，急流至壁东没，赤黄，有尾迹，明烛地。壬子，星出天仓南，如太白，急流至浊没，赤黄，有尾迹，明烛地。又星出昴南，如杯，慢流至诸王没,青白,癸丑,星出北斗天璇东,如太白,慢流至辇道西南没,赤黄,有尾迹,明烛地。又星出阁道西北,如太白,急流至大将军西没,赤黄,有尾迹,明烛地。甲寅,星出柳西南,如太白,急流至屏星没,赤黄,有尾迹,明烛地。又星出文昌西北,如杯,急流至钩陈西没,赤黄,有尾迹,明烛地。十月己未,星出天市垣吴越星西,如太白,急流至浊没,赤黄,有尾迹,明烛地。丁丑,透云星出织女西南,如太白,急流至浊没,青白,有尾迹,明烛地。壬午,星出亢池东南,如太白,急流至浊没,青白,有尾迹,明烛地。十一月癸巳,星出五车东南,如太白,东北慢流,至浊没,青白,有尾迹,明烛地。甲午,星出太微垣郎位西北,如太白,急流至周鼎北没,赤黄,有尾迹,明烛地。戊戌,星出柳北,如太白,急流至轩辕西没,赤黄,有尾迹,明烛地。壬子,星出紫微垣太一西,如太白,慢流至铁锧南没,赤黄,有尾迹,明烛地。十二月丁巳,星出南河北,如太白,急流至浊没,赤黄,有尾迹,明烛地。

四年正月甲辰,星出北斗开阳南,如太白,东北急流,至钩陈没,青白,有尾迹,明烛地。二月戊午,星出井南,如太白,向北急流,至弧矢西北没,赤黄,有尾迹,明烛地。丙子,星出星宿北,如太白,向北急流,至紫微垣右枢西没,赤黄,有尾迹,明烛地。三月己未昼,星出东南丙位,如太白,西南急流,至西南未位没,赤黄,有尾迹。四月壬辰,星出天渊东南,如太白,南慢流,至浊没,青白,有尾迹,明烛地。五月甲戌,星出人星东,如太白,向东急流,至浊没,青白,有尾迹,明烛地。庚辰,星出紫微垣钩陈西南,如太白,向北慢流,至浊没,赤黄,有尾迹,明烛地。六月甲申,星出亢西南,向西急流,至浊没,色赤黄;又星出室西南,急流至女西没,色青黄:皆如太白,有尾迹,明烛地。乙未,星出紫微垣少辅东,如太白,西北急流,至北斗天权西没,赤黄,有尾迹,明烛地。丙午,透云星出王良西北,如太白,东北急流,至浊没,青白,有尾迹,明烛地。戊申,星透云出室西北,如太白,西北急流,至紫微垣内钩陈南没。赤黄,有尾迹,明烛地,七月丙辰,星出天津北,如太白,东北急流,至天棓西没,色赤黄。戊午,透云星出匏瓜南,如太白,向东急流,至人星西南没,赤黄,有尾迹,明烛地。丙子,星出匏瓜南,如太白,西南速行,至牛西没,赤黄,有尾迹,明烛地。八月己酉,星出天市垣南海,向西南慢流,至浊没,色青白;又星出天大将军西,西北急流,至室东没,色赤黄:皆如太白,有尾迹,明烛地。九月壬子,星出女床西北,如太白,西南急流,至天市垣内斗星北没,赤黄,有尾迹,明烛地。乙卯,星出河鼓西,西南急流,入天市垣东海西没,色赤;又星出天园东,东南急流,入浊没,色青白:皆如太白,有尾迹,明烛地。戊午,透云星出牛西,大如杯,西南急流,至建北没,赤黄,有尾迹,明烛地。丁卯,星出天棓西,如太白,西北急流,入浊没,青白,有尾迹,明烛地。十月丁酉,星出天关东北,如太白,东南慢流,至浊没,青白,有尾迹。辛丑,透云星出文昌北,如太白,向北急流,入紫微垣内钩陈北没,赤黄,有尾迹,明烛地。十二月甲申,星出太微垣内五诸侯西,如太白,西南急流,至明堂南没,赤黄,有尾迹,明烛地。癸巳,透云星出天庙东,如太白,东南慢流,至浊没,青白,有尾迹,明烛地。乙巳,星出中台南,如太白,西南慢流,至八杀北没,赤黄,有尾迹,明烛地。丁未,星出天仓北,西南急流,至壁垒阵北没,赤黄;又星出天仓西北,西南急流,至浊没青白:皆如太白,有尾迹,明烛地。

元符元年二月丁亥,星出井北,如太白,急流至参没,赤黄,有尾迹,明烛地。戊申,星出宗正东,如太白,急流至天江南没,赤黄,有尾迹,明烛地。三月甲戌,星出明堂南,急流至土司空西没;又星出天乳北,急流至角没:皆如太白,赤黄,有尾迹,明烛地。四月乙酉,透云星出卷舌,如杯,慢流至浊没,青白,有尾迹。戊子,星出氐西,如太白,慢流至浊没,赤黄,有尾迹,明烛地。丙午,星出文昌南,慢行至浊没;又星出平星东南,急流至浊没:皆如杯,青白,有尾迹。五月庚戌,星出斗宿南,如太白,急流至浊没,赤黄,有尾迹,明烛地。戊辰,星出左旗东南,如太白,急流至下台东没,赤黄,有尾迹,明烛地。癸酉,星出文昌东,如太白,急流至浊没,青白,有尾迹,明烛地。六月癸巳,星出天津东南,如杯,至室东没,青白,有尾迹。又星出室,如杯,至壁东没,青白,有尾迹。辛丑,星出箕,如太白,急流至尾没,赤黄,有尾迹,明烛地。壬寅,星出文昌西,如太白,慢行至浊没,赤黄,有尾迹,明烛地。七月丁未,星出天津西北,如太白,急流至建东没,赤黄,有尾迹,明烛地。甲寅,星出腾蛇东北,如太白,急流阁道东没,赤黄,有尾迹,明烛地。乙卯,星出大角东北,如太白,急流至浊没,青白,有尾迹。丁巳,戌时初刻,星出东方,如杯,急流至浊没,赤黄,有尾迹。癸亥,星出钩陈南,如太白,慢行至文昌北没,赤黄,有尾迹,明烛地。八月壬辰,西南方有星自浊出,如太白,慢行经天,至紫微垣北斗天枢西北没,赤黄,有尾迹,明烛地。九月癸亥,星出天囷东南,如太白,急流至浊没,青白,有尾迹。丙寅,星出井西,如太白,急流至室西北没,赤黄,有尾迹,明烛地。十月丁酉,星出壁南,如太白,急流至女西没,赤黄,有尾迹,明烛地。十一月辛未,星出胃南,如太白,慢行至娄西南没,赤黄,有尾迹,明烛地。

　　二年正月辛酉,星出太阳守东南,如太白,慢流至浊没,青白,有尾迹,明烛地。二月丙申,星出钩陈东,如太白,西北慢流,至浊没,青白。壬寅,星出天市垣赵星西南,如太白,急流至吴越星没,赤黄,有尾迹,明烛地。癸卯,星出灵台北,如太白,向西慢行,至轩辕没,赤黄,有尾迹,明烛地。五月戊辰,星出氐西南,如太白,西南速行,至浊没,青白,有尾迹,明烛地。六月丁酉,星出亢池东,如太白,西北急流,至太微垣东扇上将没,赤黄,有尾迹,明烛地。戊戌,透云星星出壁垒阵南,如太白,东南速行,至羽林军没,赤黄,有尾迹。八月乙未,透云星出阁道东,如太白,东北急流,至浊没,赤黄,有尾迹,明烛地。九月己巳,星出昴东南,如太白,向南慢流,至天苑没,青白,有尾迹,明烛地。闰九月乙亥,星出河鼓西,如太白,西南急流,入天市垣内没,青白,有尾迹,明烛地。又星出天苑东南,如太白,向南急流,至浊没,青黄,有尾迹。明烛地。十月辛丑,星出女西北,如太白,西南急流,至牛西北没,青白,有尾迹。明烛地。癸卯,星出上台东,如太白,西北急流,至文昌没,青白,有尾迹,明烛地。

壬戌,星出壁南,如太白,向南急流,入羽林军没,赤白,有尾迹,明烛地。十一月丙子,星出阴德东,如太白东北慢行,至北斗魁内大理西没,赤黄,有尾迹。庚寅,星出中台东,如太白,向北急流,至浊没,赤黄,有尾迹,明烛地。

三年五月癸巳,星出织女,如杯,西北慢流,至北斗摇光没,青白,有尾迹,明烛地。

宋史卷六〇
志第一三

天文十三

流陨四

建中靖国元年正月癸亥,星出西南,如盂,东北急流,入尾距星没,青黑,无尾迹,明烛地。

崇宁元年三月庚辰,星出张,如金星,西南急流,至浊没,赤黄,有尾迹,明烛地。五月丁卯,星出尾,如杯,西南慢流,入浊没,青白,有尾迹,明烛地。闰六月癸酉,星出斗,向西南慢流,至建没,青白,有尾迹,数小星从之。八月己卯,星出羽林军,如杯,急流至浊没,青白,有尾迹,明烛地。十月壬子。星出天船,如盂,急流至五车没,青黑,有尾迹,声隆隆然。十二月己卯,星出娄,如金星,西南慢流,至外屏没,赤黄,有尾迹,明烛地。二年正月戊申,星出未位,如金星,急流至北河没,青白,有尾迹,明烛地。六月戊午,星出亢,如金星,西南急流,入浊没,赤黄,有尾迹,明烛地。九月辛巳,星出牛,如杯,西南慢流,至狗国没,青白,有尾迹,明烛地。十一月甲辰,星出参,如金星,西南急流,至浊没,青白,有尾迹,明烛地。十二月丁未,星出大陵,如金星,至腾蛇没,赤黄,有尾迹。明烛地。三年四月戊申,星出轸,如杯,西北慢流,入太微垣内屏星没,赤黄,有尾迹,明烛地;又入太微;又入屏星。六月丙午,星出氐,如金星,东北慢流,入天市垣,赤黄,有尾迹,明烛地。八月己酉,星出建,如杯,西南急流,至鳖没，青白，有尾迹，明烛地。十二月甲子，星出天大将军，如盂，西北急流，入王良没，赤黄，无尾迹，明烛地。四年正月甲申，星出角，如盂，西南慢流，入浊没，青白，无尾迹。闰二月壬申，星出井，如金星，西北急流，入五车没，青白，有尾迹，明烛地。三月庚子，星出紫微垣华盖，如杯，至钩陈大星没，赤黄，有尾迹，明烛地。五月庚申，星出河鼓，如盂，西北急流，入浊没，青白，无尾迹。十二月甲午，星出参，如杯，东南慢流，入军市没，赤黄，有尾迹，明烛地。五年六月庚午，星出西咸，如金星，东北急流，入天市垣内没，青白，有尾迹，明烛地。六月乙酉，星出库楼，如杯，向西急流，入浊没，赤黄，有尾迹，明烛地。九月癸卯，星出天船，如杯，慢流至诸王没，青白，有尾迹，明烛地。十二月壬戌，星出奎，向南急流，入天仓没，青白，有尾迹及三丈，明烛地，声散如裂帛，

大观元年二月丁卯，星出参，如杯，西南急流，入浊没，赤黄，无尾迹，明烛地。四月辛未，星出轸，如盂，向南慢流，入浊没，青白，有尾迹，明烛地。六月乙亥，星出尾西南，如杯，西南慢流，入浊没，青白，有尾迹，明烛地。七月庚戌，星出箕，如杯，西南急流，入浊没，赤黄，无尾迹，照地明。二年十二月癸卯，星出奎，如盂，西北急流，入造父没，青白，有尾迹，照地明，有声。

政和元年四月丙辰，星出亢，如盂，西北急流，至右摄提没，赤黄，有尾迹，照地明。五月辛巳，日未中，星陨东南。二年九月乙卯，星出斗，如杯，西南急流，入浊没，赤黄，有尾迹，照地明。三年四月丙申，星出心，如盂，西南急流，至积卒没，青白，有尾迹，照地明。四年九月庚子，星出坟墓，如盂，东南急流，入羽林军没，青白，有尾迹，照地明。七年十二月甲子，星出胃东南，如盂，西北急流，至天大将军没，赤黄，有尾迹，照地明。

重和元年九月庚戌，星出斗魁南，如盂，东南急流，至天渊没，赤黄，有尾迹，照地明。

宣和元年三月丁卯，星出柳，如盂，东北急流，入太微垣，赤黄，有尾迹，照地明。十月戊子，星出云雨，如盂，西南慢流，入羽林军内

没，青白，照地明。二年六月庚寅，星出氐南，如太白，东北急流，入天市垣，无尾迹。十二月辛巳，星出奎西南，如杯，西南慢流，至北没，赤黄，有尾迹，照地明。三年七月癸未，星出斗，如太白，东南急流，入浊没，青白，有尾迹，照地明。四年十一月丙寅，星出王良北，如杯，急流至紫微垣内上辅北没，赤黄，有尾迹，照地明。五年二月丙午，星出北河东北，如杯，东南慢流，至轸没，赤黄，有尾迹，照地明。六年七月丁酉，星出太阳守，如盂，东北急流，入浊没，赤黄，有尾迹，照地明。七年十一月戊子，星出王良北，如杯，急流入紫微垣上辅北，赤黄，有尾迹，照地明。

靖康元年二月丙辰，星出张，如太白，东南急流，至浊没，青白，有尾迹，照地明。又星出北河，如太白，东南慢流，至轸东没，赤黄，有尾迹，照地。三月壬辰，星出紫微垣内钩陈东南，如金星，东北慢流，至浊没，赤黄，有尾迹，照地。五月乙未，星出权东北，如桃，西北急流，至浊没，青白，有尾迹，照地。六月癸丑，星流大如五斗器，众光随之，明照地，起东南，坠西北，有声如雷。庚申，星出紫微垣内华盖东南，如金星，向北急流，至左枢没。二年正月乙未，大星出建，向西南急流，至浊没，赤黄，有尾迹，照地。

建炎四年六月乙酉，星出紫微垣钩陈。十月辛未，星出壁。

绍兴元年四月甲戌，星出东方，昼陨。七月乙未朔，星出河鼓。八月辛未，星出羽林军。十一月庚戌，星出娄宿西南。丁巳，星出天枪北。十二月甲子朔，星出大陵西北。二年三月甲午，星出紫微垣华盖西南。乙卯，星出角。丁巳，星出紫微垣右枢星。戊午，星出轩辕大星西南。闰四月乙巳，星出太微垣西右执法北。五月癸未，星出河鼓。五年十月壬戌，星出室东南，赤黄而大。六年十月壬子，星出壁西北。七年八月壬寅，星陨于汴。八年十一月乙巳，星出天囷东北。九年五月癸未，星出房宿东南。十七年八月己未，星出危宿，慢流至贯索没，青白色，有尾迹，照地明，大如太白。二十六年六月丁亥，星出东北方，光明照地。二十八年六月戊戌，星昼陨，有尾长三丈，至西北没。二十九年八月戊寅，星出紫微垣西南，约长三尺，

赤黄色,西南急流,至钩陈大星东北没。三十一年六月乙卯,星出右
摄提,赤白色,急流向东南没,有尾迹。大如岁星。丁巳,星出,青白
色,自东北急流向东南没,有尾迹,大如盏口。甲子,星出氐,赤黄
色,慢流至角宿天田没,初小后大,如太白,后有小星随之。九月壬
午,星昼陨,约长三丈。

　　隆兴元年六月丁丑,星出尾宿,青白色,向东南慢流没。七月壬
寅,星出天市垣内,赤色,向西北慢流,至右摄提西南没,炸散小星
二十余颗,有声,尾迹大如太白。丙午,又出天市垣,慢流至氐宿没,
青白色,微有尾迹,小如填星。癸丑,星出织女,急流向贯索西北没,
青白色,明大如土星,照地。丙辰,星出辇道,急流入天棓西南没,赤
黄色,有尾迹,小如土星。八月庚申,星出羽林军。赤黄色,向东南
急流,至浊没。戊辰,星出虚宿,赤黄色,急流至牛宿西南没。星出
天市垣,赤青色,慢流至西咸西北没。癸酉,星出壁宿,赤黄色,急流
犯王良星没,如太白。丙子,星出羽林军门,青白色,慢流委曲行,至
东南浊没。辛巳,星出南斗,赤黄色,慢流入羽林军没,有尾迹,大如
金星;次有星一,赤黄色,有尾迹,亦如金星,出云雨星,慢流向西
南,至女宿之下没。戊子,星出羽林军门东南,慢流至浊没,青白色,
有尾迹,大如土星。又星一,青白色,出天仓,向东南急流,有尾迹,
小如木星,至浊没。九月庚戌,星出紫微垣外座,赤黄色,向西北急
流,抵紫微垣内座尚书星没。十一月庚寅,星出轸宿,急流向东南骑
官星没,赤黄色,有尾迹,大如木星。丁未,飞星出天船,急流向紫微
垣外座内厨西北没,炸出二小星,青白色,有尾迹,照地,大如木星。
二年二月辛酉,飞星出权星,慢流至太微垣内五帝座大星西南没,
青白色,微有尾迹,大如岁星。六月丁丑,星出王良,青白色,急流犯
天津西南没。己卯,飞星出造父,急流入紫微垣内钩陈大星东南没,
青白色,大如填星。辛亥,星出天关,急流贯入毕口西北没,有尾迹,
照地明,大如太白,赤黄色,十月丙辰,星出赵国,向西南慢流,犯赵
东星没,有尾迹,大如填星,赤黄色。十一月壬午朔,星出卯位,慢流
至西南没,有尾迹,照地明,大如太白,青白色。癸未,星出,犯弧矢,

急流至天庙东南没，有尾迹，大如太白，青白色。丁亥，星出天苑，向西南慢流，至浊没，微有尾迹，大如太白，色赤黄。癸卯，星出羽林军，慢流向西南浊没，大如太白，色赤黄。辛亥，星出南河，向东南慢流，至翼宿没，微有尾迹，大如太白，色赤黄。十二月壬午，星出弧矢，向东南至浊没，有尾迹，照地明，大如太白，色青白。

乾道元年三月丙辰，星出周国，急流至天鸡没，微有尾迹。大如岁星，色黄白。甲子，星出张宿，慢流向西南，至浊没，有尾迹。照地明，大如太白，色赤黄。五月丁丑，星出河鼓，白色，向东北慢流，至浊没，有尾迹，照地明，大如太白。六月甲辰，星出东北，慢流向西南没，有尾迹、音声，大如太白，色赤黄。七月壬戌，星出西南，慢流至东南没，大如岁星，色赤黄。庚午，星出代国，慢流至赵国没，大如岁星，色青白。九月戊申，星出王良，慢流至尾宿没，十月癸未，星出权星东南，急流至太微垣没，有尾迹，照地明，如太白，色青白。二年二月庚子，星出西北方，急流至浊没，明大如岁星，色青白。六月丙子，星出角宿，急流至轸宿没，有尾迹，大如太白，色赤黄。七月己巳，星出织女，急流至天市垣内宗星没，有尾迹，大如岁星，青白色。十一月己未，星出，急流东南苍黑云间没，大如岁星，色青白。十二月，星出天关，急流至外屏星没，有二小星随之，赤黄色，微有尾迹，大如岁星。三年九月甲午，星出卷舌，急流至娄宿没，有尾迹，大如岁星，黄白色，又有星青白色，出北斗，急流至少宰西北没，大如岁星。五年七月甲子，星出宗正，赤色，慢流至女宿没，有尾迹，照地明，大如岁星。九月丙辰，星出，赤黄色，如蛇，入天桴没，六年九月辛巳，星出狼星，入弧矢，至浊没，微有尾迹，大如填星，赤黄色。十月庚戌，星出天囷，急流至浊没，有尾迹，大如岁星，赤黄色。七年七月戊戌，星大如拳，急流向西北方，至浊没，有尾迹，照地如电。九月甲午，透云星出，急流向西南方，至浊没，高丈余，有尾迹，照地明，大如太白，色青白。

淳熙三年正月辛未，星出狼星，急流至浊没，尾迹照地明。大如太白。四月戊戌，出角宿，青白色。五年八月乙巳，星出狼星，急流向东南没,微有尾迹,大如太白,青白色。六年八月壬辰,星出紫微垣钩陈大星,慢流至浊没,有尾迹,大如盏口,青白色。七年五月乙亥,星出天市垣内东海星,慢流,炸作三小星,有尾迹,照地,大如盏口,青白色。八月丁未,星出贯索大星西北,急流至浊没,有尾迹,照地明,大如太白,色青白。十一年四月乙丑,星出自中天,慢流向东北方没,微有尾迹,炸作小星相从,有声,明大如太白,色青白。十五年二月辛未,星出太尊,大如盏口,急流至浊没,色青白。

庆元二年九月甲午,四年六月甲午,星皆昼陨。七月壬寅,星出羽林军下,青白色,大如碗。九月丁巳,星出奎宿,向壁垒阵没,赤白色,大如太白。五年六月丁丑,星出东北,慢流至西南方没,大如岁星,青白色。九月壬子,星出西南,慢流向东北没,大如太白,青白色。

嘉泰二年四月辛巳,星出西北,急流东北至浊没,色赤。十月乙酉,星出五车,大如岁星。四年十一月庚午,星出天津,急流入天市垣没。

开禧元年正月庚子,星出中天,赤色,大如太白,向浊没。七月癸亥,星出天津,入斗宿东南没,色赤,大如太白。二年六月癸丑,星出招摇,入库楼,色赤,大如太白。

嘉定元年六月辛未,星出天津东北,慢流向天市垣没。二年六月壬午,星出织女东南,慢流入天市垣没,色赤,有尾迹,照地明,大如太白。庚寅,星出中天,急流向东北,至浊没。三年九月己酉,星夕陨。五年七月己巳,星出中天,慢流向西南方,至浊没,六年五月癸亥,星昼陨。九月癸卯,星夕陨。丁巳,星昼陨。十月戊戌,星出昴宿西南,慢流向天廪东南没。壬戌,星出西南,慢流至浊没,青白色。十二月壬寅,星昼陨。七年三月壬午,星出轸宿距星东南,慢流至浊没,五月辛卯,星出天津西南,慢流向心宿西北没。八年七月癸未,星出室宿星东北,急流向天仓星西北没。乙酉,星出织女东南,慢流向心宿西北没,有尾迹,照地明,大如太白,青白色。八月甲辰,星出天津西南,慢流向河鼓东北没。十二月丙申,星出五诸侯东北,慢流向天关西南没,有声及尾迹,明照地,赤黄色。九年六月乙巳,星出牛宿距星东北,慢流至浊没。十年五月壬申,星出尾宿距星西北,慢流向牛宿距星东南没。十一年六月乙卯,星出河鼓距星西南,急流向正西,至浊没。十二年十一月己亥,星出昴宿东南,急流至浊没。十三年十二月丁巳,星出参旗东北,慢流至浊没,赤黄色。十四年二月壬戌,星出南河距星东南,慢流向西南,至浊没,赤黄色。八月戊午,星出房宿距星,急流至浊没,有尾迹,照地明,大如太白,赤黄色。十一月甲申,星出天仓距星西北,慢流向东南方,至浊没,赤黄色。十六年十一月壬戌,星出五诸侯东北,急流向西北,至浊没,色赤黄,隆隆有声,及尾迹照地,大如盏。

宝庆二年四月辛亥,星出,大如太白。

绍定元年六月己酉,星昼陨。二年正月庚辰,九月壬辰。星出,大如太白。三年十一月丁未,星昼陨。四年七月庚戌,星出,大如太白。九月甲辰,星昼陨。五年八月甲寅,星夕陨。闰九月己酉,星出,大如太白。

端平元年六月丙戌,星西南行,大如太白,有尾迹,照地明。二年四月戊子,星出,大如太白。六月庚辰,星昼陨。七月丁酉,星出,大如太白。辛丑,星昼陨。十月辛卯,星出,大如太白。三年五月庚辰,星出心宿,大如太白。六月癸巳,星夕陨。

嘉熙元年正月壬午,星出,大如太白。二月己丑,星夕陨。九月癸丑,星出七公西,至浊没。十月戊戌,星出,大如桃。二年四月甲子,七月辛卯,九月乙未,星出,大如太白。六月甲辰,八月癸亥,星昼陨。三年三月甲戌,星昼陨。八月辛丑,星出,大如太白。四年正月辛巳,六月戊午,星出,大如太白。二月辛丑,三月癸未,星昼陨。

淳祐元年六月癸酉,星出,大如太白。己卯,星昼陨。三年六月甲戌,星出氐宿距星,大如太白。八月乙卯,星昼陨。四年四月丙子,星出尾宿距星下,大如太白。六月乙未,星出毕宿,大如太白。六年七月癸酉,星出室宿,大如太白。九月甲子,星出斗宿,尾迹青白照地,大如太白。七年九月丙辰,星出室宿。八年六月甲辰,星出河鼓,

大如太白。十月丙戌,星出角宿距星。九年六月壬戌,其日,星自南
方急流,至浊没,赤黄,大如太白。十月壬申,星出织女。十年四月
丁酉朔,星夕陨。十一年七月丁丑,星出毕宿距星,赤黄色,大如太
白。八月己丑朔,星夕陨。十二年四月庚申,星出角宿、亢星,大如
太白。八月癸丑,星出角,色赤照地。

宝祐元年四月丁巳,星出,大如太白。二年七月庚戌,星出,大
如太白。三年七月辛酉,星出,大如太白。十月丁丑,星出毕宿距星。
五年七月丁卯,星出,大如桃。六年九月戊辰,透霞星出。

开庆元年六月己亥,星出斗宿河鼓,急流向东南,至浊没,赤黄
色,有音声,尾迹照地明,大如太白。

景定元年七月丙子,星出东南,大如太白。十月乙卯,星出东
北,急流向太阴,有音声,尾迹照地明,大如桃。三年四月甲辰,星
出,大如盏。六月己酉,星出,大如荧惑。九月丙子,星出,大如太白。
闰九月丙戌,透霞星出,大如太白。庚子,星出大如太白。四年五月
戊戌,星出角宿距星。六月丁卯,星出河鼓。八月乙卯,星出天仓。
五年二月壬戌,星出毕宿。五月甲午,星出河鼓大星东南,急流向西
北,至浊没,赤黄,有尾迹,照地明,大如太白。七月己卯,星出右摄
提。

咸淳二年六月甲戌,星出左摄提。三年七月庚寅,星出昴宿东
南,急流至浊没,赤黄,有尾迹,照地明,大如太白。四年七月戊午,
星出氐宿距星西北,急流入骑官星没,赤黄,有尾迹,照地明,大如
桃。五年五月庚申,星出斗宿距星东北,急流向牛,至浊没。六月庚
寅,星出斗宿。七月壬戌,星出东南河鼓距星西北,急流至浊没。

德祐元年四月癸亥,有大星自心东北流入浊没。

妖星

建隆二年五月己丑,天狗坠西南。

绍兴十七年正月乙亥,妖星出东北方女宿内,小如岁星,光芒
长五丈,二月丙寅始消。

淳熙十三年九月辛亥,星出,大如太白,色先赤后黄白,尾迹约二尺,委曲如蛇行,类枉矢。十四年五月,有星出浊际,大如日,与日相摩荡而入。

嘉定十一年五月癸未,蚩尤旗竟天。

端平二年春,天狗坠怀安金堂县,声如雷,三州之人皆闻之,化为碎石,其色红。

咸淳十年九月壬寅,有星现西方,曲如蚓。

德祐元年二月丁亥,有星二斗于天中天,顷之,一星坠。

　　星变
绍兴三十一年六月戊午,大角星东北生角。

隆兴二年九月戊戌,大角光体摇动。十月丙子,弧矢九星内矢一星偏西不向狼星。

乾道元年八月乙巳,大角光体摇动。

淳熙元年七月辛亥,奎宿生芒。

　　云气
乾德三年七月己卯夜,西方起苍白气,长五十丈,贯天船、五车,亘井宿。

开宝元年十月己未旦,西北起苍白气三道,长二十丈,趋东散。

太平兴国四年己巳夜,西北有白气压北斗。

雍熙三年正月己未夜,赤气如城。四年正月癸酉夜,白气起角、亢,经太微垣,历轩辕大星,至月傍散。

端拱元年十月壬申迟明,巽上有云过中天,连地,浓润,前赤黄,后苍黑色,先广后大,行势如截。十一月戊午夜,北西方有气如日脚,高二丈。

至道二年二月丙子夜,西方苍白色气长短八道,如彗扫,稍经天,参错如交蛇。

咸平三年十月辛亥,黑气贯北斗。十二月庚午,黑气长三丈余,贯心宿,入天市垣抵帝座,久方散。四年三月丙申,白气二,亘天。十月辛亥,黑气贯北斗,五年正月,白气如虹贯日,久而散。七月戊戌,白气如阵贯东井,六月己巳,白气东西亘天,丁丑,白气贯日。六年五月辛亥,白气出昴,至东壁没。六月辛未,赤气出贯天,丙子,白气出河鼓左右旗,分为数道没。七月癸卯,白气如彗起西南。

景德元年三月,白气贯轩辕,苍白气十余如布亘天。五月乙巳,白气数道如芒彗,长七尺许。七月辛亥,黄气出壁,长五丈余。十一月癸丑,黑气十余道冲日。二年正月丙寅,黄白气贯月,黑气环之。二月丁丑,白气五道贯北斗。十月丙子,白气出阁东西,勃勃有光。三年三月丙辰,北方赤气亘天,白气贯月。四月癸卯,黄气如柱贯月。十月甲午,黑气贯北斗魁。四年三月己未,白气东西亘天。庚申,白气出南方,长二丈许,久而不散。四月庚午,白气贯北斗,长十丈。庚寅,白气如布袭月,三丈许。甲午,南方有黑气贯心宿,长五丈许。十一月己巳,中天有赤气如扫,长七尺,在舆鬼南。

大中祥符九年正月癸亥朔,黄气出于艮。丁丑,白气二,东西亘天。七月,西北方白云气如彗帚三十余条。二年九月戊午,黄气如柱起东南方,长五丈许。三年四月丁巳,中天黑气东西亘天。十二月癸亥,青赤气贯太微。五年二月壬寅,白气长五丈,出东井,贯北斗魁及轩辕。七年五月,有气出紫微为宫阙状,光烛地。

天禧三年四月,黄气如柱贯月。

天圣七年二月己卯夜,苍黑云长三十丈,贯弧矢、翼、轸。

明道元年十月庚子夜,黄白气五,贯紫微垣。十二月壬戌,西北有苍白气亘天。

景祐元年八月壬戌,青黄白气如彗,长七尺余,出张、翼之上,凡三十三日不现。四年七月戊申夜,黑气长丈余出毕宿下。

宝元二年正月壬子夜,苍黑云起西北方,长三十尺,渐东南行,历娄、胃、昴、毕及火、木,相次中天而散。三月甲寅夜,细黑云起西北方,长三十丈,贯王良及营室。

康定元年三月丙子夜,东南方近浊,黑色横亘数丈,阔尺许,良久散。六月壬子，黑气起心宿西，长五十丈，首尾侵浊，久之散。

　　庆历元年八月庚辰夜，东方有白气，长十尺许，在星宿度中，至十日，长丈余，冲天相，居星宿大星南九十余日没。壬午夜，黑气起西南，长七丈，贯危宿、羽林，入浊，至天津，良久散。癸卯夜，苍白云起西北，阔二尺许，道尾至浊，良久没。二年十一月壬申，黑气贯北斗柄。八月甲申，白云贯北斗。三年正月戊戌，中天有白气，长二十丈，向西南行，贯日。四月癸卯，白气二，生西北隅，上中天，首尾至浊，东南行，良久散。七月戊辰，西南生黑气，长三丈许，经天而散。八月壬子夜，白敢贯北斗魁。四年五月甲子夜，黑气起东北方，近浊，长五丈许，良久散。九月辛巳夜，中天有气长二丈许，贯卷舌、南河东北，少顷散。十一月甲子夜，苍白云起，南近浊，久方散。八年正月丁酉夜，黑气生，首尾至浊，渐东行，久之乃散。二月辛卯夜，西方近浊生黑气，长三丈，良久散。

　　皇祐四年十一月壬寅夜，黑气生东方，南北至浊，贯参宿、轩辕。辛酉夜，白气起北方，近浊，长五丈许，历北斗，久之散。

　　治平元年六月戊午夜，苍白云起东北方，长一丈许，贯毕。二年二月乙未夜，苍黑云气起西北方，长五丈许，贯东井及北斗，良久散。四月癸巳夜，苍黑云起西北方，长三十尺，西至轩辕大民，北抵钩陈。丙午夜，西北方有白气，渐东南行，首尾至浊，贯角宿，移西北，久方散。九月庚申夜，西北苍黑云长三丈许，贯营室壁垒阵及天河。三年六月丁未夜，东方有苍白云，长一丈许，贯毕。四年二月癸巳夜，苍白云起东方，长三丈，阔尺，贯南门星。三月甲寅夜，西南方起苍白云二，长三丈，阔尺，相距二尺，贯东井南河，久之乃散。闰三月辛巳夜，苍黑云起南方，两首至浊，阔尺，贯尾、箕、斗、牛、库楼、骑官。五月戊寅夜，苍黑云起北方，长三丈，阔尺，贯紫微垣、王良。壬寅夜，苍黑云起北方，长三丈阔尺，贯紫微垣。甲辰夜，苍黑云起南方，长丈，阔尺，贯天苑、五车、参旗。六月癸亥夜，白云起东北方，长五丈，上阔下狭，贯天船、阁道、传舍、紫微垣、天棓。戊辰夜，黑云起北方，长三丈，阔尺，贯北斗、紫微垣、王良。八月乙亥夜，黑气起

西北方,长丈,阔尺,贯北斗。十月庚申夜,黄气一,上下贯月中。十
一月丙子夜,苍黑气起南方,长五丈,阔二尺,东至库楼,北至南河,
横贯翼。十二月庚戌夜,苍黑云起南方,长三丈,阔二尺,阔二尺,贯
五车、东井、五诸侯。

熙宁元年正月乙酉夜,苍白云起西南方,长四丈,阔尺,贯月及
南河、舆鬼、轩辕。六月己酉夜,苍黑云起北方,长二丈,阔尺贯北斗
魁,东贯文昌。十月庚申夜,苍黑云气起北方,东西两首至浊,贯织
女、天棓、紫微垣、北斗魁,二年四月甲辰夜,苍白云起东南方,长三
丈,阔尺,贯天市垣,六月辛酉夜,苍黑云气起西南方,长四丈,阔二
尺,贯大角、左右摄提,天市垣,斗、女、牛。七月甲申,日下有五色
云。十一月,每夕有赤气现西北隅,如火,至人定乃灭。三年二月庚
申夜,苍黑云起西北方,长三丈,阔二尺,贯王良、扶箱、天厨。六月
己未夜,苍黑云起西北方,长丈,阔尺,贯五车,又起西北,长丈余,
贯北斗魁、文昌。五年七月丁亥夜,白云起南方,长丈,贯氐、房、心。
六年五月庚申夜,苍黑云起东北方,长五丈,阔二尺,贯云雨、阁道。
七年三月壬子,苍白云起西南方,长二丈,阔尺,贯日,经中天过白
气如带,四月壬申夜,白云起北方,长五丈,阔二尺,贯北斗魁、钩
陈、王良、阁道,东至奎。丙戌夜,苍白云气起西北方,长三丈,阔尺,
贯东井,紫微垣钩陈。六月辛未夜,苍黑云起天河中,长五丈,南北
两首至浊,贯尾、箕;又苍黑云起东方,长五丈,贯羽林;外屏。甲戌,
苍白云起西方,长三丈,贯轸、角、太微。丙戌夜,苍白云起南方,长
二丈,贯危、室、壁及八魁。丁亥夜,苍白云起东方,长二丈,贯月及
毕、奎、娄、外屏;又起南方,长二丈,贯危室、壁及八魁。壬辰夜,苍
白云气起西南方,长二丈,贯天棓、紫微垣。癸巳夜,苍黑云起东方,
长五丈,贯牛、天仓、岁、太白、卷舌。七月庚戌夜,苍白云起东方,长
丈余,贯参旗及参。八年二月己巳夜,苍黑云起西方,长丈,贯轸、轩
辕。乙酉夜,苍黑云起东方,长三丈,贯心、天市垣列肆宗人。五月
壬戌夜,苍黑云起西南方,长二丈,贯氐、房、心。癸亥,苍黑云起西
方,长三丈,贯轩辕、太微垣五帝座。十月庚子夜,黑云起西北方,长

三丈,贯毕、大陵、钩星。九年四月庚寅夜,白气起东北方天棓,入天市垣。辛亥夜,苍黑云气起南方,长二丈,贯库楼、骑官、积卒、心尾。六月乙未夜,苍白云起东北方,长四丈,贯室、壁阁道。七月己亥夜,苍黑云起南方,长四丈,贯军市、天园。十月乙酉夜,苍黑云起西北方,长四丈,贯北斗、钩、车府。十年六月癸未夜,苍黑云起南方,长三丈,阔尺,贯龟、鳖、天渊。乙巳夜,苍白云起东北方,长三丈,阔尺,贯五车及毕。七月丙子夜,苍黑云起东北方,长丈,贯北斗魁。八月庚辰,苍黑云起东北方,长二丈,贯参、井、北河、五诸侯。九月庚申夜,苍黑云起北方,由北斗魁杓贯紫微垣,至天棓。十月辛丑夜,苍黑云起南方,长二丈,贯斧钺、铁锧。

元丰二年四月戊申夜,白云起南方,长三丈,贯库楼、积卒、龙尾。辛亥夜,苍白云起南方。长三丈,贯房。五年四月壬申夜,苍白云起北方,长二丈,出太微垣,贯五帝座、常陈。八年十月庚申夜,苍黑云生北方,长三丈,阔尺,贯北斗、文昌、天枪。

元祐三年七月戊辰夜,东北方近浊,天明照地,如月将出,偏西北有白气经天。九月己酉,夜,赤气起北方,渐生白气数道。

绍圣二年十一月,桂阳监庆云现。

元符二年九月戊辰夜,赤气起北方,紫微垣北斗星东南;次有白气十道,各长五尺。

崇宁元年十一月己酉,赤气随日没。二年五月戊子夜,苍白气起东南方,长三丈,贯尾、箕、斗。

政和元年十一月甲戌夜,苍白气起紫微垣,贯四辅。五年四月庚子,有白云自北直彻中天,渐成五色,如华盖。七年五月乙卯夜,赤云、白气起东北方。

宣和元年六月辛巳夜,赤气起北方,半天如火。七月戊午夜,赤云起东北方,贯白气三十余道。二年二月戊戌夜,赤云起东北,渐向西北,入紫微垣。三年九月壬午夜,苍白气长三丈,贯月。四年九月丁丑,西方日下有赤气。七年四月壬子夜,有赤云入紫微垣。

靖康元年正月丁丑夜,赤白气起西方。九月戊寅,有赤气随日出。九月乙未,西方日下有赤气。十一月乙丑,日下有赤气。闰十一月丁酉,赤气亘天。二年正月己亥夜,西北阴云中有火光,长二丈余,阔数尺,时时现。二月壬午夜,白气如虹,自南亘北,渐移西南至东北。三月戊子夜,白气贯斗。

建炎元年八月壬申,东北有赤气。四年五月壬子,赤云亘天中,有白气十余道贯之如练,起于紫微,犯北斗及文昌,由东南而散。

绍兴元年二月己巳,白气亘天。七年正月辛未夜,东北赤气如火,出紫微宫;二月癸卯,又如之。十一月癸卯,有赤云如火,随日入。八年九月甲申朔夜,有赤气如火,出紫微垣内。十八年八月丁亥,西北方赤气如火。二十七年二月乙酉,赤气出紫微垣。十月壬寅,赤气随日出。三十年正月壬申,东北方赤气一带五处如火影。十一月甲午,西南方白气自尾历壁、娄、昴宿。十二月戊申,其夜白气出尾宿,历心、房、氐、亢、角,入天市,贯太微,至郎位止,有类天汉。三十一年十二月辛丑,其夜,白气出斗宿,历牛、女、危,至娄止,约广六丈,类天汉,东西亘天。

隆兴元年十二月壬午,其夜,白气出危宿,历室、壁、奎、胃、娄至昴止。二年十一月庚寅,其日,赤云遍天,随日入。

乾道元年正月庚午,其夜,白气出奎宿,渐上,经娄、胃、昴,贯毕,入参宿内止。三月戊辰,其夜,白气自参宿至角宿止,与天汉相接,约广七丈。四月丁酉,其夜,苍白气自西北渐上,东北入天市垣;辛丑,入北斗魁中及入文昌星;乙巳,入紫微垣内至北极、天枢中。十月己丑,苍白云气长二丈,穿入翼宿。十一月丙寅,白气出女宿,历虚、危、室、壁、奎、娄、胃宿,入昴宿止。二年十二月庚子,白气亘天。六年十月庚午,赤气随日出。十一月丁丑,赤气随日入。七年七月壬寅,赤气随日入。十月己未,赤气随日出。八年十月乙巳,赤气随日入;丙午,随日出。九年十月壬申,其日,奇云现。

淳熙元年十月戊寅,东北方生曲虹。三年八月丁酉,赤气随日入;戊戌,随日出。五年十月丁巳,生曲虹。十年正月戊子,西南有白气,如天汉而明,南北广六丈,东西垣天。十四年十一月甲寅,赤气随日入。

绍熙四年十一月甲戌夜,赤云、白气现。五年六月壬寅,白气如带亘天;己酉,又如之。

庆元四年八月庚辰,白气如带亘天。五年二月癸酉,夜,白气如带亘天,八月癸亥,又如之。

嘉泰四年二月庚申,赤气亘天。十一月壬申,其日,白气如带亘天。癸酉,虹现。

嘉定六年十月乙卯,赤气随日出;十一月辛卯,随日入。

嘉熙四年二月丙辰,白气亘天。

淳祐二年二月癸丑朔,白气亘天。十年十一月丁丑,虹现。

景定三年七月甲申夜,白气亘天,如匹布。

宋史卷六一

志第一四

五行一上

水　上

　　天以阴阳五行化生万物,盈天地之间,无非五行之妙用,人得阴阳五行之气以为形,形生神知而五性动,五性动而万事出,万事出而休咎生。和气致祥,乖气致异,莫不于五行见之。《中庸》:"至诚之道,可以前知。国家将兴,必有祯祥;国家将亡,必有妖孽。见乎蓍龟,动乎四体,祸福将至,善必先知之,不善必先知之。"人之一身,动作威仪,犹见休咎,人君以天地万物为体,祯祥妖孽之致,岂无所本乎?故由汉以来,作史者皆志五行,所以示人君之戒深矣。自宋儒周惇颐《太极图说》行世,儒者之言五行,原于理而究于诚;其于《洪范》五行五事之学,虽非所取,然班固、范晔志五行已推本之,及欧阳修《唐志》,亦采其说,且于庶征惟述灾眚,而休祥阙焉,亦岂无所见欤?

　　旧史自太祖而嘉禾、瑞麦、甘露、醴泉、芝草之属,不绝于书,意者诸福毕至,在治世为宜。祥符、宣和之代,人君方务以符瑞文饰一时,而丁谓、蔡京之奸,相与傅会而为欺,其应果安在哉?高宗渡南,心知其非,故《宋史》自建炎而后,郡县绝无以符瑞闻者,而水旱、札瘥一切咎征,前史所罕见,毕屡书而无隐。于是六主百五十年,兢兢自保,足以图存。

《易·震》之《象》曰:"震来虩虩,恐致福也。"人君致福之道,有大于恐惧修省者乎?昔禹致群臣于会稽,黄龙负舟,而执玉帛者万国。孔甲好鬼神,二龙降自天,而诸侯相继叛夏。桑谷共生于朝,雉升鼎耳而雊,而大戊、武丁复修成汤之政。穆王得白狼、白鹿,而文、武之业衰焉。徐偃得朱弓矢,宋潜有雀生鹯,二国以霸,亦以之亡。大概征之休咎,犹卦之吉凶,占者有德以胜之则凶可为吉,无德以当之则吉乃为凶。故德足胜妖,则妖不足虑;匪德致瑞,则物之反常者皆足为妖。妖不自作,人实兴之哉!今因先后史氏所纪休咎之征,汇而辑之,作《五行志》。

润下,水之性也。水失其性,则为灾沴。旧说以恒寒、鼓妖、鱼孽、豕祸、雷电、霜雪、雨雹、黑眚、黑祥皆属之水,今从之。醴泉、河清虽为瑞应,苟非其时,未必不为异,故杂附于编。他如甘露、嘉禾、芝草一切祥瑞之物,见于后者,因其事而考其时,则休咎自见,故亦各以类相从云。

建隆元年十月,棣州河决。坏厌次、商河二县居民庐舍、田畴。二年,宋州汴河溢。孟州坏堤。襄州汉水涨溢数丈。四年八月,齐州河决。九月,徐州水损田。

乾德二年四月,广陵、扬子等县潮水害民田。七月,泰山水,坏民庐舍数百区,牛畜死者甚众。三年二月,全州大雨水。七月,蕲州大雨水,坏民庐舍。开封府河决,溢阳武。河中府、孟州并河水涨,孟州坏中潬军营、民舍数百区。河坏堤岸石,又溢于郓州,坏民田。泰州潮水损盐城县民田。淄州、济州并河溢,害邹平、高苑县民田。四年,东阿县河溢,损民田。观城县河决,坏居民庐舍,注大名。又灵河县堤坏,水东注卫南县境及南华县城。七月,荥泽县河南北堤坏。八月,宿州汴水溢,坏堤。淄州清河水溢,坏高苑县城,溺数百家及邹平县田舍。泗州淮溢。衡州大雨水月余。五年,卫州河溢,毁州城,没溺者甚众。

开宝元年六月,州府二十三大雨水,江河泛溢,坏民田、庐舍。

七月，泰州潮水害稼。八月，集州霖雨河涨，坏民庐舍及城壁、公署。二年七月，下邑县河决。是岁，青、蔡、宿、淄、宋诸州水，真定、澶、滑、博、洺、齐、颍、蔡、陈、亳、宿、许州水，害秋苗。三年，郑、澶、郓、淄、济、虢、蔡、解、徐、岳州水灾，害民田。四年六月，汴水决宋州谷熟县济阳镇。又郓州河及汶、清河皆溢，注东阿县及陈空镇，坏仓库、民舍。郑州河决原武县。蔡州淮及白露、舒、汝、庐、颍五水并涨。坏庐舍、民田。七月，青、齐州水伤田。五年，河决澶州濮阳。绛、和、庐、寿诸州大水。六月，河又决开封府阳武县之小刘村。宋州、郑州并汴水决。忠州江水涨二百尺。六年，郓州河决杨刘口。怀州河决获嘉县。颍川淮、埤水溢，淹民舍、田畴甚众。七月，历亭县御河决。单州、濮州并大雨水，坏州廨、仓库、军营、民舍。是秋，大名府、宋、亳、淄、青、汝、澶、滑诸州并水伤田。七年四月，卫、亳州水。泗州淮水暴涨入城，坏民舍五百家。安阳县河涨，坏居民庐舍百区。八年五月，京师大雨水。濮州河决郭龙村。六月，澶州河决顿丘县。沂州大雨，水入城，坏居舍、田苗。九年三月，京师大雨水。淄州水害田。

太平兴国二年六月，孟州河溢，坏温县堤七十步余，郑州坏荥泽县宁王村堤三十余步；又涨于澶州，坏英公村堤三十步。开封府汴水溢，坏大宁堤，浸害民田。忠州江涨二十五丈。兴州江涨，毁栈道四百余间。管城焦肇水暴涨，逾京水。濮州大水，害民田凡五千七百四十三顷。颍州颍水涨，坏城门、军营、民舍。七月，复州蜀、汉江涨，坏城及民田、庐舍。集州江涨，泛嘉川县。三年五月，怀州河决获嘉县北注。又汴水决宋州宁陵县境。六月，泗州淮涨入南城，汴水又涨一丈，塞州北门。十月，滑州灵河已塞复决。四年三月，河南府洛水涨七尺，坏民舍。泰州雨水害稼。宋州河决宋城县。卫州河决汲县，坏新场堤。八月，梓州江涨，坏阁道、营舍。九月，澶州河涨。郓州清、汶二水涨，坏东阿县民田。复州沔阳县湖荡涨，坏民舍、田稼。五年五月，颍州颍水溢，坏堤及民舍。徐州白沟河溢入州城。七月，复州江水涨，毁民舍，堤塘皆坏。六年，河中府河涨，陷连堤，溢入城,坏军营七所、民舍百余区。鄜、延、宁州并三河水涨,溢入州城:鄜州坏军营,建武指挥使李海及老幼六十三人溺死;延州坏仓库、军民庐舍千六百区;宁州坏军营、军民舍五百二十区。七年三月,京兆府渭水涨,坏浮梁,溺死五十四人。四月,耀、密、博、卫、常、润诸州水害稼。六月,均州涢水、均水、汉江并涨,坏民舍,人畜死者甚众。又河决临邑县。汉阳军江水涨五丈。七月,大名府御河涨,坏范济口。南剑州江水涨,坏居民舍一百四十余区。京兆府咸阳渭水涨,坏浮梁,工人溺死五十四人。九月,梧州江水涨三丈,入城,坏仓库及民舍。十月,河决怀州武陟县,害民田。八年五月,河大决滑州房村,径澶、濮、曹、济诸州,浸民田,坏居民庐舍,东南流入淮。六月,陕州河涨,坏浮梁;又永定涧水涨,坏民舍、军营千余区。河南府澍雨,洛水涨五丈余,坏巩县官署、军营、民舍殆尽。谷、洛、伊、瀍四水暴涨,坏京城官署、军营、寺观、祠庙、民舍万余区。溺死者以万计。又坏河清县丰饶务仓库、军营、民舍百余区。雄州易水涨,坏民庐舍。鄜州河水涨,溢入城,坏官寺、民舍四百余区。荆门军长林县山水暴涨,坏民舍五十一区,溺死五十六人。八月,徐州清河涨丈七尺,溢出。塞州三面门以御之。九月,宿州睢水涨。泛民舍六十里。是夏及秋,开封、浚仪、酸枣、阳武、封丘、长垣、中牟、尉氏、襄邑、雍丘等县河水害民田。九年七月,嘉州江水暴涨,坏官署、民舍,溺者千余人。八月,延州南北两河涨,溢入东西两城,坏官寺、民舍。淄州霖雨,孝妇河涨溢,坏官寺、民田。孟州河涨,坏浮梁,损民田。雅州江水涨九丈,坏民庐舍。新州江涨,入南砦,坏军营。

雍熙二年七月,朗江溢,害稼。八月,瀛、莫州大水,损民田。三年六月,寿州大水。

端拱元年二月,博州水害民田。五月,英州江水涨五丈,坏民田及庐舍数百区。七月,磁州漳、滏二水涨。

淳化元年六月,吉州大雨,江涨,漂坏民田、庐舍。黄梅县堨口湖水涨,坏民田、庐舍皆尽,江水涨二丈八尺。洪州涨坏州城三十堵、民庐舍二千余区。漂二千余户。孟州河涨。二年四月,京兆府河涨。陕州河涨。坏大堤及五龙祠。六月乙酉,汴水溢于浚仪县,坏连堤,浸民田;上亲临视,督卫士塞之。辛卯,又决于宋城县。博州大霖雨,河涨,坏民庐舍八百七十区。亳州河溢,东流泛民田、庐舍,七月,齐州明水涨,坏黎济砦城百余堵。许州沙河溢。雄州塘水溢,害民田殆尽。嘉州江涨,溢入州城,毁民舍。复州蜀、汉二江水涨,坏民田、庐舍。泗州招信县大雨,山河涨,漂浸已田、庐舍,死者二十一人。八月,藤州江水涨十余丈,入州城,坏官署、民田。九月,邛州蒲江等县山水暴涨,坏民舍七十区,死者七十九人。是秋,荆湖北路江水注溢,浸田亩甚众。三年七月,河南府洛水涨,坏七里、镇国二桥;又山水暴涨,坏丰饶务官舍、民庐,死者二百四十人。十月,上津县大雨,河水溢,坏民舍,溺者三十七人。四年六月,陇城县大雨,牛头河涨二十丈,没溺居人、庐舍。九月,澶州河涨,冲陷北城,坏居人庐舍、官署、仓库殆尽,民溺死者甚众。梓州玄武县涪河涨二丈五尺,壅下流入州城,坏官私庐舍万余区,溺死者甚众。十月,澶州河决,水西北流入御河,浸大名府城,知府赵昌言拥城门御之。

至道元年四月甲辰,京帅大雨雷电,道上水数尺。五月,虔州江水涨二丈九尺,坏城,流入深八尺,毁城门。二年六月,河南瀍、涧、洛三水涨,坏镇国桥。七月,建州溪水涨,溢入州城,坏仓库、民舍万余区。郓州河涨,坏连堤四处。宋州汴河决谷熟县。闰七月,陕州河涨。是月,广南诸州并大雨水。

咸平元年七月,侍禁、阁门祗候王寿永使彭州回,至凤翔府境,山水暴涨,家属八人溺死。齐州清、黄河泛溢,坏田庐。二年十月,漳州山水泛溢,坏民舍千余区,民黄拿等十家溺死。三年三月,梓州江水涨,坏民田。五月,河决郓州王陵埽。七月,洋州汉水溢,民有溺死者。四年七月,同州洿谷水溢夏阳县,溺死者数十人。五年二月,雄、霸、瀛、莫、深、沧诸州、乾宁军水,坏民田。六月,京师大雨,漂坏庐舍,民有压死者;积潦浸道路,自朱雀门东抵宣化门尤甚,皆注惠民河,河复涨,溢军营。

景德元年九月,宋州汴水决,浸民田,坏庐舍。河决澶州横陇埽。二年六月,宁州山水泛溢,坏民舍、军营,多溺死者。三年七月,应天府汴水决,南注亳州,合浪宕渠东入于淮。八月,青州山水坏石桥。四年六月,郑州索水涨,高四丈许,漂荥阳县居民四十二户,有溺死者。邓州江水暴涨。南剑州山水泛溢,漂溺居人。七月,河溢澶州,坏王八埽。八月,横州江涨,坏营舍。

大中祥符元年六月,开封府尉氏县惠民河决。二年七月,徐、济、青、淄大水。八月,凤州大水,漂溺民居。十月,京畿惠民河决,坏民田。三年六月,吉州、临江军并江水泛溢,害民田。九月,河决河中府白浮梁村。四年七月,洪、江、筠、袁州江涨,害民田,坏州城。八月,河决通利军,大名府御河溢,合流坏府城,害田,人多溺死。九月,河溢于孟州温县。苏州吴江泛溢,坏庐舍。十一月,楚、泰州潮水害田,人多溺者。五年正月,河决棣州聂家口。七月,庆州淮安镇山水暴涨,漂溺居民。六年六月,保安军积雨河溢,浸城垒,坏庐舍,判官赵震溺死,又兵民溺死凡六百五十人。七年六月,泗州水害民田。河南府洛水涨。秦州定西砦有溺死者。八月,河决澶州。十月,滨州河溢于定镇。八年七月,坊州大雨河溢,民有溺死者。九年六月,秦州独孤谷水坏长道县盐官镇城桥及官廨、民舍二百九十五区,溺死六十七人。七月,延州洎定平、安远、塞门、栲栳四砦山水泛溢,坏堤、城。九月,雄、霸州界河泛溢。利州水漂栈阁万二千八百间。

天禧三年六月,河决滑州城西南,漂没公私庐舍,死者甚众,历澶州、濮、郓、济、单至徐州,与清河合,浸城壁,不没者四板。明年既塞,六月,复决于西北隅。

乾兴元年正月,秀州水灾,民多艰食。十月己酉夜,沧州盐山、无棣二县海潮溢,坏公私庐舍,溺死者甚众。是岁,京东、淮南路水灾。

天圣初,徐州仍岁水灾。三年十一月辛卯,襄州汉水坏民田。四年六月丁亥。剑州、邵武军大水,坏官私庐舍七千九百余区,溺死者百五十余人。是月,河南府、郑州大水。十月乙酉,京山县山水暴涨,漂死者众，县令唐用之溺焉。是岁，汴水溢，决陈留堤，又决京城西贾陂入护龙河，以杀其势。五年三月，襄、颍、许、汝等州水。七月辛丑，泰州盐官镇大水，民多溺死。六年七月壬子，江宁府、扬真润三州江水溢，坏官私庐舍。是月，雄、霸州大水。八月甲戌，临潼县山水暴涨，民溺死者甚众。是月，河决楚王埽。七年六月，河北大水，坏澶州浮桥。

明道元年四月壬子，大名府冠氏等八县水浸民田。

景祐元年闰六月甲子，泗州淮、汴溢。七月，澶州河决横陇埽。八月庚午，洪州分宁县山水暴发，漂溺居民二百余家，死者三百七十余口。三年六月，虔、吉诸州久雨，江溢，坏城庐，人多溺死。四年六月乙亥，杭州大风雨，江潮溢岸，高六尺，坏堤千余丈。八月甲戌，越州大水，漂溺居民。

宝元元年，建州自正月雨，至四月不止，溪水大涨，入州城，坏民庐舍，溺死者甚众。

康定元年九月甲寅，滑州大河泛溢，坏民庐舍。

庆历元年三月，汴流不通。八年六月乙亥，河决澶州商胡埽。是月，恒雨。七月癸丑，卫州大雨水，诸军走避，数日绝食。是岁，河北大水。

皇祐元年二月甲戌，河北黄、御二河决，并注于乾宁军，河朔频年水灾。二年，镇定复大水，并边尤被其害。三年七月辛酉，河决馆陶县郭固口。八月，汴河绝流。四年八月，鄜州大水，坏军民庐舍。

嘉祐二年六月，开封府界及京东西、河北水潦害民田。自五月大雨不止，水冒安上门，门关折，坏官私庐舍数万区，城中系筏渡人。七月，京东西、荆湖北路水灾。淮水自夏秋暴涨，环浸泗州城。是岁，诸路江河决溢，河北尤甚，民多流亡。三年七月，京、索、广济河溢，浸民田。五年七月，苏、湖二州水灾。六年七月乙酉，泗州淮水溢。七年六月，代州大雨，山水暴入城。七月，窦州山水坏城。河决北京第五埽。

治平元年，庆、许、蔡、颍、唐、泗、濠、楚、庐、寿、杭、宣、鄂、洪、

施、渝州,光化军水。九月,陈州水灾。二年八月庚寅,京师大雨,地
上涌水,坏官私庐舍,漂人民畜产不可胜数。是日,御崇政殿,宰相
而下朝参者十数人而已。诏开西华门以泄宫中积水,水奔激,殿侍
班屋皆摧没,人畜多溺死,官为葬祭其无主者千五百八十人。

　　熙宁元年秋。霸州山水涨溢,保定军大水,害稼,坏官私庐舍、
城壁,漂溺居民。河决恩、冀州,漂溺居民。二年八月,河决沧州饶
安,漂溺居民,移县治于张为村。泉州大风雨,水与潮相冲泛溢,损
田稼,漂官私庐舍。四年八月,金州大水,毁城,坏官私庐舍。七年
六月,熙州大雨,洮河泛溢,八年四月,潭、衡、邵、道诸州江水溢,坏
官私庐舍。九年七月,太原府汾河夏秋霖雨,水大涨。十月,海阳、
潮阳二县海潮溢,坏庐舍,溺居民。十年七月,河决曹村下埽,澶渊
绝流,河南徙,又东汇于梁山、张泽泺,凡坏郡县四十五,官亭、民舍
数万,田三十万顷。洺州漳河决,注城。大雨水,二丈河、阳河水湍
涨,坏南仓,溺居民。沧、卫霖雨不止,河涨暴涨,败庐舍,损田苗。

　　元丰元年,章丘河水溢,坏公私庐舍、城壁,漂溺民居,舒州山
水暴涨,浸官私庐舍,损田稼,溺居民。四年四月,澶州临河县小吴
河溢北流,漂溺居民。五月,淮水泛涨。五年秋。阳武、原武二县河
决,坏田庐。七年六月,青田大水损田稼。七月,河北东、西路水。北
京馆陶水,河溢入府城,坏官私庐舍。八月,赵、邢、洺、磁、相诸州河
水泛溢,坏城郭、军营,是年,相州漳河决,溺临漳县居民。怀州黄、
沁河泛溢,大雨水,损稼,坏庐舍、城壁。磁州诸县镇,夏秋漳、滏河
水泛溢。临漳县斛律口决,坏官私庐舍,伤田稼,损居民。

　　元祐四年,夏秋霖雨,河流泛涨。八年,自四月雨至八月,昼夜
不息,畿内、京东西、淮南、河北诸路大水。诏开京师宫观五日,所在
州令长吏祈祷,宰臣吕大防等待罪。

　　绍圣元年七月,京畿久雨,曹、濮、陈、蔡诸州水,害稼。

　　元符元年,河北、京东等路大水。二年六月,久雨,陕西、京西、
河北大水,河溢,漂人民,坏庐舍。是岁,两浙苏、湖、秀等州尤罹水
患。

大观元年夏,京畿大水。诏工部都水临疏导,至于八角镇。河北、京西河溢,漂溺民户。十月,苏、湖水灾。二年秋,黄河决,陷没邢州钜鹿县。三年七月,阶州久雨,江溢。四年夏,邓州大水,漂没顺阳县。

政和五年六月,江宁府、太平宣州水灾。八月,苏、湖、常、秀诸郡水灾。七年,瀛、沧州河决。沧州城不没者三版,民死者百余万。

重和元年夏,江、淮、荆、浙诸路大水,民流移、溺者众,分遣使者振济。发运使任谅坐不奏泗州坏官私庐舍等勒停。

宣和元年五月,大雨,水骤高十余丈,犯都城,自西北牟驼冈连万胜门外马监,居民尽没。前数日,城中井皆浑,宣和殿后井水溢,盖水信也。至是,诏都水使者决西城索河杀其势,城南居民冢墓俱被浸,遂坏籍田亲耕之稼。水至溢猛,直冒安上、南薰门,城守凡半月。已而入汴,汴渠将溢,于是募人决下流,由城北入五丈河,下通梁山泺,乃平。十一月,东南州县水灾。四年十二月戊戌,诏:"访闻德州有京东、西来流民不少,本州振济有方,令保奏推恩。余路遇有流移,不即存恤,按劾以闻。"六年秋,京畿恒雨。河北、京东、两浙水灾,民多流移。

建炎二年春,东南郡国水。

绍兴二年闰月,徽、严州水,害稼。三年七月丙子,泉州水三日,坏城郭、庐舍。五年秋,西川郡国水。六年冬,饶州雨水坏城四百余丈。十四年五月丙寅,婺州水。乙丑,兰溪县水侵县市,丙寅中夜,水暴至,死者万余人。十六年,潼川府东、南江溢,水入城,浸民庐。十八年八月,绍兴府、明婺州水。二十二年,淮甸水。二十三年,金堂县大水。潼川府江溢,浸城内外民庐,宣州大水,其流泛溢至太平州。七月,光泽县大雨,溪流暴涌,平地高十余丈,人避不及者皆溺,半时即平。二十七年,镇江建康绍兴府、真太平池江洪鄂州、汉阳军大水。二十八年六月丙申,兴、利二州及大安军大雨水。流民庐,坏桥栈,死者甚众。九月,江东、淮南数郡水。浙东、西沿江海郡县大风水,平江绍兴府、湖、常、秀、润为甚。二十九年七月戊戌,福州水入城，闽、侯官、怀安三县坏田庐。官吏不以闻，宪臣樊光远坐黜。三十年五月辛卯夜，于潜、临安、安吉三县山水暴出，坏民庐、田桑，溺死者甚众。三十一年八月，建始县大水，流民庐，死者甚众。三十二年四月，淮溢数百里，漂民田庐，死者尤众。六月，浙西郡县山涌暴水，漂民舍，坏田覆舟。

隆兴元年八月，浙东、西州县大风水，绍兴平江府、湖州及崇德县为甚。二年七月，平江镇江建康宁国府、湖常秀池太平庐和光州、江阴广德寿春无为军、淮东郡皆大水，浸城郭，坏庐舍、圩田、军垒，操舟行市者累日，人溺死甚众。越月，积阴苦雨，水患益甚，淮东有流民。

乾道元年六月，常、湖州水坏圩田。二年八月丁亥，温州大风，海溢，漂民庐、盐场、龙朔寺，覆舟溺死二万余人，江滨胔胳尚七千余。三年六月，庐、舒、蕲州水，坏苗稼，漂人畜。七月己酉，临安府天目山涌暴水，决临安县五乡民庐二百八十余家，人多溺死。八月，湖秀州、上虞县水，坏民田庐。时积潦至于九月，禾稼皆腐。江东山水溢，江西诸郡水，隆兴府四县为甚。四年七月壬戌，衢州大水败城三百余丈，漂民庐、挈牧，坏禾稼。诸暨县大水害稼。江宁、建康府水。是岁，饶、信亦水。五年七月丁巳，建宁府瑞应场大潄、山枣等山暴水涌出，漂民庐，溺死甚众。是岁夏秋，温、台州凡三大风，水漂民庐，坏田稼，人畜溺死者甚众，黄岩县为甚，郡守王之望、陈岩肖不以闻，皆黜削。六年五月，平江建康宁国府、温湖秀太平州、广德军及江西郡大水，江东城市有深丈余者，漂民庐，湮田稼，溃圩堤，人多流徙。八年五月，赣州、南安军山水暴出。及隆兴府、吉筠州、临江军皆大雨水，漂民庐坏城郭，溃田害稼。六月壬寅，四川郡县大雨水，嘉、眉邛蜀州、永康军及金堂县尤甚，漂民庐，决田亩。九年五月戊午，建康隆兴府、严吉饶信池太平州、广德军水，漂民居，坏圩湮田，分水县沙塞四百余亩，采石流民多渡江。六月，湖北郡县水。

淳熙元年七月壬寅、癸卯，钱塘大风涛，决临安府江堤一千六百六十余丈，漂居民六百三十余家，仁和县濒江二乡坏田圃。三年八月辛巳,台州大风雨,至于壬午,海涛、溪流合激为大水,决江岸,坏民庐,溺死者甚众。癸未,行都大雨水,坏德胜、江涨、北新三桥及钱塘、余杭、仁和县田,流入湖、秀州,害稼。浙东西、江东郡县多水,婺州、会稽嵊广德军建平三县尤甚。四年五月庚子,建宁府、福南剑州大雨水,至于壬寅,漂民庐数千家,己亥夜,钱塘江涛大溢,败临安府堤八十余丈;庚子,又败堤百余丈。明州濒海大风,海涛败定海县堤二千五百余丈、鄞县堤五千一百余丈,漂没民田。九月丁酉、戊戌,大风雨驾海涛,败钱塘县堤三百余丈;余姚县溺死四十余人,败堤二千五百六十余丈;败上虞县堤及梁湖堰及运河岸;定海县败堤二千五百余丈;鄞县败堤五千一百余丈。五年六月戊辰,古田县大水,漂民庐,圮县治市桥。闰月己亥,阶州水,坏城郭。乙巳,兴化军及福清县及海口镇大水,漂民庐、官舍、仓库,溺死者甚众。六年夏,衢州水。秋,宁国府、温台湖秀太平州水,坏圩田,乐清县溺死者百余人。七年五月戊戌,分宜县大水,决田害稼。八年五月壬辰,严州大水,漂浸民居万九千五百四十余家、垒舍六百八十余区。绍兴府大水,五县漂浸民居八万三千余家,田稼尽腐;渔浦败堤五百余丈,新林败堤通运河。是岁,徽、江二州亦水。十年五月辛巳,信州大水入城,沈庐舍、市井。襄阳府大水,漂民庐,盖藏为空。江东、浙东数郡亦水。八月辛酉,雷州大风激海涛,没濒海民舍,死者甚众。九月乙丑,福潭州大风雨,水暴至,长溪、宁德县濒海聚落、庐舍、人舟皆漂入海,漳城半没,浸八百九十余家。丁卯,吉州龙泉县大水,漂民庐,坏田亩,溺死者众。十一年四月,和州水,湮民庐,坏圩田。五月丙申,阶州白江水溢,决堤圮城,浸民庐、垒舍、祠庙、寺观甚多。建康府、太平州水。六月甲申,处州龙泉县大雨,水浸民舍,坏杠梁,汇田害稼。七月壬辰,明州大风雨,山水暴出,浸民市,圮民庐,覆舟杀人。十二年六月,婺州及富阳县皆水,浸民庐,害田稼。八月戊寅,安吉县暴水发枣园村,漂庐舍、寺观,坏田稼殆尽,溺死千余人,郡守刘藻不以闻,坐黜。是岁,鄂州自夏徂冬,水浸民庐。九月,台州水。十四年三月辛未,汀州水,漂百余家、军垒六十余区。十五年五月,淮甸大雨水,淮水溢,庐濠楚州、无为安丰高邮盱眙军皆漂庐舍、田稼,庐州城圮。荆江溢,鄂州大水,漂军民圶舍三千余。江陵常德德安府、复岳澧州、汉阳军水。戊午,祁门县群山暴汇为大水,漂田禾、庐舍、冢墓、桑麻、人畜什六七,浮胔甚众,余害及浮梁县。六月,建宁隆兴府、袁抚州、临江军水圮民庐。七月,黄岩县水败田潴。番易湖溢番易县,漂民舍、田稼,有流徙者。十六年四月甲戌,绍兴府新昌县山水暴作,害稼湮田,漂民庐。五月丙辰,沅、靖州山水暴溢至辰州,常德府城没一丈五尺,漂民庐舍。汀州大水,浸民庐千五百余家,溺死三千人。分宜县水。丁巳,阶州白江水溢,浸城市民庐。六月庚寅,镇江府大雨水五日,浸军民圶舍三千余。辛卯,潼川府东南二江溢,决堤,毁桥,浸民庐,涪城、中江、射洪、通泉、郪县没田庐。

绍熙二年三月,宁化县连水漂庐舍、田亩,溺死二十余人。五月戊申,建宁州水。己酉,福州水,浸附郭民庐,怀安、侯官县漂千三百余家,古田、闽清县亦坏田庐。庚午,利州东江溢,坏堤、田、庐舍。辛未,潼川府东、南江溢;六月戊寅,又溢,再坏堤桥,水入城,没庐舍七百四十余家,郪、涪、射洪、通泉县汇田为江者千余亩。七月癸亥。嘉陵江暴溢,兴州圮城门、郡狱、官舍凡十七所,漂民居三千四百九十余,潼川崇庆府、绵果合金龙汉州、怀安石泉大安军、鱼关皆水。时上流西蕃界古松州江水暴溢,龙州败桥阁五百余区,江油县溺死者众。三年五月壬辰,常德府大雨水,浸民田庐。乙未,潼川府东、南江溢,后六日又溢,浸城外民庐,人徙于山。己亥,池州大雨水连夕,青阳县山水暴涌,漂田庐杀人,盖藏无遗;贵池县亦水。庚子,泾县大雨水,败堤,圮县治、庐舍。六月辛丑,建平县水,败堤入城,漂浸民庐。甲戌,祁门县水。七月壬申,天台、仙居县大水连夕,漂浸民居五百六十余,坏田伤稼。襄阳、江陵府大雨水,汉江溢,败堤防,圮民庐、没田稼者逾旬;复州、荆门军水,亦如之。镇江府三县水,损下地之稼。四年四月,上高县水,浸二百余家。五月壬申、癸酉,奉新表达大雷雨水,损下地之稼。四年四月,上高县水,浸二百余家。

五月壬申、癸酉,奉新县大雷雨水,漂浸八百二十余家。五月辛未、
丙子,镇江府大雨水,浸营垒六千余区。戊寅,安丰军大水,平地三
丈余,漂田庐、丝麦皆空。是月,诸暨、萧山、宣城、宁国县大水,坏田
稼。广德军属县水害稼。筠州水浸民庐。戊寅,进贤县水,圮百二
十余家。六月丙申,兴国军水,池口镇及大冶县漂民庐,有溺死者。
戊戌,靖安县水,漂三百十余家。是夏,江赣州、江陵府亦水。七月
乙酉,丰城县水,壬午,临江军水,皆圮民庐。丁亥,新淦县漂浸二千
三百余家。八月辛丑,隆兴府水,圮千二百七十余家。吉州水,漂浸
民庐及泰和县官舍。自夏及秋,江西九州三十七县皆水。是岁,兴
化军大风激海涛,漂没田庐尤多。五年五月辛未,石埭、贵池、泾县
皆水,圮民庐,溺死者众。是月,泰州大水。七月壬申,慈溪县水,漂
民庐,决田害稼,人多溺死。乙亥,会稽、山阴、萧山、余姚、上虞县大
风驾海涛,坏堤,伤田稼。八月辛丑,钱塘、临安、新城、富阳、于潜县
大雨水,余杭县尤甚,漂没田庐,死者无算。安吉县水,平地丈余。平
江镇江宁国府、明台温严常州、江阴军皆水,是秋,武陵县江溢,圮
田庐甚众。

　　庆元元年六月壬申,台州及属县大风雨。山洪、海涛并作,漂没
田庐无算,死者蔽川,漂沉旬日;至于七月甲寅,黄岩县水尤甚。常
平使者莫漳以缓于振恤坐免。七月,临安府水。二年秋,浙东郡国
大水。三年九月,绍兴府属县二,婺州属县二,水害稼。五年秋,台、
温、衢、婺水,漂民庐,人多溺死,衢守张经以匿灾吝振坐黜。六年五
月,建宁府、严衢婺饶信徽南剑州及江西郡县皆大水,自庚午至于
甲戌,漂民庐,害稼。

　　嘉泰二年七月丙午,上杭县水,圮田庐,坏稼,民多溺死。建安
县漂军民庐舍百二十余,山摧,覆民庐七十七家,溺压死者六十余。
丁未,长溪县漂民庐二百八十余家。古田县漂官舍、民庐甚众,溺死
者二百七十。剑浦县圮三百五十余家,死者亦众。三年四月,江南
郡邑水害稼。

　　开禧元年九月丙戌,汉、淮水溢,荆襄、淮东郡国水,楚州盱眙

军为甚,圮民庐,害稼。二年五月庚寅,东阳县大水,山千七百三十余所,同夕崩洪,漂聚落五百四十余所,湮田二万余亩,溺死者甚众。三年,江、浙、淮郡邑水,鄂州、汉阳军尤甚。

嘉定二年五月己亥,连州大水,败城郭百余丈,没官舍、郡庠、民庐,坏田亩聚落甚多。六月辛酉,西和州水,没长道县治、仓库。丙子,昭化县水,没县治,漂民庐。成州水,入城,圮垒舍。同谷县及遂宁府、阆州皆水。七月壬辰,台州大风雨激海涛,漂圮二千二百八十余家,溺死尤众。三年四月甲子,新城县大水。五月,严衢婺徽州、富阳余杭盐官新城诸暨淳安大雨水,溺死者众,圮田庐、市郭,首种皆腐。行都大水,浸庐舍五千三百,禁旅垒舍之在城外者半没,西湖溢。四年七月辛酉,慈溪县大水,圮田庐,人多溺者。八月,山阴县海败堤,漂民田数十里,斥地十万亩。五年五月庚戌,严州水。六月丁丑,台州及建德、诸暨、会稽县水,坏田庐。六年六月丁丑,淳安县山涌暴水,陷清泉寺,漂五乡田庐百八十里,溺死者无算,巨木皆拔。丁亥,于潜县大水,戊子,诸暨县风雷大雨,山涌暴作,漂十乡田庐,溺死者尤多。钱塘县、临安余杭于潜安吉县皆水。九年五月,行都及绍兴府、严衢婺台处信饶福漳泉州、兴化军大水,漂田庐,害稼。十年冬,浙江涛溢,圮庐舍,覆舟,溺死甚众。蜀、汉二州江没城郭。十一年六月戊申,武康、吉安县大水,漂官舍、民庐,坏田稼,人畜死者甚众。十二年,盐官县海失故道,潮汐冲平野三十余里,至是侵县治、庐州、港渎及上下管、黄湾冈等场皆圮;蜀山沦入海中,聚落、田畴失其半,坏四郡田,后六年始平。十四年,建康府大水。十五年七月,萧山县大水。时久雨,衢、婺、徽、严暴流与江涛合,圮田庐,害稼。十六年五月,江、浙、淮、荆、蜀郡县水,平江府、湖常秀池鄂楚太平州、广德军为甚,漂民庐,害稼,圮城郭、堤防,溺死者众。鄂州江湖合涨,城市沈没,累月不泄。是秋,江溢,圮民庐。余杭、钱塘、仁和县大水。福漳泉州、兴化军水坏稼十五六。十七年五月,福建大水,漂水口镇民庐皆尽,侯官县甘蔗砦漂数百家,人多溺死;建宁府没平政桥,入城;南剑州圮郡治、城楼、郡狱、官舍,城坏,民避水楼上者皆死。乙卯，建昌军大水，城不没者三板，漂民庐，圮官舍、城郭、桥梁，害稼。

绍定二年，天台、仙居县大水。四年，沿江水灾。

端平三年三月辛酉，蕲州大雨水，漂民居。是年，英德府、昭州及襄、汉江皆大水。

嘉熙元年，饶、信州水。二年，浙江溢。

淳祐二年，绍兴府、处婺州水。七年，福建水。十年，严州水。十一年八月甲辰，汀州山水暴至，漂人民。九月，江陵水。是年，江、浙多水，饶州亦水。十二年六月，建宁府、严衢婺信台处南剑州、邵武军大水，冒城郭，漂室庐，死者以万数。

宝祐元年七月，温、台、处、信、饶州大水。

开庆元年五月己未，婺州水，漂民庐。是岁，滁、严州水。

景定二年，浙东水。

咸淳六年五月，大雨水。七年五月甲申，诸暨县大水，漂庐舍。是月，重庆府江水泛溢者三，漂城壁，坏楼橹。十年三月，庐州水。四月，绍兴府大雨水。八月，临安府水，安吉、武康县水。

太平兴国四年八月，滑州黎阳县河清。

端拱元年二月，澶、濮二州河清二百余里。

大中祥符三年十月丁酉，陕西河清。十二月乙巳，河再清，当汾水合流处清如汾水。

元丰四年十月，环州河水变甘。

大观元年八月，乾宁军河清。二年十二月，陕州河清，同州韩城县、郃阳县至清及百里。涉春不变。自是迄政和、宣和，诸路数奏河清。辄遣郎官致祭，宰臣等率百官拜表贺，岁以为常。

大中祥符元年二月，醴泉出蔡州汝阳凤原乡，有疾者饮之皆愈。八年十一月，通州军言醴泉出汶山下，有疾者饮之皆愈。

熙宁元年五月，京师开化坊醴泉出。

政和五年正月，河阳台观醴泉出。

宋史卷六二
志第一五

五行一下

水　下

建隆三年春,延、宁二州雪盈尺,沟洫复冰,草木不华。丹州雪二尺。

太平兴国七年三月,宣州霜雪害桑稼。

雍熙二年冬,南康军大雨雪,江水冰胜重载。

端拱元年闰五月,郓州风雪伤麦。

淳化三年九月,京兆府大雪杀苗稼。四年二月,商州大雪,民多冻死。

咸平四年三月丁丑,京师及近畿诸州雪损桑。

天禧元年十二月,京师大雪,苦寒,人多冻死,路有僵尸,遣中使埋之四郊。二年正月,永州大雪,六昼夜方止,江、溪鱼皆冻死。

庆历三年十二月丁巳,大雨雪。

皇祐四年十二月己丑,雪。初,帝以愆亢,责躬减膳,每见辅臣,忧形于色。庞籍等因言:"臣等不能燮理阴阳,而上烦陛下责躬引咎,愿守散秩以避贤路。"帝曰:"是朕诚不能感天而惠不能及民,非卿等之过也。"是夕,乃得雪。

至和元年正月,京师大雪,贫弱之民冻死者甚众。

嘉祐元年正月甲寅朔,御大庆殿受朝。前一夕,殿庭设伏卫既具,而大雨雪折宫架。是日,帝因感风眩,促礼行而罢。壬午,大雨雪,泥涂尽冰。都民寒饿,死者甚众。

元祐二年冬。京师大雪连月,至春不止,久阴恒寒,罢上元节游幸,降德音诸道。八年十一月,京师大雪,多流民。

元符二年正月甲辰朔,御大庆殿受朝贺,以雪罢。

政和三年十一月,大雨雪,连十余日不止,平地八尺余。冰滑。人马不能行。诏百官乘轿八朝,飞鸟多死。七年十二月,大雪。诏收养内外乞丐老幼。

靖康元年闰十一月,大雪,盈三尺不止。天地晦冥,或雪未下时,阴云中有雪丝长数寸堕地。二年正月丁酉,大雪,天寒甚,地冰如镜,行者不能定立。是月乙卯,车驾在青城,大雪数尺,人多冻死。

建炎三年六月,寒。

绍兴元年二月寒食日,雪。五年二月乙巳,雨雪。六年二月癸卯,雪。十三年三月癸丑,雨雪。十七年二月丙申,雪。十八年二月癸卯,雪。二十八年三月丙寅,雨雪。二十九年二月戊戌,大雪。三十一年正月戊子,大雨雪,至于己亥,禁旅垒舍有压者,寒甚。

乾道元年二月,大雪。三月,暴寒,损苗稼。二年春,大雨,寒,至于三月,损蚕麦。二月丙申,雪。四年二月癸丑,大雪。五年二月戊子,雪。六年五月,大风雨,寒,伤稼。七年二月丙辰。雨雪。

淳熙十二年,淮水冰,断流。是冬,大雪。自十二月至明年正月,或雪,或霰,或雹,或雨水,冰冱尺余,连日不解。台州雪深丈余,冻死者甚众。十六年四月戊子,天水县大雨雪伤麦。

绍熙元年三月,留寒至立夏不退。十二月,建宁府大雪深数尺。查源洞寇张海起,民避入山者多冻死。二年正月,行都大雪积冱,河冰厚尺余,寒甚。是春,雷雪相继。冻雨弥月。四年二月己未,雪。

庆元五年二月庚午,雪。六年二月乙酉,雪。五月,亡暑,气凛如秋。

开禧三年二月戊申,雪。

嘉定元年二月甲寅,雪。四年二月丙子,雪。六年二月丁亥,雪。

六月，亡暑，夜寒。九年二月乙酉、丙申，雪。十年二月庚申、壬戌，雪。十七年三月癸丑，雪。

宝庆元年四月辛卯，雪。

绍定四年二月己巳，雨雪。六年三月壬子，雨雪。

端平元年二月癸酉，雨雪。二年三月乙未，雨雪。

嘉熙二年二月乙未，雨雪。

淳祐六年二月壬申，雨雪。

宝祐元年二月壬子，雨雪。二年三月戊子，雨雪。六年二月，雨雪。

开庆元年二月庚辰，雨雪。

景定五年二月辛亥，雨雪。

建隆三年春，厌次县陨霜杀桑，民不蚕。

淳化三年三月，商州霜，花皆死。

景德四年七月，渭州瓦亭砦早霜伤稼。

大中祥符九年十二月，大名、澶相州并霜害稼。

至和二年，河东自春陨霜杀桑。

绍兴七年二月庚申，霜杀桑稼。

淳熙十六年七月，阶、成、凤、泗、和州霜，杀稼几尽。

绍熙三年九月丁未，和州陨霜连三日，杀稼。是月，淮西郡国稼皆伤。

嘉熙元年三月，霜。

建隆元年十月，临清县雨雹伤稼。二年七月，义川、云岩二县大雨雹。四年七月，海州风雹。

乾德二年四月，阳武县雨雹。宋州宁陵县风雨雹民田。六月，潞州风雹。七月，同州郃阳县雨雹害稼。八月，肤施县风雹霜害民田。三年四月，尉氏、扶沟二县风雹，害民田，桑枣十损七八。

开宝二年，风雹害夏苗。

太平兴国二年六月,景城县雨雹。七月,永定县大风雹害稼。五年四月,冠氏、安丰二县风雹。七年五月,芜湖县雨雹伤稼。八年五月,相州风雹害民田。

端拱元年三月,霸州大雨雹杀麦苗。闰五月,润州雨雹伤麦。

淳化元年六月,许州大风雹。坏军营、民舍千一百五十六区。鱼台县风雹害稼。

至道二年十一月,代州风雹伤田稼。

咸平元年九月,定州北平等县风雹伤稼。三年四月丁巳,京师雨雹。飞禽有陨者。六年本月甲申,京师暴雨雹。如弹丸。

大中祥符三年丙申,京师雨雹。五年八月丙辰,京师雨雹。

天禧元年九月,镇戎军彭城砦风雹,害民田八百余亩。

天圣元年五月丙辰,大雨雹。二年七月壬午,大雨雹。六年,京师雨雹。

嘉祐四年四月丙戌,震雷雨雹。

熙宁元年秋,鄜州雨雹。三年七月、七年四月五月,京师雨雹。八年夏,鄜州、泾州雨雹。九年二月,京师雨雹。十年夏,鄜州雨雹。秦州大雨雹。

绍圣二年十月辛未,西南方有雷声,次大雨雹。四年闰二月癸卯,京师雨雹,自辰至申。

建中靖国元年二月丙申,京师雨雹。五月辛酉,京师大雨雹。

崇宁三年十月辛丑,京师雨雹。

大观元年十月己巳、三年五月戊申,京师大雨雹。

政和七年六月,京师大雨雹。皆如拳,或如一升器,几两时而止。

宣和四年二月癸卯,京师雨雹。四年三月朔,雨雹。

靖康元年十二月己卯、庚辰,京师雨雹。

建炎三年八月甲戌,大雨雹。

绍兴元年二月壬辰,高宗在越州,雨雹震雷。二年二月丙子,临安府大雨雹。三年正月,雨雹震雷。四年三月己未,大雨雹伤稼。五年闰月乙巳朔，雨雹而雪。十月丁未夜，秀州华亭县大风电，雨雹，大如荔枝实，坏舟覆屋。十二月戊辰，雨雹。七年二月癸丑，雨雹。先一夕雷，后一日雪，癸丑又雹。八年六月丙辰，大雨雹。九年二月甲戌，雨雹伤麦；十二月辛未，雨雹。十年二月辛亥，大雨雹。十二月庚辰，雨雹。十一年正月辛酉，雨雹。十三年二月甲子，雨雹；五月戊午夜，雹。七月庚午、壬申，雹害稼。十一月己未，雨雹。十七年正月庚辰，雨雹；五月丙寅，又雹。二十一年三月己卯，雹伤禾麦。二十八年四月辛亥，雨雹。二十九年二月戊戌，雹损麦。

隆兴元年三月丙申夜，雨雹。二年二月丁丑，雹与霰俱。四月庚午，雹。六月，雨雹。七月丁未，雨雹。十月辛卯，雨雹。十二月己亥，雨雪而雹。闰月，雨雹。

乾道元年二月庚寅夜，雹。二年十月辛卯，雨雹；乙卯，雹而雪。五年二月丙午，雪；癸未，雹。四年正月癸未夜，雹，有霰。二月丁酉、癸丑，雨雹。五年二月丙午，雹损麦；六年二月壬午，亦如之。八年七月壬辰，雨雹。

淳熙三年四月丁亥，雨雹。癸巳，天台、临海二县大风雹，伤麦。四年正月，建康府雨雹。五月丙寅，雨雹。五年，建康府雨雹者再。六年正月丁丑，雹伤麦。三月壬申夜，大雨雹。八年十二月甲寅，雨雹。十二年二月辛酉夜，雨雹。十三年闰月丙午，雨雹。十五年二月丁亥，雨雪而雹。六月丁卯，雨雹。十六年二月己卯，雹而雨。

绍熙元年二月丙申，雪；丁酉，雹。二年正月戊寅，大雨雹，震雷电以雨，至二月庚辰，大雪连数日。是月庚寅朔，建宁府大风雨雹。仆屋杀人。三月癸酉，大风雨雹，大如桃李实，平地盈尺，坏庐舍五千余家，禾麻、蔬果皆损；瑞安县亦如之，坏屋杀人尤众。秋，祐川县大风雹，坏粟麦。

庆元三年二月戊辰，雪；己巳，雹。四月乙丑，雨雹，大如杯，破瓦，杀燕爵。

嘉泰元年三月丙寅，雨雹三日。五月丁丑，雨雹。七月癸亥，大雨而雹。二年四月庚寅，雨雹伤稼。六月庚子，大风雹而寒。四年正月壬辰,雪而雹。

开禧二年正月己酉,雹而雷。

嘉定元年闰月壬申,雨雹害稼。二年三月乙未,雨雹。六年夏,江、浙郡县多雨雹害稼。十五年九月癸丑,大震雨雹。十六年秋,雨雹。

绍定元年五月丁酉,雨雹。五年九月壬寅,雨雹。六年三月丙辰,大雨雹。

端平二年五月乙未,雹。三年六月庚戌,雨雹。

嘉熙元年二月壬辰,雨雹。

淳祐二年四月壬申,雨雹。八年二月壬辰,雨雹。三月乙丑,雨雹。九年正月,雨雹。

宝祐三年五月,嘉定府大雨雹。

开庆元年五月辛亥,雨雹。

景定元年二月庚申,雨雹。

建隆四年四月癸巳,宿州昼日无雨,雷霆暴作,军校傅韬震死。是夜夜半,雷起于京师。开封县署役夫刘延嗣、万进震死,顷之复苏,有烟焰自牖入室,因骇仆,遍体焦灼。

乾德二年正月辛巳,雷起京师西南,东行有电。五月戊寅,大名府大雨,雷震焚薪聚。四年七月,海州雷震长吏厅,伤刺史梁彦超。

开宝七年六月,易州雷震,死耀武军士八人。八年八月,邛州延贵镇震死民费贵及其子四人。

太平兴国二年七月,景城县震死牛商冯异。

端拱二年八月,兴化军民刘政震死,有文在胸曰“大不孝”。

淳化三年七月,泗州大风雨,震僧伽塔柱。

至道元年三月甲戌,雷未发声,召司天监寺赵昭问之,答云:“按占书,雷不发声,宽政之应也。”七月,泗州大风雨,雷震僧伽塔及坏钟楼。

咸平元年正月戊寅,京师西北有雷电。十一月,瀛州、顺安军并东北有雷。三年冬,黄州西北雷震,似盛夏时,十二月,真定府东南雷。四年十月乙巳,京师西南雷电。闰十二月,大名府雷。六年十一月甲午,京师暴雷震,司天言:"国家发号布德,未及黎庶。"时议改元肆赦,诏宰相增广条目,采民病悉除之。

景德三年九月丙寅夕,京师大震雷。

大中祥符元年正月癸未,京师西北方雷。五年十二月己巳,京师西北雷电。九年五月,殿侍张信奉南海祝版乘驿至唐州,震死。

嘉祐四年四月丙戌,大震雷。雨雹。

庆历六年五月,雷雹地震。

绍圣三年十月十五日,西南方有雷声,次雨雹。

大观三年十月戊子,大雷雹而雨。

建炎四年正月己未,雷。时御舟次温州章安镇,高宗谓宰臣曰:"雷声甚厉,前史以为君弱臣强,四夷兵不制。"是夕,金人破明州。壬戌,又雷。

结兴五年九月戊寅,雷。十月丁巳,雷。六年十月丙午,雷。九年九月甲午、十月丁卯,雷。十一年十一月己酉,雷。十五年十月辛卯、十二月甲寅,雷。十六年,温州大雷电,震死六人于龙翔寺。十八年闰月甲戌,雷。十九年十月甲寅,雷。二十一年二月辛未,南安军大雷电,大庾县震死四人。十一月辛未夜,震雷。十二月癸酉,雷。二十二年十二月戊寅、己卯,雷。二十六年十二月甲子,雷。二十七年九月癸未,雷。三十一年正月丁丑,雷。

乾道三年十一月丙寅,雷雨,不克郊。戊辰,日南至,大震雷。八年九月乙酉,雷。九年闰月癸卯,雷。

淳熙九年九月壬午,雷。十二年十一月戊子,雷。十二月丁丑,雷。十三年正月己丑,雷;后三十五日雪。十四年十一月乙卯,雷。十六年七月乙丑,大雷震太室斋殿东鸱吻。

绍熙元年九月辛酉,雷。十一月壬午,日南至。郊祀,风雨大至,帝震恐,因致疾。四年十一月己卯,日南至;辛巳,雷。五年十月癸巳,大雷电。

庆元二年正月戊子,雷。十一月雷。三年十月癸亥,雷。六年九月己未,雷。

嘉泰二年正月己巳,雷。三年正月,雷。四年正月辛卯,雷。

开禧二年正月,雪雷。九月,雷。三年十月辛未、癸酉,雷。

嘉定二年九月戊子。雷。三年正月,雷。十月壬申,雷。八月辛丑、九月辛酉,雷。四年九月,雷。五年七月戊辰,雷雨震太室之鸱吻,十月丁酉,雷。六年闰月壬辰,雷震电;乙未昧爽,浡雷。七年九月癸亥,雷。八年九月丙寅,雷。十一年九月辛巳,祀明堂,肆赦,震雷。十四年十月庚午,雷。十五年九月癸丑,雷。十六年九月乙卯、十二月壬辰,雷。十七年九月丁亥,雷。

宝庆二年九月庚申、十月辛丑,雷。

绍定二年九月庚辰,雷。五年九月壬寅,雷。

端平二年十二月辛亥,雷。三年九月庚午,雷。是月,祀明堂,大雨震电。十月戊戌,雷。

嘉熙元年九月丁巳,雷。二年九月己酉、十月庚戌,雷。

淳祐元年十二月丙寅,雷。二年九月己丑,雷。三年三月丙辰,雷。十年十一月壬午,雷。十二年十二月丁丑,雷。

宝祐三年九月,雷。

开庆元年十月乙酉,雷。

景定二年十月戊戌,雷电;己亥,雷电。

咸淳四年闰月丁巳、九月庚申,雷。九年十月癸亥,十二月丙辰、壬戌,雷。

建炎七年五月,汴京无云而雷。

绍兴三十年十月壬戌,昼漏半,无云而雷;癸亥,日过中,无云而雷。

淳熙十四年六月甲申昧爽,祷雨太乙宫,乘舆未驾,有大声自内发,及和宁门,人马辟易相践,有失巾屦者。

至道元年十二月,广州大鱼击海水而出。鱼死,开六丈尺,高丈余。

政和七年夏中,有二鱼落殿中省厅屋上。

宣和二年三月,内出鱼,纯赤色,蔡京等乞付史馆,拜表贺。

绍兴十八年,漳浦县崇照盐场海岸连有巨鱼,高数丈。割其肉数百车。刳目乃觉,转鬐而傍舰皆覆。又渔人获鱼,长二丈余,重数千斤,剖之,腹藏人骼,肤发如生。二十四年四月,海盐县海洋有巨鳅。群虾从之,声若讴歌。抵岸偃沙上,犹扬鬐拨剌,其高齐县门。

乾道六年,行都北关有鮊鱼,色黑,腹下出人手于两傍,各具五指。七年十一月丁亥,洞庭湖巨鼋走沙拥舟,身广长皆丈余,升舟,以首足压重舰没水。

淳熙十三年二月庚申,钱塘龙山江岸有大鱼如象,随潮汐复逝。十六年六月甲辰,钱塘旁江居民得鱼,备五色,鲫首鲤身。民诡言梦得鱼,觉而在手犹跃。事闻,有司令纵之。

庆元三年二月,饶州景德镇渔人得鱼,颓尾鲤鳞而首异常鱼。镇之老人言其不祥,绍兴二年常出,后为水灾。盖是岁五月,镇果大水。皆鱼孽也。

嘉定十七年,海坏畿县盐官地数十里。先是,有巨鱼横海岸,民脔食之,海患共六年而平。

建隆元年七月,澶州蝗。三年五月,范县蝗。三年七月,深州蝻虫生。四年六月,澶、濮、曹、绛等州有蝗。七月,怀州蝗生。

乾德二年四月,相州蝻虫食桑。五月,昭庆县有蝗,东西四十里,南北二十里。是时,河北、河南、陕西诸州有蝗。三年七月,诸路有蝗。

开宝二年八月,冀、磁二州蝗。

太平兴国二年闰七月,卫州蝻虫生。六年七月,河南府宋州蝗。七年四月,北阳县蝻虫生,有飞鸟食之尽。滑州蝻虫生。是月,大名府、陕州、陈州蝗。七月,阳谷县蝻虫生。

雍熙三年七月,鄄城县有蛾、蝗自死。

淳化元年七月,淄澶濮州、乾宁军有蝗;沧州蝗蝻虫食苗;棣州飞蝗自北来,害稼。三年六月甲申,京师有蝗起东北,趣至西南。蔽空如云翳日。七月,贝、许、沧、沂、蔡、汝、商、兖、单等州,淮阳军、平定彭城军,蝗、蛾抱草自死。

至道二年六月,亳州、宿密州蝗生,食苗。七月,长葛、阳翟二县有蝻虫食苗。历城、长清等县有蝗。三年七月,单州蝻虫生。

景德二年六月,京东诸州蝻虫生。三年八月,德、博蟓生。四年九月,宛丘、东阿、须城三县蝗。

大中祥符二年五月,雄州蝻虫食苗。三年六月,开封府尉氏县蝻虫生。四年六月,祥符县蝗。七月,河南府及京东蝗生,食苗叶。八月,开封府祥符、咸平、中牟、陈留、雍丘、封丘六县蝗。九年六月,京畿、京东西、河北路蝗蝻继生,弥覆郊野,食民田殆尽,入公私庐舍;七月辛亥。过京师,群飞翳空,延至江、淮南,趣河东,及霜寒始毙。

天禧元年二月,开封府、京东西、河北、河东、陕西、两浙、荆湖百三十州军,蝗蝻复生,多去岁蛰者。和州蝗生卵,如稻粒而细。六月,江、淮大风,多吹蝗入江海,或抱草木僵死。二年四月,江阴军蝻虫生。

天圣五年七月丙午,邢、洺州蝗。甲寅,赵州蝗。十一月丁酉朔,京兆府旱蝗。六年五月乙卯,河北、京东蝗。

景祐元年六月,开封府、淄州蝗。诸路募民掘蝗种万余石。

宝元二年六月癸酉,曹、濮、单三州蝗。四年,淮南旱蝗。是岁,京师飞蝗蔽天。

皇祐五年,建康府蝗。

熙宁元年,秀州蝗。五年,河北大蝗。六年四月,河北诸路蝗。是岁,江宁府飞蝗自江北来。七年夏,开封府界及河北路蝗。七月,咸平县鹳谷食蝗。八年八月,淮西蝗,陈、颍州蔽野。九年夏,开封府畿、京东、河北、陕西蝗。

元丰四年六月,河北蝗。秋,开封府界蝗;五年夏,又蝗;六年夏,又蝗。五月,沂州蝗。

元符元年八月,高邮军蝗抱草死。

崇宁元年夏,开封府界、京东、河北、淮南等路蝗。二年,诸路蝗,令有司酺祭。三年、四年,连岁大蝗,其飞蔽日,来自山东及府界,河北尤甚。

宣和三年,诸路蝗。五年,蝗。

建炎二年六月,京师、淮甸大蝗。八月庚午。令长吏修酺祭。

绍兴二十九年七月,盱眙军、楚州金界三十里,蝗为风所堕,风止,复飞还淮北。三十二年六月,江东、淮南北郡县蝗,飞入湖州境,声如风雨;自癸巳至于七月丙申,遍于畿县,余杭、仁和、钱塘皆蝗。丙午,蝗入京城。八月,山东大蝗。癸丑,颁祭酺礼式。

隆兴元年七月,大蝗。八月壬申、癸酉,飞蝗过都,蔽天日;徽、宣、湖三州及浙东郡县,害稼。京东大蝗,襄、随尤甚,民为乏食。二年夏,余杭县蝗。

乾道元年六月,淮西蝗,宪臣姚岳贡死蝗为瑞,以佞坐黜。

淳熙三年八月,淮北飞蝗入楚州、盱眙军界,如风雷者逾时,遇大雨皆死,稼用不害。九年六月,全椒、历阳、乌江县蝗。乙卯,飞蝗过都,遇大雨,堕仁和县界。七月,淮甸大蝗,真、扬、泰州窖扑蝗五千斛,余郡或日捕数十车,群飞绝江,堕镇江府,皆害稼。十年六月,蝗遗种于淮、浙,害稼。十四年七月,仁和县蝗。

绍熙二年七月,高邮县蝗,至于泰州。五年八月,楚、和州蝗。

嘉泰二年,浙西诸县大蝗。自丹阳入武进,若烟雾蔽天,其堕亘十余里,常之三县捕八千余石,湖之长兴捕数百石。时浙东近郡亦蝗。

开禧三年,夏秋久旱,大蝗群飞蔽天,浙西豆粟皆既于蝗。

嘉定元年五月,江、浙大蝗。六月乙酉,有事于圜丘、方泽,且祭酺。七月又酺,颁酺式郡县。二年四月,又蝗,五月丁酉,令诸郡修酺祀。六月辛未,飞蝗入畿县。三年,临安府蝗。七年六月,浙郡蝗。八年四月,飞蝗越淮而南,江、淮郡蝗,食禾苗、山林草木皆尽。乙卯,飞蝗入畿县。已亥,祭醠,令郡有蝗者如式以祭。自夏徂秋。诸道捕蝗者以千百石计,饥民竞捕,官出粟易之。九年五月,浙东蝗。丁巳,令郡国醠祭。是岁,荐饥,官以粟易蝗者千百斛。十年四月,楚州蝗。

绍定三年,福建蝗。

端平元年五月,当涂县蝗。

嘉熙四年,建康府蝗。

淳祐二年五月,两淮蝗。

景定三年八月,两浙蝗。

绍兴十年春,有野豕入海州,市民刺杀之。时州已陷,夏,镇江军帅王胜攻取之;明年,以其郡属金,悉空其民。

乾道六年,南雄州民家豕生数豚,首各具他兽形,有类人者。

庆元初,乐平县民家豕生豚,与南雄同而更具他兽蹄。三年四月,余干县民家豕生八豚,其二为鹿。古田县豕食婴儿。

淳化三年六月,黑风昼晦。

景祐四年七月,黑气长丈余,出毕宿下。

康定元年,黑风昼晦。

元丰末,尝有物大如席,夜见寝殿上,而神宗崩。元符末,又数见,而哲宗崩。至大观间,渐昼见。政和元年以后,大作,每得人语声则出。先若列屋摧倒之声,其形仅丈余,仿佛如龟,金眼,行动砽砽有声。黑气蒙之,不大了了,气之所及,腥血四洒,兵刃皆不能施。又或变人形,亦或为驴,自春历夏,昼夜出无时,遇冬则罕见。多在掖庭宫人所居之地,亦常及内殿,后习以为常,人亦不大怖。宣和末,浸少,而乱遂作。

政和三年夏至,宰臣何执中奉祀北郊。有黑气长数丈,出自斋宫,行一里许,入坛壝,绕祭所,皆近人穿烛而过。俄又及于坛,礼将毕,不见。

宣和中,洛阳府畿间,忽有物如人,或蹲踞如犬。其色正黑,不辨眉目,始,夜则掠小儿食之;后虽白昼,入人家为患,所至喧然不安,谓之"黑汉"。有力者夜执枪棒自卫,亦有托以作过者,如此二岁乃息。已而北征事起,卒成金人之祸。三年春,日有眚,忽青黑无光,其中汹汹而动,若铄金而涌沸状。日旁有黑正如水波,周回旋绕,将暮而稍止。

建炎三年二月早寅,日初出,两黑气如人形,夹日旁,至巳时乃散。

乾道四年春,舒州雨黑米,坚如铁,破之,米心通黑。

淳熙十一年二月,临安府新城县深浦天雨黑水终夕。十六年六月,行都钱塘门启。黑风入,扬沙石。

庆元元年,微州黄山民家古井,风雨夜出黑气,波浪喷涌。

咸平元年五月,抚州王羲之墨池水色变黑如云。

大中祥符元年五月丁丑,泰山王母池水变红紫色。四年二月己未,河中府宝鼎县潩泉有光,如烛焰四五炬,其声如雷。三年八月,解州盐池紫泉场也次二年里许不种自生,其味特嘉,命屯田员外郎何敏中往祭池庙。八月,东池水自成盐,仅半池。洁白成块,晶莹异常。祀汾阴经度制置使陈尧叟继献,凡四千七百斤,分赐近臣及诸列校。

绍兴十四年,乐平县河冲里田取缔数十百顷,田中水类为物所吸,聚为一直行,高平地数尺,不假堤防而水自行;里南程氏家井水溢,亦高数尺,夭矫如长虹,声如雷,穿墙毁楼。二水斗于杉墩,且前且却,约十刻乃解,各复故。

天圣四年十月甲午,昏雾四塞。

靖康元年正月丁未,雾气四塞,封面不见。

建炎二年十一月甲子,北京大雾四塞,是夕,城陷。三年三月,车驾发温州航海,乙丑,次松门,海中白雾,昼晦。六月,久阴。四年三月乙丑，四言雾下如尘。

绍兴二年，自正月阴晦，阳光不舒者四十余日。五年正月甲申，雾气昏塞。七月，刘豫毁明堂，天地晦冥者累日。七年，氛气翳日。八年三月甲寅，昼晦，日无光，阴雾四塞。乙卯，昼夜云气昧浊。四月，积雨方止，气雾四塞，昼日无光。

隆兴元年五月丙午，朝雾四塞。二年六月，积阴弥月。

乾道二年十一月，久阴。五年正月甲申，昼蒙，六年五月，连阴，六月，日青无光。

淳熙六年十一月乙丑，昼蒙；十三年正月丁亥，亦如之。

庆元二年二月己卯，昼暝，四方昏塞。三年二月丁卯，昼晦，昏雾四塞。六年十二月辛卯、嘉定三年正月丙午、十年正月乙未、十三年三月壬辰，皆昼蒙。

建炎四年三月辛亥，白虹贯日。

绍兴八年三月辛巳，白虹亘天。二十七年二月壬寅，白虹贯日。三十年十二月辛酉，曲虹见日之西。

乾道三年十月丙申，虹见。

淳熙元年十月戊寅，曲虹见日东。二年十月庚辰，虹见。五年十月丁巳，曲虹见日东。

庆元元年正月丙辰，白虹贯日。

嘉泰三年七月壬午，亦如之。四年十一月，虹见。

嘉定十一年二月丙辰，白虹贯日。

嘉熙三年十月乙丑，虹见。四年二月辛丑，白虹贯日。

淳祐十年十二月丁巳，虹见。

宝祐五年十月，虹见。

太祖从周世宗征淮南，战于江亭，有龙自水中向太祖奋跃。乾德五年夏，京师雨，有黑龙见尾于云际，自西北趋东南。占主大水。明年,州府二十四水坏田庐。

开宝六年四月,单父县民王美家龙起井中,暴雨飘庐舍,失族属,及坏旧镇廨舍三百五十余区,大木皆折。七年六月,棣州有火自空堕于城北门楼,有物抱东柱,龙形金色,足三尺许,其气甚腥。且视之,壁上有烟痕,爪迹三十六。

大中祥符二年八月,青蛇出无为军廨,长数尺。

宣和元年夏,雨,昼夜凡数日,及霁,开封县前茶肆中有异物如犬大,蹲踞卧榻下。细视之,身仅六七尺,色苍黑,其首类驴,两颊作鱼颔而色正绿,顶有角,生极长,于其际始分两歧,声如牛鸣,与世所绘龙无异。茶肆近军器作坊。兵卒来观,共杀食之。已而京城大水,讹言龙复仇云。

绍兴初,朱胜非出守江州,过梁山,龙入其舟,才长数寸,赤背绿腹,白尾黑爪甲,目有光,近龙蘖也。行都柴垛桥旌忠庙三蛇出没庭庑,大者盈尺,方鳞金色,首脊有金钱,遇雾,或变化数百于蕉卉间,庙徙而蛇蘖亦绝。十一年四月,衡山县净居岩有蛇长二丈,身围数尺。黑色而方文,震死,山水大至。先是,山气遇夜辄昏昧,蛇毙始明。二十五年六月,湖口县赤龙横水中如山,寒风怒涛,覆舟数十艘,士卒溺者数十人。三十年春,宜黄县大蛇见于丞治,长二丈。捕之纵数里外,俄复至者数四。

乾道五年七月乙亥,武宁县龙斗于复塘村,大雷雨,二龙奔逃,珠坠,大如车轮,牧童得之,自是连岁有水灾。

太平兴国三年,灵州献官马驹,足有二距。

雍熙二年,虔州吏李祚家马生驹,足有距。四年,鄜州直罗县民高英家马生前两足如牛。

端拱二年,夏州民程真家马生二驹。

大中祥符九年十二月,大名监马生驹,赤色,肉尾无鬃。

宣和五年,马生两角,长三寸,四足皆生距,时北方正用兵。

绍兴八年,广西海壖有海兽如马,蹄鬣皆丹,夜入民舍,聚众杀之。明日海溢，环村百余家皆溺死，近马祸也。五年，广西市马，全纲疫死。

淳熙六年十二月，宕昌西马、金州马皆大疫。十二年，黎、雅州献马，有角长二寸。京房《易传》曰："臣易上，政不顺，厥妖马生角，兹谓贤士不足。"

绍熙元年二月丙申，右丞相留正乘马早朝，入禁扉，马毙，近马祸也。

嘉定五年正月，史弥远入贺于东宫，马惊堕地，衣帻皆败，其额微损，事与上同。

建隆元年，雄州归义军民刘进妻产三男。二年，孟州民孟福、定州民孟公礼等妻各产三男。三年，齐州、晋州大旱，民家多生魃。龙冈县民林嗣妻、京师龙捷军卒宜超妻产三男。

乾德三年，江陵府民刘晖妻产三男。四年，安州骁健军卒赵远妻产三男。五年，光州民高与、德州民赵嗣、乾宁军卒王进妻产三男。

开宝元年，沂州民王政、澶州民谢兴妻产三男。二年，阆州民孙延广、开州民董远妻产三男。七年，青城县王宥妻产三男。河南府民刘元妻产三男。

太平兴国二年，邢州招收军卒李遇、汝州归化军卒鱼霸、常州民谢祚妻产三男。晋原县民杨万妻产三男。七年，澶州龙卫军卒靳兴、普州民郑彦福妻产三男。汾州民郑训妻产三女。雁门县民刘习妻产四男。滑州归化军卒安旺妻产二男一女。八年，扬州顺化军卒俞钊、温州民李遇、荣州民李祚妻产三男。九年，扬子县民妻生男，毛被体半寸余，面长、顶高、乌肩、眉毛粗密，近发际有毛两道，软长眉，紫唇、红耳、厚鼻，大类西域僧。至三岁，画图以献。

雍熙二年，奉新县民何靖妻产三男。三年，鲁山县民张美、相州林虑县民张钦妻产三男。四年，晋原县民周承晖、固如县民杨升妻产三男。

端拱元年，祁州民冯遇妻产三男。二年，齐州民徐美、并州民侯远、常州卒徐流妻产三男。

　　淳化元年正月，河阳县民王斌、新息县民李珪妻产三男。八月，
汾州悉达院僧智严头生角三寸。二年，晋陵县民黄钊、南充县民彭
公霸、龙阳县民周信、王屋县民李清、临清县民国忠、邻水县吏谢元
升、奉化县卒朱旺妻产三男。瀛州民胡立、邢州民高德妻产三男。四
年，邯郸县民郑安、河间县民王希辇、安州民宋和妻产三男。五年，
雍丘县营卒盛泰妻产三男。

　　至道元年，保州故军校李深、宋城县民王洽、临淮县民贺用、永
清县民董美、鄄城县民马方妻产三男。二年，安丰县民王构、伊阳县
民张寿、成都县民彭操妻产三男。三年，汾州民赵演、沂州民李嗣、
南剑州民刘相、饶安县民睦鸾、卫州宣武军卒李筠妻产三男。

　　咸平元年，台州永安县王旺、澶州静戎军卒郑穗妻产三男。莘
县民怀梁、获嘉县民王贵、永康县民罗彦瑶、温县民杨荣、毗陵县民
魏吉妻产三男。三年，睢县民朱进、郓州武威军卒徐绕、深州民彭远
妻产三男。四年，望都县民郭莹、邕州澄海军梁济妻产三男。五年，
夏津县民赵替妻产三男。六年，石城县民刘诜、常邑县民戴兴妻产
三男。平乡县民郭让妻产四男。

　　景德元年，南昌县民李聪妻产三男。二年，奉新县民魏勇妻产
三男。四年，八作司匠赵荣、南顿县民任登老、枣强县民张绪妻各产
三男。

　　大中祥符元年，高邮军民王言妻产四男。二年，崞县民张留、清
平军民杨泉妻产三男。三年，获嘉县民冯可妻产三男。宋城县民李
悔妻产二男二女。四年，河池县民冯守钦妻产三男。五年，大名府
宣勇军卒徐璘、赞皇县民李钊妻产三男。七年，铜鞮县民李谦、宋城
县民白德、霍丘县民朱璘、平凉县民焦思顺妻产三男。八年，河南府
民宋再兴、真阳县民周元、历亭县民田用侯言、霍丘县民王忠杜戬、
濮阳县民卫志聪、定州骁武军卒张吉、雍丘县怀勇军卒黄进妻产三
男。永嘉县民张保妻产四男。九年，曹州雄勇军卒聂德、瀛州民刘
元、澧州民张贵、广州民刘吉妻产三男。

天禧元年，连江县民陈霸妻产三男，三年，钱塘县民谢文信、遂安县民李承遇妻产三男。四年，孝感县民杜明、平恩县民刘顺妻产三男。七月，耒阳县民张中妻产三男，其额有白志方寸余，上生白发。

自天圣迄治平，妇人生四男者二，生三男者四十四，生二男一女者一；熙宁元年距元丰七年，郡邑民家生三男者八十四，而四男者一，三男一女者一；元丰八年至元符二年，生三男者十八，而四男者二，三男一女者一；元符三年至靖康，生三男者十九，而四男者一。前志以为人民蕃息之验。

宣和六年，都城有卖青果男子，孕而生子，蓐母不能收，易七人，始免而逃去。丰乐楼酒保朱氏子之妻，可四十余，楚州人，忽生髭，长仅六七寸，疏秀而美，宛然一男子，特诏度为女道士。

绍兴三年，建康府桐林湾妇产子。肉角有齿。是岁，人多产鳞毛。二十年八月，真符县民家一产三男。

隆兴元年，建康民流寓行都而妇产子，二首具羽毛之形。

乾道五年，衡、湘间人有化为虎者。余杭县妇产子，青而毛，二肉角，又有二家妇产子亦如之，皆连体两面相乡。三家才相距一二里。潮州城西妇孕过期产子，如指大、五体皆具者百余，蠕蠕能动。

淳熙十年，番易南乡妇产子，肘各有二臂，及长，斗则六臂并运。十三年，行都有人死十有四日复生。十一月辛未，邓家巷妇产肉块三，其一直目而横口。十四年六月，临安府浦头妇产子，生而能言，四日，暴长四尺。

绍熙元年三月癸酉，行都市人夜以杀相惊，奔迸者良久乃定。是岁，昆山县工采石而山压；三年六月，它工采石邻山，闻其声呼，相应答如平生。其家凿石出之，见其妻，喜曰："久闭乍风，肌肤如裂。"俄顷，声微嗫不语，化为石人，貌如生。

庆元元年，乐平县民妇产子有尾。永州民产子首有角，腋有肉翅；二年七月，进贤县妇产子亦如之，而面有三目。

嘉定四年四月，镇江府后军妻生子，一身二首而四臂。

淳化五年六月,京师疫,遣太医和药救之。

至道三年,江南频年多疾疫。

大观三年,江东疫。

建炎元年三月,金人围汴京,城中疫死者几半。

绍兴元年六月,浙西大疫,平江府以北,流尸无算。秋冬,绍兴府辖年大疫,官募人能服粥药之劳者,活及百人者度为僧。三年二月,永州疫。六年,四川疫。十六年夏,行都疫。二十六年夏,行都又疫,高宗出柴胡制药,活者甚众。

隆兴二年冬,淮甸流民二三十万避乱江南,结草舍遍山谷,暴露冻馁,疫死者半,仅有还者亦死。是岁,浙之饥民疫者尤众。

乾道元年,行都及绍兴府饥,民大疫,浙东、西亦如之。六年春,民以冬燠疫作。八年夏,行都民疫,及秋未息。江西饥民大疫,隆兴府民疫,遭水患,多死。

淳熙四年,真州大疫。八年,行都大疫,禁旅多死。宁国府民疫死者尤众。十四年春,都民、禁旅大疫,浙西郡国亦疫。十六年,潭州疫。

绍兴二年春,涪州疫死数千人。三年,资、荣二州大疫。

庆元元年,行都疫。二年五月,行都疫。三年三月,行都及淮、浙郡县疫。

嘉泰三年五月,行都疫。

嘉定元年夏,淮甸大疫,官募掩胳及二百人者度为僧。是岁,浙民亦疫。二年夏,都民疫死甚众。淮民流江南者饥与暑并,多疫死。三年四月,都民多疫死;四年三月,亦如之。十五年,赣州疫。十六年,永、道二州疫。

德祐元年六月庚子,是日,四城迁徙,流民患疫而死者不可胜计,天宁寺死者尤多。二年闰三月,数月间,城中疫气薰蒸,人之病死者不可以数计。

　　熙宁元年七月戊子夜,西南去间有声鸣,如风水相激,浸周四方。主民劳,兵革岁动。六年七月丙寅夜,西北云间有声如磨物,主百姓劳。七年七月庚子夜,西北天鸣,主惊忧之事。

　　绍兴二十一年八月乙亥,天有声如雷,水响于东南,四日乃止。

　　开禧元年六月壬寅,天鸣有声。

　　天禧三年正月晦,沈丘县民骆新田闻震,顷之,陨石入地七尺许。

　　淳熙十六年三月壬寅,陨石于楚州宝应县,散如火,甚臭腥。

　　庆元二年六月辛未,黄岩县大石自陨。雷雨甚至,山水潢涌。

宋史卷六三
志第一六

五行二上

火

　　炎上，火之性也。火失其性，则为灾眚。旧说以恒燠、草妖、羽
虫之孽，羊祸、赤眚、赤祥之类，皆属之火，今从之。

　　建隆元年，宿州火，燔民舍万余区。二年三月，内酒坊火，燔舍
百八十区，酒工死者三千余。三年正月，滑州甲仗库火，燔仪门及军
资库一百九十区，兵器、钱帛并尽。开封府通许镇民家火，燔庐舍三
百四十余区。二月，安州牙吏施延业家火，燔民舍并显义军营六百
余区。五月，京师相国寺火，燔舍数百区。海州火，燔数百家，死者
十八人。

　　乾德四年二月，岳州衙署、廪库火，燔市肆、民舍殆尽，官吏逾
城仅免。三月，陈州火，燔民舍数十区。潭州火，燔民舍五百余区；
逾月，民周泽家火，又燔仓廪、民舍数百区，死者三十六人。是春，诸
州言火者甚众。八月，衡州火，燔公署、仓库、民舍仅千余区。五年，
京师建隆观火。

　　开宝三年八月，辰州廨火，燔军资库。五年七月，忠州火。仓库
殆尽。七年九月，永城县火，燔民舍一千八百余区。八年四月，洋州
火，燔州廨，民舍千七百区。永城县火。燔军营、民舍千九百八十区，
死者九人。

太平兴国七年八月，益州西仓灾。

雍熙元年五月丁丑，乾元、文明二殿灾。初夕，阴云雷震，火起月华门，翌日辰、巳方止。二年九月庚寅夜，楚王元佐宫火，燔舍数百区，王自是以疾废于家。三年，光化军民却勋动家火，延燔军廨、舍、库。

端拱元年二月，云安军威棹营火。二年三月，衡州火，燔州县官舍、仓库、军营三百余区。又崇贤坊有鸟燔数十处，七日不灭。

淳化三年十月，蔡州怀庆军营火，燔汝河桥民居、官舍三千余区，死者数人。十二月，建安军城西火，燔民舍、官廨等殆尽。四年二月，永州保安津舍火，飞焰过江，烧州门及民屋三百余家。

咸平二年四月，池州仓火，燔米八万七千斛。

景德元年正月，平房军营火，焚民居庐舍甚众。四年十一月，郢州火，燔仓库并尽。

大中祥符元年正月，桂州甲仗库灾。二年四月，升州火，燔军营、民舍殆尽。四年八月，徐州草场火。十月，镇州城楼、战棚火。七月，雄州田仗库火。八年二月甲寅，宗正寺火。四月壬申夜，荣王元俨宫火，自一鼓北风甚，癸酉亭午乃止，延燔左承天祥符门、内藏库、朝元殿、乾元门、崇文院、秘阁、天书法物内香藏库。九年五月甲子，左天厩坊草场火。

天禧二年二月戊寅，北宅蔡州团练使德雍院火，延燔数百区。三年春，京师多火。六月，永州军营火，延民舍数百余区。五年四月丁巳，事材场火。

天圣三年二月丁卯，蕲州榷货务火。五年四月壬辰，寿宁观火。七年六月丁未，玉清昭应宫灾。初，大中祥符元年，诏建宫以藏天书。七年，宫始成，凡二千六百一十楹。至是，火发夜中，大雷雨，至晓而尽。

明道元年八月壬戌，修文德殿成。是夜，禁中火，延燔崇德、长春、滋福、会庆、延庆。

景祐三年七月庚子，太平兴国寺火起阁中，延燔开先殿及寺舍数百楹。是夕,大雨雹。十月己酉,澶州横龙水口西岸料物场火,焚薪刍一百九十余万。

宝元二年六月丁丑,益州火,焚民庐舍二千余区。

康定元年六月乙未,南京鸿庆宫神御殿火。

庆历元年五月癸亥,庆州草场火,延爇州城楼橹,三年十一月丙寅,上清宫火。四年三月丙戌夜,代州五台山寺火。六月丁未,开宝寺灵感塔灾。七月甲子,燕王宫火。六年七月辛丑,洪福禅院火。八年正月壬午,江宁府火。初,李景江南大建宫室、府寺,其制多仿帝室,至是一夕而焚,唯玉烛殿独存。

皇祐五年正月丁巳,曾灵观火。

至和元年四月辛丑,祥元观火。二年,并州太宗神御殿火。

嘉祐三年正月,温州火。爇屋万四千间,死者五十人。

治平四年十二月壬子夜,睦亲宫火,焚九百余间;甲寅,广亲宫又火。

熙宁六年二月丙申,永昌陵上宫火,爇东城门。七年九月壬子,三司火,自巳至戌,焚屋千八百楹,案牍殆尽。十一月,洞真宫火。九年十月,鲁王、濮王宫火。十年正月,仙韶院火,撤屋二百五十楹。三月丙子,开封府火。

元丰元年八月,邕州火,焚官舍千三百四十六区,诸军衣万余袭,谷帛军器百五十万。四年六月,衡州火,烧官舍、民居七千二百楹。钦州大雷震,火焚城屋。五年二月,洞真宫火。八年二月辛巳,开宝寺火。时寓礼部贡院于寺,点校试卷官翟曼、陈之方、马希孟焚死,吏卒死者十四人。

元祐元年三月,宗室宫院火。六年十二月,开封府火。

绍圣三年三月七日,内尚书省火,寻扑灭。上谕执政:禁中屡火,方醮禳,已罢春宴,仍不御垂拱殿三日。四年七月甲子,禁中火。

元符元年四月,宗室宫院火。

建中靖国元年六月壬寅,集禧观火,大雨中久而后灭。

崇宁二年六月,中太乙宫火。三年三月辛丑,大内火。

政和三年四月,苏州火,延烧公私屋一百七十余间。五月,封州火,延烧公私屋六百八十二间。五月辛丑,京师大盈仓火。是岁,成都府大慈寺、温州绛州皆火。

重和元年九月,掖庭大火,自甲夜达晓,大雨如倾,火益炽,凡爇五千余间,后苑广圣宫及宫人所居几尽,焚死者甚众。

靖康元年十二月丙子夜,尚书省火,延烧礼、祠、工、刑、吏部,拆尚书省牌掷火中禳之乃息。二年三月戊戌,天汉桥火,焚百余家。顷之,都亭驿又火。己酉,保康门火。

绍兴元年十月乙酉,临安府越府大火,民多露处。十二月辛未,越州火,焚吏部文书,乙酉,移跸钱塘。二年正月丁巳,宣州火,爇民居几半。五月庚辰,临安府大火,亘六七里,爇万数千家。十二月甲午,行都大火,爇吏刑工部、御史台、官府、民居、军垒尽,乙未旦乃熄。三年九月庚申,行都阙门外火,多爇民居。四年正月戊寅,行都火,爇数千家。六年二月,行都屡火,爇千余家,十二月,行都大火,爇万余家,人有死者。时高宗亲征刘豫,都民之暴露者多冻死。七年正月辛未,平江府火。二月辛丑。镇江府、楚真扬太平府火。是岁,临安府火。八年二月丁酉,太平府大火,宣抚司及官舍、民居、帑藏、文书皆尽,死者甚众。录事参军吕应中、当涂县丞李致虚死焉。九年二月己卯,行都火。七月壬寅,又火。十年十月,行都火,爇民居,延及省部。十一月丁巳,温州大火,爇州学、酤征舶等务、永嘉县治及民居千余。十一年七月癸亥,婺州大火,爇州狱、仓场、寺观暨民居几半。九月甲寅,建康府火,爇府治三十余区,民居三千余家。十二年二月辛巳,镇江府火,爇仓米数万石,刍六万束,民居尤众。是月,太平、池州及芜湖县皆火。三月丙申,行都火。四月,行都又火。十四年正月甲子,行都火。十五年,大宁监火,爇官舍、帑藏、文书。九月甲子,行都火,经夕,渐近太室而灭。十七年八月,建康府火。十二月辛亥,静江府火,爇民舍甚众。二十年正月壬午,行都火,爇吏部文书皆尽。二十五年,汴京宫室悉焚。二十六年,潭州南岳庙火。二十九年四月,镇江府火,焚军垒、民居。十二丙日子,婺州大火,燔官舍、民居、寺观,人有死者。

乾道元年正月,泰州火,燔民舍几尽。是年春,德安府应城县厩驿火。二年冬,真州六合县武锋军垒火。十二月,婺州火。自是火患不息,人火之也。三年五月,泉州火。五年十二月壬申,太室东北垣外民舍火。七年十一月丁亥,禁垣外阍人私舍火,延及民居,九年九月,台州火,经夕至于翌日昼漏半,燔州狱、县治、酒务及居民七千余家。

淳熙元年十二月丁巳,泉州火,燔城楼及五十余家。二年六月戊午,潭州南岳庙火。八月,严州火。十一月癸亥,丽正门内东庑灾。是岁,泸州火,坐上焚民居不实,守臣贬秩。三年九月,大内射殿灾,延及东宫门。四年十一月辛酉,鄂州南市火,暴风通夕,燔千余家。五年四月庚寅,兴州沙市火,燔三百四十余家,有死者。十一月,和州牧营火,燔一百六十区。七年二月,江陵府沙市大火,燔数千家,延及船舰,死者甚众。八月,温州试士,火作于贡闱。八年正月,扬州火。九月乙亥,行都火。九年九月,合州大火,燔民居几尽,官舍仅有存者。十一年二月辛酉,兴元府义胜军垒舍火。十二年八月,瘟州火,燔城楼及四百余家。十月,鄂州大火。燔万余家。江风暴作,结庐堤上、泊舟岸下者,焚溺无遗。十四年五月,大内武库灾,戎器不害。六月庚寅,行都宝莲山民居火,延烧七百余家,救焚将校有死者。五月,成都府市火,燔万余家。十六年九月,南剑州大火,民居存者无几。

绍兴元年八月壬寅,处州火,燔数百家。十二月戊申,建宁府浦城县火。时查洞寇张海作乱。焚五百余家。二年四月,行都传法寺火。延及民居。言者以戚里土木为孽,火数起之应,是月,徽州大火,夜燔州治、谯楼、官舍、狱宇、钱帛库务,凡十有九所,五百二十余区,延烧千五百家,自庚子至于壬寅,乃熄。五月己巳,金州火,燔州治、官舍、帑藏、保胜军器库、城内外民居甚众。三年正月己巳,行都火,通夕,至于翌日,阛阓焚者半。十一月,又火,燔五百余家。十二月甲辰,鄂州火,至于翌日,燔八百家。

庆元二年八月己酉,永州火,燔三百家。三年闰月甲申,金州都统司中军垒舍火,焚千三百余区,阅六月乙酉,又火,燔二千余区。是冬,绍兴府僧寺火,延烧数百家。六年八月戊戌,徽州火,燔州狱、官舍,延及八百余家。

嘉定元年三戊寅,行都大火,至于四月辛巳,燔御史台、司农寺、将作军器监、进奏文思御辇院、大史局、军头皇城司、法器库、御厨、班直诸军垒,延烧五万八千九十七家。城内外亘十余里,死者五十有九人,践死者不可计。城中庐舍九毁其七,百官多僦舟以居。火作于宝莲山御史台胥杨浩家,谏议大夫程松请戮浩以谢都民。疏再上,始黥配万安军,犹免决。自是民讹言相惊,亡赖因纵火为奸利。二年六月己卯,临安府火。三年正月丁酉,襄阳府火作而风暴,选锋军校于友直死于救焚,止延烧六十余家。帅、漕臣上其功,赠二秩,官其子二。十一月甲午,福州火,燔四百余家。四年三月丁卯,行都大火,燔尚书中书省、枢密院、六部、右丞相府、制救粮料院、亲兵营、修内司,延及学士院、内酒库、内宫门庑,夜召禁旅救扑。太室撤庙庑,迁神主并册、宝于寿慈宫。翌日戊辰旦,火及和宁门鸱吻,禁卒张隆飞梯斧之,门以不焚。火作时,分数道,燔二千七十余家。乂翌日己巳,神主还太室。时省部皆寓治驿、寺。四月丙申,临安府梵天寺火。六月,盱眙军天长县禁军营火,铠械为尽。八月壬辰,鄂州外南市火,燔五百余家。

开禧二年二月癸丑,寿慈宫灾。四月壬子,行都火,燔数百家。

嘉定二年八月己巳,信州火,燔二百家。九月丁酉,吉州火,燔五百余家。是岁,泸州火,燔千余家。十一月丁亥,建宁府政和县火,燔百余家。四年闰二月己卯,绍兴府嵊县浦桥火,燔百余家。三月,滁州火,燔民居甚多。十月,抚州火。辛卯,福州一夕再火,燔城门、僧寺,延烧千余家,死者数人。五年五月己未,和州火,燔二千家。八年八月辛丑,湖州火,燔寺观,延烧三百家。九年七月甲戌,南剑州沙县火,燔县门、官舍及千一百余家,民有死者。十一年二月,行都火,燔数百家。九月己巳,禁垣外万松岭民舍火,燔四百八十余家。

十三年二月庚寅,安丰军故步镇火。燔千余家,死者五十余人。八月庚午,庆元府火。燔官舍、第宅、寺观、民居甚众。十一月壬子,行都火,燔城内外数万家、禁垒百二十区。十七年四月丁卯,西和州焚军垒及居民二千余家。人火之也。守臣尚震午误以为金人至而遁。六月丁亥。岳州火,燔岳阳楼、州狱、帑库,延及八十家。己丑,又火。燔百余家。

绍定元年三月,行都火,燔六百余家。

嘉熙元年六月,临安府火,燔三万家。

淳祐元年,徽州火。十二年十一月丙申,行都火,至丁酉夜始熄。

景定四年,绍兴火。五年,临安府大火。

德祐元年,玉牒所灾。

乾德二年冬,无雪。五年冬,无雪。

开宝元年冬,京师无雪。二年冬,无雪。

淳化二年冬,京师无冰。

至道元年冬,无雪。二年冬,无雪。

大中祥符二年,京师冬温,无冰。

天圣五年,夏秋大暑,毒气中人。

嘉祐六年冬,京师无冰。

治平四年冬,无雪。

元丰八年冬,无雪。

元祐元年冬,无雪。四年冬,京师无雪。五年冬,无冰雪。

绍兴五年五月,大燠四十余日,草木焦槁,山石灼人,暍死者甚众。三十一年冬,无雪。

乾道三年,冬温,少雪无冰。五年,冬温,无雪。六年,冬温,无雪冰。

绍熙三年冬,潼川路不雨,气燠如仲夏,日月皆赤,荣州尤甚。

庆元元年冬,无雪。二年冬,无雪。四年冬,无雪。越岁,春燠而雷。六年,冬燠无雪,桃李华,虫不蛰。

开禧三年冬,少雪。

嘉定元年,春燠如夏。六年冬,燠而雷,无冰,虫不蛰。八年夏五月,大燠,草木枯槁,百泉皆竭,行都斛水百钱,江、淮杯水数十钱,暍死者甚众。九年冬,无雪。十三年冬,无冰雪。越岁,春暴燠,土燥泉竭。

建隆二年九月,亳州献芝一株。

乾德四年闰八月,黄冈县民段赞屋柱生紫芝一本二茎,知州邓守忠以献。十二月,登州献芝五茎。

开宝四年,成都府民罗达家生芝。六年正月,知梓州赵延通献芝一本。河中府大明观殿芝草生,节度使陈思让以闻。七年七月,陈州节度党进献控鹤营卒孙洪家芝二本。八月,又献芝一本,四十九茎。九月,麻城县廨芝生柱上,刺史王明以献。十月,梓州献芝草。

太平兴国二年八月,青城县民家竹一本,上分双茎。三年六月,项城县令王元正献芝草。七月,广州献芝草,八月,功臣堂柱生芝二本,知州范旻画图以献。四年八月,广州献芝草。九月,华山道士丁少微献白芝、黝芝各一器。五年五月,眉山县竹一茎十四节,上分二枝,长丈四尺。九月,真定府行宫殿梁生芝,如荷花,知府赵贤进以图来上。十月,龙水县华严寺旧截竹为筒引水,忽生枝叶,长二丈许,知州姜宣以闻。六年三月,广州献黄芝一本九茎。七月,新津县赵丰村竹一茎十二节,上分两岐,知州崔宪以闻。七年六月,知黄州裴仁凤献芝草。七月,知罗江县陈覃,于罗璝山获芝四本以献。湘阴县万寿寺松根,芝草二本生,转运副使赵昌献芝。八月,再生四本,昌又献。潭州民欧阳进、夏侯敏园中芝三本。宜兴县民长孙裕家生芝,紫茎黄盖。十月,雄州实信院竹丛生芝草,僧致仁采之复生,悉以上献。八年二月,知福州何允昭献芝二本。五月,汉州献芝。十月乙酉,蜀州献瑞竹一本十六节,上分两枝。知连州史昭文献芝二茎。十一月,婺源县民王化于王陵山石上,得紫芝一本,丛生五茎。金州监军廨生芝三本。九年十月,金州献芝三本,永康军献芝九茎,同日至阙下。十一月,知梓州沈护获芝三茎。

雍熙二年七月，灵州芝草生，知州侯赟刻木为其状来献。三年三月，殿前承旨张思能使楚、泗，献所得芝草五本。四月，眉山县献《异竹图》。八月，刑部尚书宋琪家牡丹三华。

端拱元年五月，知襄州郝正献芝五本。八月，广州凤集合欢树下，得芝三本。二年七月，彭山县民家生异竹。舒州芝草生，知州赵孚以献。十月，密州献芝草。

淳化元年四月，永州监军廨芝草生，知州克宪以闻。八月，黄州刺史魏丕献芝草。二年二月，射洪县安国寺竹二茎同本。六月，舒州竹连理，知州乐史以闻。十一月，陵州民赵崇家慈竹二茎，长六尺许，其上别有根柢，茎分十枝，长丈余；又一本三茎并耸。三年十月，朗州异竹生。京师太平兴国寺牡丹生华，占云：“有丧。”是月，恭孝太子薨。四年正月，知兴化军冯亮献芝草。十月，彭门芝草生。十二月，荣州献《异竹图》。五年正月，密州献芝草四本，枝叶扶疏。二月，知温州何士宗献芝草五本；十月，又献十本。

至道元年十一月，潭州监军廨生竹一本，长二尺许，枝叶万余，尤为殊异。二年六月，虔州龙泉县合龙院一竿分两枝。河南县民张知远家芝草生，判府吕蒙正表上之。闰七月，密州献芝二本。三年二月，广东转运使康戬献紫芝。

咸平元年十二月，宣化县保圣山瑞竹生一本二枝。二年闰二月，宣、池、歙、杭、越、睦、衢、婺诸州箭竹生米如稻。时民饥，采之充食。九月，剑州驿厅梁上生芝草，一枝三朵，其色黄白，知州李仁衡图以献。四年正月，潍州献芝草一本，如佛状。十二月，知淮阳军王砺献芝草三本，六年五月，导江县民潘矩田生芝，三层，黄紫色，高五寸许。九月，相州牧龙坊生芝一茎。色紫黄，长尺余，分七枝，枝如手五指状。其最上枝类凤者，知州张鉴以献。

景德三年八月，蔡州献芝草。四年十月，知广安军王奇上《芝草图》。十二月，蓬州上《瑞竹图》。

大中祥符元年四月，温州献《瑞竹图》。五月辛未，以东封，遣经度制置使王钦若祭文宣王庙，于孔林得芝五株，色黄紫，如云色及人戴冠冕之状。诏内侍杨怀玉祭谢。复得芝四本,轻黄,如云气之状。癸未,内侍江德明于白龙潭石上,得紫黄芝一本以献。六月,瑕丘县民宋固于尧祠前得黄紫芝九本,连理者四;又县民蔡珍得芝一本:王钦若以献。钦若又于岱岳及尧祠前,再得芝二十二本,连理者二,及有贯草石者。七月,钦若亲获芝十一本,又州长及民所得二十六本,有重台连理及外白内紫之状,且言:"泰山至日生芝草,军民竞采,请给缗帛。"从之。兖州狱空,司理参军郭保让扫除其间,得芝四本。八月,须城县民家芝草生。乾封县民家屋柱生芝,滋长连蔓,色鲜洁,如绘画。钦若献芝草八千一百三十九本,有贯草木、附石、连理及饰为宝山者。黄州献异竹一本双茎。九月,赵安仁来献五色金玉丹紫芝八千七百十一本。巩县柴务牡丹华。十月,泰山芝草再生者甚众。辛丑,车驾次郓州,知州马元方献芝草五本。甲辰,钦若等又献泰山芝草三万八千五十本,有并五连、三连理者,五色重晕如宝盖,下相连带,凡草木五谷如宝山、灵禽、瑞兽之象者六百四十二。诏令封禅日列天书辇前,又送诸路名山胜景及赐宰相。是月,复州献芝草,类神仙佛像。河中府酒厨梁上生芝一本十二叶,其色如玗,安阳县段赟家紫芝连理,长尺余。又民李钊屋柱生芝三本。霍丘县河亭及圣惠坊并有紫芝生。十二月,福州怀安县龙眼树上紫芝连理。温州献《灵芝图》。二年正月,福州荔枝树生连理芝二本,二月,饶州献芝草四本。七月,遂州皇泽寺芝草生,凡五十本。九月,荣州廨庭中生芝二本。十月,果州青居山献金晕连理芝草。十一月,华山张超谷石上生紫芝二本。嵩岳生芝草五十本。石首县文宣王庙殿柱芝草生。又龙盖山万福里民宗永昌园藤上芝草生一本双茎。十二月,汉州芝草生。黔州芝草一茎十二枝,若山峰状。三年正月,井研县三惠寺生芝草十本。二月,昌州廨厅柱芝生四本。闰二月,饶州芝草生。三月,西充县青莲塔院、太平观并生芝草。四月,京师竹有华,占云:"岁不丰。"六月,绵、邵、鄂州并芝草生。七月,虢州圣女观生芝草三本。八月,颍县民得田芝十二本,蜀州生芝草,一茎九叶。江陵县民张仲家竹自根上分干,其一干又分三茎。九月,江陵

府永泰寺竹出地七节,分为两茎,长丈余,知府陈尧咨以闻。华州敷
水民侯元则入华阳川石罅,得芝一本,知州顾端以献。十月,内侍任
文庆诣茅山,设醮洞中,获芝草二十八本,有如人手者。十一月,安
乡县谢山获芝二十二本,其七状如珊瑚而色紫。十二月,神泉县获
芝四本。四年正月,知华州崔端献芝草二,状如仙人掌。须城县民
李道安于黄仙公洞台上得芝草一本以献。二月,崔端又献芝草十
本。知益州任中正献芝草二十二本,知遂州毋宾古献芝草。四月,
古田县僧舍竹一本,上分三茎。端昌县民李让家筀竹一本,去地五
尺许,分为二茎。知州范应辰以闻。六月,夔州芝草生廪舍中。七
月,知亳州徐泌、知江州王文震并献芝草。知郴州袁延庆献芝草十
本。八月,邕州云封寺柏树生芝五本,知州刘知诰以献。西充县广
川王庙生芝十本。其三连理。八月,知信州李放献瑞竹图三本。十
一月,河中府献芝草。真源县民王顺慈、司徒捷家生芝各一本。岳
州、道州并献芝草。南岳奉册使薛映、副使钱惟演过荆门军神林石
上,获芝草以献。十二月,铅山县仁寿僧舍生芝草一本,又枝,长尺
八寸。五年六月,浔州六祖院法堂紫芝双秀,知州高志宁以闻。八
月,亳州献芝草。十月,泽州厅事梁上,生白茎紫盖芝二十四本。闰
十月,常州芝草生。又萧山县芝生李树上十一本。十一月,广州献
芝草二百三十七本。晋原县僧舍芝草一本。十二月,随州芝草生。
亳州献鹿邑县民所获芝草四本。侯官县山上生芝草五十四本。闽
县望泉寺生芝草十本。宁德县支提山石上生芝草十五本。六年二
月,江州庐山崇圣院生芝九本,知州王文震以献。四月,饶州承天院
东山生芝四本,连叶。六月,寿丘县获紫茎金芝一本,景陵县管阳山
林中获芝三十本。七月,内侍石延福登兖州寿丘获芝一本,贯草而
生,又旁得三十本。亳州团练使高汉英献芝八本。鼎州城门柱下生
芝一本。八月,继照堂生芝一本,紫茎黄盖。奉祀经度制置使丁谓
至真源县,太清宫道士、濑阳乡民继获芝八十本以献。乙丑,又获二
百五十本,有一本三茎,一茎如云气佛像者。九月,又得宋城县民所
获芝五十本献之。十月,丁谓来朝,献芝草三万七千一百八本,饰以

仙人、宝禽、异兽之状；十一月，又献九万五千一百本。明年，车驾至真源，民有诣行阙献者，又一万八千本。是冬，兖州景灵官芝草生。庆成军大宁庙圣制碑阁生金芝二本。昭州龙岳山资寿寺芝草生。浔州厅廨柱芝生一本，上分为二，其上又生二本，凡三重。无锡县民曹诜家食案生芝，赤黄有光，长尺许。又知南安军章得一献芝草。七年正月，明州献茹侯山石上芝草一本四茎。二月，知信州欧阳陟献芝草七本，忠州献芝五本。四月，福州献芝草二本。五月，郏县西上石崖生紫芝十五本。七月，华州民入华山，得白石上芝草，双茎连盖。八月，均州、献州献芝千二百二十七本。十月，庆成军大宁庙石双茎芝生，其上合干。明、英二州芝草生。十一月，蜀州芝草二本生竹根。八年二月，青州武成王庙柱生芝一本，知州张知白以图献。三月，荣州应灵县弥陀佛舍生紫芝三本，其一双干，上如盖。四月，昌州有芝生石上，一本四茎。其色黄白。四月，彰明县民家竹一根，上分二本、十三节。又开元寺桃竹一茎，上分十八节，皆相对。五月，道州舜祠旁生芝二十一本。六月，盬屋县民家芝草三茎，共成一叶，又石芝一本。十月，晋原县民柏寂家生芝三根，合为一本，九年七月，知信州董温献芝十二本。八月，知庐州余献卿献芝二木。九月，涪城县石壁生芝二本。十一月，武冈县民何文化园竹生两株同本，上分四茎。十二月，晋原县民李彦滔家竹一本，双茎对节，知州王世昌图以献。

天禧元年三月，新津县平盖下玉皇案下芝草生，鄂州天庆观圣祖殿芝草生。四月，邵阳等县竹生穗如米，民饥食之。又浮梁县竹生穗如米。七月，汉阳军太平兴国寺异竹一本，生二茎，节皆相对。十二月庚午，内出芝草如真武像。二年正月庚子，内出真游、崇徽二殿《梁上芝草图》示宰相。五月，兖州景灵官昭庆殿生金芝二本。三年六月，汉阳军芝草生，一百五十余本。七月，嵩山崇福宫获芝草一百本。有重台连理、贯草者，知河南府冯拯以献。四年四月，梁山军民王崇宸竹园，生金晕紫芝五本，十一月，上饶县民王寿园中生芝草三本，皆金晕，其二连理。

乾兴元年六月，苏、秀二州湖田生圣米，居民取以食。兴州竹有实，如大麦，民取以食，占曰："大饥。"八月，洋州民李永负土成母坟，芝生坟上。

天圣元年五月，兴州竹有实如大麦，民取以食之，占曰："竹有实，大饥。"八月甲寅，有芝生于天安殿柱，召辅臣观之。九月戊午，城西下木场芝草生。三年七月，梓州城门生芝二本。四年正月，梓州民家生芝四本。九月，荣州芝生。

明道元年七月，荣州、连州并芝生。

景祐二年九月，嘉州芝草生。四年五月丙寅，有芝生于化成殿楹。

庆历元年二月丙午，京师雨药。二年八月，梓州芝草生。五年八月，洪州章江禅院堂柱芝草生，高一尺三寸，叶二十一层，色白黄，有紫晕；旁生小芝，叶九层，上有气如烟。

皇祐元年七月，福州生芝一十二本。十月，湖州芝草生。三年六月丁亥，无为军献芝草，凡三百五十本。上曰："朕以丰年为上瑞，贤臣为宝，至于草木、鱼虫之异，焉足尚哉！"

嘉祐三年十一月，河南府芝草生。六年正月，清川县汉光武祠生芝草，一本三歧。八月，施州歌罗砦生芝四本。十月，汝州新砦巡检廨舍生芝五本。

熙宁元年，益阳县雷震山裂，出米可数十万斛，赍至京师，信米也。但色黑如炭。八年七月，鼎州产芝三本，其一类珊瑚，枝叶摎结。盐官县自三月地产物如珠，可食，水产莱如菌，可为菹，饥民赖之。九年五月，流江县产芝二十一本。

元丰二年四月，眉州生瑞竹。六月，忠州雨豆。七月甲午，南宾县雨豆。十一月，全州芝生十二本。三年六月，安州芝生二十九本。其一连理。临江军芝生四十三本。四年十月，鄞县天庆观生瑞竹一本，自第九节分茎双起。五年七月，永康县生紫芝九本。十一月，阆中县生紫芝六、金芝七。永康县生紫芝九。六年八月，吉州芝生三十三本。十二月，滕县官舍生异草，经月不腐。七年四月，景灵宫芝生六本于天元殿门。五月,开化县芝生九本,黄白紫色。八月,永安陵下宫芝生一本。十月,青州芝生二十一本。

元祐元年七月,武安军言:"前秘书省正字邓忠臣母坟前生芝草一本,紫茎黄盖。"三年六月,临江县涂井镇雨白黍;七月,又雨黑黍。四年九月,江津县石上生芝草二本六茎。五年二月,晋原县生芝草四十二本。七年十一月,滁州生芝二百余本。

绍圣三年九月,淄川县生芝草,有谷十科穿芝草生二枝。十月,河南府大内地生芝章。

元符二年正月,处州民田生瑞竹。二月,泸州生芝草一本,同根骈干,至盖复合为一。

又衡州郡厅生紫芝一根十六叶。

崇宁元年八月,盘石县芝草连理。三年十月,复州、泽州芝草生。四年正月,戎州、宿州芝草生。七月,泸州芝草、瑞竹生。五年冬。澶州、安州芝草生。

大观元年三月,宣、郓、湖、润州皆芝草生。庐州雨大豆。九月,崇天台及兖州孔林芝草生。二年,陈兖筠州、广德军芝草生。三年秋,西京、湖海普渠州、南安军芝草生。

政和元年正月,莱州芝草生。十一月,虔州圣祖殿芝草生。二年二月戊子,河南府新安县蟾蜍背生芝草。自是而后,祥瑞日闻。玉芝产禁中殆无虚岁,凡殿宇、园苑及妃嫔位皆有之,外则中书尚书二省、太学、医学亦产紫芝。四年八月,建州境内竹生米数千万石。五年十一月癸酉,越州承天寺瑞竹一竿七枝,干相似,其叶圆细,生花结实。诏送秘书省,仍拜表贺。五年五月,禁中芭蕉连理。八月甲子,蕲州进芝草一万一千六百枝,内一枝紫色,九干。十二月己未,汝州进六万本。其间连理、双枝者一千八百八十。有司不胜其纪。初犹表贺,后以为常,不皆贺也。时朱胜非为京东提举学事,行部至密州界,见县令部数百夫入山采芝。弥漫山谷,皆芝菌也。或附木石,或出平地,有一本数十叶,层叠高大,众色咸备。郡守李文仲采及三十万本,每万本作一纲入贡。文仲寻进职,授本道转运使。

　　建炎二年九月癸卯,权知密州杜彦献芝草,五叶,如人指掌,色赤而泽。宰臣黄潜善奏:"色符火德,形象股肱之瑞。"高宗不启视,却之。

　　绍兴元年七月乙未,浙西安抚太使刘光世,以枯秸生穗奏瑞。高宗曰:"朕在潜邸,梁间生芝草,官僚皆欲上闻,朕手碎之,不欲宝此奇怪。"乃却之。十六年正月辛未,泸州天雨豆,近草妖也。十六年,梅州孔子庙生芝。二十一年,绍兴府学御书下生芝。番阳县石门民家篱竹生重萼牡丹,又民家灶鼎生金色莲华。房州治所彩山下生萱。万州、虔州放生池生莲,皆同蒂异萼。二十三年六月,汀州生莲,同蒂异萼者十有二。二十五年五月,太室楹生芝九茎,秦桧帅百官观之,称贺,勾龙廉、沈中立以献颂迁擢,周麟之请绘之卤簿行旗。桧孙礼部侍郎埙请以黎州甘露降草木、道州连理木、镇江府瑞瓜、南安军瑞莲、严信州瑞芝,悉图之旗。是冬,桧薨,高宗曰:"比年四言奏瑞,文饰取悦,若信州林机奏秦桧父祠堂生芝,佞谀尤甚。"明年四月甲午,诏郡国无献瑞。

　　乾道元年七月,池州竹生穗,实如米,饥民采之以食,守臣鲁詧为《野谷生竹图》以献。御史劾詧不以民食草木为病,坐佞免官。

　　庆元五年八月,太室西北夹室楹生白芝,四叶,前史以白芝为丧祥。明年八月,国连有大丧。

　　嘉泰二年十一月,秘书省右文殿楹生芝二茎。

宋史卷六四
志第一七

五行二下

火

乾德二年十月,眉州献《禾生九穗图》。四年四月,府州、尉氏县、云阳县并有麦两歧。五月,鱼台县麦秀三歧。六月,南充县民何约田禾一茎十三穗,一茎十一穗;七月,又生一茎九穗。

开宝二年五月,梓、蜀二州;六年四月,东明县;八年五月,郑州、梓州、合州、巴川县:并献瑞麦。

太平兴国元年九月,隰州献合穗禾,长尺余。十月,渝州献九穗禾。三年四月,夏县;五月,舒州;六月,阆州:麦并秀两歧。四年七月,洺州献嘉禾。邛、资二州禾并九穗。八月,泾州民田并有嘉禾。九月,知温州何士宗献《嘉禾九穗图》。五年七月,蓬莱县民王明田谷隔垄合穗。相去一尺许。八月,知慈州张愈献合穗禾。九月,流溪县;六年五月,汝阴县;九年五月,施州:麦并秀两歧。

端拱元年五月,陈州;淳化元年四月,魏城县;七月,阆州;二年四月,蔡州;五月,陈州、陵州仁寿县;四年五月,达州;五年四月,永城县:并献瑞麦。

至道元年六月,嘉禾生眉山县萧德纯田,一本二十四穗。七月,金水县胥罗翊田禾生九穗。舒州监军吴光谦廨粟畦两本,歧分十穗。临涣县民侯正家二禾合成一穗。八月,绵竹县禾生九穗。夏州团练使赵光嗣献嘉禾一函。十月,濠州献《瑞谷图》。二年五月,泗州献瑞麦。三年二月,洋州嘉禾合穗,知州施翊以闻。四月,唐州、遂州、磐石县并献瑞麦。五月,黄州、建昌军麦秀二三穗。八月,雅州禾一茎十四穗。雄州嘉禾生。九月,知代州李允正献嘉禾一匣。

咸平元年五月,曲水县麦秀二三穗。七月,嘉禾生后苑,一茎二十四穗。百丈县民李文宝禾生一茎十七穗。八月,苏州廨后园、邠州民田并禾生合穗。平夷县民王义田禾两穗合为一。化城县民张美田禾九穗。二年五月,华州麦秀二三穗。七月,资官县吏董昭美禾一茎九穗者各一。棣、洺二州嘉禾合穗。彭城县民张福先田粟一茎分四穗。八月,郏县赵范粟一茎九穗。玄武县民李知进田粟一茎,上分五苗成二十一穗。榆次县民周贵田禾三茎共穗。三年五月,酂县、海陵县并麦秀二三穗。七月,真定府禾三茎一穗。达州民李国清田禾一苗九穗。八月,辰州公田禾生一茎三穗者四。隰州嘉禾合穗,图以献。四年八月,舒州嘉禾生。九月,知河中府郭尧卿献《嘉禾合穗图》。五年八月,临汾县民吉遇、洪洞县民范思安田并禾生隔二垄上合为一。六年七月,涉县民连罕田隔四垄同颖。铜梁县民杨彦鲁禾一茎九穗。

景德元年正月,宁晋县民耿待问田禾合穗者三本,知州王用和图以献。二年七月,获鹿县禾合穗。八月,荥阳县及相州嘉禾异亩同颖。九月,并州贡《嘉禾图》。三年八月,大名府、沧州并嘉禾生。真定府禾异亩同颖。九月,荣州禾一茎十八穗。四年六月,南雄州保昌民田禾一本九穗,以图来献。七月,神泉县民张篆田禾一苗九穗。贝、兖二州嘉禾合穗。九月,卫德二州、广安军并上《嘉禾图》。

大中祥符元年,曲水县、南郑县并麦秀二三穗。七月,乾封县奉高乡民田禾异垄同颖,判州王钦若以闻。八月,郓州献嘉禾。淳化县民贺行满田禾隔四垄。相去四尺许。合为一穗。新平县民尹遇田禾合穗者二本。真定府粟生二穗。九月,澧州嘉禾一茎十穗。虢州团练使綦兴献合穗禾。嘉州民潘德麟田禾二茎各九穗。麟州嘉禾生。二年六月,简州民集若宁家禾九穗。七月,黔州嘉禾异亩合穗。八月,嘉州廨有一茎十四穗生庭中,岐山县禾异亩同颖,知州施护以闻。三年四月,同州麦秀二三穗。七月,冀、淄、昭三州嘉禾多穗,异亩同颖。八月,宁化军嘉禾合穗;宝鼎县民张知友田禾隔四垄,相去二尺许合穗,判府陈尧叟以闻。楼烦县民田禾异本同颖。剑州嘉禾生,一茎九穗。四年三月辛巳,帝至西京,福昌县民朱懿文嘉禾一本七穗。昌元县民舒元晃田禾一茎九穗,知州柴德方以闻。金水县民田禾一茎三十六穗。四月,六安县麦秀二三穗。五月,唐、汝、庐、宿、泗、濠麦自生。八月,蜀州禾一茎九穗。长寿县民常自天田禾合穗者二。蒲县禾异亩同颖。九月,知虢州李昭献合穗禾。五年四月,遂州麦秀两穗或三穗。七月,华州禾一茎两穗。真定府四县嘉禾合穗。八月,京兆府嘉禾生。九月,巴州禾一茎二十二穗,一茎十七穗。六年三月,邕州麦秀两穗或三穗。七月,益州嘉禾九穗至十穗。朝邑县民田禾八茎同颖。己未,召近臣观嘉谷于后苑,有七穗至四十八穗。会以示百官。八月,龙门县、永宁军博野县民田并嘉禾生合穗。瀛州嘉禾生,知州冯守信以闻。忻州秀容、定襄二县民田禾合穗。保定军公田、大通监并嘉禾生。九月,京兆府献《长安县嘉禾图》,一枝双穗。七年,通泉县尉刘定辞官廨禾一本六穗。邯郸县民马乂田禾隔垄合穗者二本。滁州榷酒署内禾一茎二穗。晋原、平原二县民田禾并一本十二穗。三月,郿城县麦秀两穗、三穗。八月,知亳州李迪献禾一茎三穗至十穗。府谷县民刘善田禾隔三垄合成一穗。岚州牙吏燕清田禾一茎八穗,一茎五穗,辽州平城民田禾隔二垄合穗。有十三本或二十一本合为一者。九月,施州禾一茎九穗至十二穗。真定、贝州并嘉禾合穗。八年,湖阳县麦秀两穗、三穗。四月,旭川县民任庆和田禾一茎九穗。闰六月,眉山县民杨文继、邛州李义田禾并一茎九穗。七月,永静军禾隔垄合穗者二,军使仲甫以闻。八月,桂阳监民何文胜田粟一本二穗。九年四月,建初县麦秀两穗或三穗。八月,判大名府魏咸信献合穗禾。永静军阜城县民田谷隔三垄合穗者二本。广州嘉禾生。安化县民吴景延田禾穗长尺五寸。九月,知凤翔府赵湘、知邠州王守斌并献《嘉禾图》。

天禧元年七月,流江县禾一茎九穗。二年九月,河北安抚副使
张昭远献谷穗三,各长尺余。资州禾一茎九穗。三年七月,饶阳县
民杨宣田禾二垄,相二尺许,合为一穗。益州嘉禾一茎九穗。四年
八月,内出《玉宸殿瑞谷图》示近臣,每本有九穗、十穗者。九月,郯
县民岑贯田禾一茎九穗,知州苏维甫以闻。五年四月,河南府民田
嘉禾合穗,知府王钦若以闻。七月,导江县民赵元赏、青城县民王伟
田禾并一茎九穗。

乾兴元年五月,南剑州麦一本五穗。绵州麦秀两歧。八月,洋
州嘉禾合穗。十一月,高陵县嘉禾合穗。

天圣二年八月乙酉,宁化军嘉禾异亩同颖。四年九月,荣州禾
一本九穗。五年,资州禾一本九穗。六年,忻州禾异本同颖。五月
乙未,陈州瑞麦一茎二十穗。六月,陈州献《瑞麦图》。七年七月,河
南府嘉禾合穗。八年八月壬午,召近臣观瑞谷于元真殿。九年,肤
施县禾异亩同颖。

景祐元年七月,磁州嘉禾合穗。八月,大名府嘉禾合穗。九月,
泾州、磁州、保德军并嘉禾合穗。十月,孝感、应城二县稻再熟。成
德军禾一本九穗。三年九月,荣州禾一茎九穗。四年七月己巳,临
清县谷异亩同颖者六十本。

康定元年六月,蜀州、怀安军并禾九穗。

庆历二年,寿安县嘉禾合穗。六年五月,昭化县禾一茎两歧。八
月,赵州、怀州并嘉禾异亩同颖。九月,定襄县嘉禾隔二垄合穗。长
江县禾一茎十穗。十二月,石照诸县野谷稔生。七年九月,邠州、荣
州、德州并嘉禾合穗。

皇祐元年,密州禾合穗者五本。永康军禾一茎九穗。二年九月,
延州、石州并嘉禾异亩合穗。永康军嘉禾一茎九穗。十二月,密州
禾十茎合一穗。石州四茎合一穗。三年五月,彭山县上《瑞麦图》,
凡一茎五穗者数本。帝曰:“朕尝禁四方献瑞,今得西川麦秀图,可
谓真瑞矣!其赐田夫束帛以劝之。”是月,滁州麦一茎五穗。四年八
月,嘉州、蜀州并嘉禾一茎九穗。九月,南剑州有禾一本,双茎二十

穗。五年三月，资州嘉禾一茎九穗。闰六月，资州麦秀两歧。七月，
郓州、祁州禾异亩同颖。九月，成德军嘉禾异亩同颖。绵州禾一茎
九穗。

至和元年十二月，蜀州嘉禾一茎九穗。二年五月，亳州麦秀两
歧。六月，应天府贡大麦一本七十穗，小麦一本二百穗。八月，邛州
嘉禾一茎九穗。

嘉祐三年六月，绵州麦一穗两歧。七月，泰山上《瑞麦图》，凡五
本五百一穗。四年六月，彰明县有麦两歧百余本。五年三月，崇安
县嘉禾一本九十茎。七年，陵州禾一茎九穗。九月，平遥县禾异亩
合穗。

熙宁元年，永兴军禾一茎四穗。眉州禾一茎九穗。四年，乾宁
军禾合穗。成德军、晋州、汾州禾异垄同穗。六年，南溪县禾一苗九
穗。八年，怀安军、泸州、渠州各麦秀两歧。安嘉县禾二本间五垄合
穗。平山县禾合穗者二。保塞县禾七本间一垄或两垄合穗。潞城
县禾合穗者二。九年，火山军禾间五垄，束鹿、秀容二县间四垄，渤
海县皆异垄同颖。流江县禾一苗九穗。谯县麦一本三穗。尉氏县、
湖阳县、彭城县麦一本两穗。渠州大麦一穗两歧，或三歧、四歧者。
阳翟县麦秀两歧。天兴、宝鸡二县皆麦秀两歧，仍一本有三四穗或
六穗者。石州、安州麦秀两歧。十年，磁州禾合穗。眉州禾生九穗。
亳州禾生二穗。

元丰元年，武康军禾一茎十一穗。汝州禾合穗。宁江军禾一茎
十穗。邢州麦秀两歧。夔州麦一本三穗。二年，简州、安德军麦秀
两歧。曹州生瑞禾。北京、安武军、怀州、镇戎军禾合穗。镇戎军、
怀州禾皆异亩同颖。袁州禾一茎八穗至十一穗，皆层出，长者尺余。
府州禾异亩同颖。三年，眉州禾一本九穗。齐州禾一茎五穗。赵州
禾二本合穗。安州麦一本三穗至五穗，凡十四茎。深州麦秀两歧，
或三四穗，凡四十亩。眉州麦秀两歧。四年，徐州麦一本百七十二
穗。代州禾合穗。襄邑县禾一本九穗。五年，高邑县禾一茎五穗。
青州、安肃军、宪州禾皆异亩同颖。六年，洪州七县稻已获再生，皆

实。威胜军武乡县禾二本间五垄合穗。历城县禾二本合穗。赵州禾间三垄合穗。唐州禾二穗者四。泸州禾九穗。怀、青、潍三州禾皆异垄同穗。府州、陕州保平军禾皆合穗。七年，蜀州禾生九穗。青州禾异亩同颖者十一。同州禾异亩同颖。合州麦秀两歧。八年，亳州麦一茎二穗，一茎三穗，一茎四穗。镇潼军秋禾苗异垄同颖。岷州禾皆四穗。泰宁军禾异本同颖者三。是岁秋、冬，保泽赵鄂隰沧潍密简饶诸州、威胜军禾合穗，或异亩同颖。

元祐元年，简州禾合穗。石州禾异亩同颖。二年，忻、隰、磁、潍、怀州禾异亩同颖。赵、忻州禾合穗。三年，祁、保、彭州禾异亩同颖。瀛磁代丰州、安国军禾合穗。剑州、安国军麦秀两歧。夔州麦一本十二穗。四年，泰宁军麦异亩同颖。流江县禾一本二穗。荣德县禾一本九穗。青、郑、济、赵州禾合穗及有一本三穗。峨嵋县禾异亩同颖，又禾登一百五十三穗。五年，冀州、安武军、大名府、成德军禾合穗。永宁军禾二本隔五垄合穗。平定军禾异亩同穗。汀州禾生三十六穗。剑州禾一本八穗。普州麦一茎双穗。夔州麦秀五歧。六年，汝阳县、美原县、兖州邹县麦一茎数穗。南剑州粟一本三十九穗。瀛定怀汝晋昌州、平定永康军禾合穗。七年，均、兖、祁、沧、资、华、柳州禾合穗。鄂州禾一本一枝两穗，三本三枝两穗。仙源县禾异垄合穗。耀州粟二茎隔两垄合为一穗。梁山军禾一茎九穗。固始县麦有双穗。定陶县、彤阳县麦秀两歧。

绍圣元年，博野县麦一本五歧。汉阳军麦秀两歧。乐寿县麦一本两穗或三穗。怀安军禾一本九穗。二年，青、潍、果、冀、德、滨、岚、濮、达州禾合穗。三年，安武军禾合穗。岚州禾两根合穗者二。普相青齐岚州、永康军禾异亩同颖，合秀至九穗。泉州粟二本五穗、八穗。瑕丘县、武陟县、陕城、小溪四县麦合穗。良原县、沈丘县、长子县麦秀两歧。四年，河中府麦秀三穗。虹县、云安县麦秀两歧。茂州一枝两穗。汶山县一枝三穗至六穗。西京、郓齐隰州禾合穗。颍昌府禾一茎四穗至五穗。

元符元年，庆州禾异本同颖。青晋潞州、荆南府、永宁镇戎军等一十一处禾合穗。邢州禾异垄合穗。南剑州、嘉州禾一茎九穗。内乡县麦一茎两穗。符离、灵璧、临涣、蕲、虹五县麦秀两穗。两当县麦秀三穗。安平县生瑞麦。二年，涟水军麦合穗。邓岷州、镇戎军禾合穗。十一月，岷州宕昌砦生瑞麦。

建中靖国元年，沛县、晋州禾合穗。崇宁元年，淄州禾合穗。二年，晋宁军、忻州禾合穗。五年，河南府、保德军、庆兰潭冀府州、岢岚军禾合穗。淮西路民田既刈复生实。

大观元年，蜀州粟一茎九穗。二年，巩州粟一茎六穗。镇潼军、隆德府、保德军、庆兰州禾合穗。武信军禾一茎九穗。简州麦秀两歧。三年，武信军、泸遂普州麦秀两歧。四年，蔡州麦一茎两歧至七八歧者九十亩。九月，尚书左仆射张商英表上《袁州瑞禾图》及宋大雅《彼修者禾》十有三章，赐诏褒答。商英请并写置中书省右仆射厅壁，许之，仍许三省、枢密院同观。

政和元年，知河南府邓洵武言："秋禾大稔，自双穗至十穗以上，嘉禾无双。"荣州粟一茎九穗。蔡州麦一茎两歧或三五歧，至八九亩近约十亩，远或连野。二年，知定州梁士野奏嘉禾合穗，一科相隔五垄，计六尺三寸，生为一穗，并中间垄内一科三茎，上生粟三穗。五年，邓州仙井监嘉禾合穗。是冬，台州进宁海县早禾一稃二米者凡三石。时方修明堂，遂协成典礼，诏许拜表贺。自是史官多记奇祥异瑞，谓麦禾为常事不书。惟宣和末，郭药师言嘉禾合穗，以新收复特书之。

建隆二年七月，南唐李景献凤卵。

雍熙四年十月，知润州程文庆献鹤，颈毛如垂缨。

端拱元年八月，清远县廨舍有凤集柏树，高六尺，众禽随之东北去，知州李昌龄图以献。

至道元年九月，京师自旦至酉，群鸟百余万，飞翔有声，识者云"突阙雀"。

景德元年五月庚寅午时，白州有三凤自东来，入城中，众禽围绕至万岁寺,栖百尺木上,身长九尺,高五尺,文五色,冠如金杯。申时北向而去。画图以闻。

大中祥符元年春,升州见黄雀群飞蔽日,有从空坠者,占主民有役事。是岁火。

宝元二年,长举县有白鹊,觜脚红,不类常鹊。

治平四年五月,太子右赞善大夫陈世修献白乌。

熙宁七年六月乙未,增城县凤凰见。

元丰三年八月戊寅,平棘县获白鹊。九月丙午,赵州获白乌。六年七月壬申,丹州生白雀。

政和三年九月,大飨明堂,有鹤加翔堂上,明日,又翔于上清宫。是时,所在言瑞鹤,宰臣等表贺不可胜纪。

宣和元年九月戊午,蔡京等表贺赤乌,又贺白鹊。政和后,禁苑多为村居野店,又聚珍禽、野兽、麇鹿、驾鹅、禽鸟数百实其中。至宣和间,每秋风夜静,禽兽之音四彻,宛若深山大泽陂野之间,识者以为不祥。宣和末,南郊礼毕,御郊宫端诚殿,天未明,百辟方称贺,忽有鸦正鸣于殿屋,若与赞拜声相应和,闻者骇之。时已报女真背盟,未逾月,内禅。明年有青城之难。

建炎三年,高宗在扬州,二月辛亥,早朝,有禽翠羽,飞鸣行殿三匝,一再止于宰臣汪伯彦朝冠。冠,尊服,飞鸟践之不祥;翠羽,又青祥也。刘向以为“野鸟入宫,宫室将空”。一曰败亡之应。是月,金人入扬州,有仓卒度江之变,未几,伯彦罢相,寻坐贬。四年正月丁巳,金人围陕州,有鸢鸦数万飞噪城上,与战声相乱。金将娄宿曰:“城当陷,急攻之。”遂失守,近羽孽也。七年,枭鸣于刘豫后苑,又群鸟鸣于内庭,如曰“休也”。豫恶之,募人获一枭者予钱五千。是岁,伪齐亡。十七年二月,有白鸟六集于高禖坛上,府尹沈该以瑞奏。二十七年,饶州番阳县有妖鸟,凫身鸡尾。长喙方足赤目,止于民屋数日,弹矢不能中。

乾道六年,邵武军泰宁县有雀飞鸣,立死于瑞宁佛刹香炉。先是绍兴初,是邑有雀立死于丹霞佛刹香炉,皆羽孽也,而浮图氏因谓之雀化。

庆元三年春,池州铜陵县鸳鸯雄化为雌。

绍兴五年,江东、西羊大疫。十七年,汀州羊无角。

嘉定九年,信州玉山县羊生骈首。

端拱元年十一月戊午夜,西北方有赤气日脚,高二丈。

咸平六年六月辛未,赤气出娄贯天庚,占曰:“仓廪有火灾。”

景德三年三月丙辰,北方赤气亘天。

大中祥符三年十二月癸亥,青赤气贯紫微。

庆历三年十二月二十六日,天雄军、德博州天降红雪。尽,血雨。

熙宁二年十一月,每夕有赤气见西北隅如火,至人定乃灭。

元祐三年七月丁卯夜,东北方明如昼,俄成赤气,内有白气经天。

建中靖国元年正月朔夕,有赤气起东北,弥亘西方,久之,中出白气二,及赤气将散,复有黑气在其傍。

宣和元年四月丙子夜,西北赤气数十道亘天,犯紫宫北斗。仰视,星皆若隔绛纱,折裂有声,间以白黑二气。自西北俄入东北,延及东南,迨晓乃止。

靖康元年九月戊寅,有赤气随日出。

建炎元年八月庚午,东北方有赤气,占曰:“血祥”。四年五月,沿庭湖夜赤光如火见东北,亘天,俄转东南,此血祥也。壬子夜,西北方有赤气弥天,贯以白气如练者十数,犯北斗、文昌、紫微,由东南而散。

绍兴七年正月乙酉夜,北方有赤气达旦,辛卯,斗牛间赤气如火。十一月癸卯,南方有赤气,东北皆赤云,自日入至于甲夜。八年九月甲申,赤气出紫微垣。十八年八月丁亥、九月甲寅,皆有赤气如火。二十年十一月,建昌军新城县永安村大风雪。夜半若数百千人行声,语笑歌哭,杂扰匆遽,而凝寒阴黑,咫尺莫辨。明旦,雪中有人、畜、鸟、兽蹄迹,流血污染十余里,入山乃绝。二十七年三月乙酉,赤气出紫微垣。七月壬申,赤气随日入。十月壬寅,赤气如火;三十年二月壬申,亦如之。三十二年春,淮水溢,中有赤气如凝血。

隆兴二年十一月庚寅,日入后,赤云随之。

乾道元年八月壬午,赤气中天,自日入至于甲夜。六年十月庚午,赤气随日出。十一月丁丑,赤去随日入,至于甲夜。七年七月壬寅,十月乙巳、丙午,淳熙三年八月丁酉、戊戌,皆有赤气随日入出。十三年,行都民家有血自地中出,溅染污人衣。十四年十一月癸丑、甲寅,有赤气随日入出。

绍熙三年春,潼川路久旱,日、月、星皆有赤气。四年十一月甲戌,赤云夜见,白气间之。

庆元六年十月,赤气夜发横天。

嘉泰四年二月庚辰夜,有赤云间以白气,东北亘天,后八日国有大火,占者以为火祥。

嘉定六年十月乙卯,赤气随日出。十一月辛卯,赤气随日入。

端平三年七月甲申,天雨血。

宝祐二年,蜀雨血。

开宝七年六月,棣州有火自空坠于城北,有物如龙。

端拱元年九月,泸州盐井竭,遣匠刘晚入视,忽有声如雷,火焰突出,晚被伤。

建炎元年正月辛卯夜,西北阴雪中有如火光。

绍兴三十二年,建昌军新城县有巨室,箧中时有火光,燔衣帛过半而箧不焚,近火孽也。

宋史卷六五
志第一八

五行三

木

　　曲直，木之性也。木失其性，则为妖祥。旧说以狂咎、木冰、恒雨、服妖、龟孽、鸡祸、青眚、青祥之类，皆属之木，今从之。

　　太平兴国六年正月，瑞安县民张度解木五片，皆有"天下太平"字。

　　至道六年，修昭应宫，有木断之，文如点漆，贯彻上下，体若梵书。十一月，襄州民刘士家生木，有文如龙、鱼、凤、鹤之状。七年五月，抚州修天庆观，解木有文如墨画云气、峰峦、人物、衣冠之状。七月，彰明县崇仙观柱有文为道士形及北斗七星象。

　　大中祥符八年，晋州庆唐观古柏中别生槐，长丈余。

　　天圣元年二月，河阳柳二本连理。六月，河阳楂、枣各连理。五年正月，绵谷县松柏同本异干。九年十月，公井县冬青木连理。

　　明道元年八月，黄州橘木及柿木连枝。

　　康定元年十月，始兴县柑两本连理。

　　庆历三年十二月，澧州献瑞木，有文曰"太平之道"。六年九月甲辰，登州有巨木浮海而出者三千余。

　　治平四年六月，汀州进桐木板二，有文曰"天下太平"。

熙宁元年三月，简州木连理。是岁，英州因雷震，一山梓树尽枯而为龙脑，价为之贱，至京师一两才直钱一千四百。二年，建州民杨纬言：“元年三月，大雷雨，所居之西有黄龙见，下护一木如龙，而形未具。七月，大雷雨，复有龙飞其下。及霁，木龙尾、翼、足皆具，归合旧木，宛然一体。”图象以进。十年八月乙巳，惠州柚木有文曰“王帝万年，天下太平”。

元丰元年五月，剑州木连理。三年六月己未，饶州长山雨木子数亩，状类山芋子，味香而辛，土人以为桂子，又曰“菩提子”，明道中尝有之。是岁大稔。十二月，泌阳县甘棠木连理。六年五月，卫真县洞霄宫枯槐生枝叶。

元祐元年八月己丑，杭州民俞举庆七世同居，家园木连理。五年四月，德州木连理。

元符元年八月，施州李木连理。二年九月，眉山县柤木二株，异根同干，木枝相附。

崇宁四年正月，襄城县李、梨木连理。

大观元年三月，湟州栏木生叶。八月，瑞州、永兴军并木连理。二年十二月，岢岚军园池生瑞木。

政和三年七月，玉华殿万年枝木连理。南雄州枫木连理。十月，武义县木根有“万宋年岁”四字。四年，建州木连理。六月，沅陵县江涨，流出楠木二十七，可为明堂梁柱，蔡京等拜表贺，九月丙申，彭城县柏开华。十六月辛丑，元氏县民王置屋柱槐木再生枝叶，高四十余尺。是岁，邵州海棠木连理，泽州、台州槐木连理，荆门军紫薇木连理。六年，坊、兖、洪、明、婺、徐、新、全、隰、太平州并木连理。梅州枯木生枝。

宣和二年四月，永州民刘思析薪，有“天下太平”字。

绍兴十四年四月，虔州民毁欹屋析柱，木理有文曰“天下太平”，时守臣薛弻上之，方大乱，近木妖也。二十年八月，福州冲虚观皂荚木翠叶再实。二十一年，建德县定林寺桑生李实，栗生桃实，占曰：“木生异实，国主殃”。二十五年十月，赣州献太平木。时秦桧擅朝,喜饰太平,郡国多上草木之妖以为瑞。绍兴间,汉阳军有插榴枝于石罅,秀茂成阴,岁有华实者。初,郡狱有诬服孝妇杀姑,妇不能自明,属行刑者插髻上华于石隙,曰:"生则可以验吾冤。"行刑者如其言,后果生。

淳熙十六年三月,扬州桑生瓜,樱桃生茄,此草木互为妖也。七月,晋陵县民析薪,中有木字曰"绍熙五年",如是者二。是时,绍熙犹未改元,其后果止五年,此近木妖也。

绍熙四年,富阳县栗生来禽实。五年,行都雨木,与《唐志》贞元陈留雨木同占,木生于下而上陨者,将有上下易位之象。

嘉定六年五月己巳,严州淳安、遂安、桐庐三县大木自拔,占曰:"木自拔,国将乱。"

景定四年五月,成都太祖庙侧大木仆,忽起立,生三芽。

德祐二年正月戊辰,宝应县民析薪,中有"天太下赵"四字,献之,制置使李庭芝赏以钱百千。

咸平六年十一月庚戌,雨木冰。

大中祥符五年正月戊寅,京师雨木冰。

天禧五年正月戊寅,京师雨木冰。

庆历三年十二月丁巳,雪木冰,占曰:"兵象也"。

嘉祐元年正月,雨木冰。

治平二年十月乙巳,雨木冰。

熙宁三年十月、八年正月、九年正月,京师雨木冰。

元祐八年二月,京师大寒,霰、雪,雨木冰。

宣和五年十月乙酉,雨木冰。

靖康元年十月乙卯,雨木冰。二年正月丁酉。雨木冰。

绍熙五年十一月辛亥,雨木冰。

宣和六年,御楼观灯,时开封尹设次以弹压于西观下,帝从六宫于其上,以观天府之断决者,帘幕深密,下无由知。众中忽有人跃出，墨色布衣，若寺僧童行状，以手画帘，出指斥语。执于观下，帝怒甚，令中使传旨治之。棰掠乱下，又加炮烙，询其谁何，略不一语，亦无痛楚之状。又断其足筋，俄施刀脔，血肉狼藉。帝不大悦，为罢一夕之欢，竟不得其何人，付狱戮之。七年八月，都城东门外鬻菜夫至宣德门下，忽若迷惘，释荷檐向门戟手，出悖詈语。且曰："太祖皇帝、神宗皇帝使我来道，尚宜速改也。"逻卒捕之，下开封狱，一夕方省，则不知向之所为者，乃于狱中尽之。

建炎二年十一月，高宗在扬州，郊祀后数日，有狂人具衣冠，执香炉，携绛囊，拜于行宫门外。自言："天遣我为官家儿。"书于囊纸，刻于右臂，皆是语。鞫之不得姓名，高宗以其狂，释不问。明年二月，金人犯维扬。三月，有明受之变。

绍兴元年四月庚辰，阆州有狂僧衰经哭于郡谯门曰："今日佛下世。"且言且哭，实隆祐太后上仙日云。阆距行都万里，逾月而遗诏至。

淳熙十四年正月，绍兴府有狂人突入恩平郡王第，升堂践王坐曰："我太上皇孙，来赴。"郡鞫讯，终不语，亦狂咎也。是冬，高宗崩。明年八月，王薨。

绍熙二年十二月庚辰昧爽，成都府有人衰服入帐门，大呼阃帅京镗姓名，亦狂咎也。

建隆元年十月，蔡州大霖雨，道路行舟。

开宝二年八月，帝驻潞州，积雨累日未止。九月，京师大雨霖。五年，京师雨，连旬不止。河南、河北诸州皆大霖雨。九年秋，大霖雨。

太平兴国二年，道州春夏霖雨不止，平地二丈余。五年五月，京师连旬雨不止。七年六月，齐州逮捕临邑尉王坦等六人，系狱未具，一夕大风雨坏狱户，王坦等六人并压死。

雍熙二年八月，京师大霖雨。

淳化元年六月，陇城县大雨，坏官私庐舍殆尽，溺死者百三十七人。三年九月,京师霖雨。四年七月,京师大雨,十昼夜不止,朱雀、崇明门外积水尤甚,军营、庐舍多坏。是秋,陈、颍、宋、亳、许、蔡、徐、濮、澶、博诸州霖雨,秋稼多败。五年秋,开封府宋亳陈颍泗寿邓蔡润诸州雨水害稼。

咸平元年五月,昭州大雨霖,害民田,溺死者百五十七人。

景德三年八月,青州大雨,坏鼓角楼门,压死者四人。

大中祥符二年八月,无为军大风雨,折木,坏城门、军营、民舍,压溺千余人。十月,兖州霖雨害稼。三年四月,升州霖雨。五月辛丑,京师大雨,平地数尺,坏军营、民舍,多压者,近畿积潦。五年九月,建安军大霖雨,害农事。

天禧四年七月,京师连雨弥月。甲子夜大雨,流潦泛溢,民舍、军营圮坏太半,多压死者。自是频雨,及冬方止。

乾兴元年二月,苏、湖、秀州雨,坏民田。

天圣四年六月戊寅,莫州大雨,坏城壁。七年,自春涉夏,雨不止。

明道二年六月癸丑,京师雨,坏军营、府库。

景祐三年七月庚子,大雨震电。

庆历六年七月丁亥,河东大雨,坏忻、代等州城壁。

皇祐二年八月,深州大雨,坏民庐舍。四年八月癸未,京城大风雨,民庐摧圮,至有压死者。

嘉祐二年八月,河北缘边久雨,濒河之民多流移。五月丁未,昼夜大雨。六月乙亥,雨坏太社、太稷坛。三年八月,霖雨害稼。六年七月,河北、京西、淮南、两浙、江南东西淫雨为灾。闰八月,京师久雨。是岁频雨,及冬方止。

治平元年,京师自夏历秋,久雨不止,摧真宗及穆、献、懿三后陵台。

熙宁元年八月,冀州大雨,坏官私庐舍、城壁。七年六月,陕州大雨,漂溺陕、平陆二县。

元丰四年七月,泰州海风驾大雨,漂浸州城,坏公私舍数千楹。

元祐二年七月丁卯，以雨罢集英殿宴。

元符二年九月，以久雨罢秋宴。三年七月，久雨，哲宗大升舆在道陷泥中。

建中靖国元年二月，久雨，时钦圣宪肃皇后、钦慈皇后二陵方用工，诏京西祈晴。

崇宁元年七月，久雨，坏京城庐舍，民多压溺而死者。三年六月，久雨。四年五月，京师久雨。又自七月至九月，所在霖雨伤稼；十月，始霁。

靖康元年四月，京师大雨，天气清寒。又自五月甲申至六月，暴雨伤麦，夏行秋令。

建炎二年春，淫雨。三年二月癸亥，高宗初至杭州，久霖雨，占曰："阴盛，下有阴谋。"时苗傅、刘正彦为乱。五月，霖雨，夏寒。

绍兴元年，行都雨，坏城三百八十丈。是岁，婺州雨，城坏。三年，雨，自正月朔至于二月。七月，四川霖雨，至于明年正月。四年六月，淫雨害稼，苏、湖二州为甚。九月，久雨，时刘豫连金人入寇；十月，高宗亲征而霁。五年三月，霖雨，伤蚕麦，行都雨甚。九月，雨，至于明年正月。六年五月，久雨不止。七年十月，高宗如建唐，久雨。八年三月，积雨，至于四月，伤蚕麦，害稼。二十一年夏，襄阳府大雨十余日。二十三年六月，大雨，坏军垒、民田。三十年五月，久雨，伤蚕麦，害稼。八月，施州大风雨。三十二年六月，浙西大霖雨。

隆兴元年三月，霖雨，行都坏城三百三十余丈。二年六月，阴雨，七月，浙西、江东大雨害稼。八月，风雨逾月。

乾道元年二月，行都及越、湖、常、润、温、台、明、处九郡寒，败首种，损蚕麦。二年正月，淫雨，至于四月。夏寒，江、浙诸郡损稼，蚕麦不登。三年五月丙午，泉州大雨，昼夜不止者旬日。八月，淫雨，江浙淮闽禾、麻、菽、麦、粟多腐。四年四月，阴雨弥月。六年五月，连雨六十余日。十一月，连雨。辛巳，郊祀，云开于圜丘，百步外有澍雨。八年四月，四川阴雨七十余日。六月壬寅，大雨彻昼夜，至于己酉。九年闰正月，淫雨。

淳熙二年夏，建康府霖雨，坏城郭。三年五月，淮、浙积雨损禾麦。八月，浙东西、江东连雨。癸未、甲申，行都大风雨。九月，久雨；十月癸酉，孝宗出手诏决狱，援笔而风起开霁。四年九月丁酉、戊戌，绍兴府余姚、上虞二县大风雨。五年闰六月己亥，阶州暴雨，至于戊申。乙巳，兴化军、福州福清县暴风雨夜作。六月四月，衢州霖雨。九月，连雨；己巳，将郊而霁。八年四月，雨腐禾麦。五月，久雨，败首种。十年五月，信州霖雨，自甲戌至于辛巳。八月，福州大雨霖，自己未至于九月乙丑，吉州亦如之。十一年四月，淫雨。戊寅，建康府、太平州大雨霖。六月甲申，处州龙泉县暴雨。十二年五月、六月，皆霖雨。十三年秋，利州路霖雨，败禾稼穜稑，金、洋、阶、成、岷、凤六州亦如之。十五年五月，荆、淮郡国连雨。戊午，祁门县霖雨。十六年四月，西和州霖雨，害禾麦。五月，浙西、湖北、福建、淮东、利西诸道霖雨。

绍熙元年春，久阴连雨，至于三月。夏，阶、成、岷、凤四州霖雨伤麦。二年二月，赣州霖雨，连春夏不止，坏城四百九十丈，圯城楼、敌楼凡十五所。四月，福建路霖雨，至于五月。七月，利路久雨，伤种麦。癸亥，兴州暴雨连日。八月，行都久雨。三年五月，江东、湖北路连雨。常德府大雨彻昼夜，自壬辰至于庚子。宁国府、池州、广德军己亥至于六月辛丑朔，雨甚，祁门县至于庚戌。七月壬申，天台、仙居二县大雨连旬。淮西路、镇江襄阳府皆害禾麦。八月，普州雨害稼。四年四月，霖雨，至于五月，浙东西、江东、湖北郡县坏圩田，害蚕、麦、蔬、穄，绍兴、宁国府尤甚。镇江府大雨，自辛未至于丙子，淮西郡县自丙子至于戊寅。五年八月，霖雨，畿县、浙东西皆害稼。九月，雨，至于十月癸巳，大雨三昼夜不止，江东西、福建郡县皆苦雨。

庆元元年正月，霖雨。甲辰，帝蔬食露祷，丙午霁。二月，又雨，至于三月，伤麦。五月，霖雨。七月，雨，至于八月。二年六月壬申，台州炎风暴雨连夕。八月，行都霖雨五十余日。三年七月，雨连月。四年八月，久雨。五年五月，行都雨坏城，夜压附城民庐，多死者。六月,浙东、西霖雨,至于八月。六年五月庚午,严州霖雨,连五昼夜不止。

嘉泰二年六月,福建路连雨,至于七月丁未,大风雨为灾。三年八月,久雨。

开禧元年七月,利路郡丝霖雨害稼。闰月,盱眙军阴雨,至于九月,败禾稼。十月,行都淫雨,至于明年春。二年春,淫雨,至于三月。

嘉定二年五月戊戌,连州大雨连昼夜。六月,利、阆、成、西和四州霖雨。七月壬辰,台州大风雨夜作。三年三月,阴雨六十余日。五月,淫雨,至于六月,首种多败,蚕麦不登。四年八月,霖雨,至于九月。五年春,淫雨,至于三月,伤蚕麦。十一月,雨雪积阴,至于明年春。六年春,淫雨,至于二月。丁亥,雨雪集霰。五月,阴雨经日。辛酉,严州霖雨。六月戊子,绍兴府大风雨,浙东、西雨,至于七月。七年九月,阴雨,至于十月,害禾稼。九年四月、六月,大霖雨,浙东、西郡县尤甚。十年三月,连雨,至于四月。十月,霖雨害稼。十一年六月,霖雨,浙西郡县尤甚。十二年六月,霖雨弥月。十五年七月,浙东、西霖雨为灾。十六年五月,霖雨,浙西、湖北、江东、淮东尤甚。八月,大风雨害稼。十七年八月,霖雨。

乾德四年二月长春节,甘露降江宁府报恩院。五年二月,甘露降江陵府玉泉寺松树。

开宝元年十二月,甘露降蔡州僧院柏树。

太平兴国三年正月,甘露降寿州廨。四年五月,甘露降河东县廨丛竹,凡三夜。七年四月丙戌,知汉州安守亮献柏叶上甘露一器。九年三月丙子,甘露降西京南太一宫新城。

雍熙三年四月庚子,甘露降后院草木。四年十二月,甘露降兴化军罗汉峰前五松。

端拱二年二月,甘露降寿州廨园柏及资圣寺桧。

淳化二年十二月,资州廨及延寿观、德纯寺甘露降松柏,凡六日。三年正月,舒州;二月,衢州;四月,舒州;四年六月,舒州:并甘露降。

至道二年四月，蕲州；三年五月，泉州；六月，苏州：甘露降。

咸平元年四月，甘露降平戎军廨果树，凡九十余本。十一月，甘露降亳州真观灵宝柏树。

二年五月，太平州、浔州；三年二月，泉州；十一月，浔州；四年二月，龚州；五年正月，桂州；十一月，许州：并甘露降。

景德元年，义宁县；二年正月，郁林州；二月，晋州及神山县，三年正月，梓州；四月，遂州；十二月，荣州、怀安军：甘露降。

大中祥符元年十二月，上饶县、信阳军；二年正月，信阳军、陈鄂二州；三月，陵、升、梓三州；三年二月，柳州、怀安军；闰二月，富顺监；五月，泽、耀、晋、益四州；四年正月，梓州；三月，泽州；四月，常州；五年四月，遂州；五月，无为军；六月，梓州；七月，真定府；十一月，荣州开元寺；六年三月，梓州；六月，郿州；八月，遂州；九月，信州；十月，亳州太清宫；十一月，浔州；十二月，荣州、南仪州；七年二月，凤翔府天庆观；五月，郓州；十月，亳州太清宫；十一月，彭州天庆观；八年正月，中江县；二月，果州；十月、衢州；九年十一月，玉清昭应宫：并甘露降。

天禧元年正月，贵州天庆观；二月，玉清昭应宫；三月，后苑；四月，会灵观；五月，庐州通判厅及后土祠；十二月，昭州天庆观；怀安军天庆天观；三年四月，舒州'五月，益州；四年三月，邵州天庆观；荣州开元寺、二年十二月，荣州开元寺、怀安军天庆观；三年四月，舒州；五月益州；四年三月，邵武军；十二月，平泉县；五年三月，泉州；十一月，韶州：并甘露降。

天圣元年正月，柳州；十一月，河南府；二年五月，凤州；十月，泾州；四年，荣州、怀安军；六年，太平州；七年正月，益州；九年正月，荣州：并甘露降。

明道元年十一月，韶州、梓州甘露降。

景祐四年十二月，成德军；庆历四年正月，桂州；皇祐三年十二月，吉州；嘉祐七年三月，眉州、蓬州；九月，陵州：并甘露降。

熙宁元年距元丰八年,甘露降凡二十余处。

元祐元年距元符三年,亦如之。

大观初,甘露降于九成宫帝鼎室。三年冬,降于尚书省及六曹,御制七言四韵诗赐执政已下。其后内自禁中及宣和殿、延福宫、神霄宫,下至三学、开封府、大理寺、宰臣私第,皆有之,岁岁拜表称贺。

建隆初,蜀孟昶末年,妇女竞治发为高髻,号“朝天髻”。未几,昶入朝京师。江南李煜末年,有卫士秦友登寿昌堂榻,覆其鞍而坐,讯之,风狂不瘳。识者云:“鞍,履也,李氏将覆于此地而为秦所有乎?‘履’与‘李’、‘友’与‘有’同音,赵与秦,同祖也。”又煜宫中盛雨水染浅碧为衣,号“天水碧”。未几。为王师所克,士女至京师犹有服之者。天水,国之姓望也。

淳化三年,京师里巷妇人竞剪黑光纸团靥,又装镂鱼腮中骨,号“鱼媚子”以饰面。黑,北方色;鱼,水族:皆阴类也。面为六阳之首,阴侵于阳,将有水灾。明年,京师秋冬积雨,衢路水深数尺。

景德四年春,京城小儿裂裳为小儿旗,系竿首,相对挥呲,兵斗之象也。是岁,宜州卒陈进为乱,出师讨平之。

绍兴二十一年,行都豪贵竞为小青盖,饰赤油火珠于盖之顶,出都门外,传呼于道。珠者,乘舆服御饰升龙用焉,臣庶以加于小盖,近服妖,亦僭咎也。二十三年,士庶家竞以胎鹿皮制妇人冠,山民采捕胎鹿无遗。时去宣和未远,妇人服饰犹集翠羽为之,近服妖也。二十七年,交趾贡翠羽数百,命焚之通衢,立法以禁。

绍熙元年,里巷妇女以琉璃为首饰。《唐志》琉璃钗钏有流离之兆,亦服妖也。后流年有流徙之厄。

理宗朝,宫妃系前后掩裙而长窣地,名“赶上裙”。梳高髻于顶曰:“不走落”;束足纤直名“快上马”;粉点眼角名“泪妆”;剃削童发,必留大钱许于顶左名“偏顶”,或留之顶前,束以彩缯,宛若博焦之状,或曰“鹁角”。

　　咸淳五年,都人以碾玉为首饰。有诗云:"京师禁珠翠,天下尽琉璃。"

　　太平兴国三年二月,凿金明池,既掘地,有龟出,殆逾万数。
　　大中祥符二年四月,有黑龟甚众,沿汴水而下。
　　至和元年二月,信州贡绿毛龟。
　　大观元年闰十月丙戌,都水使赵霆行河,得两首龟以为瑞,蔡京信之,曰:"此齐小白志谓象罔见之而霸者也。"郑居中曰:"首岂容有二,而京主之,意殆不可测。"帝命弃龟金明池。

　　政和四年,瑞州进六目龟。五年,博州进曰龟。
　　绍兴八年五月,汴京太康县大雷雨,下冰龟数十里,随大小皆龟形,具首足卦文。
　　乾道五年,舒州民献龟,骈生二首,不能伸缩。郡守张栋纵之灊山,近龟孽也。
　　嘉定十四年春,楚州境上龟大小死者蔽野。

　　咸平三年八月,黄州群鸡夜鸣,至冬不止。
　　绍兴初,陈州民家鸡忽人言,近鸡祸也。松阳县民家鸡生三足,县治有鸡伏卵,毛生壳外,近鸡祸,亦毛孽也。
　　乾道六年,西安县官塘有物,鸡首人身,高丈余,昼见于野。
　　庆元三年,饶州军营鸡卵出蛇,近鸡孽,亦蛇孽也。婺源县张村民家雌鸡化为雄,烹之,形冠距而腹卵孕。同里洪氏家雄鸡伏子,中一雏三足。
　　咸淳五年,常州鸡羽生距。

　　建隆元年夏,相、金、均、房、商五州鼠食苗。二年五月,商州鼠食苗。
　　乾德五年九月,金州鼠食苗。

太平兴国七年十月,岳州鼠害稼。

绍兴十六年,清远、翁源、真阳三县鼠食稼,千万为群。时广东久旱,凡羽鳞皆化为鼠。有获鼠于田者,腹犹蛇文,渔者夜设网,旦视皆鼠。自夏徂秋,为患数月方息,岁为饥,近鼠妖也。

乾道九年,隆兴府鼠千万为群,害稼。

淳熙五年八月,淮东通、泰、楚、高邮黑鼠食禾既,岁大饥。时江陵府郭外,群鼠多至塞路,其色黑、白、青、黄各异,为车马践死者不可胜计,逾三月乃息。

绍熙四年,饶州民家二小鼠食牛角,三徙牛牢不免,角穿肉瘃以毙,近鼠妖也。

庆元元年六月,番易县民家一猫带数十鼠,行止食皆同,如母子相哺者,民杀猫而鼠舐其血。鼠象盗,猫职捕,而反相与同处,司盗废职之象也,与唐龙朔洛州猫鼠同占。

绍兴三年八月辛亥,尚书省后楼无故自坏。

庆元元年夏,建昌军民居木柱有声如牛鸣者,三日乃止。

咸淳九年,丞相贾似道起复之日,在越上私第,方拜家庙,忽闻内有裂帛声,众宾愕然,密询左右,知家庙栋裂,皆逡巡而退。

宋史卷六六
志第一九

五行四

金

从革，金性也。金失其性，则为变怪。旧说以僣咎、恒阳、诗妖、民讹、毛虫之孽，白眚、白祥之类，皆属之金，今从之。

建隆二年七月，晋州神山县北谷中，有铁随水流出，方二丈三尺，其重七千斤。

太平兴国四年九月，夹江县民王诣得黑石二，皆丹文，其一云："君王万岁"，其二云"赵二十一帝"，缄其石来献。

至道二年二月，桂阳监熔银自涌成山峰状。

咸平四年十二月，亳州太清宫钟自鸣。

乾兴元年四月甲戌，修奉山陵总管言：皇堂隧道穿得铜锅，有两耳；又于寝宫三门下穿得铜盂一、铁瓮一、铁甲叶三。

天圣元年三月庚辰，涪陵县相思寺夜有光出阿育王塔之旧址，发之，得金铜像三百二十七。五年七月壬寅，辽山县旧河凌地摧塔，获古钱一百四十六千五百四十三文。

明道元年五月壬午，汉州江岸获古钟一。

庆历四年五月乙亥，金溪县得生金山，重三百二十四两。

皇祐四年，乾宁军渔人得小钟二于河滨。五年二月己亥，乾宁军又进古钟一。

至和二年四月甲午,浏阳县得古钟一。

熙宁元年至元丰元年,横州共获古铜鼓一十七。

元丰三年八月,岳州永庆寺获铜钟一、铜磬二。六年,南溪县穿土得铜钱五万四千有奇。七年三月,筠州获古铜钟一。十一月,宾州获铜鼓一。八年,昌元县通盐井,得铜锅九、铜盆一、铜盘一。

崇宁五年十月,荆南获古铜鼎。

政和二年,玄圭始出。晋州上一石,绿色,方三尺余。当中有文曰:"尧天正",其安如掌大而端楷类手书者,"尧"字居右,"天正"字缀行于左。都堂验视,砉石三分而字画愈明,又于"尧"字之下隐约出一"瑞"字。位置始均,盖曰"天正尧瑞"云。或谓晋阳,尧都也,方玄圭出,乃有此瑞。四年,府畿、汝之间,连山大小石皆变为玛瑙,尚方取为宝带、器玩甚富。五年正月,湖南提举常平刘钦言:芦荻冲出生金,重九斤八两,状类灵芝祥云;又淘得碎金四百七两有奇。十一月,越州民拾生金。湟州丁羊谷金坑仅千余眼得矿,成金共四等,计一百三十四两有奇。

重和元年十二月,孝感县楚令尹子文庙获周鼎六。

宣和四年后,御府所藏,往往复变为石,而色类白骨,此与周宝圭占略同。五年,荥阳县贾谷山麒麟谷采石修明堂,得一石有文曰"明",百官表贺。五年四月,又获甗鼎三。

崇宁四年三月,铸九鼎,用金甚厚,取九州水土内鼎中。既奉安于九成宫,车驾临幸,遍礼焉,至北方之宾鼎,忽漏心水溢于外。刘炳谬曰:"正北在燕山,今宝鼎但取水土于雄州境,宜不可用。"其后竟以北方致乱。

建炎元年,南京留守朱胜非夜防城,见南门外火光烛地,掘之得铜印,有文曰"朱胜私印"。火铄金,金所畏也。后拜相,有明受之变,卒坐贬。三年,吉州修城,役夫得髑髅弃水中,俄浮一钟,有铭五十六字,大略云:"唐兴元,吾子没,瘗庐陵西垒,后当火德五九之际,世衰道败,浙、梁相继丧乱,章、贡康昌之日,吾亦复出是邦,东平鸠工，复使吾子同河伯听命水官。"郡守命录其辞，录毕而钟自碎。

绍兴十一年三月庚申，长安兵刃皆生火光。二十六年，郫县地出铜马，高三尺，制作精好，风雨夜嘶。绍兴中，耕者得金瓮重二十四钧于秦桧别业。

乾道二年三月丙午夜，福清县石竹山大石自移，声如雷。石方可九丈，所过成蹊，才四尺，而山之木石如故。

庆元二年十二月，吴县金鹅乡铜钱万百自飞。

建隆二年，京师夏旱，冬又旱。三年，京师春夏旱。河北大旱，霸州苗皆焦仆。又河南河中府、孟泽濮郓齐济滑延隰宿等州，并春夏不雨。四年，亦师夏秋旱。又怀州旱。

乾德元年冬，京师旱。二年正月，京师旱。夏，不雨。是岁，河南府、陕虢麟博灵州旱，河中府旱甚。四年春，京师不雨。江陵府、华州、涟水军旱。五年正月，京师旱；秋，复旱。

开宝二年夏至七月，京师不雨。三年春夏，京师旱。邠州夏旱。五年春，京师旱；冬，又旱。六年冬，京师旱。七年，京师春夏旱；冬，又旱。河南府、晋解州夏旱。滑州秋旱。八年春，京师旱。是岁，关中饥旱甚。

太平兴国二年正月，京师旱。三年春夏，京师旱。四年冬，京师旱。五年夏，京师旱；秋，又旱。六年春夏，京师旱。七年春，京师旱。孟、虢、绛、密、瀛、卫、曹、淄州旱。九年夏，京师旱。秋，江南大旱。

雍熙二年冬，京师旱。三年冬，京师旱。四年冬，京师旱。

端拱二年五月，京师旱，秋七月至十一月，旱；上忧形于色，蔬食致祷。是岁，河南、莱登深冀旱甚，民多饥死，诏发仓粟贷之。

淳化元年正月至四月，不雨，帝蔬食祈雨。河南凤翔大名京兆府、许沧单汝乾郑同等州旱。二年春，京师大旱。三年春，京师大旱；冬，复大旱。是岁，河南府、京东西·河北·河东·陕西及亳、建、淮阳等三十六州军旱。四年夏,京师不雨,河南府、许汝亳滑商州旱。
五年六月,京师旱。

至道元年,京师春旱。二年春夏,京师旱。咸平元年春夏,京畿
旱。又江浙、淮南、荆湖四十六军州旱。二年春,京师旱甚。又广南
西路、江、浙、荆湖及曹单岚州、淮阳军旱。三年春,京师旱。江南频
年旱。四年,京畿正月至四月不雨。

景德元年,京师夏旱,人多暍死。三年夏,京师旱。

大中祥符二年春夏,京师旱。河南府及陕西路、潭邢州旱。三
年夏,京师旱。江南诸路、宿州、润州旱。八年,京师旱。九年秋,京
师旱。大名府、澶州、相州旱。

天禧元年,京师春旱。秋又旱。夏,陕西旱。四年春,利州路旱。
夏,京师旱。五年冬,京师旱。

天圣二年春,不雨。五年夏秋,大旱。六年四月,不雨。

明道元年五月,畿县久旱伤苗。二年,南方大旱。景祐三年六
月,河北久旱,遣使诣北岳祈雨。

庆历元年九月丁未朔,遣官祈雨。二年六月戊寅,祈雨。三年,
遣使诣岳、渎祈雨。四年三月丙寅,遣内侍两浙、淮南、江南祠庙祈
雨。五年二月,诏:天久不雨,令州县决淹狱,又幸大相国寺、会灵
观、天清寺、祥源观祈雨。六年四月壬申,遣使祈雨。七年正月,京
师不雨。二月丙寅,遣官岳、渎祈雨。三月辛丑,西太乙宫祈雨。

皇祐元年五月丁未,遣官祈雨。三年,恩、冀诸州旱。三月,分
遣朝臣诣天下名山大川祠庙祈雨。

至和二年四月甲午,遣官祈雨。

嘉祐五年,梓州路夏秋不雨。七年三月甲子,罢春燕,以久旱故
也。辛丑,西太乙宫祈雨。

治平元年春,京师逾时不雨。郑滑蔡汝颍曹濮洺磁晋耀登等
州、河中府、庆成军旱。二年春,不雨。

熙宁二年三月,旱甚。三年,诸路旱。六月,畿内旱。八月,卫
州旱。五年五月,北京自春至夏不雨。七年,自春及夏河北、河东、

陕西、京东西、淮南诸路久旱;九月,诸路复旱。时新复洮河亦旱,羌户多殍死。八年四月,真定府大旱。八月,淮南、两浙、江南、荆湖等路旱。九年八月,河北、京东、京西、河东、陕西旱。十年春,诸路旱。

元丰二年春,河北、陕西、京东西诸郡旱。三年春,西北诸路旱。五年,亢旱。六年夏,畿内旱。

元祐元年春,诸路旱。正月,帝及太皇太后车驾分日诣寺观祷雨。是冬,复旱。二年春,旱。三年秋,诸路旱,京西、陕西尤甚。四年春,京师及东北旱,罢春燕。八年秋,旱。

绍圣元年春,旱,疏决四京畿县囚。三年,江东大旱,溪河涸竭。四年夏,两浙旱。

元符元年,东南旱。二年春,京畿旱。

建中靖国元年,衢、信等州旱。

大观二年,淮南、江东西诸路大旱,自六月不雨,至于十月。

政和元年,淮南旱。三年,江东旱。四年旱,诏振德州流民。

宣和元年二月,诏汝、颍、陈、蔡州饥民流移,常平官勒停。秋,淮南旱。四年,东平府旱。五年夏。秦凤路旱。是岁,燕山府路旱。

建炎二年夏,旱。

绍兴二年,常州大旱。帝问致旱之由,中书舍人胡交修奏守臣周祀残酷所致,寻以属吏坐赃及杀不辜,窜岭南。三年四月,旱,至于七月,帝蔬食露祷,乃雨。五年五月,浙东、西旱五十余日。六月,江东、湖南旱。秋,四川郡国旱甚。六年,夔、潼、成都郡县及湖南衡州皆旱。七年春,旱七十余日。时帝将如建业,随所在分遣从臣,有事于名山大川。六月,又旱,江南尤甚。八年冬,不雨。九年六月,旱六十余日,有事于山川。十一年七月,旱。戊申,有事于狱、溇。乙卯,祷雨圜丘、方泽、宗庙。十二年三月,旱六十余日。秋,京西、淮东旱。十二月,陕西旱。十八年,浙东、西旱,绍兴府大旱。十九年,常州、镇江府旱。二十四年,浙东、西旱。二十九年二月,旱七十余日。秋,江、浙郡国旱。三十年春,阶、成、凤、西和州旱。秋,江浙郡国旱,浙东尤甚。

　　隆兴元年，江、浙郡国旱，京西大旱。二年，台州春旱。兴化军、漳福州大旱，首种不入，自春至于八月。

　　乾道三年春，四川郡县旱，至于秋七月，绵剑汉州、石泉军尤甚。四年夏六月，旱，帝将撤盖亲祷于太乙宫而雨。时襄阳、隆兴、建宁亦旱。八月，诏颁皇祐祀龙法于郡县。五年夏秋，淮东旱，盱眙、淮阴为甚。六年夏，浙东、福建路旱，温、台、福、漳、建为甚。七年春，江西东、湖南北、淮南、浙婺秀州皆旱；夏秋，江洪筠潭饶州、南康兴国临江军尤甚，首种不入。冬，不雨。九年，婺处温台吉赣州、临江南安诸军、江陵府皆久旱，无麦苗。

　　淳熙元年，浙东、湖南郡国旱，台、处、郴、桂为甚。蜀关外四州旱。二年秋，江、淮、浙皆旱，绍兴镇江宁国建康府、常和滁真扬州、盱眙广德军为甚。三年夏，常昭复随郢金洋州、江陵德安兴元府、荆门汉阳军皆旱。四年春，襄阳府旱，首种不入。五年，常绵州、镇江府及淮南、江东西郡国旱，有事于山川群望。六年，衡永楚州、高邮军旱。七年，湖南春旱，诸道自四月不雨，行都自七月不雨，皆至于九月。绍兴隆兴建康江陵府、台婺常润江筠抚吉饶信徽池舒蕲黄和浔衡永州、兴国临江南康无为军皆大旱，江筠徽婺州、广德军、无锡县尤甚，祷雨于天地、宗庙、社稷、山川群望。八年正月甲戌，积旱始雨。七月，不雨，至于十一月，临安镇江建康江陵德安府、越婺衢严湖常饶信徽楚鄂复昌州、江阴南康广德兴国汉阳信阳荆门长宁军及京西、淮郡皆旱。九年夏五月，不雨，至于秋七月，江陵德安襄阳府、润婺温处洪吉抚筠袁潭鄂复恭合昌普资渠利阆忠涪万州、临江建昌汉阳荆门信阳南平广安梁山军、江山定海象山上虞嵊县皆旱。十年六月旱，至于七月，江淮、建康府、和州、兴国军、恭涪泸合金州、南平军旱。十一年四月，不雨，至于八月，兴元府、吉赣福泉汀漳潮梅循邕宾象金洋西和州、建昌军皆旱，兴元、吉尤甚。冬，不雨，至于明年二月。十四年五月，旱。六月戊寅，有事于山川群望。甲申，帝亲祷于太乙宫。七月己酉，大雩于圜丘，望于北郊，有事于岳、渎、海凡山川之神。时临安镇江绍兴隆兴府、严常湖秀衢婺处明台饶信江吉抚筠袁州、临江兴国建昌军皆旱,越婺台处江州、兴国军尤甚,至于九月,乃雨。十五年,舒州旱。

绍熙元年,重庆府、蕲池州旱。二年五月,真扬通泰楚滁和普隆涪渝遂、高邮盱眙军、富顺监皆旱,简、资、荣州大旱。三年夏,郢、扬、和州大旱;秋,简资普荣叙隆、富顺监亦大旱。四年,绵州大旱,亡麦。简资普渠合州、广安军旱。江、浙自六月不雨,至于八月,镇江江陵府、婺台信州、江西淮东旱。五年春,浙东、西自去冬不雨,至于夏秋,镇江府、常秀州、江阴军大旱,庐、和、濠、楚州为甚,江西七郡亦旱。

庆元二年五月,不雨。三年,潼、利、夔路十五郡旱,自四月至于九月,金、蓬、普州大旱;四月壬子,祷于天地、宗庙、社稷。六年四月,旱;五月辛未,祷于郊丘、宗社。镇江府、常州大旱,水竭,淮郡自春无雨,首种不入,及京、襄皆旱。

嘉泰元年五月,旱。丙辰,祷于郊丘、宗社。戊辰,大雩于圜丘。浙西郡县及蜀十五郡皆大旱。二年春,旱,至于夏秋。七月庚午,大雩于圜丘,祈于宗社。浙西、湖南、江东旱,镇江建康府、常秀潭永州为甚。四年五月,不雨,至于七月。浙东西、江西郡国旱。

开禧元年夏,浙东、西不雨百余日,衢、婺、严、越、鼎、澧、忠、涪州大旱。二年,南康军、江西湖南北郡县旱。三年二月,不雨;五月己丑,祷于郊丘、宗社。

嘉定元年夏,旱,闰月辛卯,祷于郊丘、宗社。二年夏四月,旱,首种不入,庚申,祷于郊丘、宗社。六月乙酉,又祷,至于七月乃雨。浙西大旱,常、润为甚。淮东西、江东、湖北皆旱。四年,资、普、昌、合州旱。六年五月,不雨,至于七月,江陵德安、汉阳军旱。八年春,旱,首种不入。四月乙未,祷于太乙宫。庚子,命辅臣分祷郊丘、宗社。五月庚申,大雩于圜丘,有事于岳、渎、海,至于八月乃雨。江、浙、淮、闽皆旱,建康宁国府、衢婺温台明徽池真太平州、广德兴国南康盱眙安丰军为甚,行都百泉皆竭,淮甸亦然。十年七月,不雨,帝日午曝立,祷于宫中。十一年秋,不雨,至于冬,淮郡及镇江建宁府、常州、江阴广德军旱。十四年,浙、闽、广、江西旱,明台衢婺温福赣吉州、建昌军为甚。十五年五月,不雨,岳州旱。

嘉熙元年夏,建康府旱。三年,旱。四年,江、浙、福建旱。

淳祐七年,旱。十一年,闽、广及饶州旱。

咸淳六年,江南大旱。十年,庐州旱,长乐、福清二县大旱。

建隆中,京师士庶及乐工、少年竞唱歌曰《五来子》。自建隆、开宝,凡平荆、湖、川、广、江南,五国皆来朝。时西川孟昶赋敛无度,射利之家配率尤甚,既乏缗钱,唯仰在质物。乃竞书简札揭于门曰:"今召主收赎。"又每岁除日,命翰林为词题桃符,正旦置寝门左右。末年,学士幸寅逊撰词,昶以其非工,自命笔题云:"新年纳余庆,嘉节号长春。"昶以其年正月降王师,即命吕余庆知成都府,而"长春"用太祖诞圣节名也,"召"与"赵"、"赎"与"蜀"。同音。

开宝初,广南刘铢令民家置贮水桶,号"防火大桶"。又铢末年,童谣曰:"羊头二四,白天雨至。"后王师以辛未年二月四日擒铢。识者以为国家以火德王,房为宋分;羊,未神也;雨者,王师如时雨之义也;"防"与"房"、"桶"与"宋"同音。周广顺初,江南伏龟山圮,得石函。长二尺,广八寸,中有铁铭,云"维天监十四年秋八月,葬宝公于是。"铭有引曰:"宝公尝为偈,大事书于版,帛幂之。人欲读之者,必施数钱乃得,读讫即幂之。是时,名士陆倕、王筠、姚察而下皆莫知其旨。或问之,云在五百年后。至卒,乃归其铭同葬焉。铭曰:"莫问江南事,江南自有冯。乘鸡登宝位,跨犬出金陵。子建司南位,安仁秉夜灯。东邻家道阙,随虎遇明兴。"其字皆小篆,体势完具,徐铉、徐锴、韩熙载皆不能解。及煜归朝,好事者云:煜丁酉年袭位,即乘鸡也;开宝八年甲戌,江南国灭,是跨犬也;当王师围其城而曹彬营其南,是子建司南位;潘美营其北,是安仁秉夜灯也;其后太平兴国三年,淮海王钱俶举国入觐,即东邻也;家道阙,意无钱也;随虎遇,戊寅年也。

皇祐五年正月戊午,狄青败侬智高于归仁铺。初,谣言"农家种,佥家收"。至是,智高果为青所破。

建炎三年四月,鼎州桃源洞大水,巨石随流而下,有文曰:"无为大道,天知人情;无为窈冥,神见人形。心言意语,鬼闻人声;犯禁满盈,地收人魂。"金石同类,类金为变怪者也。

绍兴二年,李纲帅长沙,道过建宁,僧宗本题邑治之壁曰:"东烧西烧,日月七七。"后数日,江西盗李仁入境,焚其邑,七月七日也。

淳熙中,淮西竞歌汪秀才曲曰:"骑驴度江,过江不得。"又为猠舞以和之。后舒城狂生汪格谋不轨,州兵入其家,缚之。其子拒杀,聚恶少数千为乱,声言渡江。事平,格亦伏诛。七年正月,余杭门外墙壁有诗,其言颇涉怪,后廉得主名,杖遣之。主管城北厢刘君暨以失察异言,坐削秩,其诗不录。十四年,都城市井歌曰:"汝亦不来我家,我亦不来汝家。"至绍熙二三年,其事始应于两宫。

绍定三年,都城市井作歌词,末句皆曰:"东君去后花无主",朝廷恶而禁之。未几,太子询薨。

庆元四年三月甲辰,有邮筒置诗达御前者,诏宰臣究其诗,不录。

嘉泰四年,越人盛歌《铁弹子白塔湖曲》。俄有盗金十一者自号"铁弹子",缪传其斗死于白塔湖中,后获于诸暨县。

汉乾祐中,荆南高从诲凿池于山亭下,得石匣,长尺余,扃锔甚固。从诲神之,屏左右,焚香以启匣,中得石,有文云:"此去遇龙即歇。"及建隆中,从诲孙继冲入朝,改镇徐州。"龙"、"隆"音相近。

太平兴国中,京师儿童以木雕合子,中有窍,藏腋下有声,号云"腋底闹"。后卢多逊投荒,人以为谶,其在肘腋而司国典也。

天禧二年五月,西京讹言有物如乌帽,夜飞入人家,又变为犬狼状。人民多恐骇,每夕重闭深处,至持兵器驱逐者。六月乙巳,传及京师,云能食人。里巷聚族环坐,叫噪达曙,军营中尤甚,而实无状,意其妖人所为。有诏严捕,得数辈,讯之皆非。

政和七年,诏修神保观。俗所谓"二郎神"者,京师人素畏之,自春及夏,倾城男女负土以献,揭榜通衢,云某人献土;又有饰形作鬼使,巡门催纳土者。或以为不祥,禁绝之。后金人斡离不围京师,其国谓之"二郎君"云。

绍兴元年十二月,越州连火,民讹言相惊,月几望当再火。枢密院以军法禁之,乃定。

嘉泰二年六月,故循王张俊家火。后旬日,市井讹言相惊,绛衣妇人为火祆下坠。都民徙避,昼夜弗宁,禁之,后亦不火。

庆元六年十月,琼州讹言妖星流堕民郭七家,声如雷。通判曾丰暨琼山县令移文惊扰,后皆坐绌。签书枢密院事林存为似道所摈。道死于漳。漳有富民蓄油杉木甚佳,林氏子弟求之,价高不可得,因抚其木曰:"收取收取,待贾丞相用。"德祐元年,似道谪死,郡守与之经营,竟得此木以殓。

宋初,陈抟有纸钱使不行之说,时天下惟用铜钱,莫喻此旨。其后用交子、会子,其后会价愈低,故有"使到十八九,纸钱飞上天"之谣。似道恶十九界之名,乃名关子,然终为十九界矣,而关子价益低,是纸钱使不行也。

宋以周显德七年庚申得天下。图谶谓"过唐不及汉,一汴、二杭、三闽、四广",又有"寒在五更头"之谣,故宫漏有六更。按汉四百二十余年,唐二百八十九年。开庆元年,宋祚过唐十一年,满五庚申之数;至德祐二年正月降附,得三百一十七年,而见六庚申,如宫漏之数。

建隆三年,有象至黄陂县匿林中,食民苗稼,又至安、复、襄、唐州践民田,遣使捕之;明年十二月,于南阳县获之,献其齿革。乾德二年五月,有象至澧阳、安乡等县;又有象涉江入华容县,直过阛阓门;又有象到澧州澧阳县城北。

乾德四年八月,普州兔食禾。五年,有象自至京师。

雍熙四年,有犀自黔南入万州,民捕杀之,获其皮角。

开宝八年四月,平陆县騺兽伤人,遣使捕之,生献十头。十月,江陵府白昼虎入市,伤二人。

太平兴国三年,果、阆、蓬、集诸州虎为害,遣殿直张延钧捕之,获百兽。俄而七盘县虎作人,延钧又杀虎七以为献。七年,虎入萧山县民赵驯家,害八口。

淳化元年十月,桂州虎伤人,诏遣使捕之。

至道元年六月,梁泉县虎伤人。二年九月,苏州虎夜入福山砦,食卒四人。

咸平二年十二月,黄州长析村二虎夜斗。一死,食之殆半,占云:"守臣灾。"明年,知州王禹偁卒。咸平六年十月乙酉,有狐出皇城东北角楼,历军器库至夹道,获之。

大中祥符九年三月,杭州浙江侧,昼有虎入税场,巡检俞仁祐挥戈杀之。

天圣九年五月,宿州获白兔。六月,庐州获白兔。

明道二年六月,唐州获白兔。

皇祐三年十二月,泰州获白兔。

嘉祐三年六月丁卯,交阯贡异兽二。初,本国称贡骐骥,状如牛身,被肉甲,鼻端有角,食生刍果,必先以杖击其角,然后食。既至,而枢密使田况辨其非麟,诏止称异兽。

熙宁元年九月,抚州获白兔。十二月,岚州获白鹿。四年九月,庐州获白兔。

政和五年十二月,安化军获白兔。六月,泰州军获白兔。七年二月,达州获白兔。

宣和元年十月,淄州获黑兔。宣和七年秋,有狐由艮岳直入禁中,据御榻而坐,诏毁狐王庙。

绍兴十一年,海州属金,悉空其民安江。后二十年,有二虎入城,人射杀之,虎亦搏人。明年。魏胜举州来归,亦空其民。汉龚遂曰:"野兽入宫室,宫室将空。"虎豕皆毛孽也。十三年,南康县雷雨,群狸震死于岩穴中,岩石皆为碎。二十二年,刘彭老家猫产数子,皆三足。

乾道七年,潮州野象数百食稼,农设阱田间,象不得食,率其群围行道车马,敛谷食之,乃去。

淳熙二年,江州马当山群狐掠人。十年,滁州有熊虎同入樵民舍,夜,自相搏死。

绍熙元年三月,临安府民家猫生子一,有八足二尾。四年,鄂州武昌县虎为人患。五年八月,扬州献白兔。侍御史章颖劾守臣钱之望以孽为瑞。占曰:"国有忧。"白,丧祥也。是岁,光宗崩。

庆元三年,德兴县群狐入民舍。

咸淳九年十一月辛卯黎明,有虎出于扬州市,毛色微黑,都拨发官曹安国率良家子数十人射之。制置使李庭芝占曰:"千日之内,杀一大将。"于是脔其肉于城外而厌之。

绍兴六年四月,中京大雪雷震,犬数十争赴土河而死,可救者才二三。

淳熙元年六月,饶州大雷震犬于市之旅舍。

庆元二年,抚州有犬若人,坐于郡守之坐。未几,郡守林廷彦卒于官。

德祐元年五月壬申,扬州禁军民毋得蓄犬,城中杀犬数万,输皮纳官。

乾德三年七月己卯夜,西方起苍白气,长五十尺,贯天船、五车,亘井宿,占曰:"主兵动。"六年十月己未旦,西北起苍白气三道,长二十尺,趋东散,占曰:"游兵之象。"

太平兴国四年四月己未夜,西北有白气压北斗。

雍熙四年正月癸酉,白气起角、亢经太微垣,历轩辕大星,至月傍散。

至道二年二月丙子夜,西方有苍白气,长短八道如彗扫稍,经天汉,参错如交蛇,占曰:"所见之方主兵胜。"

咸平四年三月丙申,白气二亘天。五年正月,白气如虹贯日,久而散。七月戊戌,白气如阵贯东井。六年四月己巳,白气东西亘天。

丁丑，白气贯日。王月辛亥，白气出昴至壁没。六月丙子，白气出河鼓左右旗，分为数道没。七月癸卯，白气如彗起西南方，占曰："有兵丧。"

景德元年五月，白气贯轩辕，苍白气十余如布亘天。二年二月丁亥，白气五道贯北斗，占为大风、幸臣忧。十月丙子，白气出阁道西，勃勃有光，占曰："宫中忧。"三年三月，白气贯月。四年三月已未，白气东西亘天。庚申，白气出南方，长二丈许，久而不散。四月庚午，白气贯北斗，长十丈，占为大风。庚寅，白气如布袭月，三丈许。

大中祥符元年正月丁丑，白气二，东西亘天。五年二月壬寅，白气长五丈，出东井，贯北斗魁及轩辕，占为兵、为雷雨。

明道元年十二月壬戌，西北有苍白气亘天。

康定二年八月壬戌，西北有苍白气亘天。

康定二年八月庚辰夜，东方有白气长十尺许，在星宿度中，至十日，长丈余冲天，九十余日没。

庆历八年甲申，白气贯北斗。三年正月戊戌，中天有白气长二十尺，向西南行贯日，占曰："边兵忧。"四月癸卯，白气二，生西北隅，上中天，首尾至浊，东南行，良久散，占曰："其下有兵寇。"八月壬子夜，白气贯北斗魁。九月辛巳夜，中天有白气长二丈许，贯卷宿、南河，东北行，少顷散，占曰"风雨之候。"

皇祐四年十一月辛酉夜，白气起北方近浊，长五丈许，历北斗，久之散，占曰"多大风。"

嘉祐七年三月，彭城县白鹤乡地生面，占曰："地生面，民将饥。"五月，钟离县地生面。

治平二年四月丙午夜，西北方有白气渐东南行，首尾至浊，贯角宿，移西北，久方散，占曰："有兵战疾疫事。"

熙宁九年四月庚寅夜，白气长丈，起东北方天市垣。

元祐三年七月戊辰夜，西北有白气经天，主兵，宜防西、北二鄙。

元符二年九月戊辰夜,有白气十道,各长五尺,主兵及大臣黜。

崇宁二年五月戊子夜,苍白气起东南方,长三丈,贯尾、箕、斗,主蛮夷入贡,旧臣来归。

宣和三年九月壬午夜,苍白气长三丈,贯月,主其下有乱者。

靖康元年十二月丙辰,白气出太微垣。二年二月壬午夜,白气如虹,自南亘北,须臾移西南至东北,天明而没。二月戊子,白气贯斗。

建炎二年,杜充为北京留守,天雨纸钱于营中,厚盈寸。明日,与金人战城下,败绩。纸,白祥也。三年三月,白气贯日。四年五月壬子夜,北方有白气十余道如练。二十六年七月辛酉夜,天雨水银。

绍兴元年,潭州得白玉于州城莲花池中,孔彦舟以献,诏却之。前史以为玉变近白祥,后彦舟为剧盗。二月己巳夜,东南有白气。十一年三月庚申,金人居长安,油、酒皆变白色。三十年十一月甲午夜,西南有白气出危入昴。十二月戊申,白气出尾入轸,贯天市垣。三十一年十二月辛丑,白气如带,东西亘天,出斗历牛。

隆兴元年十二月壬午夜,白气见西南方,出危入昴。二年正月甲寅夜,西南有白气亘天如带。

乾道九年正月庚午,白气见西北方,出奎入参。三月戊辰,白气如带,自参及角,东西亘天。四月丁酉夜,白气见西北方,入天市垣。辛丑夜,白气入北斗。乙巳夜,白气入紫微垣。十月己丑夜,苍白气见南方,入翼。十一月丙寅,白气如带,出女入昴,东西亘天。十二月庚午夜,白气如带,东西亘天,出女入昴。

淳熙十年正月戊子夜,西南有白气如天汉而明,南北广可六丈,东西亘天,历壁至毕。

绍熙五年六月壬寅夜,白气亘天,自紫微至亢、角。己酉日入后,白气亘天,顷刻而散。

庆元四年八月庚辰,白气亘天。五年二月癸酉夜,东北方白气如带,自角至参。八月癸亥,东北方有白气如带,亘天。

嘉泰四年十一月辛未,昼有白气分数道,亘天。

嘉熙四年二月丙辰,白气亘天。

淳祐二年四月甲寅,白气亘天。

景定三年七月甲申,白气如匹布,亘天。

咸淳九年,襄阳城中白气自西而出。

绍兴二年,宣州有铁佛像,坐高丈余,自动迭前迭却,若伛而就人者数日,既而郡有火。火气盛,金失其性而为变怪也。七月,天雨钱,或从石甓中涌出,有轮郭,肉好不分明,穿之碎若沙土。二月,温州戒福寺铜佛像顶珠自动,光彩激射,经日不少停,数日火作,寺焚。

淳熙九年春,德兴县民家镜自飞舞,与日光相射。

庆元二年正月,泰宁县耕夫得镜,厚三寸,径尺有二寸,照见水底,与日争辉,病热者对之,心骨生寒,后为雷震而碎。

宋史卷六七
志第二〇

五行五

土

　　稼穡作甘，土之性也。土失其性，则为灾凶。旧说以恒风、脂夜之妖，华孽、赢虫之孽，牛祸、黄眚、黄祥，皆属之土，今从之。

　　建隆元年，河南诸州乏食。
　　乾德元年，齐、隰等州饥。二年，州府二十二饥。
　　开宝四年，府州六水、一旱，诸州民乏食。五年，大饥。六年，水，民饥。九年，州府十二饥。
　　太平兴国四年，太平州饥。
　　淳化元年，开封、河南等九州饥。五年，京东西、淮南、陕西水潦，民饥。
　　咸平五年，河北及郑、曹、滑饥。
　　景德元年，江南东、西路饥。二年，淮南、两浙、荆湖北路饥。三年，京东西、河北、陕西饥。
　　大中祥符三年，陕西饥。四年，河北、陕西、剑南饥。五年，河北、淮南饥。七年，淮南、江、浙饥。八年，陕西州府五饥。
　　天禧元年，饥。三年，江、浙及利州路饥。
　　天圣三年，晋、绛、陕、解饥。

明道元年,京东、淮南、江东饥。二年,淮南、江东、西川饥。

宝元二年,益、梓、利、夔路饥。

嘉祐三年,夔州路旱,饥。

熙宁三年,河北、陕西旱。四年,河北旱,饥。六年,淮南江东剑南西川、润州饥。七年,京畿河北京东西淮西成都利州、延常润府州,威胜保安军饥。八年,两河、陕西、江南、淮、浙饥。九年,雄州饥。十年,漳泉州、兴化军饥。

元丰元年,河北饥。四年,凤翔府、凤阶州饥。七年,河东饥。

元符二年,饥。

崇宁元年,江、浙、熙河饥。

大观三年,秦、凤、阶、成饥。

重和元年,京西饥。五年,河北、京东、淮南饥。

建炎元年,汴京大饥,米升钱三百,一鼠直数百钱,人食水藻、椿槐叶,道殣,骼无余胔。三年,山东郡国大饥,人相食。时金人陷京东诸郡,民聚为盗,至车载乾尸为粮。

绍兴元年,行在、越州及东南诸路郡国饥。淮南、京东西民流常州,平江府者多殍死。二年春,两浙、福建饥,米斗千钱。时馈饷繁急,民益饥食。三年,吉郴道州、桂阳监饥。五年,湖南大饥,殍死、流亡者众。夏,潼川路饥,米斗二千,人食糟糠。兴元饥,民流于果、阆。秋,温、处州饥。六年春,浙东、福建饥,湖南、江西大饥,殍死甚众,民多流徙,郡邑盗起。夏,蜀亦大饥,米斗二千,利路倍之,道殣枕藉。是岁,果州守臣宇文彬献《禾粟九穗图》,吏部侍郎晏敦复言:"果、遂饥民未苏,不宜导谀。"坐黜爵。七年夏,饮、廉、邕州饥。九年,江东西、浙东饥,米斗千钱,饶、信州尤甚。十年,浙东、江南荐饥,人食草木。十一年,京西、淮南饥。十八年冬,浙东、江、淮郡国多饥,绍兴尤甚。民之仰哺于官者二十八万六千人,不给,乃食糟糠、草木,殍死殆半。十九年春、夏,绍兴府大饥,明、婺州亦如之。二十四年,衢州饥。二十八年,平江府饥。二十九年,绍兴府荐饥。

隆兴元年,绍兴府大饥,四川尤甚。平江襄阳府、随泗州、枣阳盱眙军大饥,随、枣间米斗六七千。二年,平江府、常秀州饥,华亭县人食秕糠。行都及镇江府、兴化军、台徽州亦艰食。淮民流徙江南者数十万。

乾道元年春,行都、平江镇江绍兴府、湖常秀州大饥,浮徙者不可胜计。是岁,台明州、江东诸郡皆饥。夏,亡麦。二年夏,亡麦。三年九月,不雨,麦种不入。四年春,蜀邛绵剑汉州、石泉军大饥,邛为甚。盗延八郡,汉饥民至九万余,五年夏,饶、信州荐饥,民多流徙。徽州大饥,人食蕨、葛。台楚州、盱眙军亦饥。秋,冬不雨,淮郡麦种不入。六年冬,宁国府、广德军、太平湖秀池徽和州皆饥。七年秋,江东西、湖南十余郡饥,江筠州、隆兴府为甚。人食草实,流徙淮甸,诏出内帑收育弃孩。淮郡亦荐饥,金人运麦于淮北岸易南岸铜镪,斗钱八千。江西饥,民流光、濠、安丰间,皆效淮人私籴,钱为之耗。荆南亦饥。八年,江西亡麦。隆兴府荐饥,南昌、新建县饥民仰给者二万八千余。九年春,成都、永康、邛三州饥。秋,台州饥,温、婺州亦饥。

淳熙元年,浙东、湖南、广西、蜀关外皆饥,台、处、郴、桂、昭、贺尤甚。二年,淮东西、江东饥,滁真扬州、盱眙军、建康府为甚。是岁,镇江宁国府、常州、广德军亦艰食。诏奖建康留守刘珙振济有方。三年,淮甸饥。夏,台州亡麦。冬,复施随郢州、荆门军、襄阳江陵德安府大饥;四年春,尤饥。六年冬,和州饥。泰通楚州、高邮军大饥,人食草木。七年,镇江府、台州无为广德军民大饥。是岁,江、浙、荆、湘、淮郡皆饥。八年春,江州饥,人采葛而食,诏罢守臣章骍。冬,行都、宁国建康府、严婺太平州、广德军饥,徽、饶州大饥,流淮郡者万余人。浙东常平使者朱熹进对论荒政,请蠲田赋、身丁钱,诏江、浙、淮、湖北三十八郡并免之。九年春,大亡麦。行都饥,于潜、昌化县人食草木。绍兴府、衢婺严明台湖州饥。徽州大饥,穜稑亦绝。湖北七郡荐饥。蜀潼、利、夔三路郡国十八皆饥,流徙者数千人。十年,合、昌州荐饥,民就振相踩死者三十余人。十一年,泉汀漳州、兴化军亡禾。邕、宾、象州饥。十二年,福建饥,亡麦。江西、广东西饥。

金州饥,有流徙者。十四年,金、洋、阶、成、凤、西和州人乏食。七月,秀州饥,有流徙者。临安府九县饥。十六年夏,成州亡麦。冬,阶、成、凤、西和州荐饥。

绍熙二年,蕲州饥。夔路五郡饥,渝、涪为甚。阶、成、凤、西和州亡麦。三年,资、荣州亡麦,普叙简隆州、富顺监皆大饥,亡麦,殍死者众,民流成都府至千余人,威远县弃儿且六百人。扬州亦饥。四年,简、资、普州饥,绵州亡麦。绍兴府亡麦。安丰军大亡麦。五年冬,亡麦苗。行都、淮浙西东江东郡国皆饥,常明州、宁国镇江府、庐滁和州为甚,为食草木。

庆元元年春,常州饥,民之死徙者众。楚州饥,人食糟粕。淮、浙民流行都。三年,浙东郡国亡麦,台州大亡麦,民饥多殍。襄、蜀亦饥。四年秋,浙东西荐饥,多道殣。六年冬,常州大饥,仰哺者六十万人。润扬楚通泰州、建康府、江阴军亦乏食。

嘉泰元年,浙西郡国荐饥,常州、镇江嘉兴府为甚。二年,四川饥,广安怀安军、潼川府大亡麦。衡郴州、武冈桂阳军乏食。三年春,邵、永州大饥,死徙者众,民多剽盗。夏,行都艰食。四年春,抚袁州、隆兴府、临江军大饥,殍死者不可胜瘗,有举家二十七人同赴水死者。

开禧二年,绍兴府、衢婺州亡麦。湖北、京西、淮东西郡国饥,民聚为剽盗。南康军、忠涪州皆饥。

嘉定元年,淮民大饥,食草木,流于江、浙者百万人。先是淮郡罹兵,农久失业,米斗二千,殍死者十三四,炮人肉、马矢食之。诏所至郡国振恤归业,时邦储既匮,郡计不支,去者多死,亦有俘掠而北者。是岁,行都亦饥,米斗千钱。二年春,两淮、荆、襄、建康府大饥,米斗钱数千,人食草木。淮民刬道殣食尽,发瘗胔继之,人相扼噬;流于扬州者数千家,度江者聚建康,殍死日八九十人。是秋,诸路复大歉,常润尤甚。冬,行都大饥,殍者横市,道多弃儿。三年春,建康府大饥,人相食。五月,衢州饥,颇聚为剽盗。七年,台州大亡麦。八年,淮、浙、江东西饥,都昌县为盗者三十六党。九年,行都饥,闾巷有殍。十年,台、衢、婺、饶、信州饥,剽盗起,台为甚。蜀石泉军饥,殍死殆万人。十一年秋,淮、浙、江东饥馑,亡麦苗。十二年春,潼川府饥而不害。十三年春,福州饥,人食草根。十六年春,海州新附山东民饥,京东、河北路新附山西民亦饥。湖南永、道州大饥。是岁,行都、江淮闽浙郡国皆亡麦禾。十七年春,余杭、钱塘、仁和三县饥,镇江府饥,真、鄂州亦乏食。

嘉熙四年,绍兴府荐饥,临安府大饥,严州饥。

咸淳七年,江南大饥。八年冬,襄阳饥,人相食。

德祐二年正月,扬州饥。三月,扬州谷价腾踊,民相食。

乾德二年五月,扬州暴风,坏军营舍仅百区。三年六月,扬州暴风,坏军营舍及城上敌棚。

开宝二年三月,帝驻太原城下,大风一夕而止。八年十月,广州飓风起,一昼夜雨水二丈余,海为之涨,飘失舟楫。九年四月,宋州大风,坏甲仗库、城楼、军营凡四千五百九十六区。

太平兴国二年六月,曹州大风,坏济阴县廨及军营。年八月,泗州大风,浮梁竹筏、铁索断,华表石柱折。六年九月,高州大风雨,坏廨宇及民舍五百区。七年八月,琼州飓风,坏城门、州署、民舍殆尽。八年九月,太平军飓风拔木,坏庙宇、民舍千八七十区。十月,雷州飓风,坏廪库、民舍七百区。九年八月,白州飓风,坏庙宇、民舍。

端拱二年,京师暴风起东北、尘沙曀日,人不相辨。

淳化二年五月,通利军大风害稼。三年六月丁丑,黑风自西北起,天地晦暝,雷震,有顷乃止。先是京师大热,疫死者众,及此风至,疫疾遂止。

至道二年八月,潮州飓风,坏州庙、营砦。

咸平元年八月,涪州大风,坏城舍。四年八月丙子,京师暴风。

景德二年六月甲午,大风吹沙折木。八月,福州海上有飓风,坏庐舍。三年七月丙寅,京师大风。四年三月甲寅夕,京师大风,黄尘蔽天,自大名历京畿,害桑稼,唐州尤甚。

大中祥符二年四月乙未,大风起京师西北,连日不止。五年八月,京师大风。七年三月戊辰,京师大风,扬沙砾。是日,百官习仪恭谢坛,有随仆者。八年六月辛亥,京师风起巳位,吹沙扬尘。

天禧二年正月,永州大风,发屋拔木,数日止。三年五月,徐州利国监大风起西南,坏庐舍二百余区,压死十二人。四年四月丁亥,大风起西北,飞沙折木,昼晦数刻。五月乙卯,暴风起西北有声,折木吹沙,黄尘蔽天,占并主阴谋奸邪。是秋,内侍周怀政坐妖乱伏诛。

天圣九年十二月辛酉,大风三日止。

景祐元年六月己巳,无锡县大风发屋,民被压死者众。九月甲寅夜漏上,风自丑起有声,摆木鸣条。二年六月戊寅平明,风自未来,占者以为百谷丰衍之候。

皇祐四年七月丁巳,大风起西北方,拔木。

嘉祐二年正月元日平旦,有风从东北来,遍天有苍黑云,占云:"大熟多雨。"

熙宁四年二月辛巳,京东自濮州至河弱旁边,大风异常,百姓惊恐。六年四月,馆陶县黑风。九年十一月,海阳潮阳二县飓风、潮,害民居田稼。十年六月,武城县大风,坏县廨,知县李愈妻、主簿寇宗奭妻之母压死。七月,温州大风雨,漂城楼、官舍。

元丰四年六月,邕州飓风,坏城楼、官私庐舍。七月甲午夜,泰州海风作,继以大雨,浸州城,坏公私庐舍数千间。静海县大风雨,毁官私庐舍二千七百六十三楹。丹阳县大风雨,溺民居,毁庐舍。丹徒县大风潮,飘荡沿江庐舍,损田稼。六月,邕州飓风,坏城楼、官私庐舍。五年八月,朱崖军飓风,毁庐舍。

元祐八年,福建、两浙海风驾潮,害民田。

绍圣地年秋,苏、湖、秀州海风害民田。

靖康元年正月望夜,大风起西北有声,吹沙走石,尽明日乃止。二月戊申,大风起东北,扬尘翳空。三月己巳夜五更,大风乍缓乍急,声如叫怒。十一月丁亥,大风发屋折木。闰十一月甲寅,大风起北方,雪作盈数尺,连夜不止。二年正月己亥,天气昏曀,狂风迅发,竟日夜,西北阴云中如有火光,长二丈余,阔数尺,民时时见之。庚戌,大风雨。二月乙酉,大风折木,晚尤甚。三月己亥,大风。四月庚申朔,大风吹石折木;辛酉,北风益甚,苦寒。

建炎元年正月丁酉,大风吹石折木。十二月乙酉,大风拔木。

绍兴二十八年七月壬戌,平江府大风雨驾潮,漂溺数百里,坏田庐。三十二年七月戊申,大风拔木。温州大风,坏屋覆舟。

隆兴元年,浙东、西郡国风水伤稼。二年八月,大风雨,漂荡田庐。

乾道二年八月丁亥,温州大风雨驾海潮,杀人覆舟,坏庐舍。五年十月,台州大风水,坏田庐。八年六月丙辰,惠州飓风,坏海舰三十余。时枢密院调广东经略司水军,四舰覆其三,死者百三十余人。

淳熙三年六月,大风连日。四年九月,明州大风驾海潮,坏定海、鄞县海岸七千六百余丈及田庐、军垒。六月乙巳夜,福清县、兴化军大风雨,坏官舍、民居、仓库及海口镇,人多死者。五年正月庚戌,大风。六年十一月,鄂州大风覆舟,溺人甚众。七年二月,江陵府大风,火及舟,焚溺死者尤众。十年八月辛酉,雷州飓风大作,驾海潮伤人,禾稼、林木皆折。

绍熙二年三月癸酉,瑞安县大风,坏屋拔木杀人。四年七月,兴化军海风害稼。五年六月丙子,大风。七月乙亥,行都大风拔木,坏舟甚众。

绍兴府、秀州大风驾海潮,害稼。秋,明州飓风驾海潮,害稼。十月甲戌,行都大风拔木。

庆元二年六月壬申,台州暴风雨驾海潮,坏田庐。六年三月甲子,大风拔木。

嘉泰三年十月丁未,暴风。十一月癸未,大风;四年正月乙亥,亦如之。

开禧元年四月乙卯,九月庚戌,大风。

嘉定元年九月乙丑,大风。二年二月戊,大风。

嘉定元年九月乙丑，大风。二年二月戊子，大风。七月壬辰，台州大风雨驾海潮，坏屋杀人。三年八月癸酉，大风拔木，折禾穗，堕果实；宁宗露祷，至于丙子乃息。后御史朝陵于绍兴府，归奏风坏陵殿宫墙六十余所，陵木二千余章。四年闰月丁未，大风。六年十二月，余姚县风潮坏海堤，亘八乡。七年正月庚辰，江州放镫，黑云暴风忽作，游人相践，死者二十余。十年正月乙未，大风拔木。十一月丁丑，大风。十一年二月甲寅，大风。十月戊午，大风。十三年十一月庚戌、壬子，大风。十二月戊午，大风。十四年六月辛巳，大风。十六年秋，大风拔木害稼。十七年秋，福州飓风大作，坏田损稼。冬，鄂州暴风，坏战舰二百余；寿昌军坏战舰六十余；江州、兴国亦如之。

嘉熙二年，风雹。三年，风雹。

淳祐十一年，泰州风。

景定四年十一月，福州飓风。

咸淳四年闰月丁巳，大风雷雨，居民屋瓦皆动。七年五月甲申，绍兴府大风。十年四月，绍兴府大风拔木。

端拱二年，京师暴风起东北，尘沙曀日，人不相辨。

淳化三年六月丁丑，黑风自西北起，天地晦冥，雷震，有顷乃止。

大中祥符二年九月，无为军城北暴风，昼晦不可辨，拔木，坏城门、营垒、民舍。

天圣六年二月庚辰，大风昼暝。

康定元年三月丙子，大风昼暝，经刻乃复。

嘉祐八年十一月丙午，大风霾。

治平二年二月乙巳，大风昼晦。四年正月庚辰朔，大风霾，是日，上尊号，廷中仗卫皆不能整。时帝已不豫，后七日崩。

熙宁四年四月癸亥，京师大风霾。

元祐八年二月，京师风霾。

靖康二年正月己亥,天气昏曀,风迅发竟日。三月丁酉,风霾。

建炎元年正月辛卯朔,大风霾。丁酉,风霾,日色薄而有晕。三月丁酉,汴京风霾,日无光。是日,张邦昌僭位。二年七月癸未,风雨昼晦。是日,东京留守宗泽薨。

绍兴十一年三月庚申,金人居长安,昼晦。

乾道五年正月甲申,昼霾四塞。

淳熙五年四月丁丑,尘霾昼晦,日无光。

庆元九年十二月乙未,天雨霾。

开禧元年正月壬午,雨霾。

嘉定十年正月乙未,昼霾。二月癸巳,日无光。

德祐元年六月庚子朔,日有食之,既,天地晦冥,咫尺不辨人,鸡鹜归栖,自巳至午,其明始复。

至道二年九月,环、庆州梨生花,占有兵。明年,契丹扰北边。

景德元年二月,保顺军城壕冰,陷起文为桃李华、杂树、人物之状。

大中祥符九年正月,霸州渠冰有如华葩状。

大观二年十月乙巳,龚丘县桧生花,萼如莲实。

绍兴七年十二月,中书、门下省检正官张宗元出抚淮西军,寓建康。檠冰有文如昼,佳卉茂木,华叶相敷,日易以水,变态奇出,春暄乃止。二十七年四月,徽州祁门县圃桃已实复华。

淳熙初,秀州吕氏家冰瓦有文,楼观、车马、人物、芙蓉、牡丹、萱草、藤萝之属,经日不释。淳熙中,兴化军仙游县九坐山古木末生花,臭如兰。

建隆二年九月,渭南县蚼蚄虫伤稼。三年七月,兖州、济、德、磁、洺蝗生。

乾德六年七月,阶州蚼蚄虫生。

太平兴国二年六月,磁州有黑虫群飞食桑,夜出昼隐,食叶殆尽。七月,邢州钜鹿、沙河二县步屈虫食桑麦殆尽。五年七月,潍州蚄蚄虫生,食稼殆尽。七年九月,邠州蚄蚄虫生,食稼。九年七月,泗州蠓虫食桑。

雍熙二年四月,天长军蠓虫食苗。

端拱二年七月,施州蚄蚄虫生,害稼。

淳化元年四月,中都县蝎虫生。七月,单州蝎虫生,遇雨死。

景德元年八月,陕、宾、棣州虫螟害稼。

大中祥符四年八月,兖州蚄蚄虫生,有虫青色随啮之,化为水。六年九月,陕西同、华等州蚄蚄虫食苗。

天圣五年五月戊辰,磁州虫食桑。

景祐四年五月,滑州灵河县民黄庆家蚕自成被,长二丈五尺,阔四尺。

嘉祐五年,深州野蚕成茧,被于原野。

熙宁九年五月,荆湖南路地生黑虫,化蛾飞去。全州生黑虫食苗。黄雀来食之皆尽。

元祐六年闰八月,定州七县野蚕成茧,七年五月,北海县蚕自织如绢,成领带。

元符元年七月,藁城县野蚕成茧。八月,行唐县野蚕成茧。九月,深泽县野蚕成茧,织纤成万匹。二年六月,房陵县野蚕成茧。

政和元年九月,河南府野蚕成茧。四年,相州野蚕成茧。五年,南京野蚕成茧,织绸五匹,绵四十两,圣茧十五两。

绍兴二十九年秋,浙东、江东西郡县螟。三十年十月,江、浙郡国螟蝝。

隆兴元年秋,浙东西郡国螟,害谷,绍兴府湖州为甚。二年,台州螟。

乾道三年八月,江东郡县螟螣。淮、浙诸路多言青虫食谷穗。六年秋,浙西、江东螟为害。九年秋,吉赣州螟。临江南安军螟。

淳熙二年秋,浙、江、淮郡县螟。四年秋,昭州螟。五年,昭州荐有螟螣。七年秋,永州螟。八年秋,江州螟。十二年八月,平江府有虫聚于禾穗,油洒之即堕,一夕,大雨尽涤之。十四年秋,江州、兴国军螟。十六年秋,温州螟。

庆元三年秋,浙东萧山山阴县、婺州,浙西富阳盐官淳安永兴县、嘉兴府皆螟。四年秋,铅山县虫食谷,无遗穗。

嘉定十四年,明、台、温、婺、衢蟊螣为灾。十五年秋,赣州螟。十六年,永、道州螟。

绍定三年,福建螟。

端平元年五月,当涂县螟。

淳祐二年五月,两淮螟。

景定三年八月,浙东、西螟。

乾德三年,眉州民王进牛生二犊。四年,南充县民马全信及相如县民彭秀等家牛生二犊。

开宝二年,九陇县民王达牛生二犊。

太平兴国三年,流溪县民白延进牛生二二犊。五年,温江县民赵进牛生二犊。六年,广都县赵全牛生犊。七年,什邡县民王信、华阳县民袁武等牛生二犊。八年。彭州民彭延、阆州民陈则,安乐县民王公泰牛生二犊。九年七月,知乾州卫升献三角牛。

雍熙三年,果州民李昭牛生二犊。四年郪县民鲜于志鲜于皋、眉山县海罗参、仁寿县民阴饶、成都县民李本、成纪县民王和敏牛生二犊。

端拱元年,眉州民陈希简、晋原县民张昭郁、魏城县民鲜于郜、罗江县民袁族、河阳县民李美、曲水县民曾虔、梓潼县民文光懿、永泰县民罗德、绵竹县民陈洪牛生二犊。

淳化元年,绵竹县民李昌远簿逸、阆州民和中、忠州民王钦、眉州王图、九陇县民杨皋、玄武县民羊遇达牛生二犊。二年,永川县民梁行良、仁寿县民梁仁超牛生二犊。三年,成都府民彭齐卿、洪雅县民程让、永昌县民田昭、巴州民杜文宥、庐山县民白闰牛生二犊。四年,成都府民任顺、曲水县民张思方、彭山县民李承远牛生二犊。

至道二年，新都县民蹇成美牛生二犊。颍阳县民冯延密牛生三犊，其二额有白。三年，新津县民文承富、赤水县民苏福、广安军吏胥仁迪牛生二犊。

咸平元年，眉山县民向琼玖陈元宝、丹陵县民刘承鹨、通泉县民王居中、曲水县民杨汉成杨景欢王师让、眉山县民陈彦宥牛生二犊。二年，濛阳县民杜挚、九陇县民杨太、眉山县民苏仁义、洪雅县吏陆文赞牛生二犊。三年，叙浦县民戴昌蕴牛生二犊，四年，流溪县民何承添、晋原县民颜全、永昌县民曾嗣、犀浦县民何福、彰明县民王玘牛生二犊。六年，渠江县民王德进、魏城民蒲谏王信、石照县民仲汉宗、大足县民刘武牛生二犊。

景德元年，魏城县民阎明、彭州濛阳县民郭琼牛生三犊。二年，三泉县民李景顺、东海县民时祐、小溪县刘可、赤水县民罗永并牛生二犊。三年，长江县民于承琛牛生二犊。四年，相如县民杨汉晖、邛州安仁县民罗莹、九陇县民白彦成、渠江县民王继丰家及顺安军屯田务牛生二犊。

大中祥符元年，龚丘县民李起牛生四犊，判州王钦若图以献。二年，立山县民庐仁侬、铜山县民勾照正、什邡县民杜族、南康县陈邦并牛生二犊。三年，犍为县民陈知进牛生二犊。四年，东关县民陈知进牛生二犊。五年，富顺监些井场官杨守忠、曲水县民向平、蓬溪县民蹇知密牛生二犊。六年，广安军依政县民李福、贵溪县民徐志元牛生二犊。七年，双流县民姚彦信、涪城县民张礼、嘉州龙游县民张正、夹江县民郭升、天水县民王吉牛生二犊。八年，仁寿县民何志、通泉县民罗永泰、成都县民张进、华阳民杨承珂牛生二犊。九年，平定军平定县民范训、临邛县民杨晖牛生二犊。

天禧元年，开江县民冉津及澧州石门县层山院牛生二犊。二年，临邛县民王道进、临溪县民王胜、西县民韩光绪牛生二犊。四年，贵溪县民叶政牛生二犊。五年，巴西县民向知道牛生二犊。

自天圣迄治平，牛生二犊者三十二，生三犊者一。

自熙宁二年距元丰八年，郡国言民家牛生二犊者三十有五，生三角者一。

元祐元年距元符三年,郡国言民家牛生二犊者十有五。

大观元年,阆州、达州言牛生二犊。四年三月,帝谓起居舍人宇文粹中曰:"牛产二犊,亦载之起居注中,岂若野蚕成茧之类,民赖其利,乃为瑞邪?"自是史官不复尽书。

政和五年七月,安武军言,郡县民范济家牛生麒麟。

重和元年三月,陕州言牛生麒麟。

宣和二年十月,尚书省言,歙州歙县民鲍珙家牛生麒麟。三年五月,梁县民邢喜家牛生麒麟。

绍兴元年,绍兴府有牛戴刃突入城市,触马,裂腹出肠。时卫卒多犯禁屠牛,牛受刃而逸,近牛祸了。十六年,静江府城北二十里,有奔犊以角触人于壁,肠胃出,牛狂走,两日不可执,卒以射死。十八年五月,依政县牛生二犊。二十一年七月,遂宁府牛生二犊者三。二十五年八月,汉中牛生二犊。

淳熙十二年,仁和县良渚有牛生二首,七日而死。余杭县有犊二首。十六年三月,池州池口镇军屯牛狂走,触人死。

庆元三年,乐平县田家牛生犊如马,一角,鳞身肉尾,农以不祥杀之,或惜其为麟;同县万山牛生犊,人首。

淳化三年正月乙卯,京师雨土,占曰:"小人叛。"自后顺盗据益州。

景德元年七月辛亥,黄气出壁,长五尺余,占曰:"兵出。"二年正月丙寅,黄白气环之。

大中祥符元年正月癸亥朔,黄气出于艮,占曰:"主五谷熟。"二年九月戊午,黄气如柱起东南方,长五丈许。

天禧五年,襄州凤林镇道侧地涌起,高三尺,阔八尺,知州夏竦以闻。

明道元年十月庚子夜,黄白气五,贯紫微垣。

景祐元年八月壬戌夜,有黄白气如彗,长七尺余,出张、翼之上,凡三十有三日不见。

治平元年三月壬戌,雨土。十二月己亥,雨黄土。

熙宁五年十二月癸未、七年三月戊午,并雨黄土。八年五月丁丑,雨黄土兼细毛。

元丰二年十一月丁亥、五年三月乙巳、六年四月辛未,雨土。

元祐七年正月戊午,天雨尘土,主民劳苦。

宣和元年三月庚午,雨土著衣,主不肖者食禄。

绍兴十一年三月庚申,泾州雨黄沙。十八年十一月壬辰,肆赦,天有云赤黄,近黄祥也,太史附秦桧旨奏瑞。

乾道四年三月己丑,雨土若尘。

淳熙四年二月戊戌,雨土;五年二月壬午、甲申,四月丁丑,六年十一月乙丑,十一年正月辛卯、甲寅,十三年正月壬寅,亦如之。十五年九月庚子,南方有赤黄气。

绍熙四年十月甲寅,雨土;五年四月癸卯,亦如之。十月乙未,天有赤黄色,占曰:“是为天变。”色先赤后黄,近黄赤祥也。十一月辛亥,雨土。

庆元元年二月己卯、十一月己丑,天雨尘土。三年正月丙子、四月丙午、十二月甲申,天雨尘土。六年正月己巳、闰月丁未、十月己丑,雨土。九月辛丑、十一月辛卯,天雨尘土。

嘉泰元年六月己卯、九月己未、十二月辛丑,天雨尘土。

嘉定三年正月丙午,天雨尘土。八年二月己未、五月辛未,天雨尘土。九年十二月癸巳,天雨尘土。十年二月癸巳,雨土。十二年二月癸巳,天雨尘土。十三年三月辛卯,天雨尘土。十六年二月戊子,天雨尘土。

绍定三年三月丁酉,雨土。

嘉熙二年四月甲申,雨土。三年三月辛卯,天雨尘土。

淳祐五年二月丙寅朔,天雨尘土。十一年三月乙亥,天雨尘。

宝祐三年三月己未,雨土。六年二月壬辰,天雨尘土。

开庆元年三月辛酉,雨土。

景定五年二月辛未,雨土。

德祐元年三月辛巳，终日黄沙蔽天，或曰"丧氛"。

乾德三年，京师地震。史失日月。五年十一月，许州开元观老君像自动，知州宋偓以闻。六年正月，简州普通院毗庐佛像自动。

至道二年十月，潼关西至灵州、夏州、环庆等州地震，城郭庐舍多坏，占云："兵饥。"是时，西夏寇灵州，明年，遣将率兵援粮以救之。关西民饥。

咸平二年九月，常州地，坏鼓角楼、罗务、军民庐舍甚众。四年九月，庆州地震者再。六年正月，益州地震。

景德元年正月丙申夜，京师地震；癸卯夜，复震；丁未夜，又震，屋皆动，有声，移时方止。癸丑，冀州地震，占云："土工兴，有急令，兵革兴。"是年，契丹犯塞。二月，益、黎、雅州地震。三月，邢州地震不止。四月己卯夜，瀛州地震。五月，邢州地震复震不止。十一月壬子，日南至，京师地震。癸丑，石州地震。四年七月丙戌，益州地震。己丑，渭州瓦亭砦地震者四。

大中祥符二年三月，代州地震。四年六月，昌、眉州并地震。七月，真定府地震，坏城垒。

天圣五年三月，秦州地震。七年，京师地震。

景祐四年十二月甲子，京师地震。甲申，忻、代、并三州地震，坏庐舍，覆压吏民。忻州死者万九千七百四十二人，伤者五千六百五十五人，畜扰死者五万余；代州死者七百五十九人；并州千八百九十人。

宝元元年正月庚申，并、忻、代三州地震。十二月甲子，京师地震。

庆历三年五月九日，忻州地大震，说者曰："地道贵静，今数震摇，兵兴民劳之象也。"四年五月庚午，忻州地震，西北有声如雷。五年七月十四日，广州地震。六年二月戊寅，青州地震。三月庚寅，登州地震，岠嵎山摧。自是震不已，每震，则海底有声如雷。五月甲申，京师地震。七年十月乙丑，河阳、许州地震。

皇祐二年十一月丁酉夜，秀州地震，有声自北起如雷。

嘉祐二年，雄州北界幽州地大震，大坏城郭，覆压者数万人。五年五月己丑，京师地震。

治平四年秋，漳泉建州、邵武兴化军等处皆地震，潮州尤甚，拆裂泉涌，压覆州郭及两县屋宇，士民、军兵死者甚众。八月己巳，京师地震。

熙宁元年七月甲申，地震；乙酉、辛卯，再震；八月壬寅、甲辰，又震。是月，须城、东阿二县地震终日，沧州清池、莫州亦震，坏官私庐舍、城壁。是时，河北复大震，或数刻不止，有声如雷，楼橹、民居多摧覆，压死者甚众。九月戊子，莫州地震，有声如雷。十一月乙未，京师及莫州地震。十二月癸卯，瀛州地大震。丁巳，冀州地震。辛酉，沧州地震，涌出沙泥、船板、胡桃、螺蚌之属。是月，潮州地再震。是岁，数路地震，有一日十数震，有逾半年震不止者。二年十月庚戌，南郊、东壖门内地陷，有天宝十三年古墓。

元丰元年，邕州佛像动摇。初，像动而夏人入寇，又动而州大火，其后侬智高叛，复动，于是知州钱师孟投其像于江中。八年二月甲戌，宾州岭方县地陷。五月丙午，京师地震。

元祐二年二月辛亥，代州地震有声。四年春，陕西、河北地震。七年九月己酉，兰州、镇戎军、永兴军地震，十月庚戌朔，环州地再震。

绍圣元年十一月丙戌，太原府地震。二年十月、十一月，河南府地震。是岁，苏州自夏迄秋地震。三年三月戊戌夜，剑南东川地震。九月己酉，滁州、沂州地震。四年六月己酉，太原府地震有声。

元符元年七月壬申夜，云雾蔽天，地震良久。二年正月壬申，恩州地震。八月甲戌，太原府地震；三年五月己巳，太原府又震。

建中靖国元年十二月辛亥，太原府、潞晋隰代石岚等州、岢岚威胜保化宁化军地震弥旬，昼夜不止，坏城壁、屋宇，人畜多死。自后有司方言祥瑞，郡国地震多抑而不奏。

政和七年六月，诏曰："熙河、环庆、泾原路地震经旬，城砦、关堡、城壁、楼橹、官私庐舍并皆摧塌,居民覆压死伤甚众,而有司不以闻,其遣官按视之。”

宣和四年,北方用兵,雄州地大震。玄武见于州之正寝,有龟大如钱,蛇若朱漆箸,相逐而行,宣抚使焚香再拜,以银盒贮二物。俄俱死。六年正月,京师连日地震,宫殿门皆动有声。七年七月己亥,熙河路地震,有裂数十丈者,兰州尤甚。陷数百家,仓库俱没。河东诸郡或震裂。

建炎二年正月戊戌,长安地大震,金将娄宿围城,弥旬无外援,乘地震而入。城遂陷。

绍兴三年八月甲申,地震,平江府、湖州尤甚。是岁,刘豫陷邓、随等州,金人犯蜀。四年,四川地震。五年五月,行都地震。六年六月乙巳夜,地震自西北,有声如雷,余杭县为甚。是冬,刘麟、猊犯顺、寇濠、寿州。七年,地震。二十四年正月戊寅,地震。二十五年三月壬申,地震。二十八年八月甲寅夜,震。三十一年三月壬辰,地震。三十二年七月戊申,地震。

隆兴元年十月丁丑,地震;六月甲寅,又震。

乾道二年九月丙午,地震自西北方。四年十二月壬子,石泉军地震三日,有声如雷,屋瓦皆落,时绵竹有冤狱云。

淳熙元年十二月戊辰,地震自东北方。九年十二月壬寅夜,地震。十年十二月丙寅,地震。十二年五月庚寅,地震。

庆元六年九月,东北地震。十一月甲子,地震东北方。

嘉定六年四月,行都地震。六月丙子,淳安县地震。九年二月辛亥,东、西川地大震四日。十年二月庚申,地震自东南。十二年五月,地震。六月,西川地震。十四年正月乙未夜。地震,大雷。五月丙申,西川地震。

宝庆元年八月己酉,地震。

嘉熙四年十二月丙辰,地震。

淳祐元年十二月庚辰夜,地震。

宝祐三年,蜀地震。

咸淳七年,嘉定府城震者三。

雍熙三年,阶州福津县常峡山圮,壅白江水,逆流高十许丈,坏民田数百里。

淳化二年五月,名山县大风雨,登辽山圮,壅江水逆流入民田,害稼。

咸平元年七月庚午,宁化军汾水涨,坏北水门,山石摧圮,军士有压死者。二年七月庚寅,灵宝县暴雨崖圮,压居民,死者二十二户。三年三月辛丑夜,大泽县三阳砦大雨崖摧,压死者六十二人。四年正月,成纪县山摧,压死者六十余人。

景德四年七月,成纪县崖圮,压死居民。

天熙五年九月丙寅,华州少华山前阜头峰越八盘领及谷,摧陷于石子坡。东西五里,南北十里,溃散坟裂,涌起堆阜,各高数丈,长若堤岸。至陷居民六社,凡数百户,林木、庐舍亦无存者。并山之民言:"数年以来,峰上常有云,每遇风雨,却隐隐有声。是夜初昏,略无风雨,山上忽雾起,有声渐大,地遂震动,不及食顷而山摧。"

天祐元年十二月,郑县界小敷谷山颓,伤居民。

绍兴十二年十二月,陕西不雨,五谷焦枯,泾、渭、灞、浐皆竭。时秦民以饥离散,壮者为北人所买,郡邑遂空。

绍熙四年秋,南岳祝融峰山自摧。剑门关山摧。五年十二月,临安府南高峰山自摧。

庆元二年六月辛未,台州黄岩县大雨水,有山自徙五十余里,其声如雷,草木、冢墓皆不动,而故址溃为渊潭。时临海县清潭山亦自移。

嘉泰二年七月丁未,闽建安县山摧,民庐之压者六十余家。

嘉定六年六月丙子,严州淳安县长乐乡山摧水涌。九年,黎州山崩。

咸淳十年,天目山崩。

熙宁元年,荆、襄间天雨白氂如马尾,长者尺余,弥漫山谷。三月丁酉,潭州雨毛。八年五月丁丑,雨黄毛。

绍熙四年十一月癸酉,地生毛。

咸淳九年,江南平地产白毛,临安尤多。

宋史卷六八
志第二一

律历一

应天　乾元　仪天历

古者,帝王之治天下,以律历为先;儒者之通天人,至律历而止。历以数始,数自律生,故律历既正,寒暑以节,岁功以成,民事以序,庶绩以凝,万事根本由兹立焉。古人自入小学,知乐知数,已晓其原。后世老师宿儒犹或弗习律历,而律历之家未必知道,各师其师,歧而二之。虽有巧思,岂能究造化之统会,以识天人之蕴奥哉!是以审律造历,更易不常,卒无一定之说。治效之不古若,亦此之由,而世岂察及是乎!

宋初,承五代之季王朴制律历、作律准,以宣其声,太祖以雅乐声高,诏有司考正。和岘等以影表铜臬暨羊头秬黍累尺制律,而度量权衡因以取正。然累代尺度与望臬殊,黍有巨细,纵横容积,诸儒异议,卒无成说。至崇宁中,徽宗任蔡京,信方士"声为律、身为度"之说,始大鼗乎古矣。

显德《钦天历》亦朴所制也,宋初用之。建隆二年,以推验稍疏,诏王处讷等别造新历。四年,历成,赐名《应天》,未几,气候渐差。太平兴国四年,行《乾元历》,未几,气候又差。继作者曰《仪天》,曰《崇天》,曰《明天》,曰《奉元》,曰《观天》,曰《纪元》,迄靖康丙午,百六十余年,而八改历。南渡之后,曰《统元》,曰《乾道》,曰《淳熙》,曰

《会元》，曰《统天》，曰《开禧》，曰《会天》，曰《成天》，至德祐丙子，又百五十年，复八改历。使其初而立法吻合天道，则千岁日至可坐而致，奚必数数更法，以求吻合玄象哉！盖必有任其责者矣。

虽然，天步惟艰，古今通患，天运日行，左右既分，不能无忒。谓七十九年差一度，虽视古差密，亦仅得其概耳。又况黄、赤道度有斜正阔狭之殊，日月运行有盈缩、朒朓、表里之异。测北极者，率以千里差三度有奇，晷景称是。古今测验，止于岳台，而岳台岂必天地之中？余杭则东南，相距二千余里，华夏幅员东西万里，发敛晷刻岂能尽谐？又造历者追求历元，逾越旷古，抑不知二帝授时齐政之法，毕殚于是否乎？是亦儒者所当讨论之大者，诿曰星翁历生之责可哉？至于仪象推测之具，虽亦数改，若熙宁沈括之议、宣和玑衡之制，其详密精致有出于淳风、令瓒之表者，盖亦未始乏人也。今其遗法具在方册，惟《奉元》、《会天》二法不存。旧史以《乾元》、《仪天》附《应天》，今亦以《乾道》、《淳熙》、《会元》附《统元》，《开禧》、《成天》附《统天》。大抵数异术同，因仍增损，以追合乾象，俱无以大相过，备载其法，俾来者有考焉。

昔黄帝作律吕，以调阴阳之声，以候天地之气。尧则钦若历象，以授人时，以成岁功，用能综三才之道，极万物之情，以成其政化者也。至司马迁、班固叙其指要，著之简策。自汉至隋，历代祖述，益加详悉。暨唐贞观迄周显德。五代隆替，逾三百年，博达之士颇亦详缉废坠。而律志皆阙。宋初混一宇内，能士毕举，国经王制，悉复古道。《汉志》有备数、和声、审度、嘉量、权衡之目，后代因之。今亦用次序以志于篇：

曰备数。《周礼》，保氏教国子以六艺，其六曰九数，谓方田、粟米、差分、少广、商功、均输、方程、赢朒、旁要，是为九章。其后又有《海岛》、《孙子》、《五曹》、《张丘建》、《夏侯阳》、《周髀》、《缀术》、《缉古》等法相因而起，历代传习，谓之小学。唐试右千牛卫胄曹参陈从运著《得一算经》，其术以因折而成，取损益之道，且变而通之。皆合于数。复有徐仁美者,作《增成玄一法》,设九十大三问,以立新术,大则测于天地,细则极于微妙,虽粗述其事,亦适用于时。古者命官属于太史,汉、魏之世,皆在史官。隋氏始置算学博士于国庠,唐增其员,宋因而不改。

曰和声。《周礼》,典同掌六律六同之和,凡为乐器,以十有二律为之数度。古之圣人推律以制器,因器以宣声,和声以成音,比音而为乐。然则律吕之用,其乐之本欤!以其相生损益,数极精微,非聪明博达,则罕能详究。故历代而下,其法或存或阙,前史言之备矣。周显德中,王朴始依周法,以秬黍校正尺度,长九寸,虚径三分,为黄钟之管,作律准,以宣其声。宋乾德中,太祖以雅乐声高,诏有司重加考正。时判太常寺和岘上言曰:“古圣设法,先立尺寸,作为律吕,三分损益,上下相生,取合真音,谓之形器。但以尺寸长短非书可传,故累秬黍为准的,后代试之,或不符会。西京铜望臬可校古法,即今司天台影表铜臬下石尺是也。及以朴所定尺比校,短于石尺四分,则声乐之高,盖由于此。况影表测于天地,则管律可以准绳。”上乃令依古法,以造新尺并黄钟九寸之管,命工人校其声,果下于朴所定管一律。又内出上党羊头山秬黍,累尺校律,亦相符合。遂下尚书省集官详定,众议佥同。由是重造十二律管,自此雅音和畅。

曰审度者,本起于黄钟之律,以秬黍中者度之,九十黍为黄钟之长,而分、寸、尺、丈、引之制生焉,宋既平定四方,凡新邦悉颁度量于其境,其伪俗尺度逾于法制者去之。乾德中,又禁民间造者。由是尺度之制尽复古焉。

曰嘉量。《周礼》,㮚氏为量。《汉志》云,物有多少受以量,本起于黄钟之管容秬黍千二百,而龠、合、升、斛五量之法备矣。太祖受禅,诏有司精考古式,作为嘉量,以颁天下。其后定西蜀,平岭南,复江表,泉、浙纳土,并、汾归命,凡四方斗、斛不中式者皆去之。嘉量之器,悉复升平之制焉。

曰权衡之用,所以平物一民、知轻重也。权有五,曰铢、两、斤、钧、石，前史言之详矣。建隆元年八月，诏有司按前代旧式作新权衡，以颁天下，禁私造者。及平荆湖，即颁量、衡于其境。淳化三年三月，诏曰："《书》云：'协时、月，正日，同律、度、量、衡。'所以建国经而立民极也。国家万邦咸乂，九赋是均，顾出纳于有司，系权衡之定式。如闻秬黍之制，或差毫厘，锤钩为奸，害及黎庶。宜令详定称法，著为通规。"事下有司，监内藏库、崇仪使刘承珪言："太府寺旧铜式自一钱至十斤，凡五十一，轻重无准。外府岁受黄金，必自毫厘计之，式自钱始，则伤于重。"遂寻究本末，别制法物。至景德中，承厘重加参定，而权衡之制益为精备。其法盖取《汉志》子谷秬黍为则，广十黍以为寸，从其大乐之尺。秬黍黑黍也。乐尺自黄钟之管而生也。谓以秬黍中者为分寸、轻重之制。就成二术，二术谓以尺、黍而求氂、累。因度尺而求氂，度者，丈、尺之总名焉。因乐尺之源，起于黍而成于寸，析寸为分，析分为氂，析氂为毫，析毫为丝，析丝为忽。十忽为丝，十丝为毫，十毫为氂，十氂为分。自积黍而取累，从积黍而取累，则十黍为累，十累为铢，二十四铢为两。锤皆以铜为之。以氂、累造一钱半及一两等二称，各悬三毫，以星准之。等一钱半者，以取一称之法。其衡合乐尺一尺二寸，重一钱，锤重六分，盘重五分。初毫星准半钱，至稍总一钱半，析成十五分，分列十氂；第一毫下等半钱，当五十氂，若十五斤称等五斤也。中毫至稍一钱，析成十分，分成十氂；末毫至稍半钱，析成五分，分列十氂。等一两者，亦为一称之则。其衡合乐分尺一尺四寸，重一钱半，锤重六钱，盘重四钱。初毫至稍，布二十四铢，下别出一星，等五累；每铢之下，复出一星，等五累，则四十八星等二百四十累，计二千四百累为十两。中毫至稍五钱，布十二铢，列五星，星等二累；布十二铢为五钱之数，则一铢等十累，都等一百二十累为半两。末毫至稍六铢，铢列十星，星等累。每星等一累，都等六十累为二钱半。以御书真、草、行三体淳化钱，较定实重二铢四累为一钱者，以二千四百得十有五斤为一称之则。其法，初以积黍为准，然后以分而推忽，为定数之端。故自忽、丝、毫、氂、黍、累、铢各定一钱之则也。谓皆定之则，然后制取等称也。忽万为分，以一万忽为一分之则，以十万忽定为一钱之则。忽者，吐丝为忽；分者，始微而著，言可分别也。**丝则千**，一千丝为一分，以一万丝定为一钱之则。**毫则百**，一百毫为一分，以一千毫定为一钱之则。毫者，毫毛也。自忽、丝、毫三者皆断骥尾为之。**氂则十**，一氂为一分，以一百氂定为一钱之则。氂者氂牛尾毛也，曳赤金成丝为之也。**转以十倍倍之，则为一钱。**转以十倍，谓自一万忽至十万忽之类定为则也。**黍以二千四百枚为一两**，一龠容千二百黍为十二铢，则以二千四百黍定为一两之则。两者，以二龠为两。**累以二百四十**，谓以二百四十累定为一两之则。**铢以二十四**，转相因成累为铢，则以二百四十累定成二十四铢为一两之则。铢者，言殊异。**遂成其称。**称合黍数，则一钱半者，计三百六十黍之重。列为五分，则每分计二十四黍。又每分析为一十氂，则每氂计二黍十分黍之四。以十氂分二十四黍，则每氂先得二黍。都分成四十分，则一氂又得四分，是每氂得二黍十分黍之四。每四毫一丝六忽有差为一黍，则氂、累之数极矣。一两者，合二十四铢为二千四百黍之重。每百黍为铢，二百四十黍为累，二铢四累为钱，二累四黍为分。一累二黍重五厘，六黍重二厘五毫，三黍重一氂二毫五丝，则黍、累之数成矣。其则，用铜而镂文。以识其轻重。新法既成，诏以新式留禁中，取太府旧称四十、旧式六十，以新式校之，乃见旧式所谓一斤而轻者有十，谓五斤而重者有　。式既若是，权衡可知矣。又比用大称如百斤者，皆悬钧于架，植镮于衡，镮或偃，手或抑按，则轻重之际，殊为悬绝。至是，更铸新式，悉由黍、累而齐其斤、石，不可得而增损也。又令每用大称，必悬以丝绳。既置其物，则却立以视，不可得而抑按。复铸铜式，以御书淳化三体钱二千四百暨新式三十有三、铜牌二十授于太府。又置新式于内府、外府，复颁于四方大都，凡十有一副。先是，守藏吏受天下岁贡金帛，而太府权衡旧式失准，得因之为奸，故诸道主者坐逋负而破产者甚众。又守藏更代，校计争讼，动必数载。至是，新制既定，奸弊无所指，中外以为便。度、量、权、衡皆太府掌造，以给内外官司及民间之用。凡遇改元，即差变法，各以年号印而识之。其印面有方印、长印、八角印，明制度而防伪滥也。

　　宋初，用周显德钦天历，建隆二年五月，以其历推验稍疏，乃诏司天少监于处讷等别造历法,四年四月,新法成,赐号《应天历》。太平兴国间,有上言《应天历》气候渐差,诏处讷等重加详定。六年,表上新历,诏付本监集官详定。会冬官正吴昭素、徐莹、董昭吉等各献新历,处讷所上历遂不行。诏以昭素、莹、昭吉所献新历,遣内臣沈元应集本监官属、学生参校测验,考其疏密。秋官正史端等言:"昭吉历差。昭素、莹二历以建隆癸亥以来二十四年气朔验之,颇为切准。复对验二历,唯昭素历气朔稍均,可以行用。"又诏卫尉少卿元象宗与元应等,再集明历术吴昭素、刘内真、苗守信、徐莹、王熙元、董昭吉、魏序用在监官属史端等精加详定。象宗等言:"昭素历法考验无差,可以施之永久。"遂赐号为《乾元历》。《应天》、《乾元》三历皆御制序焉。

真宗嗣位,命判官司天监史序等考验前法,研核旧文,取其枢要,编为新历。至咸平四年三月,历成来上,赐号《仪天历》,凡天道运行,皆有常度,历象之术,古今所同,盖变法以从天,随时而推数,故法有疏密,数有繁简,虽条例稍殊,而纲目一也。今以三历参相考校,以《应天》为本,《乾元》、《仪天》附而注之,法同者不复重出,法殊者备列于后。

建隆《应天历》

演纪上元木星甲子,距建隆三年壬戌,岁积四百八十二万五千五百五十八。《乾元》上元甲子距太平兴国六年辛巳,积三千五十四万三千九百七十七。《仪天》自上元土星甲子至咸平四年辛丑,积七十一万六千四百九十七。

步气朔

元法:一万二。《乾元》元率九百四十。《仪天》宗法一万一百。又总谓之日法。

岁盈:二十六万九千三百六十五。《乾元》岁周二十一万四千七百六十四,《仪天》岁周三十六万八千八百九十七。《仪天》有周天三者六十五、余二千四百七十，约余二千四百四十五；岁余五万二千九百七十、余二千四百七十。《应天》、《乾元》无此法，后皆仿此。

月率：五万九千十三。《乾元》不置此法。《仪天》合率二十九万八千二百五十九。又《仪天》有岁闰一万九千八百六十二，月闰九千一百一十五、秒六。

会日：二十九、小余五千三百七。《乾元》朔策二十九、小余一千五百六十。《仪天》会日二十九、小余五千三百五十七。

弦策：小余三千八百二十七、秒六。《乾元》小余一千一百二十五。《仪天》小余三千八百六十四、秒二十七。策并同，

望策：十四、小余七千六百五十四、秒一十二。《乾元》小余二千二百五十七。《仪天》小余七千七百二十七、秒一十八。策并同，

气策：十五、小余二千一百八十五、秒二十四。《乾元》小余六百四十二半。《仪天》小余二千二百七、秒三。策并同。又《仪天》有气盈四千四百一十四、秒六。

朔虚分：四千六百九十五。《乾元》一千三百八十。《仪天》四千七百四十一。

没限：七千八百一十六、秒九。《乾元》二千二百九十七半。《仪天》七千八百九十二。又《仪天》有纪实六十万六千。

秒法：二十四。《乾元》一百。《仪天》秒母三十六。

纪法：六十。二历同。

推元积：《乾元》、《仪天》皆谓之求岁积分。置所求年，以岁盈展之为元积。

求天正所盈之日及分并冬至大小余：以八十四万一百六十八去元积，不尽者，半而进位，以元法收为所盈日，不满为小余。日满六十去之，不满者，命从甲子，算外，即冬至日辰、大小余也。《乾元》以岁周乘积年为岁积分，以七万五百六十去之，不尽，以五因，满元率收为日，不满为余日。《仪天》以岁周乘积年，进一位，为岁积分；盈宗法而一为积日，不满为余日。去命并同《应天》。

求次气：以天正冬至大、小余遍加诸常数，盈六十去之，不盈者，命如前，即得诸气日辰、大小余秒也。《乾元》置中气大、小余，以气

策加之，命以前，即次气日辰也。《仪天》置冬至大、小余，加气及余秒，秒盈秒母从小余，盈纪法去之，皆命如前法，各得次气常日辰及余秒。

求天正十一月朔中日：《乾元》谓之经朔。《仪天》谓之天正合朔。以月率去元积，不尽者，为天正十一月通余；以通余减七十三万六百三十五，余，半而进位，以元法收为日，不满为分，即得所求天正十一月朔中日及余秒。《乾元》以一万七千三百六十四去岁积分，不尽为朔余；以岁积分为朔积分，又倍五万二千九百二十，除之，余以五因，满元率为日，不满为分。《仪天》以合率去岁积分，不尽为闰余；满宗法为闰日，不满为余，以闰日及余减天正冬大、小余；为天正合朔大、小余；去命如前，即得合朔日辰、大小余。

求次朔望中日：《乾元》谓之求弦望经朔。《仪天》谓之求次朔。置朔中日，累加弦策余秒，即得弦、望及次朔中日。《乾元》以弦策加经朔大、小余，即得次朔经日；以弦策及余秒加经朔，得上弦；再加，得望；三之，得下弦。

求望中月：置朔中月，加半交，盈交正去之，余为望中月。二历不立此法。

求朔弦望入气：置朔、望中日，各以盈缩准去，不尽者，为入气日及分。二历不立此法。

推没日：置有没之气小余，其小余七千八百一十六、秒九以上者求之也。返减元法，余以八因之，一千九十二、秒一十九半除为没日，命起气初，即得没日辰。其秒不足者，退一分，加二十四秒，然后除之，四分之三以上者进。《乾元》置有没之气小余，在二千二百九十七半以上者，以十五乘之，用减四万四千七百四十二半，余以六百四十二半除为没日。《仪天》以秒母通常气小余及秒，而从之以减岁周，余满五千二百九十七为没日，去命如前。

推灭日：以冬至大、小余，遍加朔日中为上位，有分为下位，在四千六百九十五以下者，为有灭之分也。置有灭之分，进位，以一千五百六十五除为灭日，以灭日加上位，命从甲子，算外，即得月内灭日。《乾元》置有灭之经朔小余，在一千二百八十以下者，以八因之，满三百六十八除为灭日。《仪天》经朔小余在朔虚法以下者，三因，进位，以朔虚分除为灭日。

求发敛

候策：五、小余七百二十八、秒二，母二十四。《乾元》候数五、小余
一百一十四、秒十二，秒母七十二。《仪天》候率五、小余七百三十五、秒二十
五，秒母三十六。

卦策：六、小余八百七十四、秒六。《乾元》卦位六、小余三百五十
七，秒母六十。仪天卦率六、小余八百八十三、秒二十。

土王策：十二、小余一千七百四十八、秒一十二。《乾元》策三、小
余一百二十八半，秒母一百一十。《仪天》土王率三、小余四百四十、秒五，秒母
同上。

辰数：八百三十三半。《乾元》辰法二百四十五，辰率千五百二十。

刻法：一百。《乾元》一百四十七。仪天刻三百。

求七十二候：各因诸气大、小余秒命之，即初候日也；各以候策
加之，得次候日；又加之，得末候日。二历同法。

求六十四卦：各置诸中气大、小余秒命之，即公卦用事日；以卦
策加之，得次卦用事日；又加之，得终卦用事日。十月二节之初，皆
诸侯外卦用事日。二历同法。

求五行用事：各因四立大、小余秒命之，即春木、夏火、秋金、冬
水首用事日；以土王策加四季之节大、小余秒，命从甲子，算外，即
其月土王用事日。《乾元》以土王策灭四季中气大、小余。《仪天》以土王率
加四季大、小余。

求二十四气加时辰刻：《乾元》谓之辰刻。《仪天》谓之求时。各置小
余，以辰数除之为时数，不满，百收为刻分，命起子正，算外，即所
在。《乾元》时数同，其不尽，以五因之，以刻法除为刻分。《仪天》以三因小余，
以辰率除之为时数，不尽者，满刻率除为刻，余为分。

常气	月中节四正卦	初候	中候	末候	始卦	中卦	末卦
冬至	十一月中坎初六	蚯蚓结	麋角解	水泉动	公中孚	辟复	侯屯内
小寒	十二月节坎九二	雁北乡	鹊始巢	雉始雊	侯屯外	大夫谦	卿睽
大寒	十二月中坎六三	鸡始乳	鸷鸟厉疾	水泽腹坚	公升	辟临	侯小过内
立春	正月节坎六四	东风解冻	蛰虫始振	鱼上冰	侯小过外	大夫蒙	卿益
雨水	正月中坎九五	獭祭鱼	鸿雁来	草木萌动	公渐	辟泰	侯需内
惊蛰	二月节坎上六	桃始华	仓庚鸣	鹰化为鸠	侯需外	大夫随	卿晋
春分	二月中震初九	玄鸟至	雷乃发声	始电	公解	辟大壮	侯豫内
清明	三月节震六二	桐始华	田鼠化鴽	虹始见	侯豫外	大夫讼	卿蛊
谷雨	三月中震六三	萍始生	鸣鸠拂羽	戴胜降桑	公革	辟夬	侯旅内
立夏	四月节震九四	蝼蝈鸣	蚯蚓出	王瓜生	侯旅外	大夫师	卿比
小满	四月中震六五	苦菜秀	靡草死	小暑至	公小畜	辟乾	侯大有内
芒种	五月节震上六	螳螂生	鵙始鸣	反舌无声	侯大有外	大夫家人	卿井
夏至	五月中离初九	鹿角解	蜩始鸣	半夏生	公咸	辟姤	侯鼎内

小暑	六月节 离六二	温风至	蟋蟀居壁	鹰乃学习	侯 鼎外	大夫 丰	卿涣
大暑	六月中 离九三	腐草为萤	土润溽暑	大雨时行	公履	辟遁	侯 恒内
立秋	七月节 离九四	凉风至	白露降	寒蝉鸣	侯 恒外	大夫 节	卿 同人
处暑	七月中 离六五	鹰乃祭鸟	天地始肃	禾乃登	公损	辟否	侯 巽内
白露	八月节 离上九	鸿雁来	玄鸟归	群鸟养羞	侯 巽外	大夫 萃	卿 大畜
秋分	八月中 兑初九	雷乃收声	蛰虫坏户	水始涸	公贲	辟观	侯 归妹内
寒露	九月节 兑九二	鸿雁来宾	雀入水 为蛤	菊有黄花	侯 归妹外	大夫 无妄	卿 明夷
霜降	九月中 兑六三	豺乃祭兽	草木黄落	蛰虫咸俯	公困	辟剥	侯 艮内
立冬	十月节 兑九四	水始冰	地始冻	雉入大水 为蜃	侯 艮外	大大 既济	卿 噬嗑
小雪	十月中 兑九三	虹藏不见	天气上腾 地气下降	闭塞成冬	公 大过	辟坤	侯 未济内
大雪	十一月节 兑上六	鹖鸟不鸣	虎始交	荔挺出	侯 未济外	大夫 寒	卿颐 二历同

天总：七十三万六百五十八、秒六十四。《乾元》轨率二十一万四千七十七、秒七千五百一十、小分七十。《仪天》乾元数三百六十八万九千八十八、秒九十九。

天度：三百六十五、小余二千五百六十三、微八十八。《乾元》周天三百六十五度、小余二千五百六十三。《仪天》乾则三百六十五度、小余二千五百八十八、秒九十九。《应天》诸法皆在天总数中。《乾元》、《仪天》各立其法。

《乾元》周天策一百七万三千八百五十三、秒七千五百五十三半,会周一万七
千三百六十四,会余二十一万四千七百六十四,天中一百八十二、六千二百八
十一半。《仪天》岁差一百一十八、秒九十九,一象度九十一、余三千一百四十
二、秒五十,盈初缩末限分八十九万七千六百九十九、秒五十,限日八十八、余
八千八百九十九、秒五十,缩初盈末限分九十四万六千七百八十五、秒十五、
限日九十三、余七千四百八十五、秒五十,盈缩积二万四千五百四十三,进退
率一千八百三十六,秒母一百。

《乾元》二十四气日躔阴阳度

常气	盈缩准	常数	定日	损益准	先后积
冬至	十四五千四十五　秒十五	十五二千一百八十五　秒十五	十四五千四十五　秒十五	损六十四	后二十
小寒	一十九一千二百八十六	三十四四千三百七十一	十四六千二百三十六　秒十五	损六十九	先五百二十九
大寒	四十三八千七百百五　秒二十一	四十五六千五百百五十六秒二十一	十四七千四百二十五　秒十五	损七十六	先九百七十五
立春	五十八七千三百二十半	六十八千七百四十二半	十四八千六百一十六　秒十五	损八十二	先一千三百三十五
雨水	七十三七千三百六十三	七十六九百二十六	十五四十二秒十五	损八十九	先一千六百六
惊蛰	八十八八千八百三十四太	九十一三千一百一十一太	十五一千四百七十　秒十五	损九十七	先一千七百七十一
春分	一百四千三百三十三　九	一百六五千二百九十七　秒九	十五二千八百九十九　秒十五	益九十七	先一千八百百一十九

清明	一百十九六千六十一 空	一百二十一七千四百八十三空	十五四千三百二十八 秒十五	益八十九　先一千七百八十
谷雨	一百三十五一千八百一十五十五	一百三十六六千六百六十八秒十五	十五五千七百五十七 秒十五	益八十三　先一千六百五
立夏	一百五十八千七百六十五	一百五十三一六千八百五十二秒六	十五六千九百四十七 秒十五	益七十八　先一千三百五十
小满	一百六十六六千八百九十七二十一	一百六十七四千三十一秒二十	十五八千一百三十六 秒十五	益七十二　先九百九十五
芒种	一百八十二六千二百二十三半	一百八十二六千二百二十三半	十五九千三百七十二 秒十五	益六十六　先五百四十一
夏至	一百九十八五千五百四十九三	一百九十七八千四百九秒三	十五九千三百二十七 秒十五	损六十五　先五
小暑	二百十四三千六百八十三八	二百十三五百九十二太	十五八千一百三十六 秒十五	损七十二　后五百四十九
大暑	二百三十六百二十九九	二百二十八二千七百七十八秒九	十五八千一百三十六 秒十五	损七十七　后九百八十五
立秋	二百四十五六千三百八十六空	二百四十三四千九百六十四空	十五五千七百五十六 秒十五	损八十三　后一千三百四十六

处暑	二百六十一七 百一十二　十五	二百五十八七 千二百四十九 秒十五	十五四千三百 二十八　秒十五	损八十九	后一千六 百一十一
白露	二百七十六三 千六百一十二 六	二百五十八七 千一百四十九 秒十五	十五四千三百 二十八　秒十五	损九十七	后一千七 百八十
秋分	二百九十一五 千八十三 二十一	二百八十九七 千五百十八 秒五十一	十五	益九十七	后一千八 百三十一
寒露	三百六五千一 百二十六　十二	二百四三千七 百四 半	十五四十二 秒十五	益八十九	后一千七 百八十六
霜降	二百二十一三 千四百四十一 三	三百一十九五 千八百九十 秒三	十四八千六百 一十六　秒三	益八十二	后一千六 百二十一
立冬	三百三十六一 千六百六十四 一十六	三百三十四八 千七十五 太	十四七千四百 二十五　秒十五	益七十五	后一千三 百五十七
小雪	三百五十七千 四百十九	三百五十三百 九十九　秒十五	十四六千二百 三十六　秒十五	益七十	后九百八 十八
大雪	三百六十五二 千四百四十五	三百六十五二 千四百四十五	十四五千四十 五　秒十五	益六十四	后五百五 十

乾元二十四气日躔阴阳度

阴 阳 分	阴 阳 度	损 益 率	阴 阳 差
冬至	阳分 二千二百七十六	阳度 空	益 一百七十	阳差 空
小寒	阳分 一千七百八十四	阳初度 二千二百七十六	益 一百三十三	阳差 一百七十
大寒	阳分 一千三百四十四	阳一度 一千一百二十	益 一百一	阳差 三百三
立春	阳分 九百五十六	阳一度 二千四百六十四	益 七十一	阳差 四百四
雨水	阳分 五百八十一	阳二度 四百八十	益 四十三	阳差 四百七十五
惊蛰	阳分 二百九十三	阳二度 一千六十一	益 十四	阳差 五百一十八
春分	阳分 一百九十四	阳二度 一千一百五十五	损 十四	阳差 五百三十二
清明	阳分 五百八十一	阳二度 一千六十一	损 四十三	阳差 五百一十八
谷雨	阳分 九百五十六	阳二度 四百八十	损 七十一	阳差 四百七十五
立夏	阳分 一千三百四十四	阳一度 二千四百六十四	损 一百一	阳差 四百四
小满	阳分 一千七百八十四	阳一度 一千一百二十	损 一百三十三	阳差 三百三
芒种	阳分 二千一百七十六	阳初度 二千二百七十六	损 一百七十	阳差 一百七十

	阴分	阴度	益	阴差
夏至	二千二百七十六	空	一百七十	空
小暑	阴分 一千七百八十四	阴度 二千二百七十六	益 一百三十三	阴差 一百七十
大暑	阴分 一千三百四十四	阴一度 一千一百二十	益 一百一	阴差 三百三
立秋	阴分 九百五十六	阴一度 二千四百六十四	益 七十一	阴差 四百四
处暑	阴分 五百八十一	阴二度 四百八十	益 四十三	阴差 四百七十五
白露	阴分 一百九十四	阴二度 一千六十一	益 十四	阴差 五百一十八
秋分	阴分 一百九十四	阴二度 一千二百五十五	损 十四	阴差 五百二十一
寒露	阴分 五百八十一	阴二度 一千六十一	损 四十三	阴差 五百一十八
霜降	阴分 九百五十六	阴二度 四百八十	损 七十一	阴差 四百七十五
立冬	阴分 一千三百四十四	阴一度 二千四百六十四	损 百一	阴差 四百四
小雪	阴分 一千七百八十四	阴一度 一千一百二十	损 一百三十三	阴差 三百三
大雪	阴分 二千二百七十	阴初度 二千二百七十	损 一百七十	阴差 一百七十

《应天》、《乾元》二历，以常气求其阴阳差，故有二十四气立成。《仪天》以盈缩定分、四限直求二十四气阴阳差，乃更不制二十四气差法。

求日躔损益盈缩度：《乾元》谓之求每日阴阳差。《仪天》谓之求入盈缩分先后定数。各置定日及分，以冬至常数相灭，百收，通为分，自雨水后十六为法，自霜降后十五为法。除分为气中率，二相减，为合差；半之，加减率为初、末率。后多者，减为初、加为末；后少者，加为初、减为末。又法，以除合差，为日差；后少者，日损初率；后多者，日益初率。为**每日日躔损益率**，累积其数，为盈缩度分。《乾元》各置气数，以一百二十乘之，以一千八百二十六除之，所得为平行率；相减，为合差；初、末并如《应天》。《仪天》以宗法乘盈缩积，以其限分除之，为限率分；倍之，为末限平率；日分乘之，亦以限分除之，为日差；半之，加减初、末限平率，在初者减初加末，在末者减末加初，为末定率；乃以日差累加减限初定率，初限以减、末限以加，为每日盈缩定分；各随其限盈加缩减其下先后数，为每日后定数，冬至后积盈为先，在缩减之；夏至后，积缩为后，在盈减之。其进退率、升平积准此求之，即各得其限每日进退率、升积也。

　　求日躔先后定数：《乾元》谓之求入气、求弦望气入、求日躔阴阳差。各以朔、弦、望入气日及减本气定日及分秒通之，下以损益率展，以元法为分，损减益加次气下先后积为定数。《乾元》以其月气节减经朔大、小余，节得入气日及分；又以弦策累加天正朔日入气大、小余，满气策去之，即得弦、望经朔入气日及分；以其日损益率乘入气日余分，所得，用损益其日阴阳差为定数。《仪天》法见上。又《仪天》有求四正节定日，去冬、夏二至盈缩之中，先后皆空，以常为定；其春、秋二分盈缩之极，以一百乘盈缩积，满宗法为日，先减后加，去命如前，各得定日。求朔、弦、望盈缩限日，以天正闰日及余减缩末限日及分，余为天正十一月经朔加时入限日及余；以弦策累加之，即得弦、望及后朔初、末限日；各置入限日及余，以其日进退率乘之，如宗法而，所得，以进退其日下升平，即各为定。

　　赤道宿度

斗：二十六。　　　牛：八。　　　女：十二。　　　虚：十。及分

危：十七。　　　室：十六。　　　壁：九。二历同。

　　北方七宿九十八度。虚分二千五百六十三、秒一十九。《乾元》七千五百三十五、秒二十五。《仪天》二千五百八十八、秒九十九。

奎：十六。　　　娄：十二。　　　胃：十四。　　　昴：十一。

毕：十七。　　　觜：一。　　　参：十。

　　西方七宿八十一度。二历同。

井：三十三。　　　鬼：三。　　　柳：十五。　　　星：七。

张：十八。　　　翌：十八。　　　轸：十七。

　　南方七宿一百一十一度。二历同。

角：十二。　　　亢：九。　　　氐：十五。　　　房：五。

心：五。　　　尾：十八。　　　箕：十一。

　　东方七宿七十五度。二历同。

　　又，《仪天》云："前皆赤道度，自古以来，累依天仪测定，用为常准。赤道者，天中纮带，仪极攸凭，以格黄道也。"

　　求赤道变黄道度：《乾元》谓之求黄道度。《仪天》谓之推黄道度。准二至赤道日躔宿次，前后五度为限，初限十二，每限减半，终九限减尽。距二立之宿，减一度少强，又从尽起限，每限增半，九限终于十二。距二分之宿，皆乘限度，身外除一，余满百为度分，命曰黄赤道差。二至前后各九限，以差为减；二分前后各九限，以差为加。各加减赤道度，为黄道度，有余分就近收为太、半、少之数。《乾元》初率九，每限减一，末率一。《仪天》初数一百七，每限减一十，末率二十七，其余限数加减并同《应天》。

　　黄道宿度

斗：二十三度半。　　牛：七度半。二历同。　　女：十一度太。二历并十一度半。

虚十度少强。二千五百六十三、秒十九。《乾元》无分。《仪天》六十三分、九十九秒。　　危：十七度少。《乾元》同。《仪天》十七度太。

室十六度太。　　壁：十度《乾元》九度太。《仪天》同。

　　北方七宿九十七度二千五百六十三、秒十九。《乾元》九十六度半。《仪天》九十七度半、六十三、秒九十九。

奎：十七度半。二历同。　　娄：一十二度太。《乾元》十三度《仪天》同。　　胃：十四度少。二历并十四度太。

昴：十一度。二历同。

毕：十六度半。《乾元》同。《仪天》十六度少。

觜：一度。

参：九度少。二历并同。

西方七宿八十二度少。《乾元》八十三度。《仪天》八十二度半。

井：三十度。

鬼：二度太。二历并同。

柳：十四度半。《乾元》、《仪天》十四度少。

星：七度。《乾元》、《仪天》并六度太。

张：十八度少。《乾元》同。《仪天》十八度太。

翌：十九度少。《乾元》十九度。《仪天》同。

轸：十八度太。二历同。

南方七宿一百一十度半。《乾元》一百九度太《仪天》同。

角：十三度。

亢：九度半。二历并同。

氐：十二度少。《乾元》、《仪天》并十五度半。

房：五度。二历同。

心：五度。《乾元》同。《仪天》四度太。

尾：十七度少。《乾元》同。《仪天》十七度。

箕：十度《乾元》十度太。《仪天》十度。

东方七宿七十五度少。《乾元》七十六度。《仪天》七十四度太。

求赤道日度：《仪天》谓之推日度。以天总除元积，为总数；不尽，半而进位，又以一百收总数从之，以元法收为度，不满为分秒，命起赤道虚宿四度分。《乾元》以轨率去岁积分，余以五因之，满轨率收为度，不满，退除为分，余同。《仪天》以乾数去岁积分，宗法收为度，命起虚宿二度，余同《应天》。又以一象度及余秒累加之，满赤道宿度即去之，各得四正，即初日加时赤道日度也。

求黄道日度：置冬至赤道日躔宿度，以所入限数乘之，所得，身外除一,满百为度,不满为分,用减赤道日度,为冬至加时黄道日度及分。《乾元》、《仪天》亦如其法。《乾元》即以八十四,《仪天》以一百一除为度,余同《应天》。

　　求朔望常日月:乾元谓之求黄道平朔日度。置朔、望日躔先后定数,进一位,倍之,身外除之,以元法收为度分,先加后减朔望中日、月,为朔望中常日、月度分;用加冬至黄道之宿,命如前,即得朔望常日、月所在。《乾元》置会周一万七千三百六十,以距十一月后来月数乘之,所得,减去朔余,加会余而半之,以二百九十四收为度,不尽,退除为分。《仪天》法在后。《乾元》又有求黄道加时朔日度,置平朔日,以日躔阳加阴减之,又以冬至黄道日度加而命之,即其朔加时黄道日度及分也。若求望日度者,以半朔策加之,即得望日度及分也。作阳度,即依本术。

　　每日加时黄道日度:《乾元》谓之每日行分。以定朔、望日所在相减,余以距后日数除之,为平行分;二行分相减,为合差;半之,加减平行分。为初行分;后平行多,减为初;后来平行少,加为初。以距后日数除合差,为日差;后少者损。后多者益,为每日行分;累加朔、望日。即得所求。《乾元》同。《仪天》不立此法。又《仪天》有求次正定日加时黄道日度,置岁差,以限数乘之,退一位,满一百一为差秒及小分,再析之,乃以加一象度,所得,累加冬至黄道日,满黄道宿次去之,各得四正,即加时黄道日度也。若求四正定日夜半黄道日度,置其定日小余副之,以其日盈缩分乘之,满宗法而一,盈加缩减其副,乃以减其日加时,即为夜半黄道日度。又有求每日夜半日度,因四正初日夜半度,累加一策,以其日盈缩分盈加缩减,满黄道宿次去之。即得每日夜半日度。又有求定朔、弦、望加时日度,置定朔、望小余副之,以其日盈缩分乘之,以宗法收之为分,盈加缩减其副,以加期日夜半度,各得其时加日躔所次。如朔、望有进退者,此术不用。

宋史卷六九
志第二二

律历二

应天 乾元 仪天历

步月离入先后历《乾元》谓之月离。《仪天》谓之步月离。

离总:五万五千一百二十、秒一千二百四十二。《乾元》转分一万
六千二百、秒一千二百四。《仪天》历终分二十七万八千三百一、秒一百六十
五。

转日:二十七、五千五百四十六、秒六千二百一十。《乾元》转历
二十七、一千六百三十、秒六千二十,《仪天》历周二十七、五千六百
一、秒一百六十五。

历中日:一十三、七千七百七十四、秒三千一百五。《乾元》不立
此法。《仪天》历中十三日、七千八百五十、秒五千八十二半。《仪天》有象限六
日、八千九百七十五、秒二千五百四十一少。

朔差日:一、九千七百六十二、秒三千七百九十。《乾元》转差一、
三千八百六十九、秒三千九百八十。《仪天》会差日一、九千八百五十七、秒九
千八百三十五。

《仪天》又有象差日空、四千九百八十、秒四千九百五十八太;望一百八十
二度六千三百四十四、秒四千九百五十。

度母:一万一百

秒法:一万。二历同。

求天正十一月朔入先后历:《乾元》谓之求月离入历,求弦、望入历。

《仪天》谓之推天正经朔入历。以通余减元积，余以离总去之为总数；不尽者，半而进位，以元法收为日，不满为分。如历中日以下为入先历；以上者去之，为入后历。命日，算外，即得天正十一月朔入先后历日分。累加七日、三千八百十十七分、秒六，盈历中日及分秒去之，各得次朔、望入先后历日分。《乾元》以朔余减岁积分，以转分去之，余以五因之，满元率收之为度；以弦策加之，即弦、望所入。以转差加之，得后朔历；累加之，即得弦、望入历及分。《仪天》以闰余减岁积分，余以历终分去之，不满，以宗法除之为日；在象限以下为初限，以上去之，余为末限，各为入迟疾历初、末限。

先后 乾元谓之入转	离分 乾元谓之离度	积度 乾元谓之离差	损益率 乾元同	先后积 乾元谓之阴阳差
先一日	一千二百一十 乾元十二度六分	初度 乾元三百五十五	损十二 乾元益二百八十七	后空 乾元阳差空
先二日	一千二百二十七 乾元十二度二十二	十二度一十 乾元三百六十一	损一百三十六 乾元益二百五十	先九百八十八 乾元阳差二百八十七
先三日	一千二百四十五 乾元十二度三十九	二十四度三十七 乾元三百六十四	损二百八十八 乾元益二百一十三	先一千八百五十二 乾元阳差五百三十七
先四日	一千二百六十二 乾元十二度五十六	二十六度八十二 乾元三百六十九	损四百三十九 乾元益一百七十三	先二千五百七十四 乾元阳差七百五十
先五日	一千二百八十一 乾元十二度七十七	四十九度四十四 乾元三百七十五	损五百九十九 乾元益一百三十四	先三千一百三十五 乾元阳差九百二十三

先六日	一千三百一十六 乾元十二度九十六	六十二度二十五 乾元三百八十一	損七百六十 乾元益九十三	先三千一百二十六 乾元阳差一千五十七
先七日	一千三百二十一 乾元十二度十七	七十五度二十六 乾元三百八十七	初損九百三十七 末益九百九十二 乾元初益四十六 末損六	先三千七百七十六 乾元阳差一千一百五十
先八日	一千三百四十五 乾元十三度四十	八十八度四十七 乾元三百九十四	益九百 乾元損六十二	先三千八百三十一 乾元阳差一千一百九十
先九日	一千三百六十九 乾元十三度六十六	一百一度九十二 乾元四百一	益七百三十三 乾元損一百二	先三千七百三十二 乾元阳差二千一百二十八
先十日	一千三百九十一 乾元十三度八十一	一百一十五度六十一 乾元四百十七	益五百六十五 乾元損一百四十一	先三千四百六十五 乾元阳差一千二百十六
先十一日	一千四百一十五 乾元十四度三	一百一十九度五十 乾元四百一十三	益三百九十四 乾元損一百九十三	先三千三百 乾元阳差八百八十五
先十二日	一千四百三十五 乾元十四度二十	一百四十三度六十六 乾元四百一十七	益二百三十五 乾元損百二十一	先二千四百二十四 乾元阳差七十二
先十三日	一千四百五十六 乾元十四度三十五	一百五十八度一 乾元四百一十七	益一百一十 乾元損一百五十六	先一千六百五十九 乾元阳差四百八十一

先十四日	一千四百七十九 乾元十四度五十九	一百七十二度 乾元四百二十七	初益三百三十一 末损七百八十一 乾元 初损二百二十五 末益六十三	先七百六十九 乾元阳差二百二十五
后一日 乾元十五日	一千四百七十四 乾元十四度六十四	一百八十七度二十七 乾元四百三十	损十二 乾元益二百八十	初先空末后空 乾元阴差六十三
后二日 乾元十六日	一千四百五十三 乾元十四度四十五	二百一度九十七 乾元四百二十五	损一百三十六 乾元益二百四十二	后九百八十八 乾元阴差二百四十三
后三日 乾元十七日	一千一百三十二 乾元十四度三十	二百十六度五十 乾元四百二十	损二百八十八 乾元益二百五	后一千八百五十二 乾元阴差五百八十五
后四日 乾元十八日	一千四百六 乾元十四度一十	二百三十度八十二 乾元四百一十五	损四百四十八 乾元益一百六十五	后二千五百六十四 乾元阴差七百五十
后五日 乾元十九日	一千三百八十一 乾元十三度九十一	二百四十四度八十八 乾元四百一十一	损六百八 乾元益一百四十六	后三千一百一十六 乾元阴差九百九十五
后六日 乾元二十日	一千三百五十八 乾元十三度七十四	二百五十八度六十八 乾元四百四	损七百六十八 乾元八十四	后三千五百八十一 乾元阴差一千八十一
后七日 乾元二十一日	一千三百三十七 乾元十三度五十一	二百七十二度二十六 乾元三百九十七	初损九百三十七 末益九百九十二 乾元初益三十五 末损十七	后三千七百四十 乾元阴差一千一百六十五

后八日 乾元二十二日	一千三百二十五 乾元十三度二十八	二百八十五度六十三 乾元三百九十	益九百 乾元损七十一	后三千七百九十五 乾元阴差一千一百八十三
后九日 乾元二十三日	一千二百九十四 乾元十三度七	二百九十八度七十八 乾元三百八十四	益七百三十二 乾元损一百一十二	后三千六百九十七 乾元阴差一千一百一十二
后十日 乾元二十四日	一千二百七十四 乾元十二度八十九	三百二十一度七十二 乾元三百七十八	益五百六十四 乾元损一百五十	后三千四百二十九 乾元阴差一千
后十一日 乾元二十五日	一千二百五十六 乾元十二度十七	三百二十四度四十六 乾元三百七十二	益四百四 乾元损一百九十一	后二千九百九十二 乾元阴差八百四十三
后十二日 乾元二十六日	一千二百四十二 乾元十二度五十二	三百二十七度二 乾元三百六十七	益二百五十二 乾元损二百二十九	后二千三百九十七 乾元阴差六百五十七
后十三日 乾元二十七日	一千二百二十五 乾元十二度三十五	三百四十九度四十二 乾元三百六十三	益一百二十 乾元损二百六十六	后一千六百四十九 乾元阴差四百二十八
后十四日 乾元二十八日	一千二百一十七 乾元十二度一十	三百六十一度六十五 乾元三百五十八	初益二百三十一 末损七百八十一 乾元损一百六十一	后七百六十九 乾元阴差一百六十一

七日：初数八千八百八十八，《乾元》初二千六百一十二，末数一千一百一十四。末三百二十八。

十四日：初数七千七百七十四，《乾元》初二千二百八十五，末数二千二百二十八。末六百五十五。《乾元》又有二十一日：初一千九百五十八，末九百八十二；二十八日：初一千六百三十二，末一千三百九。

又《仪天》法

迟疾限日	历衰	历定分	历定度	历积度	损益率	升平积
疾初初日	疾十五	一千二百一十五	十二度三分	初度	益一千八十六	升初
一日	疾十九	一千二百三十	十二度十八分	十二度三分	益九百一十六	升一千八十六
二日	疾二十二	一千二百四十九	十二度三十七	二十四度二十二	益七百四十六	升二千二
三日	疾二十二	一千二百七十一	十二度五十九	三十六度五十八	益五百七十六	升二千七百四十八
四日	疾二十一	一千二百九十三	十二度八十一	四十九度一十六	益四百六	升三千三百二十四
五日	疾二十五	一千三百一十五	十二度二分	六十一度九十七	益二百三十六	升三千七百三十
六日	疾二十四	一千三百三十八	十二度七十二	九十四度九十九	益六十五	升三千九百六十六
疾末初日	疾二十三	一千三百六十二	十三度四十九	八十八度二十三	损八十六	升四千三十一
一日	疾二十二	一千三百八十三	十三度七十二	一百一度七十二	损三百五十六	升三千九百四十六
二日	疾二十二	一千四百七十五	十三度九十四	一百一十五度四十三	损四百六	升二千七百一十

三日	疾二十二	一千四百二十九	十四度一十五	一百二十九度五十六	损五百七十六	升三千三百四
四日	疾十九	一千四百五十一	十四度三十七	一百四十三度五十一	损七百四十六	升二千七百二十八
五日	疾十五	一千四百七十	十四度五十六	一百五十七度八十八	损七百二十六	升一千九百八十二
六日	疾空	一千四百八十五	十四度七十一	一百七十二度四十三	损一千二百	升一千六十六
迟初初日	迟十五	一千四百八十五	十四度七十一	一百八十七度一十三	益一千八十六	平初
一日	迟十九	一千四百七十	十四度五十六	二百一度八十四	益九百一十六	平一千八十六
二日	迟二十三	一千四百五十一	十四度三十七	二百一十六度三十九	益七百四十六	平二千二
三日	迟二十二	一千四百二十九	十四度一十五	二百三十度七十六	益五百七十六	平二千七百四十八
四日	迟二十二	一千四百七	十三度九十四	二百四十四度九十一	益四百六	平三千三百二十四
五日	迟二十三	一千三百八十五	十三度七十二	二百五十八度八十四	益三百三十六	平三千七百三十
六日	迟二十四	一千三百六十二	十三度四十九	二百七十二度五十五	益七十五	平三千九百六十四
迟末初日	迟二十三	一千三百三十八	十三度二十五	二百八十六度三	损八十六	平四千三十二

一日	迟 二十二	一千三百 一十五	十三度 二	二百 九十九度 二十八	损 二百 三十六	平 三千九百 四十六
二日	迟 二十二	一千二百 九十三	十二度 八十一	三百 一十二度 三十	损 四百六	平 三千七百 一十
三日	迟 二十二	一千二百 七十一	十二度 一十	三百 二十五度 一十	损 五百 七十六	平 三千 三百四
四日	迟 十九	一千二百 四十九	十二度 三十七	三百 三十七度 六十九	损 七百 四十六	平 二千七百 二十八
五日	迟 十五	一千二百 三十	十二度 一十八	三百 五十度 五	损 九百 一十六	平 一千九百 八十二
六日	迟 空	一千二百 一十五	十二度 三	三百 六十二度 二十三	损 一千二	平 一千 六十六

　　月离先后度数：《乾元》谓之月离阴阳差。《仪天》谓之求朔弦望升平定数。以月朔、弦、望入历先后分通减元法，余进位，下以其日损益率展之，以元法收为分，所得，损益次日下先后积为定数。其七日、十四日，如初数以下者，返减之，以上者去之。余，返减末数，皆进位，下以损益率展之，各满末数为分，损益次日下先后积为定数。《乾元》置入历分，以其日损益率乘之，元率收为分，损益其下阴阳差为定数。四七术，如初数已下者，以初率乘之，如初数而一，以损益阴阳差为定数；若初数以上者，以初数减之，余乘末率，末数除之，用减初率，余加阴阳差，各为定数。

　　朔弦望定日：以日躔、月离先后定数，先加后减朔、望中日，为定日。二历法同。

　　推定朔弦望日辰七直：以天正所盈之日加定积，视朔、弦、望中日，如入大、小雪气，即加去年天正所盈之日分；若入冬至气者，即加今年天正所勇之日分。日满七十六去之，不满者，命从金星甲子，算外，即得定朔、弦、望日辰星直也。视朔干名与后朔同者大，不同者小，其月无中气者为闰。又视朔所入辰分皆与二分相减，余二收，用减八分之六，其朔定小余如此；以上者进一日；朔或有交正见者，其朔不进。定望小余在日出分以下者，退一日，若有亏初在辰分以下亦如之。二历法同。

《仪天》又有求朔弦望加时月度，置弦、望加时日度，其合朔加时月与太阳同度，其日、度便为月离所次；余加弦、望象度及余秒，满黄道宿次去之，即定朔、弦、望加时日、度也。

九道宿度：《乾元》《仪天》皆谓之月行九道。凡合朔所交，冬在阴历，夏在阳历，月行青道：冬至、夏至后，青道半交在春分之宿，出黄道东；立夏、立冬后，青道半交在立春之宿，出黄道东南：至所冲之宿亦如之。冬在阳历，夏在阴历，月行白道；冬至、夏至后，白道半交在秋分之宿，出黄道西；立冬、立夏后，白道半交在立秋之宿，出黄道西北：至所冲之宿亦如之。春在阳历，秋在阴历，月行朱道；春分、秋分后，朱道半交在夏至之宿，出黄道南；立春、立秋后，朱道半交在立夏之宿，出黄道西南：至所冲之宿亦如之。春在阴历，秋在阳历，月行黑道。春分、秋分后，黑道半交在冬至之宿，出黄道北；立春、立秋后，黑道半交在立冬之宿，出黄道东北，至所冲之宿亦如之。四序月离为八节，九道斜正不同，所入七十二候，皆与黄道相会。各距交初黄道宿度，每五度为限。初限十二，每限减半，终九限又减尽，距二立之宿减一度少强，却从减尽起，每限减半，九限十二而至半交，乃去黄道六度；又自十二，每限减半，终九限一度少强，更从减尽起。每限增半，九限终十二，复兴日轨相会。交初、交中、半交，各以限数，遇半倍使，乘限度为泛差。其交中前后各九限，以距二至之宿前后候数乘之，半交前后各九限，各至二分之宿前后候数乘之，皆满百而一为黄道差。在冬至之宿后，交初前后各九限为减，交中前后各九限为加；夏至之宿后，交初前后各九限为加，交中前后各九限为减。大凡月交后为出黄道外，交中后为入黄道内。半交前后各九限，在春分之宿后出黄道外，秋分之宿后入黄道内，皆以差为加；在春分之宿后入黄道内，秋分之宿后出黄道外，皆为差为减。倍泛差，退一位，遇减，身外除三；遇加，身外除一。又以黄道差减,为赤道差。交初、交中前后各九限,以差加;半交前后各九限,皆以差减。以黄赤道差减黄道宿度为九道宿度,有余分就近收为太、半、少之数。《乾元》初数九,每限减一,终于一,限数并同,即八十四除之。《仪天》初数一百一十七,每限减一十,终于二十七,以一百一除。二历皆不身外为法。初中正交,春秋二分、冬夏二至前后各九限,加减并同《应天》。又《仪天》即除法是九十乘黄道泛差,一百一收为度,乃得月与黄、赤道定差。以上入交定月出入各六度相较之差,黄道随其日行所向,斜正各异,余皆同《应天》。《仪天》有求定朔望加时入迟疾历初末限,置经朔、望入迟疾初末限日及余秒,如求定朔、弦、望法入之,即各得所求。又求初中正交入历,置其朔、望加时入迟疾历初末限日余秒,视其日月行入限阴历日及余秒,如近前交者即加,近后交者即返减交中日余,乃如之,各得初、中、正交入迟疾历初末限日余秒也。其加减满或不足,即进退象限日及余秒,各得所求。又求朔望加时及初、中、正交入迟疾限日入历积度,各置小余,以其日历定分乘之,宗法收之为分,一百一除之为度,以加其日下历积度,各得所求。又《乾元》、《仪天》有求正交黄道月度,《乾元》元率通定交度及分,以一百二十七乘之,满九十五而一,进一等,复收为入交度,用减其朔加时日度,即朔前月离正交黄道宿度。《仪天》置朔、望及正交历积度,以少减多,余为月行去并度及分;乃视其朔望在交前者加、交后者减朔望加时黄道月度,为初、中、正交黄道月度也。

　　九道交初月度:《乾元》谓之月离入交九道正交月度、九道朔度。《仪天》谓之求月离正交九道宿度。置月离交初黄道宿度,各以所入限数乘之,遇半倍使。如百而一,为泛差;用求黄赤二道差,依前法加减之,即月离交初九道宿度。《乾元》以日躔阴阳差阳加阴减,为朔、望常分;又以所入限率乘,正产黄道宿度相从之,以求黄赤二道差,如前加减,为月离正交九道宿度;以入交定度加而命之,即朔月离宿度。《仪天》置正交月离黄道,以距度下月九道差,宗法乘之,以距度所入限数乘度,余从之,为总差;半而退位,一百一收之,又计冬、夏二至以求度数乘,满九十而一为度差,依前法加减,为正交月离九道。

　　求九道朔月度:百约月离先后定数,后加先减四十二,用减中盈而从朔日,乃加交初九道宿次,即得所求。《乾元》置九道正交之度及分,以入交定度加之,命以九道宿次,即其朔加时月离宿度及分也。《仪天》法见下。《乾元》又有定交度,置月离阴阳定数,以七十一乘之,满九百一除之为分，用阴减阳加常分为度及分。

求九道望月度：《仪天》谓之求定朔、望加时月日度。以象积加朔九道月度，命以其道，即得所求。《乾元》置朔、望加时日相距之度，以天中度及分加之，为加时象积；用加九道朔月度，命以其道宿次去之，即望日月度及分也。自望推朔亦如之。《仪天》求定朔望加时九道日度，以其朔望去交度，交前者减之，交后者加之，满九道宿度去之，即定望、望加时九道日度也。求定朔望加时九道月度，置其日加时九道日度，其合朔者非正交，即日在黄道、月在九道各入宿度，多少不同，考其法极，若应绳准。故云月与太阳同度也。如求黄道月度法，盈九道宿次去之，各得其日加时九道宿度，自此以后，皆如求黄道月度法入之，依九道宿度行之，各得所求也。

求晨昏月：《乾元》谓之月离晨昏度。《仪天》谓之求晨昏月度。置后历七日下离分，与其日离分相比较，取多者乘朔、望定分，取少者乘晨昏分，皆满元法为分，百除为度分，仍相减之，朔、望度多者为后，少者为前。各得晨昏前后度分；前加后减朔、望九道月度为晨昏月。《乾元》置其月离差，在三百九十三以上者，用乘朔、望定分，以下者，只用三百九十三乘，为加时分；元率除之，进一位，二百九十四收为度；又以离差乘晨昏分，亦如前收之为度；与加时度相减之，加时度多为后、少为前，即得晨昏前后度及分，加减如《应天》。《仪天》以晨昏分减定朔、弦、望小余为后，不足者，返减之为前，以乘入历定分，宗法除之，一百一约之为度，乃以前加后减加时月度为晨昏月度。

晨昏象积：《仪天》谓之求晨昏程积度。置加时象积，以前象前后度前减后加，又以后象前后度前加后减，即得所求。《乾元》法同。《仪天》以所求朔、弦、望加时日度减后朔、弦、望加时日度，余加弦、望度及余，为加时程积；以所求前后分返其加减，又以后朔、弦、望前后度分依其加减，各为晨昏程积度及余也。

求每日晨昏月：《仪天》谓之求每日入历定。累计距后象离分，百除为度分，用减晨昏象积为加，不足，返减，以距后象日数除之，为日差：用加减每日离分，百除为度分，累加晨昏月，命以九道宿次，即得所求。《乾元》法同。《仪天》从所日累计距后历每日历度及分，以减程积为进，不足，返减之，余为退，以距后朔、弦、望日数均之，进加退减每日历定度及分，各为每日历定度及分也。

步晷漏

二十气午中晷景 乾元同	去极度	黄道 乾元 谓之距中度	晨分 乾元同
冬至一丈二尺七寸一分 乾元同	一百一十五	二十 乾元八十二 二十二	二千七百四十八 乾元八百八
小寒一丈二尺三寸一分 乾元一丈一尺三寸	一百一十四	五十八 乾元八十二 五十九	二千七百三十五 乾元八百二
大寒一丈一尺二寸一分 乾元同	一百一十二 乾元	三十二 乾元八十四 八十四	二千六百八十八 乾元七百八十六
立春九尺七寸一分 乾元九尺七寸三分	一百八	六十七 乾元八十七 九十四	二千六百一十二 乾元七百六十一
雨水八尺二寸一分 乾元同	一百三	八十一 乾元九十一 六十七	二千五百八 乾元七百三十二
惊蛰六尺七寸四分 乾元六尺七寸三分	九十七	九十三 乾元九十六 一十四	二千三百八十八 乾元六百九十九
春分五尺四寸三分 乾元同	九十一	三十一 乾元一百度 二十四	二千三百五十 乾元六百六十一
清明四尺三寸一分 乾元同	八十四	七十七 乾元一百五 二十四	二千二百一十二 乾元六百二十四

谷雨三尺三寸一分 乾元三尺三寸	七十八	七十九 乾元一百九 五十六	一千九百九十二 乾元五百八十九
立夏二尺五寸三分 乾元二尺五寸	七十三	九十二 乾元 一百一十三 二十九	一千八百八十八 乾元五百五十八
小满一尺九寸六分 乾元一尺九寸三分	七十度	二十七 乾元 一百六十五 一十五	一千八百一十二 乾元五百三十四
芒种一尺六寸 乾元同	六十八	二 乾元 一百一十八 一十四	一千七百六十五 乾元五百十九
夏至一尺四寸八分 乾元一尺四寸七分	六十七	三十九 乾元 一百一十八 五十八	一千七百五十二 乾元五百一十五
小暑一尺六寸 乾元同	六十八	二 乾元 一百一十八 一十四	一千七百六十二 乾元五百十九
大暑一尺九寸二分 乾元一尺九寸五分	七十度	二十七 乾元 一百一十六 一十五	一千八百一十二 乾元五百三十
立秋二尺五寸三分 乾元同	七十三	九十二 乾元 一百一十三 三十	一千八百八十八 乾元五百五十八
处暑三尺三寸一分 乾元二尺三寸	七十八	七十九 乾元一百九 五十六	一千九百九十二 乾元五百八十五

白露四尺三寸一分 乾元同	八十四	七十七 乾元一百五十 六 九	二千一百一十二 乾元六百十四
秋分五尺四寸三分 乾元同	九十一	三十一 乾元一百度 二十四	二千二百五十 乾元六百六十六
寒露六尺七寸四分 乾元六尺七寸三分	九十七	九十一 乾元九十六 十六	二千三百八十八 乾元六百九十九
霜降八尺二寸一分 乾元同	一百三	八十二 乾元九十一 六十九	二千五百八 乾元六百三十
立冬九尺七寸一分 乾元九尺七寸三分	一百八	六十七 乾元八十七 九十五	二千六百一十二 乾元七百六十二
小雪一丈一尺二寸一分 乾元同	一百一十二	三十二 乾元八十四 八十四	二千六百八十八 乾元七百八十六
大雪一丈二尺三寸一分 乾元同	一百一十四	五十八 乾元八十一 五十九	二千七百 三十五 乾元八百 三仪天不置六成法

求每日晷景去极度晨分：《乾元》谓之晷景距中度晨分。《仪天》别立
法，具后。各以气数相减为分，自雨水后法十六，霜降后法十五，除分
为中率，二率相减，为合差；半之，加减中率为初、末率。前多者，加为
初、减为末；前少者，减为初、加为末。又以法除合差，为日差；后多者累益
初率，后少者累减初率。每日损益率；以其数累积之，各得诸气初数
也。《乾元》法同。

求昏分：以晨分减元法为昏分。《乾元》谓之元率。《仪天》谓之宗法。

求每日距中度：《乾元》同。《仪天》谓之求每日距子度。以百乘晨分，如二千七百三十八为度，不尽，退除为距子度，用减半周天度，余为距中星度分；倍距子度分，五等除，为每更度分。《乾元》百约晨分，进一位，以三千六百五十三乘，如元率收为度，余同《应天》。《仪天》置晷漏母，五因，进一位，以一千三百八十二、小分五十五、微分三十五除为度，不尽，以一千三百六十八、小分八十六退除，皆为距子度，余同《应天》。

求每日昏明中星：《乾元》谓之昏晓率星。置其日赤道日躔宿次，以距南度分加而命之，即其日昏中星；以距子度分加之，为夜半中星；又加之，为晓中星。二历法同。

求五更中星：置昏中星为初更中星；以每更度分加之，得二更初中星；又加之，得三更初中星；累加之，各得五更初中星；所临。二历法同。

求日出入时刻：《乾元》谓之求昼夜出入辰刻。《仪天》谓之求日出入晨刻及分。以二百五十加晨减昏为出入分，以八百三十三半除为时，不满，百除为刻分，如前，即得所求。《乾元》以七十三半加晨减昏为出入分，各以辰法除之，为辰数；不尽，以五因之，满刻法为刻，命辰数起子正，算外，即日出入辰刻也。《仪天》置其日晷漏母，以加昏明，余以三因，满辰法除为辰数，余以刻法除为刻，不满为分，辰数命子正，算外，即日出辰刻及分。乃置日出辰刻及分，以加昼刻及分，满辰法及分除为辰数，不满，为入时之刻及分，乃置其辰数，命子正，算外，即得日入辰刻及分。

昼夜分：《乾元》谓之昼夜刻。《仪天》谓之求每日夜半定漏、求每日昼夜刻。倍日出分，为夜分；减元法，为昼分；百约，为昼夜分。《乾元》置日入分，以日出分减之为昼分，以减元率为夜分，以五因之，以刻法除为昼夜刻分。《仪天》先求夜半定漏，置其日晷漏母，以刻法除之为刻，不满，三因为分，为夜半定漏及分。置夜半定漏刻及分，倍之，其分满刻法为刻，不满为分，即得夜刻及分，以夜刻减一百刻，余者为昼刻及分，减昼五刻，加夜刻，为日出没刻之数。

更筹：《乾元》谓之更点差分。倍晨分，以五收，为更差；又五收，为筹差。乾元法同。《仪天》不立此法。

步晷漏

冬至后初夏至后次象：八十八日、小余八千八百九十九半，约余八千八百一十一分。

夏至后初冬至后次象：九十三日、小余七千四百八十五半，约余七千四百一十二分。

前限：一百八十一日、小余六千二百八十五，约余六千二百二十二太。

辰法：八百四十一分三分之二。

刻法：一百一分。

辰：八刻三十三分三分之二。

昏明：二百五十二分半。

冬至后上限五十九日，下限一百二十三日、小余六千二百八十五，约余六千二百二十二太。

中晷：一丈二尺七寸一分半。

冬至后上差、夏至后中差：二千一百三十分。

升法：一十五万六千四百二十八分。

冬至后下差、夏至后上差：四千八百一十二分。

平法：一十七万四千三分。

夏至后上限同冬至后下限，夏至后下限同冬至后上限。

中晷：一尺四寸七分、小分八十四。

《仪天》求每日阳城晷景常数：置入冬、夏二至后来日数及分，以所入象日数下盈缩分盈减缩加之，为其日定积；又是减其象小余，为夜半定积及分；以隔位除一，用若夜半定积及分在二至上限以下者，为入上限之数；以上者，以返减前限日及约余，为入下限日及分。若冬至后上限、夏至后下限，以十四乘之，所得，以减上下限差分，为定差法；以所入上下限日数再乘之，所得，满一百万为尺，不满为寸及分，以减冬至晷影，余为其日中景常数也。若夏至后上限、冬至后下限，以三十五乘之，以上下差分为定法；以入上下限日数再乘之，退一等，满一百万为尺，不满尺为寸及分，用加夏至晷景,即得其日中晷景常数。

《仪天》求晷景每日损益差:以其日晷景与次日晷景相减,其日景长于次日暑影为损,短于次日晷景为益。

《仪天》求阳城中晷景定数:置五千分,以其日晷景定数损益差乘之,所得,以万约之为分,冬至后用减,夏至后用加;冬至一日有减无加,夏至一日有加无减。

《仪天》求晷漏损益度入前后限数,置入冬至后来日数,在前限以下者为损;以上者,岁去前限,余为入后限日数者为益,若算立成,自冬至后一日,日加满初象,即加象下约余。为一象之数。

《仪天》求每日晷漏损益数:置入前后损益日数及分,如初象以下为在上限;以上者,返减前限,余为下限;皆正相乘之,其分半以下乘,半以上收之;以一百通日,内其分,乃乘之;所得,在冬至后初象、夏至后次象,以升法除之;若冬至后次象、夏至后初象,以平法除之;皆为分,不满,退除为小分;所得,置于上位,又别置五百五分于下,以上减下,下乘上;用在升法者,以二千八百五十除之;用在平法者,以五千五百五十二除之;皆为分,不满,退除为小分;所得,以加上位,为其日损益数。

《仪天》求每日黄道去极度及赤道内外度分:若春分后,置损益差,以五十乘之,以一千五十二除之为度,不满,以一千四十二除之为分,以加六十七度三千八百四十五。若秋分后,置损益差,以五十乘之,以一千六十除之为度,不满,以一千五十退除为分,以减一百一十五度二千二百二十二分,即得黄道去极度。置去极度分,与九十一度三千八百四十五相减,余者为赤道内外度分。若黄道去极度分在九十一度三千八百四十五以下者为内,若在以上者为外度及分。

《仪天》求每日昝漏母:各以其日损益差,自春分初日以后加一千七百六十八,自秋分初日以后减二千七百七十七,各得其日晷漏母,又曰晨分。

《仪天》求每日昏分及距午分:置日元分,以其日晷漏母减之,余者为昏分；又以其日晷漏母减五千五十分，余者为其日距午分。

月离九道交会。《乾元》谓之交会。仪天谓之步交会。

交总：七十一万七千八百一秒、八十二。

正交：三百六十三度、八千二百八十三、秒七。

半交：一百八十一度、九千一百四十二、秒五十三半。

少交：九十度、九千五百二十一秒、二十六太。

平朔：一度、四千六百三十二。

平望：空、七千三百一十六。

朔差：二度、八千八百四十一。

望差：二度、一千五百二十五。

初准：一万六千六百四十一。

中准：一万八千一百九十一。

末准：一千五百五十。

乾元交会

交率：一万六千、秒七千八百九十一。

交策：二十七、余六百二十三、秒九千四百五十五。

朔准：二、九百三十六、秒五百四十五。

望准：十四、二千二百五十。

初限：三万六千五百九十四。

中限：四万二。

末限：三千四百八。

《仪天》步交会

交终分：二十七万四千八百四十三、秒二千二百七十九。

交终日：二十七、余二千一百四十三、秒二千二百七十九。

交中日：一十三、余六千一百二十一、秒六千一百二十一。

交朔日：二、余三千二百一十五、秒七千七百二十一。

交望日：一十四、余七千七百二十九、秒五千前限日：一十二、余四千五百一十三、秒七千二百七十九。

后限日：一、余一千六百七、秒八千八百六十半。

交差：四十五。

交数：五百七十二。

秒母：一万。

阴限：七千二百八十六。

交日。空、小余六千一百四十六、秒三百七十三。

阳限：三千一百七十四。

月食既限：二千五百八十二。

月食分法：九百一十二半。

中盈度：《乾元》谓之求平交朔日。《仪天》谓之求天正朔入交。以通余减元积，七十五展之，以四百六十七除为分，满交总去之，为总数；不尽，半而进位，倍总数，百收为分，用减之，余以元法收为度，不满为分，命曰中盈度及分。《乾元》置朔分，以交率去之，余以五因之，满元率收为日，即得平交朔日及分；次朔、望，以朔、望准加之，即得所求。《仪天》置正朔积分，以交终分去之，满宗法为日，即得所求。

求次朔望中盈：《仪天》谓之求次朔入交。各置天经朔中盈度分，视十一月望，十二月朔、望中日，如二十九日五千三百七以下者，即加朔、望差度分秒，余月即加平朔、望度分秒，即得所求。《乾元》法见上。《仪天》置天正朔入交泛日余秒，如交朔及交望余皆满交终日及余秒即去之，各得朔、望入交泛日及余秒。

月离朔交初度分：《乾元》谓之求朔望交分。《仪天》谓之求入交常日。置其朔中盈度分，常与其朔常日度分合之，如正交以下者减半法，以上者倍而加之。加减讫为定，用减天正加时黄道宿度分，余命起天正之宿初算，即得所求。《乾元》置平交朔、望日及分，以元率通之，以日躔阴阳差加阴减，为朔、望交分。《仪天》以其日入盈朔限升平定数，升加平减入交泛日，即为其朔、望入交常日也。《仪天》又有求朔、望入定交日，至其日入迟疾限升平定数，以交差乘之，如交数而一，升加平减入交常日，即为入定交日。

月入阴阳历：《乾元》谓之求朔望阴阳定分。《仪天》谓之求月行阴阳历。以月离先后定数,先加后减朔、望中盈,用加朔、望常日月分,分即百除,度即百通。如中准以下者为月出黄道外,以上者去之,余为月入黄道内。《乾元》以一百四十二乘阴阳差,一千八百二除,阳加阴减朔、望交分,为度定分;中限以上为阳,以下为阴。《仪天》视入交定日及余秒,在交中日以下为阳,以上者去之,余为月入阴历。

求食甚定余:置朔定分,如半法以下者返减半法,余为午前分,前以上者减去半法,余为午后分;以乘三百,如半昼分而一,为差;千后加之,午前半而减之。加减定朔分,为食定余;以差皆加午前、后分,为距中分。其望定分,便为食定余。《乾元》以半昼刻约刻法为时差,乃视定朔小余,在半法以下为用减半法为午前分;以上者去之,为午后分;以时差乘,五固之,如刻法而一,午前减,午后加,又皆加午前、后分,为距日分;刻法而一,为距午刻分。月只以定朔小余为食定余。《仪天》置月行去交黄赤道差,视月道差,如黄赤道交者,依其加减,不如黄赤道交者,返其加减,定朔、望小余为食甚;亦返其加减去交定分。其日食,则又以其日昼刻,其三百五十四为时差,乃视食甚余,如半法以下,返减半法,余为初率;半法以上者,半法去之,余为末率;满一百一收之,为初率;以减末率,倍之,以加食甚余,为食定余;亦加减初、末率,为距午退分;置之,皆如求发敛加时术入之,即日、月食甚辰刻及分也。

入食限:置黄道内外分、如初准已上、末准已下为入食限。望入食限则月食,朔入食限则日食。月在黄道内则日食,在外则不食,望则无问内、外皆食。末准已下为交后分;初准已上者,返减中准,为交前分。《乾元》置阴阳定分,在初限以上、末限以下,为入食限,余同《应天》。《仪天》置朔、望入交月行阴阳历日及余秒,如前限以上、后限以下者,为入食限。望入食限则月食,朔入食限、月入阴历则日食。如后限以下为交后限,以上以减交中日及余秒为交前限,各得所求。

入盈缩历:《乾元》、《仪天》不此法。置朔定积,如一百八十二日、六千二百二十三以下为入盈日分;以上者去之,余为入缩日分。

黄道差:《乾元》谓之求暑差。《仪天》谓之求黄道食差。置其朔入历盈、缩日及分,如四十五日以上、一百三十七日以下,皆以一千五百乘,为泛差;如四十五日以下,返减之,余为初限日,一百三十七日以上者减去之，余为末限日及分，以六十七乘，半之，用减泛差，以乘距午分，以元法收为黄道定分；入盈，以定分午前内减外加、午后内加外减；入缩，以定分午前内加外减，午后内减外加。《乾元》置入气日，以距冬至之气，以十五乘之，以所入气日通之，以一百八十二日以下为入阳历。以上者去之。为入阴历。置入历分，在四十五日以下，以三十七乘，五除，退一等，为泛差；在四十五日以上、一百三十七日以下，只用三十三、秒三十为泛差；一百三十七以上者去之，余以三十七乘，五除，退一位，用减三十三、秒三十，为泛差，皆以距午分乘为暑差。《仪天》二至后日益暑至立春、立秋，得一百一十三、小分六十二半，立夏、立冬后每日损，以宗法乘之；冬至、立冬后三气用四十四万二千三百八十四，夏至、立夏后各三气用二十七万九千八百五十八除，为食差；以食甚距午正刻乘其日食差，为定差；冬至后，甚在午正东，阴减阳加；甚在午正西，阴加阳减，夏至后即返此，立冬初日后，每气益差二十、秒四十四，至冬至初日加六十二、秒三十二；自后每气损差二十、秒四十四，终于大寒，甚在午正西，即每刻累益其差，阴历加，阳历减。

赤道差：《乾元》谓之求离差。《仪天》谓之求赤道食差。置入盈缩历日及分，如九十一日以下，返减之，为初限日；以上者，用减一百八十二半，余为末限日及分；四因之，用减三百七十四，为泛差；以乘距中分，如半昼分而一，用减泛差，为赤道定分；盈初缩末内减外加、缩初盈末内加外减。《乾元》计春、秋二分后日加入气日，以十五乘，在九十以下，以九十一乘，退为泛差，九十一以上去之，余以九十一乘，退一等，以减八百一十九，为泛差；二分气内置入气日，以九十一乘，退为泛差，以半昼刻而一，以乘距午分，用加减泛差，为离差；食甚在出没以前者，不用求离差，只有泛差，春分后阴加阳减，秋分后阴减阳加。《仪天》二分后益差至二至，积差皆二千八百二十六，自后累减至二分空，冬至后日损三十一、小分八十，夏至后日益三十、小分十五，又以宗法乘积差，各以盈缩初末限分除之，为日差；乃以末限累增、初限累损，各为每日食差；又以半昼刻数约其日食差，以乘食甚距午正刻，所得以减食差，余为定数。余同《乾元》。

日食差：依黄、赤二差，同名相从，异名相消，为食差。二历法同。

距交分：《乾元》谓之去交分。《仪天》谓之去交定分。置交前后分，以黄、赤二差加减之，为距交分。如月在内道不足减者，返减入外道，不食；如月在外道不足减，返减食差，为返减入内道，即有食。《乾元》置阴阳历去交前后分，以食差合加减者，依其如减，所得为去交前后定分。
月在阴历，去交前后分不足减者，即返减食差，交前减之，余者为得阳历交后
得减之，余者为阳历交前定分，并不入食限；月在阳历，去交前后减者分不足
减者，亦返减食差，交前减之，余者为阴历交后定分，交后减之，余者为阴历并
前定分，交入食限，《仪天》应食差；同名相从，异名相消，余同《乾元》法。

日食分：置距交分，如四百二十以下者类同阳历分；以上者去
之，为阴历分；又以食定余减四分之三，午前倍之，午后半之。皆退一
等，用减阴阳历分，为食定分；如不足减，即返减之，余进一位，加阴
历分，为食定分；阳以四十二除，为食之大分；阴九百六十以下返减
之，如九十六而一，为食之大分，命十为限。《乾元》置交前后分，以食差
加减之，为定交分；在九百二十以下为阳，以上去之为阴；在阳以九十四，在阴
以二百一十三除为大分，余同《应天》。《仪天》置入限至交定分，减七百二十
八，阳限以上为阴历食，以阳限去之，余减阴限为阴历食分，以下者为阳历食
分亦减三百一十七，如限除之，皆进一位，各命十为限，余同《应天》。

月食分：置黄道内外前后分，如食限三百四十以下者，食既；以
上者，返减末准，余以一百二十一除为月食之大分。其食五分以下，在
子正前后八刻内，以二百四十二除为食之大分，命十为限。其前后分，以九
百以上入或食或不食之限，《乾元》交定分在七百五十二以下，食既；以
上，返减末限，以二百六十四除之为大分。《仪天》阳减阴加前后定分九百一十
二半，在既限以下，食既以上，以去交分减之，以月食法除之为大分。

日月食初初复末：《乾元》谓之求定用刻。《仪天》谓之求日月泛用分、
求亏初复末。百通日月食之大小分，以一千三百三十七乘之，各如其
日离分，为定用分；加食定余，为复末定分；减之，为亏初定分。其月
食，以食限减定用分，用减食甚，为亏初定分；如不足减者，即以食
限分如望定余为食定分，余却依日食加减，各得月食亏初、复末定
分也。《乾元》月以五百八十八，日以五百二十九、秒二十乘所食分，退一等，
半之，为定用刻。《仪天》日以五百四十五、秒四十，月以六百六，皆乘所食分，
其小分以本母除，从之，为泛用分；其食又视去交定分在一千七百二十六以下
增半刻，八百五十六以下又增半刻，以一千三百五十乘，以辰定分除，为定用
刻；皆减定朔、望小余为亏初，加之为复末。

日食起亏:《仪天》谓之求日食初起。视距交分如四百二十以上者,初起西北,甚于正北,复于东北;如以下者,初起西南,甚于正南,复于东南。凡食八分以上者,皆初起正西,复于正东。《仪天》、《乾元》日在阴历,初起西北;在阳历,初起西南,余并同《应天》。

月食起亏:《乾元》谓之月食初定。《仪天》谓之月食初起。月在内道,初起东南,甚于正南,复于西南;月在外道,初起东北,甚于正北,复于西北。凡食八分以上者,初起正东,复于正西。《乾元》、《仪天》以内道为阴历,外道为阳历,余皆同《应天》。而《仪天》又法云,此法据古经所载,以究天体,食在午中前后一辰之内,其余方若要的验,当视日月食时所在方位高下。审详黄道斜正、月行所向,起亏、复满皆可知也。

带食出入:《仪天》谓之求带食出入见食分数。视其日出入分,如在顾初定分以上、复末定分以下,即带食出入。食甚在出入分以下,以出入分减复末定分,为带食差;食甚在出入分以上者,以亏初定分减出入分,为带食差;以乘食定分,满定用而一,日阳以四十二、阴以九十六、月一石二十一除之,为带食之大分,余为小分。《乾元》各以食甚余与其日晨昏分相减,余为带食差;其带食差在定用刻以下者,即带食出入;以上者,即不带食出入也。以带食差乘所食之分,满定用刻而一,所得以减所食之分,即带食出入所见之分也。其朔日食甚在昼者,晨为已食之分,昏为所残之分;若食甚在夜,昏为已食之分,晨为所残之分。其月食,见此可以知之也。《仪天》以食甚余减晨昏分,余为出入前分,不足者,返减食甚,余为出入后分,以乘所食之分,其食分以本母通之,从其小分,满定用分除之,所得以本母约之,不满者,半以上为半强,半以下为半弱,即得带食出入之分数也。其日月食甚在出入前者,为所残之分,在出入后者,为已退之分。

更点:《乾元》、《仪天》谓之月食入定点。各置亏初、食甚、复末定分,如晨分以下者加晨分,昏分以上者减去昏分,皆以更分除为更数,亏尽,以点分除之为点数。命初更,算外,即得所求。《乾元》法同。《仪天》倍其日晨分,以五除之为更分,又以五除之为点分。乃视所求小余,如晨分以下加晨分,昏分以上减去昏分,求更点并同《应天》。

日月食宿分:《乾元》谓之日月食宿。以天正冬至黄道日度加朔望常日月度,命起斗初,算外,即日月食在宿分也。《乾元》以距日没辰至食甚辰之数，约其日离差，用加昏度。《仪天》用加时定月度也。

宋史卷七〇
志第二三

律历三

应天　乾元　仪天历

步五星

岁星总：七十九万七千九百三十一、秒五。《乾元》率二十三万四千五百三十五、秒五千七百二十五。《仪天》木星周率四百二万八千五百八十七、秒七千五百六十。

平合：三百九十八日、八千八百五十七、秒二十八。《乾元》余二千五百五十五、秒八千六百二十五，约分八十七。《仪天》余八千七百八十七、秒七千五百六十。二历平合皆谓之周日，数同《应天》。

变差：空、秒一十六。《乾元》差二十八、秒九千四百二十三半，秒母一万。《仪天》岁差九十八、秒九千五百，上限二百五度，下限一百六十度、二十五分、秒六十三。

荧惑总：一百五十六万一百五十二、秒三。《乾元》率四十五万八千五百九十二、秒九千一百八十三、十四。《仪天》火星周率七百八十七万七千一百九十一、秒一千一百。

平合：七百七十九日、九千二百二、秒一十八。《乾元》余二千七百四、秒六千九百一十七，约分九十二。《仪天》余九千二百九十一、秒一千一百。二历平合皆谓之周日，数同《应天》。

变差：三、秒空。《乾元》差二十九、秒一千一百三十五。《仪天》岁差九十八、余三千八百，上限一百九十六度八十，下限一百六十八度四十五、秒六十三。

镇星总：七十五万六千三百一十一、秒八十五。《乾元》率二十二万二千三百一十一、秒二千一百六十四，二十。《仪天》土星周率三百八十一万八千六百八，秒三千五百。

平合：三百七十八日、八百六、秒五十一。《乾元》余二百三十六、秒八百三十一，约分八。《仪天》余八百八、秒三千五百。二历平合皆谓之周日，数同《应天》。

变差：五、秒七十九。《乾元》差二十八、秒九千五百三。《仪天》岁差一百、秒一千一百，上限一百八十二度、六十三分、秒八十一，下限同上限。

太白总：一百一十六万八千三十二、秒四十二。《乾元》率三十四万三千三百三十九、秒一千五百四十七。《仪天》金星周率五百八十九万七千四百八十九，秒五千四百。

平合：五百八十三日、八千九百九十六、秒一十。《乾元》余二千六百七十六、秒一千七百三十五，约分九十一。《仪天》余九千一百八十九、秒五千四百。二历平合皆谓之周日，数同《应天》。

再合：二百九十一日、九千四百九十九、秒五。《乾元》、《仪天》不立此法。

变差：二、秒三十六。《乾元》差二十九、秒一千七百九十八。《仪天》岁差一百二十、余八千三百九，上限一百九十七度一十六，下限一百六十八度、秒六十三。

辰星总：二十三万一千八百六、秒四十二、八十。《乾元》率八万八千一百三十七、秒四千四百一十，八十。《仪天》水星周率一百一十七万三百八十七、秒二千八百。

平合：一百一十五日、八千八百二、秒三十。乾元余二千五百八十七、秒二千九十四，约分八十八。《仪天》余八千八百八十七、秒二千八百。二历平合皆谓之周日，数同《应天》。

再合：五十七日、九千四百二、秒一十五。《乾元》、《仪天》不立此法。

变差：三、秒七十八。《乾元》差二十九、秒一千一百三十八。《仪天》岁差九十八、秒三十，上限一百八十三度、六十二分，下限一百八十二度、六十二分、秒六十三。

求五星天正冬至后加时平合日度分秒：《乾元》谓之五星平合变日。《仪天》谓之常合中日中度。各以星总除元积为总数，不尽者，返减星总，余，半而进位；又置总数，木、火三之，土如其数，皆百而从之，以元法收之，为天正冬至后平合日度及分。《乾元》置岁积分，各以星率去之，不尽，用减星率，余以五因之，满元率收为日，不满，退除为分。《仪天》各以其星周率去岁积分，不满者，返减其周率，余以宗法收为日，不尽，退除为分。

求平合入历分：《乾元》谓之入历。《仪天》谓之推五星常合入历度分。各以其星变差展所求积年，满三百六十五万三千二百九十三、秒一十九去之，不尽，以元法收为度，不满为分，以减平合日，为入历度分。《乾元》以积年乘星差，以周天策去之，不尽，以元率收为度，不满，退除为分，用减平合变日，为入历分。《仪天》各置其星岁差，以积年乘之，满三百六十八万九千七百八百八、秒九千九百去之，不尽，以宗法收为度，不满，退收为分。

求入阴阳变分：在阳末变分以下为入阳历；以上去之，余为入阴历。置入阴阳历分，以阴、阳变数去之，不尽，为入阴、阳数及变分。

《乾元》岁星前限二万五百五，中限一万二百四十八，后限一万六千二十；荧惑前限一万九千六百八十二，中限六千五百六十四，后限一万六千八百四十四；镇星前限一万八千二百六十二，中限九千一百二十六，后限同前限，前、后、中皆半周天；太白前限一万九千七百一十六，中限九千八百五十八，后限一万六千八百九；辰星前、中、后与镇星同。又岁星前法一千七百八，后法一千三百三十四，荧惑前法一千六百四十一，后法一千四百三；镇星、辰星、前后法皆一千五百二十二；太白前法一千六百四十三，后法一千四百二。《仪天》各置常合入历度分，如在上限末数已下者增数；以上者，减去上限末数下度分，余为入下限减数。又，各置所入上、下限度分，以上、下、限度分相者减之，余为入次限、下限度及分。

岁星	阳变分	损益率	阳积	阴变分	损益率	阴积
初	一千七百九	损八十九	阳六	一千三百三十五	损九十三	阴一
二	一千四百一十七	损八十九	阳一百八十八	二千六百七十	损八十七	阴九十三
三	五千一百二十六	损九十二	阳三百七十六	四千六	损八十五	阴一百六十七
四	六千八百三十四	损九十一	阳五百一十三	五千三百四十一	损八十八	阴四百六十七
五	八千五百四十三	损九十六	阳六百六十七	六千六百七十六	损九十四	阴六百二十七
六	一万二百五十二	损九十八	阳七百三十五	八千一十一	损九十四	阴七百七
七	一万一千九百六十	益九十八	阳七百六十九	九千三百四十六	损九十九	阴七百五十四
八	一万三千六百六十九	益九十一	阳七百三十五	一万六百八十二	损九十九	阴七百六十七
九	一万五千三百七十七	益九十五	阳五百八十一	一万二千一十七	益八十九	阴七百八十
十	一万七千八十六	益八十九	阳四百九十六	一万三千三百五十三	益八十	阴七百六十七
十一	一万八千七百九十四	益九十	阳三百八	一万四千六百八十七	益八十一	阴五百
末	二万五百三	益九十二	阳一百三十七	一万六千二十二	益八十二	阴二百四十六
荧惑	阳变分	损益率	阳积	阴变分	损益率	阴积
初变度	一千五百二十二	损二十一	阳一	一千五百二十一	损七十三	阴二

二	三千四十四	损四十七	阳一千二百二	三千四十四	损七十二	阴四百四十四
三	四千五百六十六	损六十九	阳二千	四千五百六十六	损七十二	阴八百一十七
四	六千八十七	损八十五	阳二千四百七十七	六千八十七	损六十九	阴一千二百四十七
五	七千六百九	益九十八	阳二千六百九十九	七千六百九	损七十四	阴一千七百一十四
六	九千一百三十一	益八十八	阳二千六百六十八	九千一百三十一	损七十九	阴二千一百一十五
七	一万六百五十三	益八十	阳二千四百八十六	一万六百五十三	损八十六	阴二千四百三十九
八	一万二千一百七十五	益七十四	阳二千二百八十一	一万二千一百七十五	损九十七	阴二千六百四十七
九	一万三千六百九十七	益七十二	阳一千七百九十	一万三千六百九十七	益八十九	阴二千七百
十	一万五千二百一十九	益七十	阳一千五百六十	一万五千二百一十九	益七十三	阴二千五百三十一
十一	一万六千七百四十	益七十一	阳九百二	一万六千七百四十	益五十一	阴二千一百六
末	一万八千二百六十三	益六十九	阳四百六十五	一万八千二百六十三	益十	阴一千三百六十一

镇星	阳变分	损益率	阳积	阴变分	损益率	阴积
初	一千五百二十二	损八十四	阳空	一千五百二十五	损八十六	阴一
二	三千四十四	损八十五	阳二百八十九	三千四十四	损八十七	阴二百一十三
三	四千五百六十六	损八十九	阳五百一十七	四千五百六十六	损九十	阴四百一十一
四	六千八十七	损九十三	阳六百八十四	六千八十七	损九十一	阴五百六十三
五	七千六百九	损九十七	阳七百九十一	七千六百九	损九十四	阴七百
六	九千一百三十一	损九十九	阳八百三十七	九千一百三十一	损九十七	阴七百九十一
七	一万六百五十三	益九十七	阳八百五十二	一万六百五十三	损九十九	阴八百三十七
八	一万二千一百七十五	益九十四	阳八百六	一万二千一百七十七	益九十七	阴八百五十二
九	一万三千六百九十七	益九十二	阳七百一十五	一万三千六百九十七	益九十四	阴八百六
十	一万五千二百一十九	益九十	阳五百九十三	一万五千二百一十九	益九十	阴七百一十五
十一	一万六千七百四十	益八十八	阳四百四十一	一万六千七百四十	益八十五	阴五百六十三
末	一万八千二百六十三	益八十三	阳二百五十	一万八千六百二十三	益七十八	阴三百三十五

太白	阳变分	损益率	阳积	阴变分	损益率	阴积
初	一千六百四十四	损九十一	阳空	一千四百	损九十五	阴二
二	三千二百八十七	损九十三	阳一百八十一	二千八百	损九十二	阴七十
三	四千九百三十一	损九十五	阳三百二十九	四千二百	损九十三	阴一百八十三
四	六千五百七十四	损九十七	阳四百四十四	五千六百一	损九十三	阴二百八十
五	八千二百一十八	损九十八	阳五百二十六	七千一	损九十三	阴三百七十八
六	九千八百六十一	损九十八	阳五百七十五	八千四百一	损九十五	阴四百七十六
七	一万一千五百五	益九十八	阳六百八	九千八百一	损九十七	阴五百四十六
八	一万三千一百四十八	益九十七	阳五百七十五	一万一千二百一	损九十九	阴五百八十八
九	一万四千七百九十二	益九十五	阳五百二十六	一万二千六百二	益九十七	阴六百二
十	一万六千四百三十五	益九十三	阳四百四十四	一万四千二	益九十二	阴五百六十
十一	一万八千七十九	益九十一	阳三百二十九	一万五千四百二	益八十七	阴四百四十八
末	一万九千七百廿二	益八十九	阳一百八十三	一万六千八百三	益八十一	阴二百六十六
晨星	阴阳变分		损益率		阴阳积	

初	一千五百二十二	损九十四	空
二	三千四十四	损九十五	九十一
三	四千五百六十六	损九十六	一百六十八
四	六千八十七	损九十七	二百二十五
五	七千六百九	损九十八	二百七十一
六	九千一百三十一	损九十九	三百
七	一万六百五十三	益九十九	三百一十四
八	一万二千一百七十五	益九十八	三百
九	一万二千六百九十七	益九十七	二百七十一
十	一万五千二百一十九	益九十六	二百二十五
十一	一万六千七百四十	益九十五	一百六十八
末	一万八千三百六十三	益九十四	九十二

《乾元》五星

岁星		荧惑		镇星		太白	
差分	差度	差分	差度	差分	差度	差分	差度
前限初	九空	一少	空	十五少	空	九	空	
一	九半	一度八十八	二	十二度十五	十一太	一度二	十一	一度八十
二	十一半	三度六十八	三半	二十度二十二	九	二度二十八	十四	三度五十一

三	十二少	五度一十九	八	二十四度九十一	七	四度二	十九太	四度四十八
四	二十四半	六度五十八	四十九太	二十七度三	十二半	六度一十九	三十二太	五度三十一
五	三十八	七度二十八	八少	二十六度六十四	四十三少	七度三十八	九十六半	五度八十一
末限初	三十八	七度七十三	五	二十四度七十二	六十太	七度七十三	九十六半	六度二
一	十二	七度二十九	四	二十一度四十五	十二半	七度三十七	三十二太	五度七十九
二	二十	五度八十三	三太	十七度四十	七	六度一十八	十九太	五度三十
三	八半	五度二	三半	十三度一	九	四度二	十四	四度四十七
四	十太	三度二	三半	八度四十	十一太	二度三十一	十一	三度三十
五	十二少	一度二十八	四	三度九十八	十五少	一度三	九	一度七十九十
后初	十四太	限度空	三半	初空	五	空	二十一半	空
一	七太	空八十八	三少	三度九十八	四太	三度	十一太	一度
二	八少	二度五十九	三	八度四十	七半	五度二十四	十三太	一度八十一
三	八少	四度六十八	三	十三度一	三十半	七度二十三	十四	二度八十三
四	十六半	六度二十九	三半	十七度四十	末四十三半	七度七十三	十五半	三度八十六

五	三十三半	七度八	四少	二十一度四十五	七十六	七度三十九	十九半	四度七十三
六	八十九	七度八十四	六半	二十四度七十一	一百一半	七度十七	三十一少	五度四十
七	一百三十三半	七度六十三	八十七半	二十六度六十四	三百四	七度三	九十三少	五度八十七
末限初	一百三十三半	七度七十二	七	二十七度三	九半	七度一	末初九十三半	六度三
一	五	七度六十六	三	二十四度九十	九	五度三十七	十三少	五度五十一
二	五少	五度三	一太	二十度二十三	八半	三度六十八	七太	四度半
三	五半	二度三十八	一少	十二度十五	八	一度八十八	五	二度七十

辰星阴、阳差分并阴、阳差度并同初、末。

前限后初限同	差分	差度	末限后末限同	差分	差度
初	一十六半	空	初	一百六十九	三度二
一	二十少	九十八九十	一	六十太	二度八十九
二	二十六半	一度六十五	二	三十七	二度六十一
三	三十七	二度六十一	三	二十六半	二度二十五
四	六十太	二度八十九	四	二十少	一度六十三
五	一百六十九	二度	五	十六半	空度九十

《仪天》五星

木星限数	上限度分	损益率	增定度	下限度分	损益率	减定度
一	十七度八少	益一百一十一	空	十三度三十五半	益六十八	空
二	三十四度十六半	益一百六	一度八十九半	二十六度七十一	益一百二十七	空九十一
三	五十一度二十五	益八十八	三度十七半	四十度六少	益一百三十八	二度六十
四	六十八度三十三少	益八十二	五度二十半	五十三度四十一太	益一百二十	四度十二
五	八十五度四十一半	益四十一	六度六十半	六十六度七十七半	益六十	六度三十一
六	一百二度半	益二十六	七度三十半	八十度十二太	益三十	七度一十一
七	一百十九度五十八少	损二十六	七度太	九十三度四十一八半	益一十一	七度五十一
八	一百三十六度六十六半	损八十四	七度三十半	一百六度八十三半	益七	七度六十五半
九	一百五十三度太	损五十	五度八十七	一百二十度十九	损七	七度一十四半
十	一百七十度八十三少	损一百二十八	五度一半	一百三十三度五十四半	损一百九十九	七度六十五
十一	一百八十七度九十半	损八十一	一度三十八	一百四十六度九十	损一百九十五	四度九十九半

末	二百五度	損八十一	一度 三十八	一百六十度 三十五分 六十三	損一百 七十九	二度 五十九
火星	上限度分	損益率	增定度	下限度分	損益率	減定度
一	一十六度 四十	益七百 四十一	空	十四度 四	益二百 八十三	空
二	三十二度 八十	益四百 九十五	十二度 一十七	二十八度 七十	益三百 十五	三度 九十三
三	四十九度 二十	益二百 八十七	二十一度 二十七	四十二度 十一少	益三百 二十七	八度 三十九
四	六十五度 六十	益一百 二十二	二十四度 九十八	五十六度 十五	益三百 一十六	十二度 九十八
五	八十二度	損二十一	二十六度 九十八	七十度 十八太	益二百 八十七	十七度 四十二
六	九十八度 四十	損一百 十九	二十六度 六十四	八十四度 二十一半	益二百 三十二	二十一度 四十五
七	一百十四度 八十	損一百 九十六	二十四度 六十九	九十八度 二十六少	益一百 四十五	二十四度 七十一
八	一百 三十一度 二十	損二百 四十八	二十一度 四十八	一百 一十一度 三十	益十九	二十六度 七十五
九	一百 四十七度 六十	損二百 六十八	一十七度 四十一	一百 二十六度 三十四	損一百 四十六	二十七度 二
十	一百 六十四度	損二百 八十一	一十三度 二	一百 四十度 三十七太	損三百 三十七	二十四度 九十七
十一	一百八十度 四十	損二百 七十一	八度 四十七	一百 五十四度 四十一半	損五百 七十八	二十度 二十四

末	一百九十六度八十	损二百四十二	三度九十七	一百六十八度四十五秒六十三	损八百六十四	一十二度一十三
土星	上限度分下限同	损益率	增定度	损益率	减定度	
一	十五度二十二	益六十七	增空	益一百九十八	减空	
二	三十度二十二太	益八十五	一度二	益一百四十八	三度一	
三	四十五度六十五太	益一百一十一	二度三十一	益一百三十	五度二十六	
四	六十度八十七半	益一百四十四	四度	益三十三	七度二十四	
五	七十六度九十	益七十九	六度十九	损二十三	七度七十四	
六	九十一度三十一半	益二十三	七度三十九	损十三	七度三十九	
七	一百六度五十三少	损二十三	七度七十四	损十	七度十九	
八	一百二十一度十五五少	损七十九	七度三十九	损四	七度四	
九	一百三十六度九十七	损一百四十四	六度十九	损一百五	六度九十八	
十	一百五十二度一十九	损一百一十一	四度	损一百一十一	五度三十八	
十一	一百六十七度四十一	损八十五	二度三十一	损一百一十八	三度六十九	

末	一百八十二度 六十二分 八十一	损六十七	一度 二	损一百 二十五	一度
金星	上限度	损益率	增定度	下限度	损益率	减定度

金星	上限度	损益率	增定度	下限度	损益率	减定度
一	十六度 四十三	益一百 五十一	增空	十四度 一	益一百 四十	减空
二	三十二度 八十六	益一百 三十二	二度 四十八	二十八度 一	益一百 三十	二度 三十八
三	四十九度 二十九	益五十	四度 六十五	四十二度 二	益八十	四度 二十
四	六十五度 七十二	益十九	五度 四十七	五十六度 三	益三十	五度 三十一
五	八十二度 十五	益九	五度 七十八	七十度 四	益十六	五度 七十四
六	九十八度 五十八	益五	五度 九十三	八十四度 五	益五	五度 九十四
七	一百 一十五度 一	损五	六度 一	九十八度 五	损五	六度 一
八	一百 三十一度 四十四	损九	五度 九十三	一百十二度 六	损十六	五度 九十四
九	一百 四十七度 八十七	损十九	五度 九十八	一百 二十六度 七	损三十	五度 七十四
十	一百 六十四度 二十	损五十	五度 四十七	一百四十度 八	损八十	五度 三十二

十一	一百八十度 七十三	损一百 三十二	四度 六十五	一百 五十四度 九	损一百 三十	四度 二十
末	一百 九十七度 十大	损一百 五十一	二度 四十八	一百 六十八度 九秒六十三	损一百 七十	二度 三十八

水星上下限		损益率	增减度
一	十五度 二十一	益六十	增减空
二	三十度 四十四	益五十	九十一
三	四十五度 六十六	益三十八	一度 六十七
四	六十度 八十八	益二十七	二度 二十五
五	七十六度 十一	益十六	二度 六十六
六	九十一度 三十一	益六	二度 九十
七	一百六度 五十四	损六	二度 九十九
八	一百二十一度 七十六	损十六	二度 九十
九	一百三十六度 九十八	损二十七	二度 六十六
十	一百五十二度 二十	损三十八	二度 二十五
十一	一百六十七度 四十二	损五十	一度 六十七

末	一百八十二度 六十三	损六十	九十一

入阴阳定分：《乾元》谓之入诸历变分。《仪天》谓之求五星常合入增减定数。以入变分各减初变分，余却以其变下损益率展之，百而一为分；损益次变下阴、阳积，为定分。《乾元》置平合入历分，以其星入段前、后限分加减之，如不足，加周天以减之，余却依入历分入初末限；各置其段入历分，前限以下为在前，以上者去之，为末限分；为后限分；在中限以上为初限，以上去之，置初、末，以前、后限星分除之为限数，不满，为初末限日；各以其限差分约之，为差；初限以加、末限以减，用加减前、后限度，为定度。《仪天》各置常合所入限下度数及分，以其限下损益率乘之，退一等，以百约之为度，不满为分，以损益其限下增、减积度及分。若求诸变增减定度者，置其变入上下限，准此求之。

定合积日：《乾元》谓之求定日。仪天谓之求五星定合积日。百除阴、阳定分，为日；阳加阴减平合日，为定积日及分。《乾元》置变日，以前、后限度前加后减，为定日。《仪天》各置其星常合中日及余，以入历增减度增者增之、减者减之，金、水返而加减之；以日躔定差先减后加之，金、水则先加后减，即得定合积日及分。又《仪天》求入盈缩初末限，皆以半周天为准。

入气盈缩日分：《乾元》谓之入气。《仪天》谓之求入盈缩初末限。置定积，以常数去之，不尽者，为入气日分；置入气日分，如求朔望盈缩术入之，即得入气盈缩度分。《乾元》置定日，以气策去之为气数，不尽，为入气日；命以冬至，算外，即得入气日及分。《仪天》各置定合积日，在半周天以下者去之，余为在缩，乃视在盈缩初限日及约余以下者，便为在盈缩初限；以上者，减去盈缩初限日约余，为在盈缩末限日及余。

定合日辰：《乾元》谓之日辰。《仪天》同《应天》。以其大、小余加入气日，命从甲子，算外，即得所求。《乾元》、《仪天》以冬至大、小余加定日，各满纪法去之，余并同《应天》。《乾元》冬至小余以元率退收，百为母；又有日躔阴阳度，置其气阴阳分，如求朔日度分术入之，即得所求。

求入月日数：《仪天》谓之求定合在何月日。置定合日辰大余，以定朔大余减之，余命算外，即得所求。二历法同。

定合定星:《乾元》同。《仪天》谓之求日躔先后定数、求五星定合度及分。各以其星入气盈缩度分盈加缩减之,又以百除阴、阳定分,为度分;阳加阴减,皆加减平合,为定星;用加天正黄道日度,满宿去之,不满宿,即得所求。《乾元》各置其星平合中星,以日躔阴阳度阴减阳加之;又以其星入历限度前加后减之,即为其星定合星。余同《应天》。《仪天》置所入限日下小余,以其日盈缩率乘,以宗法除为分,以盈缩其日下先后定分,为日躔先后定度及分;又各置其星常合中度及分,以入限增定度及分增减之。金、水二星增者减,减者增;又以日躔先后定度及分,木、火、土即先减后加,金、水先加后减其日躔差,木星二因,退位,火星除二,土星退位,从下加三,金、水倍,用即得定度及分。余同《应天》。

岁星入段亦名入变

段名	平日 乾元谓之变日 仪天谓之常日	平度 乾元谓之变度 仪天谓之常度	阴阳历分 乾元谓之前后限分 仪天谓之上下限
晨见	十七半 二历同	三半 二历同	三百五十二 乾元三度五十四,用阴阳度,用盈缩。 仪天二度半,用躔差。
前疾	九十八 乾元八十一半 仪天八十一	十八半 乾元仪天并十五	一千八百五十一 乾元十四度九十八 仪天十五度
前迟	一百三十一半 乾元仪天并 三十三半	二十二半 乾元仪天各四度	二千二百四十九 乾元三度九十八 仪天三度
前留	一百五十八 乾元二十六半 仪天二十七	空 乾元仪天同	空 乾元仪天同
前退	一百九十九半 乾元四十一半 仪天四十一	十六太 乾元仪天 各五度太减	二千二百 乾元空四十九减 仪天一度半

后退	二百四十 乾元仪天各四十半	十一 乾元仪天五度太减	二千二百五十五 乾元空五十五 仪天一度四十六
后留	二百六十七半 乾元仪天各二十七	空 乾元仪天同	空 乾元仪天同
后迟	三百一 乾元三十三半 仪天二十三半	十四半 乾元仪天各三度半	一千四百五十 乾元八度五分减 仪天二度六十三
后疾	三百八十一 乾元八十三半 仪天八十半	三十二半 乾元十五度六十二半 仪天十五度六十三	三千一十二 乾元十五度六十，用阴 阳，不用盈缩。 仪天十一，用朏差。
夕合	三百九十八 八十九 乾元十七 三十七半 仪天十七 三十七分 秒一	三十三 六十四 乾元三度五十半 仪天二度四十九 小分五十六	三千六百六十四 乾元三度五十一半，用 阴阳度。 仪天二度五十二、小分 五十八，用朏差。

荧惑入段

段名	平日 乾元谓之变日 仪天谓之常日	平度 乾元谓之变度 仪天谓之常度	阳历分 乾元谓之前限分 仪天谓之上限分	阴历分 乾元谓之后限度 仪天谓之下限度
晨见	七十二 乾元仪天并同	五十五 乾元仪天并同	五千五百 乾元五千五百八 仪天五十五度六	四千一百三 乾元四千一百五， 用盈缩度。 仪天四十一，用朏 差。
前疾	一百八十 乾元一百十三 仪天一百十二	一百三十 乾元七十七半 仪天七十六度 二十一	一万二千二百五 十 乾元六千七百四十 九 仪天六十七度半	一万二千二百五 十 乾元八千一百四十 九 仪天八十一半

前次	二百八十六 乾元仪天 各一百二	六百九十太 乾元六十 仪天六十半	一万七千一百 乾元四千八百四十九 仪天四十八半	一万七千一百 乾元四千八百五十 仪天四十八半
前迟	三百五十 乾元六十四 仪天六十四半	二百一十六太 乾元二十四 仪天二十三	二万四千五十 乾元三千三百五十 仪天三十三半	二万五百 乾元三千四百 仪天三十三度九十六
前留	三百五十九 乾元仪天各九	空	空	空 二历同
前退	三百八十九 九十六 乾元仪天 并三十四 十六	二百七十三 乾元仪天 各减九度少	二万 七百三十二 乾元二百八十二 仪天二度十二	二万七百三十二 乾元二百三十 仪天二百三十二
后退	四百二十 九十六 乾元三十四 十六 仪天二十四 十五	一百九十七 九十一 乾元仪天 各减九度半	二万一千一百 乾元三百六十 仪天二度五十九	一万一千二百一 十六 乾元四百八十三 仪天四度八十三
后留	四百二十九 九十二 乾元仪天各九	空	空	空 二历同
后迟	四百九十四 九十二 乾元六十五 仪天六十四半	二百十九 九十 乾元二十三 仪天二十三	二万三千 七百九十一 乾元二千六百九十 一 仪天二十六九十二	二万四千三百六 十六 乾元三千一百五十 仪天三十一度四十 九
后次	五百九十七 九十二 乾元一百三 仪天一百二	三百八十四 六十四 乾元仪天 各六十四半	一万八千九百六 十六 乾元五千一百七十 五 仪天五十一七十六	二万八千九百六 十六 乾元四千六百 仪天四十六

后疾	七百七 九十二 乾元一百一十 仪天一百 一十二	三百五十九 六十六 乾元七十五 十六半 仪天七十六 二十一	三万六千一百六 十六 乾元七千二百二 仪天七十二度一	三万六千一百六 十六 乾元七千二百三, 用盈缩度。 仪天七十二度,用 朓差。
夕合	七百七十九 九十二 乾元七十二 仪天七十二 小分九十六	四百一十四 六十六 乾元五十五 二十六 仪天五十五 小分五十一	四千九百四十一 乾元三万一千五百 二十五减 仪天五十三小分六 十八	四千九百四十一 乾元三万一千二百 二十五 仪天五十三、小分 六十八,用朓差。

镇星入段

段名	平日	平度	阳分	阴分
晨见	十九 二历同	三十 乾元二度十九 仪天二度五分半	一百二十 乾元一度十九 仪天一度一十	一百二十五 乾元一度三十七,用 阴阳度,用盈缩度。 仪天一度十六,用朓 差。
前疾	八十四 乾元仪天各六十 五半	八六十二 乾元仪天各六度 五十六	四百五十乾元 三度六十八 仪天三度六十五	四百八十八乾元三 度六十五 仪天二度六十八
前迟	一百三乾元仪 天各十九	九半 乾元空八十七 仪天空八十八	五百三十九 乾元空五十七 仪天空五十八	五百四十 乾元空五十四 仪天空五十五
前留	一百四十 乾元仪天各三十 七	空	空	空二历同
前退	一百八十九四 乾元四十九 四分半 仪天四十九 四分半	六四十一 乾元三度八分减 仪天减三度七分	六百四十二 乾元一百七 仪天一度十四	六百四十 乾元一百 仪天二度六分

后退	二百三十八八 乾元仪天各四十九　四分	三三十四 乾元减三度八分 仪天减三度七分	七百四十五 乾元一百七 仪天一度十四	七百五十 乾元一百八 仪天一度十五
后留	二百七十五八 乾元仪天各三十七	空	空	空二历并同
后迟	二百九十四八 乾元仪天各十九	四二十一 乾元空八十七 仪天空八十八	七百九十四 乾元空四十七 仪天空四十八	七百八十 乾元空三十二 仪天空二十三
后疾	三百五十九八 乾元仪天各六十四半	十七十四 乾元仪天各六度五十六	一千一百六十四 乾元三度六十八 仪天三度六十五	一千一百五十 乾元三百七十四,用阴阳度,用盈缩度。 仪天三度太,用矃差。
夕合	三百七十八八 乾元仪天各十九	十二八十四 乾元二度七分 仪天一度四分 小分五	一千二百八十四 乾元一度十九 仪天一度十 五十九	一千二百四十八 乾元一百二十五,用阴阳度。 仪天一度十四分五十分,用矃差。

太白入段

段名	平日 乾元谓之变日 仪天谓之常日	平度 乾元谓之变度 仪天谓之常度	阴阳历分
夕见	四十二二历同	五十三 乾元五十三一分 仪天五十三二分	五千三百二十 乾元五千三百一十,用盈缩度。 仪天四十六,用矃差。
夕疾	一百四十五 乾元一百二 仪天一百三	一百八十半 乾元一百二十七半 仪天一百二十七四十八	一万八千五百五十一 乾元一万二千七百四十,用盈缩度。 仪天一百一十三。

夕次	二百一十九 乾元仪天各七十四	二百六十五 乾元仪天各八十四半	二万六千五百二 乾元八千四百五十，用盈缩度。 仪天七十八。
夕迟	二百六十九 乾元仪天各四十九	三百二十半 乾元三十七半 仪天三十七	二万一百五十 乾元三千七百一十 仪天四十六九十六
夕留	二百七十五 乾元仪天各七	空	空
夕退	二百八十五 乾元仪天各	二百九十六 乾元六度半 仪天减六度	二万九千六百二 乾元减五百八十八，用盈缩度。 仪天四，用躔差。
再合	乾元谓之夕合 仪天无此法		
	二百九十六九十五 乾元六九十五半	二百九十一九十五 乾元四度五分减	二万九千一百九十四 乾元减四百七分，用盈缩度。 仪天六十，用躔差。
晨见	二百九十八十九 乾元六九十五半 仪天十三九十一	二百八十七九十 乾元四度五分减 仪天减八度一十	二万八千七百九十一 乾元减四百七，用盈缩度。 仪天六十，用躔差。
晨退	三百八十九十 乾元仪天各十	二百八十一 乾元仪天各六度半	二万八千一百九十一 乾元减六百 仪天四
晨留	三百一十五九十 乾元仪天各七	空	空二历并同
晨迟	三百六十四九十 乾元仪天各四十九	三百一十八九十 乾元仪天各三十七	三万一千八百九十一 乾元三千七百 仪天四十七九十八

晨次	四百三十八九十 乾元七十五 仪天七十四	四百三十四 乾元仪天各八十四半	三千八百一十五 乾元减二万八千六十六 仪天七十八
晨疾	五百四十一九十 乾元仪天各一百三	五百三十九十 乾元一百二十七半 仪天一百二十七四十八	一万六千五百六十五 乾元一万二千七百四十三,用盈缩度。 仪天一百一十三,用朓差。
晨合	五百八十三九十 乾元仪天各四十二	五百八十三九十 乾元五十三一分 仪天五十三三分	二万一千八百六十五 乾元五千三百一,用盈缩度。 仪天四十五九千五百,用朓度。

辰星入段

段名	平日 乾元变度 仪天常度	阴阳历分 乾元前后限分 仪天上下限	阴阳历分 乾元前后限分 仪天上下限
夕见	十七一历同	三十四二历同	三千四百一 乾元三千四百一,不用盈度。 仪天二十七、九十四,用朓差。
夕疾	二十九 乾元十七 仪天二十七	五十一 乾元二十二 仪天三十二	五千一百三 乾元二千二百三,用朓差,用盈缩度。 仪天二十九。
夕迟	四十四 乾元十 仪天无此法	六十四 乾元八	六千三百九十八 乾元八百,用朓差,用盈缩度。
夕留	四十七 乾元仪天各三	空	空二历并同

再合	五十七九十四 乾元十一谓之夕合	五十七九十四 乾元减六度	五千七百九十四 乾元减六度二,用朓差,用盈缩度。
晨见	六十八八十八 乾元十一 仪天一十二	五十一八十八 乾元减六度 仪天减十二度	五千一百八十八 乾元减六百四,用朓差,不用盈缩度。 仪天二,用朓差。
晨留	七十一八十八 乾元仪天各三	空二历并同	空
晨迟	八十六八十八 乾元十 仪天无此法	六十四八十八 乾元加八	六千四百八十八 乾元八百一,用朓差,不用盈缩度。
晨疾	九十八八十八 乾元十七 仪天二十七	八十一八十八 乾元二十三 仪天三十	八千一百八十七 乾元二千二百五,用朓差,用盈缩度。 仪天二十七度九十四,用朓差。
晨合	一百一十五八十八 乾元十六八十八 仪天十六八千七百九十九	一百一十五八十八 乾元三十三八十三 仪天三十八八千七百九十九	一万一千五百一十五 乾元二千三百八十四,用朓差,用盈缩度。 仪天二十七度九十四,用朓差。

　　诸段平日平度;《乾元》谓之诸星变定积。《仪天》谓之五星诸变中日中度。置平合日度,以诸段下平日平度加之,即得所求。《乾元》各置其星变日,以所求入历前后度前加后减之。其太白、辰星夕见变及晨疾变,皆以返用加减。荧惑晨见变定,置定差,以进一位满十一除之为定差,各依加减,即得所求;在留变者,置其变定积,以前变前后度前加后减之。其火星三因之,后退者倍之。《仪天》各置其星常合中日中度及分,以其星诸变段下常加合中日变度加减中星,即得诸变中日度及分。

　　诸段入历:《仪天》谓之求五星诸变入限及增减定度。置平合入阴阳历分,各以逐段阴阳历分加之,为诸段入历分。《乾元》以在诸变历分中入历名曰限变度。《仪天》各置其星常合人历度分，以其星诸变段下上下限度分累加之，满周天去之，余依常合术入之，各得增减定度。其金星在晨疾、晨合、夕见变者，置增减定度及分，以四乘三除，为金星变定差。其火星在晨见变者，以九乘，增减定度及分，退一位，为晨星变定差。

诸段入变分：置入历分，各以变分去之，余为入变分。求阴阳定分，依平合术入之。《乾元》诸段变分在入变前述。《仪天》即同《应天》。

五星诸段定积日：《乾元》谓之求五星诸变定日。置其入阴阳定分，百除，为日分；阳减阴减诸段平日。其金水夕见、晨疾返为之定积。其金星晨次、晨迟，更用盈缩度缩加盈减定积为定。求其入气月日，如平合术入之。又荧惑前迟定积，置平合入阴阳历分，加二万一千六百七十五，盈三万六千五百二十五半去之。余与见求入阴阳历同者，更不求之，如不同历者，即依平合术入，所得，用加前迟留退、后退留平日为定积，入气月日如前。又五星定用盈缩差及阴阳定分：岁荧惑镇星晨见、夕疾、定合、太白定合、夕见、夕退、再合、晨见及后、晨疾，皆用盈缩定差，太白定合晨、夕见及后疾，皆用盈缩定差。内岁星后疾不用盈缩定差，辰星诸段总用盈缩定差盈加缩减。荧惑晨见阴阳定分身外加一，前疾阳定分再析，各为定分。《乾元》诸变定日在入变前。《仪天》各置其星入变中日，以其星所入变限增减定度及分，增者增之，减者减之。其金星定合、夕见、夕顺疾、夕次疾、晨次疾，水星定合、夕见、晨疾变，皆以增减定度及分，增者减之，减者增之，各得定日。合用日躔差者，乃以日躔先后定差先减后加，乃为定日及分。其日躔差，金水定合、夕见、晨疾，以日躔差先加后减，乃为定日及分天之度数。

定星：《乾元》谓之求五星诸变定星。《仪天》谓之求五星诸变定度。以合用盈缩定差加减平度分，又以阴阳定分阳加阴减。其金水夕见、晨疾返用为定星，求宿度，加平入之。荧惑前迟、后退差度以二百三十六度加前迟定星，二百五十七度加后退定星，如半周天以下为阳度；以上者去之，余为阴度；前迟阴阳度在一百一十度以上者，返减半周天，余以五百因之，后退入阴阳度在七十四度以下者，亦五因之，皆满百为度分，阴减阴加定星，为前迟、后退定星；求宿度，加平合入之。《乾元》置其星其变中星，以入历前后度前加后减之，又合用阴阳度者,阴减阳加之,为定星;以冬至黄道日度加之,命从斗宿,算外,即其变所入宿次也。若在留变者,更不求定星也,只用前变定星为留变定星。又荧惑留差,以一百一十九度减前迟定星,以一百三十四度减后退定星,在一百八十二度半以下为前,以上者去之为后;置前后度,在七十三度以下为在前,以上者返减一百八十三度半,余为后度,皆倍之,百除为度,命曰留差度及分也。又前退定星度,以一百二十三度减前退定星,又以一百三十一度减后退定星,在一百八十二度半以下者为前,以上者去之为后,视前后度在七十三度以下为前,以上者返减一百八十二度半为后:皆以倍之,百除为度,即得前后退差度及分也;用前减后加其段定星为定星。又五星用阴阳度:岁星荧惑镇星晨星见,后疾,夕合;太白夕见、退、夕合,晨见,后疾,平合皆用日躔、阴阳度,其辰星诸段皆用之。《仪天》各置其星其变中度及分,以其变入限增减定度及分,增者增之,减者减之。其金星定合、夕见、夕定度及分,增者减之,减者增之,各得定日、次定日,各加减讫后,合用日躔先后定差者,以日躔先后定差及分先减后加之,即各得定度及分。其日躔差,木星定合,五因,半而退位,晨见先二因,退位,后五因,半而退位,后定疾先差五因,半而退位,定差二因退位;火星定合,身外除二,晨见先差七因,退位,后差身外除二,后差七因退位;土星定合,退位从下加三,晨见先差退位,后差从下加三,退位,后差退位;金星定合,二因之,夕见先差伏倍用,后差从下加三,晨疾伏先差从下加二,后差二因,夕退伏、晨退见六因,先后退位;水星夕见后差从下加三,先差二因,晨疾先差从下加三,后差倍用,定合乃用加减次定度为定度,置定度及分,以加天正冬至加时黄道日度及分,命从斗宿初度起算,至不满宿,算外,即得其变加时宿度;其火星前、后退及前迟变皆为次定星,又置之,以留退定差度及分,增者增之,减者减之,得为前、后退定度,前迟,置前留定差,以三除之,乃用增减前迟定度也。又火星留差,以一百二十四半减前迟次定度,又以二百四十六度少加后退定度,若在一百八十二度六十二分以下为入在增;以上者,在增;以减去一百八十二度六十二分为入在减。置入在增、减度及分,如在七十二度以下者为上限;以上者,返减一百八十二度六十二分,余为下限。各置所入上、下限减度及分,在上限四因之,在下限倍,身外加三,皆以一百约之为度及分,若在后留者,三因之为定差度及分。又,《仪天》有火星退定差度及分,以二百四十一度少加前退后次定度,又以一百一十九度减退次定度及分余,在一百八十二度六十二分以下者为入在增,以上者,减去一百八十二度六十二分,余为入在减。又置入上、下限度分,若在七十二度以下者为上限,如在七十二度以上者为减一百八十二度六十二分，余为下限。又置上下限增减度分，在上为度，不满为分，即各得退定差度及分，其定差，如在后退者，倍之为定差。又有火星留定日，各置前、后留常中日，前留以前迟变入限增减定度及分，增者增之，减者减之，各以前、后留定差及分，增者加之，减者损之，即得前、后留定日，其增减差通入历用之。又有火星前、后退定度，各置前、后变次定度及分，以前、后退定差及分，如在增者加之，在减者损之，即得定度及分；置定度及分，以加天正冬至黄道日度及分，命从斗宿初度去之，至不满宿，算外，即得退行所在宿度及分也，其增减定度，三除乃用之。

日率度率：以本段定积减后段定积，为泛日率；以本段定星减后段定星，为定度率。又置后段甲子，以前段甲子减之，余为距后实日率。《乾元》以前段定积减后段定积为日率，以其段定星减后段定星为度率。《仪天》各置其段定日定度，以前段定日定度减之，余者为其段日率、度率。其退行段，置前段定度减之，余为退行度率。

平行分：《仪天》谓之求每日平行度及分。以距后日率除度率，为平行分。《乾元》以日率除度率为行分。《仪天》各置其段度率及分，以其段日率除之，即得其星平行分。

初末行分：《仪天》谓之求每段初末日度及分。置其段平行分，与后段平行分相减，为合差；半之，加减平行分，为初、末行分；后多者减平行分为初，加平行分为末；后少者加平行分为初，减平行分为末。《乾元》法同。《仪天》各以其段平行分与后段平行分相减，余为会差，半会差，以加减其段平行分，余同《应天》。又五星前留一段及后退段，皆加为初、减为末；后留一段及前退段，皆以半总差减为初、加为末。其总差消息前后段初、末分，令衰杀等以用总差，即得前后段初、末行分相应也。

求每日行分：以日差后多者益、后少者损初日行分，为每日行分。《乾元》、《仪天》法同。

求日差：以距后日除合差为日差。《乾元》以日率除合差为日差。《仪天》置其段总差，以减其日率，一百除之，即为每日行之分。

求每日星所在：以每日行分顺加逆减其星，命如前，即得所求。其木火土水前、后迟段平行分倍之，前为初，后为末分，各以距后日除，为日差；前迟日损、后迟日益，为每日行分。《乾元》以日差累损益初日行分，累加其段宿次，即得每日星行宿次及分。《仪天》求每日差行度及分，各置其段总差，以减其日率一日以余之，即为每日差行之分。以每日差分累损益初日行分，为每日行度及分。初日行分多于末日行分，累损初日行分；少于末日行分，累益初日行分。将其每日行度及分累加其星初日所在宿次，各得每日所在宿次及分。如是退行段，将每日行分累减其初日宿次及分，即得退行所在宿度及分。又《仪天》有直求其日星所在宿次，置其所求日，减一，以乘每日差分，所得，为积差，以积差加减初日行分，初日多于末日减之；末日多于初日加之，即得其日行分；以初日行分并之，乃半之，为平行分；置平行分，以求日数乘之，为积度及分；以其积度及分加其星初日星度，命去之，即其星其日所在宿次及分。如是退行段，以其积度及分减其星初日宿度，余，其星所在宿度及分。

　　漏刻，《周礼》挈壶氏主挈壶水以为漏，以水火守之，分以日夜，所以视漏刻之盈缩，辨昏旦之短长。自秦、汉至五代，典其事者，虽立法不同，而皆本于《周礼》。惟后汉、隋、五代著于史志，其法甚详，而历载既久，传用渐差。国朝复挈壶之职，专司辰刻，署置于文德殿门内之东偏，设鼓楼、钟楼于殿庭之左右。其制有铜壶、水称、漏乌渴箭、时牌、契之属：壶以贮水，乌以引注，称以平其漏，箭以识其刻，牌以告时于昼，牌有七，自卯至酉用之，制以牙，刻字填金。契以发鼓于夜，契有二：一曰放鼓，二曰止鼓。制以木，刻字于上。常以卯正后一刻为禁门开钥之节，盈八刻后以为辰时，每时皆然，以至于酉。每一时，直官进牌奏时正，鸡人引唱，击鼓一十五声，惟午正击鼓一百五十声。至昏夜鸡唱，放鼓契出，发鼓、击钟一百声，然后下漏。每夜分为五更，更分为五点，更以击鼓为节，点以击钟为节。每更初皆鸡唱，转点即移水称，以至五更二点，止鼓契出，凡放鼓契出，禁门外击鼓，然后衙鼓作，止鼓契出亦然，而更鼓止焉。五点击钟一百声。鸡唱、击鼓，是谓攒点，至八刻后为卯时正，四时皆用此法。禁中又别有更点在长春殿门之外。玉清昭应宫、景灵宫、会灵观、祥源观及宗庙陵寝，亦皆置焉，而更以鼓为节，点以钲为节。大中祥符三年，春官正韩显符上《铜浑仪法要》，其中有二十四气昼夜进退、日出没刻数立成之法，合于宋朝历象，今取其气节之初，载之于左：

二十四气	日出	日没	昼刻	夜刻
冬至	卯四刻 一百四十四半	申三刻 五十一半	四十刻 五	五十九刻 一百四十二
小寒	卯四刻 一百一十九半	申三刻 七十六半	四十刻 五十五	五十九刻 九十二
大寒	卯四刻 三十四半	申四刻 十四半	四十一刻 七十八	五十八刻 六十九
立春	卯三刻 五十六半	申四刻 一百三十九半	四十三刻 三十四	五十六刻 一百一十三
雨水	卯二刻 五十八半	申五刻 一百三十七半	四十五刻 三十	五十四刻 一百一十七
惊蛰	卯一刻 四十半	申七刻 八半	四十七刻 六十六	五十二刻 八十一
春分	卯初 空	酉初 空	五十刻 空	五十刻 空
清明	寅七刻 八	酉一刻 四十半	五十二刻 八十一	四十七刻 六十六
谷雨	寅五刻 一百二十七半	酉二刻 六十八半	五十四刻 一百三十七	四十五刻 十
立夏	寅四刻 一百四十九半	酉三刻 七十六半	五十七刻 六	四十二刻 一百四十一
小满	寅三刻 一百四十六半	酉四刻 四十九半	五十八刻 九十九	四十一刻 四十八
芒种	寅三刻 七十一半	酉四刻 一百二十四半	五十九刻 一百二	四十刻 四十五
夏至	寅三刻 五十一半	酉四刻 一百四十四半	五十九刻 一百四十二	四十刻 五

小暑	寅三刻 七十一半	酉四刻 一百二十四半	五十九刻 一百二	四十刻 四十五
大暑	寅三刻 一百四十六半	酉四刻 四十九半	五十八刻 九十九	四十一刻 四十八
立秋	寅四刻 一百一十九半	酉三刻 七十六半	五十七刻 六	四十二刻 一百四十一
处暑	寅五刻 一百二十七半	酉二刻 六十八半	五十四刻 一百三十七	四十五刻 十
白露	寅七刻 八半	酉一刻 四十半	五十二刻 八十一	四十七刻 六十六
秋分	卯初 空	酉初 空	五十刻 空	五十刻 空
寒露	卯一刻 四十半	申七刻 八半	四十七刻 六十六	五十二刻 八十一
霜降	卯二刻 五十八半	申五刻 一百三十七半	~四十五刻 三十	五十四刻 一百一十七
立冬	卯三刻 五十六半	申四刻 六十九半	四十三刻 三十四	五十六刻 一百一十三
小雪	卯四刻 三十四半	申四刻 十四半	四十一刻 七十八	五十八刻 六十九
大雪	卯四刻 一百十九半	申三刻 七十六半	四十刻 五十五	五十九刻 九十二

　　殿前报时鸡唱，唐朝旧有词，朱梁以来，因而废弃，止唱和音。景德四年，司天监请复用旧词，遂诏两制详定，付之习唱。每大礼、御殿、登楼、入阁、内宴、昼改时、夜改更则用之，常时改刻改点则不用。

　　五更五点后发鼓曰：

　　朝光发，万户开，群臣谒。平旦寅，朝辨色，泰时昕。日出卯，瑞露晞,祥光绕。食时辰,登六乐,荐八珍。禺中已,少阳时,大绳纪。日南午,天下明,万物睹。日昳未,飞夕阳,清晚气。晡时申,听朝暇,湛凝神。日入酉,群动息,严扃守。

初夜发鼓曰:

日欲暮,鱼钥下,龙韬布。甲夜已,设钩陈,备兰锜。乙夜庚,杓位易,太阶平。丙夜辛,清鹤唳,梦良臣。丁夜壬,丹禁静,漏更深,戊夜癸,晓奏闻,求衣始。

端拱中,翰林天文郑昭晏上言:"唐贞观二年三月朔,日有食,前志不书分数、宿度、分野、亏初复末时刻。臣以《乾元历》法推之,得其岁戊子,其朔戊申,日所食五分,一分在未出时前,四分出后,其时出在寅六刻,亏在三刻,食甚在八刻,复在卯四刻,当降娄九度。"又言:

按历书云,凡欲取验将来,必在考之既往。谨按《春秋》交食及汉氏以来五星守犯,以新历及唐《麟德》、《开元》二历覆验三十事,以究其疏密。

日食:

春秋,鲁僖公十二年春三月庚午朔,日有食之。其年五月庚午朔,去交入食限误为三也。公文元年春二月癸亥朔,日有食之。其年三月癸巳朔,去交入食限误为二也。公文十五年夏六月辛丑朔,日有食之,是月泛交分入食限前。汉元光元年七月癸未晦,日有食之。今按历法,当以癸未八月朔,盖日食朔、月食望,自为常理,今云晦日食者,盖司历之失也。征和四年八月辛酉晦,日有食之。辛酉亦当为九月朔,又失之。

五星守犯:

后汉永元五年七月壬午,岁星犯轩辕大星。《麟德》星五度。开元张五度。《乾元》张八度。

元初三年七月甲寅,岁星入舆鬼。《麟德》井二十九度。《开元》鬼一度。《乾元》柳五度。

后魏太延二年八月丁亥,岁星入鬼。《麟德》井二十八度。《开元》鬼二度。《乾元》柳三度。

正始二年六月己未，岁星犯昴。《麟德》昴二度。《开元》昴三度。《乾元》昴四度。

宋大明三年五月戊辰，岁星犯东井钺。《麟德》参四度。《开元》参六度。《乾元》井初度。

后汉永和四年七月壬午，荧惑入南斗，犯第三星。《麟德》箕七度。《开元》斗一度。《乾元》斗十二度。

魏嘉平三年十月癸未，荧惑犯亢南星。《麟德》角六度。《开元》亢五度。《乾元》亢三度。

晋永和七年五月乙未，荧惑犯轩辕大星。《麟德》星七度。《开元》张二度。《乾元》张二度。

后魏太常二年五月癸巳，荧惑犯右执法。《麟德》翼六度。《开元》翼十二度。《乾元》翼十三度。

陈天嘉四年八月甲午，荧惑犯轩辕大星。《麟德》张二度。《开元》张五度。《乾元》张四度。

后汉延光三年九月壬寅，镇星犯左执法。《麟德》翼十九度。《开元》轸二度。《乾元》翼五度。

晋永和十年正月癸酉，镇星掩钺星。《麟德》参六度。《开元》参七度。《乾元》井三度。

后魏神瑞二年三月己卯，镇星再犯舆鬼积尸。《麟德》井二十八度。《开元》井三十度。《乾元》柳初度。

齐永明九年七月庚戌，镇星逆在泣星东北。《麟德》危二度。《开元》虚九度。《乾元》危四度。

陈永定三年六月庚子，镇星入参。《麟德》参七度。《开元》参八度。

后汉永初四年六月癸酉，太白入鬼。《麟德》参五度。《开元》井三十度。《乾元》鬼初度。

延光三年二月辛未，太白入昴。《麟德》晨伏。《开元》昴一度。《乾元》昴一度。

魏黄初三年闰六月丁丑，太白晨伏。《麟德》丁亥晨伏，后十日。《开元》同,丁丑晨伏。《乾元》十月置闰,七月丁丑晨伏。

晋咸康七年四月己丑,太白入舆鬼。《麟德》柳三度。《开元》鬼一度。《乾元》柳一度。

晋永和十一年九月乙未,太白犯天江。《麟德》尾四度。《开元》尾九度。《乾元》尾十二度。

汉太始二年七月辛亥,辰星夕见。《麟德》伏未见。《开元》夕见轸九度。《乾元》夕见轸九度。

后汉元初五年五月庚午,辰星犯舆鬼。麟德井二十七度。《开元》井二十八度。《乾元》井二十九度。

汉安二年五月丁亥,辰星犯舆鬼。《麟德》夕见井二十二度。《开元》夕见鬼二度。《乾元》夕见鬼一度。

晋隆安三年五月辛未,辰星犯轩辕大星。《麟德》夕见星五度。《开元》夕见星三度。《乾元》夕见星五度。

后魏太和十五年六月丙子,辰星随太白于西方。《麟德》张二度。《开元》星五度。《乾元》张初度。

端拱二年四月己未,翰林祗候张玭夜直禁中,太宗手诏曰:"览《乾元历》细行,此夕荧惑当退轸宿乃顺行,今止到角宿即顺行,得非历差否?"奏曰:"今夕一鼓,占荧惑在轸末,角初,顺行也。据历法,今月甲寅至轸十六度,乙卯顺行,验天差二度。臣占荧惑明润轨道,兼前岁逆出太微垣,按历法差疾者八日,此皆上天祐德之应,非历法之可测也。"至道元年,昭晏又上言:"承诏考验司天监丞王睿雍熙四年所上历,以十八事按验,所得者六,所失者十二。"太宗嘉之,谓宰相曰:"昭晏历术用功,考验否藏,昭然无隐。"由是赐昭晏金紫,令兼知历算。二年,屯田员外郎吕奉天上言:

按经史年历,自汉、魏以降,虽有编联,周、秦以前,多无甲子。太史公司马迁虽言岁次,详求朔闰,则与经传都不符合,乃言周武王元年岁在乙酉。唐兵部尚书王起撰《五位图》,言周桓王十年,岁在甲子,四月八日佛生,常星不见;又言孔子生于周灵王庚戌之岁,卒于周悼王四十一年壬戌之岁,皆非是也。司马迁乃古之良史,王起又近世名儒,后人因循莫敢改易。臣窃以史氏凡编一年，则有一十二月，月有晦朔、气闰，则须与岁次合同，苟不合同，何名岁次。本朝文教聿兴，礼乐咸备，惟此一事，久未刊详。臣探索百家，用心十载，乃知唐尧即位之年，岁在丙子，迄太平兴国元年，亦在丙子，凡三千三百一年矣。虞、夏之间，未有甲子可证，成汤既没，太甲元年始有二月乙丑朔旦冬至，伊尹祀于先王，至武王伐商之正月辛卯朔，二十有作八日戊午，二月五日甲子昧爽。又，康王十二年六月戊辰朔，三日庚午胐，王命作册华。自尧即位年，距春秋鲁隐公元年，凡一千六百七年；从隐公元年，距今至道二年，凡一千七百一十五年；从太甲元年，距今至道二年，凡二千七百三十二年；从鲁庄公七年四月辛卯夜常星不见，距今至道二年，凡一千六百八十一年；从周灵王二十年孔子生，其年九月庚戌、十月庚辰两朔频食，距今至道二年，凡一千五百四十五年；从鲁哀公十六年四月乙丑孔子卒，距今至道二年，凡一千四百七十二年。以上并据经传正文，用古历推校，无不符合，乃知《史记》、《五位图》所编之年，殊为阔略。诸如此事，触类甚多，若尽披陈，恐烦圣览。臣耽研既久，引证尤明，起商王小甲七年二月甲申朔旦冬至，自此之后，每七十六年一得朔旦冬至，此乃古历一蔀；每蔀积月九百四十、积日二万七千七百五十九，率以为常，直至《春秋》鲁僖公五年正月辛亥朔旦冬至，了无差爽。用此为法，以推经传，纵小有增减，抑又经传之误，皆可以发明也。古历到齐、梁以来，或差一日，更用近历校课，亦得符合。伏望圣慈，许臣撰集，不出百日，其书必成。倘有可观，愿藏秘府。

诏许之。书终不就。

又司天冬官正杨文镒上言："新历甲子，请以百二十年。"事下有司，以其无所依据，议寝不行。太宗曰："支干相承，虽止于六十，倘再周甲子，成上寿之数，使期颐之人得见所生之年，不亦善乎？"遂诏新历甲子所纪百二十岁。

国初，有司上言："国家受周禅，周木德，木生火，则本朝运膺火德,色当尚赤。腊以戌日。"诏从之。

雍熙元年四月,布衣赵垂庆上书言:"本朝当越五代而上承统为金德,若梁继唐,传后唐。至本朝亦合为金德。刉自国初符瑞色白者不可胜纪,皆金德之应也。望改正朔,易车旗服色,以承天统。"事下尚书省集议,常侍徐铉与百官奏议曰:"五运相承,国家大事,著于前载,具有明文,顷以唐末丧乱,朱梁篡弑,庄宗早编属籍,亲雪国仇,中兴唐祚,重新土运,以梁室比羿、浞、王莽,不为正统。自后数姓相传,晋以金,汉以水,周以木。天造有宋。军膺火德。况国初祀赤帝为感生帝。于今二十五年,岂可轻议改易?"又云:"梁至周不合迭居五运,欲国家继唐统为金德,且五运失迁,亲承历数,质文相次间不容发,岂可越数姓之上,继百年之运?此不可之甚也。按《唐书》天宝九载,崔昌献议自魏、晋至周、隋,皆不得为正统,欲唐远继汉统,立周、汉子孙为王者后,备三恪之礼。是时,朝议是非相半,集贤院学士卫包上言符同,李林甫遂行其事。至十二载,林甫卒,复以魏、周、隋之后为三恪,崔昌、卫包由是远贬,此又前载之甚明也。伏请祗守旧章,以承天祐。"从之。

大中祥符三年,开封府功曹参军张君房上言:"自唐室下衰,土德颓圮,朱梁氏强称金统,而庄宗旋复旧邦,则朱梁氏不入正统明矣。晋氏又复称金,盖谓乘于唐氏,殊不知李昇建国于江南耳。汉家二主,共止三年,绍晋而兴,是为水德。洎广顺革命,二主九年,终于显德。以上三朝七主,共止二十四年,行运之间,阴隐而难赜。伏自太祖承周木德而王,当于火行,上系于商,开国在宋,自是三朝迄今以为然矣。愚臣详而辨之,若可疑者。太祖禅周之岁,岁在庚申。夫庚者,金也,申亦金位,纳音是木,盖周氏称木,为二金所胜之象也。太宗登极之后,诏开金明池于金方之上,此谁启之,乃天之灵符也。陛下履极当强圉之岁,握符在作噩之春,适宋道之隆兴,得金天之正气。臣试以瑞应言之,则当年丹徒贡白鹿,姑苏进白龟,条支之雀来,颖川之雉至;臣又闻当封禅之时,鲁郊贡白兔,郓上得金龟,皆金符之至验也。愿以臣章下三事大臣,参定其事。"疏奏,不报。

天禧四年，光禄寺丞谢绛上书曰：

臣按古志，凡帝王之兴，必推五行之盛德，所以配天地而符阴阳也。故神农氏以火德，圣祖以土德，夏以木德，商以金德，周以火德。自汉之兴，王火德者，以谓承尧之后，且汉，尧之裔也。五帝之大，莫大于尧，汉能因之，是不坠其绪而善继其盛德也。国家膺开光之庆，执敦厚之德，宜以土瑞而王天下。然其推终始传，承周之木德而火当其次。且朱梁不预正统者，谓庄宗复兴于后。自石晋、汉氏以及于周，则李昇建国于江左而唐祚未绝，是三代者亦不得正其统矣。昔者，秦祚促而德暴，不入正统，考诸五代之际，亦是烦矣。国家诚能下黜五代，绍唐之土德，以继圣祖，亦犹汉之黜秦，兴周之火德以继尧者也。

夫五行定位，土德居中，国家飞运于宋，作京于汴，诚万国之中区矣。《传》曰："土为群物主，故曰后土。"《洪范》曰："土爰稼穑，稼穑作甘"。方今四海给足，嘉生蕃衍，迩年京师甘露下，泰山醴泉涌，作甘之兆，斯亦见矣。矧灵木异卉，资生于土，千品万类，不可胜道。非土德之验乎？

臣又闻之，太祖生于洛邑，而胞络惟黄；鸿图既建，五纬聚于奎娄，而镇星是主。及陛下升中之次，日抱黄珥；朝祀于太清宫，有星曰含誉，其色黄而润泽。斯皆凝命有表，盛德攸属，天意人事响效之大者，则土德之符在矣。是故天心之在兹，陛下拒而罔受；民意之若是，陛下谦而弗答。气壅未宣，河决遂溃，岂不神哉！然则天渊之勃流，水德之浸患，考六府之厌镇，验五行之胜克，亦宜兴土之运，御时之灾。伏望顺考符应，详习法度，惟陛下时而行之。

大理寺丞董行父又上言曰："在昔泰皇以万物生于东，至仁体乎木，故德始于木。木以生火，神农受之火德；火以生土，黄帝受之为土德；土以生金，少昊受之为金德；金以水生，颛顼受之水德；水以生木，高辛受之为木德；木以生火，唐尧受之为火德；火以生土，虞舜传之为土德。土以生金，夏为金德；金以生水，商为水德；水以生木,周为木德;木以生火,汉应图谶为火德;火以生土,唐受历运为土德。陛下绍天之统,受天之命,固当上继唐祚,以金为德,显黄帝之嫡绪,彰圣祖之丕烈。臣又按圣祖先降天癸酉,太祖受禅于庚申,陛下即位于丁酉,天书下降于戊申。庚,金也,申、酉皆金也,天之体也。陛下绍唐、汉之运,继黄帝之后,三世变道,应天之统,正金之德,斯又顺也。"诏两制详议。既而献议曰:"窃详谢绛所述,以圣祖得瑞,宜承土德,且引汉承尧绪为火德之比,虽班彪叙汉祖之兴有五,其一曰帝尧之苗裔,及序承正统,乃越秦而继周,非用尧之行。今国家或用土德,即当越唐上承于隋,弥以非顺,失其五德传袭之序。又据董行父请越五代绍唐为金德,若其度越累世,上承百代之统,则晋、汉洎周,咸帝中夏,太祖实受终于周室而陟于元后,岂可弗遵传继之序,续于遐邈之统?三圣临御六十余载,登封告成,昭姓纪号,率循火行之运,以辉炎灵之曜。兹事体大,非容轻议,矧雍熙中徐铉等议之详矣。其谢绛、董行父等所请,难以施行。"诏可。

宋史卷七一

志第二四

律历四

崇天历

　　道体为一，天地之元，万物之祖也。散而为气，则有阴有阳；动而为数，则有奇有偶；凝而为形，则有刚有柔；发而为声，则有清有浊。其著见而器，则有律、有吕。凡礼乐、刑法、权衡、度量皆出于是。自周衰乐坏，而律吕候气之法不传。西汉刘歆、扬雄之徒，仅存其说。京房作准以代律，分六十声，始于南事，终于去灭，然声细而难分，世不能用。历晋及隋、唐，律法微隐。《宋史》止载律吕大数，不获其详。今掇仁宗论律及诸儒言钟律者记于篇，以补续旧学之阙。

　　仁宗著《景祐乐髓新经》，凡六篇，述七宗二变及管分阴阳、剖析清浊，归之于本律。次及间声，合古今之名，参之以六壬遁甲。

　　其一、释十二均，曰："黄钟之宫为子、为神后、为土、为鸡缓、为正宫调，大簇商为寅、为功曹、为金、为殷颅、为大石调，姑洗角为辰、为天刚、为木、为喟没斯、为小石角，林钟徵为未、为小吉、为火、为云汉、为黄钟徵，南吕羽酉、为从魁、为水、为滴、为殷涉调，应钟变宫为亥、为登明、为日、为密、为中管黄钟宫，蕤宾变徵为午，为胜先、为月、为莫、为应钟徵。大吕之宫为大吉、为高宫，夹钟商为大冲、为高大石，仲吕角为太一、为中管小石调，夷则徵为传送、为大吕徵，无射羽为河魁、为高殷涉，黄钟变宫为正宫调，林钟变徵为黄钟徵。大簇之宫为中管高宫,姑洗商为高大石,蕤宾角为歇指角,南吕徵为大簇徵,应钟羽为中管高般涉,大吕变宫为高宫,夷则变徵为大吕徵。夹钟之宫为中吕宫,仲吕商为双调,林钟角在今乐亦为林钟角,无射徵为夹钟徵,黄钟羽为中吕调,大簇变宫为中管高宫,南吕变徵为大簇徵。姑洗之宫为中管中吕宫,蕤宾商为中管商调,夷则角为中管林钟角,应钟徵为姑洗徵,大吕羽为中管中吕调,夹钟变宫为中吕宫,无射变徵为夹钟徵。仲吕之宫为道调宫,林钟商为小石调,南吕角为越调,黄钟徵为中吕徵,大簇羽为平调,姑洗变宫为中管中吕宫,应钟变徵为姑洗徵。蕤宾之宫为中管道调宫,夷则商为中管小石调,无射角为中管越调,大吕徵蕤宾徵,夹钟羽为中管平调,中吕变宫为道调宫,黄钟变徵为仲吕徵。林钟之宫为南吕宫,南吕商为歇指调,应钟角为大石调,大簇徵为林钟徵,姑洗羽为高平调,蕤宾变宫为中管道调宫,大吕变徵为蕤宾徵。夷则之宫为仙吕,无射商为林钟商,黄钟角为高大石调,夹钟徵为夷则徵,仲吕羽为仙吕调,林钟变宫为南吕宫,大簇变徵为林钟徵。南吕之宫为中管仙吕宫,应钟商为中管林钟商,大吕角为中管高大石角,姑洗徵为南吕徵,蕤宾羽为中管仙吕调,夷则变宫为仙吕宫,夹钟变徵为夷则徵。无射之宫为黄钟宫,黄钟商为越调。大簇角为变角,仲吕徵为无射徵,林钟羽为黄钟羽,南吕变宫为中管仙吕宫,姑洗变徵为南吕徵。应钟之宫为中管黄钟宫,大吕商为中管越调,夹钟角为中管双角,蕤宾徵为应钟徵,夷则羽为中管黄钟羽,无射变宫为黄钟宫,仲吕变徵为无射徵。"

二、明所主事,调五声为五行、五事、四时、五帝、五神、五岳、五味、五色,为生数一二三四五、成数六七八九十,为五藏、五官及五星。

三、辩音声曰:"宫声沈厚粗大而下,为君,声调则国安,乱则荒而危。合口通音谓之宫,其声雄洪,属平声,西域言'婆陁力'。一曰婆陁力。商声劲凝明达,上而下归于中,为臣,声调则刑法不作，威令行，乱则其宫坏。开口吐声谓之商，音将将、仓仓然，西域言'稽识'，'稽识'犹长声也。角声长而通彻，中平而正，为民，声调则四民安，乱则人怨。声出齿间谓之角，喔喔、确确然，西域言'沙识'，犹质直声也。徵声抑扬流利，从下而上归于中，为事，声调则百事理，乱则事隳。齿合而唇启谓之徵，倚倚、哦哦然，西域言'沙腊'，沙腊，和也。羽声嘤嘤而远彻，细小而高，为物，声调则仓廪实、庶物备，乱则匮竭。齿开唇聚谓之羽，诩、雨、酗、芋然。西域言'般瞻'。变宫，西域言'侯利箑'，犹言"斛律"声也。变徵声，西域言'沙侯加滥'，犹应声也。"

其四、明律吕相生，祭天地宗庙，配律阳之数，曰："太空，育五太：太易、太初，太始、太素、太极也。分为七政，阳数七，所以齐律吕、均节度，不可加减也。以育六甲，六甲，天之使，行风雹，策鬼神。为岁日时有善恶，故为九宫。九者，阳数变化之道也。为四正卦、五行、十干，阴阳错综，律吕相叶，命宫而商者应，修下而高者降，下生隔八，上生隔六，皆图于左。"

其五、著十二管短长。

其六、出度量衡，辩古今尺龠。律吕真声，本阴阳之气，可以感格天地，在于符合尺寸短长，宜因声以定之，因声定律，则庶几为得；以尺定声，则乖隔甚矣。

初，冯元等上修《新景祐广乐记》时，邓保信、阮逸、胡瑗等奏造钟律，诏翰林学士丁度、知制诰胥偃、右司谏高若讷、韩琦，取保信、逸、瑗等钟律详考得失。度等上曰："保信所制尺，用上党秬黍圆者一黍之长，累而成尺。律管一，据尺裁九十黍之长，空径三分，空围九分，容秬黍千二百。遂用黍长为分，再累成尺，校保信尺、律不同。其龠、合、升深阔，推以算法，类皆差舛，不合周、汉量法。逸、瑗所制，亦上党秬黍中者累广求尺，制黄钟之律。今用再累成尺，比逸、瑗所制，又复不同。至于律管、龠、合、升、斗、斛、豆、区、鬴亦率类是。盖黍有圆长、大小，而保信所用者圆黍，又首尾相衔，逸等止用大者，故再考之即不同。尺既有差，故难以定钟、磬。谨详古今之制，自晋至隋,累黍之法,但求尺裁管,不以权量累黍参校,故历代黄钟之管容黍之数不同。惟后周掘地得古玉斗,据斗造律,兼制权量,亦不同周、汉制度。故《汉志》有备数、和声、审度、量、权衡之说,悉起于黄钟。今欲数器之制参互无失,则《班志》积分之法为近。逸等以大黍累尺,小黍实龠,自戾本法。保信黍尺以长为分,虽合后魏公孙崇所说,然当时已不施用。况保信今尺以圆黍累之,及首尾相衔,有与实龠之黍再累成尺不同。其量器,分寸既不合古,即权衡之法不可独用。"诏悉罢之。

又诏度等详定太府寺并保信、逸、瑗所制尺,度等言:

尺度之兴尚矣,《周官》璧羡以起度,广径八寸,衷一尺。《记》布手为尺,《淮南子》十二粟为一寸,《孙子》十氂为分,十分为寸,虽存异说,莫可适从。《汉志》,元始中,召天下通知钟律者百余人,使刘歆典领之。是时,周灭二百余年,古之律度当有考者。以歆之博贯艺文,晓达历算,有所制作,宜不凡近。其审度之法云:"一黍之广为分,十分为寸,十寸为尺。"先儒训解经籍,多引以为义,历世祖袭,著之定法。然而岁有丰俭,地有硗肥,就令一岁之中,一境之内,取以校验,亦复不齐。是盖天物之生,理难均一,古之立法,存其大概尔。故前代制尺,非特累黍,必求古雅之器以杂校焉。晋泰始十年,荀勖等校定尺度,以调钟律,是为晋之前尺。勖等以古物七品勘之,一曰姑洗玉律,二曰小吕玉律,三曰西京铜望臬,四曰金错望臬,五曰铜斛,六曰古钱,七曰建武铜尺。当时以勖尺揆校古器,与本铭尺寸无差,前史称其用意精密。《隋志》所载诸代尺度,十有五等,然以晋之前尺为本,以其与姬周之尺、刘歆铜斛尺、建武铜尺相合。

窃惟周、汉二代,享年永久,圣贤制作,可取则焉。而隋氏销毁金石,典正之物,罕复存者。夫古物之有分寸,明著史籍,可以酬验者,惟有法钱而已。周之圜法,历载旷远,莫得而详。秦之半两,实重八铢;汉初四铢,其文亦曰半两。孝武之世始行五铢,下暨隋朝,多以五铢为号。既历代尺度屡改,故大小轻重

鲜有同者。惟刘歆置铜斛。世之所铸错刀并大泉五十，王莽天
凤元年改铸货布、货泉之类，不闻后世复有两者。臣等检详《汉
志》、《通典》、《唐六典》云："大泉五十，重十二铢，径一寸二分。
错刀环如大泉，身形如刀，长二寸。货布重二十五铢，长二寸五
分，广一寸，首长八分有奇，广八分，足股长八分，间广二分，围
好径二分半。货泉重五铢，径一寸。"今以大泉、错刀、货布、货
泉四物相参校，分寸正同。或有大小轻重与本志微差者，盖当
时盗铸既多，不必皆中法度，但当较其首足、肉好、长广、分寸、
皆合正史者用之，则铜斛之尺从可知矣。况经籍制度皆起周
世，以刘歆术业之博，祖冲之算数之妙，荀勖揆较之详密，校之
既合周尺，则最为可法。兼详隋牛弘等议，称后周太祖敕苏绰
造铁尺，与宋尺同，以调中律，以均田度地。唐祖孝孙云，隋平
陈之后，废周玉尺，用此铁尺律，然比晋前尺长六分四氂。今司
天监影表尺，和岘所谓西京铜望臬者，盖以其洛都旧物也。_晋
<small>荀勖所用西京铜望臬者，盖西汉之物，和岘谓洛阳为西京，乃唐东都尔。</small>
今以货布、错刀、货泉、大泉等校之，则景表尺长六分有奇，略
合宋、周、隋之尺。由此论之，铜斛、货布等尺寸昭然可验。有
唐享国三百年，其间制作法度，虽未逮周、汉，然亦可谓治安之
世矣。

　　今朝廷必求尺之中，当依汉钱分寸。若以为太祖膺图受
禅，创制垂法，尝诏和岘等用影表尺与典修金石，七十年间，荐
之郊庙，稽合唐制，以示诒谋，则可且依影表旧尺，俟有妙达钟
律之学者，俾考正之，以从周、汉之制。王朴律准尺比汉钱尺寸
长二分有奇，比影表尺短四分，既前代未尝施用，复经太祖朝
更易。其逸、瑗、保信及照所用太府寺等尺，其制弥长，出古远
甚。又逸进《周礼度量法议》，欲且铸嘉量，然后取尺度权衡，其
说疏舛，不可依用。谨考旧文，再造影表尺一，校汉钱尺二并大
泉、错刀、货布、货泉总十七枚上进。

诏度等以钱尺、影表尺各造律管，比验逸、瑗并太常新旧钟磬，考定

音之高下以闻。

度等言："前承诏考太常等四尺,定可用者,止按典故及以《汉志》古钱分寸参校影表尺,略合宋、周、隋之尺,谓宜准影表尺施用。今被旨造律管验音高下,非素所习,乞别诏晓音者总领校定。"诏乃罢之。而若讷卒用汉货泉度尺寸,依《隋书》定尺十五种上下,藏于太常寺:一、周尺,与《汉志》刘歆铜斛尺、后汉建武中铜尺、晋前尺同;二、晋田父玉尺,与梁法尺同,比晋前尺为一尺七氂;三、梁表尺,比晋前尺为一尺二分二氂一毫有奇;四、汉官尺,比晋前尺为一尺三分七毫;五、魏尺,杜夔之所用也,比晋前尺为一尺四分七氂;六、晋后尺,晋江东用之,比晋前尺为一尺六分二氂;七、魏前尺,比晋前尺为一尺一寸七氂;八、中尺,比晋前尺为一尺二寸一分一氂;九、后尺,同隋开皇尺、周市尺,比晋前尺为一尺二寸八分一氂;十、东魏后尺,比晋前尺为一尺三寸八毫;十一、蔡邕铜龠尺,同后周玉尺,比晋前尺为一尺一寸五分八氂;十二、宋氏尺,与钱乐之浑天仪尺、后周铁尺同,比晋前尺为一尺六分四氂;十三、太府寺铁尺,制大乐所裁造尺也;十四、杂尺,刘曜浑仪土圭尺也,比晋前尺为一尺五分;十五、梁朝俗尺,比晋前尺为一尺七分一氂,太常所掌,又有后周王朴律准尺,比晋前尺长二分一氂,比梁表尺短一氂;有司天监影表尺,比晋前尺长六分三氂,同晋后尺;有中黍尺,亦制乐所新造也。

其后宋祁、田况荐益州进士房庶晓音,祁上《乐书补亡》三卷,召诣阙。庶自言:"尝得古本《汉志》,云:'度起于黄钟之长,以子谷秬黍中,一黍之起,积一千二百之广,度之九十分,黄钟之长,一为一分。'今文脱'之起积一千二百黍'八字,故自前世以来,累黍为尺以制律,是律生于尺,尺非起于黄钟也。且《汉志》'一为一分'者,盖九十分之一,后儒误以一黍为分,其法非是。当以秬黍中者一千二百实管中,黍尽,得九十分,为黄钟之长,九寸加一以为尺,则律定矣。"直秘阁范镇是之,乃为言曰:"照以纵黍累尺,管空径三分,容黍千七百三十;瑗以横黍累尺,管容黍一千二百,而空径三分四氂

六毫；是皆以尺生律，不合古法。今庶所言，实千二百黍于管，以为
黄钟之长，就取三分以为空径，则无容受不合之差，校前二说为是。
盖累黍为尺，始失之于《隋书》，当时议者以其容受不合，弃而不用。
及隋平陈，得古乐器，高祖闻而叹曰："华夏旧声也！"遂传用之。至
唐祖孝孙、张文收，号称知音，亦不能更造尺律，止沿隋之古乐，制
定声器。朝廷久以钟律未正，屡下诏书，博访群议，冀有所获。今庶
所言，以律生尺，诚众论所不及，请如其法，试造尺律，更以古器参
考，当得其真。"乃诏王洙与镇同于修制所如庶说造律、尺、龠：律径
三分，围九分，长九十分；龠径九分，深一寸；尺起黄钟之长加十分，
而律容千二百黍。初，庶言太常乐高古乐五律，比律成，才下三律，
以为今所用黍，非古所谓一稃二米黍也。尺比横黍所累者，长一寸
四分。

　　庶又言："古有五音，而今无正徵音。国家以火德王，徵属火，不
宜阙。今以五行旋相生法，得徵音。"又言："《尚书》'同律、度、量、
衡'，所以齐一风俗。今太常、教坊、钧容及天下州县，各自为律，非
《书》同律之义。且古者帝王巡狩方岳，必考礼乐同异，以行诛赏。谓
宜颁格律，自京师及州县，毋容辄异，有擅高下者论之。"帝召辅臣
观庶所进律、尺、龠，又令庶自陈其法，因问律吕旋相为宫事，令撰
图以进。其说以五正、二变配五音，迭相为主，衍之成八十四调。旧
以宫、徵、商、羽、角五音，次第配七声，然后加变宫、变徵二声，以足
其数，推以旋相生之法，谓五行相庚非是，当改变徵为变羽，易变为
闰，随音加之，则十二月各以其律为宫，而五行相生，终始无穷。诏
以其图送详定所。庶又论吹律以听军声者，谓以五行逆顺，可以知
吉凶，先儒之说略矣。

　　是时瑗、逸制乐有定议，乃补庶试秘书者校书郎，遣之。镇为论
于执政曰：

　　　　今律之与尺所以不得其真，累黍为之也。累黍为之者，史
　　之脱文也。古人岂以难晓不合之法，书之于史，以为后世惑乎？
　　殆不然也。易晓而必合也，房庶之法是矣。今庶自言其法，依

古以律而起尺，其长与空径、与容受、与一千二百黍之数，无不合之差。诚如庶言，此至真之法也。

且黄钟之实一千二百黍，积实分八百一十，于算法圆积之，则空径三分，围九分，长九十，积实八百一十分，此古律也。律体本圆，圆积之是也。今律方积之，则空径三分四厘六毫，比古大矣。故围十分三厘八毫，而其长止七十六分二厘，积实亦八百一十分。律体本不方，方积之，非也。其空径三分，围九分，长九十，积实八百一十分，非外来者也，皆起于律也。以一黍而起于尺，与一千二百黍之起于律，皆取于黍。今议者独于律则谓之索虚而求分，亦非也。其空径三分，围九分，长九十分之起于律，与空径三分四厘六毫，围十分三厘八毫，长七十六分二厘之起于尺，古今之法，疏密之课，其不同较然可见，何所疑哉？

若以谓工作既久而复改为，则淹引岁月，计费益广，又非朝廷制作之意也。其淹久而计费广者，为之不敏也。今庶言太常乐无姑洗、夹钟、大簇等数律，就令其律与其说相应，钟磬每编才易数三，因旧而新，敏而为之，则旬月功可也，又何淹久而广费哉？

执政不听。

四年，镇又上书曰：

陛下制乐，以事天地、宗庙，以扬祖宗之休，兹盛德之事也。然自下诏以来，及今三年，有司之论纷然未决，盖由不议其本而争其末也。切惟乐者，和气也。发和气者，声音也。声音之生，生于无形，故古人以有形之物传其法，俾后人参考之，然后无形之声音得而和气可道也。有形者，秬黍也，律也，尺也，龠也，鬴也，斛也，算数也，权衡也，钟也，磬也，是十者必相合而不相戾，然后为得，今皆相戾而不相合，则为非是矣。有形之物非是，而欲求无形之声音和，安可得哉？谨条十者在非是之验，惟裁择焉！

按《诗》"诞降嘉种,维秬维秠"。诞降者,天降之也。许慎云:"秬,一桴二米"。又云:"一秬二米"。后汉任城县产秬黍二斛八斗,实皆二米,史官载之,以为嘉瑞。又古人以秬黍为酒者,谓之秬鬯。宗庙降,神惟用一尊;诸侯有功,惟赐一卣,以明天降之物,世不常有而可贵也。今秬黍取之民间者,动至数百斛,秬皆一米,河东之人谓之黑米。设有真黍,以为取数至多,不敢送官,此秬黍为非是,一也。

又按先儒皆言律空径三分,围九分,长九十分,容千二百黍,积实八百一十分。今律空径三分四氂六毫,围十分二氂八毫,是为九分外大其一分三氂八毫,而后容千二百黍,除其围广,则其长止七十六分二氂矣。说者谓四氂六毫为方分,古者以竹围为律,竹形本圆,今以方分置算,此律之为非是,二也。

又按《汉书》,分、寸、尺、丈、引本起黄钟之长,又云九十分黄钟之长者,据千二百黍而言也。千二百黍之施于量,则曰黄钟之龠;施于权衡,则曰黄钟之重;施于尺,则曰黄钟之长。今遗千二百之数,而以百黍为尺,又不起于黄钟,此尺之为非是,三也。

又按《汉书》言龠,其状似爵,爵谓爵,其体正圆。故龠当圆径九分,深十分,容千二百黍,积实八百一十分,与律分正同。今龠乃方一寸,深八分一氂,容千二百黍,是亦以方分置算者,此龠之非是,四也。

又按《周礼》法:方尺,圆其外,深尺,容六斗四升。方尺者,八寸之尺也;深尺者,十寸之尺也。何以知尺有八寸、十寸之别?按《周礼》:"璧羡度尺,好三寸以为尺"。璧羡之制,长十寸,广八寸,同谓之度尺。以为尺,则八寸、十寸俱为尺矣。又《王制》云:"古者以周尺八尺为步,今以六尺四寸为步。"八尺者,八寸之尺也;六尺四寸者,十寸之尺也。周谓之周尺者,是周用八寸、十寸尺明矣。故知八寸尺为鬴之方,十寸尺为鬴之深,而容六斗四升,千二百八十龠也。积实一百三万六千万百分。今鬴方尺,积千寸,此鬴之非是,五也。

又按《汉书》斛法:方尺,圆其外,容十斗,旁有庣焉。当隋时,汉斛尚在,故《隋书》载其铭曰:"审律嘉量斛,方尺圆其外,庣旁九厘五毫,幂百六十二寸,深尺,容一斛。"今斛方尺,"律嘉量斛,方尺圆其外,深一尺六寸二分,此斛之非是,六也。

又按算法,圆分谓之径圆,方分谓之方斜,所谓"径三、围九、方五、斜七",是也。今圆分而以方法算之,此算数非是,七也。

又按权衡者,起千二百黍而立法也。周之鬴,其重一钧,声中黄钟;汉之斛,其重二钧,声中黄钟。鬴、斛之制,有容受,有尺寸,又取其轻重者,欲见薄厚之法,以考其声也。今黍之轻重未真,此权衡为非是,八也。

又按:"凫氏为钟:大钟十分,其鼓间之,以其一为之厚;小钟十分,其钲间之,以其二为之厚。"今无大小薄厚,而一以黄钟为率,此钟之非是,九也。

又按:"磬氏为磬,倨句一矩有半,其博为一,股为二,鼓为三。"盖各以其律之长短为法也。今亦以黄钟为率,而无长短厚薄之别,此磬之非是,十也。

前此者,皆有形之物也,可见者也。使其一不合,则未可以为法,况十者之皆相戾乎?臣固知其无形之声音不可得而和也。请以臣章下有司,问黍之二米与一米是?律之空径三分与三分四氂六毫孰是?律之起尺与尺之起律孰是?龠之圆制与方制孰是?氂之方尺圆其外,深尺与方尺孰是?斛之方尺圆其外,庣旁九厘五毫与方尺六寸二分孰是?算数之以圆分与方分孰是?权衡之重以二米秬黍与一米孰是?钟磬依古法有大小、轻重、长短、薄厚而中律孰是?是不是定,然后制龠、合、升、斗、鬴、斛以校其容受;容受合,然后下诏以求真黍;真黍至,然后可以为量、为钟磬;量与钟磬合于律,然后可以为乐也。今尺律本未定,而详定、修制二局工作之费无虑千万计矣,此议者所以云云也。然议者不言有司论议依违不决，而顾谓作乐为过举，又言当今宜先政令而体乐非所急，此臣之所大惑也。倘使有司合礼乐之论，是其所是，非其所非，陛下亲临决之，顾于政令不已大乎。

昔汉儒议盐钱，后世传《盐铁论》。方今定雅乐以求废坠之法，而有司论议不著盛德之事，后世将何考焉？愿令有司，人人各以经史论议条上，合为一书，则孰敢不自竭尽，以副陛一意？如以臣议为然，伏请权罢详定、修制二局，俟真黍至，然后为乐，则必至当而无事于浮费也。

诏送详定所。镇说自谓得古法，后司马光数与之论难，以为弗合。世鲜钟律之学，卒莫辩其是非焉。

宋兴百余年，司天数改历，其说曰："历者岁之积，岁者月之积，月者日之积，日者分之积，又推余分置闰，以定四时，非博学妙思弗能考也。夫天体之运，星辰之动，未始有穷，而度以一法，是以久则差，差则敝而不可用，历之所以数改造也。物铢铢而较之，至石必差，况于无形之数哉？"乾兴初，议改历，命司天役人张奎运等，其术以八千为日法，一千九百五十八为斗分，四千二百九十九为朔，距乾兴元年壬戌，岁三千九百万六千六百五十八为积年。诏以奎补保章正。又推择学者楚衍与历官宋行古集天章阁，诏内侍金克隆监造历，至天圣元年八月成，率以一万五百九十为枢法，得九钜万数。既上奏，诏翰林学士晏殊制序而施行焉，命曰《崇天历》。历法曰演纪上元甲子，距天圣二年甲子，岁积九千七百五十五万六千三百四十。上考往古，岁减一算，下验将来，岁加一算。

步气朔

《崇天》枢法：一万五百九十。

岁周：三百八十六万七千九百四十。

岁余：五万五千五百四十。

气策：一十五、余五千三百一十四、秒六。

朔实：三十一万二千七百二十九。

岁闰：一十一万五千一百九十二。

朔策：二十九、余五千六百一十九。

望策：一十四、余八千一百四、秒一十八。

弦策：七、余四千五十二、秒九。

中盈分：四千六百二十八、秒一十二。

逆虚分：四千九百七十一。

闰限：三十万三千一百二十九、秒二十四。

秒法：三十六。

旬周：六十三万五千四百。

纪法：六十。

推天正冬至：置距所求积年，以岁周乘之，为气积分；满旬周去之，不尽，以枢法约之为大余，不满为小余。大余命甲子，算外，即所求年天正冬至日辰及余。若以后合用约分，即以枢法退除为分秒，各以一百为母。

求次气：置天正冬至大、小余，以气策秒累加之，秒盈秒法从小余，小余满枢法从大余，满纪法去之，不尽，命甲子，算外，即各得次气日辰及余秒。

推天正十一月经朔：置天正冬至气积分，朔实去之，不尽为闰余；以减天正冬至气积分，为天正十一月经朔加时及分，满旬周去之，不尽，以枢法约之为大余，不满为小余。大余命甲子，算外，即所求年天正十一月经朔日辰及余。

求弦望及次朔经日：置天正十一月经朔大、小余，以弦策累加之，去命如前，即各弦、望及次朔经日及余秒。

求没日：置有没之气小余，三百六十乘之，其秒进一位，从之，用减岁周，余满岁余为日，不满为余。命其气初日，算外，即其气没日日辰。凡二十四气小余满八千二百六十五、秒三十以上为有没之气。

求减日：置有减经朔小余，三十乘之，满朔虚分为日，不满为余。命经朔初日，算外，即为其朔减日日辰。凡经朔小余不满朔虚分为有减之朔。

步发敛

候策：五、余七百七十一、秒一十四。

卦策：六、余九百二十五、秒二十四。

土王策：三、余四百六十二、秒三十。

辰法：八百八十二半。

刻法：一千五十九。

秒法：三十六。

推七十二候：各因中节大、小余命之，为其气初候日也；以候策加之，为次候；又加之，为末候。

求六十四卦：各因中气大、小余命之，为公卦用事日；以卦策加之，得次卦用事日；以土王策加诸侯之卦，得十有二节之初外卦用事之日。

推五行用事日：各因四立日在大、小余命之，节春木、夏火、秋金、冬水首用事日，以土王策减四季中气大、小余、命甲子，算外，即其月土始用事日。

七十二候及卦日与《应天》同。

求发敛去经朔：置天正十一月闰余，以中盈及朔虚分累益之，即每月闰余；满枢法除之为闰日，不尽为小余，即各得其月中气去经朔日及余秒。其余闰满闰限至闰，仍先见定朔大小。其月内无中气，乃为闰月。

求卦候去经朔：各以卦、候策及余秒累加减之，中气前以减，中气后以加。即各得卦、候去经朔日及余秒。

求发敛加时：置小余，以辰法除之为辰数，进一位，满刻法为刻，不满为刻分。其辰数命子正，算外，即各加时所在辰、刻及分。

宋史卷七二
志第二五

律历五

步日躔

周天分：三百八十六万八千六十五、秒二。

周天度：三百六十五度。虚分二千七百一十五、秒二，约分二十五、秒六十四。

岁差：一百二十五、秒二。

乘法：三十二。

除法：四百八十七。

秒法：一百。

常气	中积	升降分	盈缩分	损益率	朏朒积
冬至	空	升七千三百四十七	盈空	益五百八十二	朒空
小寒	一十五 二千三百十四 六	升六千廿一	盈七千三百四十七	益四百七十七	朒五百八十三
大寒	三十 四千六百廿八 一十二	升四千六百九十六	盈一万三千五百六十八	益三百七十二	朒一千五十九

立春	四十五 六千九百四十八	升三千三百九十六	盈一万八千六十四	益二百六十九	朒一千四百三十一
雨水	六十 九千二百五十六二十四	升二千七十	盈二万一千四百六十	益一百六十四	朒一千七百
惊蛰	七十六 九百八十三三十	升七百七十五	盈二万三千五百三十	益六十	朒一千八百六十四
春分	九十一 三千二百九十五空	升七百五十七	盈二万四千二百八十七	损六十	朒一千九百廿四
清明	一百六 五千六百九十六	降二千七十	盈二万三千五百三十	损一百六十四	朒一千八百六十四
谷雨	一百廿一 七千九百廿三一十二	降三千三百九十六	盈二万一千四百六十	损二百六十九	朒一千七百
立夏	二百三十六 一万二百廿七十八	降四千六百九十六	盈一万八千六十四	损三百七十二	朒一千四百三十一
小满	一百五十二 一千九百六十二廿四	降六千廿一	盈一万三千三百六十七	损四百七十七	朒一千五十九
芒种	一百六十七 四千三百七十五三十	降七千三百四十七	盈七千三百四十七	损五百八十二	朒五百八十二

夏至	一百八十二 六千五百 九十 空	降七千三百 四十七	缩空	益五百 八十二	朒空
小暑	一百九十七 八千九百四 六	降六千廿一	缩七千三百 四十七	益四百 七十七	朒五百 八十二
大暑	二百一十三 六百廿八 一十二	降四千六百 九十六	缩一万三千 三百六十八	益三百 七十二	朒一千 九十五
立秋	二百廿八 二千九百 四十二 十八	降三千三百 九十六	缩一万八千 六百六十四	益二百 六十九	朒一千四百 三十一
处暑	二百四十三 五千一百 五十四 廿四	降二千七十	缩二万一千 四百六十	益一百 六十四	朒一千七百
白露	二百五十八 七千五百 七十 三十	降七百 五十七	缩二万三千 五百三十	益六十	朒一千八百 六十四
秋分	二百七十三 九千八百 八十五 空	升七百 五十七	缩二万四千 二百八十七	损六十	朒一千九百 廿四
寒露	二百八十九 一千六百九 六	升二千七十	缩二万三千 一百三十	损一百 六十四	朒一千八百 六十四
霜降	三百四 三千九百 廿三 一十二	升三千三百 九十六	缩二万一千 四百六十	损二百 六十九	朒一千七百

立冬	三百一十九 六千二百 三十七 一十八	升四千六百 九十六	缩一万八千 六十四	损三百 七十三	朒一千四百 三十一
小雪	三百三十四 八千五百 五十一 廿四	升六千廿一	缩一万二千 三百六十八	损四百 七十七	朒一千 五十九
大雪	三百五十 二百七十五 三十	升七千三百 四十七	缩七千三百 四十七	损五百 八十二	朒五百 八十二

求每日盈缩定数：以乘法乘所入气升降分，如除法而一，为其气中平率；与后气中平率相减，为差率；半差率，加减其气中平率，为其氣初、末泛率。至后加为初，减为末；分后减为初，加为末。又以乘法乘差率，除法而一，为日差；半之，加减初、末泛率，为初、末定率。至后减初加末，分后加初减末。以日差累加减气之定率，为每日升降定率；至后减，分后加。以每日升降定率，冬至后升加降减，夏至后升减降加其气初日盈缩分，为每日盈缩定数；其分、至前一气先后率相减，以前末泛率为其气初泛率。以半日差，至前加之，分前减之。为其气初日定率。余依本术。求朒朓准此。

求经朔弦望入气：置天正闰日及余，如气策及余秒以下者，以减气策及余秒，为入大雪气；已上者去之，余以减气策及余秒，为入小雪气：即得天正十一月经朔入大、小雪气日及余秒。求弦、望及后朔入气，以弦策累加之，满气策及余秒去之，即得。

求定气日：冬、夏二至以常气为定。余即以其气下盈缩分缩加盈减常气约余为定气。满若不足，进退大余，命甲子，算外，即定气日及分。

求经朔弦望入气朒朓定数：各以所入气小余乘其日损益率，如枢法而一，即得。

求赤道宿度

斗：二十六度。　牛：八度。　女：十二度　虚：十度。及分
危：十七度。　室：十六度。　壁：九度。

　　北方七宿九十八度。虚分二千七百一十五、秒二、约分二十五、秒六
十四。

奎：十六度。　娄：十二度　胃：十四度。　昂：十一度。
毕：十七度。　觜：一度　参：十度

　　西方七宿八十一度

井：三十三度。　鬼：三度。　柳：十五度。　星：七度
张：十八度。　翼：十八度。　轸：十七度。

　　南方七宿一百一十一度。

角：十二度。　亢：九度。　氐：十五度。　房：五度。
心：五度。　尾：十八度。　箕：十一度。

　　东方七宿七十五度。

　　前皆赤道度，其毕、觜、参及舆鬼四宿度数与古度不同，自《大
衍历》依浑天仪以测定，为用纮带天中，仪极是凭，以格黄道。

　　推天正冬至赤道日度：以岁差乘距所求积年，满周天分去之，
不尽，用减周天分，余以枢法除之为度，不尽为余秒。其度，命以赤
道虚宿七度外起算，依宿次去之，不满者，即得天正冬至加时赤道
日躔所距宿度及余秒。其余以枢法退除为分及秒，各以一百为度。

　　求二十四气赤道日度：置天正冬至加时赤道日度及余秒，以气
策及余秒累加之，先以三十六乘赤道秒，以一百乘气策秒，然后加之，即秒
母皆同三千六百。满赤道宿次去之，即各得二十四气加时赤道日躔宿
度及余秒。

　　求二十四气昏后半赤道日度：各以其气小余减枢法，其秒亦以
一百乘，然乃减之。余加其气加时赤道日躔宿度及余秒，即其气初日
昏后夜半赤道日度及余秒。求次日累加一度，满宿次去之，各得所求。

　　求赤道宿积度：置冬至加时日躔赤道宿全度，以冬至加时日躔
赤道宿度及约分秒减之，余为距后度及分秒；以赤道宿度累加距后
度，即得各赤道宿积度及分秒。

求赤道宿积度入初末限：各置赤道宿积度及分秒，满九十一度三十一分、秒一十一去之，余四十五度六十六分以下为入初之限；已上者，用减九十一度三十一分，余为入末限度及分秒。

求二十八宿典道度：各置赤道宿入初、末限度及分，用减一百二十五，余以初、末限度及分乘之，十二除为分，分满百为度，命为黄赤道差度及分；至后分前以减、分后至前以加赤道宿积度，为其宿黄道积度；以前宿黄道积度减其宿黄道积度，为其宿黄道度及分。其分就近约为太、半、少。

黄道宿度

| 斗：二十三太。 | 牛：七半。 | 女：十一半。 | 虚：十、秒六十四。 |
| 危：十七太。 | 室：十七。 | 壁：九少。 | |

北方七宿九十七度半、秒六十四。

| 奎：十七半。 | 娄：十二太。 | 胃：十四太。 | 昴：十一。 |
| 毕：十六。 | 觜：一。 | 参：九少。 | |

西方七宿八十二度。

| 井：三十。 | 鬼：二。 | 柳：十四。 | 星：七。 |
| 张：十八太。 | 翼：十九少。 | 轸：十八。 | |

南方七宿一百一十度。

| 角：十三。 | 亢：九半。 | 氐：十五半。 | 房：五。 |
| 心：四。 | 尾：十七。 | 箕：十。 | |

东方七宿七十四度。

求冬至加时黄道日躔宿次：以冬至加时日躔宿度，用减一百二十五，余以冬至加时赤道度及分乘之，十二除为分，分满百为度，用减冬至加时赤道日度及分，即冬至加时黄道日躔宿度及分。

求二十四气初日加时黄道日躔宿次：置所求年冬至日躔黄道差，以次年黄赤道差减之，余以所气数乘之，二十四而一，所得，以加其气下中积及约分，又以其气初日盈缩分盈加缩减之，用加冬时黄道日度，依宿次命之，即各得其气初日加时黄道日躔所在宿度及分。若其年冬至加时赤道日躔度空；分、秒在岁差已下者，即如前宿全度，乃求黄赤道差，以次年冬至加时黄赤道差减之，余依本术，各得所求。此术以究算理之微，亟求其当，止以盈缩分加减中积，凤天正冬至加时黄道日度加而命之。

求二十四气初日晨前夜半黄道日躔宿次：置一百分，分以一百约其气初日升降分，升加降减之，一日所行之分乘其初日约分，所得，满百为分，分满百为度，不满百为秒，以减其初日黄道加时日躔宿次，即其日晨前夜半黄道日躔宿次。

求每日晨前夜半黄道日躔宿次：各因二十四气初日晨前夜半黄道日躔宿次，日加一度，以一百约每日升降为分秒，升加降减之，以黄道宿次命之，即每日晨前夜半黄道日躔所距宿度及分。

步月离

转周分：二十九万一千八百三、秒五百九十四。

转周日：二十七、余五千八百七十三、秒五百九十四。

朔差日：一、余一万三百三十五、秒九千四百六。

望差：一十四、余八千一百四、秒五千。

弦策：七、余四千五十二、秒二千五百。

七日：初数九千四百四十一，初约分八十九；末数一千一白七十九，末约分一十一

十四日：初数八千二百三十二，初约分七十八；末数二千三百五十八，末约分二十二。

二十一日：初数七千五十二，初约分六十九；末数三千五百三十八，末约分二十三。

二十八日：初数五千八百七十三，初约分五十六。

已上秒法一万。

上弦：九十一度三十一分、秒四十一。

望：一百八十二度六十二分、秒八十二。

下弦：二百七十三度九十四分、秒二十三。

平行：一十三度三十六分、秒八十七半。

已上秒母一百。

推天正十一月经朔入转：置天正十一月经朔积分，以转周分秒去之，不尽，以枢法除之为日，不满为余秒，命日，算外。即所求天正十一月经朔加时入转日及余秒。若以朔差日及余秒加之，满转周日及余秒去之，即次日加时入转。

求弦望入转：因天正十一月经朔加时入转日及余秒，以弦策累加之，去命如前，即上弦、望及下弦加时入转日及余秒。若以经朔、弦、望小余减之，各得其日夜半入转日及余秒。

转日	进退差	转定分	转积度	增减差	迟疾度	损益率	朒朓积
一日	进十二	一千二百五	空	增一百三十	迟空	益一千四十三	朒空
二日	进十九	一千二百十七	一十二度五	增一百廿	迟一度三十一	益九百四十六	朒一千四十三
三日	进二十三	一千二百三十六	廿四度廿二	增一百一	迟二度五十一	益八百二	朒一千九百八十九
四日	进廿二	一千二百五十八	三十六度五十八	增七十九	迟三度五十二	益六百三十	朒二千七百九十一
五日	进廿三	一千二百八十	四十九度一十六	增五十七	迟四度三十一	益四百五十	朒三千四百廿一
六日	进廿四	一千三百三	六十一度九十六	增三十三	迟四度八十八	益二百六十二	朒三千八百三十一
七日	进廿五	一千三百廿七	七十四度九十九	初增一十一末减一	迟五度二十一	初益八十三末损一十	朒四千百二十四

八日	进廿四	一千三百五十二	八十八度二十六	减一十五	迟五度三十一	损一百一十七	朒四千二百七
九日	进廿三	一千三百七十六	一百一度七十八	减三十九	迟五度十六	损三百七	朒四千九十
十日	进廿三	一千三百九十九	一百一十五度五十四	减六十二	迟四度七十七	损四百九十三	朒三千七百八十三
十一日	进廿	一千四百廿二	一百廿九度五十六	减八十五	迟四度一十五	损六百七十二	朒三千二百九十
十二日	进十八	一千四百四十二	一百四十三度七十五	减一百五	迟三度三十	损八百三十六	朒二千六百一十八
十三日	进八	一千四百六十	一百五十八度一十七	减一百廿三	迟二度二十五	损九百七十一	朒一千七百八十二
十四日	退二	一千四百六十八	一百七十二度七十七	初减二百二末增二十九	迟一度二	初损八百一十一末益二百廿三	朒八百一十一
十五日	退一十四	一千四百六十六	一百八十七度四十五	增一百廿九	疾空廿九	益一千廿三	朒三百三十二

十六日	退一十九	一千四百五十二	二百二度一十一	增一百一十五	疾一度五十八	益九百一十四	朒二千二百五十六
十七日	退廿一	一千四百三十三	二百一十六度六十三	增九十七	疾二度七十三	益七百六十四	朒二千一百七十
十八日	退廿三	一千四百一十三	二百三十度九十六	增七十五	疾三度七十	益三百九十一	朒二千九百廿四
十九日	退廿四	一千三百八十九	二百四十五度八	增五十一	疾四度四十五	益四百九	朒三千五百廿五
二十日	退廿四	一千三百六十五	二百五十八度九十七	增廿八	疾四度九十六	益二百廿	朒三千九百三十四
二十一日	退廿四	一千五百四十一	二百七十二度九十六	初增八末减四	疾五度廿四	初益六十三末减三十一	朒四千一百五十四
二十二日	退廿四	一千三百七十七	二百八十六度三	减廿	疾五度廿八	损一百五十九	朒四千一百八十六
二十三日	退廿四	一千二百九十三	二百九十九度二十	减四十四	疾五度八	损三百四十九	朒四千廿七

二十四日	退廿三	一千二百六十九	三百一十二度十三	减六十七	疾四度六十四	损五百三十一	脁三千六百七十八
二十五日	退一十八	一千二百四十六	三百廿四度八十二	减九十	疾三度九十七	损七百一十	脁三千一百四十七
二十六日	退一十七	一千二百廿八	三百三十七度廿八	减一百九	疾三度七	损八百六十七	脁二千四百三十七
二十七日	退四	一千二百一十一	三百四十九度五十六	减一百廿六	疾一度九十六	初损九百九十二	脁一千五百七十
二十八日	退三	一千二百七	三百六十一度六十七	初减七十二	疾空七十二	初损五百七十八	脁五百七十八

　　求朔弦望入转脁朒定数：置所入转余，乘其日损益率，枢法而一，所得，以损益其下脁朒积为定数。其四七日下余如初数下，以初率乘之，初数而一，以损益脁朒为定数。若初数已上者，以初数减之，余乘末率，末数而一，用减初率，余加脁朒，各为定数。其十四日下余若在初数已上者，初数减之，余乘末率，末数而一，为脁定数。

　　求朔望定日：各以入气、入转脁朒定数脁减朒加经朔、弦、望小余，满若不足，进退大余，命甲子，算外，各得定日及余。若定朔干名与后朔同名者大，不同者小，其月无中气者为闰月。凡注历，观朔小余，如日入分已上者，进一日，朔或当定，有食应见者，其朔不进。弦、望定小余不满日出分，退一日，其望定余虽满此数，若有交食亏初起在日出已前者，亦如之。有月行九道迟疾，历有三大二小；若行盈缩累增损之，则有四大三小，理数然也。若俯循常仪，当察加时早晚，随其所近而进退之，不过三大二小。若正朔有加交，时亏在晦、二正见者，消息前后一两月，以定大小。

求定朔弦望加时日所在度：置定朔、弦、望约分，副之，以乘其日升降分，一万约之，所得，升加降减其副，以加其日夜半日度，命如前，各得其日加时日躔黄道宿次。

推月行九道：凡合朔所交，冬在阴历，夏在阳历，月行青道；冬、夏至后，青道半交在春分之宿，当黄道东；立冬、立夏后，青道半交在立春之宿，当黄道东南；至所动之宿亦如之。冬在阳历，夏在阴历，月行白道；冬、夏至后，白道半交在秋分之宿，当黄道西；立冬、立夏后，白道半交在立秋之宿，当黄道西北；至所冲之宿亦如之。春在阳历，秋在阴历，月行朱道；春、秋分后；朱道半交在夏至之宿，当黄道南；立春、立秋后，朱道半交在立夏之宿，当黄道西南；至所冲之宿亦如之。春在阴历，秋在阳历，月行黑道；春、秋分后，黑道半交在冬至之宿，当黄道北；立春、立秋后，黑道半交在立冬之宿，当典道东北；至所冲之宿亦如之。四序月离虽为八节，至阴阳之所交，皆与黄道相会，故月行有九道。各视月所入正交积度，满象度及分去之，入交积度及象度并在交会术中。若在半象以下者为入初限；已上者，复减象度，余为入末限；用减一百二十五，余以所入初、末限度及分乘之，满二十四而一为分，分满百为度，所得，为月行与黄道差数。距半交后、正交前，以差数为减；距正交后、半交前，以差数为加。此加减出入六度，单与黄道相较之数，若较赤道，则随气迁变不常。计去冬、夏至以来度数，乘黄道所差，九十而一，为月行与赤道差数。凡日以赤道内为阴，外为阳；月以黄道内为阴，外为阳。故月行宿度，入春分交后行阴历，秋分交后行阳历，皆为同名；春分交后行阳历，秋分交后行阴历，皆为异名。其在同名，以差数加者加之，减者减之；其在异名，以差数加者减之，减者加之。皆以增损黄道宿积度，为九道宿积度；以前宿九道积度减之，为其九道宿度及分。其分就近约为少、半、太之数。

推月行九道平交入气：各以其月闰日及余，加经朔加时入交泛日及余秒，盈交终日去之，乃减交终日及余秒，即各平交入其月中气日及余秒。满气策及余秒去之，余即平交入后月节气日及余秒。

因求次交者,以交终日及秒加之,满气策及余去之,余为平交入其气日及余秒,若求其气朒朓定数,如求朔、弦、望经日术入之,各得所求也。

求平加入转朒朓定数:置所入气余,加其日夜半入转余,以乘其日损益率,枢法而一,所得,以损益其下朒朓积,乃以交率乘之,交数而一,为定数。

求正交入气,以平交入气、入转朒朓定数,朒减朓加平交入气余。满若不足,进退其日,即正交入气日及余秒。

求正交加时黄道宿度:置正交入气余,副之,以乘其日升降分,一百约之,升加降减其副,乃一百乘之,枢法而一,以加其日夜半日度,即正交加时黄道日度及分秒。

求正交加时月离九道宿度:以正交度及分减一百二十五,余以正交度及分乘之,满二十四,余为定差。以差加黄道宿度,仍计去冬、夏至以来度数乘差,九十而一,所得,依名同异而加减之,满若不足,进退其度,命如前,即正交加时月离九道度及分。

推定朔弦望加时月所在度:各置其日加时日躔所在,变从九道,循次相当。凡合朔加时,月行潜在日下,与太阳同度,是为加时月离宿次;先置朔、弦、望加时黄道日度,以正交加时黄道宿度减之,余以加其正交加时九道宿度,命起正交宿度,算外,即朔、弦、望加时所当九道宿度。其合朔加时若非正交,则日在黄道、月在九道各入宿度,虽多少不同,考其去极,若应绳准,故云月行潜在日下,与太阳同度。各以弦、望度及分秒加其所当九道宿度,满宿次去之,命如前,即各得加时九道月离宿次。

求定朔夜半入转:各视经朔夜半入转,若定朔大余有进退者,亦加减转日,不则因经为定。

求次定朔夜半入转:因定朔夜半入转,大月加二,小月加一,余皆四千七百一十六、秒九千四百六,满转周日及余秒去之,即次定朔夜半入转;累加一日,去命如前,各得次日夜半转日及余秒。

求月晨昏度:以晨昏乘其日转定分,枢法而一,为晨转分;减转定分,余为昏转分;乃以朔、弦、望定小余乘转定分,枢法而一,为加时分;以减晨昏转分,余为前;不足,覆减,余为后;仍前加后减加时月,即晨、昏月所在度。

求朔弦望晨昏定程:各以其朔昏定月,减上弦昏定月,为朔后定程;以上弦昏定月减望日昏定月,为上弦后定程;以望日晨定月减下弦晨定月,为望后定程;以下弦晨定月减后朔晨定月,为下弦后定程。

求每日转定度:累计每程相距日转定分,以减定程为盈;不足,覆减为缩;以相距日均其盈缩,盈加缩减每日转定分,为每日转定度及分。

求每日晨昏月:因朔、弦、望晨昏月,加每日转定度及分,盈宿次去之,为每日晨昏月。凡注历,自朔日注昏,望后次日注晨。已前月度并依九道所推,以究算理之精微。如求其速要,即依后术求之。

推天正经朔加时平行月:置岁周,以天正闰余减之,余以枢法除之为度,不尽,退除为分秒,即天正经朔加时平行月积度。

求天正十一月定朔夜半平行月:置天正经朔小余,以平行分乘之,枢法而一为度,不尽,退除为分秒,所得,为加时度;用减天正经朔加时平行月,即经朔晨前夜半平行月,其定朔有进退者,即以平行度分加减之。即天正十一月定朔晨前夜半平行月积度。

求次定朔夜半平行月:置天正定朔夜半平行月,大月加三十五度八十分、秒六十一,小月加二十二度四十三分、秒七十三半,满周天度分去之,即每月定朔晨前夜半平行月积度及分。

求定望夜半平行月:计定朔距定望日数,以乘平行度及分秒,所得,加其定朔夜半平行月积度及分,即定望夜半平行月积度及分。

求天正定朔夜半入转:因天正经朔夜半入转,若定朔大余有进退者,亦进退之,不则因经而定,即所求年天正定朔晨前夜半入转及其余;以枢法退除为约分及秒,皆一百为母。

求定望及次定朔夜半入转:因天正定朔夜半入转及分秒,以朔望相距日累加之,满转周日二十七及分五十五、秒四十六去之,即各得定望及次定朔晨前夜半入转日及分秒。

求定朔望夜半定月：置定朔、望夜半入转分，乘其日增减差，一百约之为分，分满百为度，增减其下迟疾度，为迟疾定度；迟减疾加夜半平行月，为朔望夜半定月；以冬至加时黄道日度加而命之，即朔望夜半月离宿次。其入转若在四七日下，如求朏朒术入之，即得所求。

求朔望定程：以朔定月减望定月，为朔后定程；以望定月减次朔定月，即望后定程。

求朔望转积：计朔至望转定分，为朔后转积；自望至次朔，亦如之，为望后转积。

求每日夜半月离宿次：各以其朔、望定程与转积相减，余为程差，以距后程日数除之，为日差；加岁转定分，为每日行度及分；定程多，加之，定程少，减之。以每日行度及分累加朔、望夜半宿次，命之，即每日晨前夜半月离宿次。若求晨昏月，以其日晨昏分乘其日转定度及分，枢法而一，以加夜半月，即晨昏月所在度及分。若以四象为程，兼求弦日平行积余，各依次入之。若以九终转定分累加，依宿次命之，亦得所求。

步晷漏

二至限：一百八十二、六十二分。

一象：九十一、三十二分。

消息法：七千八百七十三。

辰法：八百八十二半，八刻三百五十三。

昏明刻：一百二十九半。

昏明余数：二百六十四太。

冬至阳城晷景：一丈二尺七寸一分半；初限六十二，末限一百二十六、十二分。

夏至阳城晷景：一尺四寸七分，小分八十；初限一百二十六、十二分，末限六十二。

求阳城晷景入二至后日数：各计入二至后日数，乃如半日之分五十，又以二至约分减之，即入二至后来午中日数及分。

求阳城晷景入初末限定日及分：置其日中入二至后求日数及

分,以其日午中入气盈缩分盈加缩减之,各如初限已下为在初限;已上,覆减二至限,余为入末限定日及分。求盈缩分,置入二至后来午中日数及分,以气策约分除之为气数,不尽,为入气以来日数及分;加其气数,命以冬、夏至,算外,即其日午中所入气日及分。置所入气日约分,如出朒胐朒术入之,即得所求。

求阳城每日中晷定数:置入二至初、末限定日及分,如冬至后初限、夏至后末限者,以初、末限日及分减一百四十六,余退一等,为定差;又以初、末限日及分自相乘,以乘定差,满六千六百四十五为尺,不满,退除为寸分,命曰晷差;以晷差减冬至晷数,即其日阳城午中晷景定数。如冬至后末限、夏至后初限者,以初、末限日及分减一千二百一十七,余再退,为定差;亦以初末限日及分自相乘,以乘定差,满二万四千九百三十,余为尺,不满,退除为寸分,命曰晷差;以晷差加夏至晷数,即其日阳城中晷定数。若以中积求之,即得每日晷影常数。

求每日消息定数:以所入气日及加其气下中积,一象已下,自相乘;已上者,用减二至限,余亦自相乘,皆五因之,进二位,以消息法除之,为消息常数;副置常数,用减五百二十九半,余乘其副,以二千三百五十除之,加于常数,为消息定数。冬至后为消,夏至后为息。

求每日黄道去极度及赤道内外度:置其日消息数,十六乘之,以三百五十三除为度,不满,退除为分,所得,在春分后加六十七度三十一分,秋分后减一百一十五度三十一分,即每日黄道去极度分度。又以每日黄道去极度及分,与一象度相减,余为赤道内、外度。若去极度少,为日在赤道内;去极度多,为日在赤道外,即各得所求。其赤道内外度,为黄、赤道相去度分。

求每日晨昏分日出入分半昼分:以每日消息定数,春分后加一千八百五十三少,秋分后减二千九百一十二少,各为每日晨分;用减枢法,为昏分。以昏明余数加晨分,为日出分;减昏分,为日入分,以日出分减半法,为昼分。

求每日距中度:置每日晨分,三因,进二位,以八千六百九十八除为度,不满,退除为分,即距子度;用减半周天,余为距中度;又倍距子度,五除,为每更差度及分。

求夜半定漏:置晨分,进一位,以刻法除为刻,不满为分,即每日夜半定漏。

求昼夜刻及日出入辰刻:倍夜半定漏,加五刻,为夜刻;减一百刻,余为昼刻。以昏明刻加半夜定漏,命子正,算外,即日出辰刻;以昼刻加之,命如前,即日入辰刻。

求更筹辰刻:倍夜半定漏,二十五而一,为筹差刻,五乘之,为更差刻。以昏明刻加日入辰刻,即甲夜辰刻;以更筹差刻累加之,满辰刻及分去之,各得每更筹所入辰刻及分。

求每日昏明度:置距中度,以其日昏后夜半赤道日度加而命之,即昏中星所格宿次;又倍距子度,加昏中星命之,即晓中星所格宿次。

求五更中星:皆以昏中星为初更中星,以每更差加而命之,即乙夜所格宿次;累加之,各得五更中星所格宿次。

求九服距差日:各于所在立表候之,若地在阳城北,测冬至后与阳城冬至晷景同者,累冬至后至其日,为距差日;若地在阳城南,测夏至后与阳城夏至晷景同者,累夏至后至其日,为距差日。

求九服晷景:若地在阳城北冬至前后者,置冬至前后日数,用减距差日,为余日;以余日减一百四十六,余退一等,为定差;以余日自相乘而乘之,满六千六百四十五除之为尺,不满,退除为寸分,加阳城冬至晷景,为其地其日中晷常数。若冬至前后日多于距差日,即减去距差日,余依阳城法求之,各其地其日中晷常数。若地在阳城南夏至前后者,以夏至前后日数减距差日,为余日;以减一千二百一十七,余再退,为定差;以余日自相乘而乘之,满二万四千九百三十为尺,不满,退除为寸分,以减阳城夏至晷数,即其地其日中晷常数;如不及减,乃减去阳城夏至日晷景,余即晷在表南也。若夏至前后日多于距差日,即减去距差日,余依阳城法求之,各其地其日中晷常数。若求中晷定数,先以盈缩分加减之,乃用法求之,即各得其地其日中晷定数。

　　求九服所在昼夜漏刻：冬、夏至各于所在下水漏，以定其处二至夜刻数，相减为冬、夏至差刻。乃置阳城其日消息定数，以其处二至差刻乘之，如阳城二至差刻二十而一，所得，为其地其日消息定数。乃倍消息定数，进一位，满刻法约之为刻，不满为分，乃加减其处二至夜刻，秋分后、春分前，减冬至夜刻；春分后、秋分前，加夏至夜刻。为其地其日夜刻；用减一百刻，余为昼刻。求日出入辰刻及距中度五更中星，皆依阳城法。

宋史卷七三
志第二六

律历六

崇天历

步交会

交终分：二十八万八千一百七十七、秒四千二百七十七。

交终日：二十七、余二千二百四十七、秒四千二百七十七。

交中日：一十三、余六千四百一十八、秒七百三十八半。

朔差日：二、余三千三百七十一、秒五千七百二十三。

后限日：一、余一千六百八十五、秒七千八百六十一半。

望策：十四、余八千一百四、秒五十。

前限日：十二、余四千七百三十二、秒九千二百七十七。

交率：一百四十一。

交数：一千七百九十六。

交终度：三百六十三度七十六分。

交象：九十度九十四。

半交：一百八十一度八十八。

阳历食限：四千二百。

阳历定法：四百二十。

阴历食限：七千。

阴历定法：七百。

推天正十一月经朔加时入交：置天正十一月朔积分，以交终分秒去之，不尽，满枢法为日，不满为余秒，即天正经朔加时入泛日及余秒。

求次朔及望入交：因天正经朔加时入交泛日及余秒，求次朔，以朔差日及余秒加之；求望，以望策及余秒加之：满交终日及余秒皆去之，即次朔及望加时所入。若以经朔、望小余减之，即各得朔、望夜半入交泛日及余秒。

求定朔夜半入交：因经朔、望夜半入交，若定朔、望大余有进退者，亦进退交日，不则因经为定，各得所求。

求次定塑夜半入交：各因前定塑夜半入交，大有加日二，小月加日一，余皆加八千三百四十二，秒五千七百二十三；若求次日，累加一日：满交终日及余秒皆去之，即得次定朔及每日夜半入交凡日及余秒。

求塑望加时入交常日：置经朔、望入交泛日及余秒，以其朔、望入气朒朏定数朒减朏加之，即朔、望入交常日及余秒。

求朔望加时入交定日：置其朔、望入转朒朏定数，以交率乘之，如交数而一，所得，以朒朏减朏加入交常日余，满若不足，进退其日，即朔、望加时入交定日及余秒。

求月行入阴阳历：视其朔、望入交定日及余秒，在中日及余秒以下者为月在阳历；如中日及余秒已上者，减去之，为月在阴历。凡入交定日，阳初阴末为交初，阴初阳末为交中。

求朔望加时月入阴阳历积度：置其月入阴阳历日及余，其余，先以一百乘之，枢法除为约分。以九百九乘之，六十八除为度，不尽，退除为分，即朔、望加时月入阴阳历积度及分。其月在阳历，即为入阳历积度；月在阴历，即为入阴历积度。

求朔望加时月去黄道度：置入阴阳历积度及分，如交象以下为在少象；已上，覆减半交，余为入老象。置所入老少象度及分，以五因之，用减一千一十，余，以老少象度及分乘之，八十四而一，列于上位；又置所入老少象度及分，如半象以下为在初限；已上，减去半象,余为入末限。置初、末限度及分于上,列半象度及分于下,以上减下,余以乘上,四十而一,所得,初限以减,末限以加,上位满百为度,不满为分,即朔、望加时月去黄道度数及分。

求食定余:置定朔小余,如半法以下覆加半法,余为午前分;已上,减去半法,余为午后分。置午前、后分于上,列半法于下,以下减下,以上乘上,午前以三万一千七百七十除,午后以一万三千八百八十五除之,各为时差。午前以减、午后以加定朔小余,各为食定小余。以时差加午前、后分,为午前、后定分。其月食,直以定望小余便为食定小余。

求日月食甚辰刻:置食定小余,以辰法除之为辰数,不满,进一位,刻法除之为刻,不满为刻分。其辰数命子正,算外,即食甚辰、刻及分。

求气差:置其朔中积,满二至限去之,余在一象以下为在初;已上,覆减二至限,余为在末;皆自相乘,进二位,满二百三十六除之,用减三千五百三十三,为气差;以乘距午定分,半昼分而一,所得,以减气差,为定数。春分后,交初以减,交中以加;秋分后,交初以加,交中以减。

求刻差:置其朔中积,满二至限去之,余,列二至限于下,以上减下,余以乘上,进二位,满二百三十六除之,为刻差,以乘距午定分,四因之,枢法而一,为定数。冬至后食甚在午前,夏至后食甚在午后。交初以加,交中以减。冬至后食甚在午后,夏至后食甚在午前。交初以减,交中以加。

求日入食限:置入交定日及余秒,以气、刻、时三差定数各加减之,如中日及余秒以下为不食;已上者,减去中日及余秒,如后限以下、前限已上为入食限;后限以下为交后分;前限以上覆减中日,余为交后分。

求日食分:置入交前后分,如阳历食限以下者为阳历食定分;已上者,覆减一万一千二百,余为阴历食定分;不足减者,不食。各如阴阳历定法而一,为食之大分,不尽,退除为小分,半已上为半强,半以下为半弱。命大分以十为限，得日食之分。

求日食泛用分：置朔入阴阳历食定分，一百约之，在阳历者列八十四于下，在阴历者列一百四十于下，各以上减下，余以乘上，进二位，阳历以一百八十五除，阴历以五百一十四除，各为日食泛用分。

求月入食限：视月入阴阳历日及余，如后限以下，前限已上覆减中日，为交前分。

求月食分：置交前后分，如三千二百以下者，食既；已上，用减一万二百，不足减者不食；余以七百除之为大分，不尽，退除为小分，小分半已上为半强，半已下为半弱。命大分以十为限，得月食之分。

求月食泛用分：置望入交前后分，退一等，自相乘，交初以九百三十五除，交中以一千一百五十六除之，得数用减刻率，交初以一千一百一十二为刻率，交中以九百为刻率。各得所求。

求日月食定用分：置日月食泛用分，以一千三十七乘之，以所食日转定分除之，即得所求。

求日月食亏初复满小余：各以定用分减食甚小余，为亏初；加食甚小余，为复满：即各得亏初、复满小余。若求时刻者，依食甚术入之。

求月食更筹定法：置其望晨分，四因之，退一等，为更法；倍之，退一等，为筹法。

求月食入更筹：置亏初、食甚、复满小余，在晨分以下加晨分，昏分以上减去昏分，余以更法除之为更数，不满，以筹法除之为筹数。其更数命初更，算外，即各得所入更、筹。

求朔、望食甚宿次：置其经朔、望入气小余，以入气、入转朏朒定数朏减朒加之，乘其日升降分，枢法而一，加减其日盈缩分，至后、分前以加，分后、至前以减。一百约之为分，分满百为度，以盈加缩减其定朔、望加时中积，以天正冬至加时黄道日度及分加而命之，即定朔、望加时日躔宿次。其望加半周天，命如前，即朔、望食甚宿次。

求月食既内外刻分：置月食交前、后分，覆减三千二百，不及减者，为食下既。一百约之，列六十四于下，以上减下，余以乘上，进二位，交初以□百九十三除，交中以三百六十五除，所得，以定用分乘之，如泛用分而一，为月食既内刻分；覆减定用分，即既外刻分。

求日月带食出入分数：各以食定小余与日出、入分相减，余为带食差。其带食差满定用分已上者，不带食出入也。以带食差乘所食分，满定用分而一，若月食既者，以既内刻分减带食差，余所食分，以既外刻分而一，不及减者，为带食既出入也。各以减所食分，即带出、入所见之分。其朔日食甚在昼者，晨为渐进之分，昏为已退之分；若食甚在夜者，晨为已退之分，昏为渐进之分，其月食者，见此可知也。

求日食所起：日在阴历，初起西北，甚于正北，复于东北；日在阳历，初起西南，甚于正南，复于东南。其食八分已上者，皆起正西，复于正东。此据午地而论之，其余方位，审黄道斜正、月行所向，可知方向。

求月食所起：月在阴历，初起东南，甚于正南，复于西南；月在阳历，初起东北，甚于正北，复于西北。其食八分已上。皆起正东，复于正西。此亦据午地而论之，甚余方位，依日食所向，即知既亏、复满。

步五星

五星会策：十五度二十一分、秒九十。

木星周率：四百二十二万四千五十八、秒三十二。

周日：三百九十八、余九千二百三十八、秒三十二。

岁差：一百三、秒六。

伏见度：一十三。

变目	变日	变度	限度	初行率
前伏	一十六日八十	三度八十	二度八十五	二十二

前疾初	二十八日	六度 六十	四度 五十五	二十二
前疾末	二十八日	五度 五十二	四度 一十五	二十二
前迟初	二十八日	四度 四十一	三度 三十三	一十八
前迟末	二十八日	二度 二十二	一度 六十五	一十三
前留	二十四日			
前退	四十六日 六十四	五度 一十八	空度 二十九	空
后退	四十六日 六十四	五度 一十八	空度 二十九	一十六
后留	二十四日			
后迟初	二十八日	二度 二十一	一度 六十六	空
后迟末	二十八日	四度 四十一	三度 三十二	一十三
后疾初	二十八日	五度 五十二	四度 一十五	一十八
后疾末	二十八日	六度 六十	四度 五十五	二十
后伏	一十六日 八十	三度 八十	二度 八十五	二十二

木星盈缩历

会数	损益率	盈积度	会数	损益率	缩积度
初	益一百六十三	盈空	初	益二百	缩空
一	益一百四十九	盈一度	一	益一百八十四	缩空一
二	益一百二十六	盈三度一十三	二	益一百五十九	缩三度八十五
三	益九十五	盈四度三十八	三	益一百二十七	缩五度四十五
四	益五十五	盈五度三十三	四	益八十八	缩六度七十一
五	益二十二	盈五度八十八	五	益三十八	缩七度五十七
六	损三十九	盈六度一十	六	损一十五	缩七度九十五
七	损六十五	盈五度七十一	七	损七十三	缩七度八十
八	损九十六	盈五度六	八	损一百二十六	缩七度七
九	损一百二十	盈四度一十	九	损一百六十七	缩五度八十一
十	损一百三十九	盈二度九十	十	损一百九十八	缩四度一十四
十一	损一百五十一	盈一度五十一	十一	损二百一十六	缩二度一十六

火星周率：八百二十五万九千三百六十六、秒五十九。

周日：七百七十九千七、余九千七百五十六、秒五十九。

岁差：一百三、秒五十三。

伏见度：二十。

变目	变日	变度	限度	初行率
前伏	六十九日	四十九度 空	四十六度 四十六	七十一
前疾初	六十一日	四十二度 五十	四十一度 二十三	七十一
前疾末	四十三日 五十	三十度 一十	二十八度 五十六	七十
前次疾初	四十三日 五十	二十九度 三	二十七度 五十二	六十八
前次疾末	四十三日 五十	二十六度 九十二	二十五度 五十四	六十三
前迟初	四十三日 五十	二十二度 七十二	二十一度 五十四	五十七
前迟末	四十三日 五十	一十四度 二十八	一十三度 五十五	四十三
前留	一十三日			
前退	二十八日 九十六	八度 二十一	二度 九十二	空
后退	二十八日 九十六	八度 二十一	二度 九十二	二十九
后留	一十三日			
后迟初	四十三日 五十	一十四度 二十八	一十三度 五十五	空
后迟末	四十三日 五十	二十二度 七十二	二十一度 五十四	四十三
后迟末	四十三日 五十	二十二度 七十二	二十一度 五十四	四十三

后次疾初	四十三日 五十	二十六度 九十二	二十五度 五十四	五十七
后次疾末	四十三日 五十	二十九度 三	二十七度 五十二	六十三
后疾初	四十三日 五十	三十度 一十	二十八度 五十六	六十八
后疾末	六十一日 五十	四十三度 五十	四十三度 二十五	七十
后伏	六十九日	四十九度 空	四十六度 四十六	七十一

火星盈盈缩历

会数	损益率	盈积度	会数	损益率	缩积度
初	益一千一百 三十五	盈空	初	益四百一十二	缩空
一	益八百七十六	盈一十一度	一	益四百三十三	缩四度 一十二
二	益四百一十七	盈二十度 十一	二	益四百五十五	缩八度 四十五
三	益一百四十五	盈二十四度 二十八	三	益四百六十七	缩十三度 空
四	损二十四	盈二十五度 七十三	四	益四百一	缩十七度 六十七
五	损一百四十六	盈二十五度 四十九	五	益三百四	缩二十一度 六十八
六	损二百九十六	盈二十四度 三	六	益一百五十二	缩二十四度 七十二

七	损三百八十八	盈二十一度七	七	益二十六	缩二十六度廿四
八	损四百五十八	盈一十一度一十九	八	损一百五十二	缩二十六度五十
九	损四百四十五	盈一十二度六十一	九	损四百三十八	缩二十四度九十八
十	损四百二十	盈八度一十六	十	损九百	缩二十度六十
十一	损三百九十六	盈三度九十六	十一	损一千一百六十	缩一十一度六十

土星周率：四百万三千八百七十二、秒三十九。

周日：三进七十八、余八百五十二、秒三十九。

岁差：一百三、秒七十八。

伏见度：一十六。

变目	变日	变度	限度	初行率
前伏	一十八日三十四	二度三十四	一度四十六	一十二
前疾	二十八日	三度二十九	二度五	一十二
前次疾	二十八日	二度七十三	一度七十一	一十一
前迟	二十八日	一度六十四	一度二	八
前留	三十六日			
前退	五十日七十	三度五十八	度空一十八	空
后退	五十日七十	三度五十八	度空一十八	一十
后留	三十六日			

后迟	二十八日	一度六十四	一度二	空
后次疾	二十八日	二度七十三	一度七十一	八
后疾	二十八日	三度二十九	二度五	一十一
后伏	一十八日三十四	二度三十四	一度四十六	一十二

土星盈缩历

会数	损益率	盈积度	会数	损益率	缩积度
初	益一百八十七	盈空	初	益一百九十一	缩空
一	益一百七十一	盈一度八十七	一	益一百七十六	缩一度九十一
二	益一百四十四	盈三度五十八	二	益一百五十二	缩三度六十八
三	益一百一十二	盈五度二	三	益一百二十	缩五度二十
四	益六十七	盈六度一十四	四	益七十九	缩六度四十
五	益二十	盈六度八十一	五	益三十一	缩七度一十九
六	损二十九	盈七度一	六	损二十一	缩七度五十
七	损七十四	盈六度七十一	七	损七十二	缩七度二十九
八	损一百一十二	盈五度九十八	八	损一百一十九	缩六度五十七
九	损一百四十三	盈四度八十六	九	损一百五十五	缩五度三十八
十	损一百六十四	盈三度四十三	十	损一百八十三	缩三度八十三
十一	损一百七十九	盈一度九十七	十一	损二百	缩二度

金星周率：六百一十八万三千五百九十九、秒一十六。

周日：五百八十三、余九千六百二十九、秒一十六。

岁差：一百三十、秒八十。

夕见晨伏度：一十一。

晨见夕伏度：十。

变目	变日	变度	限度	初行率
前伏合	三十八日 五十	四十九度 五十	四十七度 六十	一度 二十七
夕疾初	六十二日	七十八度 四十六	七十五度 四十三	一度 二十七
夕疾末	三十三日 五十	四十一度 七十	四十度 一十	一度 二十五
夕次疾初	三十三日 五十	四十度 三十六	三十八度 八十	一度 二十二
夕次疾末	三十三日 五十	三十七度 六十七	三十六度 二十二	一度 一十六
夕迟初	三十三日 五十	二十二度 二十九	三十一度 四	一度 五
夕迟末	三十三日 五十	二十七度 五十二	二十度 六十九	八十五
夕留	八日			
夕退	十日 九十五	五度 五十五	一度 二十二	
夕伏退	五日	四度	度空 八十六	七十三

再合退	五日	四度	度空 八十六	八十三
晨退	十日 九十五	五度 五十五	一度 二十一	七十三
晨留	八日			
晨迟初	三十三日 五十	二十七度 五十三	二十度 六十九	
晨迟末	三十三日 五十	三十二度 二十九	三十一度 四	八十五
晨疾初	三十三日 五十	三十七度 六十七	三十六度 二十五	一度 五
晨疾末	三十三日 五十	四十度 三十六	三十八度 八十	一度 十五
晨疾初	三十三日 五十	四十一度 七十	四十度 一十	一度 十五
晨疾末	六十二日	七十八度 四十六	七十五度 四十二	一度 二十五
后伏	三十八日	四十九度 五十	四十七度 六十	一度 二十五

金星盈缩历

会数	损益率	盈积度	会数	损益率	缩积度
初	益五十二	盈空	初	益五十二	缩空
一	益四十八	盈空五十二	一	益四十八	缩空五十二

二	益四十一	盈一度	二	益四十一	缩一度
三	益三十一	盈一度四十一	三	益三十一	缩一度四十一
四	益二十一	盈一度七十二	四	益二十一	缩一度七十二
五	益七	盈一度九十三	五	益七	缩一度九十三
六	损七	盈二度	六	损七	缩二度
七	损二十一	盈一度九十三	七	损二十一	缩一度
八	损三十一	盈一度七十二	八	损三十一	缩一度七十二
九	损四十一	盈一度四十一	九	损四十一	缩一度四十一
十	损四十八	盈一度	十	损四十八	缩一度
十一	损五十二	盈空	十一	损五十二	缩五十二

水星周率：一百二十二万七千一百七十、秒二十八。

周日：一百一十五、余九千三百二十、秒二十八。

岁差：一百三、秒九十四。

夕见晨伏度：一十四。

晨见夕伏度：二十一。

变目	变日	变度	限度	初行率
前伏合	一十六日	三十度	二十六度八	一度九十五
夕疾	一十三日	二十一度一十五	一十八度三十八	一度七十九
夕迟	一十三日	一十四度八十五	一十二度	一度四十七

夕留	三日		
夕伏退	一十二日 九十四	八度 六	一度 三十二
再合退	一十二日 九十四	八度 六	一度 三十二	九十三
晨留	三日		
晨迟	一十三日	一十四度 八十五	一十二度 一十六
晨疾	一十三日	二十一度 一十五	一十八度 三十八	一度 四十七
后伏	一十六日	三十度	二十六度 八	一度 七十九

水星盈缩历

会数	损益率	盈积度	会数	损益率	缩积度
初	益五十七	盈空	初	益五十七	缩空
一	益五十三	盈空五十七	一	益五十三	缩空五十七
二	益四十五	盈一度一十	二	益四十五	缩一度一十
三	益三十五	盈一度五十五	三	益三十五	缩一度五十五
四	益二十二	盈一度九十	四	益二十二	缩一度九十
五	益八	盈二度一十二	五	益八	缩二度一十二
六	损八	盈二度二十	六	损八	缩二度二十

七	损二十二	盈二度一十二	七	损二十二	缩二度一十二
八	损三十五	盈一度九十	八	损三十五	缩一度九十
九	损四十五	盈一度五十五	九	损四十五	缩一度五十五
十	损五十三	盈一度一十	十	损五十三	缩一度一十
十一	损五十七	盈空五十七	十一	损五十七	缩空五十七

推五星天正冬至后诸变中积中星:置气积分,各以其星周率去之,不尽,覆减周率,余满枢法除之为日,不满,退除为分,即天正冬至后平合中积;命之,积平合中星,以诸段变日、变度累加之,即诸变中积中星。其经退行者,即其变度;累减之,即其星其变中星。

求五星诸变入历:以其星岁差乘积年,满周天分去之,不尽,以枢法除之为度,不满,退除为分,以减其星平合中星,即平合入历;以其星其变限度依次加之,各得其星诸变入历度分。

求五星诸变盈缩差:各置其星其变入历度分,半周天以下为在盈;以上减去半周天,余为在缩。置盈缩限度及分,以五星会策除之为会数,不尽,为入会度及分;以其会下损益率乘之,会策除之为分,分满百为度,以损益其下盈缩积度,即其星其变盈缩定差。若用立成者,以其所入会度下差而用之。其木火土三星后退、后留者,置盈缩差,各列其星盈缩极度于下,皆以上减下,余以乘上,八十七除之,所得,木、土三因,火直用之;在盈益减损加、在缩益加损减其段盈缩差,为后退、后留定差,因为后迟初段定差。各须类会前留定差,观其盈缩初末,审察降杀,皆衰多益少用之。

求五星诸变定积:各置其星其变中积,以其变盈缩定差盈加缩减之,即其星其变定积及分;以天正冬至大余及分加之,即其星其变定日及分;以纪法去定日,不尽,命甲子,算外,即得日辰。

求五星诸变在何月日,各置诸变定日,以其年天正经朔大余及分减之，若冬至大余少，加经朔大余者，加纪法乃减之。余以朔策及分除之为月数，不满，为入月日数及分。其月数命以天正十一月，算外，即其星其变入其月经朔日数及分。若置定积，以天正闰月及分加之，朔策除为月数，亦得所求。

求五星诸变入何气日：置定积，以气策及约分除之为气数，不尽，为入气已来日数及分。其气数命起天正冬至，算外，即五星诸变入其气日及分。其定积满岁周日及分即去之，余在来年天正冬至后。

求五星诸变定星：各置其变中星，以其变盈缩定差盈加缩减之，其金、水二星，金以倍之，水以三之，乃可加减。即五星诸变定星；以天正冬至加时黄道日度加而命之，即其星其变加时定星宿次及分。五星皆以前留为前退初日定星，后留为后迟初日定星。

求五星诸变初日晨前夜半定星：以其星其变盈缩所入会度下盈缩积度与次度下盈缩积度相减，余为其度损益分；乘其变初行率，一百约之，所得，以加减其日初行率，在盈，益加损减；在缩，益减损加。为初行积率；又置一百分，亦依其数加减之，以除初行积率，为初日定行率；以乘其率初日约分。一百约之，顺减退加其日加时定星，为其变晨前夜半定星；加冬至时日度命之。即所在宿次。

求诸变日度率：置后变定日，以其变定日减之，余为其变日率；又置后变夜半定星。以其变夜半定星及分减之，余为其变度率及分。

求诸变平行分：各置其变度率及分，以其变日率除之为平行分，不满，退除为秒，即各得平行度及分秒。

求诸变总差：各以其段平行分与后段平行分相减，余为泛差；并前段泛差，四因之，九而一，为总差。若前段无平行分相减为泛差者，各因后段初日行分与其段平行分相减，为半总差，倍之，为总差。若后段无平行分相减为泛差者，各因前段末日行分与其段平行分相减，为半总差。其前后退行者，各置本段平行分，十四乘，十五除，为总差。其金星夕退、夕伏、再合、晨退，各依顺段术入之，即得所求。

求诸段初末日行为：各半其段总差，加减其段平行分，后段行分多者,减之为初,加之为末;后段行分少者,加之为初,减之为末。即各得其星其段初、末日行度及分秒。凡前后段平行分俱多或俱少,乃平注之;及本段总差不满大分者,亦平注之。其退行段,各以半总差前变减之为初,加之为末;后变加之为初,减之为末。

求每日晨前夜半星行宿次:置其段总差,减其段目率一,以除之,为日差;以日差累损益初日行分,后段行分少,日损之;后段行分多,日益之。为每日行度及分;以每日行度及分累加其星其段初日晨前夜半宿次,命之,即每日星行宿次。遇退行者,以每日行分累减之,即得所求。

径求其日宿次:置所求日,减一,日差乘之,加减初日行分,后行分少,即减之;后行分多,即加之。为所求日行分;加日行分而半之,以所求日乘之,为径求积度;加其星初日宿次,命之,即其日星行宿次。

求五星定合日定星:以其星平合初日行分减一百分,余以约其日太阳盈缩分为分,分满百为日,不满为分,命为距合差日;以盈缩分减之,为距合差度;以差日、差度缩加盈减平合定积、定星,为其星定合日定积、定星。其金、水二星,以一百分减初日行分,余以除其日太阳盈缩分,为距合差日;以盈缩分加之,为距合差度;以差日、差度盈加缩减之。金、水二星退合者,以初日行分加一百分,以除太阳盈缩盈缩分,为距合差日;以距合差日减盈缩分,为距合差度;以差日、差度盈减缩加再合定积定星为其星再合定日定积定星。其金、水二星定积,各依见伏术,先以盈缩差求其加减讫,然后以距合差日、差度加减之。

求木火土三星晨见夕伏定日:各置其星其段定积,乃加减一象度,晨见加之,夕伏减之。半周天已下自相乘,半周天已上,覆减周天度及分,余亦自相乘,一百约为分,以其星伏见度乘之,十五除之,为差;乃以其段初日行分覆减一百分,余以除其差为日,不满,退除为分,所得,以加减定积,晨见加之,夕伏减之。各得晨见、夕伏定积;加天正冬至大余及分,命甲子,算外,即得日辰。

求金水二星夕见晨伏定日:各置其星其段定积,其定积先倍其段盈缩差,缩加盈减之,然加减一象度,夕见减之,晨伏加。半周天已下自相乘,已上,覆减周天度,余亦自相乘,一百约为分,以其星伏见度乘之,十五除,为差;乃置其段初日行分,减去一百分,余以除其差为日,不满,退除为分,所得,以加减定积,夕见加之,晨伏减之。各得夕见、晨伏定积。

求金水二星晨见夕伏定日:置其星其段定积,其定积先以一百乘其段盈缩差,乃以一百分加其日行分,以除其差,所得,盈加缩减,然加减一象度,晨见加之,夕伏减之。半周天已下自相乘,已上,覆减周天度,余亦自相乘,一百约为分,以其星伏见度乘之,十五除,为差;乃置其段初日行分,如一百,以除其差为日,不满,退除为分,所得,以加减定积,晨见加之,夕伏减之。各为其星晨见、夕伏定积。

历既成,以来年甲子岁用之,是年五月丁亥朔,日食不效,算食二分半,候之不食。诏候验。至七年,命入内都知江德明集历官用浑仪较测。时周琮言:"古之造历,必使千百间星度交食,若应绳准,今历成而不验,则历法为未密。"又有杨皞、于渊者,与琮求较验,而皞术于木为得,渊于金为得,琮于月、土为得,诏增入崇天历,其改用率数如后:

周天分:三百八十六万八千六十六、秒一十七。

周天:三百六十五度。虚分二千七百一十六、秒十七,约分二十五、秒六十一。

岁差:一百二十六、秒一十七。

木星

会数	损益率	盈积度
初	益一百五十	盈空
一	益一百三十六	盈一度五十
二	益一百一十六	盈二度八十六
三	益八十七	盈四度二

四	益五十一	盈四度八十九
五	益二十	盈五度四十
六	损三十六	盈五度六十
七	损六十	盈五度二十四
八	损八十八	盈四度六十四
九	损一百一十	盈三度七十六
十	损一百二十八	盈二度六十六
十一	损一百三十八	盈一度三十八

求诸变总差:各以其段平行分与后段平行分相减,余为泛差;并前段泛差,四因之,退一等,为总差。若前段无平行分相减为泛差,各因后段末日行分与其段平行分相减,为半总差;倍之,为总差。若后段无平行分相减为泛差者,各因前段末日行分与其段平行分相减,为半总差,倍之,为总差。其前后退行者,各置本段平行分,十四乘,十五,为总差。其金星夕退、夕伏、再合、晨退,各依顺段术入之,即得所求。

求五星定合及见伏泛用积:其木、火、土三星,各以平合及前疾、后伏定积为泛用积,金、水二星平合及夕见、晨伏者,置其星其段盈缩差,金以倍之,水以三之,列于上位;又置盈缩差,以其段初行率乘之,退二等,以减上位;又置初行率,减去一百分,余以除之为日,不满,退除为分,乃盈减缩加中积,为其星其变泛用积。金、水二星再合及夕伏、晨见者,其星其段盈缩差,金星直用,水以倍之,进一位,以其段初行率加一百分以除之,所得,并盈缩差,以盈加缩减中积,为其星其段泛用积。

求五星定合定积定星:其木、火、土三星平合者,以平合初日行分减一百分,余以约其日太阳盈缩分为分,满百为日,不满为分,命为距合差日;以盈缩分减之,为距合差度;以差日、差度缩加盈减其星平合泛用积,为其星定合日定积定星。金、水二星平合者,以一百分减初日行分,余以除其日太阳盈缩分,为距合差日;以盈缩分加之,为距合差度;以差日、差度盈加缩减平合泛用积,为其星定合日定积定星也。金、水二星退合者,以初日行分一百分,以除太阳盈缩分,为距合差日;以距合差日减盈缩分,为距合差度;以差日盈减缩加再合泛用积,为其星再合定日定积差度;盈加缩减再合泛用积,为其星再合日定星;各加冬至大、小余及黄道加时日躔宿次命之,即得其日日辰及宿次。

求木火土星晨见夕伏定用积:各置其星其段泛用积,乃加减一象度,晨见加之,夕伏减之。半周天已下自相乘,已上,覆减周天度,余亦自相乘,各二因百约之。在一百六十七已上,以一百约其日太阳盈缩分减之,不满一百六十七者即加之,以其星本伏见度乘之,十五除,为差;乃置其段初日行分,覆减一百分,余以除其差为日,不满,退除为分,所得,以加减凡用积,晨见加之,夕伏减之。各得其星晨见、夕伏定用积,加天正冬至大余,命甲子,算外,即得日辰。

求金水二星夕见晨伏定用积:各置其星段凡用积,乃加减一象度,夕见减之,晨伏加之。半周天已下自相乘,已上,覆减周天度,余亦自相乘,二因百约之,满一百六十七已上,以一百约太阳盈缩分减之,不满一百六十七者即加之,以其星本伏见度乘之,十五除,为差;乃置其段初日行分,减去一百分,余以除其差为日,不满,退除为分,所得,以加减凡用积,晨见加之。夕伏减之。各得夕见、晨伏定用积;加命如前,即得日辰。

求金水二星晨见夕伏定用积:各置其星段凡用积,乃加减一象度,晨见加之,夕伏减之。半周天以正自相乘,已上,覆减周天度,余亦自相乘,二因百约之,在一百六十七已上,以百约太阳盈缩分减之,不满一百六十七者即加之,以其星本伏见度乘之,十五除,为差;金星者,直以一百除其差为日不满,退除为分,所得,以加减凡用积,晨见加之,夕伏减之。各为其星晨见、夕伏定用积;加命如前,即得日辰。

景祐元年七月,日官张奎言:"自今月朔或遇节首,勿避。"诏中书集历官参议,而丁慎言请如旧制。有诏,卒从奎议。

宋史卷七四
志第二七

律历七

明天历

《崇天历》行之至于嘉祐之末，英宗即位，命殿中丞、判司天监周琮及司天冬官正王炳，丞王栋，主簿周应祥、周安世、马杰，灵台郎杨得言作新历，三年而成。琮言："旧历气节加时，后天半日；五星之行，差半次；日食之候，差十刻。"既而司天中官正舒易简与监生石道、李遘更陈家学。于是诏翰林学士范镇、诸王府侍讲孙思恭、国子监直讲刘攽考定是非，上推《尚书》"辰弗集于房"与《春秋》之日食，参今历之所候，而易简、道、遘等所学疏阔，不可用，新书为密。遂赐名《明天历》，诏翰林学士王珪序之，而琮亦为义略冠其首。今纪其历法于后：

调日法朔余、周天分、斗分、岁差、日度母附。

造历之法，必先立元，元正然后定日法，法定然后度周天以定分、至，三者有程，则历可成矣。日者，积余成之；度者，积分成之。盖日月始离，初行生分，积分成日。自《四分历》洎古之六历，皆以九百四十为日法。率由日行一度，经三百六十五日四分之一，是为周天；月行十三度十九分之七，经二十九日有余，与日相会，是为朔策。史官当会集日月之行，以求合朔。

自汉太初至于今，冬至差十日，如刘歆《三统》复强于古，故先儒谓之最疏。后汉刘洪考验《四分》，于天不合，乃减朔余，苟合时用。自是已降，率意加减，以造日法。宋世何承天更以四十九分之二十六为强率，十七分之九为弱率，于强弱之际以求日法。承天日法七百五十二，得一十五强，一弱。自后治历者，莫不因承天法，累强弱之数，皆不悟日月有自然合会之数。

今稍悟其失，定新历以三万九千为日法，六百二十四万为度母，九千五百为斗分，二万六百九十三为朔余，可以上稽于古，下验于今，反覆推求，若应绳准。又以二百三十万一千为月行之余，月行十三度之余。以一百六十万四百四十七为日行之余。日行周天之余。乃会日月之行，以盈不足平之，并盈不足，是为一朔之法。月法也，名元法。今乃以大月乘不足之数，以小月乘盈行之分，平而并之，是为一朔之实。周天分也。以法约实，得日月相会之数，皆以等数约之，悉得今有之数。盈为朔虚，不足为朔余。又二法相乘为本母，各母互乘，以减周天，余则岁差生焉，亦以等数约之，即得岁差、度母、周天实用之数。此之一法，理极幽眇，所谓反覆相求，潜通相通，数有冥符，法有偶会，古历家皆所未达。以等数约之，得三万九千为元法，九千五百为斗分，三万六百九十三为朔余，六百二十四万为日度母，二十二亿七千七百二十万四百四十七为周天分，八万四百四十七为岁差。

岁余：九千五百。古历曰斗分。

古者以周天三百六十五度四分度之一，是为斗分。夫举正于中，上稽往古，下验当时，反覆参求，合符应准，然后施行于百代，为不易之术。自后治历者，测今冬至日暑，用校古法，过盈，以万为母，课诸气分，率二千五百以下、二千四百二十八已上为中平之率。新历斗分九千五百，以万平之，得二千四百二十五半盈，得中平之数也。而三万九千年冬至小余成九千五百日，满朔实一百一十五万一千六百九十三，年齐于日分，而气朔相会。

岁周：一千四百二十四万四千五百。以元法乘三百六十五度。内斗分九千五百，得之，即为一岁之日分，故曰岁周。若以二十四均之，得一十五日、余八千五百二十、秒一十五，为一气之策也。

朔实：一百一十五万一千六百九十三。本会日月之行，以盈不足平而得二万六百九十三，是为朔余，备在调日法术中。是则四象全策之余也。今以元法乘四象全策二十九，总而并之，是为一朔之实也。古历以一百万平朔余之分，得五十三万六百以下，五百七十已上，是为中平之率。新历以一百万平之，得五十三万五百八十九，得中平之数也。若以四象均之，得七日，余一万四千九百二十三、秒，是为弦策也。

中盈、朔虚分：闰余附。日月以会朔为正，气序以斗建为中，是故气进而盈分存焉。置中节两气之策，以一月之全策三十减之，每至中气，即一万七千四十、秒十二，是为中盈分。朔退而虚分列焉，置一月之全策三十，以朔策及余减之，余一万八千三百七，是为朔虚分。综中盈、朔虚分，而闰余章焉。闰余三万五千三百四十五、秒一十三。从消息而自致，以盈虚名焉。

纪法：六十。《易·乾》象之爻九，《分》象之爻六，《震》、《坎》、《艮》象之爻皆七，《巽》、《离》、《兑》象之爻皆八。综八卦之数凡六十，又六旬之数也。纪者，终也，数终八卦，故以纪名焉。

天正冬至：大余五十七，小余一万七千。先测立冬晷景，次取测立春晷景，取近者通计，半之，为距至泛日；乃以晷数相减，余者以法乘之，满其日晷差而一，为差刻；乃以差刻求冬至，视其前晷多则为减，少则为加，求夏至者反之。另减距至泛日，为定日；仍加半日之刻，命从前距日辰，算外，即二至加时日辰及刻分所在。如此推求，则加时与晷相协。今须积岁四百一年，治平元年甲辰岁，气积年也。则冬至大、小余与今适会。

天正经朔：大余三十四，小余三万一千。闰余八十八万三千九百九十。此乃检括日月交食加时早晚而定之，损益在夜半后，得戊戌之日，以方程约而齐之。今须积岁七十一万一千七百六十一，治平元年甲辰岁，朔积年也。则经朔大、小余与今有之数，偕闰余而相会。

日度岁差：八万四百四十七。《书》举正南之星以正四方，盖先王以明时授人，奉天育物。然先儒所述，互有同异。虞喜云："尧时冬至日短星昴,今二千七百余年,乃东壁中,则知每岁渐差之所至。"又何承天云:"《尧典》:'日永星火,以正仲夏;宵中星虚,以正仲秋。'今以中星校之,所差二十七八度,即尧时冬至,日在须女十度。"故祖冲之修《大明历》,始立岁差,率四十五年九月却一度。虞𬀩、刘孝孙等因之,各有增损,以创新法。若从虞喜之验,昴中则五十余年,日退一度;若依承天之验,火中又不及百年,日退一度。后《皇极》综两历之率而要取其中,故七十五年而退一度。此乃通其意未尽其微。今则别调新率,改立岁差,大率七十七年七月,日退一度,上元命于虚九,可以上覆往古,下逮于今。自帝尧以来,循环考验,新历岁差,皆得其中,最为亲近。

周天分:二十二亿七千九百二十万四百四十七。本齐日月之行,会合朔而得之。在调日法。使上考仲康房宿之交,下验姜岌月食之冲,三十年间,若应准绳,则新历周天,有自然冥符之数,最为密近。

日躔盈缩定差:张胄玄名损益率曰盈缩数,刘孝孙以盈缩数为朒朓积,《皇极》有陟降率、迟疾数,《麟德》曰先后、盈缩数,《大衍》曰损益、朒朓积,《崇天》曰损益、盈缩积。所谓古历平朔之日,而月或朝觌东方,夕见西方,则史官谓之朒朓。今以日行之所盈缩、月行之所迟疾,皆损益之,或进退其日,以为定朔,则舒亟之度,乃势数使然,非失政之致也。新历以七千一为盈缩之极,其数与月离相错,而损益、盈缩为名,则文约而义见。

升降分:《皇极》躔衰有陟降率,《麟德》以日景差、陟降率、日暑景消息为之,义通轨漏。夫南至之后,日行渐升,去极近,故暑短而万物皆盛;北至之后,日行渐降,去极远,故暑长而万物浸衰。自《大衍》以下,皆从《麟德》。今历消息日行之升降,积而为盈缩焉。

赤道宿:汉百二年议造历,乃定东西,立晷仪,下漏刻,以追二十八宿相距于四方,赤道宿度,则其法也。其赤道,斗二十六度及分,牛八度,女十二度,虚十度,危十七度,室十六度,壁九度,奎十六度,娄十二度,胃十四度,昴十一度,毕十六度,觜二度,参九度,井三十三度，鬼四度，柳十五度，星七度，张十八度，翼十八度，轸十七度，角十二度，亢九度，氐十五度，房五度，心五度，尾十八度，箕十一度，自后相承用之。至唐初，李淳风造浑仪，亦无所改。开元中，浮屠一行作《大衍历》，诏梁令瓒作黄道游仪，测知毕、觜、参及舆鬼四宿赤道宿度，与旧不同。毕十七度，觜一度，参十度，鬼三度。自一行之后，因相沿袭，下更五代，无所增损。至仁宗皇祐初，始有诏造黄道浑仪，铸铜为之。自后测验赤道宿度，又一十四宿与一行所测不同。斗二十五度，牛七度，女十一度，危十六度，室十七度，胃十五度，毕十八度，井三十四度，鬼二度，柳十四度，氐十六度，心六度，尾十九度，箕十度。盖古今之人，以八尺圆器，欲以尽天体，决知其难矣。又况图本所指距星，传习有差，故令赤道宿度与古不同。自汉太初后至唐开元治历之初，凡八百年间，悉无更易。今虽测验与旧不同，亦岁月未久。新历两备其数，如淳风从旧之意。

　　月度转分：《洪范传》曰："晦而月见西方谓之朒。月未合朔，在日后；今在日前，太疾也。朒者，人君舒缓、臣下骄盈专权之象。朔而月见东方谓之侧匿。合朔则月与日合，今在日后，太迟也。侧匿者，人君严急、臣下危殆恐惧之象。"盈则进，缩则退，躔离九道，周合三旬，考其变行，自有常数。《传》称，人君有舒疾之变，未达月有迟速之常也。后汉刘洪粗通其旨。尔后治历者，多循旧法，皆考迟疾之分，增损平会之朔，得月后定追及日之际而生定朔焉。至于加时早晚，或速或迟，皆由转分强弱所致。旧历课转分，以九分之五为强率，一百一分之五十六为弱率，乃于强弱之际而求秒焉。新历转分二百九十八亿八千二百二十四万二千二百五十一，以一百万平之，得二十七日五十五万四千六百二十六，最得中平之数。旧历置日余而求朒朓之数，衰次不伦。今从其度而迟疾有渐，用之课验，稍符天度。

　　转度母：转法、会周附。本以朔分并周天，是为会周。一朔之月常度也，各用本母。去其朔差为转终，朔差乃终外之数也。各以等数约之，即得实用之数。乃以等数约本母为转度母，齐数也。又以等数约月分为转法，亦名转日法也。以转法约转终，得转日及余。本历创立此数，皆古历所未有。约得八千一百一十二万为转度母，二百九十八亿八千二百二十四万二千二百五十一为转终分，三百二十亿二千五百一十二万九千二百五十一为会周，一十亿八千四百四十七万三千为转法，二十一亿四千二百八十八万七千为朔差。

月离迟疾定差：《皇极》有加减限、朏朒积，《麟德》曰增减率、迟疾积，《大衍》曰损益率、朏朒积，《崇天》亦曰损益率、朏朒积。所谓日不及平行则损之，过平行则益之，从阳之义也；月不及平行则益之，过平行则损之，御阴之道也。阴阳相错而以损益、迟疾为名。新历以一万四千八百一十九为迟疾之极，而得五度八分，其数与躔相错，可以知合食加时之早晚也。

进朔：进朔之法，兴于《麟德》。自后诸历，因而立法，互有不同。假令仲夏月朔月行极疾之时，合朔当于亥正，若不进朔，则晨而月见东方；若从《大衍》，当戌初进朔，则朔日之夕，月生于西方。新历察朔日之余，验月行徐疾，变立法率；参验加时，常视定朔小余：秋分后四分法之三已上者，进一日；春分后定朔晨分差如春分之日者，三约之，以减四分之二；定朔小余如此数已上者，亦进，以来日为朔。俾循环合度，月不见于朔晨；交会无差，明必藏于朔夕。加时在于午中，则晦日之晨同二日之夕，皆合月见；加时在于酉中，则晦日之晨尚见，二日之夕未生；加时在于子中，则晦日之晨不见，二日之夕以生。定晦朔，乃月见之晨夕可知；课小余，则加时之早晏无失。使坦然不惑，触类而明之。

消息数：因漏刻立名，义通晷景。《麟德》历差曰屈伸率。天昼夜者，《易》进退之象也。冬至一阳交生而晷道渐升，夜漏益减，象君子之道长，故曰息；夏至一阴交生，而晷道渐降，夜漏益增，象君子之道消，故曰消。表景与阳为冲，从晦者也，故夜漏长短。今以屈伸象太阴之行，而刻差曰消息数。黄道去极，日行有南北，故晷漏有长短。然景差徐疾不同者，句股使之然也。景直晷中则差迟，与句股数齐则差急，随北极高下，所遇不同。其黄道去极度数与日景、漏刻、昏晚中星反覆相求，消息用率，步日景而稽黄道，因黄道而生漏刻，而正中星，四术旋相为中，以合九服之变，约而易知，简而易从。

六十四卦：十二月卦出于《孟氏》，七十二候原于《周书》。后宋景业因刘洪传卦，李淳风据旧历元图，皆未睹阴阳之赜。至开元中，浮屠一行考扬子云《太玄经》，错综其数，索隐周公三统，纠正时训，参其变通，著在爻象，非深达《易》象，孰能造于此乎！今之所修，循一行旧义，至于周策分率，随数迁变。夫六十卦直常度全次之交者，诸侯卦也；竟六日三千四百八、十六秒而大夫受之；次，九卿受之；次，三公受之；次，天子受之。五六相错，复协常月之次。凡九三应上九，则天微然以静；六三应上六，则地郁然而定。九三应上六即三温，六三应上九即寒。上爻阳者风，阴者雨。各视所直之爻，察不刊之象，而知五等与君辟之得失、过于不及焉。七十二候，李业兴以来，迄于《麟德》，凡七家历，皆以鸡始乳为立春初候，东风解冻为次候，其余以次承之。与《周书》相校，二十余日，舛讹益甚。而一行改从古义，今亦以《周书》为正。

岳台日晷：岳台者，今京师岳台坊，地曰浚仪，近古候景之所。《尚书·洛诰》称东土是也。《礼》玉人职："土圭长尺有五寸以致日。"此即日有常数也。司徒职以圭正日晷，"日至之景，尺有五寸，谓之地中。"此即是地土中致日景与土圭等。然表长八尺，见于《周髀》。夫天有常运，地有常中，历有正象，表有定数。言日至者，明其日至此也。景尺有五寸与圭等者，是其景晷之真效。然夏至之日尺有五寸之景，不因八尺之表将何以得，故经见夏至日景者，明表有定数。新历周岁中晷长短，皆以八尺之表测候，所得名中晷常数。交会日月，成象于天，以辩尊卑之序。日，君道也；月，臣道也。谪食之变，皆与人事相应。若人君修德以禳之，则或当食而不食。故太阴有变行以避日，则不食；五星潜在日下，为太阴御侮而扶救，则不食；涉交数浅，或在阳历，日光著盛，阴气衰微，则不食；德之休明而有小眚焉，天为之隐，是以光微蔽之，虽交而不见食。此四者，皆德感之所由致也。按《大衍历议》，开元十二年七月戊午朔，当食。时自交阯至朔方,同日度景测候之际,晶明无云而不食。以历推之,其日入交七百八十四分,当食八分半。十三年,天正南至,东封礼毕,还次梁、宋,史官言:"十二月庚戌朔,当食。"帝曰:"予方修先后之职,谪见于天,是朕之不敏,无以对扬上帝之休也。"于是撤膳素服以俟之,而卒不食。在位之臣莫不称庆,以谓德之动天,不俟终日。以历推之,是月入交二度弱,当食十五分之十三,而阳光自若,无纤毫之变,虽算术乖舛,不宜若是。凡治历之道,定分最微,故损益毫厘,未得其正,则上考《春秋》以来日月交食之载,必有所差。假令治历者,因开元二食变交限以从之,则所协甚少,而差失过多。由此明之,《诗》云:"此日而微,"乃非天之常数也。旧历直求月行入交,今则先课交初所在,然后与月行更相表里,务通精数。

四正食差:正交如累壁,渐减则有差。在内食分多,在外食分少;交浅则间遥,交深则相薄;所观之地又偏,所食之时亦别。苟非地中,皆随所在而渐异。纵交分正等同在南方,冬食则多,夏食乃少。假均冬夏,早晚又殊,处南辰则高,居东西则下。视有斜正,理不可均。月在阳历,校验古今交食,所亏不过其半。合置四正食差,则斜正于卯酉之间,损益于子午之位,务从亲密,以考精微。

五星立率:五星之行,亦因日而立率,以示尊卑之义。日周四时,无所不照,君道也;星分行列宿,臣道也。阴阳进退,于此取仪刑焉。是以当阳而进,当阴而退,皆得其常,故加减之。古之推步,悉皆顺行,至秦方有金、火逆数。

《大衍》曰:"木星之行与诸星稍异:商、周之际,率一百二十年而超一次;至战国之时,其行浸急;逮中平之后,八十四年而超一次,自此之后,以为常率。"其行也,初与日合,一十八日行四度,乃晨见东方。而顺行一百八日,计行二十二度强,而留二十七日。乃退行四十六日半,退行五度强,与日相望。旋日而退,又四十六日半,退五度强,复留二十七日。而顺行一百八日,行十八度强,乃夕伏西方。又十八日行四度,复与日合。

火星之行:初与日合,七十日行五十二度,乃晨见东方。而顺行二百八十日,计行二百一十六度半弱,而留十一日。乃退行二十九日,退九度,与日相望。旋日而退,又二十九日,退九度,复留十一日。而顺行二百八十日,行一百六十四度半弱,而夕伏西方。又七十日,行五十二度,复与日合。

土星之行:初与日合,二十一日行二度半,乃晨见东方。顺行八十四日,计行九度半强,而留三十五日。乃退行四十九日,退三度半,与日相望。乃旋日而退,又四十九日,退三度少,复留三十五日。又顺行八十四日,行七度强,而夕伏西方。又二十一日,行二度半,复与日合。

金星之行:初与日合,三十八日半行四十九度太,而夕见西方。乃顺行二百三十一日,计行二百五十一度半,而留七日。乃退行九日,退四度半,而夕伏西方。又六日半,退四度太,与日再合。又六日半,退四度太,而晨见东方。又退九日,逆行四度半,而复留七日。而复顺行二百三十一日,行二百五十一度半,乃晨伏东方。又三十八日半,行四十九度太,复与日会。

水星之行:初与日合,十五行三十三度,乃夕见西方。而顺行三十日,计行六十六度,而留三日,乃夕伏西方。而退十日,退八度,与日再合。又退十日,退八度,乃早见东方,而复留三日。又顺行三十三日,行三十三度,而晨伏东方。又十五日,行三十三度,与日复会。

一行云:"五星伏、见、留、逆之效,表、里、盈、缩之行,皆系之于时,验之于政。小失则小变,大失则大变;事微而象微,事章而象章。盖皇天降谴以警悟人主。又或算者昧于象,占者迷于数,睹五星失行,悉谓之历舛,以数象相参,两丧其实。大凡校验之道,必稽古今注记,使上下相距,反覆相求,苟独异常,则失行可知矣。"

星行盈缩:五星差行,惟火尤甚。乃有南侵狼坐,北人匏瓜,变化超越,独异于常,是以日行之分,自有盈缩。此乃天度广狭不等,气序升降有差,考今升降之分,积为盈缩之数。凡五星入气加减,兴于张子信,以后方士,各自增损,以求亲密。而《开元历》别为四象六爻,均以进退,今则别立盈缩,与旧异。

五星见伏：五星见伏，皆以日度为规。日度之运，既进退不常；星行之差，亦随而增损。是以五星见伏，先考日度之行，今则审日行盈缩，究星躔进退，五星见伏，率皆密近。旧说，水星晨应见不见在雨水后、谷雨前，夕应见不见在处暑后、霜降前。又云，五星在卯酉南则见迟、伏早，在卯酉北则见早、伏迟，差天势使之然也。

步气朔术

演纪上元甲子岁，距治平元年甲辰，岁积七十一万一千七百六十，算外。上验往古，每年减一算；下算将来，每年加一算。

元法：三万九千。

岁周：一千四百二十四万四千五百。

朔实：一百一十五万一千六百九十三。

岁周：三百六十五日、余九千五百。

朔策：二十九、余二万六百九十三。

望策：一十四、余二万九千八百四十六半。

弦策：七、余一万四千九百二十三、秒。

气策：一十五、余八千五百二十、秒一十五。

中盈分：一万七千四十一、秒一十二。

朔虚分：一万八千三百七。

闰限：一百一十一万六千三百四十四、秒六。

岁闰：四十三万四千一百八十四。

月闰：三万五千三百四十八、秒一十二。

没限：三万四百七十九、秒三。

纪法：六十。

秒母：一十八。

求天正冬至：置所求积年，以岁周乘之，为天正冬至气积分；满元法除之为积日，不满为小余。日盈纪法去之，不尽，命甲子，算外，即得所求年前天正冬至日辰及余。

求次气：置天正冬至大、小余，以气策加之，即得次气大、小余。

若秒盈秒母从小余,小余满元法从大余,大余满纪法即去之。命大余甲子,算外,即次气日辰及余。余气累而求之。

求天正经朔:置天正冬至气积分,满朔实去之为积月,不尽为闰余;盈元法为日,不盈为余;以减天正冬至大、小余,为天正经朔大、小余。大余不足减,加纪法;小余不足减,退大余,加元法以减之。命大余甲子,算外,即得所求年前天正经朔日辰及余。

求弦望及次朔经日:置天正经朔大、小余,以弦策累加之,命如前,即得弦、望及次朔经日日辰及余。

求没日:置有没之气小余,二十四气小余在没限已上者,为有没之气。以秒母乘之,其秒从之。用减七十一万二千二百二十五,余以一万二百二十五除之为没日,不满为余。以没日加其气大余,命甲子,算外,即其气没日日辰。

求减日:置有减经朔小余,经朔小余不满朔虚分者,为有减之朔。以三十乘之,满朔虚分为减日,不满为余。以减日加经朔大余,命甲子,算外,即其月减日日辰。

步发敛术

候策:五、余二千八百四十、秒五。

卦策:六、余三千四百八、秒六。

土王策:三、余一千七百四、秒三。

辰法:三千二百五十。

刻法:三百九十。

半辰法:一千六百二十五。

秒母:一十八。

求七十二候:各置中节大、小余命之,为初候;以候策加之,为次候;又加之,为末候。各命甲子,算外,即得其候日辰。

求六十四卦:各因中气大、小余命之,为公卦用事日;以卦策加之,即次卦用事日;以土王策加诸侯之卦,得十有二节之初外卦用事日。

求五行用事日：各因四立之节大、小余命之，即春木、夏火、秋金、冬水首用事日；以土王策减四季中气大、小余，命甲子，算外，即其月土始用事日也。

求发敛加时：各置小余，满辰法除之为辰数，不满者，刻法而一为刻，又不满为分。命辰数从子正，算外，即得所求加时辰时。若以半辰之数加而命之，即得辰初后所入刻数。

求发敛去经朔：置天正经朔闰余，以月闰累加之，即每月闰余；满元法除之为闰日，不尽为小余，即得其月中气去经朔日及余秒。其闰余满闰限，即为置闰，以月内无中气为定。

求卦候去经朔：各以卦、候策及余秒累加减之，中气前，减；中气后，加。即各得卦、候去经朔日及余秒。

步日躔术

日度母：六百二十四万。

周天分：二十二亿七千九百二十万四百四十七。

周天：三百六十五度。余一百六十四万四百四十七，约分二千五百六十四、秒八十二。

岁差：八万四百四十七。

二至限：一百八十二度。余二万四千二百五十，约分六千二百一十八。

一象度：九十一。余一万二千一百二十五，约分三千一百九。

求朔弦望入盈缩度：置二至限度及余，以天正闰日及余减之，余为天正经朔入缩度及余；以弦策累加之，满二至限度及余去之，则盈入缩，缩入盈而互得之。即得弦、望及次经朔日所入盈缩度及余。其余以一万乘之，元法除之，即得约分。

求朔弦望盈缩差及定差：各置朔、弦、望所入盈缩度及约分，如在象度分以下者为在初；已上者，覆减二至限，余为在末。置初、末度分于上，列二至于下，以上减下，余以下乘上，为积数；满四千一百三十五除之为度，不满，退除为分，命曰盈缩差度及分。若以四百乘积数,满五百六十七除之,为盈缩定差。若用立成者,以其度损益率乘度除,满元法而一,所得,以损益其度下盈缩积,为定差度;其损益初、末分为二日者,各随其初、末以乘除。其后皆如此例。

求定气日:冬、夏二至,盈缩之端,以常为定。余者以其气所得盈缩差度及分盈减缩加常气日及约分,即为其气定日及分。

赤道宿度

斗:二十六。　　　牛:八。　　　女:十二。　　　虚:十及分。

危:十七。　　　室:十六。　　　壁:九。

北方七宿九十八度。余一百六十万四百四十七,约分二千五百六十四。

奎:十六。　　　娄:十二。　　　胃:十四。　　　昴:十一。

毕:十七。　　　觜:一。　　　参:十。

西方七宿八十一度。

井:三十三。　　　鬼:三。　　　柳:十五。　　　星:七。

张:十八。　　　翼:十八。　　　轸:十七。

南方七宿一百一十一度。

角:十二。　　　亢:九。　　　氐:十五。　　　房:五。

心:五。　　　尾:十八。

东方七宿七十五度。

前皆赤道度,自《大衍》以下,以仪测定,用为常数。赤道者,常道也,绖于天半,以格黄道。

求天正冬至赤道日度:以岁差乘所求积年,满周天分去之,不尽,用减周天分,余以度母除之,一度为度,不满为余。余以一万乘之,度母退除为约分。命起赤道虚宿六度去之,至不满宿,即所求年天正冬至加时赤道日躔所在宿度及分。

求夏至赤道加时日度:置天正冬至加时赤道日度,以二至限度及分加之,满赤道宿度去之,即得夏至加时赤道日度。若求二至昏后夜半赤道日度者,各以二至之日约余减一万分,余以加二至加时赤道日度,即为二至初日昏后夜半赤道日度每日加一度,满赤道宿度去之,即得每日昏后夜半赤道日度。

求赤道宿积度：置冬至加时赤道宿全度，以冬至赤道加时日度减之，余为距后度及分；以赤道宿度累加之，即各得赤道其宿积度及分。

求赤道宿积度入初末限：各置赤道宿积度及分，满九十一度三十一分去之，余在四十五度六十五分半以下分以日为母。为在初限；以上者，用减九十一度三十一分，余为入末限度及分。

求二十八宿黄道度：各置赤道宿入初、末限度及分，用减一百一十一度三十七分，余以乘初、末限度及分，进一位，以一万约之，所得，命曰黄赤道差及分；在至后、分前减，在分后、至前加，皆加减赤道宿积度及分，为其宿黄道积度及分；以前宿黄道积度减其宿黄道积度，为其宿黄道度及分。其分就近为太、半、少。

黄道宿度

| 斗：二十三半。 | 牛七半。 | 女：十一半。 | 虚：十少、秒六十四。 |

| 危：十七太。 | 室：十七少。 | 壁：九太。 |

北方七宿九十七度半秒六十四。

| 奎：十七太。 | 娄：十二太。 | 胃：十四半。 | 昴：十太。 |

| 毕：十六。 | 觜：一。 | 参：九少。 |

西方七宿八十一度。

| 井：三十。 | 鬼：二太。 | 柳：十四少。 | 星：七。 |

| 张：十八太。 | 翼：十九半。 | 轸：十八太。 |

南方七宿一百一十一度。

| 角：十三。 | 亢：九半。 | 氐：十五半。 | 房：五。 |

| 心：四。 | 尾：十七。 | 箕：十。 |

东方七宿七十四度太。

七曜循此黄道宿度，准今历变定。若上考往古，下验将来，当据岁差，每移一度，乃依法变从当时宿度，然后可步日、月、五星，知其守犯。

　　求天正冬至加时黄道日度：以冬至加时赤道日度及分，减一百一十一度三十七分，余以冬至加时赤道日度及分乘之，进一位，满一万约之为度；不满为分，命曰赤道差；用减冬至赤道日度及分，即为所求年天正冬至加时黄道日度及分。

　　求冬至之日晨前夜半日度：置一万分，以其日升分加之，以乘冬至约余，以一万约之，所得，以减冬至加时黄道日度，即为冬至之日晨前夜半黄道日度及分。

　　求逐月定朔之日晨前夜半黄道日度：置其朔距冬至日数，以其度下盈缩积度盈加缩减之，余以加天正冬至夜半日度，命之，即其月定朔之日晨前夜半日躔所在宿次。

　　求每日夜半黄道日度：各置其定朔之日晨前夜半黄道日度，每日加一度，以其日升降分升加降减之，满黄道宿度去之，即各得每日晨前夜半黄道日躔所在宿度及分。若次年冬至小余满法者，以升分极数加之。

宋史卷七五
志第二八

律历八

明天历

步晷漏术

二至限:一百八十二日六十二分。

一象度:九十一度三十一分。

消息法:一万六百八十九。

辰法:三千二百五十。

刻法:三百九十。

半辰法:一千六百二十五。

昏明刻分:九百七十五。

昏明:二刻一百九十五分。

冬至岳台晷景常数:一丈二尺八寸五分。

夏至岳台晷景常数:一尺五寸七分。

冬至后初限、夏至后末限:四十五日六十二分。

夏至后初限、冬至后末限:一百三十七日。

求岳台晷景入二至后日数:计入二至后来日数,以二至约余减之,仍加半日之分,即为入二至后来日午中积数及分。

求岳台晷景午中定数:置所求午中积数,加初限以下者为在初;已上者,覆减二至限,余为在末。其在冬至后初限、夏至后末限者，以入限日减一千九百三十七半，为泛差；仍以入限日分乘其日盈缩积，盈缩积在日度术中。五因百约之，用减泛差，为定差；乃以入限日分自相乘，以乘定差，满一百万为尺，不满为寸、为分及小分，以减冬至常暑，余为其日午中晷景定数。若所求入冬至后末限、夏至后初限者，乃三约入限日分，以减四百八十五少，余为泛差；仍以盈缩差减极数，余者若在春分后、秋分前者，直以四约之，以加泛差，为定差；若春分前、秋分后者，以去二分日数及分乘之，满六百而一，以减泛差，余为定差；乃以入限日分自相乘，以乘定差，满一百万为尺，不满为寸、为分及小分，以加夏至常暑，即为其日午中晷景定数。

求每日消息定数：置所求日中日度分，如在二至限以下者为在息；以上者去之，余为在消。又视入消息度加一象以下者为在初；已上者，覆减二至限，余为在末。其初、末度自相乘，以一万乘而再折之，满消息法除之，为常数；乃副之，用减一千九百五十，余以乘其副，满八千六百五十除之，所得，以加常数，为所求消息定数。

求每日黄道去极度及赤道内外度：置其日消息定数，以四因之，满三百二十五除之为度，不满，退除为分，所得，在春分后加六十七度三十一分，在秋分后减一百一十五度三十一分，即为所求日黄道去极度及分。以黄道去极度与一象度相减，余为赤道内、外度。若去极度少，为日在赤道内；若去极度多，为日在赤道外。

求每日晨昏分及日出入分：以其日消息定数，春分后加六千八百二十五，秋分后减一万七百二十五，余为所求日晨分；用减元法，余为昏分。以昏明分加晨分，为日出分；减昏分，为日入分。

求每日距中距子度及每更差度：置其日晨分，以七百乘之，满七万四千七百四十二除为度，不满，退除为分，命曰距子度；用减半周天，余为距中度。若倍距子度，五除之，即为每更差度及分。若依司辰星漏历，则倍距子度，减去待旦三十六度五十二分半，余以五约之，即每更差度。

求每日夜半定漏：置其日晨分，以刻法除之为刻，不满为分，即所求日夜半定漏。

求每日昼夜刻及日出入辰刻：倍夜半定漏，加五刻，为定刻；用减一百刻，余为昼刻。以昏明刻加夜半定漏，满辰法除之为辰数，不满，刻法除之为刻，又不满，为刻分。命辰数从子正，算外，即日出辰刻；以昼刻加之，命如前，即日入辰刻。若以半辰刻加之，即命从辰初也。

求更点辰刻：倍夜半定漏，二十五而一，为点差刻；五因之，为更差刻。以昏明刻加日入辰刻，即甲夜辰刻；以更点差刻累加之，满辰刻及分去之，各得更点所入辰刻及分。若同司辰星漏历者，倍夜半漏，减去待旦一十刻，余依术求之，即同内中更点。

求昏晓及五更中星：置距中度，以其日昏后夜半赤道日度加而命之，即其日昏中星所格宿次，其昏中星便为初更中星；以每更差度加而命之，即乙夜所格中星；累加之，得逐更中星所格宿次。又倍距子度，加昏中星命之，即晓中星所格宿次。若同司辰星漏历中星，则倍距子度，减去待旦十刻之度三十六度五十二分半，余约之为五更，即同内中更点中星。

求九服距差日：各于所在立表候之，若地在岳台北，测冬至后与岳台冬至晷景同者，累冬至后至其日，为距差日；若地在岳台南，测夏至后与岳台晷景同者，累夏至后至其日，为距差日。

求九服晷景：若地在岳台北冬至前后者，以冬至前后日数减距差日，为余日；以余日减一千九百三十七半，为泛差；依前术求之，以加岳台冬至晷景常数，为其地其日中晷常数。若冬至前后日多于距差日，乃减去距差日，余以前术求之，即得其地其日中晷常数。若地在岳台南夏至前后者，以夏至前后日数减距差日，为余日；乃三约之，以减四百八十五少，为泛差；依前术求之，以减岳台夏至晷景常数，即其地其日中晷常数。如夏至前后日数多于距差日，乃减岳台夏至常晷，余即晷在表南也。若夏至前后日多于距差日，即减去距差日，余依前术求之，各得其地其日中晷常数。若求定数，依立成以求午中晷景定数。

求九服所在昼夜漏刻：冬、夏二至各于所在下水漏，以定其地二至夜刻，乃相减，余为冬、夏至差刻。置岳台其日消息定数，以其地二至差刻乘之，如岳台二至差刻二十而一，所得，为其地其日消息定数。乃倍消息定数，满刻法约之为刻，不满为分，乃加减其地二至夜刻，秋分后、春分前，减冬至夜刻；春分后、秋分前，加夏至夜刻。为其地其日夜刻；用减一百刻，余为昼刻。其日出入辰刻及距中度五更中星，并依前术求之。

步月离术

转度母：八千一百一十二万。

转中分：二百九十八亿八千二百二十四万二千二百五十一。

朔差：二十一亿四千二百八十八万七千。

朔差：二十六度。余三千三百七十六万七千，约余四千一百六十二半。

转法：一十亿八千四百四十七万三千。

会周：三百二十亿二千五百一十二万九千二百五十一。

转终：三百六十八度。余三十八万二千二百五十一，约余三千七百八。

转终：二十七日。余六亿一百四十七万一千二百五十一，约余五千五百四十六。

中度：一百八十四度。余一千五百四万一千一百二十五半，约余一千八百五十四。

象度：九十二度。余七百五十二万五百六十二太，约分九百二十七。

月平行：十三度。余二千九百九十一万三千，约分三千六百八十七半。

望差：一百九十七度。余三千一百九十二万四千六百二十五半，约分三千九百三十四。

弦差：九十八度。余五千六百五十二万二千三百一十二太，约分六千九百六十七。

日衰：一十八、小分九。

求月行入转度：以朔差乘所求积月，满转终分去之，不尽为转余；满转度母除为度，不满为余，其余若以一万乘之，满转度母除之，即得约分；若以转法除转余，即为入转日及余。即得所求月加时入转度及余。若以弦度及余累加之,即得上弦、望、下弦及后朔加时入转度及分;其度若满转终度及余去之。其入转度如在中度以下为月行在疾历;如在中度已上者,乃减去中度及余,为月入迟历。

求月行迟疾差度及定差:置所求月行入迟速度,如在象度以下为在初;已上,覆减中度,余为在末。其度余用约分百为母。置初、末度于上,列二百一度九分于下,以上减下,余以下乘上,为积数;满一千九百七十六除为度,不满,退除为分,命曰迟疾差度;在疾为减,在迟为加。以一万乘积数,满六千七百七十三半除之,为迟疾定差。疾加,迟减,若用立成者,以其度下损益率乘度余,满转度母而一,所得,随其损益,即得迟疾及定差。其迟疾、初末损益分为二日者,各加其初、末以乘除。

求逆弦望所直度下月行定分:置迟疾所入初、末度分,进一位,满七百三十九除之,用减一百二十七,余为衰差;乃以衰差疾初迟末减、迟初疾末加,皆加减平行度分,为其度所直月行定分。其度以百命为分。

求朔弦望定日:各以日躔盈缩、月行迟疾定差加减经朔、弦、望小余,满若不足,进退大余,命甲子,算外,各得定日日辰及余。若定朔干名与后朔干名同者月大,不同月小,月内无中气者为闰月。凡注历,观定朔小余,秋分后四分之三已上者,进一日;若春分后,其定朔晨分差如春分之日者,三约之,以减四分之三;如定朔小余与此数已上者,进一日;朔或当交有食,初亏在日入已前者,其朔不进。弦、望定小余不满日出分者,退一日;其望或当交有食,初亏在日出已前,其定望小余虽满日出分者,亦退之。又月行九道迟疾,历有三大二小;日行盈缩累增损之,则有四大三小,理数然也。若循其常,则当察加时早晚,随其所近而进退之,使月之大小不过连三。旧说,正月朔有交,必须消息前后一两月,移食在晦、二之日。且日食当朔,月食当望,盖自然之理。夫日之食,盖天之垂诫,警悟时政,若道化得中,则变咎为祥。国家务以至公理天下,不可私移晦朔,宜顺天诫。故《春秋传》书日食,乃纠正其朔,不可专移食于晦、二。其正月朔有交,一从近典,不可移避。

求朔定弦望加时日度:置朔、弦、望中日及约分,以日躔盈缩度及分盈加缩减之,又以元法退除迟疾定差,疾加迟减之,余为其朔、弦、望加时定日。以天正冬至加时黄道日度加而命之,即所求朔、弦、望加时定日所在宿次。朔、望有交,则依后术。

求月行九道:凡合朔所交,冬在阴历,夏在阳历,月行青道;冬
至、夏至后,青道半交在春分之宿,当黄道东;立夏、立冬后,青道半交在立春
之宿,当黄道东南;至所冲之宿亦如之。冬在阳历,夏在阴历,月行白道;
冬至、夏至后,白道半交在秋分之宿,当黄道西;立冬、立夏后,白道半交在立
秋之宿,当黄道西北;至所冲之宿亦如之。春在阳历,秋在阴历月行朱
道;春分、秋分后,朱道半交在夏至之宿,当黄道南;立春、立秋后,朱道半交
在立夏之宿,当黄道西南;至所冲之宿亦如之。春在阴历,秋在阳历,月行
黑道。春分、秋分后,黑道半交在冬至之宿,当黄道正北;立春、立秋后,黑道
半交在立冬之宿,当黄道东北;至所冲之宿亦如之。四序离为八节,至阴阳
之所交,皆与黄道相会,故月行九道。各视月所入正交积度,视正交
九道宿度所入节候,即其道、其节所起。满象度及分去之,余者入交积度及
象度并在交会术中。若在半象以下为在初;已上,覆减象度及分,为在
末限;用减一百一十一度三十七分,余以所入初、末限度及分乘之,
退位,半之,满百为度,不满为分,所得,为月行与黄道差数。距半交
后、正交前,以差数减;距正交后、半交前,以差数加。此加减出入六
度,单与黄道相较之数,若较之赤道,随数迁变不常。计去二至以来度数,
乘黄道所差,九十而一,为月行与黄道差数。凡日以赤道内为阴,外
为阳;月以黄道内为阴,外为阳。故月行宿度,入春分交后行阴历,
秋分交后行阳历,皆为同名;若入春分交后行阳历,秋分交后行阴
历,皆为异名。其在同名,以差数加者加之,减者减之;其在异名,以
差数加者减之,减者加之。皆加减黄道宿积度,为九道宿积度;以前
宿九道宿积度减其宿九道宿积度,余为其宿九道宿度及分。其分就
近约为太、半、少三数。

求月行九道入交度:置其朔加时定日度,以其朔交初度及分减
之,余为其朔加时月行入交度及余。其余,以一万乘之,以元法退除之,
即为约余。以天正冬至加时黄道日度加而命之,即正交月离所在黄
道宿度。

求正交加时月离九道宿度:以正交度及分减一百一十一度三

十七分,余以正交度及分乘之,退一等,半之,满百为度,不满为分,所得,命曰定差;以定差加黄道宿度,计去冬、夏至以来度数,乘定差,九十而一,所得,依同异名加减之,满若不足,进退其度,命如前,即正交加时月离九道宿度及分。

求定朔弦望加时月离所在宿度:各置其日加时日躔所在,变从九道,循次相加。凡合朔加时,月行潜在日下,与太阳同度,是为加时月离宿次;先置朔、弦、望加时黄道宿度,以正交加时黄道宿度减之,余以加其正交加时九道宿度,命起正交宿次,算外,即朔、弦、望加时所当九道宿度。其合朔加时若非正近,则日在黄道、月在九道各入宿度,虽多少不同,考其去极,若应绳准。故云月行潜在日下,与太阳同度。各以弦、望度及分如其所当九道宿度,满宿次去之,各得加时九道月离宿次。

求定朔夜半入转:以所求经朔小余减其朔加时入转日余,其经朔小余,以二万七千八百七乘之,即母转法。为其经朔夜半入转。若定朔大余有进退者,亦进退转日,无进则因经为定。其余以转法退收之,即为约分。

求次月定朔夜半入转:因定朔夜半入转,大月加二日,小月加一日,余、分皆加四千四百五十四,满转终日及约分去之,即次月定朔夜半入转;累加一日,去命如前,各得逐日夜半入转日及分。

求定朔弦望夜半月度:各置加时小余,若非朔、望有交者,有用定朔、弦、望小余。以其日月行定分乘之,满元法而一为度,不满,退除为分,命曰加时度;以减其日加时月度,即各得所求夜半月度。

求晨昏月:以晨昏乘其日月行定分,元法而一,为晨度;用减月行定分,余为昏度。各以晨昏度加夜半月度,即所求晨昏月所在宿度。

求朔弦望晨昏定程:各以其朔昏定月减上弦昏定月,余为朔后昏定程;以上弦昏定月减望昏定月,余为上弦后昏定程;以望晨定月减下弦晨定月,余为望后晨定程;以下弦晨定月减次朔晨定月,余为下弦后晨定程。

求转积度:计四七日月行定分,以日衰加减之,为逐日月行定

程；乃自所入日计求之，为其程转积度分。其四七日月行定分者，初日
益迟一千二百一十，七日渐疾一千三百四十一，十四日损疾一千四百六十一，
二十一日渐迟一千三百二十八，乃观其迟疾之极差而损益之，以百为分母。

求每日晨昏月：以转积度与晨昏定程相减，余以距后程日数除
之，为日差；定程多为加，定程少为减。以加减每日月行定分，为每日转
定度及分，以每日转定度及分加朔、弦、望晨昏月，满九道宿次去
之，即为每日晨、昏月离所在宿度及分。凡注历，朔后注昏，望后注晨。
已前月度，并依九道所推，以究算术之精微。若注历求其速要者，即
依后术以推黄道月度。

求天正十一月定朔夜半平行月：以天正经朔小余乘平行度分，
元法而一为度，不满，退除为分秒，所得，为经朔加时度；用减其朔
中日，即经朔晨前夜半平行月积度，若定朔有进退，即以平行度分加减
之。即为天正十一月定朔之日晨前夜半平行月积度及分。

求次月定朔之日夜半平行月：置天正定朔之日夜半平行月，大
月加三十五度八十分六十一秒，小月加二十二度四十三分七十三
秒半，满周天度分即去之，即每月定朔之晨前夜半平行月积度及分
秒。

求定弦望夜半平行月：计弦、望距定朔日数；以乘平行度及分
秒，以加其定朔夜半平行月积度及分秒，即定弦、望之日夜半平行
月积度及分秒。亦可直求朔望，不复求度，从得易也。

求天正定朔夜半入转度：置天正经朔小余，以平行月度及分乘
之，满元法除为度，不满，退除为分秒，命为加时度；以减天正十一
月经朔加时入转度及约分，余为天正十一月经朔夜半入转度及分。
若定朔大余有进退者，亦进退平行度分，即为天正十一月定朔之日
晨前夜半入转度及分秒。

求次月定朔及弦望夜半入转度：因天正十一月定朔夜半入转
度分，大月加三十二度六十九分一十七秒，小月加十九度三十二分
二十九秒半，即各得次月定朔夜半入转度及分。各以朔、弦、望相距
日数乘平行度分以加之，满转终度及秒即去之，如在中度以下者为

在疾;已上者去之,余为入迟历,即各得次朔、弦、望定日晨前夜半入转度及分。若以平行月度及分收之,即为定朔、弦、望入转日。

求定朔弦望夜半定月:以定朔、弦、望夜半入转度分乘其度,损益衰,以一万约之为分,百约为秒,损益其度下迟疾度为迟疾定度;乃以迟加疾减夜半平行月,为朔、弦、望夜半定月积度;以冬至加时黄道日度加而命之,即定朔、弦、望夜半离所在宿次。若有求晨昏月,以其日晨昏分乘其日月行定分,元法而一,所得为晨昏度;以加其夜半定月,即得朔、弦、望晨昏月度。

求朔弦望定程:各以朔、弦、望定月相减,余为定程。若求晨昏定程,则用晨昏定月相减,朔后用昏,望后用晨。

求朔弦望转积度分:计四七日月行定分,以日衰加减之,为逐日月行定分;乃自所入日计之,为其程转积度分。其四七日月行定分者,初日益迟一千二百一十,七日渐疾一千三百四十一,十四日损疾一千四百六十一,二十一日渐迟一千三百二十八,乃视其迟疾之极差而损益之,分以百为母。

求每日月离宿次:各以其朔、弦、望定程与转积度相减,余为程差;以距后程日数除之,为日差;定程多为益差,定程少为损差。以日差加减月行定分;为每日月行定分;以每日月行定分累加定朔、弦、望夜半月在宿次,命之,即每日晨前夜半月离宿次。如晨昏宿次,即得每日晨昏月度。

步交会术

交度母:六百二十四万。

周天分:二十二亿七千九百二十万四百四十七。

朔差:九百九十万一千一百五十九。

朔差:一度、余三百六十六万一千一百五十九。

望差:空度、余四百九十五万五百七十九半。

半周天:一百八十二度。余三百九十二万二百二十三半,约分六千二百八十二。

日食限:一千四百六十四。

月食限：一千三百三十八。

盈初限缩末限：六十度八十七分半。

缩初限盈末限：一百二十一度七十五分。

求交初度：置所求积月，以朔差乘之，满周天分去之，不尽，覆减周天分，满交度母除之为度，不满为余，即得所求月交初度及余；以半周天加之，满周天去之，余为交中度及余。若以望差减之，即得其月望交初度及余；以朔差减之，即得次月交初度及余；以交度母退除，即得余分。若以天正黄道日度加而命之，即各得交初、交中所在宿度及分。

求日月食甚小余及加时辰刻：以其朔、望月行迟疾定差疾加迟减经朔望小余，若不足减者，退大余一，加元法以减之；若加之满法者，但积其数。以一千三百三十七乘之，满其度所直月行定分除之，为月行差数；乃以日躔盈定差盈加缩减之，余为其朔、望食甚小余。凡加减满若不足，进退其日，此朔望加时以究月行迟疾之数，若非有交会，直以经定小余为定。置之，如前发敛加时术入之，即各得日、月食甚所在晨刻。视食甚小余，如半法以下者，覆减半法，余为午前分；半法已上者，减去半法，余为午后分。

求朔望加时日月度：以其朔、望加时小余与经朔望小余相减，余以元法退收之，以加减其朔、望中日及约分，经朔望少，加；经朔望多，减。为其朔、望加时中日。乃以所入日升降分乘所入日约分，以一万约之，所得，随以损益其日下盈缩积，为缩盈定度；以盈加缩减加时中日，为其朔、望加时定日；望则更加半周天，为加时定月；以天正冬至加时黄道日度加而命之，即得所求朔、望加时日月所在宿度及分。

求朔望日月加时去交度分：置朔望日月加时定度与交初、交中度相减，余为去交度分。就近者相减之，其度以百通之为分。加时度多为后，少为前，即得其朔望去交前、后分。交初后、交中前，为月行外道阳历；交中后、交初前，为月行内道阴历。

求日食四正食差定数：置其朔加时定日，如半周天以下者为在盈；已上者去之，余为在缩。视之：如在初限以下者为在初；已上者，

覆减二至限,余为在末。置初、末限度及分,_{盈初限、缩末限者倍之。}置
于上位,列二百四十三度半于下,以上减下,余以下乘上,以一百六
乘之,满三千九十三除之,为东西食差泛数;用减五百八,余为南北
食差泛数。其求南北食差定数者,乃视午前、后分,如四分法之一以
下者覆减之,余以乘泛数;若已上者即去之,余以乘泛数,皆满九千
七百五十除之,为南北食差定数。盈初缩末限者,<sub>食甚在卯酉以南,内
减外加;食甚在卯酉以北,内加外减。</sub>缩初盈末限者,<sub>食甚在卯酉以南,内
加外减;食甚在卯酉以北,内减外加。</sub>其求东西食差定数者,乃视午前、
后分,如四分法之一以下者以乘泛数;已上者,覆减半法,余乘泛
数,皆满九千七百五十除之,为东西食差定数。盈初缩末限者,<sub>食甚
在子午以东,内减外加;食甚在子午以西,内加外减。</sub>缩初末限者,<sub>食甚在子
午以东,内加外减;食甚在子午以西,内减外加。</sub>即得其朔四正食差加减
定数。

　　求日月食去交定分:视其朔四正食差,加减定数,同名相从,异
各相消,余为食差加减总数;以加减去交分,余为日食去交定分。<sub>其
去交定分不足减,乃覆减食差总数,若阳历覆减入阴历,为入食限;若阴历覆
减入阳历,为不入食限。凡加之满食限已上者,亦不入食限。</sub>其望食者,以
其望去交分便为其望月食去交定分。

　　求日月食分:日食者,视去交定分,如食限三之一以下者倍之,
类同阳历食分;已上者,覆减食限,余为阴历食分;皆进一位,满九
百七十六除为大分,不满,退除为小分,命十为限,即日食之大、小
分。月食者,视去交定分,如食限三之一以下者,食既;已上者,覆减
食限,余进一位,满八百九十二除之为大分,不满,退除为小分,命
十为限,即月食之大、小分。_{其食不满大分者,虽交而数浅,或不见食也。}

　　求日食泛用刻分:置阴、阳历食分于上,列一千九百五十二于
下,以上减下,余以乘上,满二百七十一除之,为日食泛用刻、分。

　　求月食泛用刻分:置去交定分,自相乘,交初以四百五十九除,
交中以五百四十除之,所得,交初以减三千九百,交中以减三千三
百一十五,余为月食泛用刻、分。

求日月食定用刻分：置日月食泛用刻、分，以一千三百三十七乘之，以所直度下月行定分除之，所得为日月食定用刻、分。

求日月食亏初复满时刻：以定用刻分减食甚小余，为亏初小余；加食甚，为复满小余；各满辰法为辰数，不尽，满刻法除之为刻数，不满为分。命辰数从子正，算外，即得亏初、复末辰、刻及分。若以半辰数加之，即命从时初也。

求日月食初亏复满方位：其日食在阳历者，初食西南，甚于正南，复于东南；日在阴历者，初食西北，甚于正北，复于东北。其食过八分者，皆初食正西，复于正东。其月食者，月在阴历，初食东南，甚于正南，复于西南；月在阳历，初食东北，甚于正北，复于西北。其食八分已上者，皆初食正东，复于正西。此皆审其食甚所向，据午正而论之，其食余方察其斜正，则初亏、复满乃可知矣。

求月食更点定法：倍其望晨分，五而一，为更法；又五而一，为点法。若依司辰星注历，同内中更点，则倍晨分，减去待旦十刻之分，余，五而一，为更法；又五而一，为点法。

求月食入更点：各置初亏、食甚、复满小余，如在晨分以下者加晨分，如在昏分以上者减去昏分，余以更法除之为更数，不满，以点法除之为点数。其更数命初更，算外，即各得所入更、点。

求月食既内外刻分：置月食去交分，覆减食限三之一，不及减者为食不既。余列于上位；乃列三之二于下，以上减下，余以下乘上，以一百七十除之，所得，以定用刻分乘之，满泛用刻分除之，为月食既内刻分；用减定用刻分，余为既外刻、分。

求日月带食出入所见分数：视食甚小余在日出分以下者，为月见食甚、日不见食甚；以日出分减复满小余，若食甚小余在日出分已上者，为日见食甚、月不见食甚；以初亏小余减日出分，各为带食差；若月食既者，以既内刻分减带食差，余乘所食分，既外刻分而一，不及减者，即带食既出入也。以乘所食之分，满定用刻分而一，即各为日带食出、月带食入所见之分。凡亏初小余多如日出分为在昼，复满小余多如日出分为在夜，不带食出入也。若食甚小余在日入分以下者，为日见食甚、月不见食甚；以日入分减复满小余，若食甚小余在日入分已上者，为月见食甚、日不见食甚；以初亏小余减日入分，各为带食差；若月食即者，以既内刻分减带食差，余乘所差分，既外刻分而一，不及减者，即带食既出入也。以乘所食之分，满定用刻分而一，即各为日带食入、月带食出所见之分。凡亏初小余多如日入分为在夜，复满小余少如日入分为在昼，并不带食出入也。

步五星术

木星终率：一千五百五十五万六千五百四。

终日：三百九十八日。余三万四千五百四，约分八千八百四十七。

历差：六万一千七百五十。

见伏常度：一十四度。

变段	变日	变度	历度	初行率
前一	一十八日	四度	二度九十二	二十二六十四
前二	三十六日	七度四十七	五度四十六	二十一六十四
前三	三十六日	六度四十	四度六十八	一十九五十五
前四	三十六日	四度二十七	三度一十二	一十五四十二
前留	二十七日			
前退	四十六日四十四	五度三十二	空度六十四	
后退	四十六日四十四	五度三十二	空度六十四	一十四八十九
后留	二十七日			
后四	三十六日	四度二十七	三度一十二	
后三	三十六日	六度四十	四度六十八	一十五九十九

后二	三十六日	七度四十七	五度四十六	一十九八十六
后一	一十八日	四度	二度九十二	二十一八十

火星终率:三千四十一万七千五百三十六。

终日:七百七十九日。余三万六千五百三十六,约分九千三百六十八。

历差:六万一千二百四十。

见伏常度:一十八度。

变段	变日	变度	历度	初行率
前一	七十日	五十二度三十三	四十九度二十九	七十五空
前二	七十日	五十度三十三	四十七度七十	七十三三十三
前三	七十日	四十六度九十七	四十四度五十二	六十九九十八
前四	七十日	四十度二十六	三十八度一十六	六十三六十六
前五	七十日	二十六度八十四	二十五度四十四	四十七二十四
前留	一十一日			
前退	二十八日九十七	九度五	二度二十四	
后退	二十八日九十七	九度五	二度二十四	四十六六十四
后留	一十一日			
后五	七十日	二十六度八十四	二十五度四十四	

后四	七十日	四十度二十六	三十八度一十六	五十一度三十六
后三	七十日	四十六度九十七	四十四度五十二	六十四二十二
后二	七十日	五十度三十三	四十七度七十	七十四十六
后一	七十日	五十二度	四十九度二十九	七十三五十六

土星终率：一千四百七十四万五千四百四十六。

终日：三百七十八。余三千四百四十六，约分八百八十三。

历差：六万二千三百五十。

见伏常度：一十八度半。

变段	变日	变　度	历　度	初行率
前一	二十一日	二度五十	一度五十四	一十二四十一
前二	四十二日	四度二十九	二度六十四	一十一二十三
前三	四十二日	二度八十六	一度七十六	八八十五
前留	三十五日			
前退	四十九日四	三度二十三	空度四十八	
后退	四十九日四	三度二十三	空度四十八	八五十七
后留	三十五日			
后三	四十二日	二度八十六	一度七十六	
后二	四十二日	四度二十九	二度六十四	九一十九
后一	二十一日	二度五十	一度五十四	一十一三十九

金星终率：二千二百七十七万二千一百九十六。

终日：五百八十三日。余三万五千一百九十六，约分九千二十四。

见伏常度：一十一度少。

变段	变日	变　度	初行率	
前一	三十八日五十	四十九度七十五	一百二十九五十二	
前二	三十八日五十	四十九度三十七	一百二十八八十三	
前三	三十八日五十	四十八度五十九	一百二十六四十三	
前四	三十八日五十	四十七度二	一百二十四五十七	
前五	三十八日五十	四十三度九十九	一百一十八八十八	
前六	三十八日五十	三十七度六十二	一百七四十八	
前七	三十八日五十	三十五度八	八十四六十八	
夕留	七日			
夕退	八日九十五	四度六十二		
夕伏退	六日五十	四度七十五	六十二二十	
晨伏退	六日五十	四度七十五	八十三九十四	
晨退	八日九十五	四度六十二	六十二二十	
晨留	七日			
后七	三十八日五十	三十五度八		
后六	三十八日五十	三十七度六十二	八十七九十四	
后五	三十八日五十	四十三度八十九	一百九一十三	

后四	三十八日五十	四十七度二	一百一十九九十九	
后三	三十八日五十	四十八度五十九	一百二十四九十九	
后二	三十八日五十	四十九度三十七	一百二十七六十三	
后一	三十八日五十	四十九度七十五	一百二十八九十二	

水星终率:四百五十一万九千一百八十四。改九千一百九十四。

终日:一百一十五日。余三万四千一百八十四,约分八千七百六十五。

见伏常度:一十八度。

变段	变日	变　度	初行率
前一	一十五日	三十三度	二百四十七五十
前二	三十日	三十三度	一百七十六
前留	三日		
夕伏退	九日九十四	八度六	
晨伏退	九日九十四	八度六	一百三十六七十二
后留	三日		
后二	三十日	三十三度	
后一	一十五日	三十三度	一百九十二五十

求五星天正冬至后诸段中积中星:置气积分,各以其星终率去之,不尽,覆减终率,余满元法为日,不满,退除为分,即天正冬至后其星平合中积;重列之为中星,因命为前一段之初,以诸段变日、变度累加减之,即为诸段中星。变日加减中积,变度加减中星。

　　求木火土三星入历：以其星历差乘积年，满周天分去之，不尽，以度母除之为度，不满，退除为分，命曰差度；以减其星平合中星，即为平合入历度分；以其星其段历度加之，满周天度分即去之，各得其星其段入历度分。金、水附日而行，更不求历差。其木、火、土三星前变为晨，后变为夕。金、水二星前变为夕，后变为晨。

　　求木火土三星诸段盈缩定差：木、土二星，置其星其段入历度分，如半周天以下者为在盈；以上者，减云半周天，余为在缩。置盈缩度分，如在一象以下者为在初限；以上者，覆减半周天，余为在末限。置初、末限度及分于上，列半周天于下，以上减下，以下乘上，木进一位，土九因之。皆满百为分，分满百为度，命曰盈缩定差。其火星，置盈缩度分，如在初限以下者为在初；以上者，覆减半周天，余为在末。以四十五度六十五分半为盈初、缩末限度，以一百三十六度九十六分半为缩初、盈末限度分。置初、末限度于上，盈初、缩末三因之。列二百七十三度九十三分于下，以上减下，余以下乘上，以一十二乘之，满万为度，不满，百约为分，命曰盈缩定差。若用立成法，以其度下损益率乘度下约分，满百者，以损益其度下盈缩差度为盈缩定差，若在留退段者，即在盈缩泛差。

　　求木火土三星留退差：置后退、后留盈缩泛差，各列其星盈缩极度于下，木极度，八度三十三分；火极度，二十二度五十一分；土极度，七度五十分。以上减下，余以下乘上，水、土三因之，火倍之。皆满百为度，命曰留退差。后退初半之，后留全用。其留退差，在盈益减损加、在缩损减益加其段盈缩泛差，为后退、后留定差。因为后迟初段定差，名须类会前留定差，观其盈缩，察其降差也。

　　求五星诸段定积：各置其星其段中积，以其段盈缩定差盈加缩减之，即其星其段定积及分；以天正冬至大余及约分加之，满纪法去之，不尽，命甲子，算外，即得日辰。其五星合见、伏，即为推算段定日；后求见、伏合定日，即历注其日。

　　求五星诸段所在月日：各置诸段定积，以天正闰日及约分加之，满朔策及分去之，为月数；不满，为入月以来日数及分。其月数命从天正十一月,算外,即其星其段入其月经朔日数及分。定朔有进退者,亦进退其日,以日辰为定。若以气策及约分去定积,命从冬至,算外,即得其段入气日及分。

求五星诸段加时定星:各置其星其段中星,以其段盈缩定差盈加缩减之,即五星诸段定星;若以天正冬至加时黄道日度加而命之,即其段加时定星所在宿次。五星皆以前留为前退初定星,后留为后顺初定星。

求五星诸段初日晨前夜半定星:木、火、土三星,以其星其段盈缩定差与次度下盈缩定差相减,余为其度损益差;以乘其段初行率,一百约之,所得,以加减其段初行率,在盈,益加损减;在缩,益减损加。以一百乘之,为初行积分;又置一百分,亦依其数加减之,以除初行积分,为初日定行分;以乘其段初日约分,以一百约之,顺减退加其段定星,为其段初日晨前夜半定星;以天正冬至加时黄道日度加而命之,即得所求。金、水二星,直以初行率便为初日定行分。

求太阳盈缩度:各置其段定积,如二至限以下为在盈;已上者去之,余为在缩。又视入盈缩度,如一象以下者为在初;已上者,覆减二至限,余为在末。置初、末限度及分,如前日度术求之,即得所求。若用立成者,直以其度下损益分乘度余,百约之,所得,损益其度下盈缩差,亦得所求。

求诸段日度率:以二段日辰相距为日率,又以二段夜半定星相减,余为其段度率及分。

求诸段平行分:各置其段度率及分,以其段日率除之,为其段平行分。

求诸段泛差:各以其段平行分与后段平行分相减,余为泛差;并前段泛差,四因之,退一等,为其段总差。五星前留前、后留后一段,皆以六因平行分,退一等,为其段总差,水星为半总差。其在退行者,木、火、土以十二乘其段平行分,退一等,为其段总差。金星退行者,以其段泛差为总差,后变则反用初、末。水星退行者,以其段平行分为总差,若在前后顺第一段者,乃半次段总差,为其段总差。

求诸段初末日行分:各半其段总差,加减其段平行分,为其段初、末日行分。前变加为初，减为末；后变减为初，加为末。其在退段者，前则减为初，加为末；后则加为初，减为末。若前后段行分多少不伦者，乃平注之；或总差不满大分者，亦平注之：皆类会前后初、末，不可失其衰杀。

求诸段日差：减其段日率一，以除其段总差，为其段日差。后行分少为损，后行分多为益。

求每日晨前夜半星行宿次：置其段初日行分，以日差累损益之，为每日行分；以每日行分累加减其段初日晨前夜半宿次，命之，即每日星行宿次。

经求其日宿次：置所求日，减一，以乘日差，以加减初日行分，后少，减之；后多，加之。为所求日行分；乃加初日行分而半之，以所求日数乘之，为径求积度；以加减其段初日宿次，命之，即径求其日星宿次。

求五星定合定日：木、火、土三星，以其段初日行分减一百分，余以除其日太阳盈缩分为日，不满，退除为分，命曰距合差日及分；以差日及分减太阳盈缩分，余为距合差度；以差日、差度盈减缩加。金、水二星平合者，以一百分减初日行分，余以除其日太阳盈缩分为日，不满，退除为分，命曰距合差日及分；以减太阳盈缩分，余为距合差度；以差日差度盈加缩减。金、水星再合者，以初日行分加一百分，以除其日太阳盈缩分为日，不满，退除为分，命曰再合差日；以减太阳盈缩分，余为再合差度；以差日、差度盈加缩减。差度则反其加减。皆以加减定积，为再合定日。以天正冬至大余及约分加而命之，即得定合日辰。

求五星定见伏：木、火、土三星，各以其段初日行分减一百分，余以除其日太阳盈缩分为日，不满，退除为分，以盈减缩加。金水二星夕见、晨伏者，以一百分减初日行分，余以除其日太阳盈缩分为日，不满，退除为分，以盈加缩减。其在晨见、夕伏者，以一百分加其段初日行分，以除其日太阳盈缩分为日，不满，退除为分，以盈减缩加。皆加减其段定积，为见、伏定日。以加减冬至大余及约分，满纪法去之，命从甲子，算外，即得五星见、伏定日日辰。

　　琮又论历曰：古今之历，必有术过于前人，而可以为万世之法者，乃为胜也。若一行为《大衍历》议及略例，校正历世，以求历法强弱，为历家体要，得中平之数。**刘焯悟日行有盈缩之差**，旧历推日行平行一度，至此方悟日行有盈缩，冬至前后定日八十八日八十九分，夏至前后定日九十三日七十四分，冬至前后日行一度有余，夏至前后日行不及一度。**李淳风悟定朔之法，并气朔、闰余，皆同一术**。旧历定朔平注一大一小，至此以日行盈缩、月行迟疾加减朔余，余为定朔、望加时，以定大小，不过三数。自此后日食在朔，月食在望，更无晦、二之差。旧历皆须用章岁、章月之数，使闰余有差，淳风造《麟德历》，以气朔、闰余同归一母。**张子信悟月行有交道表里，五星有入气加减**。北齐学士张子信因葛荣乱，隐居海岛三十余年，专以圆仪揆测天道，始悟月行有交道表里，在表为外道阳历，在里为内道阴历。月行在内道，则日有食之，月行在外道则无食。若月外之人北户向日之地，是反观有食。又旧历五星率无盈缩，至是始悟五星皆有盈缩、加减之数。**宋何承天始悟测景以定气序**。景极长，冬至；景极短，夏至。始立八尺之表，连测十余年，即知旧《景初历》冬至常迟天三日。乃造《元嘉历》，冬至加时比旧退减三日。**晋姜岌始悟以月食所冲之宿，为日所在之度**。日所在不知宿度，至此以月食之宿所冲，为日所在宿度。**后汉刘洪作《乾象历》，始悟月行有迟疾数**。旧历，月平行十三度十九分度之七，至是始悟月行有迟疾之差，极迟则日行十二度强，极疾则日行十四度太，其迟疾极差五度有余。**宋祖冲之始悟岁差**。《书·尧典》曰："日短星昴，以正仲冬；宵中星虚，以正仲夏。"至今三千余年，中星所差三十余度，则知每岁有渐差之数，造《大明历》率四十五年九月而退差一度。**唐徐升作《宣明历》，悟日食有气、刻差数**。旧历推日食皆平求食分，多不允合，至是推日食，以气刻差数增损之，测日食分数，稍近天验。《明天历》悟日月会合为朔，所立日法，积年有自然之数，及立法推求晷景，知气节加时所在。自《元嘉历》后所立日法，以四十九分之二十六为强率、以十七分之九为弱率，并强弱之数为日法、朔余，自后诸历效之。殊不知日月会合为朔，并朔余虚分为日法，盖自然之理。其气节加时，晋、汉以来约而要取，有差半日，今立法推求，得尽其数。后之造历者，莫不遵用焉。其疏谬之甚者，即苗守信之《翰元历》、马重绩之《调元历》、郭绍之《五纪历》也。大既无出于此矣。然造历者，皆须会日月之行，以为晦朔之数，验《春秋》日食，以明强弱。其于气序，则取验于《传》之南至；其日行盈缩、月行迟疾、五星加减、二曜食差、日宿月离、中星晷景、立数立法，悉本之于前语。然后较验，上自夏仲康五年九月'辰弗集于房'，以至于今，其星辰气朔、日月交食等，使三千年间若应准绳。而有前有后、有亲有疏者，即为中平之数，乃可施于后世。其较验则依一行、孙思恭，取数多而不以小，得为亲密。较日月交食，若一分二刻以下为亲，二分四刻以下为近，三分五刻以上为远。以历注有食而天验无食，或天验有食而历注无食者为失。其较星度，则以差天二度以下为亲，三度以下为远，四度以上为远；其较晷景尺寸，以二分以下为亲，三分以下为近，四分以上为近，若较古而行数多，又近于今，兼立法、立数，得其理而通于本者为最也。"琼自谓善历，尝曰："世之知历者鲜，近世独孙思恭为妙。"而思恭又尝推刘羲叟为知历焉。

宋史卷七六
志第二九

律历九

皇祐浑仪

尧敕羲、和制横箫以考察星度,其机衡用玉,欲其燥湿不变,运动有常,坚久而不能废也。至于后世,铸铜为圆仪,以法天体。自洛下闳造《太初历》,用浑仪,及东汉孝和帝时,太史惟有赤道仪,岁时测候,颇有进退。帝以问典星待诏姚崇等,皆曰:"星图有规法,日月实从黄道,今无其器,是以失之。"至永元十五年,贾逵始设黄道仪。桓帝延熹七年,张衡更制之,以四分为度。其后,陆绩、王蕃、孔挺、斛兰、梁令瓒、李淳风并尝制作。五代乱亡,遗法荡然矣。真宗祥符初,韩显符作浑仪,但游仪双环夹望筩旋转,而黄、赤道相固不动。皇祐初,又命日官舒易简、于渊、周琮等参用淳风、令瓒之制,改铸黄道浑仪,又为漏刻、圭表,诏翰林学士钱明逸详其法,内侍麦允言总其工。既成,置浑仪于翰林天文院之候台,漏刻于文德殿之钟鼓楼,圭表于司天监。帝为制《浑仪总要》十卷,论前代得失,已而留中不出。今具黄道游仪之法,著于此焉。

第一重,名六合仪。

阳经双环:外围二丈三尺二寸八分,直径七尺七寸六分,阔六寸,厚六分。南北并立,两面各列周天三百六十五度少强,北极出地三十五度少强。

阴纬单环：外围、径、阔与阳经双环等，外厚二寸五分，内厚一寸九分。上列十干、十二支、八卦方位，以正地形。上有池沿环流转，以定平准。

天常单环：外围二丈四寸六分，直径六尺八寸二分，阔、厚一寸二分。上列十干、十二支，四维时刻之数，以测辰刻，与阳经、阴纬环相固，如卵之殼幕然。

第二重，名三辰仪。

璇玑双环：外围一丈九尺五寸六分，直径六尺五寸二分，阔一寸四分，厚一寸。两面各均周天三百六十五度少强，作二枢对两极。

赤道单环：外围一丈九尺六寸八分，直径六尺五寸六分，阔一寸一分，厚六分。上列二十八宿距度、周天三百六十五度少强，附于璇玑之上。

黄道单环：外围一丈九尺二分，直径六尺三寸四分，阔一寸二分，厚一寸。上列周天三百六十五度少强，均分二十四气、七十二候、六十四卦、三百六十策。出入赤道二十四度，与赤道相交，每岁退差一分有余。

白道单环：外围一丈八尺六寸三分，直径六尺二寸一分，阔一寸一分，厚五分。上列交度，置于黄道环中，入黄道六度，每一交终，退行黄道一度半弱，皆旋转于六合之内。

第三重，名四游仪。

璇枢双环：外围一丈八尺二寸一分，直径六尺七分，阔二寸，厚七分。两面各列周天三百六十五度少强，挟直距以对枢轴，东西运转于三辰仪内，以格星度。

横箫望箫：长五尺七寸，外方内圆，中通望孔，其径六分，周于日轮，在璇枢直距之中，使南北游仰，以窥辰宿，无所不至。

十字水平槽：长九尺四寸八分，首阔一尺二寸七分，身阔九寸二分，高七尺。水槽阔一寸，深八分，四柱各长六尺七寸八分，植于水槽之末，以辅天体，皆以铜为之。乃格七曜远近盈缩，以知昼夜长短之效。其所测二十八舍距度，著于后；其周天星入宿去极所主吉凶,则具在《天文志》。

角十二度,亢九度,氐十六度,房五度,心四度,尾十九度,箕十度,斗二十五度,牛七度,女十一度,虚十度,危十六度,室十七度,壁九度,奎十六度,娄十二度,胃十五度,昴十一度,毕十八度,觜一度,参十度,井三十四度,鬼二度,柳十四度,星七度,张十八度,翼十八度,轸十七度。

皇祐漏刻

自黄帝观漏水,制器取则,三代因以命官,则挈壶氏其职也。后之作者,或下漏,或浮漏,或轮漏,或权衡,制作不一。宋旧有刻漏及以水为权衡,置文德殿之东庑。景祐三年,再加考定,而水有迟疾,用有司之请,增平水壶一、渴乌二、昼夜箭二十一。然常以四时日出传卯正一刻,又每时正已传一刻,至八刻已传次时,即二时初末相侵殆半。皇祐初,诏舒易简、于渊、周琮更造其法,用平水重壶均调水势,使无迟疾。分百刻于昼夜;冬至昼漏四十刻,夜漏六十刻;夏至昼漏六十刻,夜漏四十刻;春秋二分昼夜各五十刻。日未出前二刻半为晓,日没后二刻半为昏,减夜五刻以益昼漏,谓之昏旦漏刻。皆随气增损焉。冬至、夏至之间,昼夜长短凡差二十刻,每差一刻,别为一箭,冬至互起其首,凡有四十一箭。昼有朝、有禺、有中、有晡、有夕,夜有甲、乙、丙、丁、戊,昏旦有星中,每箭各异其数。凡黄道升降差二度四十分,则随历增减改箭。每时初行一刻至四刻六分之一为时正,终八刻六分之二则交次时。今列二十四气、昼夜日出入辰刻、昏晓中星,以备参合。

	昼四十刻	分空		日出卯正五刻	分空	昏中星壁初度
冬至	夜六十刻	分空		日入申正三刻	二十分	晓中星角初度

小寒	昼四十刻	一十九分	三日后昼四十一刻	日出卯正四刻	五十分	昏中星奎六度
	夜五十九刻	四十一分		日入申正三刻	三十分	晓中星亢二度
大寒	昼四十一刻	十九分	二日后昼四十二刻	日出卯正四刻	二十分	昏中星娄八度
	夜五十八刻	四十一分	十一日后昼四十三刻	日入申正四刻	分空	晓中星氐七度
立春	昼四十二刻	五十四分	三日后昼四十四刻	日出卯正三刻	二十二分	昏中星昴初度
	夜五十七刻	六分	十一日后昼四十五刻	日入申正四刻	四十八分	晓中星房四度
雨水	昼四十四刻	五十八分	昏中星毕八度	日出卯正二刻	三十八分	昏中星毕八度
	夜五十五刻	五十分	晓中星尾五度	日入申正五刻	五十分	晓中星尾五度
惊蛰	昼四十七刻	二十四分	五日后昼四十九刻	日出卯正一刻	十七分	昏中星参九度
	夜五十二刻	三十六分	十一日后昼五十刻	日入申正七刻	三分	晓中星尾十六度
春分	昼五十刻	分空	三日后昼五十一刻 九日后昼五十二刻	日出卯正初刻	分空	昏中星井十九度
	夜五十刻	分空	十五日后昼五十五刻	日入酉正初刻	分空	晓中星箕九度

清明	昼五十二刻	三十五分	六日后昼五十四刻	日出寅正七刻	三分	昏中星柳三度
	夜四十七刻	二十五分	十二日后昼五十五刻	日入酉正一刻	十七分	晓中星斗八度
谷雨	昼五十五刻	三分	四日后昼五十六刻	日出寅正五刻	五十分	昏中星张一度
	夜四十四刻	五十七分	十一日后昼五十七刻	日入酉正二刻	二十分	晓中星斗一十九度
立夏	昼五十七刻	五分	四日后昼五十八刻	日出寅正四刻	四十八分	昏中星翼二度
	夜四十二刻	五十五分	十四日后昼五十九刻	日入酉正三刻	三十二分	晓中星牛四度
小满	昼五十八刻	四十分	十四日后昼六十刻	日出寅正四刻	分空	昏中星轸二度
	夜四十一刻	二十分		日入酉正四刻	二十分	晓中星女九度
芒种	昼五十九刻	四十分		日出寅正三刻	三十分	昏中星角二度
	夜四十刻	二十分		日入酉正四刻	五十分	晓中星危初度
夏至	昼六十刻	分空		日出寅正三刻	二十分	昏中星亢六度
	夜四十刻	分空		日入酉正五刻	分空	晓中星危十四度
小暑	昼五十九刻	四十分		日入寅正三刻	三十分	昏中星氐十二度
	夜四十刻	二十分		日入酉正四刻	五十分	晓中星室十三度

大暑	昼五十八刻	四十分	四日后昼五十八刻	日出寅正四刻	分空	昏中星尾初度
	夜四十一刻	二十分	十一日后昼五十七刻	日入酉正四刻	二十分	晓中星奎五度
立秋	昼五十七刻	五分	八日后昼五十六刻	日出寅正四刻	四十分	昏中星尾十二度
	夜四十二刻	五十五分	十五日后昼五十五刻	日入酉正三刻	三十六分	晓中星娄七度
处暑	昼五十五刻	三分	七日后昼五十四刻	日出寅正五刻	五十分	昏中星箕六度
	夜四十四刻	五十七分	十三日后昼五十三刻	日入酉正二刻	三十分	晓中星昴初度
白露	昼五十二刻	三十五分	五日后昼五十二刻	日出寅正七刻	三分	昏中星斗五度
	夜四十七刻	二十五分	十一日后昼五十一刻	日入酉正一刻	十七分	晓中星毕九度
秋分	昼五十刻	分空	初日后昼五十刻 七日后昼四十九刻	日出卯正初刻	分空	昏中星斗六度
	夜五十刻	分空	十三日后昼四十八刻	日入酉正初刻	分空	晓中星井一度
寒露	昼四十七刻	二十四分	四日后昼四十七刻	日出卯正一刻	十七分	昏中星牛初度
	夜五十二刻	三十六分	十日后昼四十六刻	日入申正七刻	三分	晓中星井二十一度

霜降	昼四十四刻	五十八分	初日后昼四十五刻八日后昼四十四刻	日出卯正二刻	三十分	昏中星女三度
	夜五十五刻	二分	十四日后昼四十三刻	日入申正五刻	五十分	晓中星柳五度
立冬	昼四十二刻	五十四分	八日后昼四十二刻	日出卯正三刻	三十二分	昏中星虚三度
	夜五十七刻	六分		日入申正四刻	四十八分	晓中星张二度
小雪	昼四十一刻	十九分	三日后昼四十一刻	日出卯正四刻	二十分	昏中星危五度
	夜五十八刻	四十八分	十五日后昼四十刻	日入申正四刻	分空	晓中星翼二度
大雪	昼四十刻	十九分		日出卯正四刻	五十分	昏中星室一度
	夜五十九刻	四十一分		日入申正三刻	三十分	晓中星轸一度

皇祐圭表

观天地阴阳之体,以正位辨方、定时考闰,莫近乎圭表。宋何承天始立表候日景,十年间,知冬至比旧用《景初历》常后天三日。又唐一行造《大衍历》,用圭表测知旧历气节常后天一日。今司天监圭表乃石晋时天文参谋赵延乂所建,表既欹倾,圭亦垫陷,其于天度无所取正。皇祐初,诏周琮、于渊、舒易简改制之,乃考古法,立八尺铜表,厚二寸,博四寸,下连石圭一丈三尺,以尽冬至景长之数,面有双水沟为平准,于沟双刻尺寸分数,又刻二十四气岳台晷景所得尺寸,置于司天监。候之三年,知气节比旧历后天半日。因而成书三卷,命曰《岳台晷景新书》,论前代测候是非、步算之法颇详。既上奏，诏翰林学士范镇为序以识。琮以谓二十四气所得尺寸，比显德《钦天历》王朴算为密。今载气之盈缩，备采用焉。

小雪，皇祐元年己丑十月十九日戊寅。

　　　　新表测景长一丈一尺三寸五分，王朴算景长一丈一尺三寸九分，新法算景长一丈一尺三寸四分<small>小分四十八</small>。

　　　　二年庚寅十月二十九日癸未。<small>云露不测。</small>

　　　　三年辛卯十月十日戊子。

　　　　新表测景长一丈一尺三寸，王朴算景长一丈一尺四寸七分，新法算景长一丈一尺二寸九分<small>小分九十八</small>。

大雪，元年己丑十一月四日癸巳。<small>云露不测。</small>

　　　　二年庚寅十一月十五日戊戌。

　　　　新表测景长一丈二尺四寸五分半，王朴算景长一丈二尺四寸五分，新法算景长一丈二尺四寸四分<small>小分二十五</small>。

冬至，元年己丑十一月十九日戊申。

　　　　新表测景长一丈二尺八寸五分，王朴算景长一丈二尺八寸六分，新法算景长一丈二尺八寸五分。

　　　　二年庚寅十一月三十日癸丑。

　　　　新表测景长一丈二尺八寸四分，王朴算景长一丈二尺八寸六分，新法算景长一丈二尺八寸五分。

　　　　三年辛卯十一月十二日己未。<small>云露不测。</small>

小寒，元年己丑十二月四日癸亥。

　　　　新表测景长一丈二尺四寸，王朴算景长一丈二尺四寸八分，新法算景长一丈二尺四寸<small>小分十五</small>。

　　　　二年庚寅闰十一月十五日戊辰。<small>云露不测。</small>

　　　　三年辛卯十一月二十七日甲戌。

　　　　新表测景长一丈二尺三寸七分，王朴算景长一丈二尺四寸八分<small>小分二十六</small>。

大寒，元年己丑十二月十九日戊寅。<small>云露不测。</small>

　　　　二年庚寅十二月一日甲申。

新表测景长一丈一尺一寸七分,王朴算景长一丈一尺四寸四分,新法算景长一丈一尺一寸八分<small>小分四十</small>。

三年辛卯十二月十二日己丑。<small>云露不测。</small>

立春,元年己丑正月六日甲午。<small>云露不测。</small>

二年庚寅十二月十六日己亥。<small>云露不测。</small>

三年辛卯十二月二十七日甲辰。

新表测景长九尺六寸七分半,王朴算景长一丈一寸五分,新法算景长一丈六寸八分<small>小分七</small>。

雨水,二年庚寅正月二十一日己酉。<small>云露不测。</small>

三年辛卯正月二日甲寅。

新表测景长八尺一寸半分,王朴算景长八尺五寸,新法算景长八尺九寸<small>小分七十六</small>。

四年壬辰正月十二日己未。

新表测景长八尺一寸二分半,王朴算景长八尺六寸一分,新法算景长八尺一寸二分<small>小分一十八</small>。

惊蛰,二年庚寅二月七日甲子。

新表测景长六尺六寸三分,王朴算景长六尺八寸五分,新法算景长六尺六寸三分,<small>小分三十九</small>。

三年辛卯正月十七日己巳。

新表测景长六尺六寸五分,王朴算景长六尺八寸五分,新法算景长六尺六寸五分<small>小分六十八</small>。

四年壬辰正月二十八日乙亥。<small>云露不测。</small>

春分,二年庚寅二月二十三日己卯。

新表测景长五尺三寸五分,王朴算景长五尺二寸七分,新法算景长五尺三寸四分<small>小分七十七</small>。

三年辛卯二月四日乙酉。<small>云露不测。</small>

四年壬辰二月十四日庚寅。

新表测景长五尺三寸一分,王朴算景长五尺二寸七分,新法算景长五尺三寸<small>小分七十三</small>。

清明，二年庚寅三月八日乙未。

　　新表测景长四尺二寸，王朴算景长三尺八寸九分，新法算景长四尺一寸八分<small>小分六十一</small>。

　　三年辛卯二月十九日庚子。<small>云露不测。</small>

　　四年壬辰二月二十九日乙巳。

　　新表测景长四尺二寸二分，王朴算景长三尺九寸六分，新法算景长四尺二寸一分<small>小分八十五</small>。

谷雨，二年庚寅三月二十三日庚戌。<small>云露不测。</small>

　　三年辛卯三月四日乙卯。

　　新表测景长三尺三寸，王朴算景长二尺九寸六分，新法算景长三尺二寸九分<small>小分八十六</small>。

　　四年壬辰三月十五日庚申。

　　新表测景长三尺三寸一分半，王朴算景长三尺一寸，新法算景长三尺三寸一分<small>小分一十六</small>。

立夏，二年庚寅四月九日乙丑。

　　新表测景长二尺五寸七分，王朴算景长二尺三寸，新法算景长二尺五寸六分<small>小分二十八</small>。

　　三年辛卯三月十九日庚午。

　　新表测景长二尺五寸七分半，王朴算景长二尺三寸，新法算景长二尺五寸七分<small>小分四十二</small>。

　　四年壬辰三月三十日乙亥。

　　新表测景长二尺五寸八分半，王朴算景长二尺三寸四分，新法算景长二尺五寸八分<small>小分四十四</small>。

小满，二年庚寅四月二十四日庚辰。

　　新表测景长二尺三分，王朴算景长一尺八寸六分，新法算景长二尺三分<small>小分五十一</small>。

　　三年辛卯四月五日乙酉。

　　新表测景长二尺三分半，王朴算景长一尺八寸六分，新法算景长二尺三分<small>小分五十一</small>。

四年壬辰四月十六日辛卯。云露不测。

芒种,二年庚寅五月九日乙未。

新表测景长一尺六寸九分,王朴算景长一尺六寸,新法算景长一尺六寸半分小分九十七。

三年辛卯四月二十一日辛丑。

新表测景长一尺六寸七分,王朴算景长一尺五寸九分,新法算景长一尺六寸七分小分八十四。

四年壬辰五月二日丙午。

新表测景长一尺六寸八分半,王朴算景长一尺六寸,新法算景长一尺六寸八分小分二十。

夏至,二年庚寅五月二十五日辛亥。

新表测景长一尺五寸七分半,王朴算景长一尺五寸一分,新法算景长一尺五寸七分。

三年辛卯五月七日丙辰。云露不测。

四年壬辰五月十七日辛酉。

新表测景长一尺五寸七分,王朴算景长一尺五寸一分,新法算景长一尺五寸七分。

小暑,二年庚寅六月十一日丙寅。云露不测。

三年辛卯五月二十二日辛未。

新表测景长一尺六寸九分半,王朴算景长一尺六寸,新法算景长一尺六寸九分小分七十五。

四年壬辰六月三日丙子。云露不测。

大暑,二年庚辰六月二十六日辛巳。

新表测景长二尺四寸,王朴算景长一尺八寸五分,新法算景长二尺四分小分九十七。

三年辛卯六月七日丙戌。

新表测景长二尺二分太,王朴算景长一尺八寸五分,新法算景长二尺四分小分二十四。

四年壬辰六月十九日壬辰。

新表测景长二尺五分，王朴算景长一尺八寸七分，新法算景长二尺六分小分五十三。

立秋，二年庚寅七月十一日丙申。

新表测景长二尺五寸九分，王朴算景长二尺二寸九分，新法算景长二尺五寸九分小分五十一。

三年辛卯六月二十三日壬寅。

新表测景长二尺六寸一分半，王朴算景长二尺三寸三分，新法算景长二尺六寸二分小分七十三。

处暑，二年庚寅七月二十七日壬子。云露不测。

三年辛卯七月九日丁巳。

新表测景长三尺三寸六分，王朴算景长三尺，新法算景长三尺三寸六分小分六十五。

四年壬辰七月十九日壬戌。云露不测。

白露，二年庚寅八月十三日丁卯。云露不测。

三年辛卯七月二十四日壬申。云露不测。

四年壬辰八月五日丁丑。云露不测。

秋分，二年庚寅八月二十八日壬午。云露不测。

三年辛卯八月九日丁亥。

新表测景长五尺三寸八分，王朴算景长五尺二寸一分，新法算景长五尺三寸八分小分六十九。

四年壬辰八月二十日壬辰。云露不测。

寒露，二年庚寅九月十三日丁酉。云露不测。

三年辛卯九月二十四日壬寅。

新表测景长六尺六寸七分，王朴算景长六尺八分，新法算景长六尺六寸七分小分八十八。

四年壬辰九月六日戊申。

新表测景长六尺七寸三分半，王朴算景长六尺九寸一分，新法算景长六尺七寸四分小分八十四。

霜降，二年庚寅九月二十八日壬子。

新表测景长八尺一寸六分,王朴算景长八尺四寸五分,新法算景长八尺一寸四分小分七十。

三年辛卯九月十日戊午。云露不测。

四年壬辰九月二十一日癸亥。

新表测景长八尺二寸,王朴算景长八尺五寸六分,新法算景长八尺一寸九分小分六十六。

立冬,二年庚寅十月十四日戊辰。

新表测景长九尺八寸半分,王朴算景长一丈一寸,新法算景长九尺八寸一分小分二十五。

三年辛卯九月二十五日癸酉。

新表测景长九尺七寸九分,王朴算景长一丈一寸,新法算景长九尺七寸八分小分六十三。

四年壬辰十月六日戊寅。

新表测景长九尺七寸六分,王朴算景长一丈一寸,新法算景长九尺七寸六分小分一十。

测景正加时早晚

后汉熹平三年,《四分历》志立冬中景长一丈,立春中景长九尺六寸。寻冬至南极,日晷最长,二气去至日数既同,则中景应等,而前长后短,顿差四寸。此历景冬至后天之验也。二气中景日差九分半弱,进退均调,略无盈缩,以率计之,二气各退二日十二刻,则晷景之数,立冬更短,立春更长,并差二寸,二气中景俱长九尺八寸矣,即立冬、立春之正日也。以此推之,历置冬至后天亦二日十二刻也。熹平三年,时历丁丑冬至,加时正在日中;以二日十二刻减之,定以乙亥冬至,加时在夜半后三十八刻。《宋志》大明五年十月十日,景一丈七寸七分半;十一月二十五日,景一丈八寸一分太;二十六日,一丈七寸五分强。折取其中,则中天冬至应在十一月三日求其早晚。今后二日景相减,则一日差率也,倍之为法;前二日减,以百刻乘之,为实;以法除实,得冬至加时在夜半后三十一刻,在《元嘉历》后一日，天数之正也。量检弥年，则加减均同；异岁相课，则远近应率。观二家之说，略而未通。熹平乃要取其中，而失于至前、至后之余；大明则左右率，而失于为实、为法之数。若夫较景、定气，历家最为急务。观古较验，止以冬至前后数日之间，以定加时早晚。且景之差行，当二至前后，进退在微芒之间。又日有变行，盈缩稍异，若以为准，则加时相背。又晋、汉历术，多以前后所测晷要取其中，此亦差过半日。今比岁较验，在立冬、立春景移过寸，若较取加时，则宜以其相近者通计，半之为距至泛日；乃以其晷数相减，余者以法乘之，满其日晷差而一，为刻；乃以差刻求冬至，视其前晷，多则为减，少则为加，求夏至返之。加减距至泛日，为定日；仍加半日之刻，命从前距日辰，算外，即二至加时日辰及刻分。如此推求，则二至加时早晚可验矣。

皇祐岳台晷景法

按《大衍》载日及《崇天》定差之率，虽号通密，然未能尽上下交应之理，则晷度无由合契。今立新法，使上符盈缩之行，下参句股之数，所算尺寸与天测验，无有先后。其术曰：计二至后日数，乃减去二至约余，仍加半日之分，即所求日午中积数，而置之以求进退差分，求进退差分者，置中积之数，如一象九十一日三十一分以下为在前；如一象以上，返减二至限一百八十二日六十二分，余为在后。置前后度于上，列二百于下，以上减下，余以下乘上，满四千一百三十五除之为分，不满，退除为小分。在冬至后即为进差，在夏至后即为退差。**仍别初、末二限**，求入初、末限者，置所求日午中积数，日在冬至后初限、夏至后末限之数四十五日六十二分以下，即为所求在初限；如在已上者，乃返减二至限，余即为所求入末限。其冬至后末限、夏至后初限，以一百三十七日为率。**用求午中晷数**。求午中晷数者，视所求。如入冬至后初限、夏至后末限者，以入限日减一千九百三十七半，余为泛差；仍以限日分乘其进退差，五因百约之，用减泛差；为定差；乃以入限日分自相乘，以乘定差，满一百万为尺，不满为寸，为分及小分，以减冬至常晷一丈二尺八寸五分，余为其日午中晷数。若所求入冬至后末限、夏至后初限者，乃三约入限日分，以减四百八十五少，余为泛差；仍以进退差减极数，余者若在春分后、秋分前者,直以四约之,以加泛差,为定差;若在春分前、秋分后者,乃以去二分日数及分乘之,满六百而一,以减泛差,余为定差;乃入限日分自相乘,以乘定差,满一百万为尺,不满为寸、为分及小分,以加夏至常暑一尺五寸七分,即为其日午中暑数。若用周岁历,直以其日暑景损益差分乘其日午中之余,满法约之,乃损益其下暑数,即其日午中定暑。**如此推求,则上下通应之理,句股斜射之原,皆可视验,乃具岳台暑景周岁算数。**

冬至后	每日损差	每日午中暑景常数
初日	空分小分一十九	一丈二尺八寸五分
一日	空分小分五十八	一丈二尺八寸四分小分八十一
二日	空分小分九十六	一丈二尺八寸四分小分二十三
三日	一分小分三十五	一丈二尺八寸三分小分二十七
四日	一分小分七十二	一丈二尺八寸一分小分九十二
五日	二分小分一十一	一丈二尺八寸小分一十九
六日	二分小分四十八	一丈二尺七寸八分小分八
七日	二分小分八十五	一丈二尺七寸五分小分六十
八日	三分小分二十一	一丈二尺七寸七分小分七十五
九日	三分小分五十八	一丈二尺六寸九分小分五十四
十日	三分小分九十二	一丈二尺六寸五分小分九十六
十一日	四分小分二十八	一丈二尺六寸二分小分三
十二日	四分小分六十二	一丈二尺五寸七分小分七十五
十三日	四分小分九十六	一丈二尺五寸三分小分一十三
十四日	五分小分二十九	一丈二尺四寸八分小分一十七
十五日	五分小分六十一	一丈二尺四寸二分小分八十八
十六日	五分小分九十一	一丈二尺三寸七分小分二十七
十七日	六分小分二十三	一丈二尺三寸一分小分三十五
十八日	六分小分五十二	一丈二尺二寸五分小分一十二
十九日	六分小分八十一	一丈二尺一寸八分小分六十

二十日	七分小分九	一丈二尺一寸七分小分七十九
二十一日	七分小分三十六	一丈二尺四分小分七十
二十二日	七分小分六十二	一丈一尺九寸七分小分三十四
二十三日	七分小分八十七	一丈一尺八寸九分小分七十二
二十四日	八分小分一十一	一丈一尺八寸一分小分八十五
二十五日	八分小分三十四	一丈一尺七寸三分小分七十四
二十六日	八分小分五十五	一丈一尺六寸五分小分四十
二十七日	八分小分七十三	一丈一尺五寸六分小分八十五
二十八日	九分小分空	一丈一尺四寸八分小分一十三
二十九日	九分小分一十四	一丈一尺三寸九分小分一十二
三十日	九分小分三十二	一丈一尺二寸九分小分九十八
三十一日	九分小分四十八	一丈一尺二寸小分六十六
三十二日	九分小分六十二	一丈一尺一寸一分小分一十八
三十三日	九分小分七十六	一丈一尺一分小分五十五
三十四日	九分小分八十九	一丈九寸一分小分七十八
三十五日	一寸小分一	一丈八尺一寸小分六十九
三十六日	一寸小分一十二	一丈七尺一分小分八十八
三十七日	一寸小分二十	一丈六寸一分小分七十六
三十八日	一寸小分二十八	一丈五寸一分小分五十六
三十九日	一寸小分三十五	一丈四寸一分小分二十八
四十日	一寸小分四十	一丈三寸小分九十三
四十一日	一寸小分四十四	一丈二寸小分五十三
四十二日	一寸小分四十八	一丈一寸小分九
四十三日	一寸小分四十九	九尺九寸九分小分六十一
四十四日	一寸小分五十	九尺八寸九分小分一十二
四十五日	一寸小分五十七	九尺七寸八分小分六十二
四十六日	一寸小分六十七	九尺六寸八分小分五
四十七日	一寸小分六十一	九尺五寸七分小分三十八

四十八日	一寸小分六十	九尺四寸六分小分七十七
四十九日	一寸小分五十六	九尺三寸六分小分一十七
五十日	一寸小分五十二	九尺二寸五分小分六十一
五十一日	一寸小分四十九	九尺一寸五分小分九
五十二日	一寸小分四十五	九尺一寸五分小分九
五十三日	一寸小分四十一	八尺九寸四分小分一十八
五十四日	一寸小分三十八	八尺八寸三分小分七十七
五十五日	一寸小分三十二	八尺七寸三分小分三十九
五十六日	一寸小分二十七	八尺六寸三分小分七
五十七日	一寸小分二十三	八尺五寸二分小分八十
五十八日	一寸小分一十九	八尺四寸二分小分五十七
五十九日	一寸小分一十二	八尺三寸二分小分三十八
六十日	一寸小分八	八尺二寸小分二十六
六十一日	一寸小分三	八尺一寸二分小分一十八
六十二日	九分小分九十七	八尺二分小分一十五
六十三日	九分小分九十一	七尺九寸二分小分一十八
六十四日	九分小分八十六	七尺八寸二分小分一十五
六十五日	九分小分八十一	七尺七寸二分小分三十九
六十六日	九分小分七十五	七尺六寸二分小分五十八
六十七日	九分小分六十九	七尺五寸二分小分八十三
六十八日	九分小分六十二	七尺四寸三分小分一十四
六十九日	九分小分五十七	七尺三寸三分小分五十二
七十日	九分小分五十一	七尺二寸三分小分九十五
七十一日	九分小分四十九	七尺一寸四分小分四十四
七十二日	九分小分三十八	七尺四分小分九十七
七十三日	九分小分三十一	六尺九寸五分小分六十一
七十四日	九分小分二十五	六尺八寸六分小分三十
七十五日	九分小分一十七	六尺七寸七分小分五

七十六日	九分小分一十三	六尺六寸七分小分八十八
七十七日	九分小分六	六尺五寸八分小分七十五
七十八日	八分小分九十七	六尺四寸九分小分六十九
七十九日	八分小分九十	六尺四寸小分七十三
八十日	八分小分八十三	六尺三寸一分小分八十三
八十一日	八分小分七十七	六尺二寸三分小分空
八十二日	八分小分六十八	六尺一寸四分小分二十三
八十三日	八分小分六十二	六尺五分小分五十五
八十四日	八分小分五十五	五尺九寸六分小分九十三
八十五日	八分小分四十七	五尺八寸八分小分三十八
八十六日	八分小分三十九	五尺七寸九分小分九十一
八十七日	八分小分三十三	五尺七寸一分小分五十二
八十八日	八分小分二十五	五尺六寸三分小分二十
八十九日	八分小分一十七	五尺五寸四分小分九十五
九十日	八分小分九	五尺四寸六分小分七十八
九十一日	七分小分九十六	五尺三寸八分小分六十九
九十二日	七分小分八十三	五尺三寸小分七十三
九十三日	七分小分七十六	五尺二寸二分小分九十
九十四日	七分小分六十七	五尺一寸五分小分一十四
九十五日	七分小分五十九	五尺七分小分四十七
九十六日	七分小分五十	四尺九寸九分小分八十八
九十七日	七分小分四十二	四尺九寸二分小分三十八
九十八日	七分小分三十四	四尺八寸四分小分九十六
九十九日	七分小分二十六	四尺七寸七分小分六十二
一百日	七分小分一十七	四尺七寸小分三十六
一百一日	七分小分九	四尺六寸三分小分一十九
一百二日	七分小分一	四尺五寸六分小分一十
一百三日	六分小分九十三	四尺四寸九分小分九

一百四日	六分小分八十五	四尺四寸二分小分一十六
一百五日	六分小分七十七	四尺三寸五分小分三十一
一百六日	六分小分六十九	四尺二寸八分小分五十四
一百七日	六分小分六十	四尺二寸一分小分八十五
一百八日	六分小分五十	四尺一寸五分小分二十五
一百九日	六分小分四十五	四尺八分小分七十四
一百一十日	六分小分三十七	四尺二分小分二十九
一百一十一日	六分小分二十九	三尺九寸五分小分九十二
一百一十二日	六分小分二十一	三尺八寸九分小分六十三
一百一十三日	六分小分一十二	三尺八寸三分小分四十二
一百一十四日	六分小分四	三尺七寸七分小分三十
一百一十五日	五分小分九十七	三尺七寸一分小分二十六
一百一十六日	五分小分八十九	三尺六寸五分小分二十九
一百一十七日	五分小分八十	三尺五寸九分小分四十
一百一十八日	五分小分七十三	三尺五寸三分小分六十
一百一十九日	五分小分六十五	三尺四寸七分小分八十七
一百二十日	五分小分五十七	三尺四寸二分小分二十三
一百二十一日	五分小分四十九	三尺三寸六分小分六十五
一百二十二日	五分小分四十	三尺三寸一分小分一十六
一百二十三日	五分小分三十二	三尺二寸五分小分七十六
一百二十四日	五分小分二十六	三尺二寸小分四十四
一百二十五日	五分小分一十七	三尺一寸五分小分一十八
一百二十六日	五分小分九	三尺一寸小分二
一百二十七日	五分小分一	三尺四分小分九十二
一百二十八日	四分小分九十三	二尺九寸九分小分九十一
一百二十九日	四分小分八十五	二尺九寸四分小分九十八
一百三十日	四分小分七十七	二尺九寸小分一十三
一百三十一日	四分小分六十九	二尺八寸五分小分三十六

一百三十二日	四分小分六十一	二尺八寸小分六十七
一百三十三日	四分小分五十二	二尺七寸六分小分六
一百三十四日	四分小分四十五	二尺七寸一分小分五十四
一百三十五日	四分小分三十六	二尺六寸七分小分九
一百三十六日	四分小分二十九	二尺六寸二分小分七十三
一百三十七日	四分小分二十	二尺五寸八分小分四十四
一百三十八日	四分小分一十一	二尺五寸四分小分二十四
一百三十九日	四分小分四	二尺五寸小分一十三
一百四十日	三分小分九十五	二尺四寸六分小分九
一百四十一日	三分小分八十七	二尺四寸二分小分一十四
一百四十二日	三分小分七十九	二尺三寸八分小分二十七
一百四十三日	三分小分七十	二尺三寸四分小分四十八
一百四十四日	三分小分六十二	二尺三寸小分七十八
一百四十五日	三分小分五十二	二尺二寸七分小分一十六
一百四十六日	三分小分四十五	二尺二寸三分小分六十三
一百四十七日	三分小分三十七	二尺二寸小分一十八
一百四十八日	三分小分二十九	二尺一寸六分小分八十一
一百四十九日	三分小分一十八	二尺一寸三分小分五十二
一百五十日	三分小分一十	二尺一寸小分三十四
一百五十一日	三分小分二	二尺七分小分二十四
一百五十二日	二分小分九十三	二尺四分小分二十三
一百五十三日	二分小分八十四	二尺一分小分二十九
一百五十四日	二分小分七十六	一尺九寸八分小分四十五
一百五十五日	二分小分六十六	一尺九寸五分小分六十九
一百五十六日	二分小分五十八	一尺九寸三分小分三
一百五十七日	二分小分四十九	一尺九寸小分四十五
一百五十八日	二分小分三十九	一尺八寸七分小分九十六
一百五十九日	二分小分三十	一尺八寸五分小分五十七

一百六十日	二分小分二十二	一尺八寸三分小分二十七
一百六十一日	二分小分一十一	一尺八寸一分小分五
一百六十二日	二分小分三	一尺七寸八分小分九十四
一百六十三日	一分小分九十三	一尺七寸六分小分九十一
一百六十四日	一分小分八十四	一尺七寸四分小分九十八
一百六十五日	一分小分七十五	一尺七寸三分小分一十四
一百六十六日	一分小分六十四	一尺七寸一分小分三十九
一百六十七日	一分小分五十五	一尺六寸九分小分七十五
一百六十八日	一分小分四十六	一尺六寸八分小分二十
一百六十九日	一分小分三十六	一尺六寸六分小分四十七
一百七十日	一分小分三十五	一尺六寸五分小分三十八
一百七十一日	一分小分一十六	一尺六寸四分小分一十三
一百七十二日	一分小分六	一尺六寸三分小分九十七
一百七十三日	空分小分九十六	一尺六寸一分小分九十一
一百七十四日	空分小分八十六	一尺六寸小分九十五
一百七十五日	空分小分七十五	一尺六寸小分九
一百七十六日	空分小分六十五	一尺五寸九分小分三十四
一百七十七日	空分小分五十五	一尺五寸八分小分六十九
一百七十八日	空分小分四十四	一尺五寸八分小分一十四
一百七十九日	空分小分三十三	一尺五寸七分小分七十
一百八十日	空分小分二十三	一尺五寸七分小分三十七
一百八十一日	空分小分一十二	一尺五寸七分小分一十四
一百八十二日	空分小分三	一尺五寸七分小分二
夏至后	每日益差	每日午中晷景常数
初日	空分小分五	一尺五寸七分小分空
一日	空分小分一十六	一尺五寸七分小分五
二日	空分小分二十七	一尺五寸七分小分二十一

三日	空分小分三十八	一尺五寸七分小分四十九
四日	空分小分四十八	一尺五寸七分小分八十六
五日	空分小分五十九	一尺五寸八分小分三十四
六日	空分小分六十九	一尺五寸八分小分九十三
七日	空分小分七十九	一尺五寸九分小分六十二
八日	空分小分八十九	一尺六寸小分四十一
九日	一分小分空	一尺六寸一分小分三十
十日	一分小分一十	一尺六寸二分小分三十
十一日	一分小分一十九	一尺六寸三分小分四十
十二日	一分小三十	一尺六寸四分小分五十九
十三日	一分小分三十九	一尺六寸五分小分八十九
十四日	一分小分四十九	一尺六寸七分小分二十八
十五日	一分小分五十九	一尺六寸八分小分七十七
十六日	一分小六十九	一尺七寸小分三十六
十七日	一分小分七十八	一尺七寸二分小分五
十八日	一分小分八十七	一尺七寸三分小分八十五
十九日	一分小分九十八	一尺七寸五分小分七十
二十日	二分小分六	一尺七寸七分小分六十七
二十一日	二分小分一十五	一尺七寸九分小分七十三
二十二日	二分小分二十五	一尺八寸一分小分八十八
二十三日	二分小分三十四	一尺八寸四分小分一十三
二十四日	二分小分四十三	一尺八寸六分小分四十七
二十五日	二分小分五十二	一尺八寸八分小分九十
二十六日	二分小分六十一	一尺九寸一分小分四十二
二十七日	二分小分七十	一尺九寸四分小分三
二十八日	二分小分七十九	一尺九寸六分小分七十三
二十九日	二分小分八十七	一尺九寸九分小分五十二
三十日	二分小分九十七	二尺二分小分三十九

三十一日	三分小分五	二尺五分小分三十六
三十二日	三分小分一十四	二尺八分小分四十一
三十三日	三分小分二十二	二尺一寸一分小分五十五
三十四日	三分小分三十一	二尺一寸八分小分七十七
三十五日	三分小分四十	二尺一寸八分小分八
三十六日	三分小分四十八	二尺二寸一分小分四十八
三十七日	三分小分五十七	二尺二寸四分小分九十六
三十八日	三分小分六十五	二尺二寸八分小分五十三
三十九日	三分小分七十三	二尺三寸二分小分一十八
四十日	三分小分八十二	二尺三寸五分小分九十一
四十一日	三分小分九十	二尺三寸九分小分七十三
四十二日	三分小分九十九	二尺四寸三分小分六十三
四十三日	四分小分六	二尺四寸七分小分六十二
四十四日	四分小分一十五	二尺五寸一分小分六十八
四十五日	四分小分二十三	二尺五寸五分小分八十三
四十六日	四分小分三十三	二尺六寸小分六
四十七日	四分小分三十九	二尺六寸四分小分三十八
四十八日	四分小分四十八	二尺六寸八分小分七十七
四十九日	四分小分五十五	二尺七寸三分小分二十五
五十日	四分小分六十四	二尺七寸七分小分八十
五十一日	四分小分七十二	二尺八寸二分小分四十四
五十二日	四分小分七十九	二尺八寸七分小分一十六
五十三日	四分小分八十九	二尺九寸一分小分六十五
五十四日	四分小分九十六	二尺九寸六分小分八十四
五十五日	五分小分四	三尺一分小分八十
五十六日	五分小分一十二	三尺六分小分八十四
五十七日	五分小分二十	三尺一寸一分小分九十六
五十八日	五分小分二十八	三尺一寸七分小分一十六

五十九日	五分小分三十六	三尺二寸二分小分四十四
六十日	五分小分四十四	三尺二寸七分小分八十
六十一日	五分小分五十二	三尺三寸三分小分二十四
六十二日	五分小分六十	三尺三寸八分小分七十六
六十三日	五分小分六十八	三尺四寸四分小分三十六
六十四日	五分小分七十五	三尺五寸小分四
六十五日	五分小分八十四	三尺五寸五分小分七十九
六十六日	五分小分九十二	三尺六寸一分小分六十三
六十七日	五分小分九十九	三尺六寸七分小分五十五
六十八日	六分小分八	三尺七寸三分小分五十四
六十九日	六分小分一十六	三尺七寸九分小分六十二
七十日	六分小分二十三	三尺八寸五分小分七十八
七十一日	六分小分三十二	三尺九寸二分小分一
七十二日	六分小分三十九	三尺九寸八分小分三十三
七十三日	六分小分四十八	四尺四分小分七十二
七十四日	六分小分四十五	四尺一寸七分小分七十五
七十五日	六分小分六十四	四尺一寸七分小分七十五
七十六日	六分小分七十一	四尺二寸四分小分三十九
七十七日	六分小分八十	四尺三寸一分小分一十
七十八日	六分小分八十八	四尺三寸七分小分九十
七十九日	六分小分九十七	四尺四寸四分小分七十八
八十日	七分小分三	四尺五寸一分小分七十五
八十一日	七分小分一十三	四尺五寸八分小分七十八
八十二日	七分小分二十	四尺六寸五分小分九十一
八十三日	七分小分二十九	四尺七寸三分小分一十一
八十四日	七分小分三十七	四尺八寸小分四十
八十五日	七分小分四十四	四尺八寸七分小分七十七
八十六日	七分小分五十四	四尺九寸五分小分二十一

八十七日	七分小分六十三	五尺二分小分七十五
八十八日	七分小分六十九	五尺一寸小分三十八
八十九日	七分小分七十七	五尺一寸八分小分七
九十日	七分小分九十	五尺二寸五分小分八十四
九十一日	八分小分一	五尺三寸三分小分七十四
九十二日	八分小分一十三	五尺四寸一分小分七十五
九十三日	八分小分二十	五尺四寸九分小分八十八
九十四日	八分小分二十七	五尺五寸八分小分八
九十五日	八分小分三十五	五尺六寸六分小分三十五
九十六日	八分小分四十四	五尺七寸四分小分七十
九十七日	八分小分四十七	五尺八寸三分小分一十四
九十八日	八分小分五十八	五尺九寸一分小分六十一
九十九日	八分小分六十六	六尺小分一十九
一百日	八分小分七十	六尺八分小分八十五
一百一日	八分小分八十	六尺一寸七分小分五十五
一百二日	八分小分八十六	六尺二寸六分小分三十五
一百三日	八分小分九十三	六尺三寸五分小分二十一
一百四日	九分小分空	六尺四寸四分小分一十四
一百五日	九分小分八	六尺五寸三分小分一十四
一百六日	九分小分一十三	六尺六寸二分小分二十二
一百七日	九分小分二十一	六尺七寸一分小分三十五
一百八日	九分小分二十七	六尺八寸小分五十六
一百九日	九分小分三十五	六尺八寸九分小分八十三
一百十日	九分小分四十	六尺九寸九分小分一十八
一百一十一日	九分小分四十七	七尺八分小分五十八
一百一十二日	九分小分五十四	七尺一寸八分小分五
一百一十三日	九分小分六十	七尺二寸七分小分五十九
一百一十四日	九分小分六十四	七尺三寸七分小分一十九

一百一十五日	九分小分七十	七尺四寸六分小分八十三
一百一十六日	九分小分七十八	七尺五寸六分小分五十三
一百一十七日	九分小分八十三	七尺六寸六分小分三十一
一百一十八日	九分小分八十七	七尺七寸六分小分一十四
一百一十九日	九分小分九十六	七尺八寸六分小分一
一百二十日	九分小分九十九	七尺九寸五分小分九十七
一百二十一日	一寸小分四	八尺五分小分九十六
一百二十二日	一寸小分九	八尺一寸六分小分空
一百二十三日	一寸小分一十七	八尺二寸六分小分九
一百二十四日	一寸小分一十九	八尺三寸六分小分二十六
一百二十五日	一寸小分二十五	八尺四寸六分小分四十五
一百二十六日	一寸小分二十九	八尺五寸六分小分七十
一百二十七日	一寸小分三十三	八尺六寸六分小分九十九
一百二十八日	一寸小分三十八	八尺七寸七分小分三十二
一百二十九日	一寸小分四十三	八尺八寸七分小分七十
一百三十日	一寸小分四十五	八尺九寸八分小分一十三
一百三十一日	一寸小分五十一	九尺八分小分五十八
一百三十二日	一寸小分五十四	九尺一寸九分小分九
一百三十三日	一寸小分五十五	九尺二寸九分小分六十三
一百三十四日	一寸小分六十二	九尺四寸小分一十八
一百三十五日	一寸小分六十四	九尺五寸小分八十
一百三十六日	一寸小分六十六	九尺六寸一分小分四十四
一百三十七日	一寸小分五十二	九尺七寸二分小分一十
一百三十八日	一寸小分五十	九尺八寸二分小分六十二
一百三十九日	一寸小分四十八	九尺九寸三分小分一十二
一百四十日	一寸小分四十六	一丈三分小分六十
一百四十一日	一寸小分四十三	一丈一寸四分小分六
一百四十二日	一寸小分三十九	一丈二寸四分小分四十九

一百四十三日	一寸小分三十二	一丈三寸四分小分八十八
一百四十四日	一寸小分二十五	一丈四寸五分小分二十
一百四十五日	一寸小分一十七	一丈五寸五分小分四十五
一百四十六日	一寸小分八	一丈六寸五分小分六十二
一百四十七日	九分小分九十六	一丈七寸五分小分七十
一百四十八日	九分小分八十五	一丈八寸五分小分六十六
一百四十九日	九分小分七十二	一丈九寸五分小分五十一
一百五十日	九分小分五十七	一丈一尺五分小分二十三
一百五十一日	九分小分四十三	一丈一尺一寸四分小分八十
一百五十二日	九分小分二十五	一丈一尺二寸四分小分二十二
一百五十三日	九分小分七	一丈一尺三寸三分小分四十七
一百五十四日	八分小分九十	一丈一尺四寸二分小分五十四
一百五十五日	八分小分六十八	一丈一尺五寸一分小分四十四
一百五十六日	八分小分四十八	一丈一尺六寸小分一十二
一百五十七日	八分小分二十五	一丈一尺六寸八分小分六十
一百五十八日	八分小分二	一丈一尺七寸六分小分八十五
一百五十九日	七分小分七十七	丈 尺八寸四分小分八十七
一百六十日	七分小分五十二	一丈一尺九寸二分小分六十四
一百六十一日	七分小分二十七	一丈二尺小分一十六
一百六十二日	六分小分九十八	一丈二尺七分小分四十三
一百六十三日	六分小分六十七	一丈二尺一寸四分小分四十二
一百六十四日	六分小分四十五	一丈二尺二寸一分小分二
一百六十五日	六分小分一十一	一丈二尺二寸七分小分五十三
一百六十六日	五分小分八十	一丈二尺三寸三分小分六十四
一百六十七日	五分小分四十九	一丈二尺三寸九分小分四十四
一百六十八日	五分小分一十六	一丈二尺四寸四分小分九十三
一百六十九日	四分小分八十三	一丈二尺五寸小分九
一百七十日	四分小分五十	一丈二尺五寸四分小分九十二

一百七十一日	四分小分一十四	一丈二尺五寸九分小分四十二
一百七十二日	三分小分八十	一丈二尺六寸三分小分五十六
一百七十三日	三分小分四十五	一丈二尺六寸七分小分三十六
一百七十四日	三分小分七	一丈二尺七寸小分八十一
一百七十五日	二分小分七十一	一丈二尺七寸三分小分八十八
一百七十六日	二分小分三十四	一丈二尺七寸六分小分五十九
一百七十七日	二分小分三	一丈二尺七寸八分小分九十三
一百七十八日	一分小五十二	一丈二尺八寸小分九十六
一百七十九日	一分小分二十	一丈二尺八寸二分小分四十八
一百八十日	空分小分八十二	一丈二尺八寸三分小分六十八
一百八十一日	空分小分四十三	一丈二尺八寸四分小分五十
一百八十二日	空分小分七	一丈二尺八寸四分小分九十三

宋史卷七七
志第三〇

律历十

观天历

元祐《观天历》

演纪上元甲子,距元祐七年壬申,岁积五百九十四万四千八百八算。上考往古,每年减一;下验将来,每年加二。

步气朔

统法:一万二千三十。

岁周:四百三十九万三千八百八十。

岁余:六万三千八十。

气策:一十五、余二千六百二十八、秒一十二。

朔实:三十五万五千二百五十三。

朔策:二十九、余六千三百八十三。

望策:一十四、余九千二百六、秒一十八。

弦策:七、余四千六百三、秒九。

岁闰:一十三万八百四十四。

中盈分:五千二百五十六、秒二十四。

朔虚分:五千六百四十七。

没限分：九千四百二。

闰限：三十四万四千三百四十九、秒一十二。

旬周：七十二万一千八百。

纪法：六十。

　　以上秒母同三十六。

　　推天正冬至：置距所求积年，以岁周乘之，为气积分；满旬周去之，不尽，以统法约之为大余，不满为小余。其大余命甲子，算外，即所求年天正冬至日辰及余。

　　求次气：置天正冬至大、小余，以气策及余秒累加之，秒盈秒法从小余一，小余盈统法从大余一，大余盈纪法去之。命甲子，算外，即各得次气日辰及余秒。

　　推天正经朔：置天正冬至气积分，以朔实去之，不尽为闰余；以减天正冬至气积分，余为天正十一月经朔加时积分；满旬周去之，不尽，以统法约之为大余，不满为小余。其大余命甲子，算外，即所求年天正十一月经朔日辰及余。

　　求弦望及次朔经日：置天正十一月经朔大、小余，以弦策累加之，去命如前，即各得弦、望及次朔经日及余秒。

　　求没日：置有没之气小余，以三百六十乘之，其秒进一位，从之，用减岁周，余满岁余除之为日，不满为余。其日，命其气初日日辰，算外，即为其气没日日辰。凡气小余在没限以上者，为有没之气。

　　求灭日：置有灭之朔小余，以三十乘之，满朔虚分除之为日，不满为余。其日，命其月经朔初日日辰，算外，即为其月灭日日辰。凡经朔小余不满朔虚分者，为有灭之朔。

　　步发敛

候策：五、余八百七十六、秒四。

卦策：六、余一千五十一、秒一十二。

土王策：三、余五百二十五、秒二十四。

月闰：一万九百三、秒二十四。

辰法：二千五。

半辰法:一千二半。

刻法:一千三百三。

秒母:三十六。

推七十二候:各因中节大、小余命之,为初候;以候策加之,为次候;又加之,为末候。

求六十四卦:各因中气大、小余命之,为初卦用事日;以卦策加之,为中卦用事日;又加之,得终卦用事日。以土王策加诸侯内卦,得十有二节之初外卦用事日;又加之,得大夫卦用事日;复以卦策加之,得卿卦用事日。

推五行用事:各因四立之节大、小余命之,即春木、夏火、秋金、冬水首用事日;以土王策减四季中气大、小余,命甲子,算外,为其月土始用事日。

求中气去经朔:置天正冬至闰余,以月闰累加之,满统法约之为日,不尽为余,即各得每月中气去经朔日及余秒。其闰余满闰限者,为月内有闰也;仍定其朔内无中气者,为闰月。

求卦候去经朔:以卦、候策累加减中气,去经朔日及余,中气前,减;中气后,加。即各得卦、候去经朔日及余秒。

求发敛加时:倍所求小余,以辰法除之为辰数,不满,五因之,满刻法为刻,不满为余。其辰数命子正,算外,即各得所求加时辰、刻及分。

步日躔

周天分:四百三十九万四千三十四、秒五十七。

周天度:三百六十五、余三千八十四、秒五十七。

岁差:一百五十四、秒五十七。

二至限日:一百八十二、余七千四百八十。

冬至后盈初夏至后缩末限日:八十八、余一万九百五十八。

夏至后缩初冬至后盈末限日:九十三、余八千五百五十二。

求每日盈缩分:置入二至后全日,各在初限已下为初限;已上,用减二至限,余为末限。列初、末限日及分于上,倍初、末限日及约分于下,相减相乘。求盈缩分者,在盈初、缩末,以三千二百九十四除之;在盈末、缩初,以三千六百五十九除之,皆为度,不满,退除为分秒。求朏朒积者,各进二位,在盈初缩末,以三百六十六而一;在盈末缩初,以四百七而一,各得所求。以盈缩相减,余为升降分;盈初缩末为升,缩初盈末为降。以朏朒积相减,余为损益率。在初为益,在末为损。

求经朔弦望入盈缩限:置天正闰日及余,减缩末限日及余,为天正十一月经朔入缩末限日及余;以弦策累加之,满盈缩限日去之,即各得弦望及次朔入盈缩限日及余秒。

求经朔弦望朏朒定数:各置所入盈缩限日下余,以其日下损益率乘之,如统法而一,所得,损益其下朏朒积为定数。

求定气:冬夏二至以常气为定气。自后,以其气限日下盈缩分盈加缩减常气约余,即为所求之气定日及分秒。

赤道八度

斗:二十六。　　　牛:八。　　　女:十二。　　　虚:十少、秒十四。
危:十七。　　　室:十六。　　　壁:九。

北方七宿九十八度少、秒六十四。

奎:十六。　　　娄:十二。　　　胃:十四。　　　昂:十一。
毕:十七。　　　觜:一。　　　参:十。

西方七宿八十一度。

井:三十三。　　　鬼:三。　　　柳:十五。　　　星:七。
张:十八。　　　翼:十八。　　　轸:十七。

南方七宿一百一十一度。

角:十二。　　　亢:九。　　　氐:十五。　　　房:五。
心:五。　　　尾:十八。　　　箕:十一。

东方七宿七十五度。

前皆赤道宿度,与古不同。自《大衍历》依浑仪测为定,用纮带天中,仪极攸凭,以格黄道。

推天正冬至加时赤道日度：以岁差乘所求积年，满周天分去之，不尽，用减周天分，余以统法除之为度，不满为余。命起赤道虚宿四度外去之，至不满宿，即为所求年天正冬至加时赤道日度及余秒。

求夏至赤道日度：置天正冬至加时赤道日度，以二至限及余加之，满赤道宿次去之，即得夏至加时赤道日度及余秒。因求后昏后夜半赤道日度者，以二至小余减统法，余以加二至赤道日度之余，即二至初日昏后夜半赤道日度，以每日累加一度，去命如前，各得所求。

求二十八宿赤道积度：置二至加时日躔赤道全度，以二至加时赤道日度及约分减之，余为距后度；以赤道宿次累加之，即得二十八宿赤道积度及分秒。

求二十八宿赤道积度入初末限：各置赤道积度及分秒，满象限九十一度三十一分、秒九即去之，若在四十五度六十五分、秒五十四半已下为初限；已上，用减象限，余为末限。

求二十八宿黄道度：各置赤道宿入初、末限度及分，三之，为限分；用减四百，余以限分乘之，一万二千而一为度，命曰黄赤道差；至后以减、分后以加赤道宿积度，为黄道积度；以前宿黄道积度减之，余为二十八宿黄道度及分。其分就近约为太、半、少，若二至之宿不足减者，即加二至限，然后减之，余依术算。

黄道宿度

斗：二十三半。	牛：七半。	女：十一半。	虚：十少，秒六十四。
危：十七太。	室：十七少。	壁：九太。	

北方七宿九十七度半、秒六十四。

奎：十七太。	娄：十二太。	胃：十四半。	昴：十一太。
毕：十六。	觜：一。	参：九少。	

西方七宿八十二度。

井：三十。	鬼：二太。	柳：十四少。	星：七。
张：十八太。	翼：十九半。	轸：十八太。	

南方七宿一百一十一度。

角：十三。　　　　亢：九半。　　　氐：十五半。　　　房：五。

心：四太。　　　　尾：十七。　　　箕：十。

东方七宿七十四度太。

前黄道宿度，乃依今历岁差变定。若上考往古，下验将来，当据岁差，每移一度，依历推变，然后可步七曜，知其所在。

求天正冬至加时黄道日度：置天正冬至加时赤道日度及约分，三之，为限分；用减四百，余以限分乘之，一万二千而一为度，命曰黄赤道差；用减天正冬至加时赤道日度及分，即为所求年天正冬至加时黄道日度及分。夏至日度，准此求之。

求二至初日晨前夜半黄道日度：置一万分，以其日升除分升加降减之，以乘二至小余，如统法而一，所得，以减二至加时黄道日度，余为二至初日晨前夜半黄道日度及分。

求每日晨前夜半黄道日度：置二至初日晨前夜半黄道日度及分，每日加一度，百约其日下升降分，升加降减之，满黄道宿次去之，即各得二至后每日晨前夜半黄道日度及分。

求太阳过宫日时刻：置黄道过宫宿度，以其日晨前夜半黄道宿度及分减之，余以统法乘之，如其太阳行分而一，为加时小余；如发敛求之，即得太阳过宫日、时、刻及分。

黄道过宫太史局吴泽等补治有此一段，开封进士吴时举、国学进士程惠、常州百姓张文进本并无之。

危宿十五度少，入卫之分，亥。　　　奎宿三度半，入鲁之分，戌。

胃宿五度半，入赵之分，酉。　　　毕宿十度半，入晋之分，申。

井宿十二度，入秦之分，未。　　　柳宿七度半，入周之分，午。

张宿十七度少，入楚之分，巳。　　轸宿十二度，入郑之分，辰。

氐宿三度少，入宋之分，卯。　　　尾宿八度，入燕之分，寅。

斗宿九度，入吴之分，丑。　　　　女宿六度少，入齐之分，子。

步月离

转周分：三十三万一千四百八十二、秒三百八十九。

转周日：二十七、余六千六百七十二、秒三百八十九。

朔差日：一、余一万一千七百四十、秒九千六百一十一。

弦策：七、余四千六百三、秒二千五百。

望策：一十四、余九千二百六、秒五千。

以上秒母同一万。

七日：初数一万六百九十，初约八十九；末数一千三百四十，末约一十一。

十四日：初数九千三百五十一，初约七十八；末数二千六百七十九，末约二十二。

二十一日：初数八千一十一，初约六十七；末数四千一十九，末约三十三。

二十八日：初数六千六百七十二，初约五十五。

上弦：九十一度三十一分、秒四十一。

望：一百八十二度六十二分、秒八十二。

下弦：二百七十三度九十四分、秒二十三。

平行：一十三度三十六分、秒八十七半。

以上秒母同一百。

求天正十一月经朔加时入转：置天正十一月经朔加时积分，以转周分秒去之，不尽，以统法约之为日，不满为余。命日，算外，即得所求年天正十一月经朔加时入转日及余秒。若以朔差日及余秒加之，满转周日及余秒去之，即其朔加时入转日及余秒。各以其月经朔小余减之，余为其月经朔夜半入转。

求弦望入转：因天正十一月经朔加时入转日及余秒，以弦策累加之，去命如前，即得弦、望入转日及余秒。

转日	转定分	增减差	迟疾度	损益率	朏朒积
一日	一千二百六	增一百三十一	迟空度	益一千一百八十七	朒空

二日	一千二百一十五	增一百二十二	遲一度三十一	益一千八十九	朒一千一百八十七
三日	一千二百三十二	增一百四	遲二度五十三	益九百四十五	朒二千二百七十六
四日	一千二百五十一	增八十六	遲三度五十七	益七百六十五	朒三千二百二十一
五日	一千二百七十五	增六十二	遲四度四十三	益五百六十	朒三千九百八十六
六日	一千三百一	增三十六	遲五度五	益三百二十二	朒四千五百四十六
七日	一千三百二十七	初增一十末減	遲五度四十一	初益九十九末損九	朒四千八百六十九
八日	一千三百五十四	減一十七	遲五度五十一	損一百五十四	朒四千九百五十九
九日	一千三百七十八	減四十一	遲五度三十四	損三百六十九	朒四千八百五
十日	一千四百三	減六十一	遲四度九十三	損五百九十四	朒四千四百三十六
十一日	一千四百二十七	減九十	遲四度二十七	損八百一十	朒三千八百四十二
十二日	一千四百四十六	減一百九	遲三度三十七	損九百七十九	朒三千三十二
十三日	一千四百五十七	減一百二十二	遲二度二十八	損一千九十九	朒二千五十三
十四日	一千四百七十三	初減一百六末增三十	遲一度六	初損九百五十四末益二百七十	朒九百五十四

十五日	一千四百六十六	增一百二十九	疾空度三十	益一千一百六十一	朒二百七十
十六日	一千四百五十四	增一百一十七	疾一度五十九	益一千五十二	朒一千四百三十一
十七日	一千四百三十七	增一百	疾二度七十六	益九百	朒二千四百八十三
十八日	一千四百一十六	增七十九	疾三度七十六	益七百一十一	朒三千三百八十三
十九日	一千三百九十四	增五十七	疾四度五十五	益五百一十二	朒四千九十四
二十日	一千三百六十八	增三十一	疾五度一十二	益二百七十九	朒四千六百六
二十一日	一千三百四十一	初增九末减五	疾五度四十三	初益八十二末损四十五	朒四千八百八十五
二十二日	一千三百一十五	减二十二	疾五度四十七	损一百九十八	朒四千九百二十二
二十三日	一千二百九十	减四十七	疾五度二十五	损四百二十三	朒四千七百二十四
二十四日	一千二百六十五	减七十三	疾四度七十八	损六百五十七	朒四千三百一
二十五日	一千二百四十三	减九十四	疾四度五	损八百四十六	朒三千六百四十四
二十六日	一千二百三十五	减一百一十二	疾三度一十一	损一千八	朒二千七百九十八
二十七日	一千二百一十三	减一百二十四	疾一度九十九	损一千一百一十六	朒一千一百一十六
二十八日	一千二百六	初减七十五	疾空度七十五	损六百七十四	朒六百七十四

求朔望入转朒朓定数：置入转余，乘其日算外损益率，如统法而一，所得，以损益其下朓朒积为定数。其在四七日下余如初数已下，初率乘之，初数而一，以损益其下朓朒积为定数，若初数已上者，以初数减之，余乘末率，末数而一，用减初率，余加其日下朓朒积为定数。其十四日下余若在初数已上者，初数减之，余乘末率，末数而一，便为朓定数。

求朔弦望定日：各以入限、入转朒朓定数，朓减朒加经朔、弦、望小余，满若不足，进退大余，命甲子，算外，各得定日及余。若定朔干名与后朔干名同者月大，不同者月小，其月内无中气者为闰月。凡注历，观定朔小余，秋分后在统法四分之三已上者，进一日；若春分后定朔晨昏差如春分之日者，三约之，用减四分之三；定朔小余在此数已上者，亦进一日；或当交亏初在日入已前者，其朔不进。弦、望定小余不满日出分者，退一日；望若有交，亏初在日出分已前者，其定望小余虽满日出分，亦退一日。又有月行九道迟疾，历有三大二小者；依盈缩累增损之，则有四大三小，理数然也。若俯循常仪，当察加时早晚，随其所近而进退之，使不过三大二小。

求定朔弦望加时日度：置定朔、弦、望约分，副之，以乘其日升降分，一万约之，所得，升加降减其副，以加其日夜半日度，命如前，各得定朔、弦、望加时日躔黄道宿度及分秒。

求月行九道：凡合朔初交，冬入阴历，夏入阳历，月行青道；冬至、夏至后，青道半交在春分之宿，出黄道东；立冬、立夏后，青道半交在立春之宿，出黄道东南：至所冲之宿亦如之。冬入阳历，夏入阴历，月行白道；冬至、夏至后，白道半交在秋分之宿，出黄道西；立冬、立夏后，白道半交在立秋之宿，出黄道西北：至所冲之宿亦如之。春入阳历，秋入阴历，月行朱道；春分、秋分后，朱道半交在夏至之宿，出黄道南；立夏、立秋后，朱道半交在立夏之宿，出黄道西南：至所冲之宿亦如之。春入阴历，秋入阳历，月行黑道。春分、秋分后，黑道半交在冬至之宿，出黄道北；立春、立秋后黑道半交在立冬之宿，出黄道东北：至所冲之宿亦如之。四序离为八节，至阴阳之所交，皆与黄道相会，故月行有九道。各视月行所入正交积度，满交象去之，入交积度及交象度，并在交会术中。若在半交象已下为初限；已上,覆减交象,余为末限。置初、末限度及分,三之,为限分;用减四百,余以限分乘之,二万四十而一为度,命曰月道与黄道差数。距正交后、半交前,以差数加;距半交后、正交前,以差数减。此加减出入黄道六度,单与黄道相校之数,若校赤道,则随气迁变不常。仍计去冬、夏二至已来度数,乘差数,如九十而一,为月道与赤道差数。凡日以赤道内为阴,外为阳;月以黄道内为阴,外为阳。故月行宿度,入春分交后行阴历,秋分交后行阳历,皆为同名;入春分交后行阳历,秋分交后行阴历,皆为异名。其在同名者,以差数加者加之,减者减之;其在异名者,以差数加者减之,减者加之。二差皆增益黄道宿积度,为九道宿积度;以前宿九道积度减之,为其宿九道度及分秒。其分就近约之为太、半、少。

求月行九道平交入气:各以其月闰日及余,加经朔加时入交泛日及余秒,盈交终日及余秒去之,乃减交终日及余秒,即各得平交入其月中气日及余秒;若满气策即去之,余为平交入后月节气日及余秒。若求朏朒定数,如求朔、望朏朒术入之,即得所求。

求平交入转朏朒定数:置所入气余,加其日夜半入转余,乘其日算外损益率,如统法而一,所得,以损益其下朏朒积,乃以交率乘之,交数而一,为定数。

求正交入气:以平交入气、入转朏朒定数,朒减朏加平交入气余,满若不足,进退其日,即正交入气日及余秒。

求正交加时黄道日度:置正交入气余,副之,以乘其日升降分,一万约之,升加降减其副,乃以一百乘之,如统法而一,以加其日夜半日度,即正交加时黄道日度及分秒。

求正交加时月离九道宿度:置正交度加时黄道日及分,三之,为限分;用减四百,余以限分乘之,二万四千而一,命曰月道与黄道差数;以加黄道宿度,仍计去冬、夏二至已来度数,以乘差数,如九十而一,为月道与赤道差数;同名以加,异名以减,二差皆增损正交度,即正交加时月离九道宿度及分秒。

求定朔弦望加时月离黄道宿度:置定朔、弦、望加时日躔黄道宿度及分,凡合朔加时,月行潜在日下,与太阳同度,是为加时月度;各以弦、望度加其所当日度,满黄道宿次去之,即各得定朔、弦、望加时月离黄道宿度及分秒。

求定朔弦望加时月离九道宿度:置定朔、弦、望加时月离黄道宿度及分秒,加前宿正交后黄道积度,如前求九道术入之,以前定宿正交后九道积度减之,余为定朔、弦、望加时月离九道宿度及分秒。凡合朔加时若非正交,即日在黄道、月在九道所入宿度。虽多少不同,考其去极,若应绳准,故曰加时九道。

求定朔午中入转:各视经朔夜半入转日及余秒,以半法加之,若定朔大余有进退者,亦进退转日,否则因经为定。因求次日,累加一日,满转周日及余秒去之,即每日午中入转。

求晨昏月度:以晨分乘其日算外转定分,如统法而一,为晨转分;用减转定分,余为昏转分;乃以朔、弦、望小余乘其日算外转定分,如统法而一,为加时分;以减晨昏转分,余为前;不足减者,覆减之,余为后;以前加后减定朔、弦、望月度,即晨、昏月所在度。

求朔弦望晨昏定程:各以其朔昏定月减上弦昏定月,余为朔后昏定程;以上弦昏定月减望昏定月,余为上弦后昏定程;以望晨定月减下弦晨定月,余为望后晨定程;以下弦晨定月减后朔晨定月,余为下弦后晨定程。

求每日转定度数:累计每程相距日转定分,以减定程,余为盈;不足减者,覆减之,余为缩;以相距日除之,所得,盈加缩减每日转定分,为每日转定度及分秒。

求每日晨昏月:置朔、弦、望晨昏月,以每日转定度及分加之,满宿次去之,为每日晨昏月。凡注历,自朔日注昏月,望后一日注晨月。已前月度并依九道所推,以究算术之精微,如求速要,即依后术求之。

求天正十一月经朔加时平行月:置岁周,以天正闰余减之,余以统法约之为度,不满,退除为分秒,即天正十一月经朔加时平行月积度及分秒。

求天正十一月定朔夜半平行月:置天正经朔小余,以平行月度分秒乘之，如统法而一为度，不满，退除为分秒，以减天正十一月经朔加时平行月积度，即天正十一月经朔晨前夜半平行月。其定朔大余有进退者，亦进退平行度，否则因经为定，即天正十一月定朔晨前夜半平行月积度及分秒。

求次定朔夜半平行月：置天正十一月定朔晨前夜半平行月积度及分秒，大有加三十五度八十分、秒六十一，小月加二十二度四十三分、秒七十三半，满周天度及约分、秒去之，即得次定朔晨前夜半平行月积度及分秒。

求弦望定日夜半平行月：各计朔、弦、望相距之日，乘平行度及分秒，以加其月定朔晨前夜半平行月积度及分秒，即其月弦望定日晨前夜半平行月积度及分秒。

求定朔晨前夜半入转：置其月经朔晨前夜半入转日及余秒，若定朔大余有进退者，亦进退转日，否则因经为定，其余如统法退除为分秒，即得其月定朔晨前夜半入转日及分秒。因求次日，累加一日，满转周二十七日五十五分、秒四十六去之，即每日晨前夜半入转。

求定朔弦望晨前夜半定月：置定朔、弦、望晨前夜半入转分，乘其口算外增减差，百约为分，分满百为度，增减其下迟疾度，为迟疾定度；迟减疾加定朔、弦、望晨前夜半平行月积度及分秒，以天正冬至加时黄道日度加而命之，即各得定朔、弦、望晨前夜半月离宿度及分秒。如求每日晨、昏月，依前术入之，即得所求。

步晷漏

二至限：一百八十二日六十二分。

一象：九十一日三十一分。

消息法：九千七百三。

半法：六千一十五。

辰法：二十五。

半辰法：一十二半。

刻法：一千二百三。

辰刻：八、余四百一。

昏明分：三百太。

昏明刻：二、余六百一半。

冬至岳台晷影常数：一丈二尺八寸五分。

夏至岳台晷影常数：一尺五寸七分。

冬至后初限夏至后末限：四十五日、六十二分。

冬至后末限夏至后初限：一百三十七日、空分。

求岳台晷影入二至后日数：计入二至以来日数，以二至约分减之，乃加半日之分五十，即入二至后来午中日数及分。

求岳台午中晷影定数：置入二至后日及分，如初限已下者为初；已上，覆减二至限，余为末。其在冬至后初限、夏至后末限者，以入限日及分减一千九百三十七半，为泛差；仍以入限日及分乘其日盈缩积，其盈缩积者，以入盈缩限日及分与二百相减相乘，为盈缩积也。五因百约，用减泛差，为定差；乃以入限日及分自相乘，以定差乘之，满一百万为尺，不满为寸分，以减冬至岳台晷影常数，余为其日午中晷影定数。其在冬至后末限、夏至后初限者，以三约入限日及分，减四百八十五少，为泛差；仍以盈缩差度减去极度，余者春分后、秋分前，四约，以加泛差，为定差；春分前、秋分后，以去二分日数乘之，六百而一，以减泛差，为定差；乃以入限日及分自相乘，以定差乘之，满一百万为尺，不满为寸分，以加夏至岳台晷影常数，为其日午中晷影定数。

求每日午中定积日：置其日午中入二至后来日数及分，以其日盈缩分盈加缩减之，即每日午中定积日及分。

求每日午中消息定数：置定积日及分，在一象已下自相乘，已上，用减二至限，余亦自相乘，七因，进二位，以消息法除之，为消息常数；副置之，用减六百一半，余以乘其副，以二千六百七十除之，以加常数，为消息定数。冬至后为息，夏至后为消。

求每日黄道去极度：置其日消息定数，十六乘之，满四百一除之为度，不满，退除为分，春分后加六十七度三十一分，秋分后减一百一十五度三十一分，即每日午中黄道去极度及分。

求每日太阳去赤道内外度：置其日黄道去极度及分，与一象度相减，余为太阳去赤道内、外度及分。去极多，为日在赤道外；去极少，为日在赤道内。

求每日晨昏分及日出入分半昼分：置其日消息定数，春分后加二千一百少，秋分后减三千三百八少，各为其日晨分；用减统法，余为昏分。以昏明分加晨分，为日出分；减昏分，为日入分；以日出分减半法，余为半昼分。

求每日距中度：置其日晨分，进位，十四因之，以四千六百一十一除之为度，不满，退除为分，即距子度；用减半周天，余为距中度；五而一，为每更差数。

求每日夜半定漏：置晨分，进一位，如刻法而一为刻，不满为刻分，即每日夜半定漏。

求每日昼夜刻及日出入辰刻：置夜半定漏，倍之，加五刻，为夜刻；减百刻，为昼刻。以昏明刻加夜半定漏，命子正，算外，得日出辰刻；以昼刻加之，命如前，即日入辰刻。其辰数，依发敛术求之。

求更点辰刻：置其日夜半定漏，倍之，二十五而一，为筹差；半之，进位，为更差。以昏明刻加日入辰刻，即甲夜辰刻；以更筹差累加之，满辰刻及分去之，各得每更筹所在辰刻及分。若用司辰漏者，倍夜半定漏，减去待旦十刻，余依术算，即得内中更筹也。

求每日昏晓中星及五更中星：置距中度，以其日昏后夜半赤道日度加而命之，即得其日昏中星所格宿次，命之曰初更中星；以每更差度加而命之，即乙夜中星；以更差度累加之，去命如前，即五更及晓中星。若依司辰星漏，倍距子度，减去待旦三十六度五十二分半，余依术求更点差度，即内中昏晓五更及攒点中星也。

求九服距差日：各于所在立表候之，若地在岳台北，测冬至后与岳台冬至晷影同者，累冬至后至其日，为距差日；若地在岳台南，测夏至后与岳台晷影同者，累夏至后至其日，为距差日。

求九服晷影：若地在岳台北冬至前后者，以冬至前后日数减距差日，为余日；以余日减一千九百三十七半，为泛差；依前术求之，以加岳台冬至晷影常数，为其地其日午中晷影定数。冬至前后日多于距差日者，乃减去距差日，余依法求之，即得其地其日午中晷影定数。若地在岳台南夏至前后者，以夏至前后日数减距差日，为余日；乃三约之，以减四百八十五少，为泛差；依前术求之，以减岳台夏至晷影常数，即其地其日午中晷影定数。如夏至前后日数多于距差日，乃减去距差日，余依法求之，即得其地其日午中晷影定数，即晷在表南也。

求九服所在昼夜漏刻：各于所在下水漏，以定二至夜刻，乃相减，余为二至差刻。乃置岳台其日消息定数，以其处二至差刻乘之，如岳台二至差刻二十除之，所得，为其地其日消息定数。乃倍消息定数，进位，满刻法约之为刻，不满为分，以加减其处二至夜刻，春分后、秋分前，以加夏至夜刻；秋分后、春分前，以减冬至夜刻。为其地其日夜刻；以减百刻，余为昼刻。求日出入差刻及五更中星，并依岳台法求之。

宋史卷七八
志第三一

律历十一

观天历

步交会

交终分：三十二万七千三百六十一、秒九千九百四十四。

交终日：二十七、余二千五百五十一、秒九千九百四十四。

交终日：一十三、余七千二百九十、秒九千九百七十二。

朔差日：二、余三千八百三十一、秒五十六。

望策：一十四、余九千二百六、秒五千。

后限日：一、余一千九百一十五、秒五千二十八。

前限日：一十二、余五千三百七十五、秒四千九百四十四。

　　以上秒母同一万。

交率：一百八十三。

交数：二千三百三十一。

交终度：三百六十三分七十六。

交中度：一百八十一分八十八。

交象度：九十分九十四。

半交象度：四十五分四十七。

阳历食限：四千九百百，定法四百九十。

阴历食限：七千九百百，定法七百九十。

求天正十一月经朔加时入交泛日:置天正十一月经朔加时积分,以交终分及秒去之,不尽,满统法为日,不满为余秒,即天正十一月经朔加时入交泛日及余秒。

求次朔及望加时入交泛日:置天正经朔加时入交泛日及余秒,求朔,以朔差加之;求望,以望策加之,满交终日及余秒去之,即次朔及望加时入交泛日及余秒。若以经朔小余减之,余为夜半入交泛日。

求定朔望夜半入交泛日:置经朔、望夜半入交泛日,若定朔、望大余有进退者,亦进退交日,否则因经为定,即定朔望夜半入交泛日及余秒。

求次朔夜半入交泛日:置定朔夜半入交泛日及余秒,大月加二日,小月加一日,余皆加九千四百七十八、秒五十六,求次日,累加一日,满交终日及余秒去之,即次定朔及每日夜半入交泛日及余秒。

求朔望加时入交常日:置经朔、望入交泛日及余秒,以其朔、望入盈缩限朒朏定数朏减朒加之,即朔、望加时入交常日及余秒。

求朔望加时入交定日:置其朔、望入转朏朒定数,以交率乘之,交数而一,所得,以朏减朒加入交常日及余秒,满与不足,进退其日,即朔、望加时入交定日及余秒。

求月行入阴阳历:置其朔、望入交定日及余秒,在交中已下为月行阳历;已上去之,余为月行阴历。

求朔望加时月行入阴阳历积度:置月行入阴阳历日及余秒,以统法通日,内余,九而一为分,分满百为度,即朔望加时月行入阴阳历积度及分。

求朔望加时月去黄道度:置入阴阳历积度及分,如交象已下为入少象;已上,覆减交中度,余为入老象。皆列于上,下列交中度,相减相乘,进位,如一百二十八而一,为泛差。又视入老、少象度,如半交象已下为初;已上去之,余为末。皆二因,退位,初减末加泛差,满百为度,即朔、望加时月去黄道度及分。

求日月食甚定余：置定朔小余，如半统法已下，与半统法相减相乘，如三万六千九十而一为时差，以减；如半统法已上减去半统法，余亦与半统法相减相乘，如一万八千四十五而一为时差，午前以减，午后以加；皆加、减定朔小余，为日食甚小余；与半法相减，余为午前、后分。其月食者，以定望小余为月食甚小余。

求日月食甚辰刻：各置食甚小余，倍之，以辰法除之为辰数，不满，五因，满刻法而一为刻，不满为分。其辰数命子正，算外，即食甚辰刻及分。若加半辰，即命起子初。

求气差：置其朔盈、缩限度及分，自相乘，进二位，盈初缩末一百九十七而一，盈末缩初二百一十九而一，皆且减四千一十，为气泛差；以乘午前、后分，如半昼分而一，所得，以减泛差，为定差。春分后，交初以减，交中以加；秋分后，交初以加，交中以减。如食在夜，反用之。

求刻差：置其朔盈、缩限度及分，与半周天相减相乘，进二位，二百九而一，为刻泛差；以乘午前、后分，如三千七百半而一，为定差。冬至后午前、夏至后午后，交初以加，交中以减；冬至后午后、夏至后午前，交初以减，交中以加。

求日入食限交前后分：置朔入交定日及余秒，以气、刻、时三差各加减之，如交中日已下为不食；已上去之，如后限已下为交后分；前限已上覆减交中日，余为交前分。

求日食分：置交前后分，如阳历食限已下为阳历食定分；已上，用减一万二千八百，余为阴历食定分；如不足减者，日不食。各如定法而一为大分，不尽，退除为小分。小分半已上为半强，已下为半弱。命大分以十为限，即得日食之分。

求日食泛用分：置日食定分，退二位，列于上，在阳历列九十八于下，在阴历列一百五十八于下，各相减相乘，阳以二百五十而一，阴以六百五十而一，各为日食泛用分。

求月入食限交前后分：置望月行入阴阳历日及余秒，如后限已下为交后分；前限已上覆减交中日，余为交前分。

求月食分：置交前后分，如三千七百已下，为食既；已上，覆减一万一千七百,不足减者为不食。余以八百而一为大分,不尽,退除为小分。小分半已上为半强,已下为半弱。命大分以十为限,即得月食之分。

求月食泛用分:置望交前、后分,自相乘,退二位,交初以一千一百三十八而一,用减一千二百三,交中以一千二百六十四而一,用减一千八十三,各为月食泛用分。

求日月食定用分:置日月食泛用分,以一千三百三十七乘之,以定朔、望入转算外转定分而一,所得,为日月食定用分。

求日月食亏初复满小余:置日月食甚小余,以定用分减之,为亏初;加之,为复满:即各得所求小余。若求辰刻,依食甚术入之。

求月食更筹法:置望辰分,四因,退位,为更法;五除之,为筹法。

求月食入更筹:置亏初、食甚、复满小余,在晨分已下加晨分,昏分已上减去昏分,皆以更法除之为更数,不尽,以筹法除之为筹数。其更、筹数命初更,算外,即各得所入更、筹。

求日月食甚宿次:置朔望之日晨前夜半黄道日度及分,以统法约日月食甚小余,加之,内月食更加半周天,各依宿次去之,即日月食甚所在宿次。

求月食既内外刻分:置月食交前、后分,覆减三千七百,如不足减者,为食不既。退二位,列于上,下列七十四,相减相乘,进位,如三十七而一,所得,以定用分乘之,如泛用分而一,为既内分;以减定用分,余为既外分。

求日月带食出入所见之分:各以食甚小余与日出、入分相减,余为带食差;其带食差在定用分已上,为不带食出入。以乘所食之分,满定用分而一,若月食既者,以既内分减带食差,余乘所食之分,如既外分而一,所得,以减既分,如不足减者,为带食既出入。以减所食之分,余为带食出、入所见之分。

求日食所起:日在阳历,初起西南,甚于正南,复满东南;日在阴历,初起西北,甚于正北,复满东北。其食八分已上者,皆起正西,复满正东。此据午地而论之,当审黄道斜正可知。

　　求月食所起:月在阳历,初起东北,甚于正北,复满西北;月在阴历,初起东南,甚于正南,复满西南。其食八分已上者,皆起正东,复满正西。此据午地而论之,当审黄道斜正可知。

　　步五星
　　五星历策:一十五度、约分二十一、秒九十。
　　木星周率:四百七十九万八千五百二十六、秒九十二。
　　周日:三百九十八、余一万五百八十六、秒九十二。
　　岁差:一百一十六、秒七十二。
　　伏见度:一十三半。

变目	变　日	变　　度	限　度	初行率
晨伏	一十七日	三度七十五	二度七十三	二十三
晨疾初	二十八日	六度二	四度三十九	二十三
晨疾末	二十八日	五度六十	四度八	二十二
晨迟初	二十八日	四度六十二	三度三十七	一十九
晨迟末	二十八日	一度九十	一度三十八	一十四
晨留	二十四日			
晨退	四十六日四十四	五度七	空度八十七	空
夕退	四十六日四十四	五度七	空度八十七	一十六
夕留	二十四日			
夕迟初	二十八日	一度九十	一度三十八	空
夕迟末	二十八日	四度六十二	三度三十七	一十四

夕疾初	二十八日	五度六十	四度八	一十九
夕疾末	二十八日	六度二	四度三十九	二十一
夕伏	一十七日	三度七十五	二度七十五	二十二

木星盈縮歷縮

策數	損益率	盈積度	損益率	縮積度
初	益一百七十二	空	益一百七十二	空
一	益一百四十三	一度七十二	益一百四十三	一度七十二
二	益一百一十四	三度一十五	益一百一十四	三度一十五
三	益八十五	四度二十九	益八十五	四度二十九
四	益五十四	五度十四	益五十四	五度一十四
五	益二十二	五度六十八	益二十二	五度六十八
六	損二十二	五度九十	損二十二	五度九十
七	損五十四	五度六十八	損五十四	五度六十八
八	損八十五	五度一十四	損八十五	五度一十四
九	損一百一十四	四度二十九	損一百一十四	四度二十九
十	損一百四十三	三度一十五	損一百四十三	三度一十五
十一	損一百七十二	一度七十二	損一百七十二	一度七十二

火星周率：九百三十八萬二千五百六十、秒七十六。

周日：七百七十九、餘一萬一千一百九十、秒七十六。

歲差：一百一十六、秒一十三。

伏见度：一十八。

变目	变日	变度	限度	初行率
晨伏	六十八日	五十度空分	四十七度五十	七十四
晨疾初	五十五日	三十九度五	三十七度九	七十二
晨疾末	五十五日	三十八度九十四	三十七度空	七十
晨次疾初	四十七日	三十一度二	三十九度四十六	六十八
晨次疾末	四十七日	二十八度二十	一十六度七十九	六十四
晨迟初	三十九日	一十八度七十二	一十七度七十八	五十六
晨迟末	三十九日	一十度空分	九度五十	四十
晨留	一十一日			
晨退	二十八日九十六	八度五十九	二度二十二	空
夕退	二十八日九十六	八度五十九	二度二十二	四十五
夕留	一十一日			
夕迟初	三十九日	一十度空分	九度五十	空
夕迟末	三十九日	一十八度七十二	二十六度七十八	四十
夕次疾初	四十七日	二十八度二十	二十六度七十九	五十六
夕次疾末	四十七日	三十一度二	二十九度四十六	六十四
夕疾初	五十五日	三十八度九十四	三十七度空分	六十八
夕疾末	五十五日	三十九度五	三十七度九	七十
夕伏	六十八日			

火星盈缩历

策数	损益率	盈积度	损益率	缩积度
初	益千一百六十	空	益四百四	空
一	益八百八十	一十一度六十	益四百二十六	四度四
二	益四百三十	二十度四十	益四百五十	八度三十
三	益一百五十五	二十四度七十	益四百八十五	一十二度八十
四	损五十	二十六度二十五	益三百八十五	一十七度六十五
五	损一百二十	二十五度七十五	益三百五	二十一度五十
六	损三百五	二十四度五十五	益一百二十	二十四度五十五
七	损三百八十五	二十一度五十	益五十	二十五度七十五
八	损四百八十五	一十七度六十五	损一百五十五	二十六度二十五
九	损四百五十	一十二度八十	损四百三十	二十四度七十
十	损四百二十六	八度三十	损八百八十	二十度四十
十一	损四百四	四度四	损一千一百六十	一十一度六十

土星周率：四百五十四万八千四百三十一、秒八十五。

周日：三百七十八、余一千九十一、秒八十五。

岁差：一百一十六、秒三十。

伏见度：一十六半。

变目	变日	变度	限度	初行率
晨伏	十九日	二度五十	一度五十	一十四
晨疾初	二十八日	三度二十二	一度九十三	一十二
晨疾末	二十八日	二度八十	一度六十八	一十一
晨迟	二十八日	一度四十	空度八十四	九
晨留	三十六日			
晨退	五十日四	三度五十	空度四十七	空
夕退	五十日四	三度五十	空度四十七	一十
夕留	三十六日			
夕迟	二十八日	一度四十	空度八十五	空
夕疾初	二十八日	二度八十	空度六十八	九
夕疾末	二十八日	三度二十二	一度九十三	一十一
夕伏	一十九日	二度五十	一度五十	一十二

土星盈缩历

策数	损益率	盈积度	损益率	缩积度
初	益二百二十	空二度	益二百二十	空
一	益一百八十	二度二十	益一百八十	二度二十

二	益一百四十	四度	益一百四十	四度
三	益一百	五度四十	益一百	五度四十
四	益六十	六度四十	益六十	六度四十
五	益二十	七度	益二十	七度
六	損二十	七度二十	損二十	七度二十
七	損六十	七度	損六十	七度
八	損一百	六度四十	損一百	六度四十
九	損一百四十	五度四十	損一百四十	五度四十
十	損一百八十	四度	損一百八十	四度
十一	損二百二十	二度二十	損二百二十	二度二十

金星周率：七百二萬四千三百二十一、秒三十四。

周日：五百八十三、餘一萬八百三十一、秒三十四。

歲差：一百一十六、秒六十九。

伏見度：一十一半。

變目	變日	變度	限度	初行率
夕伏	三十八日五十	五十度空分	四十八度空分	一百三十
夕疾初	五十日	六十三度七十五	六十一度二十	一百三十
夕疾末	五十日	六十一度二十五	五十八度八十	一百二十五
夕次疾初	四十日	四十六度空分	四十四度一十八	一百二十

夕次疾末	四十日	四十二度空分	四十度三十二	一百一十
夕迟初	三十日	二十六度二十五	二十五度二十	一百
夕迟末	二十日	一十二度空分	一十一度五十一	七十五
夕留	七日			
夕退	九日九十五	四度三十一	一度二十二	空
夕伏退	六日五十	五度空分	一度五十	七十三
伏合退	六日五十	五度空分	一度五十	八十一
晨退	九日九十五	四度三十一	一度二十三	七十三
晨留	七日			
晨迟初	二十日	一十二度空分	一十一度五十二	空
晨迟末	三十日	二十六度二十五	二十五度二十	七十五
晨次疾初	四十日	四十二度空分	四十度三十二	一百
晨次疾末	四十日	四十六度空分	四十四度一十八	一百一十
晨疾初	五十日	六十一度二十五	五十八度八十	一百二十
晨疾末	五十日	六十三度七十五	六十一度二十	一百二十五
晨伏	三十八日五十	五十度空分	四十八度空分	一百三十

金星盈缩历

策数	损益率	盈积度	损益率	缩积度
初	益五十三	空	益五十三	空
一	益四十九	空度五十三	益四十九	空度五十三
二	益四十二	一度二	益四十二	一度二
三	益三十二	一度四十四	益三十二	一度四十四
四	益二十二	一度七十六	益二十二	一度七十六
五	益七	一度九十八	益七	一度九十八
六	损七	二度五	损七	二度五
七	损二十二	一度九十八	损二十二	一度九十八
八	损三十二	一度七十六	损三十二	一度七十六
九	损四十二	一度四十四	损四十二	一度四十四
十	损四十九	一度二	损四十九	一度二
十一	损五十三	空度五十三	损五十三	空度五十三

水星周率：一百三十九万四千二、秒七。

周日：一百一十五、余一万五百五十二、秒七。

岁差：一百一十六、秒四十。

夕见晨伏度：一十五。

晨见夕伏度：二十一。

变目	变日	变度	限度	初行率
夕伏	一十五日	三十度空分	二十五度二十	二百二十二
夕疾	一十四日	二十三度空分	一十九度五十五	一百七十八
夕迟	一十三日	一十三度空分	十度九十二	一百五十一
夕留	三日			
夕伏退	十二日九十三	八度七	二度二十六	
晨伏退	十二日九十三	八度七	二度二十六	一百五
晨留	三日			
晨迟	一十三日	一十三度空分	十度九十二	空
晨疾	一十四日	二十三度空分	一十九度五十五	一百五十一
晨伏	一十五日	三十度空分	二十五度二十	一百七十九

水星盈缩历

策数	损益率	盈积度	损益率	缩积度
初	益五十九	空	益五十九	空
一	益五十四	空度五十九	益五十四	空度五十九
二	益四十六	一度一十二	益四十六	一度一十二
三	益三十六	一度五十九	益三十六	一度五十九
四	益二十四	一度九十五	益二十四	一度九十五
五	益八	二度一十九	益八	二度一十九
六	损八	二度二十七	损八	二度二十七

七	损二十四	二度一十九	损二十四	二度一十九
八	损三十六	一度九十五	损三十六	一度九十五
九	损四十六	一度五十九	损四十六	一度五十九
十	损五十四	一度一十五	损五十四	一度一十三
十一	损五十九	空度五十九	损五十九	空度五十九

求五星天正冬至后平合中积中星：置天正冬至气积分，各以其星周率去之，不尽，用减周率，余满统法约之为度，不满，退除为分秒，命之为平合中积；因而重列之为平合中星，各以前段变日加平合中积，又以前段变度加平合中星，其经退行者即减之，各得五星诸变中积中星。

求五星入历：各以其星岁差乘所求积年，满周天分去之，不尽，以统法约之为度，不满，退除为分秒，以减平合中星，为平合入历度及分秒。求诸变者，各以前段限度累加之，为五星诸变入历度及分秒。

求五星诸变盈缩定差：各置其星其变入历度及分秒，如半周天已下为盈；已上去之，为缩；以五星历策度除之为策数，不尽，为入策度及分秒；以其策下损益率乘之，如历策而一为分，分满百为度，以损益其下盈缩积度，即五星诸段盈缩定差。

求五星平合及诸变定积：各置其星其变中积，以其段盈缩定差盈加缩减之，即其段定积日及分；以天正冬至大余及约分加之，满统法去之，不尽，命甲子，算外，即定日辰及分。

求五星诸变入所在月日：各置其星其变定积，以天正闰日及约分加之，满朔策及约分除之为月数，不尽，为入月已来日数。命月数起天正十一月，算外，即其星其段入其月经朔日数及分。乃以其朔日、辰相距，即所在月、日。

求五星平合及诸变加时定星：各置其星其变中星，以盈缩定差盈加缩减之,内金倍之,水三之,然后加减,即五星诸段定星;以天正冬至加时黄道日度加时命之,即其星其段加时所在宿度及分秒。五星皆因留为后段初日定星,余依术算。

求五星诸变初日辰前夜半定星:各以其段初行率乘其段加时分,百约之,以顺减退加其日加时定星,即为其星其段初日晨前夜半定星。加命如前,即得所求。

求诸变日率度率:各以其段日辰距至后段日辰,为其段日率;以其段夜半定星与后段夜半定星相减,余为其段度率。

求诸变平行分:各置其段度率,以其段日率除之,为其段平行度及分秒。

求诸变总差:各以其段平行分与后段平行分相减,余为泛差;并前段泛差,四因,退一位。为总差。若前段无平行分相减为泛差者,因后段初日行分与其段平行分相减,为半总差,倍之,为总差。若后段无平行分相减为泛差者,因前段末日行分与其段平行分相减,为半总差,倍之,为总差。其在再行者,以本段平行分十四乘之,十五而一,为总差。内金星依顺段术求之。

求初末日行分:各半其段总差,加减其段平行分,后行分少,加之为初,减之为末;后行分多,减之为初,加之为末。退行者,前段减之为初,加之为末;后段加之为初,减之为末。为其星其段初、末日行分。

求每日晨前夜半星行宿次:置其段总差,减日率一,以除之,为日差;累损益初日行分,后行分少,损之;后行分多,益之。为每日行度及分秒;乃顺加退减其星其段初日晨前夜半定星,命之,即每日夜半星行所在宿次。

径求其日宿次:置所求日,减一,半之,以日差乘而加减初日行分,后行分少,减之;后行分多,加之算。以所求日乘之,为积度;以顺加退减其星其段初日夜半宿次,即所求日夜半宿次。

求五星合见伏行差:木、火、土三星,以其段初日星行分减太阳行分,为行差。金、水二星顺行者,以其段初日太阳行分减星行分,为行差。金、水二星退行者,以其段初日星行分并太阳行分,为行差。内水星夕伏、晨见，直以太阳行分为行差。

求五星定合见伏泛用积：木、火、土三星，各以平合晨疾、夕伏定积，便为定合见、伏泛用积。金、水二星各置其段盈缩定差，内水星倍之，以其段行差除之为日，不满，退除为分，在平合夕见、晨伏者，盈减缩加定积，为定合见、伏泛用积；在退合夕伏、晨见者，盈加缩减定积，为定合见、伏泛用积。

求五星定合定积定星：木、火、土三星，以平合行差除其日盈缩分，为距合差日；以盈缩分减之，为距合差度；以差日、差度盈减缩加其星定合泛用积，为其星定合积、定星。金、水二星顺合者，以平合行差除其日盈缩分，为距合差日；以盈缩加之，为距合差度；以差日、差度盈加缩减其星定合泛用积，为其星定合定积、定星。金、水二星退合者，以平合行差除其日盈缩分，为距合差日；以减盈缩减之分，为距合差度；以差日盈减缩加，以差度盈加缩减再定合泛用积，为其星再定合定积、定星。各以天正冬至大余及约分加定积，满统法去之，命甲子，算外，即得定合日辰；以天正冬至加时黄道日度加定星，依宿次去之，即得定合所在宿次。

求五星定见伏定积：木、火、土三星以泛用积晨加、夕减一象，如半周天已下自相乘，已上，覆减一周天，余亦自相乘，七十五而一，所得，以其星伏见度乘之，十五而一为差，如其段行差除之为日，不满，退除为分，见加伏减泛用积，为其星定见、伏定积。金、水二星以行差除其日盈缩分为日，在夕见、晨伏，盈加缩减泛用积，为常用积；夕伏、晨见，盈减缩加泛用积，为常用积；如常用积在半周天已下为冬至后；已上去之，余为夏至后。各在一象已下自相乘，已上，覆减一周天，余亦自相乘，冬至后晨、夏至后夕，以十八而一；冬至后夕、夏至后晨，以七十五而一，所得，以其星伏见度乘之，十五而一为差，如其段行差除之为日，不满，退除为分，冬至后晨见、夕伏，夏至后夕见、晨伏，以加常用积，为其星定见、伏定积；冬至后夕见、晨伏，夏至后晨见、夕伏，以减常用积，为其星定见、伏定积；加命如前，即得定见、伏日辰。

宋史卷七九
志第三二

律历十二

纪元历

崇宁纪元历演纪上元上章执徐之岁,距元符三年庚辰,岁积二千八百六十一万三十四百六十算;至崇宁五年丙戌,岁积二千八百六十一万三千四百六十六算。

步气朔第一

日法:七千二百九十。

期实:二百六十六万二千六百二十六。

朔实:二十一万五千二百七十八。

岁周:三百六十五日、余一千七百七十六。

气策:一十五、余一千五百九十二太。

朔策:二十九、余三千八百六十八。

望策:一十四、余五千五百七十九。

弦策:七、余二千七百八十九半。

中盈分:三千一百八十五半。

朔虚分:三千四百二十二。

没限:五千六百九十七少。

旬周:四十三万七千四百。

纪法:六十。

求天正冬至:置上元距所求积年,以期实乘之,为天正冬至气积分;满旬周去之,不满,如日法而一为大余,不尽为小余。其大余命己卯,算外,即所求年天正冬至日辰及余。

求次气:置天正冬至大、小余,以气策加之,<small>四分之一为少,之二为半,之三为太。</small>如满秒母,收从小余,小余满日法从大余,大余盈纪法乃去之。去命如前,即次气日辰及余。

求天正经朔:置天正冬至气积分,以朔实去之,不尽,为天正闰余;用减气积分,余为天正十一月经朔加时积分;满旬周去之,不满,如日法而一为大余,不尽为小余。其大余命己卯,算外,即所求年天正十一月经朔日辰及余。

求弦望及次朔经日:置天正经朔大、小余,以弦策累加之,去命如前,即各得弦、望及次朔经日辰及余。

求没日:置有没常气小余,<small>凡常气小余在没限以上者,为有没之气。</small>六十乘之,用减四十四万三千七百七十一,余满六千三百七十一而一为日,不满为余。命日起其气初日辰,算外,即为气内没日辰。

求灭日:置有灭经朔小余,<small>凡经朔小余不满朔虚分者,为有灭之朔。</small>三十乘之,满朔虚分而一为日,不满为余。命日起其月经朔日辰,算外,即为月内灭日辰。

步发敛

候策:五、余五百三十、秒五十五。

卦策:六、余六百三十七、秒六。

土王策:三、余三百一十八、秒三十三。

岁闰:七万九千二百九十。

月闰:六千六百七半。

闰限:二十万八千六百七十半。

辰法:一千二百一十五。

半辰法:六百七半。

刻法：七百二十九。

秒法：六十。

求七十二候：各置中节大、小余命之，为初候；以候策加之，为次候；又加之，为末候。各命己卯，算外，即得所求日辰。

求六十四卦：各置中气大、小余命之，为公卦用事日；以卦策加之，得辟卦用事日；又加之，得诸侯内卦用事日；以土王策加之，得十有二节之初诸侯外卦用事日；又加之，得大夫卦用事日；复以卦策加之，得卿卦用事日。各命己卯，算外，即得所求日辰。

求五行用事：各因四立之节大、小余命之，即春木、夏火、秋金、冬水首用事日；以土王策减四季中气大、小余，即其季土始用事之日。各命己卯，算外，即得所求日辰。

七十二候及卦目与前历同。

求中气去经朔：置天正闰余，以月闰累加之，满日法为闰日，不满为余，即其月中气去经朔日算。因求卦候者，各以卦、候策依次累加减之，中气前减，中气后加。各得其月卦、候去经朔日算。

求发敛加时：置所求小余，倍之，加辰法而一为辰数，不满，五因之，如刻法而一为刻，不尽为分。命辰数起子正，算外，即各得加时所在辰、刻及分。如半辰数，即命起子初。

步日躔

周天分：二亿一千三百一万八千一十七。

岁差：七千九百三十七。

周天度：三百六十五、约分二十五、秒七十二。

象限：九十一、约分三十一、秒九。

乘法：一百一十九。

除法：一千八百一十一。

秒法：一百。

常气	中积日	盈缩分	先后数	损益率	朏朒积
冬至	空	盈七千六十	先初	益三百八十五	朒积空
小寒	一十五 一千五百九十二太 二十一　八十四	盈五千九百二十	先七千六十	益三百二十三	朒三百八十五
大寒	三十 三千一百八十五半 四十三　六十九	盈四千七百一十七	先一万二千九百八十	益二百五十七	朒七百八
立春	四十五 四千七百七十八少 六十五　五十四	盈三千四百五十一	先一万七千六百九十七	益一百八十七	朒九百六十五
雨水	六十 六千三百七十一 八十七　三十九	盈二千一百二十二	先二万一千一百四十八	益一百一十六	朒一千一百五十三
惊蛰	七十六 六百七十三太 九　二十四	盈七百三十	先二万三千二百七十	益四十	朒一千二百六十九
春分	九十一 二千二百六十六半 三十一　九	缩七百三十	先二万四千	损四十	朒一千三百九
清明	一百六十 三千八百五十九少 五十二　九十三	缩二千一百二十二	先二万三千二百七十	损一百一十六	朒一千三百六十九

		缩	先/后	损/益	朒/朓
谷雨	一百二十一 五千四百五十二 七十四 七十八	缩三千四百五十一	先二万一千一百四十八	损一百八十八	朒一千一百五十三
立夏	一百三十六 七千四十四太 九十六 六十三	缩四千七百一十七	先一万七千六百九十七	损二百五十七	朒九百六十五
小满	一百五十二 一千三百四十七半 一十八 四十八	缩五千九百二十	先一万二千九百八十	损三百二十三	朒七百八
芒种	一百六十七 二千九百四十少 四十 三十三	缩七千六十	先七千六十	损三百八十五	朒三百八十五
夏至	一百八十二 四千五百三十三 六十二 一十八	缩七千六十	后初	损三百八十五	朓空
小暑	一百九十七 六千一百二十五太 八十四 二	缩五千九百二十	后七千六十	益三百二十三	朓三百八十五
大暑	二百一十三 四百二十八半 五 八十七	缩四千七百一十七	后一万二千九百八十	益二百五十七	朓七百八十
立秋	二百二十八 二千二十少 二十七 七十二	缩三千四百五十一	后一万七千六百九十七	益一百八十八	朓九百六十五

处暑 二百四十三 三千一百六十四 四十九　五十七	缩二千一百二十三	后二万一千一百四十八	益一百一十六	朏一千一百五十三
白露 二百五十八 五千二百六太 七十一　四十二	缩七百三十	后二万三千二百七十	益四十	朏一千三百六十九
秋分 二百七十三 六千七百九十九半 九十三　二十七	盈七百三十	后二万四千	损四十	朏一千三百九
寒露 二百八十九 一千一百二少 一十五　一十二	盈二千一百二十二	后二万三千二百七十	损一百一十六	朏一千二百六十九
霜降 三百四 二千六百九十五 三十六　九十六	盈三千四百五十一	后二万一千一百四十八	损一百八十八	朏一千一百五十三
立冬 三百一十九 四千二百八十七太 五十八　八十一	盈四千七百一十七	后一万七千六百九十七	损三百五十七	朏九百六十五
小雪 三百二十四 五千八百八十半 八十　六十六	盈五千九百二十	后一万二千九百八十	损三百二十三	朏七百八
大雪 三百五十 一百八十三少 二　五十一	盈七千六十	后七千六十	损三百八十五	朏三百八十五

求每日盈缩分先后数：置所求盈缩分，以乘法乘之，如除法而一，为其气中平率；与后气中平率相减，为合差；半合差，加减其气中平率，为初、末泛率。至后加为初、减为末，分后减为初、加为末。又以乘法乘合差，如除法而一，为日差；半日差，加减初、末泛率，为末定率。至后减初加末，分后加初减末。以日差累加减其气初定率，为每日盈缩分；至后减，分后加。各以每日盈缩分加减气下先后数。冬至后，积盈为先，在缩减之；夏至后，积缩为后，在盈减之。其分、至前一气，无后气相减，皆因前气合差为其气合差。余依前术，求朏朒仿此。

求经朔弦望入气：置天正闰日及余，如气策以下者，以减气策，为入大雪气；以上者去之，余以减气策，为入小雪气：即天正十一月经朔入气日及余。求弦、望及后朔入气，以弦策累加之，满气策去之，即各得弦、望及次朔入气日及余。

求经朔弦望入气朏朒定数：各以所入气小余乘其日损益率，如日法而一，所得，以损益其日下朏朒积，各为定数。

赤道宿度

斗：二十五。　　牛：七少。　　女：十一少。　　虚：九少、秒七十二。
危：十五半。　　室：十七。　　壁：八太。

北方七宿九十四度、秒七十二。

奎：十六半。　　娄：十二。　　胃：十五。　　昴：十一少。
毕：十七少。　　觜：半。　　参：十半。

西方七宿八十三度。

井：三十三少。　　鬼：二半。　　柳：十三太。　　星：六太。
张：十七少。　　翼：十八太。　　轸：十七。

南方七宿一百九度少。

角：十二。　　亢：九少。　　氐：十六。　　房：五太。
心：六少。　　尾：十九少。　　箕：十半。

东方七宿七十九度。

按诸历赤道宿次，就立全度，颇失真数。今依宋朝浑仪校测距度,分定太、半、少,用为常数,校之天道,最为密近。如考唐,用唐所测;考古,用古所测:即各得当时宿度。

求冬至赤道日度:以岁差乘所求积年,满周天分去之,不满,覆减周天分,余如五千八百三十二而一为分,不尽,退除为秒。其分,满百为度,命起赤道虚宿七度外去之,至不满宿,即所求年天正冬至加时日躔赤道宿度及分秒。

求春分夏至秋分赤道日度:置天正冬至加时赤道日度,累加象限,满赤道宿次去之,即各得春分、夏至、秋分加时日在宿度及分秒。

求四正后赤道宿积度:置四正赤道宿全度,以四正赤道日度及分减之,余为距后度;以赤道宿度累加之,各得四正后赤道宿积度及分。

求赤道宿积度入初末限:视四正后赤道宿积度及分,在四十五度六十五分、秒五十四半已下为入初限;已上,用减象限,余为入末限。

求二十八宿黄道度:以四正后赤道宿入初、末限度及分,减一百一度,余以初、末限度及分乘之,进位,满百为分,分满百为度,至后以减、分后以加赤道宿积度,为其宿黄道积度;以前宿黄道积度减之,其四正之宿,先加象限,然后以前宿减之。为其宿黄道度分。其分就近约为太、半、少。

黄道宿度

斗:二十三。　　　牛:七。　　　女:十一。　　　虚:九少、秒七十二。
危:十六。　　　　室:十八。　　　壁:九半。

北方七宿九十三度太、秒七十二。

奎:十八。　　　娄:十二太。　胃:十五半。　昴:十一。
毕:十六半。　　觜:半。　　　参:九太。

西方七宿八十四度。

井:三十半。　　鬼:二半。　　柳:十三少。　星:六太。
张:十七太。　　翼:二十。　　轸:十八半。

南方七宿一百九度。

角：十二太。　　　亢：九太。　　氐：十六少。　　房：五太。

心：六。　　　　尾：十八少。　箕：九半。

东方七宿七十八度少。

前黄道宿度，依今历岁差所在算定。如上考往古，下验将来，当据岁差，每移一度，依术推变当时宿度，然后可步七曜，知其所在。如径求七曜所在，置所在积度，以前黄道宿积度减之，为所在黄道宿度及分。

求天正冬至加时黄道日度：以冬至加时赤道日度及分秒，减一百一度，余以冬至加时赤道日度及分秒乘之，进位，满百为分，分满百为度，命曰黄赤道差；用减冬至赤道日度及分秒，即所求年天正冬至加时黄道日度及分秒。

求二十四气加时黄道日度：置所求年冬至日躔黄道差，以次年黄赤道差减之，余以所求气数乘之，二十四而一，所得，以加其气中积及约分，又以其气初日先后数先加后减之，用加冬至加时黄道日度，依宿次去之，即各得其气加时黄道日躔宿度及分秒。如其年冬至加时赤道宿度空，分秒在岁差已下者，即加前宿全度。然求黄赤道差，余依术算。

求二十四气晨前夜半黄道日度：置日法，以其气小余减之，余副置之；以其气初日盈缩分乘之，如万约之，所得，盈加缩减其副，满日法为度，不满，退除为分秒，以加其气加时黄道日度，即各得其气一日晨前夜半黄道日度及分秒；每日加一度，以百约每日盈缩分为分秒，盈加缩减之，满黄道宿次去之，即每日晨前夜半黄道日躔宿度及分秒。其二十四气初日晨前夜半黄道日度，系属前气，自前气摊算，即各得所求。

求每日午中黄道日度：置一万分，以所入气日盈缩分盈加缩减而半之，满百为分，不满为秒，以加其日晨前夜半黄道日度，即其日午中日躔黄道宿度及分。

求夏至加时黄道日度：置天正冬至加时黄道日度及分秒，以二至限及分秒加之，满黄道宿次去之，不满，为夏至加时黄道日度及分秒。

求每日午中黄道积度:以二至加时黄道日度距至所求日午中黄道日度,为入二至后黄道积度及分。

求每日午中黄道入初末限:视二至后黄道积度,在四十三度一十二分、秒八十七以下为初限;以上,用减象限,余为入末限。其积度满象限去之,为二分后黄道积度,在四十八度一十八分、秒二十二以下为初限;以上,用减象限,余为入末限。

求每日午中赤道日度:以所求日午中黄道积度,入至后初限、分后末限度及分秒,进三位,加二十万二千五十少,开平方除之,所得,减去四百四十九半,余在初限者,直以二至赤道日度加而命之;在末限者,以减象限,余以二分赤道日度加而命之:即每日午中赤道日度。以所求日午中黄道积度,入至后末限、分后初限度及分秒,进三位,用减三十万三千五十少,开平方除之,所得,以减五百五十半,余在初限者,直以二分赤道日度加而命之;在末限者,以减象限,余以二至赤道日度加而命之:即每日午中赤道日度。

求太阳入宫日时刻及分:各置入宫宿度及分秒,以其日晨前夜半日度减之,余以二十四乘,为时实;以其日太阳行度及分秒为法实,如法而一,为半时数;不满,进二位,为刻实;以二十四乘,前法除之为刻,不满,退除为分。其半时命起子正,算外,即得太阳入宫初正时、刻及分。其逐刻日、时及分,旧历均其日数,从其简略,未尽其详。今但依入宫正术求之,即允协天道。

步晷漏

二至限:一百八十二、分六十二、秒一十八。

象限:九十一、分三十一、秒九。

一象度:九十一、分二十一、秒四十三。

冬至后初限夏至后末限:六十二日、分二十。

夏至后初限冬至后末限:一百二十日、分四十二。

已上分秒母各同一百。

冬至岳台晷影常数：一丈二尺八寸三分。

夏至岳台晷影常数：一尺五寸六分。

昏明分：一百八十二少。

昏明刻：二分三百六十四半。

辰刻：八分二百四十三。

半辰刻：四分一百二十一半。

刻法：七百二十九。

求午中入气：置所求日大余及半法，以所入气大、小余减之，为其日午中入气日及余。

求午中中积：置其气中积，以午中入气日及余加之，_{其余以日法}退除为分秒。为所求日午中中积及分秒。

求午中入二至后初末限：置午中中积及分，为入冬至后；满二至限去之，为入夏至后。其二至后，如在初限已下为入初限；已上，覆减二至限，余为入末限。

求岳台晷影午中定数：冬至后初限、夏至后末限，以百通日，内分，自相乘为实，置之；以七百二十五除之，所得，加一十万六百一十七，并入限分，折半为法，实如法而一为分，不满，退除为小分，其分满十为寸，寸满十为尺，用减冬至岳台晷影常数，即得所求午中晷影定数。夏至后初限、冬至后末限，以百通日，内分，自相乘，为实，乃置入限分，九因，再折，加一十九万八千七十五为法，_{其夏至前后，日如在半限以上者，减去半限，余置于上，列半限于下，以上减下，余以乘上，进二位，七十七除之，所得加法为定法，然后除之。}实如法而一为分，不满，退除为小分，其分满十为寸，寸满十为尺，以加夏至岳台晷影常数，即得所求日午中晷影定数。

求每日日行积度：以午中入气余乘其日盈缩分，日法而一，冬至后盈加缩减、夏至后缩加盈减先后数，以先加后减中积日及分秒，满与不足，进退其日，为所求日行积度及分秒。

求每日赤道内外度：置所求日午中日行积度及分，如不满二至限，在象限已下为冬至后度；象限已上，用减二至限，为夏至前度。

如满二至限去之,余在象限以下为夏至后度;象限以上,用减二至限,为冬至前度。并置之于上,列象限于下,以上减下,余以乘上,冬至前后五百一十七而一,夏至前后四百而一为度,不满,退除为分,以加二至前后度,所得,用减象限,余置于上,列二至限于下,以上减下,余以乘上,其度分秒皆以百通,然后乘之。退一位,如三十四万八千八百五十六而一为秒,满百为分,分满百为度,即所求日黄道去赤道内外度及分。冬至前后为外,夏至前后为内。

求每日午中太阳去极度:以每日午中黄道去赤道内、外度及分,内减外加一象度及分,为每日午中太阳去极度及分。

求每日日出入分晨昏分半昼分:置所求日黄道去赤道内外度及分,以三百六十三乘之,进一位,如二百三十九而一,所得,以加减一千八百二十二半,赤道内以减,赤道外以加。为所求日日出分;用减日法,为入日分。以昏明分减日出分,为晨分;加日入分,为昏分;以日出分减半法,为半昼分。

求每日昼夜刻日出入辰刻:置日出分,倍之,进一位,满刻法为刻,不满为分,即所求日夜刻;以减百刻,余为昼刻;半夜刻,满辰刻为辰数;命子正,算外,即日出辰刻;以半夜刻加之,即命起时初。以昼刻加之,满辰刻为辰数;命日出,算外,即日入辰刻及分。

求每更点差刻及逐更点辰刻:置夜刻,减去十五刻,五而一,为更差;又五而一,为点差。以昏明刻加日入辰刻,即初更辰刻;以更点差刻累加之,满辰刻及分去之,各得更点所入辰刻及分。

求每日距中度及每更差度:置所求日黄道去赤道内、外度及分,以四千四百三十五乘之,如五千八百一十二而一为度,不满,限除为分,以内加外减一百度七十二分、秒七为距中度;用减一百六十四度八十一分、秒五十七,余四因,退一位,为每更差度。

求昏晓五更及攒点中星:置距中度,以其日午中赤道日度加而命之,即昏中星所格宿次,命为初更中星;以每更差度加而命之,即二更中星;以每更差度累加之,满赤道宿度去之,即逐更及攒点中星;加三十六度六十二分、秒五十七,满赤道宿度去之,即晓中星。

　　求九服晷景：各于所在测冬夏二至晷数，乃相减之，余为二至差数。如地在岳台南测夏至晷景在表南者，并冬夏二至晷数为二至差数。其所求日在冬至后初限、夏至后末限者，置岳台冬至晷景常数，以所求日岳台午中晷景定数减之，余以其处二至差数乘之，如岳台二至差数一丈一尺二寸七分而一，所得，以减其处冬至晷数，即其地其日中晷定数。所求日在夏至后初限、冬至后末限者，置所求日岳台午中晷景定数，以岳台夏至晷景常数减之，余以其处二至差数乘之，如岳台二至差数而一，所得，以加其处夏至晷数，即其地其日中晷定数。如其处夏至景在表南者，以所得之数减其处夏至晷数，余为其地其日中晷定数，亦在表南也。其所得之数多于其处夏至晷数，即减去夏至晷数，余为其地其日中晷定数，在表北也。

　　求九服所在昼夜漏刻：各于所在下水漏，以定其处冬夏二至夜刻，但得一至可矣，不必须要冬夏二至。乃与五十刻相减，余为至差刻。置所求日黄道去赤道内外度及分，以至差刻乘之，进一位，如二百三十九而一为刻，不尽，以刻法乘之，复八而一为分，内减外加五十刻，即所求日夜刻；减百刻，余为昼刻。其日日出入辰刻及更点差刻、每更点辰刻，并依岳台术求之。

　　步月离

　　转周分：二十万八百七十三、秒九百九十。

　　转周日：二十七、余四千四十三、秒九百九十。

　　朔差日：一、余七千一百一十四、秒九千一十。

　　望策：一十四、余五千五百七十九。

　　弦策：七、余二千七百八十九半。

　　　　已上秒母一万。

　　七日：初数六千四百七十八，初约分八十九；末数八百一十二，末约分一十一。

　　十四日：初数五千六百六十六，初约分七十八；末数一千六百二十四，末约分二十二。

二十一日：初数四千八百五十四，初约分六十七；末数二千四百三十六，末约分三十三。

二十八日：初数四千四十三，初约分五十五。

上弦：九十一度、分三十一、秒四十三。

望：一百八十二度、分六十二、秒八十六。

下弦：二百七十三度、分九十四、秒二十九。

月平行：十三度、分三十六、秒八十七太。

已上分、秒母皆同一百。

求天正十一月经朔入转：置天正十一月经朔加时积分，以转周分及秒去之，不尽，满日法除之为日，不满为余秒，命日，算外，即所求年天正十一月经朔加时入转日及余秒。若以朔差日及余秒加之，满转周日及余秒去之，即次朔加时入转日。

求弦望入转：各因其月经朔加时入转日及余秒，以弦策累加之，去命如前，即上弦、望及下弦经日加时入转日及余秒。

转日	进退衰	转定分	加减差	迟疾度	损益率	朒朒积
一日	退一十	一千四百六十八	加一百三十一	疾初	益七百一十四	朒初
二日	退十五	一千四百五十七	加一百二十	疾一度三十一	益六百五十四	朒七百一十四
三日	退二十	一千四百四十二	加一百五	疾二度五十一	益五百七十三	朒一千三百六十八
四日	退二十三	一千四百二十二	加八十五	疾三度五十六	益四百六十四	朒一千九百四十一
五日	退二十六	一千三百九十九	加六十二	疾四度四十一	益三百三十八	朒二千四百五
六日	退二十六	一千三百七十三	加三十六	疾五度三	益一百九十六	朒二千七百四十三

七日	退二十六	一千三百四十七	初加一十一 末减一	疾五度 三十九	初益六十 末损五	朒二千九百三十九
八日	退二十六	一千三百二十一	减一十六	疾五度 四十九	损八十八	朒二千九百九十四
九日	退二十四	一千二百九十五	减四十二	疾五度 三十三	损二百二十九	朒二千九百六
十日	退二十四	一千二百七十一	减六十六	疾四度 九十一	损三百六十	朒二千六百七十七
十一日	退十九	一千二百四十七	减九十	疾四度 二十五	损四百九十	朒二千三百一十七
十二日	退十四	一千二百二十八	减一百九	疾三度 三十五	损五百九十五	朒一千八百二十七
十三日	退十	一千二百一十四	减一百二十二	疾二度 二十六	损六百七十	朒一千二百三十二
十四日	进四	一千二百四	初减一百三 末加三十	疾一度 三	初损五百六十二 末益一百六十四	朒五百六十二
十五日	进十一	一千二百八	加一百二十九	迟空度 三十	益七百三	脁一百六十四
十六日	进十七	一千二百一十九	加一百一十八	迟一度 五十九	益六百四十三	脁八百六十七
十七日	进二十二	一千二百三十六	加一百一	迟二度 七十七	益五百五十一	脁一千五百一十
十八日	进二十三	一千二百五十八	加七十九	迟三度 七十八	益四百三十一	脁二千六十一
十九日	进二十六	一千二百八十一	加五十六	迟四度 五十七	益三百五	脁二千四百九十

二十日	进二十六	一千三百七	加三十	迟五度一十三	益一百六十四	朒二千七百九十七
二十一日	进二十六	一千三百三十三	初加七末减三	迟五度四十三	初益三十八末损一十六	朒二千九百六十一
二十二日	进二十五	一千三百五十九	减二十二	迟五度四十七	损一百二十	朒二千九百八十三
二十三日	进二十四	一千三百八十四	减四十七	迟五度二十五	损二百五十六	朒二千八百六十三
二十四日	进二十三	一千四百八	减七十一	迟四度七十八	损三百八十八	朒二千六百七
二十五日	进十八	一千四百三十一	减九十四	迟四度七	损五百一十二	朒二千二百一十九
二十六日	进十四	一千四百四十九	减一百一十二	迟三度一十三	损六百一十一	朒一千七百七
二十七日	进九	一千四百六十三	减一百二十六	迟二度一	损六百八十七	朒一千九十六
二十八日	退四	一千四百七十二	初减七十五	迟空度七十五	初损四百九	朒四百九

求朔望弦望入转朒朒定数：置入转余，以其日算外损益率乘之，如日法而一，所得，以损益其下朒朒积为定数。其四七日下余如初数已下者，初率乘之，初数而一，以损益朒朒为定数。如初数已上者，以初数减之，余乘末率，末数而一，用减初率，余加朒朒为定数。其十四日下余如初数已上者，初数减之，余乘末率，末数而一，为朒朒定数。

　　求朔弦望定日：各置经朔、弦、望小余，以入气、入转朒朒定数朒减朒加之，满与不足，进退大余，命己卯，算外，各得定日日辰及余。定朔干名与后朔干名同者月大，不同者月小，其月内无中气者为闰月。凡注历，观定朔小余，秋分后在日法四分之三已上者，进一日；春分后定朔日出分差如春秋之日者，三约之，用减四分之三；定朔小余及此数已上者，亦进一日；或当交亏初在日入已前者，其朔不进。弦、望定小余不满日出分者，退一日；望若有食亏初在日出已前者，定望小余进满日出分，亦退一日。又月行九道迟疾，有三大二小；日行盈缩累损之，则有四大三小，理数然也。若俯循常仪，当察加时早晚，随其所近而进退之，使不过三大二小。

　　求定朔弦望加时日所在度：置定朔、弦、望约余，副之，以乘其日盈缩分，万约之，所得，盈加缩减其副，满百为分，分满百为度，以加其日夜半日度，命之，各得其日加时日躔黄道宿次。

　　求平交日辰：置交终日及余秒，以其月经朔加时入交泛日及余秒减之，余为平交入其月经朔加时后日算及余秒，以加减其月经朔大、小余，其大余命己卯，算外，即平交日辰及余秒。求次交者，以交终日及余秒加之，大余满纪法去之，命如前，即次平交日辰及余秒。

　　求平交入转朒朒定数：置平交小余，加其日夜半入转余，以乘其日损益率，日法而一，所得，以损益其下朒朒积为定数。

　　求正交日辰：置平交小余，以平交入转朒朒定数朒减朒加之，满与不足，进退日辰，即正交日辰及余秒；与定朔日辰相距，即所在月日。

　　求经朔加时中积：各以其月经朔加时入气日及余，加其气中积及余，其日命为度，其余以日法退除为分秒，即其月经朔加时中积度及分秒。

　　求正交加时黄道月度：置平交入经朔加时后日算及约余秒，以日法通日，内余，进一位，如五千四百五十三而一为度，不满，退除为分秒，以加其月经朔加时中积，然后以冬至加时黄道日度加而命之，即得其月正加时月离黄道宿度及分秒。如求次交者，以交终度及分秒加而命之，即得所求。

求黄道宿积度：置正交加时黄道宿全度，以正交加时月离黄道宿度及分秒减之，余为距后度及分秒，以黄道宿度累加之，即各得正交后黄道宿积度及分秒。

求黄道宿积度入初末限：各置黄道宿积度及分秒，满交象度及分去之，在半交象已下为初限；已上者，以减交象度，余为入末限。入交积度、交象度并在交会术中。

求月行九道宿度：凡月行所交，冬入阴历，夏入阳历，月行青道；冬至、夏至后，青道半交在春分之宿，当黄道东；立冬、立夏后，青道半交在立春之宿，当黄道东南：至所冲之宿亦如之。冬入阳历，夏入阴历，月行白道；冬至、夏至后，白道半交在秋分之宿，当黄道西；立冬、立夏后，白道半交在立秋之宿，当黄道西北：至所冲之宿亦如之。春入阳历，秋入阴历，月行朱道；春分、秋分后，朱道半交在夏至之宿，当黄道南；立春、立秋后，朱道半交在立夏之宿，当黄道西南：至所冲之宿亦如之。春入阴历，秋入阳历，月行黑道。春分、秋分后，黑道半交在冬至之宿，当黄道北；立春、立秋后，黑道半交在立冬之宿，当黄道东北：至所冲之宿亦如之。四序离为八节，至阴阳之所交，皆与黄道相会，故月行有九道。各以所入初、末限度及分减一百一度，余以所入初、末限度及分乘之，半而退位为分，分满百为度，命为月道与黄道泛差。凡日以赤道内为阴，外为阳；月以黄道内为阴、外为阳。故月行正交，入夏至后宿度内为同名，入冬至后宿度内为异名。其在同名者，置月行与黄道泛差，九因八约之，为定差；半交后、正交前以差减，正交后、半交前以差加。此加减出入六度，正如黄、赤道相交同名之差。若较之渐异，则随交所在，迁变不常。仍以正交度距秋分度数乘定差，如象限而一，所得，为月道与赤道定差，前加者为减，减者为加。其在异名者，置月行与黄道泛差，七因八约之，为定差；半交后、正交前以差加，正交后、半交前以差减。此加减出入六度，异如黄赤道相交异名之差，若较之渐同，则随交所在，迁变不常。仍以正交度距春分度数乘定差，如象限而一，所得，为月行与赤道定差，前加者为减，减者为加；皆加减黄道宿积度，为九道宿积度；以前宿九道积度减之，为其宿九道度及分。其分就近约为太、半、少。论春、夏、秋、冬，以四时日所在宿度为正。

　　求正交加时月离九道宿度：以正加时黄道日度及分减一百一度，余以正交度及分乘之，半而退位为分，分满百为度，命为月道与黄道泛差。其在同名者，置月行与黄道泛差，九因八约之，为定差，以加；仍以正交度距秋分度数乘定差，如象限而一，所得，为月道与赤道定差，以减。其在异名者，置月行与黄道泛差，七因八约之，为定差，以减；仍以正交度距春分度数乘定差，如象限而一，所得，为月道与赤道定差，以加。置正交加时黄道月度及分，以二差加减之，即正交加时月离九道宿度及分。

　　求定朔弦望加时月所在度：置定朔加时日躔黄道宿次，凡合朔加时，月行潜在日下，与太阳同度，是为加时月离宿次；各以弦、望度及分秒加其所当弦、望加时日躔黄道宿度，满宿次去之，命如前，各得定朔、弦、望加时月所在黄道宿度及分秒。

　　求定朔弦望加时九道月度：各以定朔、弦、望加时月离黄道宿度及分秒，如前宿正交后黄道积度，为定朔、弦、望加时正交后黄道积度。如前求九道积度，以前宿九道积度减之，余为定朔、弦、望加时九道月离宿度及分秒。其合朔加时若非正加，则日在黄道，月在九道，所入宿度虽多少不同，考其两极，若应绳准，故云月行潜在日下，与太阳同度。

　　求定朔午中入转：以经朔小余与半法相减，余以加减经朔加时入转，经朔小余少，如半法加之；多，如半法减之。为经朔午中入转。若定朔大余有进退，亦加减转日，否则因经为定，命日，算外，即得所求。次月仿此求之。

　　求每日午中入转：因定朔午中入转日及余秒，每日累加一日，满转周日及余秒去之，命如前，即得每日午中入转日及余秒。

　　求晨昏月度：置其日晨分，乘其日算外转定分，日法而一，为晨转分；用减转定分，余为昏转分；又以朔、弦、望定小余乘转定分，日法而一，为加时分；以减晨昏转分，为前；不足，覆减之，余为后；乃前加后减加时月度，即晨、昏月所在宿度及分秒。

　　求朔弦望晨昏定程：各以其朔昏定月减上弦昏定月，余为朔后昏定程；以上弦昏定月减望昏定月，余为上弦后昏定程；以望晨定月减下弦晨定月，余为望后晨定程；以下弦晨定月减后朔晨定月，余为下弦后晨定程。

求每日转定度：累计每程相距日转定分，与晨昏定程相减，余以相距日数除之，为日差；定程多为加，定程少为减。以加减每日转定分，为每日转定度及分秒。

求每日晨昏月：因朔、弦、望晨昏月，加每日转定度及分秒，满宿次去之，为每日晨昏月。凡注历，日朔日注昏月，望后次日注晨月。已前月度以究算术之精微，如求其速要，即依后术径求。

求经朔加时平行月：各以其月经朔入气日及余秒，其余以日法退除为分秒。加其气中积日及约分，命日为度，即为经朔加时平行月积度及分秒。

求所求日加时平行月：置所求日大余及加时小余，以其月经朔大、小余减之，余为入经朔加时后日数及余；以其日乘月平行度及分秒，列于上位，又以其余乘月平行度及分秒，满日法除之为度，不满，退除为分秒，并上位，用加经朔加时平行月，满周天度及分秒去之，即得所求日加时平行月积度及分秒。

求所求日加时入转：以所求日加时入经朔加时后日数及余，加经朔加时入转日及余秒，满转周日及余秒去之，命日，算外，即得所求。其余先以日法退除为分秒。

求所求日加时定月：置所求日加时入转分，以其日算外加减差乘之，百约为分，分满百为度，加减其下迟疾度，为迟疾定度；乃以迟减疾加所求日加时平行月，为定月；各以天正冬至加时黄道日度加而命之，即得所求日加时月离黄道宿度及分秒。其入转若在四、七日者，如求朏朒术入之。

宋史卷八〇
志第三三

律历十三

纪元历

步交会

交终分：一十九万八千三百七十七、秒八百八十。

交终日：二十七、余一千五百四十七、秒八百八十。

交中日：一十三、余四千四百一十八、秒五千四百四十。

朔差日：二、余二千三百二十、秒九千一百二十。

望策：一十四、余五千五百七十九。

　　已上秒母一万。交率：三百二十四。

交数：四千一百二十七。

交终度：三百六十三、约分七十九、秒四十四。

交中度：一百八十一、约分八十九、秒七十二。

交象度：九十、约分九十四、秒八十六。

半交象度：四十五、约分四十七、秒四十三。

日食阳历限：三千四百，定法三百四十。

阴历限：四千三百，定法四百三十。

月食限：六千八百，定法四百四十。

　　已上分秒母各同一百。

推天正十一月经朔加时入交：置天正十一月经朔加时积分，以交终分及秒去之，不尽，满日法为日，不满为余秒，即天正十一月经朔加时入交泛日及余秒。

求次朔及望入交：置天正十一月经朔加时入交泛日及余秒，求次朔，以朔差加之；求望，以望策加之；满交终日及余秒去之，即各得次朔及望加时入交泛日及余秒。若以经朔、望小余减之，各得朔、望夜半入交泛日及余秒。

求定朔望夜半入交：因经朔、望夜半入交泛日及余秒，视定朔、望日辰有进退者，亦进退交日，否则因经为定，各得所求。

求次定朔夜半入交：各因定朔夜半入交泛日及余秒，大月加二日，小月加一日，余皆加五千七百四十二，秒九千一百二十，即次朔夜半入交；若求次日，累加一日；满交终日及余秒皆去之，即每日夜半入交泛日及余秒。

求定朔望加时入交：置经朔、望加时入交泛日及余秒，以入气、入转朏朒定数朏减朒加之，即得定朔、望加进入交泛日及余秒。

求定朔望加时月行入交积度：置定朔、望加时入交泛日及余秒，以日法通日，内余，进一位，如五千四百五十三而一为度，不满，退除为分，即定朔、望加时月行入交积度及分。每日夜半，准此求之。

求定朔望加时月行入交定积度：置定朔、望加时月行入交积度及分，以定朔、望加时入转迟疾度迟减疾加之，满与不足，进退交终度及分。即定朔、望加时月行入交定积度及分。每日夜半，准此求之。

求定朔望加时月行入阴阳历积度：置定朔、望加时月行入交定积度及分，如在交中度及分已下为入阳历积度；已上者去之，余为入阴历积度。每日夜半，准此求之。

求定朔望加时月去黄道度：视月入阴阳历积度及分，如交象已下为在少象；已上，覆减交中度，余为入老象。置所入老、少象度及分于上，列交象度于下，以上减下，余以乘上，五百而一，所得，用减所入老、少象度及分，余，列交中度于下，以上减下，余以乘上，满一千三百七十五而一，所得为度，不满，退除为分，即为定朔、望加时月去黄道度及分。每日夜半，准此求之。

求朔望加时入交常日：置其月经朔、望加时入交泛日及余秒，以其月入气朏朒定数朏减朒加之，满与不足，进退其日，即得朔、望加时入交常日及余秒。近交初为交初，在二十六日、二十七日为交初；近交中为交中，在十三日、十四日为交中。

求日月食甚定数：以其朔望入气、入转朏朒定数，同名相从，异名相消，副置之；以定朔、望加时入转算外损益率乘之，如日法而一，其定朔、望如算外在四七日者，视其余在初数已下，初率乘之，初数而一；初数已上，以末率乘之，末数而一。所得，视入转，应朒者依其损益，应朏者益减损加其副；以朏减朒加经朔望小余，为泛余。满与不足，进退大余。日食者视泛余，如半法已下，为中前；列半法于下，以上减下，余以乘上，如一万九百三十五而一，所得，为差；以减泛余，为食甚定余；用减半法，为午前分。如泛余在半法已上，减去半法，为中后；列半法于下，以上减下，余以乘上，如日法而一，所得，为差；以加泛余，为食甚定余；乃减去半法，为午后分。月食者视泛余，如半法已上减去半法，余在一千八百二十二半已下自相乘，已上者，覆减半法，余亦自相乘，如三万而一，所得，以减泛余，为食甚定余；如泛余不满半法，在日出分三分之二已下，列于上位，已上者，用减日出分，余倍之，亦列于上位，乃四因三约日出分，列之于下，以上减下，余以乘上，如一万五千而一，所得，以加泛余，为食甚定余。

求日月食甚辰刻：倍食甚定余，以辰法除之为辰数，不尽，五因之，满刻法除之为刻，不满为分。命辰数起子正，算外，即食甚辰刻及分。若加半辰，命起子初。

求日月食甚入气：食甚大、小余及食定小余，并定朔、望大余，以此与经朔望大、小余相减。置其朔望食甚大、小余，与经朔望大、小余相减之，余以加减经朔望入气日余，经朔望少即加之，多即减之。为日、月食甚入气日及余秒。各置食甚入气及余秒，加其气中积，其余，以日法退除为分，即为日、月食甚中积及分。

求日月食甚日行积度：置食甚入气余，以所入气日盈缩分乘之，日法而一，加减其日先后数，至后加，分后减。先加后减日、月食甚中积,即为日月食甚日行积度及分。

求气差:置日食甚日行积度及分,满二至限去之,余在象限已下为在初;已上,覆减二至限,余为在末。皆自相乘,进二位,满三百四十三而一,所得,用减二千四百三十,余为气差;以午前、后分乘之,如半昼分而一,以减气差,为气差定数。在冬至后末限、夏至后初限,交初以减,交中以加。夏至后末限、冬至后初限,交初以加,交中以减。如半昼分而一,所得,在气差已上者,即以气差覆减之,余,应加者为减,减者为加。

求刻差:置日食甚日行积度及分,满二至限去之,余,列二至限于下,以上减下,余以乘上,进二位,满三百四十三而一,所得,为刻差;以午前、后分乘而倍之,如半法而一,为刻差定数。冬至后食甚在午前,夏至后食甚在午后,交初以加,交中以减。冬至后食甚在午后,夏至后食甚在午前,交初以减,交中以加。如半法而一,所得,在刻差已上者,即倍刻差,以所得之数减之,余为刻差定数,依其加减。

求朔入交定日:置朔入交常日及余秒,以气、刻差定数各加减之,交初加三千一百,交中减三千,为朔入交定日及余秒。

求望入交定日:置望入转朏朒定数,以交率乘之,如交数而一,所得,以朏减朒加入交常日之余,满与不足,进退其日,即望入交定日及余秒。

求月行入阴阳历:视其朔、望入交定日及余秒,如在中日及余秒已下为月在阳历;如中日及余秒已上,减去中日,为月在阴历。

求入食限交前后分:视其朔、望月行入阴阳历,不满日者为交后分;在十三日上下者覆减交中日,为交前分;视交前、后分各在食限已下者为入食限。

求日食分:以交前、后分各减阴阳历食限,余如定法而一,为日食之大分;不尽,退除为小分。命大分以十为限,即得日食之分。其食不及大分者,行势稍近交道,光气微有映蔽,其日或食或不食。

求月食分:视其望交前、后分,如二千四百已下者,食既;已上,用减食限,余如定法而一,为月食之大分;不尽,退除为小分。命大分以十为限,得月食之分。

求日食泛用分:置交前、后分,自相乘,退二位,阳历一百九十八而一,阴历三百一十七而一,所得,用减五百八十三,余为日食泛用分。

求月食泛用分:置交前、后分,自相乘,退二位,如七百四而一,所得,用减六百五十六,余为月食泛用分。

求日月食定用分:置日、月食泛用分,副之,以食甚加时入转算外损益率乘之,如日法而一,如算外在四、七日者,依食定余求之。所得,应朒者依其损益,应脁者益减损加其副,即为日月食定用分。

求月食既内外分:置月食交前、后分,自相乘,退二位,如二百四十九而一,所得,用减二百三十一,余以定用分乘之,如泛用分而一,为月食既内分;用减定用分,余为既外分。

求日月食亏初复满小余:置日、月食甚小余,各以定用分减之,为亏初;加之,为复满;其月食既者,以既内分减之,为初既;加之,为生光:即各得所求小余。如求时刻,依食甚术入之。

求月食更点法:置月食甚所入日晨分,倍之,减去七百二十九,余五约之,为更法;又五除之,为点法。

求月食入更点:置亏初、食甚、复末小余,在晨分已下加晨分,昏分已上减去昏分,余以更法除之为更数,不满,以点法除之为点数。其更数命初更,算外,即各得所入更、点。

求日食所起:日在阳历,初起西南,甚于正南,复于东南;日在阴历,初起西北,甚于正北,复于东北。其食八分已上,皆起正西,复于正东。此据午地而论之。

求月食所起:月在阳历,初起东北,甚于正北,复于西北;月在阴历,初起东南,甚于正南,复于西南。其食八分已上,皆起正东,复于正西。此亦据午地而论之。

求日月出入带食所见分数:各以食甚小余与日出、入分相减,余为带食差;以乘所食之分,满定用分而一,如月食既者,以既内分减带食差,余进一位,如既外分而一,所得,以减既分,即月带食出入所见之分,不及减者,为带食既出入。以减所食分,即日月出、入带食所见之分。其食甚在昼,晨为渐进,昏为已退;其食甚在夜,晨为已退,昏为渐进。

求日月食甚宿次:置食甚日行积度,望即更加半周天。以天正冬至加时黄道日度加而命之,即各得日、月食甚宿度及分。

步五星

木星周率:二百九十万七千八百七十九、秒六十四。

周差:二十四万五千二百五十三、秒六十四。

历率:二百六十六万二千六百三十六、秒二十二。

周日:三百九十八、约分八十八、秒六十。

历度:三百六十五、约分二十四、秒五十。

历中度:一百八十五、约分六十二、秒二十五。

历策度:一十五、约分二十一、秒八十五。

伏见度:一十三。

段目	常日	常度	限度	初行率
合伏	十六日八十六	三度八十六	二度九十三	二十三 二十五
晨疾初	二十八日	六度一十一	四度六十四	二十二 五十四
晨疾末	二十八日	五度五十一	四度一十九	二十一 一十一
晨迟初	二十八日	四度三十一	三度三十八	一十八 二十五
晨迟末	二十八日	一度九十一	一度四十五	一十二 五十三
晨留	二十四日			

晨退	四十六日五十八三十	四度八十七八十八	度空三十三一十二	一十五
夕退	四十六日五十八三十	四度八十七八十八	度空三十三一十二	一十五七十五
夕留	二十四日			
夕迟初	二十八日	一度九十一	一度四十五	
夕迟末	二十八日	四度三十八	三度二十八	一十二五十三
夕疾初	二十八日	五度五十一	四度一十九	一十八二十五
夕疾末	二十八日	六度一十一	四度六十四	二十一一十一
夕伏	十六日八十六	三度八十六	二度九十三	二十二五十四

木星盈缩历

策数	损益率	盈积度	损益率	缩积度
一	益一百五十九	初	益一百五十九	初
二	益一百四十二	一度五十九	益一百四十二	一度五十九
三	益一百二十	三度一	益一百二十	三度一
四	益九十三	四度二十一	益九十三	四度二十一
五	益六十一	五度一十四	益六十一	五度一十四
六	益二十四	五度七十五	益二十四	五度七十五

七	损二十四	五度九十九	损二十四	五度九十九
八	损六十一	五度七十五	损六十一	五度七十五
九	损九十三	五度一十四	损九十三	五度一十四
十	损一百二十	四度二十一	损一百二十	四度二十一
十一	损一百四十二	三度一	损一百四十二	三度一
十二	损一百五十九	一度五十九	损一百五十九	一度五十九

火星周率：五百六十八万五千六百八十七、秒六十四。

周差：三十六万四百一十四、秒四十四。

历率：二百六十六万二千六百四十七、秒二十。

周日：七百七十九、约分九十二、秒九十七。

历度：三百六十五、约分二十四、秒六十五。

历中度：一百八十二、约分六十二、秒三十二半。

历策度：二十五、约分二十一、秒八十六。

伏见度：一十九。

段目	常日	常度	限度	初行率
合伏	六十七日	四十八度	四十五度四十八	七十一九十二
晨疾初	六十三日	四十四度六十	四十二度二十六	七十一三十六
晨疾末	五十八日	四十度九	三十七度九十九	七十二十四
晨次疾初	五十二日	三十四度六	三十二度三十二	六十八

晨次疾末	四十五日	二十六度三十二	二十四度九十九	六十三
晨迟初	三十七日	十六度六十八	十五度八十	五十四
晨迟末	二十八日	五度七十五	五度四十五	三十七 二十六
晨留	十一日			
晨退	二十八日九十六 四十八半	八度一十五 六十九半	三度五 三十半	
夕退	二十八日九十六 四十八半	八度一十五 六十九半	三度五 三十半	四十一 三十
夕留	十一日			
夕迟初	二十八日	五度七十五	五度四十五	
夕迟末	二十七日	十六度六十八	十五度八十	二十七 二十六
夕次疾初	四十五日	二十六度三十二	二十四度九十九	五十四
夕次疾末	五十二日	三十四度六	三十二度三十二	六十三
夕疾初	五十八日	四十度九	三十七度九十九	六十八
夕疾末	六十三日	四十四度六十	四十二度二十六	七十 二十四
夕伏	六十七日	四十八度	四十五度四十八	七十一 三十六

火星盈缩历

策数	损益率	盈积度	损益率	缩积度
一	益一千一百六十	初	益四百五十八	初
二	益八百	十一度六十	益四百五十三	四度五十八
三	益四百六十四	十九度六十	益四百三十三	九度一十一
四	益一百五十二	二十四度二十四	益三百九十六	十三度四十
五	损五十七	二十五度七十九	益三百四十一	十七度四十
六	损一百七十二	二十五度一十九	益二百六十六	二十度八十一
七	损二百六十六	二十三度二十七	益一百七十二	二十三度四十七
八	损三百四十一	二十度八十一	益五十七	二十五度一十九
九	损三百九十六	十七度四十	损一百五十二	二十五度七十六
十	损四百三十三	十三度四十四	损四百六十四	二十四度二十四
十一	损四百五十三	九度一十一	损八百	一十九度六十
十二	损四百五十八	四度五十八	损一千一百六十	一十一度六十

土星周率：二百七十五万六千二百八十八、秒七十八。

周差：九万三千六百六十二、秒七十八。

历率：二百六十六万九千九百二十五、秒九十。

周日：三百七十八、约分九、秒一十七。

历度：三百六十六、约分二十四、秒四十九。

历中度：一百八十三、约分一十二、秒二十四半。

历策度：一十五、约分二十六、秒二。

伏见度：一十七。

段目	常　　日	常　　度	限　　度	初行率
合伏	十九日四十八	二度四十八	一度五十六	一十三 一十
晨疾	二十七日五十	三度二十二	二度二	一十二 四十
晨次疾	二十七日五十	二度六十四	一度六十五	一十一
晨迟	二十七日五十	一度四十八	空度九十一	八· 二十
晨留	三十六日			
晨退	五十一日六 五十八	三度三十九 六十	空度二十八 四十	
夕退	五十一日六 五十八	三度三十九 六十	空度二十八 四十	九 七十五
夕留	三十六日			

夕迟	二十七日五十	一度四十八	空度九十一	
夕次疾	二十七日五十	二度六十四	一度六十五	八二十
夕疾	二十七日五十	三度二十二	二度二	一十一
夕伏	十九日四十八	二度四十八	一度五十六	一十二四十

土星盈缩历

策数	损益率	盈积度	损益率	缩积度
一	益二百一十三	初	益一百六十三	初
二	益一百九十七	二度一十三	益一百四十九	一度六十三
三	益一百六十八	四度一十	益一百二十八	三度一十二
四	益一百二十八	五度七十八	益一百	四度四十
五	益八十一	七度六	益六十五	五度四十
六	益三十三	七度八十七	益二十三	六度五
七	损三十三	八度二十	损二十三	六度二十八
八	损八十一	七度八十七	损六十五	六度五
九	损一百二十八	七度六	损一百	五度四十
十	损一百六十八	五度七十八	损一百二十八	四度四十
十一	损一百九十七	四度一十	损一百四十九	三度一十二
十二	损二百一十三	二度一十三	损一百六十三	一度六十三

金星周率：四百二十五万六千六百五十一、秒四十三半。

合日：二百九十一、约分九十五、秒一十四。

历率：二百六十六万二千六百九十六、秒一十六。

周日：五百八十三、约分九十、秒二十八。

历度：三百六十五、约分二十五、秒三十二。

历中度：一百八十二、约分六十二、秒六十六。

历策度：一十五、约分二十一、秒八十九。

伏见度：一十半。

段目	常日	常度	限度	初行率
合伏	三十九日 二十五	四十九度 七十五	四十七度 七十六	一百二十七
夕疾初	四十七日 七十五	六十度 一十六 五十	五十七度 七十六	一百二十六 五十
夕疾末	四十七日 七十五	五十九度 三十九	五十七度 一	一百二十五 五十
夕次疾初	四十七日 七十五	五十七度 空	五十四度 七十二	一百二十三 二十五
夕次疾末	二十九日 二十五	四十二度 二十九	四十度六十	一百一十五 五十
夕迟初	二十九日 二十五	二十四度 七十二	二十三度 七十三	一百
夕迟末	一十八日 二十五	六度 九十三 五十	六度 六十六	六十九
夕留	七日			

夕退	九日 七十 一十四	三度 七十九 八十六	一度 六十九 一十四	
夕伏退	六日	四度 五十	二度 二	六十八
合伏退	六日	四度 五十	二度 二	八十二
晨退	九日 七十 一十四	三度 七十九 八十六	一度 六十九 一十四	六十八
晨留	七日			
晨迟初	一十八日 二十五	六度 九十三 五十	六度 六十六	空
晨迟末	二十九日 二十五	二十四度 七十二	二十三度 七十三	六十九
晨次疾初	三十九日 二十五	四十二度 二十九	四十度 六十	一百
晨次疾末	四十七日 七十五	五十七度 空	五十四度 七十二	一百一十五 五十
晨疾初	四十七日 七十五	五十九度 三十九	五十七度 一	一百二十三 二十五
晨疾末	四十七日 七十五	六十度 一十六 五十	五十七度 七十六	一百二十五 五十
晨伏	三十九日 二十二	四十度 七十五	四十七度	一百二十六 五十

金星盈缩历

策数	损益率	盈积度	损益率	缩积度
一	益五十二	初	益五十二	初
二	益四十八	空度五十二	益四十八	空度五十二
三	益四十一半	一度	益四十一半	一度
四	益三十二半	一度四十一半	益三十二半	一度四十一半
五	益二十一	一度七十四	益二十一	一度七十四
六	益七	一度九十五	益七	一度九十五
七	损七	二度二	损七	二度二
八	损二十一	一度九十五	损二十一	一度九十五
九	损三十二半	一度七十四	损三十二半	一度七十四
十	损四十一半	一度四十一半	损四十一半	一度四十一半
十一	损四十八	一度	损四十八	一度
十二	损五十二	空度五十二	损五十二	空度五十二

水星周率：八十四万四千七百三十八、秒五。

合日：五十七、约分九十三、秒八十一。

历率：二百六十六万二千七百九十四、秒九十五。

周日：一百一十五、约分八十七、秒六十二。

历度：三百六十五、约分二十六、秒六十八。

历中度：一百八十二、约分六十三、秒三十四。

历策度：一十五、约分二十一、秒九十四半。

宋史卷八○

晨伏夕见：一十四。

夕伏晨见：一十九。

段目	常　日	常　度	限　度	初行率
合伏	十五日	二十九度	二十四度三十六	二百五
夕疾	十五日	二十三度七十五	一十九度九十五	一百八十一六十六
夕迟	十五日	一十三度二十五	一十一度一十三	一百三十五
夕留	二日			
夕伏退	一十日	八度	二度	
合伏退	一十日	八度	二度	一百八
晨留	二日			
晨迟	一十五日	一十三度二十五	一十一度一十三	
晨疾	一十五日	二十三度七十五	一十九度九十五	一百三十五
晨伏	一十五日	二十九度	二十四度三十四	一百八十一

水星盈缩历

策数	损益率	盈积度	损益率	缩积度
一	益五十七	空度	益五十七	空度
二	益五十三	空度五十七	益五十三	空度五十七
三	益四十五	一度一十	益四十五	一度一十

四	益三十五	一度五十五	益三十五	一度五十五
五	益二十二	一度九十	益二十二	一度九十
六	益八	二度一十二	益八	二度一十二
七	损八	二度二十	损八	二度二十
八	损二十二	二度一十二	损二十二	二度一十二
九	损三十五	一度九十	损三十五	一度九十
十	损四十五	一度五十五	损四十五	一度五十五
十一	损五十三	一度一十	损五十三	一度一十
十二	损五十七	空度五十七	损五十七	空度五十七

推五星天正冬至后平合及诸段中积中星：置气积分，各以其星周率除之，所得，周数；不尽者，为前合；以减周率，余满日法为日，不满，退除为分秒，即其星天正冬至后平合中积；命之为平合中星，以诸段常日、常度累加之，即诸段中积、中星；其段退行者，以常度减之，即其段中星。

求木火土三星平合诸段入历；置其星周数，求冬至后合，皆加一数置之。以周差乘之，满其星历率去之，不尽，满日法为度，不满，退除为分秒，即其星平合入历度及分秒。以其段限度依次累加之，即得诸段入历。

求金水二星平合及诸段入历：置气积分，各以其星历率去之，不尽，满日法除之为度，不满，退除为分秒，以加平合中星，即为其星天正冬至后平合入历度及分秒；以其星其段限度依次累加之，即得诸段入历。

求五星平合及诸段盈缩定差：各置其星其段入历度及分。如历中已下为在盈；已上，减去历中，余为在缩；以其星历策除之为策数，不尽，为入策度及分；命策数，算外，以其策损益率乘之，如历策而一为分，分满百为度；以损益其下盈缩积，即其星其段盈缩定差。

求五星平合及诸段定积：各置其星其段中积，以其段盈缩定差盈加缩减之，即其段定积日及分；以天正冬至大余及约分加之，即为定日及分；盈纪法六十去之，不尽，命己卯，算外，即得日辰。

求五星平合诸段所在月日：各置其段定积，以天正闰日及约分加之，满朔策及约分除之为月数，不尽，为入月已来日数及分。其月数命天正十一月，算外，即其星其段入其月经朔日数及分，乃以日辰相距为定朔月、日。

求五星平合及诸段加时定星：各置其段中星，以其段盈缩定差盈加缩减之，金星倍之，水星三之，乃可加减。即五星诸段定星；以天正冬至加时黄道日度加而命之，即其星其段加时所在宿度及分秒。五星皆因前留为前段初日定星，后留为后段初日定星，余依术算。

求五星诸段初日晨前夜半定星：各以其段初行率乘其段加时分，百约之，乃以顺减退加其日加时定星，即为其段初日晨前夜半定星；加命如前，即得所求。

求诸段日率度率：各以其段日辰，距至后段日辰，为其段日率；以其段夜半定星与后段夜半定星相减，为其段度率及分秒。

求诸段平行度：各置其段度率及分秒，以其段日率除之，为其段平行度及分秒。

求诸段总差：各以其段平行分与后段平行分相减，余为泛差；并前段泛差，四因，退一位，为总差。若前段无平行分相减为泛差者，因后段初日行分与其段平行分相减，余为半总差；倍之，为总差。若后段无平行分相减为泛差者，因前段末日行分与其段平行分相减，余为半总差，倍之，为总差。晨迟末段，视段无平行分，因前初段末日行分与晨迟末段平行分相减，为半总差；其退行者，各置本段平行分，十四乘之，十五而一，为总差。内金星依顺段术入之，即得所求。夕迟初段，视前段无平行分，因后末段初日行分与夕迟初段平行分相减，为半总差。

求诸段初末日行分：各半其段总差，加减其段平行分，后段平行分多者，减之为初，加之为末；后段平行分少者，加之为初，减之为末。其在退行者，前减之为初，加之为末；后加之为初，减之为末。各为其星其段初、末日行度及分秒。如前后段平行分俱多、俱少者，平注之；本段总差不满大分者，亦平注之。

求每日晨前夜半星行宿次：置其段总差，减日率一，以除之，为日差。累损益初日行分，后行分少，损之；后行分多，益之。为每日行度及分秒；乃顺加退减其段初日晨前夜半宿次命之，即每日晨前夜半星行所在宿次。

径求其日宿次：置所求日，减一，半之，以日差乘而加减初行日分，后行分少，减之；后行分多，加之。以所求日乘之，为积度；乃顺加退减其段初日宿次，即得所求日宿次。

求五星平合及见伏入气：置定积，以气策及约分除之为气数，不尽，为入气已来日数及分秒。其气数命天正冬至，算外，即五星平合及见、伏入气日及分秒。其定积满岁周日及分，去之，余，在来年冬至后。

求五星合见伏行差：木、火、土三星，以其段初日星行分减太阳行分，余为行差。金、水二星顺行者，以其段初日太阳行分减星行分，余为行差。金、水二星退行者，以其段初日星行分并太阳行分，为行差。

求五星定合及见伏泛积：木、火、土三星，各以平合晨疾、夕伏定积，便为定合定见、定伏泛积。金、水二星，各置其段盈缩定差，内水星倍之，以其段行差除之为日，不满，退除为分秒，在平合夕疾、晨伏者，乃盈减缩加定积，为定合定见、定伏泛积；在退合夕伏、晨见者，乃盈加缩减定积，为定合定见、定伏泛积。

求五星定合定积定星：木、火、土三星，以平合行差除其日先后数，为距合差日；以先后数减之，为距合差度；以差日、差度后加先减其星定合泛积,为其星定合日定积、定星。金、水二星顺合者,以平合行差除其日先后数,为距合差日;以先后数加之,为距合差度;以差日、差度先加后减其星定合泛积,为其星定合日定积、定星。金、水二星退合者,以退合行差除其日先后数,为距合差日;以减先后数,为距合差度;以差日先减后加,以差度先加后减再定合泛积,为其星再定合积星。各以冬至大余及约分加定积,满纪法去之,命己卯,算外,即得定合日辰;以冬至加时黄道日度加定星,依宿次去之,即得定合所在宿次。

求木火土三星定见伏定积日:各置其星定见、伏泛积,晨加夕减象限日及分秒,如二至限已下自相乘,已上,覆减岁周,余亦自相乘,百约为分,以其星伏见度乘之,十五除之,为差;其差如其段行差而一为日,不满,退除为分秒,见加伏减泛积,为定积;如前加命,即得日辰。

求金水二星定见伏定日:夕见、晨伏,以行差除其日先后数,为日;先加后减泛用积,为常用积。晨见、夕伏,以行差除其日先后数,为日;先减后加泛用积,为常用积。如常用积在二至限已下为冬至后;已上去之,余为夏至后。其二至后日及分在象限已下自相乘,已上,用减二至限,余亦自相乘,如法而一,所得为分;冬至后晨、夏至后夕,以十八为法;冬至后夕、夏至后晨,以七十五为法。以伏见度乘之、十五除之,为差;满行差而一为日,不满,退除为分秒,加减常用积,为定用积;加命如前,即得定见、伏日辰。冬至后,晨见、夕伏加之,夕见、晨伏减之;夏至后,晨见、夕伏减之,夕见、晨伏加之。其水星,夕疾在大暑气初日至立冬气九日三十五分已下者,不见;晨留在大寒气初日至立夏气九日三十五分已下者,春不晨见,秋不夕见。

熙宁六年六月,提举司天监陈绎言:"浑仪尺度与《法要》不合,二极、赤道四分不均,规、环左右距度不对,游仪重涩难运,黄道映蔽横箫,游规壘裂,黄道不合天体,天枢内极星不见。天文院浑仪尺度及二极、赤道四分各不均,黄道、天常环、月道映蔽横箫,及月道不与天合，天常环相攻难转，天枢内极星不见。皆当因旧修整，新定浑仪，改用古尺，均赋辰度，规、环轻利，黄赤道、天常环并侧置，以北际当天度，省去月道，令不蔽横箫，增天枢为二度半，以纳极星，规、环、二极，各设环枢，以便游运。"诏依新式制造，置于司天监测验，以较疏密。七年六月，司天监呈新制浑仪、浮漏于迎阳门，帝召辅臣观之，数问同提举官沈括，具对所以改更之理。寻又言："准诏，集监官较其疏密，无可比较。"诏置于翰林天文院。七月，以括为右正言，司天秋官正皇甫愈等赏有差。初，括上《浑仪》、《浮漏》、《景表》三议，见《天文志》，朝廷用其说，令改造法物、历书。至是，浑仪、浮漏成，故赏之。

元丰五年正月，翰林学士王安礼言："详定浑仪官欧阳发所上浑仪、浮漏木样，具新器之宜，变旧器之失，臣等窃详司天监浮漏，疏谬不可用，请依新式改造。其至道皇祐浑仪、景表亦各差舛，请如法条奏修正。"从之。元祐四年三月，翰林学士许将等言："详定元祐浑天仪象所先奉诏制造水运浑仪木样，如试验候天不差，即别造铜器，今校验皆与天合。"诏以铜造，仍以元祐浑天仪象为名。将等又言："前所谓浑天仪者，其外形园，可遍布星度；其内有玑、有衡，可仰窥天象。今所建浑仪象，别为二器，而浑仪占测天度之真数，又以浑象置之密室，自为天运，与仪参合。若并为一器，即象为仪，以同正天度，则浑天仪象两得之矣。请更作浑天仪。"从之。七年四月，诏尚书左丞苏颂撰《浑天仪象铭》。六月，元祐浑天仪象成，诏三省、枢密院官阅之。绍圣元年十月，诏礼部、秘书省，即详定制造浑天仪象所，以新旧浑仪集局官同测验，择其精密可用者以闻。

宣和六年七月，宰臣王黼言：

臣崇宁元年邂逅方外之士于京师，自云王其姓，面出素书一，道玑衡之制甚详。比尝请令应奉司造小样验之，逾二月，乃成璇玑，其圆如丸，具三百六十五度四分度之一，置南北极、昆仑山及黄、赤二道，列二十四气、七十二候、六十四卦、十干、十二支、昼夜百刻，列二十八宿，并内外三垣、周天星。日月循黄道天行,每天左旋一周,日右旋一度,冬至南出赤道二十四度,夏至北入赤道二十四度,春秋二分黄、赤道交而出卯入酉。月行十三度有余,生明于西,其形如钩,下环,西见半规,及望而圆;既望,西缺下环,东见半规,及晦而隐。某星始见,某星已中,某星将入,或左或右,或迟或速,皆与天象吻合,无纤毫差。玉衡植于屏外,持扼枢斗,注水激轮,其下为机轮四十有三,钩键交错相持,次第运转,不假人力,多者日行二千九百二十八齿,少者五日行一齿,疾徐相远如此,而同发于一机,其密殆与造物者侔焉。自余悉如唐一行之制。

然一行旧制机关,皆用铜铁为之,涩即不能自运,今制改以坚木若美玉之类。旧制外络二轮,以缀日月,而二轮蔽亏星度,仰视躔次不审,今制日月皆附黄道,如蚁行磑上。旧制虽有合望,而月体常圆,上下弦无辨,今以机转之,使圆缺隐见悉合天象。旧制止有候刻辰钟鼓,昼夜短长与日出入更筹之度,皆不能辨,今制为司辰寿星,运十二时轮,所至时刻,以手指之,又为烛龙,承以铜荷,时正吐珠振荷,循环自运。其制皆出一行之外。即其器观之,全象天体者,璇玑也;运用水斗者,玉衡也。昔人或谓玑衡为浑天仪,或谓有玑而无衡者为浑天象,或谓浑仪望筒为衡:皆非也。甚者莫知玑衡为何器。唯郑康成以运转者为玑,持正者为衡,以今制考之,其说最近。

又月之晦明,自昔弗烛厥理,独扬雄云:"月未望则载魄于西,既望则终魄于东,其溯于日乎?"京房云:"月有形无光,日照之乃光。"始知月本无光,溯日以为光。本朝沈括用弹况月,粉涂其半,以象对日之光,正侧视之,始尽圆缺之形。今制与三者之说若合符节。宜命有司置局如样制,相址于明堂或合台之内,筑台陈之,以测上象。又别制三器,一纳御府,一置钟鼓院,一备车驾行幸所用。仍著为成书,以诏万世。

诏以讨论制造玑衡所为名,命黼总领,内侍梁师成副之。

宋史卷八一
志第三四

律历十四

中原既失,礼乐沦亡。高宗时。胡铨著《审律论》,曰:

臣闻司马迁有言曰:"六律为万事根本,其于兵械尤所重,望敌知吉凶,闻声效胜负,百王不易之道也。"臣尝深爱迁之言律于兵械为尤重,而深惜后之谈兵者止以战斗、击刺、奇谋,此律之所以泪陈而学者未尝道也。

夫律、度、量、衡,古也渊源于马迁,滥觞于班固,刘昭挹其流,孟康、京房、钱乐之之徒泪其泥而扬其波。迁之言曰,黄钟之实八十一以为宫,而以九为法,实如法,得长一寸,则黄钟为九寸矣。黄钟之实十七万七千一百四十七,而以一万九千六百八十三为法,实如法,亦得长一寸,亦黄钟为九寸也。然则十七万七千一百四十七与夫所谓八十一者,虽多少之不同,而其实一也;万九千六百八十三与夫所谓九者,虽多少之不同,而其法一也。又曰,丑二,寅八,卯十六,辰六十四。夫丑与卯,阴律也;寅与辰,阳律也。生阴律者皆二,所谓下生者倍其实;生阳律者皆四。所谓上生者四其实。迁之言财数百,可谓简矣,而后之言律者祖焉,是不亦渊源于马迁乎?

固之言曰。黄钟之实,八百一十分。盖迁意也。然以林钟之实五百四十,而乃以为六百四十,林钟、太蔟之实以其长自乘,则声虽有,小同于黄钟之宫耳。然则魏曹王制律,而与黄钟商、徵不合，其失兆此矣。夫自子一分，终于亥十七万七千一百四十七分，盖迁术也。而固亦曰，太极元气，函三为一，始动于子，参之于丑，历十二辰之数，而得黄钟之实，以为阴阳合德，化生万物。其说盖有本矣。然其言三分蕤宾损一，下生大吕，而不言夫所谓浊倍之变何？夫蕤宾之比于大吕，则蕤宾清而大吕浊，今又损二分之一以生大吕，则大吕之声乃清于蕤宾，是不知夫倍大吕之浊。然则萧衍之论，至于夹钟而裁长三寸七分，其失兆此矣。是不亦滥觞于班固乎？

昭之言曰，推林钟之实至十一万八千九十八、太蔟之实至十五万七千四百六十四，二乘而三约之者，为下生之实；四乘而三约之者，为上生之实。此迁、固之意，昭则详矣。然以蕤宾为上生大吕，而大吕乃下生夷则，何也？盖昭之说阳生阴为下生，阴生阳为上生。今以蕤宾为上生大吕，则是阳生阴，乃上生也；以大吕为下生夷则，是阴生阳，乃下生也。其蔽亦由不知夫大吕有浊倍之变，则其视迁、固去本远矣。是不亦挹其流于刘昭乎？

若夫孟康、京房、钱乐之之徒，则又大不然矣。夫班固以八十一分为黄钟之实，起十二律之周径，度其长以容其实，初未尝有径三围九之说也。康之徒惑于八十一分之实，以一寸为九十分，而不察方圆之异，于是有径三围九之论兴焉。天律之形圆，如以为径三围九，则刌其四用之方，而不足于九分之数，以之容黍，岂能至于千二百哉！然则所谓围九，方分也。何以知之？知龠之方，则知黄钟之分亦方也。固虽无明说，其论洛下闳起历之法曰："律容一龠，积八十一寸，则一日之分也。"夫八十一寸者，是乃八百一十分，以千二百黍纳之龠中，则不摇而自满，是无异黄钟之容也。龠之制，方寸而深八分。一龠之方，则黄钟之分，安得而不方哉！围九方分而圆之，则径不止于三分矣。故夫径三围九之说，孟康为之也。

然由律生吕，数十有二，止矣；京氏演为六十，钱乐之广为三百六十，则与黄帝之说悖矣。盖乐之用《淮南》之术，一律而生五音，十二律而为六十音，而六之，故三百六十音，以当一岁之日。以黄钟、太蔟，姑洗、林钟、南吕生三十有四，以大吕、夹钟、中吕、蕤宾、夷则、无射生二十有七，应钟生二十有八，始于包育，而终于安运。然由黄钟迄于状进百有五十，则三分损一焉以下生；由依行迄于亿兆二百有九，则三分益一焉以上生；惟安运为终而不生。其言与黄帝之法大相抵牾。自迁、固而下，至是杂然莫适为主，至五季王朴而后议少定，沈恬、蒋之奇论之当矣。是不亦汩其泥而扬其波乎？

　　呜呼！律也者，固以实为本而法为末，陛下修其实于上，而有司方定其法于下，以协天地中和之声，则夫数子者，其说有可考焉，臣敢轻议哉！

淳熙间，建安布衣蔡元定著《律吕新书》，朱熹称其超然远览，奋其独见，爬梳剔抉，参互考寻，推原本根，比次条理，管括机要，阐究精微。其言虽多出于近进之所未讲，而实无一字不本于古人之成法。其书有《律吕本原》、《律吕证辨》。《本原》者，《黄钟》第一，《黄钟之实》第二，《黄钟生十二律》第三，《十二律之实》第四，《变律》第五，《律生五声图》第六，《变声》第七，《八十四声图》第八，《六十调图》第九，《候气》第十，《审度》第十一，《嘉量》第十二，《谨权量》第十三。《证辨》者，《造律》第一，《律长短围径之数》第二，《黄钟之实》第三，《三分损益上下相生》第四，《和声》第五。权臣既诬元定以为学，贬死春陵，虽有其书，卒为空言，呜平惜哉！久之，宜春欧阳之秀复著《律通》，其自序曰：

　　自律吕之度数不见于经，而译经者反援《汉志》以为据，盖滥觞于《管子》、《吕氏春秋》，流衍于《淮南子》、司马迁之书，而波助于刘歆、京房之学。班固《汉志》，尽歆所出也；《司马彪志》，尽房所出也。后世协律者，类皆执守以为定法。历代合乐，不为无人，而终不足以得天地阴阳之和声，所以不能追还于隆古之盛者，大抵由三分损益之说拘之也。夫律固不能舍损益之说以求之，由其有损有益，而后有上生下生之异。至其专用三分以为损益之法则失之，未免乎声与数之不相合，有非天成之自然耳。

盖尝因其损益、上下生之义，而去其专用三分之蔽，乃多为分法以求之，自黄钟以往，其下生者盈十，而上生者止一而已。此其数之或损或益，出于自然，而与旧法固不侔矣。若谓相生之法，一下必一上，既上而复下，则其法之穷也，于蕤宾、大吕间见之，夫黄钟而降，转以相生，至于姑洗则下生应钟，而应钟之上生蕤宾者，法也。今乃蕤宾之生大吕，又从而上生焉，此《班志》所载，所以变其说为下生大吕，而大吕之长遂用倍法矣。夫律之相生而用倍法，犹为有理，独专用三分以为损益，则律之长短，不中乎天地自然之数尔。

生律之分，盖不止于三分损益之一端，以一律而分为三，此生律之极数，特一求徵声之法耳。苟以三分损益，一下生而一上生，则声律殆无穷矣，何至于十二而止也乎。夫十二律之生也，十律皆下生，一律独上生。唯其下生者，损之极也，而后上生者益焉。上生则律穷矣，此穷上反下、穷下反上之理也。琴一弦之间具十二律，皆用下生之法，而末以上生法终之。若以七弦而紧慢之为旋宫之法，则应钟一均之律，宫声之外，多用倍法生一律矣。此天地声音自然而然，不可拘于一而不知通变也。故正律止于十二而已。

窃意十二律之度数，当具于《周礼》之《冬官》，如《考工记》凫氏为钟、磬氏为磬之类，各有一职。然《冬官》一篇既亡，则世无以考其度数之详，而三分损益之说散见于书传者，恐或得之目击而不及识其全，或得之口授而未能究其误，或求诸耳决而不能究其真，因是遂著为定论。夫人皆以为法之尽善矣，岂知三分损益所生之律，乃仅得其声之近以而未真。盖非师旷之聪，则耳不能齐，其声之近似者，足以惑人之听，是以不复求其法之未尽善者。此蔡邕所以不如耳决之明者，亦不能尽信其法也。

　　后世之制乐者，不知律法之固有未善，而每患其声音高下之不协，以至取古昔遗亡之器而求之，盖亦不知本矣。声以数而传，数以声而定，二者皆有自然之则。如侈者声必咋，弇者声必郁，高者数必短，下者数必长。侈弇者，数也，未闻其声而已知其有咋郁之分；高下者，声也，未见其数已知其有长短之异。故不得其自然之声，则数不可得而考；不得其自然之数，则声不可得而言。今之制律者，不知出此，而顾先区区于秬黍之纵横、古尺之修短、斛斗之广狭、钟磬之高下谋之，是何足以得其声之和哉！

　　邵雍曰："世人所见者，汉律历耳。"然则三分损益之法为未善，亦隐然矣。近世蔡元定特著一书，可谓究心，然其说亦有可用与否。其可用者，多其所自得，而又有证于古，凡载于吾书者可见矣；其否者，皆由习熟于三分上下生之说，而不于声器之近似者察之也，岂尝察之而未有法以易之乎？此《律通》之所以作也。

　　盖律之所以长短，不止乎三分损益之一端，自四分以往，推而至于有二十分之法。管之所以广狭，必限于千二百黍之定数，因其容受有方分、圜分之异，与黍体不相合，而遂分辨其空龠有实积、隙积之理。其还相为宫之法，有以推见其为一阴一阳相继之道，而非一上一下相生之谓也。

　　嗟乎！观吾书者，能知其数之出于自然而然，则知由先汉以前至于今日，上下几二千年，凡史传所述三分损益一定之说者，可以删而去之矣。使其说之可用也，则累世律可协、乐可和，何承天、刘灼辈不改其法矣。故京房六十律不足以和乐，而况钱乐之衍为三百六十之非法，徒增多而无用乎？是其数非出于自然之无所加损，而徒欲傅会于当期之日数云尔。

　　古之圣人所以定律止于十二者，自然之理数也。苟不因自然之理数，则以三分损益之法衍之，声律殆不特三百六十而已也,而况京房之六十乎?且房之律,吾意其自为之也,而托言受之焦延寿,以欺乎人,以售其说。使律法之善,何必曰受诸人?律法不善矣,虽焦延寿何益哉! 所谓善不善者,亦顾其法之可用与否耳。曩者,魏汉津尝创用指尺以制律,乃窃京房之故智,上以取君之信,下以遏人之议,能行之于一日,岂能使一世而用之乎?

今《律通》之作,其数之损益可以互相生,总为百四十四以为之体,或变之,又可得二百一十有六以为之用,乾坤之策具矣。世不用则已,用则声必和,亦因古黄钟九寸法审之,以人物之声而稍更定之耳。或曰:"律止十二,胡为复衍百四十四律乎?"应之曰:"十二者,正声也;百四十四者,变声也。使不为百四十四者,何以见十二宫七声长短之有定数,而宫、商、角、徵、羽清浊之有定分乎? 其要主于和而已。故有正声则有变声也,通其变然后可与论律矣。"

《律通》上下二篇:《十二律名数》第一,《黄钟起数》第二,《生律分正法》第三,《生律分变法》第四,《正变生律分起算法》第五,《十二宫百四十四律数》第六,《律数傍通法》第七,《律数傍通别法》第八,《九分为寸法辨》第九、第十,《五十九律会同》第十一,《空围龠实辨》第十二,《十二律分阴阳图说》第十三,《阳声阴声配乾坤图》第十四,《五声配五行之序》第十五,《七声配五行之序》第十六,《七声分类》第十七,《十二宫七声倡和》第十八,《六十调图说》第十九,《辨三律声法》第二十,真德秀、赵以夫皆盛称之。

舒州桐城县丞李如箎作《乐书》,评司马光、范镇所论律曰:

镇得蜀人房庶言尺法,庶言:"尝得古本《汉书》,云'度起于黄钟之长,以子谷秬黍中者,一黍之起,积一千二百黍之广,度之九十分,黄钟之长,一为一分'今文脱去'之起积一千二百黍',八字,故自前世累黍为之,纵置之则太长,横置之则太短。今新尺横置之不能容一千二百黍,则大其空径四厘六毫,是以乐声太高,皆由儒者误以一黍为一分,其法非是。不若以千二百黍实管中,随其短长断之,以为黄钟九寸之管九十分,其长一为一分,取三分以度空径,数合则律正矣。镇盛称此论,以为先儒用意皆不能到,其意谓制律之法,必以一千二百黍实黄钟九寸之管九十分,其管之长一为一分,是度由律起也。光则据《汉书》正本之"度起于黄钟之长。以子谷秬黍中者,一黍之广,九十分,黄钟之长,一为一分"本无"之起积一千二百黍"八字。其意谓制律之法,必以一黍之广定为一分,九十分则得黄钟之长,是律由度起也。

《书》云:"同律、度、量、衡。"先言律而后及度、量、衡,是度起于律,信矣。然则镇之说是,而光之说非也。然庶之论积一千二百黍之广之说则非,必如其说,则是律非起于度而起于量也。光之说虽非先王作律之本,而后之为律者,不先定其分寸,亦无以起律。又其法本之《汉志》之文,则光之说亦不得谓其非是也。

故尝论之,律者,述气之管也。其候气之法,十有二月,每月为管,置于地中。气之来至,有浅有深,而管之入地者,有短有长。十二月之气至,各验其当月之管,气至则灰飞也。其为管之长短,与其气至之浅深,或不相当则不验。上古之圣人制为十二管,以候十二辰之气,而十二辰之音亦由之而出焉。以十二管较之,则黄钟之管最长,应钟之管至短;以林钟比于黄钟,则短其三分之一,以太蔟比之林钟,则长其三分之一;其余或长或短,皆上下于三分之一之数。其默符于声气自然之应者如此也,当时恶睹所谓三分损益哉!又恶睹夫一千二百黍为黄钟容受之量与夫一黍之广一为一分之说哉!古之圣人既为律矣,欲因之以起度、量、衡之法,遂取秬黍之中者以实黄钟之管,满龠倾而数之,得黍一千有二百,因以制量;以一黍之广而度之,得黄钟管九十分之一,因以起度;以一龠之黍之重而两之,因以生衡。去古既远,先王作律之本始,其法不传,而犹有所谓一千二百黍为一龠容受之量与夫一黍之广一为一分者可考也。推其容受而度其分寸，则律可得而成也。先王之本于律以起度、量、衡者，自源而生流也；后人以度、量、衡而起律者，寻流而及源也。

光、镇争论往复，前后三十年不决，大概言以律起度，以度起律之不同。镇深辟光以度起律之说，不知后世舍去度数，安得如古圣人默符声气之验，自然而成律也哉！至若庶之增益《汉志》八字以为脱误，及其他纷纷之议，皆穿凿以为新奇，虽镇力主之，非至当之论有补于律法者也。

如篯书曰《乐本》，曰《乐章》。

沙随程迥著《三器图议》，曰："体有长短，所以起度也；受有多寡，所以生量也；物有轻重，所以用权也。是器也，皆准之上党羊头山之秬黍焉。以之测幽隐之情，以之达精微之理。推三光之运，则不失其度；通八音之变，则可召其和。以辨上下则有品，以分隆杀则有节。凡朝廷之出治，生民之日用，未有顷刻不资焉者也。古人以度定量，以量定权，必参相得，然后黄钟之律可求，八音五声从之而应也。皇佑中，阮逸、胡瑗累黍定尺，既大于周尺，姑欲合其量也，然竟于权不合，乃谓黍称二两，已得官称一两，反疑史书之误。及韩琦、丁度详定，知逸、瑗之失，亦莫能以三器参相考也。

先是，镇上封事曰："乐者，和气也；发和气者，音声也。音声生于无形，故古人以有形之物传其法，俾后人参考之。有形者何？秬黍也、律也、尺也、龠也、鬴也、斛也、算数也、权称也、钟也、磬也、是十者必相合而不相戾，而后为得也。迥谓："以黍定三器，则十者无不该。三者，尺为本。周尺也者，先儒考其制，吻合者不一。至宋祁取《隋书》大业中历代尺十五，独以周尺为之本，以考诸尺韩琦嘉佑累黍尺二，其一亦与周尺相近。司马备刻之于石，光旧物也。苟以是定尺，又以是参定权量，以合诸器，如挈裘而振其领，其顺者不可胜数也。"

迥博学好古，朱熹深礼敬之。其后江陵府学教授庐陵彭应龙，既注《汉律历志》，设为问答，著《钟律辨疑》三卷，至为精密，发古人所未言者。

宋历在东都凡八改，曰《应天》、《乾元》、《仪天》、《崇天》、《明天》、《奉元》、《观天》、《纪元》。星翁离散，《纪元历》亡，绍兴二年，高宗重购得之，六月甲午，语辅臣曰："历官推步不精，今历差一日，近得《纪元历》，自明年当改正，协时月正日，盖非细事。"

是岁，始议制浑仪。十一月，工部言，《浑仪法要》当以子午为正，今欲定测枢极，合差局官二员。诏差李继宗等充测验定正官，俟造毕进呈日，同参详指说制度官丁师仁、李公谨入殿安设。三年正月壬戌，进呈浑仪木样。壬申，太史局令丁师仁等言，省识东都浑仪四座：在测验浑仪刻漏所曰至道仪，在翰林天文局曰皇佑仪，在太史局天文院曰熙宁仪，在合台曰元佑仪，每座约铜二万余斤，今若半之，当万余斤。且元佑制造，有两府提举。时都司覆实，用铜八千四百斤。诏工部置物料，临安府备工匠，仍令工部长贰提举。

五年，日官言，正月朔旦日食九分半，亏在辰正。常州布衣陈得一言，当食八分半，亏在巳初，其言卒验。侍御史张致远言："今岁正月朔日食，太史所定不验，得一尝为臣言，皆有依据。盖患算造者不能通消息、盈虚之奥，进退、迟疾之分，致立朔有讹。凡定朔小余七千五百以上者，进一日。绍兴四年十二月小余七千六百八十，太史不进，故十一月小尽，今年五月小余七千一百八十，少三百二十，乃为进朔，四月大尽。建炎三年定十一月三十日甲戌为腊，阴阳书曰，腊者，接也，以故接新，在十二月近大寒前后戌日定之，若近大寒戌日在正月十一日，若即用远大寒戌日定之，庶不出十二月。如宣和五年十二月二十七日丙午大寒，后四日庚戌，虽近，缘在六年正月一日，此时以十九日戊戌为腊。得一于岁旦日食，尝预言之，不差牦刻。愿诏得一改造新历，委官专董其事；仍尽取其书，参校太史有无，以补遗阙，择历算子弟粗通了者，授演撰之要，庶几日官无旷，历法不绝。"二月丙子，诏秘书少监朱震，即秘书省监视得一改造新历。八月历成，震请赐名《统元》，从之。诏翰林学士孙近为序，以六年颁行，迁震一秩，赐得一通微处士，官其一子。道士裴伯寿等受赏有差。

得一等上推甲子之岁，得十一月甲子朔夜半冬至日度起于虚中以为元。著《历经》七卷，《历议》二卷，《立成》四卷，《考古春秋日食》一卷，《七曜细行》二卷，《气朔入行草》一卷，诏付太史氏，副藏秘府。

绍兴九年，史官重修神宗正史，求《奉元历》不获，诏陈得一、裴伯寿赴阙补修之。

十四年，太史局请制浑仪，工部员外郎谢伋言："臣尝询浑仪之法，太史官生论议不同，铸作之工，今尚缺焉。臣愚以为宜先询访制度，敷求通晓天文历数之学者，参订是非，斯合古制。"苏颂之子应诏赴阙，请访求其父遗书，考质制度。宰相秦桧曰："在廷之臣，罕能通晓。"高宗曰："此缺典也，朕已就宫中制造，范制虽小，可用窥测，日以晷度、夜以枢星为则，非久降出，第当广其尺寸尔。"于是命桧提举。时内侍邵谔善运思，专令主之，累年方成。

《统元历》颁行虽久，有司不善用之，暗用《纪元》法推步而以《统元》为名。乾道二年，日官以《纪元历》推三年丁亥岁十一月甲子朔，将颁行，裴伯寿诣礼部陈《统元历》法当进作乙丑朔，于是依《统元历》法正之。

光州士人刘孝荣言："《统元历》交食先天六刻，火星差天二度。尝自著历，期以半年可成，愿改造新历。"礼部谓："《统元历》法用之十有五年，《纪元历》法经六十年，日月交食有先天分数之差，五星细行亦有二三度分之殊。算造历官拘于依经用法，致朔日有进退，气节日分有误，于时宜改造。"伯寿言："造历必先立表测景验气，庶几精密。"判太史局吴泽私于孝荣，且言铜表难成、木表易坏以沮之。乃诏礼部尚书周执羔提领改造新历，执羔亦谓测景验气，经涉岁月。孝荣乃采万分历，作三万分以为日法，号《七曜细行历》，上之。三年，执羔以历来上，孝宗曰："日月有盈缩，须随时修改。"执羔对曰:"舜协时月正日,正为积久不能无差,故协正之"孝宗问曰:"今历与古历何如?"对曰:"尧时冬至日在牵牛,今冬至日在斗一度。"孝荣《七曜细行历》自谓精密,且预定是年四月戊辰朔日食一分,日官言食二分,伯寿并非之,既而精明不食。孝荣又定八月庚戌望月食六分半,候之,止及五分。又定戊子岁二月丁未望月食九分已上,出地,其光复满。伯寿言:"当食既,复满在戌正三刻。"

侍御史单时言:"比年太史局以《统元历》稍差而用《纪元历》,《纪元》浸差,迩者刘孝荣议改历,四月朔日食不验,日官两用《统元》、《纪元》以定晦朔,二历之差,岁益已甚,非所以明天道、正人事也。如四月朔之日不食,虽为差误,然一分之说,犹为近焉。八月望之月食五分,新历以为食六分,亦为近焉。闻欲以明年二月望月食为验,是夜或有阴晦风雨,愿令日官与孝荣所定七政躔度其说异同者,俟其可验之时,以浑象测之,察其稍近而屡中者,从其说以定历,庶几不致甚差。"诏从之。十一月,诏国子司业权礼部侍郎程大昌、监察御史张敦实监太史局验之。时孝宗务知历法疏密,诏太史局以高宗所降小浑仪测验造历。四年二月十四日丁未望。月食生光复满,如伯寿言。

时等又言:"去年承诏十二月癸卯、乙巳两夜监测太阴、太白,新历为近;今年二月十四日望月食,臣与大昌等以浑仪定其光满,则旧历差近,新历差远。若逐以旧历为是,则去年所测四事皆新历为近,今者所定月食,乃复稍差,以是知天道之难测。儒者莫肯究心,一付之星翁历家,其说又不精密。愿令继宗、孝荣等更定三月一日内七政躔度之异同者,仍令臣等往视测验而造历焉。"三月,诏时与大昌同验之。太史局止用《纪元历》与新历测验,未尝参以《统元历》。臣等先求判太史局李继宗、天文官刘孝荣等《统元》、《纪元》、新历异同,于三月初九日夜、十一日早、十四日夜、二十日早诣太史局,召三历官上台,用铜仪窥管对测太阴、木、火、土星昏晨度经历度数,参稽所供,监视测验。初九日昏度:旧历太阴在黄道张宿十二度八十七分,在赤道张宿十度;新历在黄道张宿十四度四十分,在

赤道张宿十五度太。臣等验得在赤道张宿十五度半。今考之新历
稍密,旧历皆疏。十一日早晨度:木星在黄道室宿十五度七分,在赤
道室宿十三度少;土星在黄道虚宿七度三分,在赤道虚宿七度强。
新历木星在黄道室宿十五度四十四分,在赤道室宿十四度少弱;土
星在黄道虚宿六度二十一分,在赤道虚宿六度少弱。臣等验得五更
三点,土星在赤道虚宿六度弱;五更五点,木星在赤道室宿十四度。
今考之新历稍密,旧历皆疏。十二日,都省令定验《统元》、《纪元》及
新历疏密。《统元历》昏度,太阴在黄道氐宿初度九十四分,在赤道
氐宿三度少;《纪元历》在黄道氐宿初度八十三分,在赤道氐宿二度
太;新历在黄道亢宿八度七十一分,在赤道亢宿九度少弱。三历官
以浑仪由南数之,其太阴北去角宿距星二十一度少弱。新旧历官称
昏度亢宿未见,只以窥管测定角宿距星,复以历书考东方七宿,角
占十二度,亢占九度少;既亢宿未见,当除角宿十二度,即太阴此时
在赤道亢宿九度少弱。今考之新历全密,《纪元》、《统元历》皆疏。二
十日早晨度:《统元历》太阴在黄道斗宿十一度九十一分,在赤道斗
宿十二度少;火星在黄道危宿。七度九十一分,在赤道危宿七度少。
土星在黄道虚宿八度八十二分,在赤道虚宿八度太强。《纪元历》太
阴在黄道斗宿十一度四十分,在赤道斗宿十一度半;火星在黄道危
宿六度,在赤道危宿六度太;土星在黄道虚宿七度三十九分,在赤
道虚宿七度半弱。新历太阴在黄道斗宿十度六十一分,在赤道斗宿
十度少;火星在黄道危宿七度二十分,在赤道危宿六度;土星在黄
道虚宿六度五十三分,在赤道虚宿六度半。三历官验得太阴在赤道
斗度宿十度,火星在赤道危宿六度强,土星在赤道虚宿六度半。今
考之太阴,《纪元历》疏;火星,新历、《纪元历》全密,《统元历》疏;土
星,新历全密,《纪元》、《统元历》疏。”

　　又诏时与尚书礼部员外郎李寿同测验,时等言:“先究《统元》、
《纪元》、新历异同,召三历官上台,用铜仪窥管对测太阴、土、火、木
星晨度经历度数,参稽所供,监视测验。二十四日早晨度:《统元
历》太阴在黄道危宿十一度九十分,在赤道危宿九度;木星在黄道

室宿十八度一十五分,在赤道壁宿初度少;火星在黄道危宿十度七十分,在赤道危宿十度;土星在黄道虚宿八度九十五分,在赤道虚宿九度。《纪元历》太阴在赤道危宿十度五十三分,在赤道危宿八度半;木星在黄道室宿十七度六十八分,在赤道室宿十六度少;火星在黄道危宿九度八十四分,在赤道危宿九度;土星在黄道留在虚宿七度四十分,在赤道虚宿七度半。新历太阴在黄道危宿十三度五分,在赤道危宿十二度;木星在黄道室宿十八度一十分,在赤道室宿十六度半强;火星在黄道危宿十度八分,在赤道危宿九度;土星在黄道虚宿六度六十分始留,在赤道虚宿六度半强始留。三历官验得太阴在赤道危宿十度,木星在赤道室宿十六度太,火星在赤道危宿九度半,土星在赤道虚宿六度半弱。今考之太阴,《统元历》精密,《纪元历》,新历皆疏;木星、新历稍密,《纪元》《统元历》皆疏;火星,《纪元》,新历皆稍密,《统元历》疏;土星,新历稍密,《纪元》、《统元历》皆疏。二十七日早晨度:《统元历》木星在黄道壁宿初度四十六分,在赤道壁宿初度太强;火星在黄道危宿十二度九十二分,在赤道危宿十二度强;土星留在黄道虚宿八度九十八分,在赤道虚宿九度《纪元历》木星在黄道壁宿初度二十五分,在赤道壁宿初度分空,火星在黄道危宿十二度九十七分,在赤道危宿十一度;土星留在黄道虚宿七度四十八分,在赤道虚宿七度半。新历木星在黄道壁宿初度四十四分,在赤道壁宿初少强;火星在黄道危宿十二度二十二分,在赤道危宿十一度半;土星留在黄道虚宿六度六十分,在赤道虚宿六度半强。三历官验得木星在赤道壁宿初度少,火星在赤道危宿十一度,土星在赤道虚宿六度半。今观木星,新历稍密,《纪元》、《统元历》皆疏;火星,《纪元历》全密,《统元》、新历皆疏;土星,新历稍密,《纪元》、《统元历》皆疏。"

由是朝延始知三历异同,乃诏太史局以新旧历参照行之。礼部言:"新旧历官互相异同,参照实难,新历比之旧历稍密。"诏用新历,名以《乾道历》,己丑岁颁行。

孝荣有《考春秋日食》一卷,《汉魏周随日月交食》一卷,《唐日月交食》一卷,《宋朝日月交食》一卷,《气朔入行》一卷,《强弱日法格数》一卷。

宋史卷八二

志第三五

律历十五

乾道四年,礼部员外郎李焘言:"《统元历》行之既久,与天不合,固宜;《大衍历》最号精微,用之亦不过三十余年,后之欲行远也,难矣。抑历未差,无以知其失;未验,无以知其是。仁宗用《崇天历》,天圣至皇佑四年十一月日食,二历不效,诏以唐八历及宋四历参定,皆以《景福》为密,遂欲改作。而刘义叟谓:‘《崇天历》颁行逾三年,所差无几,距可偶缘天变,轻议改移?’又谓:‘古圣人历象之意,止于敬授人时,虽则预考交会,不必吻合辰刻,或有迟速,未必独是历差。’乃从义叟言,复用《崇天历》。义叟历学为宋第一,欧阳修、司马光辈皆遵用之。《崇天历》既复用,又十三年,治平二年,始改用《明天历》,历官周琮皆迁官。后三年,验熙宁三年七月月食不效,乃诏复用《崇天历》,夺琮等所迁官。熙宁八年,始更用《奉元历》,沈括实主其议。明年正月月食,逐不效,诏问修历推恩者姓名,括具奏辨,得不废。识者谓括强辨,不许其深于历也。然后知义叟之言然。愿申饬历官,加意精思,勿执今是;益募能者,熟复讨论,更造密度,补治新历。"缘焘尝承诏监视测验,值新历太阴,荧惑之差,恐书成所差或多,见讥能者,乃诏诸道访通历者。久之,福州布衣阮兴祖上言新历差谬,荆大声不以白部,即补兴祖为局生。

初,新历之成也,大声、孝荣共为之;至是,大声乃以太阴九道变赤道别演一法,与孝荣立异于后。秘书少监、崇政殿说书兼权刑部侍郎汪大猷等言："承诏于御史台监集局官，参算明年太阴宿度，笺注御览诣实。今大声等推算明年正月至月终九道太阴变赤道，限十二月十五日以前具槁成，至正月内，臣等召历官上台，用浑仪监验疏密。"从之。

五年，国子司业兼权礼部侍郎程大昌、侍御史单时，秘书丞唐孚、秘书郎李木言："都省下灵台郎充历算官盖尧臣、皇甫继明、宋允恭等言："缺今更造《乾道新历》，朝廷累委官定验，得见日月交食密近天道，五星行度允协躔次，惟九道太阴间有未密。搜访能历之人补治新历，半年未有应诏者，独荆大声别演一法，与刘孝荣《乾道历》定验正月内九道太阴行度。今来二法皆未能密于天道，《乾道》太阴一法与诸历比较，皆未尽善。今撮其精微，撰成一法，其先推步到正月内九道太阴正对在赤道宿度，愿委官与孝荣、大声验之。如或精密，即以所修九道经法，请得与定验官更集孝荣、大声等同赴台，推步明年九道太阴正对在赤道宿度，点定月分定验，从其善者用之。"大昌等从大声、孝荣所共正月内太阴九道宿度，已赴太史局测验上中旬毕，及取大声、孝荣、尧臣等三家所供正月下旬太阴宿度，参照览视，测验疏密，尧臣、继明、允恭请具今年太阴九道宿度。欲依逐人所请，限一月各具今年太阴九道变黄道正对赤道其宿某度，依经具稿，送御史台测验官不时视验，然后见其疏密。"

裴伯寿上书言：

孝荣自陈预定丁亥岁四月朔日食、八月望月食，俱不验。又定去年二月望夜二更五点月食九分以上，出地复满。臣尝言于宰相，是月之食当食既出地，《纪元历》亦食既出地，生光在戌初二刻，复满在戌正三刻。是夕，月出地时有微雪，至昏时见月已食既，至戌初三刻果生光，即食既出地可知；复满在戌正三刻，时二更二点；臣所言卒验。孝荣言见行历交食先天六刻，今所定月食复满，乃后天四刻，新历缪误为甚。

其一曰步气朔，孝荣先言气差一日，观景表方知其失，此不知验气者也。臣之验气，差一二刻亦能知之。《纪元》节气，自崇宁间测验,逮今六十余载,不无少差,苟非测验,安知其失?凡日月合朔,以交食为验,今交食既差,朔亦弗合矣。

其二曰步发敛,止言卦候而已。

其三曰步日躔,新历乃用《纪元》二十八宿赤道度,暨至分宫,遽减《纪元》过宫三十余刻,殊无理据。而又赤道变黄道宿度,娄、胃二宿顿减《纪元》半度。在术则娄、胃二宿合二十八度,娄当十二度太,今新历娄作十二度半,乃弃四分度之一。室、轸二宿虚收复多,秒数变宿,分宫既讹,是以乾道已丑岁太阳过宫差误。

其四曰步晷漏,新历不合前史。唐开元十二年测景于天下,安南测夏至午中晷在表南三寸三分,新历算在表北七寸;其铁勒测冬至午中晷长一丈九尺二寸六分,新历算晷长一丈四尺九寸九分,乃差四尺二寸七分,其谬盖若此。

其五曰步月离,诸历迟疾、朒朓极数一同,新历朓之极数少朒之极四百九十三分,疾之极数少迟之极数二十分,不合历法。

其六曰步交会,新历妄设阳准、阴准等差,盖欲苟合已往交食,其间复有不合者,则迁就天道,所以预定丁亥、戊子二岁日月之食,便见差违。

其七曰步五星,以浑仪测验新历星度,与天不合。盖孝荣与同造历人皆不能探端知绪,乃先造历,后方测验,前后倒置,遂多差失。夫立表验气,窥测七政,然后作历,岂容掇拾绪余,超接旧历,以为新术,可乎?

新历出五代民间《万分历》,其数朔余太强,明历之士往往鄙之。今孝荣乃三因万分小历,作三万分为日法,以隐万分之名。三万分历即万分历也。缘朔余太强,孝荣遂减其分,乃增立秒,不入历格。前古至于宋诸历,朔余并皆无秒,且孝荣不知王处讷于万分增二,为《应天历》日法,朔余五千三百七,自然无秒,而去王朴用秒之历。

　　臣与造统元历之后,潜心探讨,复三十余年,考之诸历,得失晓然。诚假臣演撰之职,当与太史官立表验气,窥测七政,运算立法,当远过前历。

诏送监视测验官详之,达于尚书省。

　　时谈天者各以技术相高,互相诋毁。谏议大夫单时、秘书少监汪大猷、国子司业权礼部侍郎程大昌、秘书丞唐孚、秘书郎李木言:"《乾道新历》,荆大声、刘孝荣同主一法,自初测验以至权行施用,二人无异议。后缘新历不密,诏访求通历者,孝荣乃讼阮兴祖缘大声补局生,自是纷纷不已。大声官以判局提点历书为名,乃言不当责以立法起算。不知起历授时,何所凭据,且正月内五夜,比较孝荣所定五日并差,大声所定五日内三日的中,两日稍疏。继伯寿进状献术,时等将求其历书上台测验,务求至当,而大声等正居其官,乃饰辞避事,测验弗精。且大声、孝荣同立新法,今犹反覆,苟非各具所见,他日历成,大声妄有动摇,即前功尽废。请令孝荣、大声、尧臣、伯寿各具乾道五年五月已后至年终,太阴五星排日正对赤道躔度,上之御史台,令测验官参考。"诏从之。

　　六年,日官言:"比诏权用《乾道历》推算,今岁颁历于天下,明年用何历推算?"诏亦权用《乾道历》一年。秋,成都历学进士贾复自言,诏求推明荧惑、太阴二事,转运使资遣至临安,愿造新历毕还蜀,仍进《历法九议》。孝宗嘉其志,馆子京学,赐廪给。太史局李继宗等言:"十二月望,月食大分七、小分九十三。贾复、刘大中等各亏初、食甚分夜不同。"诏礼部侍郎郑闻监李继宗等测验。是夜,食八分。秘书省言,灵台郎宋允恭、国学生林永叔、草泽祝斌、黄梦得、吴时举、陈彦健等各推算日食时刻、分数异同。乃诏谏议大夫姚宪监继宗等测验五月朔日食。宪奏时刻、分数皆差舛,继宗、泽、大声削降有差。

　　太史局春官正、判太史局吴泽等言:"乾道十年颁赐历日,其中十二月已定作小尽,乾道十一年正月一日注:癸未朔,毕乾道十一年正月一日。《崇天》、《统元》二历算得甲申朔,《纪元》、乾道二历算得癸未朔，今《乾道历》正朔小余，约得不及进限四十二分，是为疑朔。更考日月之行，以定月朔大小，以此推之，则当是甲申朔。今历官弗加精究，直以癸未注正朔，窃恐差误，请再推步。于是俾继宗监视，皆以是年正月朔当用甲申。兼今岁五月朔，太阳交食，本局官生瞻视到天道日食四分半：亏初西北，午时五刻半；食甚正北，未初二刻；复满东北，申初一刻。后令永叔等五人各言五月朔日食分数并亏初、食甚，复满时刻皆不同。并见行《乾道历》比之，五月朔天道日食多算二分少强，亏初少算四刻半，食甚少算三刻，复满少算二刻已上。又考《乾道历》比之《崇天》、《纪元》、《统元》三历，日食亏初时刻为近；较之《乾道》，日食亏初时刻为不及。继宗等参考来年十二月大尽，及十一年正月朔当用甲申，而太史局丞、同判太史局荆大声言《乾道历》加时系不及进限四十二分，定今年五月朔日食亏初在午时一刻。今测验五月朔日食亏初在午时五刻半，《乾道历》加时弱四百五十分，苟以天道时刻预定乾道十二年正月朔，已过甲申日四百五十分。大声今再指定乾道十一年正月合作甲申朔，十年十二月合作大尽，请依太史局详定行之。"五月，诏历官详定。

淳熙元年，礼部言："今岁颁赐历书，权用《乾道新历》推算，明年复欲权用《乾道历》。"诏从之。十一月，诏，太史局春官正吴泽推算太阳交食不同，令秘书省敕责之，并罚造历者。三年，判太史局李继宗等奏："令集在局通算历人重造新历，今撰成新历七卷，《推算备草》二卷，校之《纪元》、《统元》、《乾道》诸历，新历为密，愿赐历名。"于是诏名《淳熙历》，四年颁行，令礼部、秘书省参详以闻。

淳熙四年正月，太史局言："三年九月望，太阴交食。以《纪元》、《统元》、《乾道》三历推之，初亏在攒点九刻，食二分及三分已上；以新历推之，在明刻内食大分空，止在小分百分中二十七。是夜，瞻候月体盛明，虽有云而不翳，至旦不见亏食，于是可见《纪元》、《统元》、《乾道》三历，不逮新历之密。今当预期推算淳熙五年历，盖旧历疏远，新历未行，请赐新历名，付下推步。"

　　礼部验得孟邦杰、李继宗等所定五星行度分数，各有异同。继宗云，六月癸酉，木星在氐宿三度一十九分；邦杰言，夜昏度瞻测得木星在氐宿三度半，半系五十分，虽见月体，而西南方有云翳之。继宗云，是月戊寅，木星在氐宿三度四十一分；邦杰言，四望有云，虽云间时露月体，所可测者木星在氐宿三度太，太系七十五分。继宗云，庚辰土星在毕宿三度二十四分，金星在参宿五度六十五分，火星在井宿七度二十七分；邦杰言，五更五点后，测见土星入毕宿二度半，半系五十分，金星入参宿六度半，火星入井宿八度多三分。继宗云，七月辛丑，太阴在角宿初度七十一分，木星在氐宿五度七十六分；邦杰言，测见昏度太阴入轸宿十六度太，太系七十五分，木星入氐宿六度少，少系二十五分。孝宗曰："自古历无不差者，况近世此学不传，求之草泽，亦难其人。"诏以《淳熙历》权行颁用一年。

　　五年，金遣使来朝贺会庆节，妄称其国历九月庚寅晦为己丑晦。接伴使、检详丘崇辨之，使者辞穷，于是朝延益重历事。李继宗、吴泽言："今年九月大尽，系三十日，于二十八日早晨度瞻见太阴离东浊高六十余度，则是太阴东行未到太阳之数。然太阴一昼夜东行十三度余，以太阴行度较之，又减去二十九日早晨度太阴所行十三度余，则太阴尚有四十六度以上未行到太阳之数，九月大尽，明矣。其金国九月作小尽，不当见月体，今既见月体，不为晦日。乞九月三十、十月一日差官验之。"诏遣礼部郎官吕祖谦。祖谦言："本朝十月小尽，一日辛卯朔，夜昏度太阴躔在尾宿七度七十分。以太阴一昼夜平行十三度三十一分，至八日上弦日，太阴计行九十一度余。按历法，朔至上弦，太阴平行九十一度三十一分，当在室宿一度太。金国十月大尽，一日庚寅朔，夜昏度太阴约在心宿初度三十一分。太阴一昼夜亦平行十三度三十一分，自朔至本朝八日为金国九日。太阴已行一百四度六十二分，比之本朝十月八日上弦，太阴多行一昼夜之数。今测见太阴在室宿二度，计行九十二度余，始知本朝十月八日上弦，密于天道。"诏祖谦复测验。是夜，邦杰用浑天仪法物测验，太阴在室宿四度，其八日上弦夜所测太阴在室宿二度。按历法,太阴平行十三度余,行迟行十二度。今所测太阴,比之八日夜又东行十二度,信合天道。

十年十月,诏,甲辰岁历字误,今礼部更印造,颁诸安南国,继宗、泽及荆大声削降有差。

十二年九月,成忠郎杨忠辅言:"《淳熙历》简陋,于天道不合。今岁三月望,月食三更二点,而历在二更二点;数亏四分,而历亏几五分。四月二十三日,水星据历当夕伏,而水星方与太白同行东井间,昏见之时,去浊犹十五余度。七月望前,土星已伏,而历犹注见。八月未弦,金已过氐矣,而历犹在亢。此类甚多,而朔差者八年矣。夫守疏敝之历,不能革旧,其可哉!忠辅于《易》粗窥大衍之旨,创立日法,撰演新历,不敢以言者,诚惧太史顺过饰非。恃刻漏则水有增损、迟疾,恃浑仪则度有广狭、斜正。所赖今岁九月之交食在昼,而淳熙历法当在夜,以昼夜辨之,不待纷争而决矣。辄以忠辅新历推算,淳熙十二年九月定望日辰退乙未,太阴交食大分四、小分八十五,晨度带入渐进大分一、小分七;亏初在东北,卯正一刻一十一分,系日出前;食甚在正北,辰初一刻一十分;复满在西北,辰正初刻,并日出后。其日日出卯正二刻后,与亏初相去不满一刻。以地形论之,临安在岳台之南,秋分后昼刻比岳台差长,日当先历而出,故知月起亏时,日光已盛,必不见食。以《淳熙历》推之,九月望夜,月食大分五、小分二十六,带入渐进大分三、小分四十七;亏初在东北,卯初三刻,系攒点九刻后;食甚在正北,卯正三刻后,复满在西北,辰正初刻后,并在昼。"礼部乃考其异同,孝宗曰:"日月之行有疏数,故历久不能无差,大抵月之行速,多是不及,无有过者,可遣台官、礼部官同验之。"诏遣礼部侍郎颜师鲁。其夜戌正二刻,阴云蔽月,不辨亏食。师鲁请诏精于历学者与太史定历,孝宗曰:"历久必差,闻来年月者食二,可俟验否。"

十三年,右谏议大夫蒋继周言,试用民间有知星历者,遴选提领官,以重其事,如祖宗之制。孝宗曰:"朝士鲜知星历者,不必专领。"乃诏有通天文历算者,所在州、军以闻。八月,布衣皇甫继明等陈：“今岁九月望，以《淳熙历》推之，当在十七日，实历敝也。太史乃注于十六日之下，徇私迁就，以掩其过。请造新历。”而忠辅乞与历官刘孝荣及继明等各具已见，合用历法，指定今年八月十六日太阴亏食加时早晚、有无带出，所见分数及节次、生光复满方面、辰刻、更点同验之，仰合乾象，折衷疏密。再请今年八月二十九日验月见东方一事，苟见月余光，则其日不当以为晦也。又今年九月十六日验月未盈一事。苟见月体东向之光犹薄，则其日不当为望也。知晦望之差，则朔之差明矣。必使气之与朔无毫发之差，始可演造新历。付礼部议，各具先见，指定太阴亏食分数、方面、辰刻，定验折衷。诏师鲁、继周监之。既而孝荣差一点，继明等差二点，忠辅差三点，乃罢遣之。

十四年，国学进士会稽石万言：

《淳熙历》立元非是，气朔多差，不与天合。按淳熙十四年历，清明、夏至、处暑、立秋四气，及正月望、二月十二日下弦、六月八月上弦、十月朔，并差一日。如卦候、盈、虚、没、灭、五行用事，亦各随气朔而差。南渡以来，浑仪草剑，不合制度，无圭表以测日景长短，无机漏以定交食加时，设欲考正其差，而太史局官尚如去年测验太阴亏食，自一更一点还光一分之后，或一点还光二分，或一点还光三分以上，或一点还光三分以下，使更点乍疾乍徐，随景走弄，以肆欺蔽。若依晋泰始、隋开皇、唐开元课历故事，取淳熙历与万所造之历各推而上之于千百世之上，以求交食，与夫岁、月、日、星辰之著见于经史者为合与否，然后推而下之，以定气朔，则与前古不合者为差，合者为不差，甚易见也。

然其差谬非独此耳，冬至日行极南，黄道出赤道二十四度，昼极短，故四十刻，夜极长，故六十刻；夏至日行极北，黄道入赤道二十四度昼极长，故六十刻，夜极短，故四十刻；春、秋二分，黄、赤二道平而昼夜等，故各五十刻。此地中古今不易之法。至王普重定刻漏，又有南北分野、冬夏昼夜长短三刻之差。

今《淳熙历》皆不然，冬至昼四十刻极短、夜六十刻极长，乃在大雪前二日，所差一气以上，自冬至之后，昼当渐长，夜当渐短，今过小寒，昼犹四十刻，夜犹六十刻，所差七日有余；夏至昼六十刻极长，夜四十刻极短，乃在芒种前一日，所差亦一气以上，自夏至之后，昼当渐短，夜当渐长，今过小暑，昼犹六十刻，夜犹四十刻，所差亦七日有余；及昼夜各五十刻，又不在春分、秋分之下。

至于日之出入，人视之以为昼夜，有长短，有渐，不可得而急与迟也，急与迟则为变。今日之出入增减一刻，近或五日，远或三四十日，而一急一迟，与日行常度无一合者。请考正《淳熙历》法之差，俾之上不违于天时、下不乘于人事。

送秘书省、礼部详之。

皇甫继明、史元实、皇甫逌、庞元亨等言："石万所撰《五星再聚历》，乃用一万三千五百为日法，特窃取唐末《崇元》旧历而婉其名尔。《淳熙历》立法乘疏，丙午岁定望则在十七日，太史知其不可，遂注望于十六日下，以掩其过。臣等尝陈请于太史局官对辨，置局更历，迄今未行，今考《淳熙历经》则又差于将来。戊申岁十一月下弦则在二十四日，太史局官必俟颁历之际，又将妄退于二十三日矣。法不足恃，必假迁就，而朔望二弦，历法纲纪，苟失其一，则五星盈缩，日月交会、与夫昏旦之中星、昼夜之晷刻，皆不可得而正也。浑仪、景表、壶漏之器，臣等私家无之，是以历之成书，犹有所待。国朝以来，必假创局而历始成，请依改造大历故事，置局更历，以祛太史局之敝。"事上闻，宰相王淮奏免送后省看详，孝宗曰："使秘书省各司同察之，亦免有异同之论。"六月，给事中兼修玉牒官王信亦言更历事，以为历法深奥，若非详加测验，无以见其疏密。乞令继明万各造来年一岁之历，取其无差者，诏从之。十二月，进所造历。淮等奏："万等历日与淳熙十五年历差二朔，《淳熙历》十一月下弦在二十四日，恐历法有差。"孝宗曰："朔岂可差？朔差则所失多矣。"乃命吏部侍郎章森、秘书丞宋伯嘉参定以闻。

十五年，礼部言："万等所造历与《淳熙历》法不同，当以其年六月二日、十月晦日月不应见而见为验，兼论《淳熙历》下弦不合在十一月二十四日，是日请遣官监视。"诏礼部侍郎尤袤与森监之。六月二日，森奏："是夜月明，至一更二点入浊。"十月晦，袤奏："晨前月见东方。"孝宗问："诸家孰为疏密？"周必大等奏："三人各定二十九日早，月体尚存一分，独忠与辅，万谓既有月体，不应小尽。"孝忠曰："十一月合朔在申时，是以二十九日尚存月体耳。"

十六年，承节郎赵涣言："历象大法及《淳熙历》，今岁冬至并十二月望，月食皆后天一辰，请遣官测验。"诏礼部侍郎李巘、秘书省邓馹等视之。巘等请用太史局浑仪测验，如乾道故事，差秘书省提举一员专监之。诏差秘书丞黄艾、校书郎王叔简。

绍熙元年八月，诏太史局更造新历颁之。二年正月，进《立成》二卷，《绍熙二年七曜细行历》一卷，赐名《会元》，诏巘序之。

绍熙四年，布衣王孝礼言："今年十一月冬至，日景表当在十九日壬午，会元历注乃在二十日癸未，系差一日，《崇天历》癸未日冬至加时在酉初七十六分，《纪元历》在丑初一刻六十七分，《统元历》在丑初二刻二分，会元历在丑初一刻三百四十分。追今八十有七年，常在丑初一刻，不减而反增。《崇天历》实天圣二年造《纪元历》崇宁五年造，计八十二年。是时测景验气，知冬至后天乃减六十七刻半，方与天道协。其后陈得一造《统元历》，刘孝荣造《乾道》、《淳熙》、《会地元》三历，未当测景。苟弗立表测景，莫识其差。乞遣官令太史局以铜表同孝礼测验。"朝延虽从之，未暇改作。

庆元四年，《会元历》右占候多差，日官、草泽互有异同，诏礼部侍郎胡纮充提领官，正字冯履充参定官，监杨忠辅造新历。右谏议大夫兼侍讲姚愈言："太史局文籍散逸，测验之器又复不备，几何而不疏略哉！汉元凤间，言历者十有一家，议六不决，考之经籍，验之帝王录然后是非洞见。元和间，以《太初》违天益远，晦朔失实，使治历者修之，以无文证验，杂议蜂起，越三年始定。此无他，不得儒者以总其纲,故至于此也。《周官》冯相氏、保章氏志日月星辰之运动,而冢宰实总之。汉初,历官犹宰属也。熙宁间,司马光、沈括皆尝提举司天监,故当是时历数明审,法度严密。乞命儒臣常兼提举,以专其责。"

五年,监察御史张岩论冯履唱为诐辞,罢去。诏通历算者所在具名来上。及忠辅历成,宰臣京镗上进,赐名《统天》,颁之,凡《历经》三卷,《八历冬至考》一卷,《三历交食考》三卷,《晷景考》一卷,《考古今交食细草》八卷,《盈缩分损益率立成》二卷,《日出入晨昏分立成》一卷,《岳台日出入昼夜刻》一卷,《赤道内外去极度》一卷,《临安午中晷景常数》一卷,《禁漏街鼓更点辰刻》一卷,《禁漏五更攒点昏晓中星》一卷,《将来十年气朔》二卷,《己未庚申二年细行》二卷,总三十二卷。庆元五年七月辛卯朔,《统天历》推日食,云阴不见。六年六月乙酉朔,推日食不验。

嘉泰二年五月甲辰朔,日有食之,诏太史与草泽聚验于朝。太阳午初一刻起亏,未初刻复满。《统天历》先天一辰有半,乃罢杨忠辅,诏草泽通晓历者应聘修治。

开禧三年,大理评事鲍浣之言:"历者,天地之大纪,圣人所以观象明时,倚数立法,以前民用而诏方来者。自黄帝以来,至于泰、汉,六历具存,其法简易,同出一术。既久而与天道不相符合,于是《太初》、《三统》之法相继改作,而推步之术愈见阔疏,是以刘洪、祖冲之之减破斗分,追求月道,而推测之法始加祥焉,至于李淳风、一行而后,总气朔而合法,效乾坤而拟数,演算之法始加备焉。故后世之论历,转为精密,非过于古人也,盖积习考验而得之者审也。试以近法言之:自唐《麟德》、《开元》而至于五代所作者,国初《应天》而至于《绍熙》、《会元》所更者十二书,无非推求上元开辟为演纪之首,气朔同元,而七政会于初度。从此推步,以为历本,未尝敢辄为截法,而立加减数于其间也。独石晋天福间,马重积更造《调元历》,

不复推古上元甲子七曜之会，施于当时，五年辄差，遂不可用，识者咎之。今朝廷自庆元三年以来，测验气景，见旧历后天十一刻，改造新历，赐名《统天》，进历未几，而推测日食已不验，此犹可也。但其历书演纪之始，起于唐尧二百余年，非开辟之端也。气朔王星，皆立虚加、虚减之数；气朔积分，乃有泛积、定积之繁。以外算而加朔余，以距算而减转率，无复强弱之法，尽废方程之旧。其余差漏，不可备言。以是而为术，乃民间之小历，而非朝廷颁正朔、授民时之书也。汉人以谓历元不正，故盗贼相续，言虽迂诞，然而历纪不治，实国家之重事。愿诏有司选演撰之官，募通历之士，置局讨论，更造新历，庶几并智合议，调治日法，追迎天道，可以行远。”

浣之又言：“当杨忠辅演造《统天历》之时，每与议论历事，今见《统天历》舛近，亦私成新历。诚改新历，容臣投进，与太史、草泽诸人所著之历参改之”七月，浣之又言：“《统天历》来年闰差，愿以诸人所进历，令秘书省参考颁用。”

秘书监兼国史院编修官、实录院检讨官曾渐言：“改历，重事也，昔之主其事者，无非道术精微之人，如太史公、洛下闳、刘歆、张衡、杜预、刘焯、李淳风、一行、王朴等，然犹久之不能无差。其余不过递相祖述，依约乘除，舍短取长，移疏就密而已，非有卓然特达之见也。一时偶中，即复舛戾。宋朝敝在数改历法。《统天历》颁用之初，即已测日食不验，因仍至今，置闰遂差一月，其为当改无疑。然朝廷以一代巨典责之专司，必其人确然著论，破见行之非，服众多之口，庶几可见。按《乾道》、《淳熙》、《庆元》，凡三改历，皆出刘孝荣一人之手，其后遂为杨忠辅所胜；久之，忠辅历亦不验，故孝荣安职至今。绍熙以来，王孝礼者数以自陈，每预测验，或中或不中；李孝节、陈伯祥本皆忠辅之徒；赵达，卜筮之流；石如遇献其父书，不就测验晷景，止定月食分数，其术最疏；陈光则并与交食不论，愈无凭依。此数人者，未知孰为可付，故鲍浣之屡以为请。今若降旨开局，不过收聚此数人者，和会其说，使之无争。来年闰差，其事至重。今年八月，便当颁历外国，而三数月之间急遽成书，结局推赏，讨论未尽，必生诋訾。今刘孝荣、王孝礼、李孝节、陈伯祥所拟改历，及浣之所进历，皆已成书，愿以众历参考，择其与天道最近且密者颁用，庶几来年置闰不差。请如先朝故事，搜访天下精通历书之人，用沈括所议，以浑仪、浮漏、圭表测验，每日记录，积三五年，前后参较，庶几可传永久。"渐又言："庆元三年以后，气景比旧历有差，至四年改造新历未成时，当颁五年历，乃差官以测算晷景、气朔加时辰刻附《会元历》颁赐。今若颁来年气朔，既有去年十月以后、今年正月以前所测晷景，已见天道冬至加时分数，来年置闰，比之《统天历》亦已不同，兼诸所进历并可参考。请速下本省，集判局官于本省参考，使浣之覆考，以最近之历推算气朔颁用。"于是诏渐充提领官，浣之充参定官，草泽精算造者、当献历者与造《统天历》者皆延之，于是《开禧》新历议论始定。诏以戊辰年权附《统天历》颁之。既而婺州布衣阮泰发献《浑仪十论》，且言《统天》、《开禧》历皆差。朝廷令造木浑仪，赐文解罢遣之。

嘉定三年，邹淮言历书差忒，当改造。试太子詹事兼同修国史、实录院同修撰兼秘书监戴溪等言，请询渐、浣之造历故事。诏溪充提领官，浣之充参定官，邹淮演撰，王孝礼、刘孝荣提督推算官生十有四人，日法用三万五千四百。四年春，历成，未及颁行，溪等去国，历亦随寝。韩侂胄当国，或谓非所急，无复敢言历差者，于是《开禧历》附《统天历》行于世四十五年。

嘉泰元年，中奉大夫、守秘书监俞丰等请改造新历。监察御史施康年劾太史局官吴泽、荆大声、周端友循默尸禄，言灾异不及时，诏各降一官。臣僚言："颁正朔，所以前民用也。比历书一日之间，吉凶并出，异端并用，如土鬼、暗金厄之类，则添注于凶神之上犹可也。而其首则揭九良之名，末则出九曜吉凶之法、勘昏行嫁之法，至于《周分出行》、《一百二十岁宫宿图》，凡闾阎鄙俚之说，无所不有，是岂正风俗、示四夷之道哉！愿削不经之论。"从之。二年五月朔，日食,太史以为午正,草泽赵大猷言午初三刻半日食三分。诏著作郎张嗣古监视测验,大猷言然,历官乃抵罪。

嘉定四年,秘书省著作郎兼权尚左郎丁端祖请考试司天生。十三年,监察御史罗相言:"太史局推测七月朔太阳交食,至是不食,愿令与草泽新历精加讨论。"于是泽等各降一官。

淳祐四年,兼崇政殿说书韩祥请召山林布衣造新历。从之。五年,降算造成成永祥一官,以元算日食未初三刻,今未正四刻,元算亏八分,今止六分故分。

八年朝奉大夫、太府少卿兼尚书左司郎中兼敕令所删修官尹焕言:"历者,所以统天地、侔造化,自昔皆择圣智典司其事。后世急其所当缓,缓其所当急,以为利吾国者惟钱谷之务,固吾圉者惟甲兵是图,至于天文、历数一切付之太史局,荒疏乖谬,安心以欺,朝士大夫莫有能诘之者,请召四方之通历算者至都,使历官学焉。"

十一年,殿中侍御史陈垓言:"历者,天地之大纪,国家之重事。今淳祐十年冬所颁十一年历,称成永祥等依《开禧》新历推算,辛亥岁十二月十七日立春在酉正一刻,今所颁历乃相师尧等依《淳祐》新历推算,到壬子岁立春日在申正三刻。质诸前历,乃差六刻,以此颁行天下,岂不贻笑四方,且许时演撰新历,将以革旧历之失。又考验所食分数,《开禧》旧历仅差一二刻,而李德卿新历差六刻二分有奇,与今颁行前后两历所载立春气候分数亦差六刻则同。由此观之,旧历差少,未可遽废;新历差多,未可轻用。一旦废旧历而用新历,不知何所凭据。请参考推算颁行。"

十二年,秘书省言:"太府寺丞张湜同李德卿算造历书,与谭玉续进历书颇有抵牾,省官参订两历得失疏密以闻。其一曰:玉讼德卿窃用《崇天历》日法三约用之。考之《崇天历》用一万五百九十为日法,德卿用三千五百三十为日法,玉之言然。其二曰:"玉讼积年一亿二千二十六万七千六百四十六,不合历法。今考之德卿用积年一亿以上。其三曰:玉讼壬子年六月,癸丑年二月、六月、九月,丙辰七月置闰皆差一日。今秘书省检阅林光世用二家历法各为推算。其四曰：德卿历与玉历壬子年立春、立夏以下十五节气时刻皆同。雨水、惊蛰以下九节气各差一刻。其五曰：德卿推壬子年二月乙卯朔日食，带出已退所见大分八；玉推日食，带出已退所见大分七。辰当壁宿六度。同。其六曰：德卿历斗分作三百六十五日二十四分二十八秒，玉历斗分作三百六十五日二十四分二十九秒，二历斗分仅差一秒。惟二十八秒之法，起于齐祖冲之，而德卿用之。使冲之法可久，何以历代增之？玉既指其谬，又多一秒，岂能必其天道合哉！请得商确推算，合众长而为一，然后赐名颁行”十二年，历成，赐名《会天》，宝祐元年行之，史缺其法。

咸淳六年十一月三十日冬至，至后为闰十一月。既已颁历，浙西安抚司准备差遣臧元震言：

历法以章法为重，章法以章岁为重。盖历数起于冬至，卦气起于《中孚》，十九年谓之一章，一章必置七闰，必第七闰在冬至之前。必章岁至、朔同日。故《前汉志》云：“朔旦冬至，是谓章月”《后汉志》云：“至，朔同日，谓之章月。”“积分成闰、闰七而尽，其岁十九，名之曰章。”《唐志》曰：“天数终于九，地数终于十，合二终以纪闰余。”章法之不可废也若此。

今所颁庚午岁历，乃以前十一月三十日为冬至，又以冬至后为闰十一月，莫知其故，盖庚午之闰，与每岁闰月不同；庚午之冬至，与每岁之冬至又不同。盖自淳祐壬子数至咸淳庚午，凡十九年，是为章岁，其十一月是为章月。以十九年七闰推之，则闰月当在冬至之前，不当在冬至之后。以至、朔同日论之，则冬至当在十一月初一日，不当在三十日。今以冬至在前十一月三十日，则是章岁至、朔不同日矣。若以闰月在冬至后，则是十九年之内止有六闰，又欠一闰。

且一章计六千八百四十日，于内加七闰月，除小尽，积日六千九百四十日或六千九百三十九日，约止有一日。今自淳祐十一年辛亥章岁十一月初一日章月冬至后起算，十九年至咸淳六年庚午章岁十一月初一日当为冬至,方管六千八百四十日。今算造官以闰月在十一月三十日冬至之后,则此一章止有六闰,更加六闰除小尽外,实积止六千九百十二日,比之前后章岁之数,实欠二十八日。历法之差,莫甚于此。

况天正冬至乃历之始,必自冬至后积三年余分,而后可以置第一闰。今庚午年章岁丙寅日申初三刻冬至,去第二日丁卯仅有四分日之一,且未正日,安得遽有余分?未有余分,安得遽有闰月?则是后一章之始不可推算,其谬可知矣。

今欲改之,有简而易行之说。盖历法有平朔,有经朔,有定朔。一大一小,此平朔也;两大两小,此经朔也;三大三小,此定朔也。今正以定朔之说,则当以前十一月大为闰十月小,以闰十一月小为十一月大,则丙寅日冬至即可为十一月初一,以闰十一月初一之丁卯为十一月初二日,庶几递趱下一日置闰,十一月二十九日丁未始为大尽。然则冬至既在十一月初一,则至、朔同日矣;闰月既在至节前,则十九年七闰矣。此昔人所谓晦节无定,由时消息,上合覆端之始,下得归余于终,正谓此也。

夫历久未有不差,差则未有不改者。后汉元和初历差,亦是十九年不得七闰,历虽已颁,亦改正之。顾今何勒于改之哉!元震谓某儒者,岂欲与历官较胜负,既知其失,安得默而不言邪!于是朝廷下之有司,遣官偕元震与太史局辨正,而太史之词穷,元震转一官,判太史局邓宗文、谭玉等各降官有差。因更造历,六年,历成诏试礼部尚书冯梦得序之;七年,颁行,即《成天历》也。

德祐之后,陆秀夫等拥立益王,走海上,命礼部侍郎邓光荐与蜀人杨某等作历,赐名《本天历》,今亡。

宋史卷八三
志第三六

律历十六

绍兴统元　乾道　淳熙　会元历

　　演纪上元甲子,距绍兴五年乙卯,岁积九千四百二十五万一千五百九十一。《乾道》上元甲子,距乾道三年丁亥,岁积九千一百六十四万五千八百二十三。《淳熙》上元甲子,距淳熙三年丙申,岁积五千二百四十二万一千九百七十二。《会元》上元甲子,距绍熙二年辛亥,岁积二千五百四十九万四千七百六十七。

　　步气朔

　　元法:六千九百三十。《乾道》三万。《淳熙》五千六百四十。《会元》统率三万八千七百。

　　岁周:二百五十三万一千一百三十八;岁周日:三百六十五、余一千六百八十八。《乾道》期实一千九十五万七千三百八,岁周三百六十五、余七千三百八。《淳熙》岁实二百五万九千九百七十四,岁周日三百六十五、余一千三百七十四。《会元》气率一千四百一十三万四千九百三十二。

　　气策:一十五日、余一千五百一十四、秒十五。《乾道》余六千五百五十四半。《淳熙》余一千二百三十二、秒二十五。《会元》余八千四百五十五半。

　　朔实:二十万四千六百四十七。《乾道》八十八万五千九百一十七、秒七十六。《淳熙》一十六万六千五百五十二、秒五十六。《会元》朔率一百一十四万二千八百三十四。

岁闰：七万五千三百七十四。《乾道》三十二万六千二百九十四、秒八十八，又有闰限八十五万八千七百二十六、秒五十二，月闰二万七千一百九十一，秒二十四。《会元》四十二万九百二十四。又省闰限七十二万一千九百一十。《乾道》又有没限二万三千四百四十五半。《淳熙》四千四百七，秒七十五。《会元》三万二百四十四半。

朔策：二十九日、余三万六千七十七。《乾道》余一万五千九百一十七、秒七十六。《淳熙》余三千九百九十二、秒五十六。《会元》余二万五千三十四，约分五十三、秒五。

望策：十四日、余五千三百三半。《乾道》余一万二千九百五十八、秒八十八。《淳熙》余四千三百一十六，秒二十八。《会元》余二万九千六百一十七。

弦策：七日、余二千六百五十一太。《乾道》余一万一千四百七十九、秒四十四。《淳熙》余二千一百五十八、秒一十四。《会元》余一万四千八百八半。

中盈分：三千三百二十八、秒三十。《乾道》一万三千一百九。《淳熙》二千四百六十四、秒五十。《会元》一万六千九百一十一。

朔虚分：三千二百五十三。《乾道》一万四千八十二、秒二十四。《淳熙》二千六百四十七、秒四十四。《会元》一万八千一百六十六。

旬周：四十一万五千八百。《乾道》一百八十万。《淳熙》三十三万八千四百，秒一。《会元》二百三十二万二千。

纪法：六十。三历同。

推天正冬至：置距所求积年，以岁周乘之，为气积分；以旬周去之，不尽，总法约之为大余。不满小余。大余命甲子，算外，即得所求年天正冬至日辰及余。其小余总法退除为约分，即百为母。

求次气：置冬至大、小余，以气策及余秒加之，秒盈秒法从一小余，小余满总法从一大余，满纪法去，命甲子，算外，合得次气日辰及余秒。

求天正经朔：置天正冬至气积分，以朔实去之，不尽为闰余，以减冬至气积分，余为天正十一月经朔加时朔积分；以旬周去之，不满,总法约之为大余,不满为小余。命甲子,算外,即得所求年天正十一月经朔加时朔积分。以旬周去之,不满,总法约之为大余,不满为小余。大余命甲子,算外,即得所求天正十一月经朔日辰及余。

求弦望及次朔经日:置天正十一月经朔大、小余,以弦策加之,为上弦;累加之,去命如前,各得弦、望及次月朔经日及余也。

求没日:置有没之气小余以一百八十乘之,秒从之,用减一百二十六万五千五百六十九,余以一万八千一百六十九除之为日,不满为余。命其气初日,算外,即得其气辰。凡二十四气,小余五千四百一十五、秒一百六十五。

求减日:置有经朔小余,三十乘之,满朔虚分除为日,不满为余。命经朔初日,算外,即得其月灭日辰。经朔小余不满朔虚分者,为有灭之朔。

步发敛

候策:五日、余五百四、秒一百二十五。《乾道》余二千一百八十四、秒二十五。《淳熙》余四百一十、秒七十五。《会元》余二千八百二十二、秒五十。

卦策:六日、余六百五、秒一百一十四。《乾道》余二千六百二十一、秒二十四。《淳熙》余四百九十二、秒九十。《会元》余三千三百八十二、秒二十。

土王策:三日、余三百二、秒一百四十七。《乾道》余二千三百一十、秒二十四。《淳熙》余二百四十六、秒四十五。《会元》一千六百九十一、秒一十。

辰法:五百七十七半。《乾道》二千五百。《淳熙》四百七十。《会元》三千二百二十五。

半辰法:二百八十八太。《乾道》一千二百五十。《淳熙》二百三十五。《会元》一千六百一十二半。

刻法:六百九十三。《乾道》三百。《淳熙》五百六十四。《会元》三百八十七。秒法:一百八十。《乾道》三十。《淳熙》《会元》同一百。《淳熙》又有月闰五千一百一十一、秒九十四。

求六十四卦、五行用事日、二十四气、七十二候。四历俱与前历同,此不载。

求发敛去经朔日：置天正闰余，以中盈及朔虚分累益之，即每月闰余；满总法除之为闰日，不尽为小余，即各得其月中气去经朔日辰。因求卦候者，各以卦候、土王策依次累加减之，中气前减，中气后加。各得其月卦、候去经朔日算。

求发敛加时：置所求小余，以辰除之为辰数，不满，进一位，以刻法而一为刻，不尽为刻分。其辰数命子正，算外，各得加时所在辰、刻及分。如辰刻即命起子初。

步日躔

周天分：二百五十三万一千二百二十六、秒八十七。《乾道》分一千九十五万七千七百一十七、秒五。

岁差：八十八、秒八十七。《乾道》四百九、秒五。《淳熙》一万一千五百一十三。《会元》轨差五百二十五、秒一十三。

周天度：三百六十五、约分二十五、秒六十四。三历同。

乘法：五十五。《乾道》八十七。《淳熙》一百一十九。《会元》一百一十九。

除法：八百三十七。《乾道》一千三百二十四。《淳熙》一千八百一十二。《会元》一千八百一十一。

秒法：一百。三历同。

《乾道》又有象限九十一度、分三十一、秒九，《淳熙》、《会元》同。《淳熙》又有乾实三亿九百万七千六百一十三，半周天一百八十二度、分二十五、秒七十二。《会元》半周天度同、分六十二、秒八十六。

常气	中积及余	盈缩分	升降差	损益率	朒朓积
冬至	空	统元空	升七千一百五十六	益三百七十一	朒空
		乾道空	升七千二百六十七	益一千六百三十	同
		淳熙空	升七千六十	益二百九十八	同
		会元空	升七千一百八	益二千五百十七	朒初
小寒十五	统元一千五百一十四 秒一十五	盈七千一百五十六	升五千九百八十	益三百一十	朒三百七十一
	乾道六千五百五十四 半	盈七千二百六十七	升五千九百八十一	益一千三百四十三	朒一千六百三十
	淳熙一千二百五十二 秒一十五 二十一 八十四	盈七千六十	升五千九百二十	益二百五十	朒二百九十八
	会元八十四白五十五 半 二十一 八十四		升五千七百七十三	益一千八百七十二	朒二千五百十七
大寒三十	统元三千二十八 秒三十	盈一万三千一百三十六	升四千七百七十一	益二百四十七	朒六百八十一
	乾道一万三千一百九	盈一万三千二百四十八	升四千六百八十	益一千五百十	朒二千九百七十三
	淳熙二千四百六十四 秒五十 四十三 六十九	盈一万二千九百八十	升四千七百一十九	益一百九十九	朒五百四十八
	会元一万六千九百一 十一 四十三 六十九		升四千四百五十六	益一千一百九十	朒三千七百二十九

统元四千五百四十二 秒四十五	盈一万七千九百七	升三千四百九十三	益一百八十一	朒九百二十八
乾道一万九千六百六十三半	盈一万七千九百二十八	升三千三百六十三	益七百五十五	朒四千二十三
立春四十五 淳熙三千六百九十六 秒七十五 六十五 五十四	盈一万七千六百九十七	升三千四百五十一	益一百四十五	朒七百四十七
会元二万五千三百六十六半 六十五 五十四		升三千一百五十九	益九百一十四	朒五千一十九
统元六千五十六 秒六十	盈二万一千四百	升二千一百五十八	益一百一十二	朒一千百九
乾道二万六千二百一十八半	盈二万一千二百	升二千二十九	益四百五十五	朒四千七百七十八
雨水六十 淳熙四千九百二十九 秒空 三十五	盈二万一千一百四十八	升二千一百二十二	益九十	朒八百九十二
会元三万三千八百二十二 八十七 三十九		升一千八百八十一	益五百四十四	朒五千九百三十三
统元六百四十 秒七十五	盈二万三千五百五十八	升七百三十	益三十八	朒一千二百二十一
乾道二千七百七十二半	盈二万三千三百二十	升六百八十	益一百五十二	朒五千二百三十三
惊蛰七十六 淳熙五百二十一 秒二十五 九 二十四	盈二万三千二百七十	升七百三十	益三十一	朒九百八十二
会元三千五百七十七半 九 二十四		升六百二十三	益一百八十一	朒六千四百七十七

	盈	降	损	朒
统元二千一百五十四秒九十	盈二万四千二百八十八	降七百三十	损三十八	朒一千二百五十九
乾道九千三百二十七	盈二万四千	降六百八十	损一百五十二	朒五千三百八十五
春分九十六 淳熙一千七百五十三秒五十 三十一 九	盈同乾道	降同统元	损三十一	朒一千一十三
会元一万二千三十三 三十一 九		降六百二十二	损一百八十一	朒六千六百五十八
统元三千六百六十八秒一百五	盈二万二千五百五十八	降二千一百五十八	损一百一十二	朒一千二百二十一
乾道一万五千八百八十一半	盈二万三千三百二十	降二千二十九	损四百五十	朒五千二百三十三
清明一百六 淳熙二千九百八十五秒七十五 五十二 九十三	盈二万三千二百七十	降二千一百二十三	损九十	朒九百八十二
会元一万四百八十八半 五十二 九十四		降一千八百八十一	损五百四十四	朒六千四百七十七
统元五千一百八十二秒一百二十	盈二万一千四百	降三千四百九十三	损一百八十一	朒一千一百九
乾道二万二千四百三十六	盈二万一千二百九十一	降三千三百六十三	损七百五十	朒四千七百七十八
谷雨一百二十一 淳熙四千二百一十八秒空 七十四 七十八	盈二万一千一百四十八	降三千四百五十一	损一百四十五	朒八百·九十二
会元二万八千九百四十 七十四 七十九		降三千一百五十九	损九百一十四	朒五千九百三十三

		盈	降	损	朒
立夏一百三十六	统元六千九百九十六秒一百三十五	盈一万七千九百七十	降四千七百七十二	损二百一十七	朒九百二十八
	乾道二万八千九百九十半	盈一万七千九百二十八	降四千六百八十	损一千五十	朒四千二十三
	淳熙五千四百五十八秒二十五 九十六 六十三	盈一万七千六百九十七	降四千七百一十七	损一百九十九	朒七百四十七
	会元三万七千三百九十九半 九十六 六十三		降四千四百五十六	损一千二百九十	朒五千一十九
小满一百五十二	统元一千二百八十秒一百五十	盈一万三千一百三十六	降五千九百八十	损一万七千一百三十六	朒六百八十一
	乾道五千五百四十五	盈一万三千二百四十八	降五千九百八十一	损一千七百四十三	朒二千九百七十三
	淳熙一千四十二秒五十 十八 四十八	盈一万二千九百八十	降五千九百二十	损二百五十	朒五百四十八
	会元七千一百五十五 一十八 四十八		降五千七百七十三	损一千六百七十二	朒三千七百二十九
芒种一百六十七	统元二千七百九十四秒一百六十五	盈七千一百五十六	降七千一百五十六	损三百七十一	朒三百七十一
	乾道一万二千九十九半	盈七千二百六十七	降七千二百六十七	损一千六百三十	朒一千六百三十
	淳熙二千二百七十四秒五十五 四十 三十三	盈七千六十	降七千六十	损二千九百一十八	朒二百九十八
	会元一万五千六百一十半 四十 三十三		降七千一百八	损二千五百一十七	朒二千五百一十七

节气		盈缩	降	损益	朒
	统元四千三百九　秒空	空	降七千一百五十六	损三百七十一	朒空
	乾道一万八千六百五十四	空	降七千二百六十七	损一千六百三十	朒空
夏至一百八十二	淳熙三千五百七　秒空　六十二　一十八	空	降七千六十	损二百九十八	朒空
	会元二万四千六十六　六十二　一十八		降七千一百八	损二千五百一十七	朒空
	统元五千八百二十三　秒十五	缩七千一百五十六	降五千九百八十	益三百一十	朒三百七十一
	乾道二万五千二百八半	缩七千二百六十七	降五千九百八十一	益一千三百四十三	朒一千六百三十
小暑一百九十七	淳熙四千七百五十九　秒二十五　八十四二	缩七千六十	降五千九百二十	益二百五十一	朒二百九十八
	会元二万二千五百二十一半　八十四三		降五千七百七十三	益一千六百七十二	朒二千五百一十七
	统元四百七　秒三十	缩一万三千一百三十六	降四千七百七十一	益二百一十七	朒六百八十一
	乾道一千七百六十三	缩一万三千二百四十八	降四千六百八十	益一千五百一十	朒二千九百七十三
大暑二百十三	淳熙三百三十一　秒五十五　八十一	缩一万二千九百八十	降四千七百一十七	益九百九十	朒五百四十八
	会元二千二百七十七五　八十八		降四千五百五十六	益一千二百九十	朒三千七百二十九

统元一千九百一十一秒四十五	缩一万七千九百七	降三千四百九十三	益一百八十一	朒九百二十八
乾道八千三百十七半	缩一万七千九百二十八	降三千三百六十三	益七百五十五	朓四千二十三
立秋二百二十八　淳熙一千五百六十二秒七十五　二十七　七十二	缩一万七千六百九十七	降三千四百五十一	益一百四十五	朓七百四十七
会元一万七百三十二半　二十七　七十三		降三千一百五十九	益九百一十四	朓五千一十九
统元三千四百三十五秒六十	缩二万一千四百	降二千一百五十八	益一百十二	朒一千一百九
乾道一万四千八百七十二	缩二万一千二百九十一	降二千二十九	益四百五十五	朓四千七百七十八
处暑二百四十三　淳熙二千七百九十六秒空　四十九　五十七	缩二万一千一百四十八	降二千一百二十二	益九十	朒八百九十二
会元一万九千一百八十八　四十九　五十八		降二千八百八十一	益五百四十四	朓五千九百三十三
统元四千九百四十九秒七十五	缩二万三千五百五十八	降七百三十	益三十八	朒一千二百二十一
乾道二万一千四百二十六半	缩二万三千三百二十	降六百八十	益一百五十二	朓五千二百三十三
白露二百五十八　淳熙四千二十八　秒　二十五　七十一　四十二	缩二万三千二百七十	降七百三十	益三十一	朒九百八十二
会元二万七千六百四十　十三半　七十一　四十三		降六百二十三	益一百八十一	朓六千四百七十七

统元六千四百六十三秒九十	缩二万四千二百八十八	升七百三十	损三十八	朒一千二百五十九
乾道二万七千九百八十一	缩二万四千	升六百八十	损一百五十二	朒五千五百八十五
秋分二百七十三				
淳熙五千二百六十秒五十 九十三 二十七	缩二万四千	升七百三十	损三十一	朒一千一十三
会元三万六千九十九 九十三 二十七		升六百二十三	损一百八十一	朒六千六百五十八
统元一千四十七 一百五	缩二万三千五百五十八	升二千一百五十八	损一百十二	朒一千二百二十一
乾道四千五百三十五半	缩二万三千三百二十	升二千二十九	损四百五十五	朒五千二百三十三
寒露二百八十九				
淳熙八百五十二七十五 十五 一十一	缩二万三千二百七十	升二千一百二十二	损九十	朒九百八十二
会元五千八百五十四半 一十五 一十二		升一千八百八十一	损五百四十四	朒六千四百七十七
统元二千五百六十一秒一百二十	缩二万一千四百	升三千四百九十三	损一百八十一	朒一千二百九
乾道一万一千九十	缩二万一千二百九十一	升三千三百六十三	损七百五十五	朒四千七百七十八
霜降三百四				
淳熙二千八百八十五秒空 三十六 九十六	缩二万二千一百四十八	升三千四百五十一	损四百十五	朒八百九十二
会元一万四千三百一十 三十六 九十七		升三千一百五十九	损九百一十四	朒五千九百三十三

	统元四千七十五 一百三十五　秒	缩一万七千九百七	升四千七百七十一	损二百四十七	朒九百二十
立冬三百十九	乾道一万七千六百四十四半	缩一万七千九百二十八	升四千六百八十	损一千五十	朒四千二十三
	淳熙三千三百一十七　秒二十五 五十八 八十一	缩一万七千六百九十七	升四千七百一十七	损一百九十	朒七百四十七
	会元二万二千七百六十五半 五十八 八十二		升四千四百五十六	损一千二百九十	朒五千一十九
	统元五千五百八十九　秒一百五十	缩一万三千一百二十六	升五千九百八十	损三百一十	朒六百八十一
小雪三百三十四	乾道二万四千一百九十九	缩一万三千二百四十八	升五千九百八十一	损一千三百四十三	朒二千九百七十三
	淳熙四千五百四十九　秒五十 八十 六十六	缩一万二千九百八十	升五千九百二十	损三百五十	朒五百四十八
	会元三万一千二百二十一 八十 六十七		升五千七百七十三	损一千六百七十二	朒三千七百二十九
	统元一百七十三　秒一百六十五	缩七千一百五十六	升七千一百五十六	损三百七十一	朒三百七十一
大雪三百五十	乾道七百五十三半	缩七千二百六十七	升七千二百六十七	损一千六百三十	朒一千六百三十
	淳熙一百四十一　秒七十五 二 五十一	缩七千六十	升七千六十	损二百九十八	朒二百九十八
	会元九百七十六半 二 五十二		升七千一百八	损二千五百一十七	朒二千五百一十七

一

　　求每月盈缩分，朔、弦望入气朏朒定数，赤道宿度，冬至赤道日度，赤道宿积度入初末限，二十八宿黄道度，天正冬至加时黄道日度，二十四气加时黄道日度，二十四气初日晨前夜半黄道日躔宿次，晨前夜半黄道日躔宿次，太阳入宫日时刻及分。法同前历，此不载。

　　步月离

　　转周分：一十九万九百五十三、秒二千五百六十三。《乾道》八十二万六千六百三十七，秒七千三百九十五。《淳熙》一十五万五千五百四十七、秒九千七百四十。《会元》转率一百六万六千三百六十一、秒七千三百一十。

　　转周日：二十七、余三千八百四十三、秒二千五百六十三。《乾道》余一万六千六百三十七、秒七千三百九十五。《淳熙》余三千一百二十七、秒九千七百四。《会元》余二万一千四百六十一、秒七千三百一十。

　　朔差日：一、余六千七百六十三、秒七千四百三十七。《乾道》余二万九千二百八十、秒二百五。《淳熙》余五千五百四、秒五千八百六十。《会元》余三万七千七百七十二、秒二千六百一十。

　　望策：一十四、余五千三百三、秒五千。

　　弦策：七、余二千六百五十一、秒七千五百。《乾道》余一万一千四百七十九、秒四千四百。《淳熙》余二千一百五十八、秒一千四百。《会元》一万四千八百八、秒五十。

　　七日：初数六千一百五十八，约分八十九；末数七百七十二，约分一十一。

　　十四日：初数五千三百八十七，约分七十八；末数一千五百四十三，约分二十二。

　　二十一日：初数四千六百一十五，约分六十七；末数二千三百一十五，约分三十三。

　　二十八日：初数三千八百四十三，约分五十五；末数空。

　　以上秒母一万。

　　以下秒母一百。

　　上弦：九十一度三十一分、秒四十一。三历同。

望：一百八十二度六十二分、秒八十二。三历秒八十六。

下弦：二百七十三度九十四分、秒二十三。三历秒二十九。

平行分：一十三度三十六分、秒八十七半。

推天正十一月经朔入转，经弦、望及次朔入转。法同前历，此不载。

入转日	进退差	转定分	损益率	朒朓数	转日度	加减差	迟疾度
一日	统元退十二	一千四百六十八	益六百八十	朒空	空	加一百三十一	疾空
	乾道一千四百六十四	益二千八百五十	朒空		加一百二十七	疾空
	淳熙退十一	一千四百六十八	益五百五十三	朒空			疾空
	会元一千四百六十七	益三千七百六十三	朒初		加一百三十	疾初
二日	统元退十八	一千四百五十六	益六百一十八	朒六百八十	十四度六十八	加一百十九	疾一度三十一
	乾道一千四百五十三	益二千六百三	朒二千八百五十		加一百一十六	疾一度二十七
	淳熙退十五	一千四百五十七	益五百六十三	朒五百五十三			疾一度三十一
	会元一千四百五十四	益三千三百八十七	朒三千七百六十三		加一百一十六	疾一度三十
三日	统元退二十一	一千四百三十八	益五百一十三	朒一千二百九十八	二十九度二十四	加一百一	疾二度五十
	乾道一千四百三十八	益二千一百六十六	朒五千四百五十三		加一百一	疾二度四十三
	淳熙退二十	一千四百三十二	益四百四十三	朒一千五百一十九			疾二度五十一
	会元一千四百四十	益二千九百八十一	朒七千一百五十		加一百三	疾二度四十七

日		益/损	朒	度	加/减	疾度
四日	统元退二十三　一千四百一十七	益四百一十一	朒一千八百二十一	四十三度六十二	加八十五	疾三度五十七
	乾道一千四百一十六	益一千七百七十三	朒七千七百一十九		加七十九	疾三度四十四
	淳熙退二十三　一千四百二十二	益三百五十八	朒一千五百二			疾三度五十六
	会元一千四百二十二	益二千四百六十一	朒一万一百三十一		加八十五	疾三度五十
五日	统元退二十四　一千三百九十四	益二百九十三	朒二千二百三十二	五十七度七十九	加五十七	疾四度
	乾道一千三百九十四	益一千二百七十九	朒九千四百九十二		加五十七	疾四度二十三
	淳熙退二十六　一千三百九十九	益二百六十二	朒一千八百六十			疾四度四十一
	会元一千四百一	益一千八百五十三	朒一万二千五百九十二		加六十四	疾四度三十五
六日	统元退二十四　一千三百七十	益一百七十二	朒二千五百二十五	七十一度七十三	加三十三	疾四度
	乾道一千三百七十三	益八百八十	朒一万七百七十二		加三十六	疾四度八十
	淳熙退二十六　一千三百七十三	益一百五十二	朒二千一百二十二			疾五度三十
	会元一千三百七十六	益一千一百二十九	朒一万四千四百四十五		加三十九	疾四度九十九
七日	统元退二十四　一千三百四十六	初益五十四末损七	朒二千六百九十七	八十五度四十三	初加十末减一	疾五度二十一
	乾道一千三百四十七	初益二百四十七末损二十三	朒一万一千五百七十九			疾五度一十六
	淳熙退二十六　一千三百四十七	初益四十六末损四	朒二千二百七十四			疾五度三十九
	会元一千三百四十九	初益三百七十六末损二十九	朒一万五千五百七十四		初加二十三末减一	疾五度三十八

日		度	损	朒	度	减	疾
八日	统元退二十四	一千三百二十二	损七十六	朒二千七百四十四	九十八度八十九	减十五	疾五度三十
	乾道	一千三百二十三	损三百一十四	朒一万一千八百三		减一十四	疾五度二十六
	淳熙退二十六	一千三百二十一	损六十七	朒二千三百一十六			疾五度四十九
	会元	一千三百一十九	损五百二十一	朒一万五千九百二十一		减一十八	疾五度五十
九日	统元退二十三	一千二百九十八	损二百	朒一千六百六十八	一百一十二度十一	减三十九	疾五度十五
	乾道	一千二百九十九	损八百三十九	朒一万一千四百八十九		减三十八	疾五度一十六
	淳熙退二十四	一千二百九十五	损一百七十八	朒二千二百四十九			疾五度三十三
	会元	一千二百九十二	损一千三百二	朒一万五千四百		减四十五	疾五度三十二
十日	统元退二十三	一千二百七十五	损三百二十一	朒二千四百六十八	一百二十五度	减六十二	疾四度七十六
	乾道	一千二百七十五	损一千四百五	朒一万六千五十		减六十二	疾四度七十四
	淳熙退二十四	一千二百七十一	损二百七十八	朒二千七百一十一		减六十八	疾四度九十一
	会元	一千二百六十八	损一千九百九十七	朒一万四千九百九十七			疾四度八十七
十一日	统元退二十	一千二百五十二	损四百三十八	朒二千一百四十七	一百三十七度八十四	减八十五	疾四度十四
	乾道	一千二百五十四	损一千八百六十三	朒九千四十五		减八十三	疾四度一十二
	淳熙十九	一千二百四十七	损三百八十	朒一千七百九十三			疾四度二十五
	会元	一千二百四十八	损二千五百七十七	朒一万二千一百		减八十九	疾四度一十八

日	历法	转分	损益率	朒朓积	度	加减	迟疾度
十二日	统元退十七	一千二百三十二	损五百四十五	朒一千七百九	一百五十度三十六	减一百五	疾三度二十九
	乾道一千二百四十		损三千一百七十六	朒七千三百八十二		减九十七	疾三度二十九
	淳熙退十四	一千二百二十六	损四百六十	朒一千四百一十三			疾三度三十五
	会元一千二百三十		损三千九十七	朒九千五百二十三		减一百七	疾三度二十九
十三日	统元退九	一千二百一十五	损六百三十六	朒一千六百四十	一百六十度六十六 八六	减一百二十二	疾二度二十四
	乾道一千二百一十五		损二千七百三十八	朒五千二百六		减一百二十二	疾二度三十二
	淳熙退十	一千二百一十四	损五百一十八	朒九百五十三			疾二度二十六
	会元一千二百一十七		损三千四百七十三	朒六千四百二十六		减一百二十	疾二度二十二
十四日	统元进二	一千二百六十三	初损五百三十一末益一百五十一	朓五百一十一	一百七十度八十三 四三	初减一百二十五	疾一度二
	乾道一千二百九十八		初损二千四百六十八末益六百五十	朓二千四百六十八		初减一百一十二末加十五	疾一度一十
	淳熙进四	一千二百四十三	初损四百三十五末益二百二十七	朓四百三十五			疾一度三
	会元一千二百六		初损二千九百五十三末益八百三十九	朓二千九百五十三			疾一度二

日							
十五日	统元进一十四	一千二百八十九	益六百六十九	朒一百五十一	一百八十六度八十九	加一百二十九	迟初度二十九
	乾道	一千二百一十三	益二千七百八十三	朒六百五十		加一百二十四	迟空一十九
	淳熙进二十一	一千二百八十	益五百四十四	朒一百二十七			迟空三十
	会元	一千二百九	益三千七百五	朒八百三十九		加一百二十八	迟空二十九
十六日	统元进十九	一千二百二十二	益五百九十八	朒八百二十	一百九十八度九十七	加一百一十五	迟一度五十八
	乾道	一千二百二十二	益二千五百八十一	朒三千四百三十三		加一百一十五	迟一度五十三
	淳熙进十七	一千二百一十九	益四百九十八	朒六百七十一			迟一度五十九
	会元	一千二百二十二	益三千三百二十九	朒四千五百四十四		加一百一十五	迟一度五十七
十七日	统元进二十一	一千二百四十一	益四百九十九	脁一千四百一十八	二百一十一度十九	加九十六	迟二度七十三
	乾道	一千二百三十六	益二千二百六十六	脁六千一十四		加一百一	迟二度六十八
	淳熙进二十二	一千二百三十六	益四百二十六	脁一千一百六十九			迟二度七十七
	会元	一千二百三十八	益二千八百六十六	脁七千八百七十三		加九十九	迟二度七十二

日	术·数	益	朏	度	加	迟
十八日	统元进二十三 一千二百六十二	益三百八十六	朏一千九百一十七	二百二十三度六十	加七十五	迟三度六十九
	乾道一千二百五十七	益一千七百九十六	朏八千二百八十		加八十	迟三度六十九
	淳熙进二十三 一千二百五十八	益三百一十三	朏一千五百九十五			迟三度七十八
	会元一千二百五十七	益三千三百一十六	朏一万七千三十九		加八十	迟三度七十一
十九日	统元进二十四 一千二百八十五	益二百六十七	朏二千三百三	三百三十六度二十三	加五十二	迟四度四十四
	乾道一千二百七十八	益一千三百二十三	朏一万七十六		加五十九	迟四度四十九
	淳熙进二十六 一千二百八十一	益二百三十六	朏一千九百二十八		加五十九	迟四度五十七
	会元一千二百七十八	益一千七百八	朏一万三千五十五		加五十九	迟四度五十一
二十日	统元进二十四 一千三百九十一	益一百四十一	朏二千五百七十	二百四十九度	加二十七	迟四度九十六
	乾道一千三百三	益七百六十三	朏一万一千三百九十九		加三十四	迟五度八
	一千三百七十	益一百二十七	朏二千一百六十四			迟五度一十三
	淳熙进二十六 会元一千三百三	益九百八十四	朏一万四千七百六十三		加三十四	迟五度一十

日							
二十一日	统元进二十四	一千三百三十三	初益四十末损二十	朒二千七百一十一	二百六十二度十六	初加八末减四	迟五度二十三
	乾道一千三百三十一		初益一百五十七末损二十二	朒一万一千一百六十二		初加七末减一	迟五度四十二
	淳熙进二十六	一千三百三十三	初益二十九末益一十二	朒二千二百九十二			迟五度四十三
	会元一千三百三十三		初益二百三末损五十八	朒一万五千七百四十七		初加七末减二	迟五度四十四
二十二日	统元进二十四	一千三百五十七	损一百四十	朒二千七百三十一四十九	二百七十五度	减二十	迟五度二十七
	乾道一千三百六十二		损五百二十九	朒一万一千二百九十七		减二十四	迟五度四十
	淳熙进二十五	一千三百五十九	损九十三	朒二千三百八			迟五度四十七
	会元一千三百六十二		损七百二十四	朒一万五千八百九十二		减二十五	迟五度四十九
二十三日	统元进二十三	一千三百八十一	损二百一十八	朒二千六百二十七	二百八十九度六	减四十四	迟五度七
	乾道一千三百八十七		损一千一百二十二	朒一万一千七百			迟五度二十四
	淳熙进二十二	一千三百八十四	损一百九十八	朒二千二百一十五		减五十	迟五度二十五
	会元一千三百八十八		损一千四百七十六	朒一万五千一百六十八		减五十一	迟五度二十四

日	历·进	损	朒	度	减	迟
二十四日	统元进二十二 一千四百四十八	损三百四十八	朒二千三百九十九	三百二度八十七	减六十七	迟四度六十三
	乾道一千四百一十二	损一千六百八十三	朒一万六千三百三十六		减七十五	迟四度七十四
	淳熙进二十三 一千四百八十	损三百	朒二千一十七			迟四度七十八
	会元一千四百一十	损二千一百一十三	朒一万三千六百九十二		减七十三	迟四度七十三
二十五日	统元进二十一 一千四百二十六	损四百六十三	朒二千五百一十一	三百十六度九十一	减八十九	迟九十六
	乾道一千四百二十七	损一千一百一十九	朒八千五百九十三		减九十	迟九十九
	淳熙进十八 一千四百三十	损三百九十七	朒一千七百一十七			迟七
	会元一千四百三十	损二千六百九十二	朒一万一千五百七十九		减九十三	迟空
二十六日	统元进十四 一千四百四十七	损五百六十七	朒一千五百八十八	三百三十一度十七	减一百九	迟七
	乾道一千四百四十六	损二千四百四十六	朒六千九百三十四		减一百九	迟九
	淳熙进十四 一千四百四十九	损四百七十二	朒一千三百二十			迟三十一
	会元一千四百四十九	损三千一百八十五	朒八千八百八十七		减一百一十	迟七
二十七日	统元进十一 一千四百六十一	损六百四十四	朒一千二百一十二	三百四十五度九十八	减一百二十四	迟一度九十八
	乾道一千四百六十二	损二千八百五	朒四千四百八十八		减一百二十五	迟二度空
	淳熙进九 一千四百六十三	损五百三十二	朒八百四十八			迟二度一
	会元一千四百六十一	损三千五百八十九	朒五千七百二		减一百二十二	迟一度九七

二十八日	统元退四	一千四百七十二	损三百七十七	朒三百七十七	三百六十度二十五	减七十四	迟空七十四
	乾道	乾道一千四百七十	初损一千六百八十三	朒一千六百八十三		初减七十五	迟空七十五
	淳熙退四	一千四百七十三	初损三百一十六	朒三百十六			迟空七十五
	会元	会元一千四百六十九	初损二千一百一十三	朒二千一百一十三		初减七十三	迟空七十三

《乾道》又有七日初数二万六千六百五十九、初约八十九,末数三千三百四十一、末约一十一;十四日初数二万二千三百一十九、初约七十八,末数六千六百八十一、末约二十三;二十一日初数一万九千九百九十八、初约六十七,末数一万二十二、末约三十三;二十八日初数一万六千六百三十七、初约五十五,末数空、末约空。《淳熙》七日初数五千一十一、末数六百二十,初约八十九,末约一十二;十四日初数四千三百八十三、末数一千二百五十七,初约七十八、末约二十二;二十一日初数三千七百五十五、末数一千八百八十五,初约六十七、末约三十三;二十八日初数三千一百二十七、初约五十五。《会元》七日初数三万四千三百九十、初约八十九,末数四千三百一十、末约一十一;十四日初数三万八千、初约七十八,末数八千六百二十、末约二十二;二十一日初数二万五千七百七十一、初约六十七,末数一万二千九百二十九、末约三十三;二十八日初数二万一千四、初约五十五,末数一百六十一。

求朔、弦、望入转朏朒定数,朔、弦、望定日,朔、弦、望加时日所在度;推月行九道;求九道宿度,月行九道平交入气,平定入转,朏朒定数,正交入气,正交加时黄道日度,正交加时月离九道宿度,定朔、弦、望月所在宿度,定朔夜半入转,次朔夜半入转,月晨昏度,朔、弦、望晨昏定程,转定度,晨昏月,天正十一月经朔加时平行月,天正十一月定朔日晨前夜半平行月,朔次夜半平行月,定弦、望夜半平行月,天正定朔夜半入转,弦、望及后朔定日夜半入转,定朔、弦、望夜半月度。法同前历,此不载。

步晷漏

二至限：一百八十二、六十二分。《乾道》分同，秒一十八。《淳熙》、《会元》同。

象限：九十一、三十一分。三历同。秒九。

消息法：一万二千三十一。

辰法：五百七十七半，计八刻二百三十一分。《乾道》余一百。《淳熙》余一百八十八。《会元》余一百二十九。

昏明刻：三百四十六半。《乾道》余一百五十。《淳熙》余二百八十二。

昏明余数：一百七十三少。《乾道》昏明分七百五十。《淳熙》昏明分一百四十一。《会元》九百六十七半。

冬至岳台晷：一丈二尺八寸三分。

夏至岳台晷景：一尺五寸六分。

冬至后初限夏至后末限：六十二日。分空。

夏至后初限冬至后末限：一百二十日六十二分。

求每日消、息定数，黄道去极度及赤道内、外度，晨昏日出、入分及半昼分，每日距中度，夜半定漏，昼、夜刻及日出、入辰刻，更筹辰刻，昏、明度，五更攒点中星，九服距差日，九服晷景，九服所在昼、夜漏刻。法与前历同。此不载。

步交会

交终分：一十八万八千五百八十、秒六千四百五十七。《乾道》八十一万六千三百六十六，秒六千三十四。《淳熙》交实一十五万三千四百七十六、秒九千五百四十三。《会元》交率一百五万三千一百一十三，秒二千一百四十。

交终日：二十七、余一千四百七十、秒六千四百五十七。《乾道》余六千三百六十六、秒六千三十四。《淳熙》余一千一百九十六、秒九千五百四十三。《会元》余八千二百一十三、秒二千一百四十。

交中日：一十三、余四千二百、秒三千二百二十八半。《乾道》余一万八千一百八十三、秒三十七。《淳熙》余三千四百一十八、秒四千七百七十一半。《会元》余二万三千四百五十六、秒六千七十。

朔差：二日、余二千二百六、秒三千五百四十三。《乾道》余九千五百五十一、秒一千五百六十六。《淳熙》余一万七千一百九十五、秒六千五十七。《会元》余一万二千三百二十、秒七千八百六十。

后限：一日、余一千一百三、秒一千七百七十一半。《乾道》余四千七百七十五、秒五千七百八十三。

前限：十二日、余三千九十七、秒一千四百五十。《乾道》余一万三千四百七、秒七千二百三十四。

望策：十四日、余五千三百三、秒五千。《乾道》余二万二千九百五十八、秒八千八百。《淳熙》余四千三百一十六、秒二千八百。《会元》余二万九千六百一十七。

交率：四十二。《乾道》八十《淳熙》六十一。《会元》五百七。

交数：五百三十五。《乾道》一千一十九。《淳熙》七百七十七。

交终度：三百六十三度七十六分。《乾道》分七十九、秒四十。《淳熙》同。《会元》分同、秒四十四。

交象度：九十度九十四分。《乾道》分同、秒八十五。《淳熙》同。《会元》分同、秒八十六。

半交象度：一百八十一度八十八分。《乾道》度四十五、分四十七、秒四十二半。《淳熙》同。《会元》秒四十三。

阳历食限：二千七百四十五。《乾道》一万四千四百。《淳熙》二千六百三十。《会元》一万八千。

阳历定法：二百七十四半。《乾道》一千四百四十。《淳熙》二百六十二。

阴历食限：四千五百八十五。《乾道》一万八千。《淳熙》二千二百四十。《会元》二万二千五百。

阴历定法：四百五十八半。《乾道》三百二十四。

《乾道》又有月食限二万九千一百，《淳熙》五千四百六十，《会元》三万六千。《乾道》月食定法一千八百，《淳熙》三百五十六。《乾道》月食既限一万一千一百。《淳熙》月食既限一千九百。

推天正十一月加时入交泛日；求次朔及望入交泛日，定朔、望夜半交泛，次朔夜半入交泛日，朔、望加时入交常日，朔望加时入交定日,月行阴阳历,朔、望加时入阴阳历积度,朔、望加时月去黄道度,食甚定余,日月食甚入气,日月食甚中积、气差、刻差,日入食限,日入食分,日食泛用分,月入食限,月入食分,月食泛用分,日月食定用分,日月食亏初、复满小余,月食既内。外分,日月食所起,月食更、点定法,月食入更点,日月带食出入所见分数,日月食甚宿次。法同前历,此不载。

步五星

五星会策:一十五度、二十一分、秒九十。

木星终率:二百七十六万四千二百三十八、秒三十二。《乾道》一千一百九十六万六千五百八十一,秒五十五。《淳熙》周实二百二十四万九千七百一十五、秒六十五。《会元》周率一千五百四十三万六千八百三十四、秒九十八。

终日:三百九十八、约分八十八、秒七十九。《乾道》分八十八、秒六十。《淳熙》约分八十八、秒五十七。《会元》分八十八、秒四十六。

岁差:六十七、秒九十八。《乾道》周差一百万八千八百六十四、秒五十。《淳熙》一十八万九千七百四十一、秒六十五。

伏见度:一十三。

《乾道》历率一千九十五万七千二百四十九、秒九,《淳熙》二百五万九千九百八十一、秒一十,《会元》一千四百一十三万五千四百五十六、秒九。《乾道》历中度一百八十三、分六十二、秒二十四,《淳熙》同,《会元》秒八十六。《乾道》历策度一十五、分二十一、秒八十五,《淳熙》同,《会元》秒九十。

段目	常日	常度	限度	初行率
晨伏	十六日	三度	二度	统元分二十三 乾道分二十二秒七十四 淳熙分同统元 会元分同乾道秒八十五
晨疾	统元三十七日 乾道三十一日 淳熙二十九日 会元同乾道	七度 六度 度同乾道 度同乾道	五度 度同统元 四度 度同统元	分二十二 分同统元 分同统元 分二十
晨次疾	统元三十七日 乾道二十九日 淳熙二十九日 会元三十日	六度　六十六 五度　五十八 五度　五十九 五度　八十五	五度　空 四度　二十四 四度　二十四 四度　四十四	二十 二十　六十四 二十　七十 二十二
晨迟	统元三十七日 乾道二十七日 淳熙二十八日 会元二十八日	三度 四度 四度 四度	二度　六十 三度　八 三度　二十 度　八	十五 一十七　八十四 一十七　九十 一十八
晨留	统元二十五日 乾道二十四日 淳熙二十二日 会元二十二日	空 空	空 空	空 空

晨退	统元四十六日　五十六	五度　一十六	空　三十一　五 十七半	
	乾道四十六日　六十九 三十	四度　八十四 八十八	空　三十五　四 十四	空
	淳熙四十六日　六十九 二十八半	四度　八十一	空　四十一　十 半	空
	会元四十六日　六十九 二十三	四度　九十二 九十五半	空　三十　三十 一	空
夕退	统元四十六日　一十六	五度　一十六	空　三十一	十六
	乾道四十六日　六十九 三十	四度　八十四 八十八	空　二十五　四 十四	一十五　五 十九
	淳熙四十六日　六十九 二十八半	四度　八十一 八十九半	空　四十 十半	一十五　四 十八
	会元四十六日　六十九 二十三	四度　九十二 九十五半	空　三十 十七	二 一十六
夕留	统元二十五日	空	空	
	乾道二十四日	空	空	空
	淳熙二十二日			
	会元二十二日			
夕迟	统元三十七日	三度　四十六	二度　六十	
	乾道二十五日	一度　六十六	一度　二十六	
	淳熙二十八日	四度　八十八	一度　四十二	
	会元二十五日	一度		
夕次疾	统元三十七日	六度　六十六	五度　空	十五
	乾道三十一日	六度　六十二	五度　三	二十　六十 四

夕疾	统元三十七日	七度	九十八	五度	九十九	二十
	乾道二十九日	五度	五十八	四度	二十四	一十七　　八十四
	淳熙二十九日	五度	五十九	四度	二十四	二十七　　九十七
	会元三十日	五度	八十五	四度	四十四	一十八
夕伏	统元十六日　八十八	三度	八十八	二度	九十一	一十二
	乾道一十六日	三度	七十五	二度	八十五	二十一　　四
	淳熙一十六日　七十五	三度	七十五	二度	八十五	二十一
	会元一十六日　七十五	三度	七十五	二度	八十五	二十二

岁星盈缩历

策数	损益率	盈积度		损益率	缩积度	
初	统元益一百四十五	盈空		益一百七十八	缩空	
	乾道益一百五十九	盈空		益二百二	缩空	
	淳熙益一百五十一	盈空		益一百七十二	缩空	
	会元益一百五十	初		益七十五	初	
一	统元益一百三十五	盈一度	四十五	益一百六十一	缩一度	七十八
	乾道益一百四十二	盈一度	五十九	益一百八十一	缩二度	二
	淳熙益一百三十五	盈一度	五十一	益一百五十六	缩一度	七十二
	会元益一百三十七	盈一度	五十	益一百五十八	缩一度	七十五
二	统元益一百一十四	盈二度	八十	益一百四十	缩三度	一十九
	乾道一百二十	盈三度	一	益一百五十三	缩三度	八十三
	淳熙益一百一十四	盈二度	八十六	益一百三十五	缩三度	二十八
	会元益一百一十六	盈二度	八十七	益一百二十五	缩三度	三十三

三	统元益八十七	盈三度	九十四	益一百一十一	缩四度	七十九	
	乾道九十三	盈四度	二十一	益一百一十八	缩五度	三十六	
	淳熙益八十八	盈四度	空	益一百二	缩四度	六十三	
	会元益九十一	盈四度	三	益一百五	缩四度	六十八	
四	统元益五十一	盈四度	八十一	益七十三	缩五度	九十	
	乾道益六十	盈五度	一十四	益七十六	缩六度	五十四	
	淳熙益五十七	盈四度	八十八	益六十九	缩五度	六十五	
	会元益五十九	盈四度	九十四	益六十九	缩五度	七十三	
五	统元益十九	盈五度	二十三	益二十五	缩六度	六十三	
	乾道益二十一	盈五度	七十四	益二十八	缩七度	三十	
	淳熙益二十	盈五度	四十五	益二十四	缩六度	三十四	
	会元益二十二	盈五度	五十三	益二十五	缩六度	四十二	
六	统元损三十六	盈五度	五十一	损十	缩六度	八十八	
	乾道损二十一	盈五度	九十五	损二十八	缩七度	五十八	
	淳熙损二十	盈五度	六十五	损二十四	缩六度	五十八	
	会元损二十二	盈五度	七十五	损二十五	缩六度	六十七	
七	统元损五十八	盈五度	十五	损五十五	缩六度	七十八	
	乾道损六十	盈五度	七十四	损七十六	缩七度	三十	
	淳熙损五十七	盈五度	四十五	损六十九	缩六度	三十四	
	会元损五十九	盈五度	五十三	损六十七	缩六度		
八	统元损八十六	盈四度	五十七	损一百一十七	缩六度	二十三	
	乾道损九十三	盈五度	一十四	损一百八	缩六度	五十四	
	淳熙损八十八	盈四度	八十八	损一百二	缩五度	六十五	
	会元损九十一	盈四度	九十四	损一百五	缩五度	七十三	

九	统元损一百八	盈三度	九十三	损一百四十七	缩五度	一十二
	乾道损一百二十	盈四度	二十一	损一百五十三	缩五度	三十六
	淳熙损一百一十四	盈四度	空	损一百三十五	缩四度	六十三
	会元损一百一十六	盈四度	三	损一百三十五	缩四度	六十八
十	统元损一百三十	盈二度	六十三	损一百七十四	缩三度	六十五
	乾道损一百四十二	盈三度	一	损一百八十一	缩三度	八十三
	淳熙损一百三十五	盈二度	八十六	损一百五十六	缩三度	二十八
	会元损一百三十七	盈二度	八十七	损一百五十八	缩三度	三十八
十一	统元损一百三十三	盈一度	三十五	损一百九十一	缩一度	九十一
	乾道损一百五十九	盈一度	五十九	损二百二	缩二度	二
	淳熙损一百五十一	盈一度	五十一	损一百七十一	缩一度	七十二
	会元损一百五十	盈一度	五十	损一百七十五	缩一度	七十五

火星终率：五百四十万四千八百四十六、秒三十九。《乾道》二千三百三十九万一千九百八、秒一十八。《淳熙》周实四百三十九万八千八百一、秒六十五。《会元》周率三千一十八万三千二百六十八、秒八十七。

终日：七百七十九、约分九十二、秒一。《乾道》七百七十七、分九十三、秒二。《淳熙》七百七十九、约分九十二、秒九十五。《会元》七百七十九、分九十二、秒九十四。

岁差：六千七、秒九。《乾道》周差一百四十八万二千七百八十八。《淳熙》二十七万八千八百三十、秒七十五。

伏见度：十九。二历同。《会元》二十。

　　《乾道》历率一千九十五万七千四百二、秒二十一、《淳熙》二百五十万九千九百八十九、秒九十，《会元》一千四百一十三万五千四百五十五、秒四十七。《乾道》历中度一百八十二、分六十二、秒三十三、《淳熙》秒三十二，《会元》秒八十六。《乾道》历策度一十五、分二十一、秒八十六、《淳熙》同，《会元》秒九十。

段目	常　日	常　度	限　度	初行率
晨伏	统元六十七日	四十八度	四十五度 五十一	七十二
	乾道六十七日	四十八度	四十五度 二十六	七十一 九十二
	淳熙六十七日 二十五	十八度 二十五	四十五度 五十九	七十二
	会元六十九日 七十五	四十九度 七十五	四十六度 七十六	七十二
晨疾初	统元六十五日	四十六度 三	四十三度 六十三	七十一
	乾道五十九日	四十一度 七十八	三十九度 四十	七十一 三十七
	淳熙六十一日	四十三度 三十一	四十度 九十一	七十二
	会元五十八日	四十度 八十九	三十八度 四十三	七十一
晨疾末	统元四十八日	三十三度 二十四	三十一度 五十一	七十
	乾道五十七日	三十九度 四十三	三十七度 一十五	七十 二 七
	淳熙六十一日	四十二度 九	三十九度 七十七	七十一
	会元五十五日	三十八度 二十二	三十五度 九十二	七十
晨次疾初	统元四十八日	三十一度 九十	三十度 二十四	六十八
	乾道五十八日	三十四度 九十一	三十二度 九十二	六十六 七
	淳熙四十八日	三十一度 六十八	二十九度 九十三	六十八
	会元五十一日	三十四度 一十七	三十三度 一十一	六十九

晨次疾末	统元四十八日	二十九度　二十	二十七度 六十八	六十四
	乾道四十七日	二十七度　二十 六	二十六度 二十七	六十三 六十七
	淳熙四十八日	二十八度　五十 六	二十六度 九十八	六十四
	会元四十六日	二十七度　八十 三	二十六度 一十六	六十五
晨迟初	统元四十一日	十九度　九十 二	十八度 八十八	五十七
	乾道三十九日	一十七度　九十 七	一十六度 九十五	五十四 八十七
	淳熙三十三日	一十五度　三十 四	一十四度 四十九	五十五
	会元四十日	一十八度　八十	一十七度 六十七	五十六
晨迟末	统元三十二日	七度　二十 一	六度 八十三	四十一
	乾道二十九日	五度　七十	五度 三十七	三十七 二十七
	淳熙三十三日	六度　二十 七	五度 九十二	三十八
	会元三十三日	六度　九	五度 七十二	三十八
晨留	统元十二日 乾道一十日 淳熙一十日 会元七日	空 空	空 空	空 空
晨退	统元二十八日　九十六 十七	八度　十六 十七	三度　六 十八半	
	乾道二十八日　九十六 五十一	八度　三十 六十七	四度　一 六十五	空 空
	淳熙二十八日　七十一 四十七半	八度　一十五 七十半	三度　七十五 二十九半	
	会元三十日　二十一 四十六	八度　四十 七十一半	四度　五十六 六十一	

夕退	统元二十八日　九十六	八度　十六　十七	三度　六　十八半	四十
	乾道二十八日　九十六　五十一	八度　三十　六十七	四度　一　六十五	四十三
	淳熙二十八日　七十一　四十七半	八度　一十五　七十半	三度　七十五　二十九半	一四六
	会元三十日　二十一　四十七	八度　四十　七十一半	四度　五十六　六十一	四十二
夕留	统元十二日	空	空	空
	乾道一十日	空	空	空
	淳熙一十日			
	会元七日			
夕迟初	统元三十二日	七度　二十一	六度　八十三	空
	乾道二十九日	五度　七十	五度　三十七	空
	淳熙三十三日	六度　七	五度　九十二	空
	会元三十三日	六度　九	五度　七十三	空
夕迟末	统元四十一日	十九度　九十二	一十八度　八十八	四十一
	乾道三十九日	一十七度　九十七	一十六度　九十五	三十七　二十七
	淳熙三十三日	一十五度　三十四	一十四度　四十九	三十八
	会元四十一日	一十八度　八十	一十七度　六十七	三十八
夕次疾初	统元四十八日	二十九度　二十　六十七	二十七度　六十七	五十七
	乾道四十七日	二十七度　八十六	二十六度　二十七	五十四　八十七
	淳熙四十八日	二十八度　五十六	二十六度　九十八	五十五
	会元四十六日	二十七度　八十三	二十六度　一十六	五十六

夕次疾末	统元四十八日	三十一度　九十	三十度二十四	六十四
	乾道五十三日	三十四度　九十一	三十二度九十二	六十三六十七
	淳熙四十八日	三十一度　六十八	二十九度九十三	六十四
	会元五十一日	三十四度　一十七	三十二度一十一	六十五
夕疾初	统元四十日	三十三度　二十四	三十一度五十一	六十八
	乾道五十七日	三十九度　四十三	三十七度一十五	六十八七
	淳熙六十一日	四十二度　九	三十九度七十七	六十八
	会元五十五日	三十八度　二十七	三十五度九十二	六十九
夕疾末	统元六十五日	四十六度　三	四十三度六十三	七十
	乾道五十九日	四十一度　一十八	三十九度四十	七十二十七
	淳熙六十一日	四十三度　三十一	四十度九十一	七十一
	会元五十八日	四十度　八十九	三十八度四十三	七十
夕伏	统元六十七日	四十八度	四十五度五十一	七十一
	乾道六十七日	四十八度	四十五度二十六	七十一三十七
	淳熙六十七日　二十五	四十八度　二十五	四十五度五十九	七十二
	会元六十九日　七十五	四十九度　七十五	四十六度七十六	七十一

火星盈缩历

策数	损益率	盈积度	损益率	缩积度
初	统元益一千一百三十	盈空	益四百一十	缩空
	乾道一千一百四十五	盈空	益四百八十	缩空
	淳熙益一千一百五十	初	益四百八十	初
	会元益一千一百三十七	初	益五百四	初
一	统元益八百七十二	二十度三十	益四百二十一	四度十
	乾道七百八十五	一十一度四十五	益四百五十八	四度八十
	淳熙益七百八十	一十一度五十	益四百五十八	四度八十
	会元益七百八十六	一十一度三十七	益四百七十	五度四
二	统元益四百一十五	二十度二	益四百五十三	八度三十一
	乾道益四百五十二	一十九度三十	益四百二十五	九度三十八
	淳熙益四百五十二	一十九度三十	益四百二十五	九度三十八
	会元益四百五十六	一十九度二十三	益四百二十八	九度七十四
三	统元益一百四十五	二十四度十七	益四百六十五	十二度八十四
	乾道益一百四十四	二十三度八十二	益三百七十九	一十三度六十三
	淳熙益一百四十四	二十三度八十二	益三百七十九	一十三度六十三
	会元益一百四十七	二十三度七十九	益三百七十四	一十四度二

四	统元损二十四	二十五度六十二	益四百	十七度四十九
	乾道损五十六	二十五度二十六	益三百二十	一十七度四十二
	淳熙损五十六	二十五度二十六	益三百三十	一十七度四十二
	会元损五十三	二十五度二十六	益三百一十一	一十七度七十六
五	统元损一百四十六	二十五度三十六	益三百四	二十一四十九
	乾道一百六十	二十四度七十	益三百四十八	二十度六十二
	淳熙损一百六十	二十四度七十	益二百四十八	二十度六十二
	会元损一百五十	二十四度七十三	益二百三十六	二十度八十七
六	统元损二百九十五	二十三度九十二	益一百五十二	二十四度五十三
	乾道二百四十八	二十二度一十	益一百六十	二十三度一十
	淳熙损二百四十八	二十三度一十	益一百六十	二十三度一十
	会元损二百三十六	二十三度二十二	益一百五十	二十三度二十三
七	统元损三百八十七	二十度九十七	益二十六	二十六度五
	乾道三百二十	二十度六十二	益五十六	二十四度七十
	淳熙三百二十	二十度六十二	益五十六	二十四度七十
	会元二百一十一	二十度八十七	益五十三	二十四度七十三

八	统元损四百五十六	十七度十	损一百五十二	二十六度三十一
	乾道三百七十九	一十七度四十二	损一百四十四	二十五度二十六
	淳熙损三百七十九	一十七度四十二	损一百四十四	二十五度二十六
	会元损三百七十四	一十七度七十六	损一百四十七	二十五度二十六
九	统元损四百四十四	十二度五十四	损四百三十六	二十四度七十九
	乾道四百二十五	一十三度六十三	损四百五十二	二十三度八十二
	淳熙损四百二十五	一十三度六十三	损四百五十二	二十三度八十二
	会元损四百三十八	一十四度二	损四百五十六	二十三度七十九
十	统元损四百二十八	八度十	损八百八十六	二十度四十三
	乾道四百五十八	九度三十八	损七百八十五	一十九度三十
	淳熙损四百五十八	九度三十八	损七百八十	一十九度三十
	会元损四百七十	九度七十四	损七百八十六	一十九度二十三
十一	统元损三百九十二	三度九十二	损一千一百五十七	十一度五十七
	乾道损四百八十	四度八十	损一千一百四十五	一十一度四十五
	淳熙损四百八十	四度八十	损一千一百五十	一十一度五十
	会元损五百四	五度四	损一千一百三十一七三十七	

土星终率：二百六十二万九十四、秒三十三。《乾道》一千一百三十四万二千七百四十六，秒一十五。《淳熙》周实二百一十三万二千四百三十八，秒六。《会元》周率一千四百六十三万二千一百四十七，秒七十一。

终日：三百七十八，约分七、秒九十九。《乾道》分九、秒一十五。《淳熙》约分九、秒一十八。《会元》分同《淳熙》，秒一十六。

岁差：六十七、秒三十四。

伏见度：十七。

《乾道》历率一千九十八万七千三百五十一、秒七十四，《淳熙》一千四百一十三万五千四百五十五、秒一十，《会元》二百六万五千六百二十二、秒七十四。《乾道》历中度一百八十三、分一十二、秒二十五，《淳熙》同，《会元》分六十二、秒八十六。《乾道》历策度一十五、分二十六、秒二，《淳熙》同，《会元》分二十一、秒九十。

段目	常日		常度		限度		初行率
晨伏	统元十九日	四十八	二度	四十八	一度	五十四	一十三
	乾道一十九日	五十	二度	五十	一度	五十五	一十三 一十八
	淳熙一十九日	七十五	二度	七十五	一度	六十七	一十四 四十五
	会元二十一日	七十五	二度	七十五	一度	七十	一十三
晨疾	统元二十八日		三度	二十八	二度	四	十二
	乾道三十日		三度	五十二	二度	一十八	一十二 四十六
	淳熙二十九日		三度	六十七	二度	一十九	一十三 四十二
	会元三十一日		三度	五十六	二度	二十	一十二

晨次疾	统元二十八日	二度　六十七	一度　六十五	十一
	乾道二十八日	二度　六十八	一度　六十六	一十二
	淳熙二十八日	二度　六十三	一度　六十	一十一　四十二
	会元二十八日	二度　六十六	一度　六十四	一十一
晨迟	统元二十八日	一度　五十一	空　九十三	八
	乾道二十六日	一度　二十三	空	八　一十四
	淳熙二十七日	空　九十五	空	一十七　四十二
	会元二十五日	一度　三	空	八
晨留	统元三十五日	空	空	空
	乾道三十五日	空	空	空
	淳熙三十五日			
	会元三十三日			
晨退	统元五十日　五十六	三度　五十二　一十八	空　二十五　十七半	空
	乾道五十日　五十四　五十七	三度　五十　六十半	空　二十六　七十一半	空
	淳熙五十日　二十九　五十九	三度　五十　五十九	空　三十九　四十一	空
	会元五十日　二十九　五十九	三度　五十七　六十半	空　二十四　七十二	
夕退	统元五十日　五十六	三度　五十一　一十八	空　二十五　十七半	
	乾道五十日　五十四　五十七半	三度　五十　六十半	空　二十六　五十一半	
	淳熙五十日　二十九　五十九	三度　五十　五十九	空　三十九　四十二	
	会元五十日　二十九　五十八	三度　五十七　六十半	空　二十四　七十二	

夕留	统元三十五日 乾道三十五日 淳熙五十五日 会元三十三日	空 空	空 空	
夕迟	统元二十八日 乾道二十六日 淳熙二十七日 会元二十五日	一度　五十一 一度　二十五 空　九十五 一度　三	空　九十三 空　七十六 空　五十七 空　六十三	空 空 空 空
夕次疾	统元二十八日 乾道二十八日 淳熙二十八日 会元二十八日	二度　六十七 二度　六十八 二度　六十三 二度　六十六	一度　六十五 一度　六十六 二度　六十 一度　六十四	八 八十四　　一 七十二　　四 八
夕疾	统元二十八日 乾道三十日 淳熙二十九日 会元三十一日	三度　二十八 三度　五十二 三度　六十 三度　五十六	二度　四 二度　一十八 二度　一十九 二度　二十	一十一 一十一二 一十一四十二 一十一
夕伏	统元十九日　四十八 乾道一十九日　五十 淳熙一十九日　七十五 会元二十一日　七十五	二度　四十八 二度　五十 二度　七十五 二度　七十五	一度　五十四 一度　五十五 一度　六十七 一度　七十	十二 一十二四十六 一十三四十二 一十二

土星盈缩历

策数	损益率	盈积度	损益率	缩积度
初	统元益一百八十九	盈空	益一百三十二	空
	乾道益一百九十五	盈空	益一百九十五	空
	淳熙益一百九十五	初	益一百六十三	初
	会元益一百九十四	初	益一百三十七	初
一	统元益一百七十三	一度　八十九	益一百二十五	一度　三十二
	乾道益一百七十七	一度　九十五	益一百七十七	一度　九十五
	淳熙益一百七十一	一度　九十五	益一百四十九	一度　六十三
	会元益一百八十六	一度　九十四	益一百三十一	一度
二	统元益一百四十六	三度　六十三	益一百十九	二度　五十七
	乾道益一百五十三	三度　七十二	益一百五十三	三度　七十二
	淳熙益一百五十三	三度　七十二	益一百二十八	三度　一十二
	会元益一百六十七	三度　八十	益一百一十八	二度　六十八
三	统元益一百一十三	五度　八	益九十八	三度　七十六
	乾道益一百一十九	五度　二十五	益一百一十九	五度　二十五
	淳熙益一百一十九	五度　二十五	益一百	四度　四十
	会元益一百三十六	五度　四十七	益九十六	三度　八十六

四	统元益六十七	六度二十一	益六十六	四度七十四
	乾道益七十八	六度四十四	益七十八	六度四十四
	淳熙益七十八	六度四十四	益六十五	五度四十
	会元益九十六	六度八十六	益九十二	六度八十三
五	统元益二十一	六度八十八	益二十六	五度四十
	乾道益二十八	七度二十二	益二十八	七度二十二
	淳熙益二十八	七度二十二	益二十三	六度五
	会元益三十五	七度七十五	益二十五	五度四十七
六	统元损三十	七度九	损二十六	五度六十六
	乾道损二十八	七度五十	损二十八	七度五十
	淳熙损二十八	七度五十	损二十三	六度二十八
	会元损三十四	八度九	损二十五	五度七十二
七	统元损七十五	六度七十九	损六十六	五度四十
	乾道损七十八	七度二十二	损七十八	七度二十二
	淳熙损七十八	七度二十二	损六十五	六度五
	会元损九十二	七度七十五	损六十五	五度四十一

八	统元损一百一十一	六度 四	损九十八	四度 七十四
	乾道损一百一十九	六度 四十四	损一百一十九	六度 四十四
	淳熙损一百一十九	六度 四十四	损一百	五度 四十
	会元损一百三十六	六度 八十三	损九十六	四度 八十二
九	统元损一百四十五	四度 九十三	损一百一十九	三度 七十六
	乾道损一百五十三	五度 二十五	损一百五十三	五度 二十五
	淳熙损一百五十三	五度 二十五	损一百二十八	四度 四十
	会元损一百六十七	五度 四十七	损一百一十八	三度 八十六
十	统元损一百六十八	三度 四十八	损一百二十五	二度 五十七
	乾道损一百七十七	三度 七十二	损一百七十七	三度 七十二
	淳熙损一百七十七	三度 七十二	损一百四十九	三度 一十二
	会元损一百八十六	三度 八十	损一百三十一	二度 六十八
十一	统元损一百八十	一度 八十	损一百三十二	一度 三十二
	乾道损一百九十五	一度 九十五	损一百九十五	一度 九十五
	淳熙损一百九十五	一度 九十五	损一百六十三	一度 六十三
	会元损一百九十四	一度 九十四	损一百三十七	一度 三十七

金星終率：四百四萬六千四百九十六、秒三十三。《乾道》一千七百五十一萬六千八百七十二。《淳熙》周實三百二十九萬三千一百七十、秒五十。《会元》周率二千二百五十九萬七千三十九、秒三十七。

終日：五百八十三、約分九十一。《乾道》分八十九、秒五十七。《淳熙》分同《乾道》，秒五十四。《会元》分九十、秒二十八。

段目	常日	常度	限度	初行率
夕伏	統元三十九日	四十九度五十	四十七度　五十二	一百二十七
	乾道三十九日　五十	五十度	四十八度　五十	一百二十六　九十一
	淳熙三十九日　五十	五十度　空	四十八度　空	一百二十七
	会元三十九日　二十五	四十九度二十五	四十七度　二十八	一百二十六
夕疾初	統元五十八日	七十三度一十五	七十度　二十二	一百二十六
	乾道五十日	六十二度七十四	六十度　八十六	一度　一十六二十一
	淳熙五十一日	六十四度空	六十一度　四十八	一百二十六
	会元五十二日	六十四度七十四	六十二度　一十五	一百三十五
夕疾末	統元四十日	四十九度八十一	四十七度　八十二	一百二十五
	乾道四十八日	五十九度一十四	五十七度　三十七	一度　二十四七十五
	淳熙五十一日	六十二度九十八	六十度　四十六	一百二十五
	会元四十八日	五十九度二十八	五十六度　九十一	一百二十四

夕次疾初	统元四十日	四十八度二十六	四十六度三十三	一百二十三
	乾道四十四日	五十一度一十一	五十度五十五	一度二十一六十六
	淳熙四十一日	四十八度五十八	四十六度六十三	一百二十二
	会元四十三日	五十一度八十	四十九度七十三	一百二十三
夕次疾末	统元四十日	四十四度二十	四十二度四十三	一百一十七
	乾道三十八日	四十一度一十九	三十九度九十五	一度一十五一十九
	淳熙四十一日	四十四度二十八	四十二度五十	一百一十五
	会元三十七日	四十度八十八	三十九度二十四	一百一十八
夕迟初	统元三十二日	二十七度六十二	二十六度五十二	一百
	乾道二十日	二十六度一十九	二十五度四十一	一度一五十八
	淳熙二十三日	二十度一	一十九度二十一	一百一
	会元三十日	二十五度八十	二十四度七十六	一百三
夕迟末	统元二十日	八度二十	七度九十三	七十一
	乾道二十日	八度六十一	八度三十五	空七十二二
	淳熙二十三日	一十度三十三	九度九十一	七十三
	会元二十二日	八度九十九	八度六十三	六十九

夕留	统元七日 乾道七日 淳熙七日 会元五日	空 空	空 空	空 空
夕退	统元九日　九十五 五十	四度　三十 四　五十	一度　五十六 五十	空
	乾道九日　四十四 七十八半	三度　五十 三　二十一 半	空　　四十二 七十八半	空
	淳熙九日　四十四 七十七	三度　七十 三　二十三	一度　八十 七十五	空
	会元一十日	四度　五十	一度　七十五	空
伏合退	统元六日	四度　　五 十	一度　　六十二 空　　五十四	六十六
	乾道六日	四度　　五 十	二度　　空 空	空　　六十九
	淳熙六日	四度　　五 十	一度　　五十一 一十四	六十九
	会元五日　七十一 十四	四度　　二 十九　八十 六		六十九
晨退	统元九日　九十五 五十	四度　　三十 四　五十	一度　五十六 五十	六十二
	乾道九日　四十四 七十八	三度　五十 三　二十一 半	空　　四十二 七十八半	空　　六十九
	淳熙九日　四十四 七十七	三度　七十 三　二十三	一度　八十 十七	七六十九
	会元一十日	四度　五十	一度　十五	七六十九
晨留	统元七日 乾道七日 淳熙七日 会元五日	空 空	空 空	空 空

晨迟初	统元二十日	八度十六	二	七度	九十三	空
	乾道二十日	八度十一	六	八度	三十五	空
	淳熙二十三日	一十度十三	三	九度	九十一	空
	会元二十二日	八度十九	九	八度	六十三	空
晨迟初	统元二十日	八度十六	二	七度三	九十	空
	乾道二十日	八度十一	六	八度五	三十	空
	淳熙二十三日	一十度十三	三	九度一	九十	空
	会元二十二日	八度十九	九	八度三	六十	空
晨迟末	统元三十二日	二十七度六十二		二十六度二	五十	七十一
	乾道三十日	二十六度一十九		二十五度	四十	空　七十一二
	淳熙二十三日	二十度		一十九度	二十	七十三
	会元三十日	二十五度八十		二十四度六	七十	六十九
晨次疾初	统元四十日	四十四度二十		四十二度三	四十	一百
	乾道三十八日	四十一度一十九		三十九度五	九十	一度一　五十八
	淳熙四十一日	四十四度二十八		四十二度	五十	一百一
	会元三十七日	四十度八十八		三十九度四	二十	一百二

晨次疾末	统元五十八日	七十三度十五	七十度　二十二	一百二十五
	乾道五十日	六十二度七十四	六十度　六十八	一度　二十四七十五
	淳熙五十一日	六十四度空	六十一度　四十四	一百二十五
	会元五十二日	六十四度七十四	六十二度　一十五	一百二十四
晨疾初	统元四十日	四十九度八十一	四十七度　八十二	一百二十三
	乾道四十八日	五十九度一十四	五十七度　三十七	一度　二十一六十六
	淳熙五十一日	六十二度九十八	六十度　四十六	一百二十二
	会元四十八日	五十九度二十八	五十六度　九十	一百二十三
晨疾末	统元五十八日	七十三度十五	七十度　二十二	一百二十五
	乾道五十日	六十二度七十四	六十度　八十六	一度　二十四七十五
	淳熙五十一日	六十四度空	六十一度　四十四	一百二十五
	会元五十二日	六十四度七十四	六十二度　一十五	一百二十四
晨伏	统元三十九日	四十九度五十	四十七度　五十二	一百二十六
	乾道三十九日	五十度	四十八度　五十一	一度　二十六二十一
	淳熙三十九日	五十度空	四十八度　空	一百二十六
	会元三十九日	四十九度二十五	四十七度　二十八	一百二十五

金星盈缩历

策数	损益率	盈积度		损益率	缩积度	
初	统元益五十	空		益五十		
	乾道益五十三	空		益五十三	空	
	淳熙益五十二	初		益五十三	初	
	会元益五十三	初		益五十九	初	
一	统元益四十五	空	五十	益四十五	空	五十
	乾道益四十八	空	五十三	益四十八	空	五十三
	淳熙益四十七	空	五十三	益四十一	空	五十三
	会元益四十八	空	五十三	益三十六	空	三十九
二	统元益三十九	空	九十五	益三十九	空	九十五
	乾道益四十一	一度	一	益四十一	一度	一
	淳熙益四十一	一度	空	益四十一	一度	空
	会元益四十一	一度	一	益三十一	一度	七十五
三	统元益二十九	一度	三十四	益二十九	一度	三十四
	乾道益三十二	一度	四十	益三十二	一度	四十二
	淳熙益三十一	一度	四十一	益三十一	一度	四十一
	会元益三十二	一度	四十二	益二十四	一度	六
四	统元益二十一	一度	六十三	益二十一	一度	六十三
	乾道益二十一	一度	七十四	益二十一	一度	七十四
	淳熙益	一度	七十二	益二十一	一度	七十二
	会元益二十	一度	七十四	益十六	一度	三十
五	统元益六	一度	八十四	益六	一度	八十四
	乾道益八	一度	九十五	益八	一度	九十五
	淳熙益七	一度	九十五	益七	一度	九十三
	会元益八	一度	九十五	益五	一度	四十六

六	统元损六	一度　九十	损六	一度　九十
	乾道损八	二度　三	损八	二度　三
	淳熙损七	二度　空	损七	二度　空
	会元损八	二度　三	损五	一度　五十一
七	统元损七十二	一度　八十四	损二十一	一度　八十四
	乾道损二十一	一度　九十五	损二十一	一度　九十五
	淳熙损二十一	一度　九十三	损二十一	一度　九十三
	会元损二十一	一度　九十五	损一十六	一度　四十六
八	统元损三十九	一度　六十三	损二十九	一度　六十三
	乾道损三十二	一度　七十四	损三十二	一度　七十四
	淳熙损三十一	一度　七十二	损三十一	一度　七十二
	会元损三十一	一度　七十四	损二十四	一度　三十
九	统元损三十九	一度　三十四	损三十九	一度　三十四
	乾道损四十一	一度　四十二	损四十一	一度　四十二
	淳熙损四十一	一度　四十一	损四十一	一度　四十一
	会元损四十一	一度　四十三	损三十一	一度　六
十	统元损四十五	空　九十五	损四十五	空　九十五
	乾道损四十八	一度　一	损四十八	一度　一
	淳熙损四十七	一度　空	损四十七	一度　空
	会元损四十八	一度　一	损三十六	空　七十五
十一	统元损五十	空　五十	损五十	空　五十
	乾道损五十三	空　五十三	损五十三	空
	淳熙损五十三	空　五十三	损五十三	空　五十三
	会元损五十三	空　五十三	损五十九	空　三十九

　　水星终率：八十万三千四十八、秒八十三。《乾道》三百四十七万
六千二百八十四、秒五十。《淳熙》周实六十五万三千五百四十五、秒五十一。
《会元》周率四百四十八万四千四百四、秒四十三。

　　终日：一百一十五、约分八十八。《乾道》分八十七、秒六十一，历分

同。《乾道》、《淳熙》秒六十八。《会元》秒六十。

岁差：六十七、秒六十九。

晨伏夕见：一十四度半。《乾道》同。《淳熙》度一十五。《会元》度一十六。

夕伏晨见：一十九度。《乾道》、《淳熙》同。《会元》度二十一。

《乾道》历率一千九百五万八千、秒九十六，《淳熙》二百六万一百一、秒一十一。《会元》周率一千四百一十三万五千四百五十六，秒七十五。《乾道》历中度一百八十二、分六十三、秒三十三,《淳熙》秒三十，《会元》分六十二，秒八十六。《乾道》历策度一十五、秒九十四。《淳熙》分二十一、秒同《乾道》。《会元》分同《淳熙》，秒九十。

段目	常日	常度		限度		初行率	
夕伏	统元十六日	三十度	五十	二十五度	九十二	一度	九十八
	乾道一十六日	三十度	五十	二十五度	六十二	二度	二十
	淳熙一十五日	三十度	空	二十五度	一十	二百五	三十
	会元一十七日十五	二三十三度	二十五	二十七度	九十三	二百	
夕疾	统元十四日	二十二度	六十八八	一十九度	二十	一度	八十二
	乾道一十五日	二十三度	三十九	一十九度	六十五	一度	九十九六
	淳熙一十五日	二十二度	八十三	一十九度	一十八	一百八十四	一十
	会元一十四日	二十二度	八十二	一十九度	一十六	一百八十六	

夕迟	统元十四日	十二度　八十二	十度　八十九	一度　四十一
	乾道一十四日	一十二度　一十一	一十度　一十七	一度　三十二　七十八
	淳熙一十五日	一十三度　一十七	一十六度　六	一百二十　五十
	会元一十二日	一十度　一十八	八度　五十一　五	一百四十
夕留	统元二日	空	空	空
	乾道二日	空	空	空
	淳熙二日	空	空	空
	会元二日	空	空	空
夕退	统元十日　四	九十八度　六	一度　八十五　二度　四十九	空
	乾道一十日　十三	九八度　六　八十三半　十九半	一八十半　二度　四十九	空
	淳熙一十日　十三	九八度　六　八十四　十六	一八十四　二度　二十九	空
	会元一十二日　十八	六八度　三十一　一　八十　十	二八十	空
再合退	统元十日　四	九十八度　六	一度　八十五	空　九十八
	乾道一十日　十三	九八度　六　八十半　十九半	一二度　四十九　八十半	一度
	淳熙一十日·　十三	九八度　六　八十四　十六	一二度　四十九　八十四	一百一十　五十　五
	会元一十二日　十八	六八度　三十一　一　八十　十	二二度　二十九　八十	九十八
晨留	统元三日	空	空	
	乾道二日	空	空	
	淳熙二日			空
	会元二日			

晨迟	统元十四日	十二度　　八十九	十度　　八十九	空
	乾道一十四日	一十二度　一十一	一十度　一十七	空
	淳熙一十五日	一十三度　一十七	一十一度　　六	空
	会元一十二日	一十度　　一十八	八度　　五十五	空
晨疾	统元十四日	二十二度　六十八	一十九度　二十一度　四十一	八
	乾道一十五日	二十三度　三十九	一十九度　六十一度　三十一	五 七十八
	淳熙一十五日	二十三度　八十三	一十九度　一十一	一百二十　五十八
	会元一十四日	二十二度　八十二	一十九度　一十一百四十	六
晨伏	统元十六日	三十度　　五十	二十五度　九十一度　八十二	二
	乾道一十六日	三十度　　五十	二十五度　六十一度　七十九	二 六
	淳熙一十五日	三十度　　空	二十五度　二十一百八十四　一	十
	三十三度　二十五　会元一十七日　二十五	二十七度　九十一百八十六	三	

水星盈缩历

策数	损益率	盈积度	损益率	缩积度
初	统元益五十四	空	益五十四	空
	乾道益五十七	空	益五十七	空
	淳熙益五十八	初	益五十八	初
	会元益五十七	初	益五十七	初

一	统元益五十 乾道益五十二 淳熙益五十四 会元益五十二	空　　五十四 空　　五十七 空　　五十八 空　　五十七	益五十 益五十二 益五十四 益五十二	空　　五十四 空　　五十七 空　　五十八 空　五十七
二	统元益四十三 乾道益四十五 淳熙益四十六 会元益四十五	一度　　四 一度　　九 一度　一十二 一度　　九	益四十三 益四十五 益四十六 益四十五	一度　　四 一度　　九 一度　一十二 一度　　九
三	统元益三十三 乾道益三十四 淳熙益三十五 会元益三十四	一度　四十七 一度　五十四 一度　五十八 一度　五十四	益三十三 益三十四 益三十五 益三十四	一度　四十七 一度　五十四 一度　五十八 一度　五十四
四	统元益二十一 乾道益二十三 淳熙益二十三 会元益二十三	一度　　八十 一度　八十八 一度　九十三 一度　八十八	益二十一 益二十三 益二十三 益二十三	一度　　八十 一度　八十八 一度　九十三 一度　八十八
五	统元益八 乾道益八 淳熙益八 会元益八	二度　　一 二度　一十一 二度　一十六 二度　一十一	益八 益八 益八 益八	二度　　一 二度　一十一 二度　一十六 二度　一十一
六	统元损八 乾道损八 淳熙损八 会元损八	二度　　九 二度　一十九 二度　二十四 二度　一十九	损八 损八 损八 损八	二度　　九 二度　一十九 二度　二十四 二度　一十九
七	统元损二十一 乾道损二十三 淳熙损二十三 会元损二十三	二度　　一 二度　一十一 二度　一十六 二度　一十一	损二十一 损二十三 损二十三 损二十三	二度　　一 二度　一十一 一度　一十六 二度　一十九

八	统元损三十三 乾道损三十四 淳熙损三十五 会元损三十四	一度　八十 一度　八十八 一度　九十三 一度　八十八	损三十三 损三十四 损三十五 损三十四	一度　八十 一度　八十八 一度　九十三 一度　八十八
九	统元损四十三 乾道损四十五 淳熙损四十六 会元损四十五	一度　四十七 一度　五十四 一度　五十八 一度　五十四	损四十三 损四十五 损四十六 损四十五	一度　四十七 一度　五十四 一度　五十八 一度　五十四
十	统元损五十 乾道损五十二 淳熙损五十四 会元损五十二	一度 一度　九 一度　一十二 一度　九	损五十 损五十二 损五十四 损五十二	一度　四 一度　九 一度　一十二 一度　九
十一	统元损五十四 乾道损五十七 淳熙损五十八 会元损五十七	空　五十四 空　五十七 空　五十八 空　五十七	损五十四 损五十七 损五十八 损五十七	空　五十四 空　五十七 空　五十八 空　五十七

宋史卷八四
志第三七

律历十七

绍熙统天　开禧　成天历附

　　演纪上元甲子岁,距绍熙五年甲寅,岁积三千八百三十,至庆元己未,岁积三千八百三十五。《开禧》上元甲子,至开禧三年丁卯,岁积七百八十四万八千一百八十三。《成天》上元甲子,距咸淳七年辛未,岁积七千一百七十五万八千一百四十七。

　　步气朔

　　策法:万二千。《开禧》日法一万六千九百。《成天》七千四百二十。

　　岁分:四百三十八万二千九百一十,余六万二千九百一十。《开禧》岁率六百一十七万二千六百八。《成天》二百七十一万一百一。

　　气策:十五、余二千六百二十一少,二十一分、秒八十四。《开禧》余三千六百九十二。《成天》余一千六百二十、秒七。

　　朔实:三十五万四千三百六十八。《开禧》朔率四十九万九千六十七。《成天》二十一万九千一百一十七。

　　朔策:二十九,余六千三百六十八,五十三分,秒六。《开禧》余八千九百六十七。《成天》余三千九百三十七。

　　望策:一十四、余九千一百八十四。《开禧》余一万二千九百三十三半。《成天》余五千六百七十八、秒四。

弦策：七、余四千五百九十二。《开禧》余六千四百六十六太。《成天》余二千八百三十九，秒二。

气差：二十三万七千八百一十一。

闰差：二万一千七百四。《开禧》岁闰一十八万三千八百四，又月闰一万五千三百一十七，闰限三十一万五千二百六十三。《成天》岁闰八万六百九十七，月闰六千七百二十四、秒六，闰限一十三万八千四百二十。

斗分差：百二十七。

没限：九千三百七十八太。《开禧》一万三千二百八。《成天》五千七百九十九，秒一。

减限：五千六百三十二。

纪实：七十二万。《开禧》纪率一百一万四十。《成天》四十四万五千二百。

纪策：六十。二历同。

《开禧》又有中盈分七千三百八十四，《成天》三千二百四十秒。《开禧》朔虚分三千四百八十三。

求天正冬至：置上元距所求年积算，以岁分乘之，减去气差，余为气泛积；以积算与距算相减，余为距差；以斗分差乘之，万约，为躔差；小分半已上从秒一。复以距差乘之，秒半已上从分一，后皆准此。以减气泛积，余为气定积；如其平无躔差，及以距差乘躔差不满秒半已上者，以泛为定。满纪实去之，不满，如策法而一为大余，不尽为小余。其大余命甲子，算外，即得日辰。因求次气，以气策累加之，小余满策法从大余，大余满纪策去之，命日辰始前。如求已，径以躔差加减岁余，距差乘之，纪实去之，余以加减气积差二十万七千四百八十九，如策法而一，余同上法。其加减躔差，乘积算，少如距算者加之，多如距算者减之；其加减气积差，即反用之。

求天正经朔：置天正冬至气定积，以闰差减之，满朔实去之，不满，为天正闰泛余；用减气定积，余为天正十一月朔泛积；以百五乘距差，退位减之，为朔定积；积算少如距算者加之，无距差可乘者，以泛为定。求转交准此。满纪实去之，不满，如策法而一为大余，不尽为小余。其大余命甲子，算外，即得日辰。因求弦望及次朔，以弦策累加之;求朔望,以望策累加之;去命如前。《开禧》若在闰限已上者,为其年有闰月,用减朔率,以月闰而一,所得,命天正十一月,算外,即得经闰月。因求次年,以闰岁加之,命如前,即得所求。朔积分若满四十七万三千二百去之,不满,如日法而一,所得,命起箕宿,算外,即得天正十一月经朔直日之星。《成天》朔积若满二十万七千七百六十去之,不满,如日法而一,所得,命箕宿,算外,即得天正十一月经朔直日之星。

步发敛

候策:五、余八百七十三太。《开禧》余一千二百三十、秒一十。《成天》余五百四十、秒三十五。

卦策:六、余一千四十八半。《开禧》余一千四百七十六、秒一十二。《成天》余六百四十八,秒四十二。

土王策:三、余五百二十四少。《开禧》余七百三十八,秒六。《成天》余三百二十四,秒二十一。

月闰:一万八百七十四。

辰法:一千。《开禧》四千二百二十五。《成天》一千八百五十五。

半辰法:五百。《开禧》二千一百一十二半。《成天》九百二十七半。

刻法:一百二十。《开禧》五百七。《成天》一千一百一十三。

刻分法:二十。《开禧》八十四半。《成天》一百八十五半。

求五行用事、二十四气、七十二候、六十四卦、中气去经朔、发敛加时。与前历同,此不载。

步日躔

周天分:四百三十八万三千九十。《开禧》周天率六百一十七万二千八百五十九、秒一。《成天》二百七十一万二百一十、秒六十一。

周天差:三十三万八千九百二十。

周天度:三百六十五、余一千九百一十、秒六十一,约分二十五、秒七十五。《开禧》余四千三百五十九、秒一,约分二十五、秒七十九。《成天》余一千九百一十、秒六十一,约分二十五、秒七十五。

半周天度:百八十二、约分六十二、秒八十七。

象限：九十一、约分三十一、秒六。《开禧》秒八。《成天》秒七。

乘法：三百八十。《开禧》二百六。《成天》三百二十五。

除法：五千七百八十三。《开禧》三千一百三十五。《成天》四千九百四十六。

《开禧》又有岁差二百五十一、秒一，《成天》一百九、秒一。《成天》又有半象限四十五、约分三十一、秒七。

常气	中积日及余	盈缩分	升降分	损益率	朏朒积
冬至空		统天盈七千 开禧盈初 成天盈初	升空 升七千四百四十五 升七千二百一十五	益六百二十八 益九十四 益四百	朒初 同 同
小寒一十五	统天二千六百二十一 开禧三千六百九十二 二十一 八十四 成天一千六百二十秒七	盈五千八百四十五 盈七千四百四十五 盈七千二百一十五	升七千 升五千九百五十一 升五千八百八十五	益五百二十四 益七百五十二 益三百二十七	朒六百二十八 朒九百四十一 朒四百
大寒三十	统天三千四百四十二 四十三 六十九 开禧七千二百八十四 成天三千二百四十一秒六	盈四千六百三十 盈一万三千三百九十六 盈一万三千一百	升万二千八百四十 升四千五百二十四 升四千五百六十八	益四百一十六 益五百七十二 益二百五十四	朒一千一百五十一 朒一千六百九十三 朒七百二十七

统天七千八百六十三太　六十五　五十三	盈三千三百七十	升一万七千四百七十	益三百二	朓一千五百六十八
开禧一万一千七十六	盈一万七千九百二十	升三千一百六十四	益四百	朒二千二百六十五
立春四十五　成天四千八百六十二　秒五	盈一万七千六百六十八	升三千二百六十四	益一百八十一	朒九百八十一
统天一万四百八十五　八十七　三十八	盈二千六十	升二万八百四十	益一百八十五	朓一千八百七十
开禧一万四千七百六十八	盈二万一千八百八十四	升一千八百七十一	益二百三十六	朒二千六百六十五
雨水六十　成天六千四百八十三　秒四	盈二万九百三十二	升一千九百七十三	益一百九	朒一千一百六十二
统天一千一百六少　九　二十二	盈七百	升二万二千九百	益六十三	朓二千五十
开禧一千五百六十九	盈二万二千九百五十五	升六百四十五	益八十二	朒二千九百一
惊蛰七十六　成天六百八十四　秒三	盈二万二千九百五	升六百九十五	益三十九	朒一千二百七十一
统天三千七百二十七半	缩七百	升二万三千六百	损六十三	朒二千一百一十八
开禧一千五百六十九	盈二万三千六百	降六百四十五	损八十二	朒二千九百八十三
春分九十一　成天二千三百五	盈与开禧同	降六百九十五	损三十九	朒一千三百一十

统天六千三百四十八太 五十二 九十一	缩二千六十	升二万二千九百	损一百八十五	朒二千五十五
开禧八千九百九十四	盈二万二千九百五十五	降一千八百七十一	损二百三十六	朒二千九百一
清明一百六 成天三百九百二十一 秒一	盈二万二千九百二十五	降一千九百七十三	损一百九	朒一千二百七十一
统天八千九百七十七十四 七十五	缩三千三百七十	升二万八百四十	损三百二十	朒一千八百七十
开禧一万三千六百三十六	盈二万一千八百四十	降三千一百六十四	损四百	朒二千六百六十五
谷雨一百二十二 成天五千五百四十七 秒空	盈二万九百三十二	降三千二百六十四	损一百八十一	朒一千六百六十二
统天一万一千五百三十九十一少	缩四千六百三十	升一万七千四百七十	损四百十六	朒一千五百六十八
开禧一万六千三百二十八 九十六 六十二	盈一万七千九百二十	降四千五百二十四	益五百七十一	朒二千二百六十五
立夏一百三十六 成天七千一百六十七 秒七	盈一万七千六百六十八	降四千五百六十八	损二百五十四	朒九百八十一
统天二千二百一十二半 十八 四十四	缩五千八百四十	升一万二千八百四十	损五百十四	朒一千一百五十二
开禧三千一百二十	盈一万三千三百九十六	降五千九百五十一	损七百五十二	朒一千六百九十二
小满一百五十三 成天一千三百六十八 秒六	盈一万三千一百	降五千八百八十五	损三百二十七	朒七百二十七

统天四千八百三十三太 四十 二十八	缩五千八百四十	降七千	损六百二十八	朒六百二十八
开禧六千八百一十三	盈七千四百四十五	降五千九百五十一	损九百四十一	朒九百四十一
芒种一百六十七 成天二千九百八十九 秒五	盈七千二百一十五	降七千二百一十五	损四百	朒四百
统天七千四百五十五 六十二 十三	缩七千	降空	益六百二十八	朏空
开禧一万五百四	缩初	降七千四百四十五	益九百四十一	朏初
夏至 成天四千六百一十 秒四	缩初	降七千二百一十五	益四百	朏初
统天一万七十六少 八十三 九十七	缩五千八百四十	降七千	益五百二十四	朏六百二十八
开禧一万四千一百九十六 八十四 空	缩七千四百四十五	降五千九百五十一	益七百五十二	朏九百四十一
小暑一百九十七 成天六千二百三十一 秒二	缩七千二百一十五	降五千八百八十五	益三百二十七	朏四百
统天六百九十七半 五 八十一	缩四千六百三十	降一万二千八百四十	益四百一十六	朏一千一百五十二
开禧九百八十八五 八十五	缩一万三千三百九十六	降四千五百二十四	益五百七十二	朏一千六百九十三
大暑二百十三 成天四百三十二	缩一万三千一百六十八	降四千五百六十八	益二百五十四	朏七百二十七

	缩	降	益	朒
统天二千三百十八 二十七 六十六 太	缩三千三百七十	降一万七千四百七十	益三百二	朒一千五百六十八
开禧四千六百八十 二十七 六十九	缩一万七千九百二十	降三千一百六十四	益四百	朒二千二百六十五
立秋二百二十八				
成天二千五百十三 二十七 六十七 秒一	缩一万七千六百六十八	降三千二百六十四	益一百八十一	朒九百八十一
统天五千九百四十 四十九 五十	缩二千六十	降二万八百四十	益一百八十五	朒一千八百七十
开禧八千三百七十二 四十九 五十四	缩二万一千八十四	降一千八百七十一	益二百三十六	朒二千六百六十五
处暑二百四十三				
成天三千六百七十四 四十九 五十一 秒空	缩二万九百三十一	降一千九百七十三	益一百九	朒一千一百六十三
统天八千五百六十一少 七十一 三十四	缩七百	降二万二千九百	益六十三	朒二千五百十五
开禧一万二千六十四 七十一 三十八	缩二万二千九百五十五	降六百四十五	益八十二	朒二千九百一
白露二百五十八				
成天五千二百九十四 七十一 三十五 秒七	缩二万二千九百五	降六百九十五	益三十九	朒一千二百七十一

统天一万一千一百八十二半 九十三 十九	盈七百	降二万三千六百	益六十三	朒二千一百一十八
开禧一万五千七百五十六 九十三 二十三	缩二万三千六百五	升六百四十五	损八十二	朒二千九百八十三
秋分二百七十三				
成天六千九百一十五 秒六 九十三 二十	缩二万三千六百五	升六百九十五	损三十九	朒一千三百六十
统天一千八百三十五 太三	盈二千六十	降二万二千九百	益一百八十五	朒二千五百一十五
开禧二千五百四十八 十五 八	缩二万二千九百五十五	升一千八百七十一	损二百三十六	朒二千九百百五
寒露二百八十九				
成天一千一百一十六 秒五 十五 四	缩二万二千九百五	升一千九百七十三	损一百九	朒一千二百七十一
统天四千四百二十五 三十六 八十八	盈三千三百七十	降二万八千四十	损三百二	朒一千八百七十
开禧六千二百四十三十六 九十二	缩二万一千八十四	升三千一百六十四	损四百	朒二千六百六十五
霜降三百四				
成天二千七百三十七 秒四 三十六 八十九	缩二万九千三十二	升三千二百六十四	损一百八十一	朒一千六百六十二

	统天七千四十六少 五十八 七十三	盈四千六百三十	降一万七千 四百七十	损四百一 十六	朒一千五 百八十八
	开禧九千九百三十 五十八 二 七十七	缩一万七千九百 二十	升四千五百 二十四	损五百七 十二	朒二千二 百六十五
立冬三百十九	成天四千三百五十 五十八 八 秒三 七十三	缩一万七千六百 六十八	升四千五百 六十八	损二百五 十四	朒九百八 十一
	统天九千六百六十 八十 七半 五十六	盈五千八百四十	降一万二千 八百四十	损五百二 十四	朒一千一 百五十二
	开禧一万二千六百 八十 二十四 六十二	缩一万三千三百 九十六	升五千九百 五十一	损七百五 十二	朒一千六 百九十三
小雪三百三十四	成天五千九百七十 八十 九 秒二 五十八	缩一万三千一百	升五千八百 八十五	损三百二 十七	朒七百二 十七
	统天二百八十八太 二 四十一	盈五千八百四十	降七千	损六百二 十八	朒六百二 十八
	开禧四百一十六 二 四十六	缩七千四百四十 五	升五千九百 五十一	损九百四 十一	朒九百四 十一
大雪三百五十	成天一百八十 一 二 秒 四十二	缩七千二百一十 五	升七千二百 一十五	损四	朒四百

　　求每日盈缩分、升降数，经朔、弦、望加时入气，入气朒朒数，赤道宿度，天正冬至加时赤道日度，夏至、春秋分加时赤道日度，分、至后赤道宿积度，赤道宿积入初、末限，二十八宿黄道度，天正冬至

加时黄道日度,二十四气加时黄道日度,二十四气初日夜半黄道日度,二十四气夜半黄道日度,午中黄道日度,午中赤道日度。与前历同。

　　赤道过宫

危十二度	九十六分	秒一十六	入卫分,陬訾之次,在亥,用甲、丙、庚、壬。
奎二度	十四分	秒九十八	入鲁分,降娄之次,在戌,用艮、巽、坤、乾。
胃四度	八分	秒八十	入赵分,大梁之次,在酉,用癸、乙、丁、辛。
毕八度	二十七分	秒六十二	入晋分,实沈之次,在申,用甲、丙、庚、壬。
井十度	四十六分	秒四十四	入秦分,鹑首之次,在未,用艮、巽、坤、乾。
柳五度	一十五分	秒二十六	入周分,鹑火之次,在午,用癸、乙、丁、辛。
轸九度	五十二分	秒九十	入郑分,寿星之次,在辰,用艮、巽、坤、乾。
氐一度	七十一分	秒七十二	入宋分,大火之次,在卯,用癸、乙、丁、辛。
尾四度	十五分	秒五十四	入燕分,析木之次,在寅,用甲、丙、庚、壬。
斗四度	八十四分	秒三十六	入吴分,星纪之次,在丑,用艮、巽、坤、乾。
女三度	三分	秒十八	入齐分,玄枵之次,在子,用癸、乙、丁、辛。

　　右赤道过宫宿度,依今历上元命日所起虚宿七度,为子正玄枵

之中,以历策累加之,满赤道宿次去之,即得十二辰次初、中宿度及分秒。

求黄道过宫:各置赤道所入辰次宿度及分秒,以其宿其年黄道全度乘之,如其宿赤道全度而一,即各得所求。此法见于《大衍历》,以本历所起赤道日躔宿度为子正玄枵之中。《纪元历》起虚宿七度,与今历同。所以变从黄道,皆在危宿十三度半上下,入亥末陬訾之次。旧历有起虚四度,亦在危十三半上下,盖迁就也。今载赤道起宿过宫于经,俾将来推变者有所本焉。

黄道过宫

危十三度	四十七分	秒十七	入卫分,陬訾之次,在亥,用甲、丙、庚、壬。
奎一度	三十七分	秒二十五	入鲁分,降娄之次,在戌,用艮、巽、坤、乾。
胃四度	十九分	秒十五	入赵分,大梁之次,在酉,用癸、乙、丁、辛。
毕七度	八十二分	秒四	入晋分,实沈之次,在申,用甲、丙、庚、壬。
井九度	四十二分	秒八十九	入秦分,鹑首之次,在未,用艮、巽、坤、乾。
柳五度	分空	秒二十七	入周分,鹑火之次,在午,用癸、乙、丁、辛。
张十五度	六十二分	秒四十四	入楚分,鹑尾之次,在巳,用甲、丙、庚、壬。
轸九度	六十五分	秒空	入郑分,寿星之次,在辰,用艮、巽、坤、乾。
氐一度	七十四分	秒五十一	入宋分,大火之次,在卯,用癸、乙、丁、辛。

尾三度	八十六分	秒六十四	入燕分，析木之次，在寅，用甲、丙、庚、壬。
斗四度	三十五分	秒九十二	入吴分，星纪之次，在丑，用艮、巽、坤、乾。
女二度	九十五分	秒七	入齐分，玄枵之次，在子，用癸、乙、丁、辛。

步月离

转实：三十二万六百五十五。《开禧》转率四十六万五千六百七十二、秒五千三百九十六。《成天》转周分二十万四千四百五十五、秒二千六百四十一。

转策：二十七余六千六百五十五。《开禧》余九千三百七十二、秒五千三百九十六。《成天》余四千一百一十五、秒一千六百四十一。

转差：十八万八千八百。

朔差日：一、余一万一千七百一十三。《开禧》余一万六千四百九十四、秒四千六百四。《成天》余七千二百四十一、秒八千三百五十九。

上弦度：九十一、约分三十一、秒四十四。《开禧》秒四十五。《成天》四十五。

望度：一百八十二、约分六十二、秒八十七。《开禧》秒九十。《成天》秒八十七。

下弦度：二百七十二、约分九十四、秒三十二。《开禧》秒三十四。《成天》秒三十一。

平行度：一十三、约分三十六、秒八十七。

七日：初数万六百六十四，约分八十九；末数一千三百三十六，约分一十一。

十四日：初数九千三百二十八，约分七十八；末数二千六百七十二，约分二十三。

二十一日：初数七千九百九十二，约分六十七；末数四千八，约分二十三。

二十八日：初数六千六百五十五，约分五十五；末数空。

入转日	进退差	转定分	加减差	迟疾度	损益率	朒朓积
一日	统天退十二	一千四百七十	加一百三十三	疾度空	益一千一百九十四	朒空
	开禧退十	一千四百六十六	加一百二十九	疾初	益一千六百三十一	朒初
	成天退十二	一千四百六十五	加一百二十八	疾初	益七百一十	朒初
二日	统天退十六	一千四百五十八	加一百二十一	疾一十三	益一千八十六	朒一千一百九十四
	开禧退十六	一千四百五十六	加一百一十九	疾一度二十九	益一千五百四	朒一千六百三十一
	成天退十五	一千四百五十三	加一百一十六	疾一度二十八	益六百四十四	朒七百一十
三日	统天退十九	一千四百四十二	加一百五	疾二十四	益九百四十二	朒二千二百八十
	开禧退十九	一千四百四十	加一百三	疾二度八十四	益一千三百二	朒三千一百三十五
	成天退十八	一千四百三十八	加一百	疾二度四十四	益五百六十一	朒一千三百五十四
四日	统天退二十二	一千四百二十二	加八十六	疾三十九	益七百七十二	朒三千二百二十二
	开禧退二十二	一千四百二十一	加八十四	疾三度五十一	益一千六百二	朒四千四百三十七
	成天退二十一	一千四百三十	加八十三	疾二度四十五	益四百六十一	朒一千九百一十五
五日	统天退二十五	一千四百一	加六十四	疾四十五	益五百七十四	朒三千九百六十四
	开禧退二十四	一千三百九十九	加六十二	疾四度三十五	益七百八十四	朒五千四百九十九
	成天退二十四	一千三百九十九	加六十二	疾四度二十八	益三百四十四	朒二千三百七十六

日						
六日	统天退二十八	一千三百七十六	加三十九	疾五　九	益三百五十	朒四千五百六十八
	开禧退二十七	一千三百七十五	加三十八	疾四度九十七	益四百八十	朒六千二百八十三
	成天退二十六	一千三百七十五	加三十八	疾四度九十	益二百一十一	朒二千七百二十
七日	统天退二十九	一千三百四十八	初加一十二末减一	初益一百八	末损九	朒四千九百一十八
	开禧退二十八	一千三百四十九	初加十三末减二	疾五度二十五	初益一百六十四末损十三	朒六千七百六十三
	成天退二十九	一千三百四十九	初加一十三末减二	初疾五度二十八末疾四十一	初益七十二末损五	初朒二千九百三十一末朒三十三
八日	统天退二十七	一千三百一十九	减十八	疾五　五十九	损一百六十二	朒五千一十七
	开禧退二十八	一千三百二十七	减十六	疾五度四十七	损二百二	朒六千九百一十四
	成天退二十六	一千三百二十	减一十七	疾五度四十	损九十四	朒二千七百九十八
九日	统天退二十四	一千二百九十二	减四十五	疾五　四十一	损四十四	朒四千八百五十五
	开禧退二十四	一千二百九十五	减四十二	疾五度三十一	损五百三十一	朒六千七百一十二
	成天退二十三	一千二百九十四	减四十三	疾五度二十三	损二百三十九	朒二千九百四
十日	统天退二十一	一千二百六十八	减六十九	疾四　十六	损六百一十九	朒四千四百五十一
	开禧退二十二	一千二百七十一	减六十六	疾四度八十九	损八百三十四	朒六千一百八十一
	成天退二十	一千二百七十一	减六十六	疾四度八十	损三百六十六	朒二千六百六十五

十一日	统天退十八	一千二百四十七	减九十	疾四十七 二	损八百七	朒三千八百三十二
	天禧退一十九	一千二百四十九	减八十八	疾四度二十三	损一千一百一十二	朒五千三百四十七
	成天退一十八	一千二百五十一	减八十六	疾四度一十四	损四百七十七	朒二千二百九十九
十二日	统天退十五	一千二百二十九	减一百八	疾三十七 三	损九百六十九	朒三千二百一十四
	开禧退一十六	一千二百三十	减一百七	疾三度二十五	损一千三百五十三	朒四千六百三十五
	成天退一十六	一千二百三十二	减一百四	疾三度二十八	损五百七十八	朒一千八百二十二
十三日	统天退十二	一千二百一十四	减一百二十三	疾二十九 二	损一千一百四	朒二千五百一十五
	开禧退一十二	一千二百一十四	减一百三十三	疾二度二十九	损一千五百五十五	朒二千二百八十二
	成天退一十四	一千二百一十七	减一百二十	疾二度二十四	损六百六十六	朒一千二百四十四
十四日	统天进五	一千二百二	初减一百六十一 末加二十九	疾一 六	初损九百五十一 末益三百六十	朒七百五十一
	开禧进七	一千二百二	初减一百五十一 末加三十	疾一度五	初损一千三百二十七 末益三百七十九	朒一千三百二十七
	成天进八	一千二百三	初减一百四十 末加二十	初疾度四 末迟初	初损五百七十八 末益一百六十	初朒五百七十八 末朒初

日	进差	转分	加减	迟疾	损益率	朒朓
十五日	统天进十二	一千二百七	加一百三十	迟空	益一千一百六十七	朒二百六十
	开禧进一十二	一千二百九	加一百二十八	迟初度三十	益一千六百一十八	朒三百七十九
	成天进一十二	一千二百二十一	加一百二十六	迟初度三十	益六百九十九	朒一百六十六
十六日	统天进十六	一千二百一十九	加一百十八	迟一 五十九	益一千五十九	朒一千四百二十七
	开禧进一十六	一千二百二十一	加一百一十六	迟一度五十九	益一千四百六十六	朒一千九百九十七
	成天进一十六	一千二百三十三	加一百八十四	迟一度五十六	益六百三十三	朒八百六十五
十七日	统天进二十	一千二百三十五	加一百二	迟二 七十七	益九百一十五	朒二千四百八十六
	开禧进二十	一千二百三十七	加一百	迟二度七十四	益一千二百六十四	朒三千四百六十三
	成天进二十	一千二百三十九	加九十八	迟二度七十	益五百四十四	朒一千四百九十八
十八日	统天进二十三	一千二百五十五	加八十二	迟三 七十九	益七百三十六	朒三千四百一
	开禧进二十三	一千二百五十七	加八十	迟三度七十四	益一千一十七	朒四千七百二十七
	成天进二十二	一千二百五十九	加七十八	迟三度六十八	益四百三十三	朒一千四百一十二
十九日	统天进二十六	一千二百七十八	加五十九	迟四	益五百三十	朒四千一百三十七
	开禧进二十六	一千二百八十	加五十七	迟四度五十四	益七百二十一	朒五千七百三十八
	成天进二十四	一千二百八十一	加五十六	迟四度四十六	益三百一十一	朒二千四百七十五

日	进数		加减差	迟	益损	朒
二十日	统天进二十八	一千三百四	加三十三	迟五十二	益二百九十六	朒四千六百六十七
	开禧进二十七	一千三百六	加三十一	迟五度一十一	益三百九十二	朒六千四百五十九
	成天进二十七	一千三百五	加三十二	迟五度二	益一百七十八	朒二千七百八十六
二十一日	统天进二十九	一千三百三十二	初加七末减二	迟五十三	初益六十三末损十八	朒四千九百六十三
	开禧进二十八	一千三百三十三	初加六末减二	迟五度四十二	初益七十六末损二十五	朒六千八百五十一
	成天进二十九	一千三百三十二	初加七末减二	初迟五度三十四 末迟五度四十一	初益三十九末损一十一	初朒二千九百六十四 末朒三千三
二十二日	统天进二十七	一千三百六十一	减二十四	迟五十八五	损二百一十五	朒五千八百
	开禧进二十六	一千三百六十一	减二十四	迟五度四十六	损三百三	朒六千九百二
	成天进二十七	一千三百六十一	减二十四	迟五度三十九	损一百三十三	朒二千九百九十二
二十三日	统天进二十四	一千三百八十八	减五十一	迟五十四三	损四百五十八	朒四千七百九十三
	开禧进二十四	一千三百八十七	减五十	迟五度二十二	损六百三十二	朒六千五百九十九
	成天进二十二	一千三百八十八	减五十一	迟五度一十五	损二百八十三	朒二千八百五十九
二十四日	统天进二十一	一千四百一十二	减七十五	迟四十三八	损六百七十三	朒四千三百三十三
	开禧进二十	一千四百一十一	减七十四	迟四度七十二	损九百二十六	朒五千九百六十七
	成天进一十九	一千四百一十	减七十三	迟四度六十四	损四百五	朒二千五百七十六

日			减（加）	迟	损（益）	朒（胐）
二十五日	统天进十七	一千四百三十三	减九十六	迟四　八	损八百六十二	朒三千六百六十二
	开禧进一十六	一千四百三十一	减九十四	迟三度九十八	损一千一百八十八	朒五千三十一
	成天进一十五	一千四百二十九	减九十二	迟三度九十一	损五百一十一	朒二千二百七十一
二十六日	统天进十三	一千四百五十	减一百十三	迟三十三	损一千一百四	朒二千八百
	开禧进一十二	一千四百四十七	减一百一十	迟三度四分	损一千三百九十一	朒三千八百四十一
	成天进一十二	一千四百四十四	减一百七	迟二度九十九	损五百九十四	朒一千六百六十
二十七日	统天进八	一千四百六十三	减一百二十六	迟一十九　九	损一千一百三十一	朒一千七百八十六
	开禧进八	一千四百五十九	减一百二十二	迟一度九十四	损一千五百四十二	朒二千四百五十二
	成天进一十	一千四百五十七	减一百二十	迟一度九十二	损六百六十六	朒一千六百十六
二十八日	统天退一	一千四百七十一	初减七十三 末加六十一	迟空　七十三	初损六百五十五 末益五百四十八	朒六百五十五
	开禧退一	一千四百六十七	初减七十二	迟初度七十二	初损九百一十	朒九百一十
	成天退二	一千四百六十七	初减七十二	迟初度七十二	初损四百	朒四百

　　求天正十一月经朔加时入转,经朔、弦望入转朒胐数,朔、弦、望定日,定朔、弦、望加时黄道日度,平交日辰,平交加时入转朒胐定数,正交日辰,经朔加时中积,正交加时黄道月度,四象加时黄道月度,四象后黄道积度,四象后黄道积度入初、末限,月行九道,月

行去黄道差,月行去赤道差,月行九道宿度,正交加时月离九道宿度,定朔、弦、望加时黄道月度,定朔、弦、望加时九道月度,定朔、弦、望午中入转,每日午中入转,晨昏月度,朔、弦、望晨昏定程,每日转定数,每日晨昏月,所求日加时平行月积度,所求日加时定月,法同前历,此不载。

步晷漏

二至限:一百八十二、分六十二、秒。《开禧》秒一十五。成天秒一十四。

一象度:九十一、分三十一、秒四十四。

冬至后初限夏至后末限:六十二日、分六。《开禧》分九。《成天》分八。

夏至后初限冬至后末限:一百二十日、分五十六。《开禧》分五十三。《成天》分五十四。

冬至岳台中晷常数:一丈二尺八寸五分。

临安中晷常数:一丈八寸二分。

夏至岳台中晷常数:一尺五寸七分。二历六分。

临安中晷常数:九寸一分。

太法:九千。《开禧》一万二千六百七十五。《成天》五千五百六十五。

半法:六千。《开禧》四百五十。《成天》三千七百一十。

少法:三千。《开禧》四千二百二十五。

昏明分:三百。《开禧》四百二十二半。《成天》一百八十五半。

昏明刻:二、余六十。《开禧》余二百五十三半。《成天》余五百五十六半。

辰刻:八、余四十。《开禧》余一百六十九。《成天》余三百七十一。

半辰刻:四、余二十。《开禧》余八十四半。《成天》余一百八十五半。

求午中入气及中积,午中定积入二至后初、末限,岳台午中晷景定数,九服午中晷景定数,临安午中晷景定数,每日赤道内、外度,每日午中太阳去极度,日出、入晨昏半昼分,昼夜刻,日出入辰刻,更点差刻及辰刻,每日距中度及每更差度,昏晓五更中星,九服昼夜刻,临安日出、入分,临安距中度。法在前历,此不载。

步交会

交实：三十二万六千五百四十七。《开禧》交率四十五万九千八百八十六、秒四千八百二十五。《成天》交终分二十万一千九百一十四、秒七千五十一。

交策：二十七、余三千五百八十六、秒四千八百二十五。《开禧》余二千五百四十七。《成天》余一千五百七十四、秒七千五十一。

交中策；一十三、余七千二百七十三半。《开禧》余一万二千四百一十。

交差：八万二百九十八。

朔差日：二、余三千八百二十一。《开禧》余五年三百八十、秒五千一百七十五。《成天》二千三百六十二、秒二千九百四十九。

交率：十九。

秒母：一万。

交数：二百四十二。

交终度：三百六十二、约分七十九、秒二十四。《开禧》秒四十四。《成天》约分七十九、秒四十六。

交中度：一百八十一、约分八十九、秒六十二。《开禧》七十二。《成天》约分八十九、秒七十三。

交象度：九十、约分九十四、秒八十一。《开禧》秒八十六。《成天》同《开禧》。

半交象度：四十五、约分四十七秒、四十半。《成天》秒四十三。

日食岳台阳限：五千六百，定法五百六十。《开禧》七千八百九十，定法七百八十九。《成天》三千四百七十，定法三百四十七。

临安阳历限：五千六百八十，定法五百六十。

岳台阴历限：七千一百，定法七百一十。《开禧》九千七百四十，定法九百七十四。《成天》四千二百八十，定法四百二十八。

临安阴历限：六千七百，定法七百一十。

月食限：一万一千二百，定法七百三十。《开禧》一万五千七百八十，定法一千五十二。《成天》六千九百四十，定法四百六十三。

既限：三千九百。《成天》四千六百三十。

求天正十一月经朔加时入交,定朔、望夜半入交,每日夜半入交,定朔、望加时入交,定朔、望加时月行入交积度,定朔、望加时月行入交定积度,定朔、望加时月行入阴阳历积度,定朔、望加时月去黄道度,日月食甚转定分,日月食甚入转朏朒数、入交数、常望定日,日月食甚泛大、小余,日食甚定大小余月食甚定大、小余,日月食甚入气,日月食甚日月积度,至差,分差,立差,朔入交定日,日月食甚月行入阴阳历交前、后分,日食分,月食分,日食泛用分,月食泛用分,日月食定用分,月食既内、外分,日月食亏初、复满小余,月食更点法,月食入更点,日月食带出入及亏后、满前所见分,日月食甚宿次,日食所起,月食所起,日月食甚九服加时差,日月九服食分差。法同前历,此不载。

步五星

岁策:三百六十五、约分二十四、秒二十五。

气策:一十五、约分二十一、秒八十四。

朔策:二十九、约分五十三、秒六。

历策:一十五,约分二十一,秒九十一。

木星周实:四百七十八万八千六百一十九。《开禧》周率六百七十四万一千一百七十二,秒八十七。《成天》二百九十五万九千七百三十二、秒三十二。

周策:三百九十八、约分八十八、秒四十九。《开禧》余一万四千九百七十二,秒八十七,约分八十八、秒六十。《成天》余六千五百七十二,约分八十八、秒五十七。

周差:一百三十八万三千三百六十五。

岁差:十九万六千二百。

伏见度:一十三。

《开禧》历率六百一十七万一千八百五十九,秒八十九。《成天》二百七十一万二百一十、秒六十九。《开禧》历中度一百八十三、约分六十二、秒九十。《成天》秒八十七。《开禧》历策度一十五,约分二十一、秒九十一。《成天》同。

段目	常　　日	常　　度	限　　度	初行率
晨疾初	统天三十	六　　四十三	四　　九十	二十二 二十九
	开禧三十日	六度　三十六分	四度　八十三分	二十二分 秒二十四
	成天三十一日	六度　八十九分	五度　二十一分	二十三分 秒五十八
晨疾末	统天二十九	五　　五十七	四　　二十四	二十 五十三
	开禧二十九日	五度　三十七分	四度　七分	二十分 秒一十八
	成天二十九日	五度　三十九	四度　八分	二十分 秒八十六
晨迟初	统天二十八	四　　十四	三　　十五	十七 四十四
	开禧二十八日	四度　七	三度　九	一十六分 八十六
	成天二十八日	三度　八十五分	二度　九十一分	一十六分 秒四十四
晨迟末	统天二十六	一　　五十三	一　　十六	十 八十七
	开禧二十六日	二度　三分	一度　五十四分	一十二分 秒二十二
	成天二十六日	一度　四十四分	一度　九分	一十一分 秒六
晨留	统天二十三日 开禧二十三日 成天二十二日	空	空	空
晨退	统天四十六日　四十四分　秒二十四半 开禧四十六日　五十四分　秒三 成天四十六日　二十四分　秒一十九	四　八十四分　秒八十八 四　九十　八十五 空　三十四　四十一半	空　三十三　三十七 空　三十二　四十 十五	空

夕退	统天四十六　四十四 　　二十四半	四　八十四　八 八	空　　三十三 三十七 秒八十五半	十五 三十一
	开禧四十六日　五十 四分　秒三十	四度　九十分	度空　三十二分 秒四十	一十五 四十四
	成天四十六　二十四 分　二十九	四度　九十四分 秒八十四半	度空　三十四 四十一半	一十五 秒四十八
夕留	统天二十三 开禧二十三 成天二十二日	空	空	空
夕迟初	统天二十六 开禧二十六日 成天二十六日	一　五十三 二度　三分 一度　四十四分	一　十六 一度　五十分 一度　九分	空 空 空
夕迟末	统天二十八 开禧二十八日 成天二十八日	四　十四 四度　七分 三度　八十五分	三　十五 三度　九分 二度　九十一	十 八十七 一十二分 二十二 一十一分 秒六
夕疾初	统天二十九 开禧二十九 成天二十九日	五　五十七 五度　三十七分 五度　三十九分	四　二十四 四度　七分 四度　八分	十七 四十四 一十六分 八十六 一十六分 秒四十四
夕疾末	统天三十 开禧三十日 成天三十一日	六　四十四 六度　三十六分 六度　八十九	四　九十 四度　八十三分 五度　二十一分	二十 五十三 二十分 一十八 二十分 秒八十八

夕伏	统天十七	四　空	三　五	二十二 二十九
	开禧一十六日	三度　九十分	三度　九十六分	二十二 二十四
	成天一十七日　二十分	四度　二十分	三度　一十八分	二十三分 秒五十八

木星盈缩历

策数	损益率	盈积度	损益率	缩积度
初	统元益一百四十八 开禧益一百五十三 成天益一百五十二	空 初 初	益一百七十五 益一百七十九 益一百七十五	度 初 初
一	统天益一百三十五	一度	益一百三十五	一度　七十五
	开禧益一百三十七	一度　五十三	益一百六十	一度　七十九分
	成天益一百三十五	一度　五十二	益一百五十六	一度　七十五分
二	统天益一百一十六	二度　八十三	益一百二十七	三度　二十八
	开禧益一百一十六	二度　九十分	益一百三十五	三度　三十九分
	成天益一百一十四	二度　八十七分	益一百三十二	三度　三十一分
三	统天益九十一	三度　九十九	益九十七	四度　五十五
	开禧益九十	四度　六分	益一百四	四度　七十四分
	成天益八十九	四度　一分	益一百三	四度　六十三分

四	统天益六十	四度　九十	益六十三	五度　五十二
	开禧益五十九	四度　九十六	益六十七	五度　七十八分
	成天益六十	四度　九十分	益六十九	五度　六十六分
五	统天益二十三	五度　五十	益二十五	六度　十五
	开禧益二十二	五度　五十五分	益二十四	六度　四十五分
	成天二十七	五度　五十分	益三十	六度　三十五分
六	统天损二十三	五度　七十三	损二十五	六度　四十
	开禧损二十三	五度　七十	损二十四	六度　六十九分
	成天损二十七	五度　七十七分	损三十	六度　六十五分
七	统天损六十	五度　五十	损六十三	六度　十五
	开禧损五十九	五度　五十五分	损六十七	六度　四十五分
	成天损六十	五度　五十分	损六十九	六度　三十五分
八	统天损九十一	四度　九十	损九十七	五度　五十二
	开禧损九十	四度　九十六	损一百四	五度　七十八分
	成天损八十九	四度　九十分	损一百三	五度　六十六分

九	统天损一百十六	三度	九十九	损二十七	四度	五十五
	开禧损一百一十六	四度	六分	损一百三十五	四度	七十四分
	成天损一百一十四	四度	一分	损一百三十二	四度	六十三分
十	统天损一百三十五	二度	八十三	损一百五十三	三度	二十八
	开禧损一百三十五	二度	九十分	损一百六十	三度	三十九分
	成天损一百三十五	二度	八十七	损一百五十六	三度	三十一
十一	统天损一百四十八	一度	四十分	损一百五十七	一度	七十五
	开禧一百五十三	一度	五十三分	损一百七十九	一度	七十九分
	成天损一百五十二	一度	五十二分	损一百七十五	一度	七十五分

火星周实：九百三十五万九千一百五十五。《开禧》周率一千三百一十八万八百四、秒一。《成天》五百七十八万七千七百七十二、秒八十八。

周策：七百七十九、约分九十二、秒九十六。《开禧》余一万五千七百四、秒一、约分九十二、秒九十二。《成天》余六千八百九十二、秒八十八，约分九十二、秒九十。

周差：二百二十六万四千二十五。

岁差：四百四万六千四百。

伏见度：十九半。

《开禧》历率六百一十七万二千九百五十九、秒一。《成天》二百七十一万二百一十、秒二十七。《开禧》历中度一百八十二、约分六十二、秒九十。《成天》秒八十七。《开禧》历策度一十五、约分二十一、秒九十一。《成天》同《开禧》。

段目	常日		常度	限度		初行率
合伏	统天六十八日	二十五	四十八度 七十五	四十六度	一分	七十一 八十二
	开禧六十七日	八十分	四十八度 八十分	四十六度	四分	七十一 六十八
	成天六十九	二十五分	五十度 二十五分	四十七度 分	四十	七十三分 秒二十四
晨疾初	统天六十三		四十四 三十七	四十一 八	八十	七十 九十一
	开禧六十二日		四十三度 六十一分	四十一度 五分	一十	七十一分 二十六
	成天六十二日		四十三度 八十八分	四十一度 六分	四十	七十一分 秒八十
晨疾末	统天五十八		三十九 九十八	三十七 四	七十	六十九 八十四
	开禧五十八日		三十九度 五十九	三十七度 五	三十	六十九 四十二
	成天五十八		三十九度 六十一分	三十七度 三	四十	六十九分 秒七十六
晨次疾初	统天五十一		三十三 五十八	三十一 七十	七十	六十七 九十七
	开禧五十二日		三十四度 一分	三十二 九		六十七 八
	成天五十一日		三十三度 一分	三十一度 九分	一十	六十六分 秒八十四
晨次疾末	统天四十五		二十六度 一十三	二十四 六	七十	六十二 四十
	开禧四十四日		二十五度 六十七	二十四度 二	二十	六十三 七十四
	成天四十四		二十五度 五十四分	二十四度 三	一十	六十二分 秒六十二

晨迟初	统天三十八 开禧四十日 成天三十九	十七 十八 一十八度 九 一十七度 四十四分	十六　二十二 一十七　七 一十六度　四十 九分	五十二 六十四 五十二 九十六 五十三分 秒四十八
晨迟末	统天二十九 开禧二十八 成天二十九	六度 十五 六度 三十八 六度 一十四分	五　八十 六度　二 五度　八十分	三十四 四十六 三十七 四十八 三十五分 秒九十二
晨留	统天九 开禧九日 成天九日	空	空	空
晨退	统天二十八　七十一 四十八 开禧二十九　　一十六 四十六 成天二十八日　七十一分 秒四十五	八　八十九　三 六十四半 八度　八十 七十二 八度　五十 二分　秒六 十八	二十二 六半 三度　三十九 五十三半 三度　三十六分 秒三十一半	空 空 空
夕退	统天二十八　七十一　四 十八 开禧二十九　　一十六 四十六 成天二十八日　七十一分 秒四十五	八　八十九　三 六十四半 八度　八十 分　秒七十 二 八度　五十 二　六十八 半	二十二 十半 三度　三十分 秒五十二半 三度　三十六 三十一半	六 四十五 四十三 四十四分 秒二十三 四十四分 七十二

夕留	统天九 开禧九 成天九	空	空	空
夕迟初	统天二十九 开禧二十八 成天二十九	十八　十五 六度　三十八 六度　一十四分	五　　八十 六度　二分 五度　八十分	空 空 空
夕迟末	统天三十八 开禧四十日 成天二十九	十七　十八 一十八　九分 一十七度四十四分	十六　二十二 一十七　七分 一十六度　四十九	三十四四十六 三十七分四十八 三十五九十二
夕次疾初	统天四十五 开禧四十四日 成天四十四日	二十六二十三 二十五六十七 二十五度五十四	二十四　七十六 二十四　二十二 二十四度一十三	五十二六十四 五十三九十六 五十三分秒四十一
夕次疾末	统天五十一 开禧五十二日 成天五十一日	三十三五十八 三十四一分 三十三度一分	三十一　七十 三十二　九分 三十一度一十九分	六十二四十 六十三七十四 六十二分六十二

夕疾初	统天五十八	三十九 九十八	三十七　　七十四	六十七 九十六
	开禧五十八	三十九度 五十九	三十七　三十五	六十七 八
	成天五十八	三十九度 六十一	三十七　　四十三	六十六 八十四
夕疾末	统天六十三	四十四 三十七	四十一　　八十 八	六十九 八十四
	开禧六十二日	四十三度 六十一度	四十一度　一十 五	六十九 四十二
	成天六十二	四十三度 八十八分	四十一度　四十 六分	六十九分 七十六
夕伏	统天六十八　　二十五	四十八　七 十五	四十六　　一分 	七 九十一
	开禧六十七　　八十	四十八　八 十	四十六　　四分 	七十一分 二十六
	成天六十九　　二十五	五度　　二 十五	四十七度　四十 八	七十一分 八十

火星盈缩历

策数	损益率	盈积度	损益率	缩积度
初	统元益一千五百五十二 开禧益一千一百四十二 成天益一千一百五十六	度空 初 初	益四百五十八 益五百二十五 益五百三十六	度空 初 初
一	统天益七百九十二 开禧益七百九十七 成天益七百九十六	十二 五十二 一十 四十二 一十七度 五十六	益四百五十二 益四百九十 益四百九十	四 五十八 五度 二十五 五度 三十六

二	统天益四百五十六	十九 四十四	益四百三十三	九 十一
	开禧益四百七十五	一十九 三十九	益四百五十五	一十 一十五
	成天益四百五十八	一十九度 五十二	益四百三十六	一十度 二十六
三	统天益一百四十四	二十四 空	益三百九十六	十三 四十四
	开禧益一百七十六	二十四 一十四	益三百八十五	一十四 七十
	成天益一百四十二	二十四度 一十分	益三百七十四	一十四度 六十二分
四	统天损三十八	二十五 四十四	益三百四十	十七 四十
	开禧三十五	二十五 九十	益三百一十五	一十八 五十五
	成天损三十九	二十五度 五十二	益三百四	一十八度 三十六分
五	统天损一百六十三	二十五 六	益二百六十三	二十 八十
	开禧损一百四十	二十五 五十五	益二百四十五	二十一 七十
	成天损一百三十七	二十五度 一十三分	益二百二十六	二十一度 四十分
六	统天损二百六十三	二十三 四十三	益一百六十三	二十三 四十三
	开禧损二百四十五	二十四 一十五	益一百四十	二十四 一十五
	成天损二百二十六	二十三度 七十六分	益一百四十	二十三度 六十六分

七	统天损三百四十	二十 八十	益三十八	二十五 六
	开禧损三百一十五	二十一 七十	益三十五	二十五 五十
	成天损三百六	二十一度 五十分	益四十六	二十五度 六分
八	统天损三百九十六	十七 四十	损四百四十	二十五 四十四
	开禧损三百八十五	一十八 五十五	损一百七十六	二十五 九十
	成天损三百七十七	一十八度 四十四	损一百四十五	二十五度 五十二分
九	统天损四百三十三	十三 四十四	损四百五十六	二十四 空
	开禧损四百五十五	一十四 七十	损四百七十五	二十四 一十四
	成天损四百三十九	一十四度 六十七分	损四百五十七	二十四度 七分
十	统天损四百五十三	九 一十一	损七百九十二	十九 四十四
	开禧损四百九十	一十 一十五	损七百九十七	一十九 三十九
	成天损四百九十二	一十度 二十八分	损七百九十四	一十九度 五十分
十一	统天损四百五十八	四 五十八	损一千一百五十二	十一 五十二
	开禧损五百二十五	五 二十五	损一千一百四十二	一十一 四十二
	成天损五百三十六	五度 三十六	损一千一百五十六	一十一度 五十六分

土星周实：四百五十三万七千一百。《开禧》周率六百三十八万九

千七百四十八、秒九十一,《成天》二百八十万五千四百四十、秒二十一。

周策:三百七十八、约分九、秒十六。《开禧》余一千五百四十八,秒九十一。《成天》余六百八十、秒二十一。

周差:三百五十五万一百。

岁差:一百一十一万五千四百。

伏见度十八。

《开禧》历率六百一十七万二千八百五十九、秒一,《成天》二百七十一万二百二十一。《开禧》历中度一百.八十二、约分六十二、秒九十;《成天》一百八十二,分同《开禧》,秒八十七。《开禧》历策度一十五、约分二十二、秒九十一,《成天》同《开禧》。

段目	常日		常度		限度		初行率
合伏	统天二十	六十七	二　六十七		一　六十三		十三 三十三
	开禧六十七	八十	四十八　八十		四十六　四		七十二 六十八
	成天二十一	二十分	二度　七十		一度　六十五分		一十三分 三十四
晨疾	统天三十		三　四十九		二　十三		十二 三十七
	开禧六十二		四十三　六十一		四十一　一十五		七十一 二十六
	成天二十九		三度　二十五		一度　九十八分		一十二分 二十二
晨次疾	统天二十八		二　六十六		一　六十三		十 四十七
	开禧五十二		三十四　一		三十二　九		六十七 八
	成天二十八		二度　五十分		一度　五十三		一十分 二十八

晨迟	统天二十五	一 二十八	空 七十八	七三十二五十二九十六七分秒六十六
	开禧四十	一十八 九	一十七 七	
	成天二十七日	一度 五十度 四分	空 九十四	
晨留	统天三十四	空	空	空
	开禧九			
晨退	成天三十三日十八	三十七 五 三 六十七 五十四	空 二十五 七十一	空
	开禧二十九十六	一十六 四 八 八十 七十二	三 三十九 五十三半	空
	成天五十十八半	八十四 五 三度 五十度 七 五十五	空 三十一 七十	空
夕退	统天五十一十八	三十七 五 三 六十七 五十四	空 二十五 七十一	十四十七四十四二十三九分七十八
	开禧二十九十六	一十六 四 八 八十 七十二	三 三十九 五十三半	
	成天五十十八半	八十四 五 三度 五十度 七 五十五	空 七十一 七十	
夕留	统天三十四 开禧九 成天三十三	空	空	空
夕迟	统天二十五	一 二十八	空 七十八	空
	开禧二十八	六 三十八	六 二	空
	成天二十七	一度 五十度 四分	空 九十四	空

夕次疾	统天二十八	二　六十六	一　六十二	七 三十二 五十三 九十六
	开禧四十四	二十五　六二十四　二十二 十七		
	成天二十八	二　度　五十一度　五十三分 一分		七分 六六
夕疾	统天三十	三　四十九	二　十三	十 四十七 六十七 八
	开禧五十八	三十九　五三十七　三十五 十九		
	成天二十九	三　度　二十一度　九十八分 五分		一十分 二十八
夕伏	统天二十　　六十七	二　六十七	一　六十二	十二 三十七 七十一 二十六
	开禧六十二	四十三　六四十一　四 十一		
	成天二十一　二十分	二　度　七十一度　六十五分 分		一十二分 一十二

土星盈缩历

策数	损益率	盈积度	损益率	缩积度
初	统天益二百八	度　空	益一百五十八	度　空
	开禧益三百二十二	初	益一百六十五	初
	成天益二百二十五	初	益一百六十	初
一	统天益一百九十三	二　八	益一百四十五	一 五十八
	开禧益一百九十五	二　二十三	益一百五十一	一 六十五
	成天益一百九十五	二度 一十五分	益一百五十二	一度 六十分

二	统天益一百六十八 开禧益一百六十二 成天益一百六十一	四一 四 一十八 四度 二十分	益一百二十五 益一百三十 益一百三十八	三 三 三 一十六 三度 一十二分
三	统天益一百三十三 开禧益一百二十四 成天益一百二十三	五 六十九 五 八十 五度 八十一	益九十八 益一百二 益一百一十二	四 二十八 四 四十六 四度 五十分
四	统天益八十八 开禧益八十一 成天益八十一	七 二 七 四 七度 四分	益六十四 益六十七 益七十八	五 二十八 五 四十八 五度 六十二分
五	统天益三十三 开禧益三十三 成天益三十五	七 九十 七 八十五 七度 八十五分	益二十三 益二十五 益三十五	五 九十 六 一十五 六度 四十分
六	统天损三十三 开禧损二十三 成天损三十五	八 二十三 八 二十八 八度 二十分	损二十三 损二十五 损三十五	六 十三 六 四十 六度 七十五分

七	统天损八十八 开禧损八十一 成天损八十五	七 九十 七 八十五 七度 八十五	损六十四 损六十七 损七十四	五 九十 六 一十五 六度 四十分
八	统天损一百三十三 开禧损一百二十四 成天损一百二十八	七　　二 七　　四 七度　分空	损九十八 损一百二 损一百七	五 二十六 五 四十八 五度 六十六分
九	统天损一百六十八 开禧损一百六十一 成天损一百六十四	五度 六十九 五度 八十 五度 十二分	损一百二十五 损一百二十 损一百三十四	四 二十八 四 四十六 四度 五十九分
十	统天损一百九十三 开禧损一百九十五 成天损一百九十三	四　　一 四 一十八 四度　八分	损一百四十五 损一百五十一 损一百五十五	三　　三 三 十六 三度 二十五
十一	统天损二百八 开禧损二百二十三 成天损二百一十五	二　　八 二　二十三 二度　一十 五分	损一百五十八 损一百六十五 损一百七十	一 五十八 一 六十五分 一度 七十分

金星周实：七百万六千八百三十三。《开禧》周率九百八十六万七

千九百五十六、秒一十。《成天》四百三十三万二千五百五十六、秒九十五。

周策：五百八十三、约分九十、秒二十八。《开禧》余一万五千二百五十六、秒一十，分秒同。《成天》余六千六百九十六、秒九十五，秒分九十、约二十六。

周差：一百二万三千六百七十一。

岁差：三百三十一万二千三百。

伏见度：十半。

《开禧》历率六百一十七万二千八百五十八、秒八十八，《成天》二百七十一万二百一十、秒十三。《开禧》中度一百八十二、约分六十二、秒九十，《成天》秒八十七。《开禧》历策度一十五、约分二十一、秒九十一，《成天》同。

段目	常日	常度	限度	初行率
合伏	统天三十九	四十九 五十	四十七 五十二	一　　二十七 六十九
	开禧三十九日	四十九 五十	四十七 五十一	一　　二十七 六十八
	成天三十九日	四十九度 五十分	四十七度 五十四分	一度　二十八分 秒六十八
夕疾初	统天五十二	六十五 十一	六十二 五十	一　　二十五 九十五
	开禧五十二	六十五 一十三	六十二 三十八	一　　二十六 一十六
	成天五十一	六十三度 三十三分	六十度 八十二	一度　二十五分 秒一十六
夕疾末	统天四十八	五十九 十四	五十六 七十七	一　　二十四 三十五
	开禧四十八	五十九度 八分	五十六 五十九	一　　二十四 三十四
	成天四十九	五十九度 七十六分	五十七度 四十分	一度　二十三分 秒一十八

夕次疾初	统天四十二	五十 十七	四十八 十六	一 二十二 二
	开禧四十四	五十二度 五十三分	五十度 三十一分	一 二十一 八十二
	成天四十三日	五十度 八十分	四十八度 七十九分	一度 二十分 秒七十六
夕次疾末	统天三十七	四十 八十三	三十九 十九	一十六 六十六
	开禧三十七			
	成天三十九日	四十二度 二十五分	四十度 五十八	一度 一十五 分 秒五十二
夕迟初	统天三十	二十六 三十七	二十五 三十一	一 五十九
	开禧三十二日	二十七 二十二	二十六度 七分	一 空 四十八
	成天三十二日	二十七度 九分	二十六度 二分	一度 一分 秒一十四
夕迟末	统天二十二	九 二十一	八 八十四	空 六十七 七十二
	开禧一十八	七度 二十六	六度 九十五分	六十九 六十四
	成天一十七日	七度 六十六分	七度 三十六分	六十八分 秒一十六
夕留	统天六 开禧六 成天六日	空	空	空
夕退	统天九 九十五 十四	三 八十七 八十六	一 七十 十四	空
	开禧一十日	四度 四十四	一度 八十四 一度	空
	成天一十日	三度 八十九分	六十九分	空

夕伏退	统天六	四　　五十	一　　九十六	空　　六十七 七十九
	开禧五　　九十五 一十二半	四　　五十四 八十六半	一　　八十八 一十六半	六十九　五十二
	成天五日　九十五 分　秒一十三	四度　五十四分 八十五	一度　七十八 秒一十三	六十七分　秒七十二
合伏退	统天六 开禧五　　九十五 秒一十三半	四　　五十	一　　九十六	空　八十二 二十
		四　　五十四 八十六半	一　　八十八 一十三半	八十三分　一十六
	成天五日　九十五 分　秒一十三	四度　五十四分 秒八十五	一度　七十八分 秒一十三	八十五分　秒一十四
晨退	统天九　　九十四 十四	三　　八十七 八十六	一　　七十 十四	空　　六十七 七十九
	开禧一十	四度　四十四	一度　八十四	六十九　五十二
	成天一十日	三度 八十九分	一度 六十六分	六十七分　秒七十二
晨留	统天六 开禧六 成天六	空	空	空
晨迟初	统天二十二	九　　二十一	八　　八十四	空
	开禧一十八	七　　三十六	六	
	成天一十七日	七度　六十六分	七度 三十六分	空
晨迟末	统天三十	二十六 三十七	二十五 三十一	空　　六十七 七十三
	开禧三十二	二十一 二十二	二十一 七	六十七　六十四
	成天三十二	二十七度 九分	二十六度 二分	六十八分　秒一十六

晨次疾初	统天三十七	四十 八十三	三十九 十九	一　　一　　五 十九
	开禧三十七	四十 二十二	三十八 五十三	一度　分空 秒四十八
	成天三十九	四十二度 二十五分	四十度 五十八分	一度　一分 秒二十四 一作一十四
晨次疾末	统天四十二	五十　　十七 十六	四十八 十六	一　　十六 六十六
	开禧四十四	五十二 五十三	五十 三十一	一　　一十六 九十四
	成天四十三日	五十度 八十分	四十八度 七十九分	一度　一十五分 秒五十二
晨疾初	统天四十八	五十九 十四	五十六 七十七	一　　二十二 二
	开禧四十八	五十九 八	五十六 五十九	一　　二十一 八十二
	成天四十九	五十九度 七十六分	五十七度 四十分	一度　二十分 秒七十六
晨疾末	统天五十二	六十五 十一	六十二 五十	一　　二十四 三十五
	开禧五十二	六十五 一十三	六十二 二十八	一　　二十四 三十四
	成天五十一	六十三度 三十三分	六十度 八十二	一度　二十三分 秒一十八
晨伏	统天三十九	四十九 五十	四十七 五十二	一　　二十五 九十五
	开禧三十九	四十九 五十	四十七 四十一	一　　二十六 一十六
	成天三十九	四十九 五十分	四十七 五十四分	一度　二十五 秒一十六

金星盈缩历

策数	损益率	盈积度	损益率	缩积度
初	统天益五十三	度空	益五十三	度空
	开禧益五十二	初	益五十二	初
	成天益五十四	初	益五十四	初
一	统天益四十九	空　五十三	益四十八	空　五十一
	开禧益四十九	初度　五十二分	益四十九	初　五十二
	成天益四十九	初度　五十四分	益四十九	初度　五十四分
二	统天益四十二		益四十一	一　一
	开禧益四十三	一　一分	益四十三	一　一
	成天益四十二	一度　三分	益四十二	一度　三分
三	统天益三十七	一　四十二	益三十二	一　四十一
	开禧益三十四	一　四十四	益三十四	一　四十四
	成天益三十三	一度　四十五分	益三十三	一　四十五分
四	统天益二十一	一　七十四	益二十一	一　七十四
	开禧益二十二	一　七十	益二十二	一　七十
	成天益二十二	一度　七十八分	益二十二	一度　七十八分
五	统天益八	一　九十五	益八	一　九十五
	开禧益七	二　分空	益七	二　分空
	成天益九	二度　分空	益九	二　分空
六	统天损八	二　三	损八	二　三
	开禧损七	二　七	损七	二　七
	成天损九	二度　九分	损九	二度　九分
七	统天损二十一	一　九十五	损二十一	一　九十一
	开禧损二十三	二　分空	损二十二	二　分空
	成天损二十二	二度　分空	损二十二	二度　分空
八	统天损三十二	一　七十四	损三十二	一　七十四
	开禧损二十四	一　七十八	损三十四	一　七十八
	成天损三十三	一度　七十八分	损三十三	一度　七十八分

九	统天损四十一 开禧损四十三 成天损四十二	一　　四十二 一　　四十四 一度　四十五分	损四十一 损四十三 损四十二	一　　四十二 一　　四十四 一度　四十五分
十	统天损四十八 开禧损四十九 成天损四十九	一　　一 一 一度　三分	损五十八 损四十九 损四十九	一 一 一度　三分
十一	统天损五十三 开禧损五十二 成天损五十四	空　　五十三 初度　五十二 初度　五十四分	损五十三 损五十三 损五十四	空　　五十三 初度　五十二 初度　五十四分

　　水星周实：一百三十九万五百一十四。《开禧》周率一百九十五万八千三百五、秒一十。《成天》八十五万九千七百九十九、秒九十。

　　周策：一百一十五、约分八十七、秒六十二。《开禧》余一万四千八百五、秒一十，约分八十七，秒六十。《成天》余六千四百九十九，秒九十。

　　周差：八十九万五千一百六十二。

　　岁差：一百一万二千八百。

　　夕见晨伏度：十五半。

　　晨见夕伏度：二十半。

　　《开禧》历率六百一十七万二千八百六十、秒四，《成天》二百七十一万二百一十一、秒一十五。《开禧》历中度一百八十二、约分六十二、秒九十，《成天》秒八十七。《开禧》历策度一十五、约分二十一、秒九十一。《成天》同。

段目	常日	常度	限度	初行率
合伏	统天十六 开禧一十七 六十五 成天一十七 二十五分	三十一 五十 三十六 六十五 三十三度 二十五分	二十六 三十 二十八 二十二 二十七度 六十一分	二　　二度 秒二分 二度　九分 五十分 二度　一十五分 秒三十四

夕疾	统天十五	二十二 二十四	十八 五十七	一　　六十八
	开禧一十五	二十二 四十	一十八 七十九	一　　七十一 七十八
	成天一十五日	二十一度 八十六分	一十八度 一十五分	一度 七十分 秒一十六分
夕迟	统天十三	十二 七十六	十 六十五	一 二十七
	开禧一十二	一十 一十	八 四十七	一　二十六 八十六
	成天一十二日	一十一度 六十四分	九度 六十七分	一度 二十一分 三十
夕留	统天二 开禧二 成天二日	空	空	空
夕伏退	统天十一　　九十三 八十一	八　　五十 六十九	二　　四十 一　八十一	空
	开禧一十一 二十八 八十	八　二十一 二十	二　　四十 五　八十	空
	成天一十一 六十八 分　秒八十	八度 八十一分 秒二十	二度 五十 分　秒八十	空
合伏退	统天十一　　　九十 三　八十一	八　　五十六 十九	二　　四十一 一　八十一	一 五十七
	开禧一十一　　二 十八　八十	八度 二十一 二十	二　　四十一 五　八	一　六　五 十六
	成天一十一日　六十 八分　八十	八度 八十一分 秒二十	二度 五十 分　秒八十	一度 五分 秒 七十五
晨留	统天二 开禧二 成天二日	空	空	空

晨迟	统天十三	十二 七十六	十 六十五	空
	开禧一十二	一十 一十	八度 四十七	空
	成天一十二日	一十一度 六十四分	九度 六十七分	空
晨疾	统天十五	二十二 二十四	十八 五十七	一　二十七 空
	开禧一十五	二十二 四十分	一十八 七十九	一　二十六 八十六
	成天一十五日	二十一度 八十六分	一十八度 一十五分	一度　二十一分 秒三十
晨伏	统天十六	二十一 五十	二十六 三十	一　六十八 空
	开禧一十七 六十五	三十三度 六十五	二十八度 二十二	一　七十一 七十八
	成天一十七 二十五分	三十三度 二十五分	二十七度 六十一分	一度　七十分 秒一十六

水星盈缩历

策数	损益率	盈积度	损益率	缩积度
初	统天益五十八 开禧益五十七 成天益五十九	度空 初	益五十八 益五十七	度空 初
一	统天益五十三 开禧益五十三 成天益五十五	空　五十八 初　五十七 初度　五十九分	益五十二 益五十三 益五十五	空五十八 初五十七 初
二	统天益四十四 开禧益四十六 成天益四十八	一　　十 一　　十 一度　一十四分	益四十四 益四十六 益四十八	一　　十 一　　一十 一度　一十四分

三	统天益三十四	一	五十四	益三十四	一	五十四
	开禧益三十六	一	五十六	益三十六	一	五十六
	成天益三十八	一度	六十二分	益三十八	一度	六十二分
四	统天益二十二	一	八十八	益二十二	一	八十八
	开禧益二十三	一	九十二	益二十三	一	九十二
	成天益二十五	二度	分空	益二十五	二度	分空
五	统天损八	二	十	益八	二	十
	开禧益七	二	一十三	益七	二	一十五
	成天益九	二度	二十五分	益九	二度	二十五分
六	统天损八	二度	十八	损八	二	十八
	开禧损七	二度	二十二	损七	二	二十二
	成天损九	二度	三十四分	损九	二度	三十四分
七	统天损二十二	二十		损二十二	二十	
	开禧损二十三	二度	一十五	损二十三	二度	一十五
	成天损二十五	二度	二十五分	损二十五	二度	二十五
八	统天损三十四	一	八十八	损三十四	一	八十八
	开禧损三十六	一度	九十二	损三十六	一度	九十二
	成天损三十八	二度	分空	损三十八	二度	分空
九	统天损四十四	一	五十四	损四十四	一	五十四
	开禧损四十六	一度	五十六	损四十六	一度	五十六
	成天损四十八	一度	六十二分	损四十八	一度	六十二分
十	统天损五十二	一十		损五十二	一十	
	开禧损五十三	一度	一十	损五十三	一度	一十
	成天损五十五	一度	一十四分	损五十五	一度	一十四分
十一	统天损五十八	空	五十八	损五十八	空	五十八
	开禧损五十七	初度	五十七	损五十七	初度	五十七
	成天损五十九	初度	五十九分	损五十九	初度	五十九分

　　求五星天正冬至后平合及诸段中积、中星,五星平合及诸段入历,五星平合及诸段盈缩差,五星平合及诸段定积,五星平合及诸段定日,五星平合诸段所在月日,五星平合及诸段加时定星,五星

平合及诸段初日夜半定星,诸段平行分,诸段总差,诸段初、末日行
分,诸段每日夜半星行宿次,径求其日宿次,五星平合见伏入气,五
星平合见伏行差,五星平合定见、定伏　积,五星定全用积、用星,
木火土三星定见、定伏用积,金水二星定见、定伏用积。法同前历,此
不载。

宋史卷八五

志第三八

地理一

京城　　京畿路　　京东路　　京西路

　　唐室既衰,五季迭兴,五十余年,更易八姓,宇县分裂,莫之能一。宋太祖受周禅,初有州百一十一,县六百三十八,户九十六万七千三百五十三。建隆四年,取荆南,得州、府三,江陵府,归、峡。县一十七,户一十四万二千三百;平湖南,得州一十五,监一,潭、衡、邵、郴、道、永、全、岳、澧、朗、蒋、辰、锦、溪、叙,桂阳监。县六十六,户九万七千三百八十八。乾德三年,平蜀,得州、府四十六,益、彭、眉、嘉、邛、蜀、绵、汉、资、简、梓、遂、黎、雅、陵、戎、泸、维、茂、昌、荣、果、阆、渠、合、龙、普、利、兴、文、巴、剑、蓬、壁、夔、忠、万、集、开、渝、涪、黔、施、达、洋,兴元府。县一百九十八,户五十三万四千三十九。开宝四年,平广南,得州六十,广、韶、潮、循、封、端、英、连、雄、龚、惠、康、恩、春、泷、勤、新、高、潘、雷、罗、辨、桂、贺、昭、梧、蒙、恭、象、富、融、宜、柳、严、思、唐、邕、澄、贵、蛮、横、宾、钦、浔、容、牢、白、廉、党、绣、郁林、藤、宝、义、禺、顺、琼、崖、儋、万、万安、振。县二百一十四,户一十七万二百六十三。八年,平江南,得州一十九,军三,升、宣、歙、池、洪、润、常、鄂、筠、饶、信、虔、吉、袁、抚、江、汀、建、剑、江阴、雄远、建昌军。县一百八,户六十五万五千六十五。计其末年,凡有州二百九十七,县一千八十六,户三百九万五百四。太宗太平兴国三年,陈洪进献地,得州二,漳、泉。县十四,户十五万一千九百七十八；钱俶入朝，得州十三，军一，杭、苏、越、湖、衢、婺、台、明、温、秀、睦、福、处，衣锦。县八十六，户五十五万六百八十。四年，平太原，得州十，军一，并、汾、岚、宪、忻、代、辽、沁、隆、石，宝兴。县四十，户三万五千二百二十。五年，李继捧来朝，得州四，夏、银、绥、宥。雍熙元年，复以四州授继捧，自后不复领于职方。县八。雍熙中，天下上闰年图，州、府、军、监几于四百。至是，天下既一，疆理几复汉、唐之旧，其未入职方氏者，唯燕、云十六州而已。

至道三年，分天下为十五路，天圣析为十八，元丰又析为二十三：曰京东东、西、曰京西南、北、曰河北东、西、曰永兴、曰秦凤、曰河东、曰淮南东、西、曰两浙、曰江南东、西、曰荆湖南、北、曰成都、梓、利、夔、曰福建、曰广南东、西。东南际海，西尽巴僰，北极三关，东西六千四百八十五里，南北万一千六百二十里。崇宁四年，复置京畿路。大观元年，别置黔南路。三年，并黔南入广西，以广西黔南为名。四年，仍旧为广南西路。当是时，天下有户二千八十八万二千二百五十八，口四千六百七十三万四千七百八十四，天下主客户：自至道末四百一十三万二千五百七十六，天禧五年，主户六百三万九千三百三十一，客户不预焉。至嘉祐八年，主户一千二百四十六万二千三百一十一，口二千六百四十二万一千六百五十一。至治平三年，天下主客户一千四百一十八万一千四百八十六，口二千五十万六千九百八十。熙宁十年，户一千四百二十四万五千二百七十，口三千八十万七千二百一十一。元祐元年，户一千七百九十五万七千九十二，口四千七万二千六百六。绍圣元年，户一千九百一十二万九百二十一，口四千二百五十六万六千二百四十三。元符三年，户一千九百九十六万八百一十二，口四千四百九十一万四千九百九十一。崇宁元年，户二千二十六万四千三百七，口四千五百三十二万四千一百五十四。各府、州下户口与总数少异，姑两存之。视西汉盛时盖有加焉。隋、唐疆理虽广，而户口皆有所不及。迨宣和四年，又置燕山府及云中府路，天下分路二十六，京府四，府三十，州二百五十四，监六十三，县一千二百三十四，可谓极盛矣。

大抵宋有天下三百余年，由建隆初迄治平末，一百四年，州郡沿革无大增损。熙宁始务辟土，而种谔先取绥州，韩绛继取银州，王韶取熙河,章惇取懿、洽,谢景温取徽、诚,熊本取南平,郭逵取广源,最后李宪取兰州,沈括取葭芦、米脂、浮图、安疆等寨。虽尝以河东边界七百里地与辽人,当时王安石议,盖曰:“吾将取之,宁姑与之也。”迨元祐更张,葭芦等四寨给赐夏人,而分画久不能定。绍圣遂罢分画,督诸路各乘势攻讨进筑。自三年秋八月迄元符二年冬,凡陕西、河东建州一,安西。军二,晋宁、绥德,关三,龙平、会宁、金城。城九,安西、平夏、威戎、兴平、定边、威羌、金荡、白豹、会川。寨二十八,平羌、平戎、殄羌、暖泉、米脂、克戎、安疆、横山、绥远、宁羌、灵平、高平、西平、新泉、荡羌、通峡、天都、临羌、定戎、凫谷、大和、通秦、宁河、弥川、宁远神泉、乌龙。堡十,开光、通塞、石门、通会、大和、通泰、宁河、弥川、宁川、三交。又取青唐、鄯。邈川、湟。宁塞、廓。龙支宗哥。等城。建中靖国悉还吐蕃故壤,稍纾民力。崇宁亟变前议,专以绍述为事,蔡京始任童贯、王厚,更取湟、鄯、廓三州二十余垒。陶节夫、钟传、邢恕、胡宗回、曾孝序之徒,又相与凿空驾虚,驰骛于元符封域之表。迄于重和,既立靖夏、泾原。制戎、鄜。制羌西宁。三城,虽夏人浸衰,而民力亦弊。西事甫定,北衅旋起。盖自崇宁以来,益、梓、夔、黔、广西、荆湖南北迭相视效,斥大土宇,靡有宁岁,凡所建州、军、关、城、寨、堡,纷然莫可胜纪。厥后建燕山、云中两路,粗阅三岁,祸变旋作,中原版荡,故府沦没,职方所记,漫不可考。

高宗仓惶渡江,驻跸吴会,中原、陕右尽入于金,东画长淮,西割商、秦之半,以散关为界,其所存者两浙、两淮、江东西、湖南北、西蜀、福建、广东、广西十五路而已,有户一千二百六十六万九千六百八十四。此宁宗嘉定十一年数。建国江左又百五十年,迨德祐丙子,遂并归于我皇元版图,而天下始复合为一焉。

今据元丰所定,并京畿为二十四路,首之以京师,重帝都也,终之以燕、云,以其既得而旋失,故附见于后。而凡四京之城阙宫室,及南渡行在之所,其可考者冠于篇首。为《地理志》云。

东京,汴之开封也。梁为东都,后唐罢,晋复为东京,宋因周之旧为都。建隆三年，广皇城东北隅，命有司画洛阳宫殿，按图修之，皇居始壮丽矣。雍熙三年，欲广宫城，诏殿前指挥使刘延翰等经度之，以居民多不欲徙，遂罢。宫城周回五里。

南三门：中曰乾元，宋初，依梁、晋之旧，名曰明德，太平兴国三年改丹凤，大中祥符八年改正阳，明道二年改宣德。雍熙元年改今名，东曰左掖，西曰右掖。东西面门曰东华、西华。旧名宽仁、神兽，开宝三年改今名。熙宁十年，又改东华门北曰移门。北一门曰拱宸。旧名玄武，大中祥符五年改今名。熙宁十年，改门内西横门曰临华。乾元门内正南门曰大庆，东西横门曰左、右升龙。左右北门内各二门曰左、右长庆，熙宁间，改左、右长庆隔门曰左、右嘉肃。左、右银台。东华门内一门曰左承天祥符，乾德六年赐名，大中祥符元年正月，天书降其上，诏加“祥符”二字而增葺之。西华门内一门曰右承天。左承天门内道北门曰宣祐。旧名光天，大中祥符八年改大宁，明道元年改今名。

正南门内正殿曰大庆，东西门曰左、右太和。宋初曰日华、月华，大中祥符八年改今名。正衙殿曰文德，宋初曰文明，雍熙元年改今名。熙宁间，改南门曰端礼。两掖门曰东、西上阁，东西门曰左、右嘉福。宋初曰左、右勤政，明道元年十月改今名。大庆殿旧名崇元，乾德四年重修，改曰乾元，太平兴国九年改朝元，大中祥符八年改天安，明道三年改今名。北有紫宸殿，旧名崇德，明道元年改。视朝之前殿也；西有垂拱殿，旧名长春，明道元年改。常日视朝之所也；次西有皇仪殿，开宝四年，赐名滋福，明道元年十月改。又次西有集英殿，旧名广政，开宝三年曰大明，淳化间曰含光，大中祥符八年名会庆，明道元年十月改今名。宴殿也；殿后有需云殿，旧名玉华，后改琼华，熙宁初改今名。东有升平楼，旧名紫云，明道元年改。宫中观宴之所也。宫后有崇政殿，旧名简贤讲武，太平兴国二年改今名。熙宁间，改北横门曰通极。阅事之所也；殿后有景福殿，殿西有殿北向，曰延和，便坐殿也。大中祥符七年，建后苑东门，洎北向便殿成，赐名宣和门、承明殿，明道元年改端明，二年改今名。凡殿有门者，皆随殿名。

宫中又有延庆、旧名万岁，大中祥符七年改。安福、观文、旧名集圣，明道二年改肃仪，庆历八年改今名。清景、庆云、玉京等殿，寿宁堂，旧名清净,明道元年改。延春阁。旧名万春,宝元元年改。福宁殿即延庆,明道元年改,东西有门曰左、右昭庆。观文殿西门曰延真,其东真君殿曰积庆,前建感真阁。又有龙图阁,下有资政、崇和、宣德、述古四殿。天章阁下有群玉、蕊珠二殿,后有宝文阁,即寿昌阁,庆历元年改。阁东西有嘉德、延康二殿,前有景辉门。后苑东门曰宁阳,即宣和门,明道元年改。苑内有崇圣殿、太清楼,其西又有宜圣、化成,即玉宸殿,明道元年改。金华、西凉、清心等殿,翔鸾、仪凤二阁,华景、翠芳、瑶津三亭。延福宫有穆清殿,延庆殿北有柔仪殿,初有殿无名,章献太后名曰崇徽,明道元年改宝慈,景祐二年改今名。崇徽殿北有钦明殿。旧名天和,明道元年改观文,又改清居,治平三年改今名。延福宫北有广圣宫,天圣二年建,名长宁,景祐二年改。内有太清、玉清、冲和、集福、会祥五殿,建流杯殿于后苑。明道元年八月,修文德殿成。是夜,禁中火,延燔崇德、长春、滋福、会庆、延庆、崇徽、天和、承明八殿,命宰相吕夷简为修葺大内使,枢密副使杨崇勋副之,发京东西、河北、淮南、江东西路工匠给役,内出乘舆物,左藏库易缗钱二十万助其费,以故改诸殿名。

又有慈德殿,杨太后所居,景祐元年赐名。观稼殿,在后苑,观种稻,景祐二年创建。延羲阁,在崇政殿西。迩英阁,在崇政殿西南,盖侍臣讲读之所也,与延羲同,景祐三年赐名。隆儒殿,迩英阁后小殿,皇祐三年始赐名。慈寿殿,皇太后所居,治平元年赐名。庆寿宫,保慈宫,熙宁二年建。玉华殿,在后苑。基春殿,熙宁七年建,在玉华殿后。睿思殿,八年建。承极殿,元丰三年建。崇庆、隆祐二宫,元祐元年建。睿成宫,神宗所居东宫,绍圣二年赐名。宣和殿,在睿思殿后,绍圣二年四月殿成,其东侧别有小殿曰凝芳,其西曰琼芳,前曰重熙,后曰环碧。元符三年废,崇宁初复作。大观三年,徽宗制记刻石,实蔡京为之。圣瑞宫,皇太妃所居,因以名宫。显谟阁,元符元年建,藏神宗御集,建中靖国元年,改曰熙明,寻复旧。玉虚殿,元符初建。玉华阁,大观初建,在宣和殿后。亲蚕宫,政和元年建。燕宁殿,在延福北,奉安仁宗慈圣光献皇后御容。延福宫,政和三年春,新作于大内北拱辰门外。旧宫在后苑之西南,今其地乃百司供应之所。凡内酒坊、裁造院,油醋柴炭鞍辔等库,悉移它处,又迁两僧寺、两军营,而作新宫焉。始南向,殿因宫名曰延福,次曰蕊珠,有亭曰碧琅玕。其东门曰晨晖,其西门曰丽泽。宫左复列二位。其殿则有穆清、成平、会宁、睿谟、凝和、昆玉、群玉,其东阁则有蕙馥、报琼、蟠桃、春锦、叠琼、芬芳、丽玉、雪香、拂云、偃盖、翠葆、铅英、云锦、兰薰、摘金,其西阁有繁英,雪香、披芳、铅华、琼华、文绮、绛萼、袄华、绿绮、瑶碧、清阴、秋香、丛玉、扶玉、绛云。会宁之北,叠石为山,山上有殿曰翠微,旁为二亭:曰云岿,曰层巘。凝和之次阁曰明春,其高逾一百一十尺。阁之侧为殿二:曰玉英,曰玉洞。其背附城,筑土植杏,名杏冈,覆茅为亭,修竹万竿,引流其下。宫之右为佐二阁,曰宴春,广十有二丈,舞台四列,山亭三峙。凿圆池为海,跨海为二亭,架石梁以升山,亭曰飞华,横度之四百尺有奇,纵数之二百六十有七尺。又疏泉为湖,湖中作堤以接亭,堤中作梁以通湖,梁之上又为茅亭、鹤庄、鹿寨、孔翠诸栅,蹄尾动数千,佳花名木,类聚区别,幽胜宛若生成,西抵丽泽,不类尘境。初,蔡京命童贯、杨戬、贾沣、蓝从熙、何诉等分任宫役,五人者因各为制度,不务沿袭,故号"延福五位"。东西配大内,南北稍劣。其东直景龙门,西抵天波门,宫东西二横门,皆视禁门法,所谓晨晖、丽泽者也,而晨晖门出入最多。其后又跨旧城修筑,号"延福第六位。"跨城之外浚壕,深者水三尺,东景龙门桥,西天波门桥,二桥之下叠石为固,引舟相通而桥上人物外自通行不觉也。名曰景龙江。其后又辟之,东过景龙门至封丘门。景龙江北有龙德宫。初,元符三年,以懿亲宅潜邸为之,及作景龙江,江夹岸皆奇花珍木,殿宇比比对峙,中涂曰壶春堂,绝岸至龙德宫。其地岁时次第展拓,后尽都城一隅焉,名曰撷芳园,山水美秀,林麓畅茂,楼观参差,犹艮岳、延福也。宫在旧城,因附见此。**保和殿**,政和三年四月作,九月殿成,总为屋七十五间。**玉清神霄宫**,政和三年建,旧名玉清和阳,在福宁殿东,七年改今名。**上清宝箓宫**,政和五年作,在景龙门东,对景晖门。既又作仁济、辅正二亭于宫前,命道士施民符药,徽宗时登皇城下视之。又开景龙门,城上作复道,通宝箓宫以便斋醮之路,徽宗数从复道上往来。是年十二月,始张灯于景龙门上下,名曰:"预赏"。其明年,乃有期门之事。**万岁山艮岳**。政和七年,始于上清宝箓宫之东作万岁山。山周十余里,其最高一峰九十步,上有亭曰介,分东西二岭,直接南山,山之东有萼绿华堂,有书馆,八仙馆、紫石岩,栖真登,览秀轩,龙吟堂。山之南则寿山两峰并峙,有雁池雍雍亭,比直绛霄楼,山之西有药寮,有西庄、有巢云亭,有白龙片,濯龙峡,蟠秀、练光、跨云亭、罗汉岩,又西有万松岭,半岭有楼曰倚翠,上下设两关,关下有平地,凿大方沼,中作两洲:东为庐渚,亭曰浮阳;西为梅渚,亭曰雪浪。西流为凤池,东出为雁池,中分二馆,东曰流碧,西曰环山,有阁曰巢凤,堂曰三秀,东池后有挥雪厅。复由登道上至介亭,亭左复有亭曰极目,曰萧森,右复有亭曰丽云、半山。北俯景龙江,引江之上流注山间。西行为漱琼轩,又行石间为炼丹、凝观、圆山亭,下视江际,见高阳酒肆及清渐阁。北岸有胜筠庵,蹑云台、萧闲馆、飞岑亭。支流别为山庄,为回溪。又于南山之外为小山,横亘二里,曰芙蓉城,穷极巧妙。而景龙江外,则诸馆舍尤精。其北又因瑶华宫火,取其地作大池,名曰曲江,池中有堂曰蓬壶,东尽封丘门而止。其西则自天波门桥引水直西,殆半里,江乃折南,又折北。折南者过闾阖门,为复道,通茂德帝姬宅。折北者四五里,属之龙德宫。宣和四年,徽宗自为艮岳记,以为山在国之艮,故名艮岳;蔡绦谓初名凤凰山。后神降,其诗有"艮岳排空霄",因改名艮岳。宣和六年,诏以金芝产于艮岳之万寿峰,又改名寿岳;蔡绦谓南山成,又改寿岳。岳之正门名曰阳华,故亦号阳华宫。自政和迄靖康,积累十余年,四方花竹奇石,悉聚于斯,楼台亭馆,虽略如前所记,而月增日益,殆不可以数计。宣和五年,朱勔于太湖取石高广数丈,载以大舟,挽以千夫,凿河断桥,毁堰拆闸,数月方至,赐号"昭功敷庆神运石",是年,初得燕地故也。勔缘此授节度使。大抵群阉兴筑不肯已。徽宗晚岁,患苑囿之众,国力不能支,数有厌恶语,由是得稍止。及金人再至,围城日久,钦宗命取山禽水鸟十余万,尽投之汴河,听其所之;拆屋为薪,凿石为炮伐竹为笓篱;又取大鹿数百千头杀之,以啖卫士云。

　　旧城周回二十里一百五十五步。东二门:北曰望春,宋初名和政。南曰丽景。南面三门:中曰朱雀,东曰保康,大中祥符五年创建。西曰崇明。西二门:南曰宜秋,北曰闾阖。北三门:中曰景龙,东曰安远,西曰天波。以上宋初仍梁、晋旧名,至太平兴国四年,改今名。

　　新城周回五十里百六十五步。大中祥符九年增筑,元丰元年重修,政和六年,诏有司度国之南展筑京城,移置官司军营。旧城周四十八里二百三十三步,周显德三年筑。南三门:中曰南薰,东曰宣化,西曰安上。东二门:南曰朝阳,北曰含辉。太平兴国四年改寅宾,后复。西二门:南曰顺天,北曰金耀。北四门:中曰通天,天圣初改宁德,后复。东曰长景,次东曰永泰,西曰安肃。初号卫州门。以上皆因周旧名,至太平兴国四年,改今名。汴河上水门,南曰大通,太平兴国四年赐名,天圣初,改顺济,后复今名。北曰宣泽。旧南北水门皆曰大通,熙宁十年改。汴河下,南曰上善,北曰通津。天圣初,改广津,熙宁十年复。惠民河,上曰普济,下曰广利。广济河,上曰咸丰,下曰善利,旧名咸通。上南门曰永顺。熙宁十年赐名。其后又于金耀门南置开远门。旧名通远。以上皆太平兴国四年赐名，天圣初，改今名。

西京。唐显庆间为东都，开元改河南府，宋为西京，山陵在焉。宫城周回九里三百步。城南三门：中曰五凤楼，东曰兴教，西曰光教。因隋、唐旧名。东一门，曰苍龙。西一门，曰金虎。北一门，曰拱宸。旧名玄武，大中祥符五年改。五凤楼内。东西曰左、右永泰，门外道北有鸾和门，太平兴国三年，以车辂院门改。右永泰门西有永福门。兴教光政门内各三门，曰：左、右安礼，左、右兴善，左、右银台。苍龙、金虎门内第二隔门曰膺福、千秋。膺福门内道北门曰建礼。

正殿曰太极，旧名明堂，太平兴国三年改。殿前有日、月楼，曰华月华门，又有三门，曰太极殿门。后有殿曰天兴，次北殿曰武德，西有门三重，曰：应天、乾元、敷教。内有文明殿，旁有东上阁门、西上阁门，前有左、右延福门。后又有殿曰垂拱，殿北有通天门，柱廊北有明福门，门内有天福殿，殿北有寝殿曰太清，第二殿曰思政，第三殿曰延春。东又有广寿殿，视朝之所也。北第二殿曰明德，第三殿曰天和，第四殿曰崇徽。天福殿西有金鸾殿，对殿南廊有彰善门。殿北第二殿曰寿昌，第三殿曰玉华，第四殿曰长寿，每五殿曰甘露，第六殿曰乾阳，第七殿曰善兴。西有射弓殿。千秋门内有含光殿。拱宸门内西偏有保宁门，门内有讲武殿，北又有殿相对。内园有长春殿、淑景亭、十字亭、九江池、砌台、娑罗亭。宫城东西有夹城，各三里余。东二门：南曰宾曜，北曰启明。西二门：南曰金曜，北曰乾通。宫室合九千九百九十余区。夹城内及内城北，皆左右禁军所处。

皇城周回十八里二百五十八步。南面三门：中曰端门，东西曰左、右掖门。东一门，曰宣仁。西三门：南曰丽景，与金曜相直；中曰开化，与乾通相直；北曰应福。内皆诸司处之。

京城周五十二里九十六步。隋大业元年筑，唐长寿二年增筑。南三门：中曰定鼎，东曰长夏，西曰厚载。东三门：中曰罗门；南曰建春，北曰上东。西一门，曰关门。北二门：东曰安善，西曰徽安。政和元年十一月，重修大内，至六年九月毕工。朱胜非言：政和间，议朝谒诸陵，敕有司预为西幸之备，以蔡攸妻兄宋升为京西都漕，修治西京大内，合屋数千间，尽以真漆为饰，工役甚大，为费不赀。而漆饰之法，须骨灰为地，科买督迫，灰价日增，一斤至数千。于是四郊冢墓，悉被发掘，取人骨为灰矣。"

南京。大中祥符七年，建应天府为南京。宫城周二里三百一十六步。门曰重熙、颂庆。殿曰归德。元丰六年，赐度僧牒修外城门及西桥等。京城周回一十五里四十步。东二门：南曰延和，北曰昭仁。西二门：南曰顺成，北曰回銮。南一门，曰崇礼。北一门，曰静安。中有隔城，又有门二：东曰承庆，西曰祥耀。其东又有关城，南北各一门。

北京。庆历二年，建大名府为北京。宫城周三里一百九十八步，即真宗驻跸行宫。城南三门：中曰顺豫，东曰省风，西曰展义。东一门，曰东安。西一门，曰西安。顺豫门内东西各一门，曰左、右保成。次北班瑞殿，殿前东西门二：东曰凝祥，西曰丽泽。殿东南时巡殿门，次北时巡殿，次靖方殿，次庆宁殿。时巡殿前东西门二：东曰景清，西曰景和。京城周四十八里二百六步，门一十七。熙宁九年，改正南南河门曰景风，南砖曰亨嘉，鼓角曰阜昌；正北北河门曰安平，北砖曰耀德；正东冠氏门曰华景，冠氏第二重曰春祺，子城东曰泰通；正西魏县门曰宝成，魏县第二重曰利和，子城西曰宣泽；东南朝城门曰安流，朝城第二重曰巽齐；西南观音门曰安正，观音第二重曰静方；上水关曰善利，下水关曰永济。内城创置北门曰靖武。元丰七年，废善利、永济关。

行在所。建炎三年闰八月，高宗自建康如临安，以州治为行宫。宫室制度皆从简省，不尚华饰。垂拱、大庆、文德、紫宸、祥曦、集英六殿，随事易名实一殿。重华、慈福、寿慈、寿康四宫，重寿、宁福二殿，随时异额。实德寿一宫。延和、崇政、复古、选德四殿，本射殿也。慈宁殿，绍兴九年，以太后有归期建。钦先孝思殿，十五年建，在崇政殿东。翠寒堂，孝宗作。损斋，绍兴末建，贮经史书，为燕坐之所。东宫，在丽正门内，孝宗、庄文、景献、光宗皆尝居之。讲筵所，资善堂。在行宫门内，因书院而作。天章、龙图、宝文、显猷、徽猷、敷文、焕章、华文、宝谟九阁,实天章一阁。

京畿路。皇祐五年,以京东之曹州,京西之陈、许、郑、滑州为辅郡,隶畿内,并开封府,合四十二县,置京畿路转运使及提点刑狱总之。至和二年,罢京畿路转运使、提点刑狱,其曹、陈、许、郑、滑各隶本路,为辅郡如故。崇宁四年,京畿路复置转运使及提点刑狱。先是,改开封府界为京畿路,是年,又于京畿四面置四辅郡:颍昌府为南辅,郑州为西辅,澶州为北辅,建拱州于开封襄邑县为东辅,并属京畿。大观四年,罢四辅,许、郑、澶州还隶京西及河北路,废拱州,复以襄邑县隶开封府。政和四年,襄邑县复为拱州,后与颍昌府、郑州、开德府复为东南西北辅。宣和二年,罢四辅,颍昌府、郑州、开德府各还旧隶,拱州隶京东西路,旧开封界依旧为京畿。

开封府。崇宁户二十六万一千一百一十七,口四十四万二千九百四十。贡方纹绫、方纹纱、蘸席、麻黄、酸枣仁。县十六:开封,赤。祥符,赤。东魏浚仪县,大中祥符二年改。尉氏,畿。陈留,畿。雍丘,畿。封丘,畿。中牟,畿。宣和三年,改纠王城为青阳城。阳武,畿。延津,畿。旧酸枣县,政和七年改。长垣,隋匡城县。建隆元年,改为鹤丘,后又改。东明,畿。本东昏镇,乾德元年置。扶沟,畿。鄢陵,畿。考城,畿。崇宁四年,与太康同隶拱州,大观四年,废拱州,二县复来隶。太康,畿。宣和二年,复隶拱州,六年,仍隶京畿。咸平,畿。旧通许镇,隶陈留,咸平五年置县。

京东路。至道三年,以应天、兖徐曹青郓密齐济沂登莱单濮潍淄、淮阳军广济军清平军宣化军、莱芜监利国监为京东路。熙宁七年,分为东西两路:以青淄潍莱登密沂徐州、淮阳军为东路;郓兖齐濮曹济单州、南京为西路。元丰元年,割京西路齐州属东路,割东路徐州属西路。元祐元年,诸提点刑狱不分路。京东西路、京东东路并为京东路,京西南路、京西北路并为京西路,秦凤等路、永兴军等路并为陕府西路,河北西路、河北东路并为河北路,淮南西路、淮南东路并为淮南路,其后仍分为两路。

东路。府一,济南。州七:青、密、沂、登、莱、潍、淄。军一,淮阳。县三十八。

青州,望,北海郡,镇海军节度。建隆三年以北海县置军。淳化五年,改军名。庆历二年,初置京东东路安抚使。崇宁户九万五千一百五十八,口一十六万二千八百三十七。贡仙纹绫、梨、枣。县六:益都,望。寿光,望。临朐,紧。博兴,上。千乘,上。临淄。上。

密州,上。本防御州。建隆元年,复为防御。开宝五年,升为安化军。后降防御。六年,复为节度。崇宁户一十四万四千五百六十七,口三十二万七千三百四十。贡绢、牛黄。县五:诸城,望。安丘,望。唐辅郡梁改安丘,晋胶西县。开宝四年,复今名。莒,望。高密,上。胶西。元祐三年,以板桥镇为胶西县,兼临海军使。

济南府,上,济南郡,兴德军节度。本齐州。先属京东路。咸平四年,废临济县。元丰元年,割属京东东路。政和六年,升为府。崇宁户一十三万三千三百二十一,口二十一万四千六十七。贡绵、绢、阳起石、防风。县五:历城,紧。禹城,紧。章丘,中。景德三年,以章丘县置清平军。熙宁三年废军,即县治置军使。长清。中。至道二年,徙城于刺榆。临邑,中。建隆元年,河决公乘渡口,坏城。三年,移治孙耿镇。政和元年,升为望。

沂州,上,琅琊郡,防御。崇宁户八万二千八百九十三,口一十六万五千二百三十。贡仙灵脾、紫石英、茯苓、钟乳石。县五:临沂,望。承,望。沂水,望。费,望。新泰。中。

登州,上,东牟郡,防御。崇宁户八万一千二百七十三,口一十七万三千四百八十四。贡金、牛黄、石器。县四:蓬莱,望。文登,中。黄,望。牟平。紧。有乳山、阎家口二寨。

莱州,中,东莱郡,防御。崇宁户九万七千四百二十七,口一十九万八千九百八。贡牛黄、海藻、牡砺、石器。县四:掖,望。莱阳,望。

胶水,望。即墨。中。

潍州,上,团练。建隆三年,以青州北海县建为北海军,置昌邑县隶之。乾德三年,升为州,又增昌乐县。崇宁户四万四千六百七十七,口一十万九千五百四十九。贡综丝素䌷。县三:北海,望。昌邑,望。本隋都昌县,后废。建隆三年,复置。昌乐。紧。本唐营丘县后废。乾德中,复置安仁县,俄又改。

淄州,上,淄川郡,军事。崇宁户六万一千一百五十二,口九万八千六百一十。贡绫、防风、长理石。县四:淄川,望。长山,中。邹平,中下。景德元年,移治济阳废县。高苑。下。景德三年,以县置宣化军。熙宁三年,废军为县,隶州,即县治置军使。

淮阳军,同下州。太平兴国七年,以徐州下邳县建为军,并以宿迁来属。崇宁户七万六千八十七,口一十五万四千一百三十。贡绢。县二:下邳,望。宿迁。中。

西路。府四:应天,袭庆,兴仁,东平。州五:徐,济,单,濮,拱。军一,广济。县四十三。

应天府,河南郡,归德军节度。本唐宋州。至道中,为京东路。景德三年,升为应天府。大中祥符七年,建为南京。熙宁七年,分属西路。崇宁户七万九千七百四十一,口一十五万七千四百四。贡绢。县六:宁陵,畿。与楚丘同隶拱州。大观四年,复来隶。政和四年,又拨隶拱州。宣和六年复来隶。宋城,赤。谷熟,畿。下邑,畿。虞城,畿。楚丘。畿。

袭庆府,鲁郡,泰宁军节度。本兖州。大中祥符元年,升为大都督。政和八年,升为府。崇宁户七万一千七百七十七,口二十一万七千七百三十四。贡大花绫、墨、云母、紫石英、防风、茯苓。县七:瑕,上。大观四年,以瑕丘县为瑕县。奉符,上。本汉乾封县。开宝五年,移治岱岳镇。大中祥符元年改。泗水,上。龚,上。大观四年,以龚丘县为龚县。仙源,中上。魏曲阜县。大中祥梁五年改。莱芜,中。邹。下。熙宁五年,省为镇,入仙源。元丰七年复。监一,莱芜。主铁冶。

徐州，大都督，彭城郡，武宁军节度。本属京东路。元丰元年，割属京东西路。崇宁户六万四千四百三十，口一十五万二千二百三十七。贡双丝绫、绸绢。县五：彭城，望。沛，望。萧，望。滕，紧。丰。紧。监二：宝丰，元丰六年置，铸铜钱，八年废。利国。主铁冶。

兴仁府，辅，济阴郡，彰信军节度。本曹州。建中靖国元年，改赐军额曰兴仁。崇宁元年，升曹州为兴仁府，复还旧节。大观二年，以拱州为东辅，升督府。政和元年，罢督府，复为辅郡。崇宁户三万五千九百八十，口六万六千九百三十一。贡绢、葶苈子。县四：济阴，望。宛亭，望。元祐元年，改冤句县为宛亭。乘氏，紧。南华。上。

东平府，东平郡，天平军节度。本郓州。庆历二年，初置京东西路安抚使。大观元年，升大都督府。政和四年，移安抚使于应天府。宣和元年，改为东平府。崇宁户一十三万三百五，口三十九万六千六十三。贡绢、阿胶。县六：须城，望。阳谷，望。景德三年，徙孟店。中都，紧。寿张，上。东阿，紧。平阴，上。监一，东平。宣和二年复置。政和三年罢。

济州，上，济阳郡，防御。户五万七百一十八，口一十五万九千一百三十七。贡阿胶。县四：钜野，望。任城，望。金乡，望。郓城。望。

单州，上，砀郡，建隆元年，升为团练。崇宁户六万一千四百九，口一十一万六千九百六十九。贡蛇床、防风。县四：单父，望。砀山，望。成武，紧。鱼台。上。

濮州，上，濮阳郡团练。崇宁户三万一千七百四十七，口五万二千六百八十一。贡绢。县四：鄄城，望。雷泽，紧。临濮，上。范。上。

拱州，保庆军节度。本开封府襄邑县。崇宁四年，建为州，赐军额，为东辅。以开封之考城、太康，南京之宁陵、楚丘、柘城来隶。大观四年，废拱州，复为襄邑县，还隶开封。政和四年，复为州，又复为辅郡。宣和二年，罢辅郡，仍隶京东西路，以襄邑、太康、宁陵为属县，余归旧隶。六年，又以宁陵归南京，太康归开封，复割柘城来隶。县二：襄邑，柘城。畿。

广济军。乾德元年，置发运务。开宝九年，改转运司。太平兴国二年,建为军。四年,割曹、澶、濮、济四州地,复置县以隶焉。熙宁四年废军,以定陶县隶曹州。元祐元年,复为军。县一,定陶。上。

开封府,京东路,分为东西两路,得兖、豫、青、徐之域,当虚、危、房、心、奎、娄之分,西抵大梁,南极淮、泗,东北至于海,有盐铁丝石之饶。其俗重礼义,勤耕絍,浚郊处四达之会,故建为都。政教所出,五方杂居。睢阳漕舟之路,定陶乃东运之冲,其后河截清水,颇涉艰阻。兖、济山泽险迥,盗或隐聚。营丘东道之雄,号称富衍,物产尤盛。登、莱、高密负海之北,楚商兼凑,民性愎戾而好讼斗。大率东人皆朴鲁纯直,甚者失之滞固,然专经之士为多。下邳俗尚颇类淮楚焉。

京西路。旧分南北两路,后并为一路。熙宁五年,复分南北两路。

南路。府一,襄阳。州七:邓,随,金,房,均,郢,唐。军一,光化。县三十一。

襄阳府,望,襄阳郡,山南东道节度。本襄州。宣和元年,升为府。崇宁户八万七千三百七,口一十九万二千六百五。贡麝香、白谷、漆器。县六:襄阳,紧。邓城,望。谷城,紧。宜城,中下。中庐。中下。隋义清县。太平兴国元年改,绍兴五年,省入南漳。南漳。中下。

邓州,望,南阳郡,武胜军节度。旧为上郡。政和二年,升为望郡。建隆初,废临濑县。崇宁户一十一万四千一百二十七,口二十九万七千五百五十。贡白菊花。县五:穰,上。南阳,中下。庆历四年,废方城县为镇入焉;元丰元年,改为县,隶唐州。内乡,中下。顺阳。中下。太平兴国六年,升顺阳镇为县。淅川。中下。

随州,上,汉东郡,崇信军节度。乾德五年,升为崇义军节度。太平兴国元年,改今名。崇宁户三万八百四,口六万七千二十一。贡绢、绫、葛、覆盆子。县三:随,上。熙宁元年,废光化县为镇入焉。唐城,中下。枣阳。中下。

金州,上,安,康郡,乾德五年,改昭化军节度。崇宁户三万九千六百三十六,口六万五千六百七十四。贡麸金、麝香、枳壳实、杜仲白、胶香、黄柏。县五:西城,下。洵阳,中。乾德四年,废育阳县入焉。汉阴,中。石泉下,平利。下。熙宁六年,省为镇,入西城。元祐复。

房州,下,房陵郡,保康军节度。开宝中,废上庸、永清二县。雍熙三年并为军。崇宁户三万三千一百五十一,口四万七千九百四十一。贡麝香、纻布、钟乳石、笋。县二:房陵,上。竹山。下。

均州,上,武当郡,武当军节度。本防御。乾德六年,移入上州防御。宣和元年,赐军额。崇宁户三万一百七,口四万四千七百九十六,贡麝香。县二:武当,上。郧乡,上。

郢州,上。富水郡,防御,崇宁户四万七千二百八十一,口七万八千七百二十七。贡白纻。县二:长寿,上。京山。下。

唐州,上,淮安郡建隆元年,升为团练。开宝五年,废平氏县。崇宁户八万九千九百五十五,口二十万二千一百七十二。贡绢。县五:泌阳,中下。湖阳,中下。有银场。比阳。中下。桐柏,下。开宝六年,移治淮渎故庙。方城。下。后魏县。庆历四年,废为镇入邓州南阳县,元丰元年,复为县,隶州。

光化军,同下州。乾德二年,以襄州阴城镇建为军,析谷城县二乡,置乾德县隶焉。熙宁五年,废军,改乾德为光化县,隶襄州。元祐初,复为军。县一,乾德。望。

北路。府四:河南,颍昌,淮宁,顺昌。州五:郑,滑,孟,蔡,汝。军一,信阳。县六十三。

河南府,洛阳郡,因梁、晋之旧为西京。熙宁五年,分隶京西北路。崇宁户一十二万七千七百六十七,口二十三万三千二百八十。贡蜜、蜡、瓷器。县十六:河南,赤。洛阳,赤。熙宁五年,省入河南,元祐二年复。永安,赤。奉陵寝。景德四年,升镇为县。偃师。畿。庆历三年废,四年复,熙宁五年,省入侯氏,八年,复置,省侯氏县为镇隶焉。颍阳,畿。庆历三年,废为镇,四年,复。熙宁二年,省入登封,元祐二年,复置。巩,畿。密,畿。崇宁四年,割隶郑州,宣和二年,还隶府。**新安**,畿。**福昌**,畿。熙宁五年省入寿安,元祐元年,复为县,**伊阳**,畿。熙宁二年,割乐川治镇入虢州庐氏县。五年,废伊阙县为镇,入河南六年,改隶伊阳。**渑池**,畿。景祐四年,改铁门镇,日延禧。**永宁**,畿。**长水**,畿。**寿安**,畿。庆历三年,废为镇,四年,复。**河清**,畿。开宝元年,移治白波镇。熙宁八年闰四月,置铁监。**登封**,畿。监一,阜财。熙宁七年置,铸铜钱。

颍昌府,次府,许昌郡,忠武军节度。本许州。元丰三年,升为府。崇宁四年,为南辅,隶京畿。大观四年,罢辅郡。政和四年,复为辅郡,隶京畿。宣和二年,复罢辅郡,依旧隶京西北路。崇宁户六万六千四十一,口一十六万一百九十三。贡绢、蕙席。县六:**长社**,次赤。熙宁四年,省许田县为镇入焉。**郾城**,次畿。**阳翟**,次畿。**长葛**,次畿。**临颍**,次畿。**舞阳**,次畿。**郏**。中。元隶汝州,崇宁四年来隶。

郑州,辅,荥阳郡,奉宁军节度,熙宁五年,废州,以管城、新郑隶开封府;省荥阳、荥泽县为镇入管城,原武县为镇入阳武。元丰八年,复州。元祐元年,还旧节;复以荥阳、荥泽、原武为县,与滑州并隶京西路。崇宁四年,建为西辅。大观四年,罢辅郡。政和四年,又复。宣和二年,又罢。崇宁户三万九百七十六,口四万一千八百四十八。贡绢、麻黄。县五:**管城**,望。**荥泽**,中。**原武**,上。**新郑**,上。**荥阳**。紧。

滑州,辅,灵河郡,太平兴国初,改武成军节度。熙宁五年,废州,县并隶开封府。元丰四年,复旧,县复来隶。元祐元年,还旧节度。崇宁户二万六千五百二十二,口八万一千九百八十八。贡绢。县三:**白马**,中。熙宁三年,废灵河县隶焉。**韦城**,望。**胙城**。紧。

孟州,望,河阳三城节度。政和二年,改济源郡。崇宁户三万三千四百八十一,口七万一百六十九。贡粱米。县六:**河阳**,望。**济源**,望。**温**,望。**汜水**,上,熙宁五年,省入河阴。元丰二年复置。大中祥符四年,改武牢关日行庆。**河阴**,中。**王屋**。中熙宁五年,自河南来隶。

蔡州,紧,汝南郡,淮康军节度。崇宁户九万八千五百二,口十八万五千一十三。贡绫。县十:**汝阳**,上。**上蔡**,上。**新蔡**,中。**褒信**,

中。遂平，中。新息，中。确山，中。隋朗山县。大中祥符五年改。真阳，中。西平，中。平舆。

淮宁府，辅，淮阳郡，镇安军节度。本陈州。政和二年，改辅为上。宣和元年，升为府。崇宁户三万二千九十四，口一十五万九千六百一十七。贡绸、绢。县五：宛丘，紧。项城，上。商水，中。西华，中。南顿。中。熙宁六年省为镇，入商水、项城二县。元祐元年复。

顺昌府，上，汝阴郡，旧防御，后为团练。开宝六年，复为防御。元丰二年，升顺昌军节度。旧颍州，政和六年，改为府。崇宁户七万八千一百七十四，口一十六万六百二十八。贡绸、䌷绵。县四：汝阴，望。开宝六年，移治于州城东南十里。泰和，望。颍上，紧。沈丘。紧。

汝州，辅，临汝郡，陆海军节度。本防御州。政和四年，赐军额。崇宁户四万一千五百八十七口，一十七万一千四百九十五。贡绅、绢。县五：梁，中。襄城，紧。叶，上。鲁山，中。宝丰。中。旧名龙兴，熙宁五年，省为镇，入鲁山。元祐元年复。宣和二年，改为宝丰县。

信阳军，同下州。开宝九年，降为义阳军，废钟山县。太平兴国无年，改为信阳军。崇宁户九千九百五十四，口二万五十，贡绅布。县二：信阳，中下。罗山。中下。开宝九年废，雍熙二年复置。

京西南、北路，本京西路，盖《禹贡》冀、豫、荆、兖、梁五州之域，而豫州之壤为多，当井、柳、星、张、角、亢、氐之分。东暨汝、颍，西被陕服，南略鄢、郢，北抵河津。丝、枲、漆、纩之所出。而洛邑为天地之中，民性安舒，而多衣冠旧族。然土地褊薄，迫于营养。盟津、荥阳、滑台、宛丘、汝阴、颍川、临汝在二京之交，其俗颇同。唐、邓、汝、蔡率多旷田，盖自唐季之乱，土著者寡。太宗迁晋、云、朔之民于京、洛郑汝之地，垦田颇广，民多致富，亦由俭啬而然乎！襄阳为汴南巨镇，淮安、随、枣阳、西城、武当、上庸、东梁、信阳，其习俗近荆楚。